ଆମ ସଂସ୍କୃତି : ଆମ ଜୀବନ

ଆମ ସଂସ୍କୃତି : ଆମ ଜୀବନ

ପ୍ରଫେସର ଡକ୍ଟର ଶରତ ଚନ୍ଦ୍ର ରଥ

ବ୍ଲାକ୍ ଈଗଲ୍ ବୁକ୍ସ
ଭୁବନେଶ୍ୱର, ଓଡ଼ିଶା

BLACK EAGLE BOOKS
Dublin, USA

ଆମ ସଂସ୍କୃତି : ଆମ ଜୀବନ / ପ୍ରଫେସର ଡକ୍ଟର ଶରତ ଚନ୍ଦ୍ର ରଥ
ବ୍ଲାକ୍ ଇଗଲ୍ ବୁକ୍ସ : ଭୁବନେଶ୍ୱର, ଓଡ଼ିଶା • ଡବ୍ଲିନ୍, ଯୁକ୍ତରାଷ୍ଟ୍ର ଆମେରିକା

BLACK EAGLE BOOKS

USA address:
7464 Wisdom Lane
Dublin, OH 43016

India address:
E/312, Trident Galaxy, Kalinga Nagar,
Bhubaneswar-751003, Odisha, India

E-mail: info@blackeaglebooks.org
Website: www.blackeaglebooks.org

First International Edition Published by
BLACK EAGLE BOOKS, 2023

AAMA SANSKRUTI: AAMA JEEBAN
by **Prof. Dr. Sarat Chandra Rath**

Copyright © **Prof. Dr. Sarat Chandra Rath**

All rights reserved. No part of this publication may be reproduced, stored in a retrieval system, or transmitted, in any form or by any means, electronic, mechanical, photocopying, recording or otherwise without the prior permission of the publisher.

Cover & Interior Design: Ezy's Publication

ISBN- 978-1-64560-369-6 (Paperback)

Printed in the United States of America

ଉତ୍ସର୍ଗ

ଉକ୍ତ ପୁସ୍ତକଟିକୁ ଶ୍ରୀମାଶ୍ରୀଅରବିନ୍ଦଙ୍କ ଚରଣ କମଳରେ ସମର୍ପଣ କରୁଛି ।

ବିନୀତ

ଶରତ

ଆଗରୁ ଦି'ପଦ...

ଆମ ସଂସ୍କୃତି ଏକାଧାରରେ ପ୍ରାଚୀନ ଓ ମହାନ। ନୈତିକତା, ଧାର୍ମିକତା ସର୍ବୋପରି ଆଧ୍ୟାତ୍ମିକତାରେ ଏହାର ପୁଷ୍କଳ ପରିପ୍ରକାଶ ଅତୀତରୁ ଅଦ୍ୟାବଧି ଅନ୍ତେବହୁତେ ଲକ୍ଷ୍ୟଣୀୟ। ଫୁଲର ସୁବାସ ପବନରେ ମିଶି ପବନକୁ ସୁବାସିତ କଲାପରି ଆମ ସଂସ୍କୃତିର ସୁରଭି ଜୀବନରେ ମିଶି ଜୀବନକୁ ସୁରଭିତ କରିଛି। ସଂସ୍କୃତିର ସଂଜ୍ଞା ଅତ୍ୟନ୍ତ ବ୍ୟାପକ, ଏହା ଏକ ଶୃଙ୍ଖଳିତ କଳାତ୍ମକ ଅନୁଭବ, ବଞ୍ଚିବାର କଳା ସହିତ ଓତପ୍ରୋତ ଭାବରେ ଜଡ଼ିତ। ଅନ୍ୟାନ୍ୟ ପଶୁଠାରୁ ମନୁଷ୍ୟ ଯେ ଭିନ୍ନ ଏହା ସଂସ୍କୃତି ଦ୍ୱାରା ଚିହ୍ନିତ ଓ ପ୍ରମାଣିତ ହୋଇଥାଏ। ସଂସ୍କୃତି ଏକ ଦୃଶ୍ୟମାନ ବସ୍ତୁ ନୁହେଁ ଏକ ଉପଲବ୍ଧ ଉପାଦାନ। ବ୍ୟବହାର, ରୁଚି, କଥାବାର୍ତ୍ତାରେ ସଚେତନତା, ଆନନ୍ଦ, ଆନ୍ତରିକତା, କର୍ତ୍ତବ୍ୟବୋଧ ଇତ୍ୟାଦି ବହୁ ଦିଗରେ ସଂସ୍କୃତିର ମହତ୍ତ୍ୱ ପରିବ୍ୟାପ୍ତ। ଅବଶ୍ୟ ଦେଶ ଭେଦରେ ଏହାର ପରିପ୍ରକାଶ ଭିନ୍ନ ଭିନ୍ନ ହୋଇଥାଏ। ବୈଦେଶିକ ଆକ୍ରମଣ ଏବଂ ବିଦେଶୀ ଶାସନ ଫଳରେ ଗୋଟିଏ ଦେଶର ସଂସ୍କୃତି ଉପରେ ଅନ୍ୟ ଦେଶ ଓ ଜାତିର ସାଂସ୍କୃତିକ ପ୍ରଭାବ ଅନୁଭୂତ ହୁଏ। ଉଭୟ ସଂସ୍କୃତିର ସମନ୍ୱୟ ଘଟିବା ପୂର୍ବରୁ ମାନସିକ ସନ୍ତୁଳନ ଦେଖାଯାଏ। ଆମ ସଂସ୍କୃତି ଆଜି ଏହି ସମସ୍ୟାର ସମ୍ମୁଖୀନ। ନିଜ ସଂସ୍କୃତିରୁ ଦୂରେଇ ଯିବା ସମାଧାନ ନୁହେଁ। ନିଜ ମାଟି ଉପରେ ପାଦ ରଖି ଅନ୍ୟ ସଂସ୍କୃତିରୁ ଭଲ ଭଲ ଉପାଦାନ ସଂଗ୍ରହ ହିଁ ଯଥାର୍ଥ ସମାଧାନର ମୂଳମନ୍ତ୍ର। ସେହି ସମୟ ଆସୁଛି ଯେତେବେଳେ ଦେଶ ଦେଶ ଭିତରେ, ଜାତି ଜାତି ଭିତରେ ସାଂସ୍କୃତିକ ଐକ୍ୟ ପ୍ରତିଷ୍ଠିତ ହେବା ସହିତ ପ୍ରାଚ୍ୟ ଓ ପାଶ୍ଚାତ୍ୟ ଭିତରେ ଥିବା ବିଭିନ୍ନ ସ୍ତରୀୟ ଚେତନାଗତ ବିଭେଦ ଦୂର ହେବ। ବିଶ୍ୱଗ୍ରାମ ଓ ବିଶ୍ୱପରିବାର ଗଠନ ପ୍ରକ୍ରିୟା ସେଦିନ ବାସ୍ତବତାରେ ରୂପାୟିତ ହେବ।

ଆଜିର ସମୟ ପ୍ରସ୍ତୁତିର ସମୟ। ଅନ୍ୟ ଭାଷାରେ କହିଲେ ଏକ ଗୁରୁତ୍ୱପୂର୍ଣ୍ଣ

ସମୟ । ଏ ସମୟ ଦେବମୁହୂର୍ତ୍ତ, ନୂତନ ଉଷାର ଆଗମନୀ ପାଇଁ ପ୍ରଦୀପ ସଜାଇ ରଖିବାର ଶୁଭ ସମୟ । ଏତେବେଳେ କେବଳ ଆତ୍ମପକ୍ଷ ସମର୍ଥନ ଯେପରି ସ୍ପୃହଣୀୟ ନୁହେଁ, ଅପରର ଅନ୍ଧାନୁସରଣ ସେପରି ଗ୍ରହଣୀୟ ନୁହେଁ । ଏହା ଏକ ବିଚାର ବିଶ୍ଳେଷଣର ସମୟ । ଆମ ସଂସ୍କୃତି, ଆମ ପରିବେଶ ତଥା ଆତ୍ମଜୀବନ ଧାରା ସଂପର୍କରେ କିଞ୍ଚିତ ଆଲୋଚନା ପାଇଁ ଏଇ ପୁସ୍ତକଟିର ପରିକଳ୍ପନା । ଏହି ଉଦ୍ୟମ ନିଶ୍ଚିତ କ୍ଷୀଣ ଓ ସାମାନ୍ୟ, ଏକଥା ମୁଁ କହି ରଖୁଛି । ପୁସ୍ତକରେ ସ୍ଥାନିତ ପ୍ରବନ୍ଧମାନଙ୍କରୁ ଅଧିକାଂଶ ଅମୃତାୟନ, ଉତ୍କଳପ୍ରସଙ୍ଗ, ପ୍ରତୀକ, ସ୍ୱାତୀ, ସକାଳ, ବସୁଧାରା, ଜନସୁଧା ସଂଜୀବନୀ ଓ ଦୈନିକ ସମାଜ, ଦୈନିକ ସମାଜ, ଦୈନିକ ଧରିତ୍ରୀ, ଦୈନିକ ପ୍ରମେୟ ସମେତ କେତେକ ପତ୍ର ପତ୍ରିକାରେ ପୂର୍ବରୁ ପ୍ରକାଶିତ ହୋଇଛି । ଏହି ଅବସରରେ ଉପରୋକ୍ତ ପତ୍ରିକାର ସମ୍ପାଦକମାନଙ୍କୁ ମୋର ଅନ୍ତରର କୃତଜ୍ଞତା ଜଣାଉଛି ।

ପରିଶେଷରେ ସହୃଦୟ ପାଠକମାନଙ୍କର ଆନ୍ତରିକତା କାମନା କରୁଛି ।

ଶରତ ଚନ୍ଦ୍ର ରଥ

ସୂଚିପତ୍ର

ସମନ୍ୱୟର ଦେବତା ଶ୍ରୀଜଗନ୍ନାଥ	୧୧
ଆମ ସଂସ୍କୃତି ଆମ ଶ୍ରୀଜଗନ୍ନାଥ	୨୦
ଲୀଳା ବିଳାସୀ ଶ୍ରୀଜଗନ୍ନାଥ	୨୬
ବିଶ୍ୱଜୀବନ ଓ ଘୋଷଯାତ୍ରା	୩୫
ଘୋଷଯାତ୍ରାର ଭୂମି ଓ ଭୂମିକା	୪୧
ଆଜି ଏ ପବିତ୍ର ଲଗ୍ନେ	୪୬
ଶ୍ରୀଜଗନ୍ନାଥଙ୍କ ନବକଳେବର - ଏକ ଅନୁଶୀଳନ	୫୨
ଆମ ପଲ୍ଲୀ ଜୀବନଧାରାରେ ଶ୍ରୀଜଗନ୍ନାଥ	୫୯
ଏମାର ମଠ ଓ ଶ୍ରୀଜଗନ୍ନାଥ	୬୪
ଭାରତୀୟ ସଂସ୍କୃତିର ରୂପରେଖ	୬୯
ସମଦର୍ଶନ ଓ ଭାରତବର୍ଷ	୭୭
ଜାତୀୟ ସଂହତିର ସ୍ୱର ଓ ସ୍ୱରୂପ	୮୩
ପ୍ରାଚୀନ ଭାରତୀୟ ସମାଜରେ ନାରୀର ସ୍ଥାନ	୮୭
ବର୍ଷାଣାଂ ଭାରତଃ ଶ୍ରେଷ୍ଠଃ	୯୧
ଆଗାମୀ ବିଶ୍ୱ ଓ ଭାରତବର୍ଷ	୯୩
ଓଡ଼ିଆ ଜନଜୀବନ ଓ ଆମ ସଂସ୍କୃତି	୯୮
ପଲ୍ଲୀ ଜୀବନଧାରାରେ ଆମ ସଂସ୍କୃତି	୧୦୨
ପାରିବାରିକ ଶିକ୍ଷାର ମହତ୍ତ୍ୱ	୧୦୬
ବଞ୍ଚିବାର କଳା	୧୧୦
ପାରିବାରିକ ଶିକ୍ଷା ଓ ବିଶ୍ୱ ଜୀବନ	୧୧୭
ଅବିଦ୍ୟା, ବିଦ୍ୟା ଓ ଅର୍ଥକରୀ ବିଦ୍ୟା	୧୨୧
ଆତ୍ମବିକାଶରେ ଅର୍ଥର ଭୂମିକା	୧୨୪
ଆତ୍ମ ବିକାଶର ସ୍ୱରଲିପି	୧୨୭
ଆନନ୍ଦବୋଧର ସ୍ୱର ଓ ସ୍ୱରୂପ	୧୩୨
ଆମେ ଓ ସାଂପ୍ରତିକ ଦୃଷ୍ଟିଭଙ୍ଗୀ	୧୩୫

ଆଜିର ଆହ୍ୱାନ ଓ ଆମେ	୧୩୮
ଦେଶପ୍ରେମର ମୂଲ୍ୟବୋଧ	୧୪୦
ବିଶ୍ୱ ଭ୍ରାତୃତ୍ୱ ଓ ସ୍ୱାମୀ ବିବେକାନନ୍ଦ	୧୪୩
ମିଶ୍ର ସଂସ୍କୃତିର ପ୍ରଭାବ	୧୪୭
ଜୀବନ ଚିନ୍ତାର ରୂପରେଖ	୧୫୧
ଅନୁରାଗର ଅନୁଚିନ୍ତା	୧୫୬
ପ୍ରାକୃତିକ ପରିବେଶ ଓ ସ୍ୱର୍ଣ୍ଣକାନ୍ତର କବି ଚିନ୍ତା	୧୫୯
ଦୋଷ କେଉଁଠି ?	୧୬୫
ବିଜ୍ଞାନ ଓ ଆତ୍ମଜ୍ଞାନ	୧୭୧
ଆଜିର ଅନୁଚିନ୍ତା	୧୭୫
ଆତ୍ମବିଶ୍ଳେଷଣ	୧୭୯
ଶେଷ କେଉଁଠି ?	୧୮୩
ଆମେ ଆଉ ଆମେ	୧୮୬
ଆଲୋକର ଜୟଗାନ	୧୯୧
ଶ୍ରୀକୃଷ୍ଣାୟନ	୧୯୪
ଆମେ ଓ ଆମ ପରିବେଶ	୧୯୮
ଆଉ ବେଳ ଗଡ଼ି ନ ଯାଉ	୨୦୧
ଆଜିର ଅନୁଚିନ୍ତା	୨୦୫
ଆବଶ୍ୟକତା ଓ କାମନା	୨୦୯
ଆତଙ୍କବାଦ – ଏକ ବିଶ୍ୱ ସମସ୍ୟା	୨୧୧
ବିଦ୍ୟା ଓ ଅବିଦ୍ୟା	୨୧୫
ବ୍ୟକ୍ତି ଓ ବିଶ୍ୱ ବିକାଶ	୨୧୮
ଯୁବମାନସର ଗତି ଓ ପ୍ରଗତି	୨୨୧
ଆମେ ଆମକୁ ଜାଣିବା	୨୨୫
ବିବେକ ଓ ବିଚାର	୨୩୦
ନୋଟ୍, ଭୋଟ୍ ଓ ଦେଶାତ୍ମବୋଧ	୨୩୩
କୃତଜ୍ଞତାର ମର୍ମକଥା	୨୩୭
ନାସ୍ତି ନୁହେଁ ଅସ୍ତି	୨୪୦
ସଙ୍କଟ ଓ ସମାଧାନ	୨୪୪
ଚିନ୍ତାମୁକ୍ତ ହେବା କିପରି ?	୨୪୮

ସମନ୍ୱୟର ଦେବତା ଶ୍ରୀଜଗନ୍ନାଥ

ଶ୍ରୀଜଗନ୍ନାଥ ନୀଳାଚଳ ଧାମରେ ପୂଜିତ ହେଲେ ମଧ୍ୟ ସେ କେବଳ ଉତ୍କଳର ନାଥ ନ ହୋଇ ସମଗ୍ର ଜଗତର ନାଥ ଭାବରେ ରତ୍ନ ସିଂହାସନରେ ବିରାଜମାନ। ତାଙ୍କ ଆବିର୍ଭାବର ପ୍ରକୃତ ସମୟ, ଇତିହାସ ରଖିନାହିଁ। ମହିମା ତାଙ୍କର ଯେପରି ଅକଳନ, ତାଙ୍କର ସ୍ଥିତିର ଇତିହାସ ସେପରି ରହସ୍ୟାଚ୍ଛନ୍ନ। ଜଗନ୍ନାଥ ଧର୍ମ ଓ ଦର୍ଶନ ପ୍ରତ୍ୟେକ ଭକ୍ତ, ଭାବୁକ, ଦର୍ଶକ, ଗବେଷକ ତଥା ସାଧକଙ୍କୁ ଯେତିକି ମୁଗ୍ଧ କରେ ସେତିକି ସ୍ତବ୍ଧ କରେ। ଯେତେ ବୁଝିବାକୁ ଚେଷ୍ଟା କଲେ ଦାରୁ ସାଧକଙ୍କୁ ଯେତିକି ମୁଗ୍ଧ କରେ ସେତିକି ସ୍ତବ୍ଧ କରେ। ଯେତେ ବୁଝିବାକୁ ଚେଷ୍ଟା କଲେ ଦାରୁ ମୂର୍ତ୍ତିଙ୍କୁ, ସେ ସେତେ ଅବୁଝା ରହନ୍ତି। ବିଶ୍ୱାସ ଦ୍ୱାରା କିଞ୍ଚିତ୍ ତାଙ୍କୁ ବୁଝି ହୁଏ ଓ ତାଙ୍କ ମହିମା ଅନୁଭବ କରିହୁଏ। ତର୍କ ବଳରେ ତାଙ୍କୁ ଜାଣିବା ଅସମ୍ଭବ। ବିଶ୍ୱାସରେ ତାଙ୍କୁ ଯିଏ ଯେଉଁ ଭାବରେ ଦେଖିଥାଏ, ସେ ତାକୁ ସେହି ରୂପରେ ଦେଖାଦେଇ ଚତୁର୍ବର୍ଗ ଫଳ ପ୍ରଦାନ କରିଥାନ୍ତି ବୋଲି ସ୍କନ୍ଦ ପୁରାଣ ଉତ୍କଳ ଖଣ୍ଡରେ ଉଲ୍ଲେଖ କରାଯାଇଛି।

ପ୍ରଚ୍ଛନ୍ନ ବପୁ ତସ୍ୟ ତନ୍ନନ୍ନାସ୍ୟ ବିଚାରୟତେ।
ଧର୍ମ ଗ୍ରାହ ପ୍ରମାଣେନ ଯାଦୃଗ୍‌ହୃଷଃ ସ ଏବ ସଃ।
ଚତୁର୍ବର୍ଗ ପ୍ରଦୋ ଦେବୋ ଯେ ଯଥା ତତ୍ ବିଭାବୟେତ୍ ॥

ସମଗ୍ର ଭାରତବର୍ଷରେ ଜଗନ୍ନାଥ ହେଉଛନ୍ତି ଏପରି ଏକ ଦେବତା ଯିଏ ସବୁ ଧର୍ମ ଓ ସବୁ ଦର୍ଶନକୁ ଆପଣାର କରିନିଅନ୍ତି। ସବୁ ଧର୍ମର ବ୍ୟକ୍ତିବିଶେଷ ତାଙ୍କଠାରେ ନିଜ ଧର୍ମର ତତ୍ତ୍ୱ ଓ ମହତ୍ତ୍ୱକୁ ଅନୁଭବ କରି ଭାବବିହ୍ୱଳ ହୋଇଥାନ୍ତି। ନିଜର ସବୁ ଆସ୍ପର୍ଦ୍ଧା, ଅଭିମାନ କ୍ଷଣକରେ ଲୁପ୍ତ ହୋଇଯାଏ। ମନେହୁଏ ଜଗନ୍ନାଥ ଯେପରି ସବୁ ଦେବତାଙ୍କର ଦେବତା, ଜଗନ୍ନାଥ ଦର୍ଶନ ଯେପରି ସବୁ ଦର୍ଶନର ଦର୍ଶନ ସ୍ୱରୂପ। ସବୁ ଧର୍ମ ଓ ଦର୍ଶନରେ ନିଜକୁ ଏବଂ ନିଜ ଭିତରେ ସବୁ ଧର୍ମ ଓ ଦର୍ଶନକୁ ପ୍ରକଟ କରିବାର

ଗୌରବରେ ଜଗନ୍ନାଥ ଧର୍ମ ଓ ଦର୍ଶନ ଗୌରବାନ୍ୱିତ ହୋଇ ଆକର୍ଷଣର କେନ୍ଦ୍ରବିନ୍ଦୁ ହୋଇ ଆସିଛି। ସମଗ୍ର ଭାରତବର୍ଷରେ ଶ୍ରୀଜଗନ୍ନାଥ ଏକମାତ୍ର ଦେବତା ଯାହାଙ୍କଠାରୁ ସବୁ ସମ୍ପ୍ରଦାୟର ଦେବତା ନିଜକୁ ପ୍ରକାଶ କରିପାରନ୍ତି। ନୀଳାଚଳ କ୍ଷେତ୍ର ସମଗ୍ର ଭାରତବର୍ଷରେ ଏକମାତ୍ର କ୍ଷେତ୍ର ଯାହାକୁ ଓ ପରିବ୍ୟାପ୍ତ ହୋଇଛି ଜଗନ୍ନାଥ ଚେତନା, ତାହା ହେଉଛି ବିଶ୍ୱାପ୍ତ ଚେତନା। ନିଜକୁ ଅନ୍ୟଠାରେ ଓ ଅନ୍ୟକୁ ନିଜଠାରେ ଅନୁଭବ କରିବାର ପ୍ରଶାନ୍ତ ବିଶାଳତା ଏଥିରେ ରହିଛି ବୋଲି ଏହାର ଖ୍ୟାତି ହୋଇଛି ସୁଦୂର ପ୍ରସାରୀ। ଜଗନ୍ନାଥ ଧର୍ମ ଓ ଦର୍ଶନ କହିଲେ ସିଂହାସନାସୀନ ଚତୁର୍ଦ୍ଧାମୂର୍ତ୍ତିଙ୍କର ଧର୍ମ ଓ ଦର୍ଶନକୁ ବୁଝାଏ। ଚତୁର୍ଦ୍ଧାମୂର୍ତ୍ତିଙ୍କର ଏକକ ଅବସ୍ଥିତି, ଆଙ୍ଗିକ ରଙ୍ଗ ଶୋଭା, ସେବା ପୂଜା ଇତ୍ୟାଦିରେ ଏହି ସମନ୍ୱୟ ଚେତନା ମୂର୍ତ୍ତିମନ୍ତ ହେଲାପରି ମନେହୁଏ। ଏଣୁ ଶ୍ରୀଜଗନ୍ନାଥଙ୍କୁ ରାଜା ଭାବରେ ଓ ଜଗନ୍ନାଥ କ୍ଷେତ୍ରକୁ କ୍ଷେତ୍ରରାଜ ଭାବରେ ପରିକଳ୍ପନା କରାଯାଇଛି–

ସର୍ବେଷାଂ ସର୍ବ କ୍ଷେତ୍ରାଣାଂ ରାଜା ଶ୍ରୀପୁରୁଷୋତ୍ତମଃ।
ସର୍ବେଷାଂ ସର୍ବ ଦେବାନଂ ରାଜା ଶ୍ରୀପୁରୁଷୋତ୍ତମଃ ॥

କେବଳ ଧାର୍ମିକ ଦୃଷ୍ଟିକୋଣରୁ ନୁହେଁ ବ୍ୟାବହାରିକ ଦିଗରୁ ସମନ୍ୱୟବାଦୀ ଚିନ୍ତା ଓ ଚେତନା ଏହି ସଂସ୍କୃତିରେ ଅନୁଭବ୍ୟ। ସମନ୍ୱୟ ଆଜିର ବିଶ୍ୱ ସମସ୍ୟାର ସମାଧାନର ଚାବିକାଠି ବୋଲି କହିବା ଯଥାର୍ଥ। ଏହି ଚେତନାକୁ ଜଗନ୍ନାଥ ଧର୍ମ ଓ ଦର୍ଶନ ନିରବଚ୍ଛିନ୍ନ ଭାବେ ସମୟରୁ ସମୟକୁ ସଞ୍ଚରିତ କରି ଚାଲିଛି। ଆଜି ବିଶ୍ୱ ଜୀବନ ଧାରାକୁ ଲକ୍ଷ୍ୟ କଲେ ସ୍ପଷ୍ଟ ହୁଏ ଯେ ଅଶାନ୍ତି, ଅସନ୍ତୋଷ, ଅସହାୟତା, ହିସା ଓ ଘୃଣା ବିଶ୍ୱ ଜୀବନକୁ ଶାସନକରୁଛି। ଦେଶ ଦେଶ ଭିତରେ, ଧର୍ମ ଧର୍ମ ଭିତରେ, ଜାତି ଜାତି ଭିତରେ, ଭାଷା ଭାଷା ଭିତରେ ଅସହିଷ୍ଣୁତା ମାନବ ଜାତିକୁ ବେଳକୁ ବେଳ ଧ୍ୱଂସମୁଖୀ କରାଉଛି। ମଣିଷର ଗଣତି ସଂଖ୍ୟା ବଢ଼ିଛି ମାତ୍ର ମାନବିକ ମୂଲ୍ୟବୋଧ ଦିନକୁ ଦିନ କମିଯାଉଛି। ପାରସ୍ପରିକ ଏକତା, ଆନ୍ତରିକତା, ସହାନୁଭୂତି କ୍ରମଶଃ ସୁଦୂର ପରାହତ ଓ ବିପର୍ଯ୍ୟସ୍ତ ହୋଇ ବିଶ୍ୱ ଜୀବନରେ ଗ୍ଲାନି ସୃଷ୍ଟି କରୁଛି। ଏହି ସମସ୍ୟାର ସମାଧାନ ପାଇଁ ପ୍ରଚେଷ୍ଟା ନ ହୋଇଛି ତାହା ନୁହେଁ ମାତ୍ର ସେ ପ୍ରଚେଷ୍ଟା ଦ୍ୱାରା ସମସ୍ୟାର ସମାଧାନ ହୋଇନାହିଁ। ଏ ପ୍ରଚେଷ୍ଟା ରାଜନୀତିର ପରିବର୍ତ୍ତନ, ନୂତନ ଅର୍ଥନୀତିର ଅନୁବର୍ତ୍ତନ, ନୂତନ ସମାଜ ନୀତିର ପ୍ରବର୍ତ୍ତନକୁ ଭିତ୍ତିକରି ସଙ୍ଗଠିତ ହୋଇଛି ସତ ମାତ୍ର ତାହା ବିଶେଷ ଫଳପ୍ରଦ ହୋଇନାହିଁ। ସାମାଜିକ ଚଳଣିରେ ଆବଶ୍ୟକୀୟ ପରିବର୍ତ୍ତନ, ଆସିଗଲେ ବିଶ୍ୱ ଶାନ୍ତି ଯେ ଆସିଯିବ ଏପରି ମଧ୍ୟ ନୁହେଁ। ସବୁ ଧର୍ମକୁ ମିଶାଇ ବା ସବୁ ଧର୍ମରୁ ସାର ସଂଗ୍ରହ କରି ଗୋଟିଏ ଧର୍ମ ପ୍ରବର୍ତ୍ତନ କଲେ ଯେ ଶାନ୍ତି

ଆସିଯିବ ତାହା ଆଶା କରିବା ବୃଥା। ସବୁ ଭାଷାରୁ କିଛି କିଛି ଶବ୍ଦ ନେଇ ଗୋଟିଏ ଭାଷା ଗଠନ କଲେ ଏବଂ ସେହି ଭାଷାକୁ ପ୍ରଚଳନ କଲେ ବିଶ୍ୱ ଜୀବନରେ ଶାନ୍ତି ଓ ସଂହତି ପ୍ରତିଷ୍ଠିତ ହେବ ନାହିଁ। ସବୁ ଧର୍ମ ରହିଲେ କିଛି କ୍ଷତି ନାହିଁ, କେବଳ ଧର୍ମ ଧର୍ମ ଭିତରେ ମର୍ଯ୍ୟାଦାବୋଧ ଓ ସହନଶୀଳତା ରହିବା ଆବଶ୍ୟକ। ସବୁ ଭାଷା, ଦର୍ଶନ ଦର୍ଶନ ଭିତରେ ସହିଷ୍ଣୁତା ରହିବା ଏକାନ୍ତ କାମ୍ୟ। ଏସବୁ ହେବ ଗୋଟିଏ ଚେତନା ଦ୍ୱାରା। ତାହା ହେଉଛି ସମନ୍ୱୟର ଚେତନା ଯାହାର ମୂଳଉତ୍ସ ଭାବରେ ଶ୍ରୀଜଗନ୍ନାଥ ଧର୍ମ ଓ ଦର୍ଶନର ଭୂମି ଓ ଭୂମିକା ଅତ୍ୟନ୍ତ ଗୁରୁତ୍ୱପୂର୍ଣ୍ଣ। ଚେତନା ସ୍ତରରେ ସମନ୍ୱୟ ଭାବ ଆସିଗଲେ ସମଗ୍ର ମାନବ ଜାତିର ସମସ୍ୟା ସୁବିଧାରେ ଓ ସହଜରେ ସମାହିତ ହୋଇଯିବ। ସୁଦୂର ଅତୀତରୁ ଶ୍ରୀଜଗନ୍ନାଥଙ୍କଠାରେ ସମନ୍ୱୟ ଭାବନା ପ୍ରଚଳିତ ହୋଇ ଆସୁଛି ଯାହା ଆଜିର ଏକାନ୍ତ ଧ୍ୟେୟ ବୋଲି ଗୃହୀତ ହେଉଛି।

ସମନ୍ୱିତ ନୀତି ବଳରେ ଶ୍ରୀଜଗନ୍ନାଥ ଭାରତରେ ପ୍ରଚଳିତ ବହୁ ସମ୍ପ୍ରଦାୟର ଦେବତାଙ୍କର ସୂକ୍ଷ୍ମ ଚେତନାକୁ ନିଜଠାରେ ମୂର୍ତ୍ତ କରିଛନ୍ତି। ଓଡ଼ିଆ ସାହିତ୍ୟର ଆଦିକବି ଆତ୍ମଜ୍ଞାନୀ ସାରଳା ଦାସ ବଳଭଦ୍ର, ସୁଭଦ୍ରା ଓ ଜଗନ୍ନାଥଙ୍କୁ ବ୍ରହ୍ମା, ବିଷ୍ଣୁ, ମହେଶ୍ୱର ବୋଲି କଳ୍ପନା କରିଛନ୍ତି। ତାଙ୍କ ଭାଷାରେ-

ପୀତ କୁଙ୍କୁମ ବରନ ସେହି ବ୍ରହ୍ମ ମୂର୍ତ୍ତି।
ଡାହାଣେ ଶୁକଳ ବର୍ଣ୍ଣ ମହାଦେବ ଜ୍ୟୋତି ॥
ରୂପରେ ତ ଜଗନ୍ନାଥ ବର୍ଣ୍ଣ ଅଟେ କଳା।
ବ୍ରହ୍ମା, ବିଷ୍ଣୁ, ମହେଶ୍ୱର ତିନି ଦେବ ମେଳା ॥

କବି ବଳରାମ ଦାସ ତାଙ୍କ "ବେଦାନ୍ତ ସାର ଗୁପ୍ତ ଗୀତା" ଗ୍ରନ୍ଥରେ ଶ୍ରୀଜଗନ୍ନାଥଙ୍କୁ ସମସ୍ତ ଅବତାରର ସ୍ରଷ୍ଟା ବୋଲି ଅଭିହିତ କରିଛନ୍ତି। ତାଙ୍କ ଭାଷାରେ-

ସର୍ବଦା ନୀଳାଦ୍ରିରେ ସ୍ଥିତି। ଏଥୁ ସକଳ ଜାତ ହୋନ୍ତି।
ସମସ୍ତ ଅବତାର ମାନ। ଜାତ ହୋଇଣ ପଶେ ପୁଣ ॥

ଶ୍ରୀକ୍ଷେତ୍ର ଯେ ସର୍ବଶ୍ରେଷ୍ଠ କ୍ଷେତ୍ର ଏବଂ ଶ୍ରୀଜଗନ୍ନାଥ ଯେ ସର୍ବଶ୍ରେଷ୍ଠ ଦେବତା ଏହିକଥା ବହୁ କବି ଉଦ୍‌ଘୋଷଣା କରିଛନ୍ତି। ଶ୍ରୀଜଗନ୍ନାଥଙ୍କ ନାଭି କମଳରୁ ବ୍ରହ୍ମଜାତ ହେଲେ ବୋଲି ମହାଦେବ ଦାସ ସ୍ୱରଚିତ "ନୀଳାଦ୍ରି ମହୋଦୟ" ଗ୍ରନ୍ଥରେ ଉଲ୍ଲେଖ କରିଛନ୍ତି। ଭକ୍ତ କବି ଦୀନକୃଷ୍ଣ ଦାସ ତାଙ୍କର "ରସ କଲ୍ଲୋଳ" କାବ୍ୟରେ ଶ୍ରୀଜଗନ୍ନାଥଙ୍କୁ ଅବତାରୀ ଭାବରେ ପରିକଳ୍ପନା କରିଛନ୍ତି-

କଚ୍ଛପ ମତ୍ସ୍ୟାଦି ଅବତାର ଯେତେକ।
କରିବାକୁ ଜାତ ଜଗନ୍ନାଥ ଜନକ ॥

ଚତୁର୍ଦ୍ଧାମୂର୍ତ୍ତି ଯେ ଏକ ବିଷ୍ଣୁଙ୍କର ଚାରିଗୋଟି ରୂପ ଏ କଥା ବହୁ ପୁରାଣରେ ଉଲ୍ଲେଖ କରାଯାଇଛି । ପୂର୍ବେ ଭାରତରେ ଶୈବ ଓ ବୈଷ୍ଣବମାନଙ୍କ ମଧ୍ୟରେ ମାତନ୍ତର ଥିଲା । 'ବ୍ରହ୍ମ ପୁରାଣ' ଅନୁସାରେ ପୁରୁଷୋତ୍ତମ କ୍ଷେତ୍ର ବୈଷ୍ଣବ କ୍ଷେତ୍ର ଭାବରେ ପ୍ରତିଷ୍ଠା ଅର୍ଜ୍ଜନ କରିବାରୁ ଶୈବମାନେ ମର୍ମାହତ ହେବା ଭୟରେ ପ୍ରଳୟ କାଳରେ ମାର୍କଣ୍ଡେୟ ମୁନି ବିଷ୍ଣୁଙ୍କୁ ପ୍ରାର୍ଥନା କରିବାରୁ ଉଭୟ ସ୍ୱରୂପ ଭଗବାନ ମାର୍କଣ୍ଡେୟଙ୍କୁ କହିଥିଲେ- "ନୀଳାଚଳ ଧାମରେ ହରିହର ପୂଜାର ଏକତ୍ର ସମାବେଶ କରାଯାଇଛି । ପୁନଶ୍ଚ ଏ କଥା ମଧ୍ୟ ଜଣାଯାଏ ଯେ ଅତୀତରେ ଶୈବ, ଶାକ୍ତ ଓ ବୈଷ୍ଣବ ସମ୍ପ୍ରଦାୟର ବିଷ୍ଣୁ ରୂପରେ ପୂଜା ପାଉଛନ୍ତି । ସୁଦର୍ଶନ ସୂର୍ଯ୍ୟଙ୍କ ପ୍ରତୀକ ଭାବରେ ପରିକଳ୍ପିତ ହୋଇଥିବାରୁ ସୌରମାନଙ୍କ ମତବାଦର ସମନ୍ୱୟ ମଧ୍ୟ ଘଟିଛି ।

କିମ୍ବଦନ୍ତି ଅନୁସାରେ ଜଗନ୍ନାଥ ପ୍ରଥମେ ଶବର ଦେବତା ନୀଳମାଧବ ଭାବରେ ପୂଜିତ ହେଉଥିଲେ । ବିଦ୍ୟାପତିଙ୍କ ଦ୍ୱାରା ରାଜା ଇନ୍ଦ୍ରଦ୍ୟୁମ୍ନ ତାଙ୍କର ସନ୍ଧାନ କରାଇଥିଲେ । ବିଦ୍ୟାପତି ଓ ଲଳିତାଙ୍କ ବିବାହରେ ଆର୍ଯ୍ୟ ଓ ଅନାର୍ଯ୍ୟ ସଂସ୍କୃତିର ସମନ୍ୱୟ ଘଟିଲା । ଏହି ସମନ୍ୱୟକୁ ଯଥାମାନ୍ୟ ଦେବାପାଇଁ ସମନ୍ୱୟର ଦେବତା ଶ୍ରୀଜଗନ୍ନାଥଙ୍କ ମନ୍ଦିରରେ ବିଦ୍ୟାପତି ଓ ଲଳିତାଙ୍କର ବଂଶଧରଙ୍କୁ ଠାକୁରଙ୍କ ସେବା ପୂଜାରେ ଅଂଶ ଗ୍ରହଣ କରିବାର ସୁଯୋଗ ଦିଆଯାଇଛି । ସେହି ନୀଳମାଧବ ଅନ୍ତର୍ଦ୍ଧାନ ହୋଇ ଦାରୁ ରୂପରେ ବାଙ୍କୀ ମୁହାଣରେ ଆବିର୍ଭୂତ ହେଲେ ଏବଂ ତହିଁରୁ ମୂର୍ତ୍ତିମାନ ଗଠିତ ହେଲା ବୋଲି ଜନଶ୍ରୁତି ରହିଛି । ଅତଏବ ଏକଥା ସ୍ୱୀକାର୍ଯ୍ୟ ସେ ଶ୍ରୀଜଗନ୍ନାଥ ଧର୍ମ ଓ ଦର୍ଶନ ଆର୍ଯ୍ୟ ଅନାର୍ଯ୍ୟ ଉଭୟ ସଂସ୍କୃତିର ସମନ୍ୱିତ ଭିତ୍ତି ଉପରେ ପ୍ରତିଷ୍ଠିତ ଓ ପରିବ୍ୟାପ୍ତ । ଦଇତାପତିମାନେ ନବକଳେବର ରଥଯାତ୍ରା ଏବଂ ଅଣସର ସମୟରେ ଚତୁର୍ଦ୍ଧା ମୂର୍ତ୍ତିଙ୍କର ସେବା ପୂଜାରେ ସକ୍ରୀୟ ଅଂଶ ଗ୍ରହଣ କରିଥାନ୍ତି ।

ବଳରାମ ଦାସ ତାଙ୍କର 'ବଟ ଅବକାଶ' ଗ୍ରନ୍ଥରେ ଜଗନ୍ନାଥ ଯେ ସମନ୍ୱୟରେ ଦେବତା ଏକଥା ଉଲ୍ଲେଖ କରିଛନ୍ତି । ସେ ବଳଭଦ୍ର, ଜଗନ୍ନାଥ ଓ ସୁଭଦ୍ରାଙ୍କୁ ଶିବ, ବିଷ୍ଣୁ ଓ ଦୁର୍ଗା ରୂପରେ ପରିକଳ୍ପନା କରିଛନ୍ତି । ମରହଟ୍ଟା ଯୁଗର ଓଡ଼ିଆ କବି ପୀତାମ୍ବର ଦାସ ସ୍ୱରଚିତ 'ନୃସିଂହ ପୁରାଣ' ଗ୍ରନ୍ଥରେ ଚାରି ବୈଷ୍ଣବ ସମ୍ପ୍ରଦାୟର ଚିତ୍ର ଜଗନ୍ନାଥ ମନ୍ଦିରରେ ଦେଖିପାରିଛନ୍ତି । ଏକ ଜଗନ୍ନାଥଙ୍କ ନିକଟକୁ ଯିବାକୁ ଯେପରି ଚାରି ଗୋଟି ଦ୍ୱାର ଏକ ଭଗବତ ସତ୍ତା ନିକଟକୁ ଚାରି ବୈଷ୍ଣବ ସମ୍ପ୍ରଦାୟ ସେପରି ଚାରି ଗୋଟି ମାର୍ଗରେ ଅଗ୍ରସର ହୋଇପାରନ୍ତି ।

ଚାରି ସମ୍ପ୍ରଦାୟଙ୍କ ନଥାଇ ହୃଦେ ଛନ୍ଦ ।
ନଜାଣିଣ ପାପୀଜନେ କରୁଥାନ୍ତି ଦ୍ୱନ୍ଦ୍ୱ ॥

ଶ୍ରୀବୈକୁଣ୍ଠ ମୋହର ଚାରି ଦ୍ୱାର ସରି।
ଯେ ଯେଉଁ ଦ୍ୱାରେ ସେବି ସେ ଏକା ନରହରି ॥

ଶ୍ରୀଜଗନ୍ନାଥଙ୍କ ଚକାଡ଼ୋଳରେ ରାଧାକୃଷ୍ଣ ଯୁଗଳ ମୂର୍ତ୍ତିର ଅବତାରଣା କରିଛନ୍ତି ପଞ୍ଚସଖା ଯୁଗର ସାହିତ୍ୟ ସାଧକମାନେ। ଶ୍ରୀକ୍ଷେତ୍ର ମାହାତ୍ମ୍ୟ ଯେ ଅନିର୍ବଚନୀୟ ଏ କଥା କେତେକ ପୁରାଣ ପୃଷ୍ଠାରେ ଉପସ୍ଥାପିତ। ସ୍କନ୍ଦପୁରାଣରେ ଉଲ୍ଲେଖ ଅଛି-

ପୃଥିବ୍ୟାଂ ଗୋପିତଂ ସ୍ଥାନଂ ତଚାପି ସୁଦୁର୍ଲ୍ଲଭମ୍।

ଅର୍ଥାତ୍ ଏ କ୍ଷେତ୍ରର ମାହାତ୍ମ୍ୟ ସହଜରେ ଜଣାଯାଏ ନାହିଁ।

ତନ୍ତ୍ର ମତବାଦର ପ୍ରଚାର ଓ ପ୍ରସାର ଭାରତରେ ବହୁଳ ଭାବରେ ଦେଖିବାକୁ ମିଳେ। ଶ୍ରୀଜଗନ୍ନାତଙ୍କଠାରେ ତନ୍ତ୍ରବାଦର ଆରୋପ ମଧ୍ୟ କରାଯାଇଛି। ତନ୍ତ୍ର ମତରେ ଶ୍ରୀଜଗନ୍ନାଥଙ୍କୁ ମହାକାଳ ଭୈରବ ରୂପେ ପୂଜା କରାଯାଏ। 'ହେ ଚକ୍ର ତନ୍ତ୍ର' ଗ୍ରନ୍ଥରୁ ଜଣାଯାଏ ଯେ 'ବିମଳା ଭୈରବୀ ଯତ୍ର ଜଗନ୍ନାଥସ୍ତୁ ଭୈରବ'।

ଶ୍ରୀକୃଷ୍ଣ ରୂପରେ ଜଗନ୍ନାଥଙ୍କୁ ଦେଖିବାର ଧାରା ଓ ପରମ୍ପରା ଓଡ଼ିଶାରେ ତଥା ଭାରତବର୍ଷରେ ବହୁ ପ୍ରାଚୀନ ଓ ପ୍ରତିଷ୍ଠିତ। ଦ୍ୱାଦଶ ଶତାବ୍ଦୀରେ ରଚିତ ଗୀତଗୋବିନ୍ଦ ଗ୍ରନ୍ଥରେ କବି ଜୟଦେବ ଶ୍ରୀଜଗନ୍ନାଥଙ୍କୁ ରାଧାକୃଷ୍ଣଯୁଗଳ ମୂର୍ତ୍ତି ଭାବରେ ଗ୍ରହଣ କରିଛନ୍ତି। ପଞ୍ଚସଖା ସାଧକ ଅଚ୍ୟୁତାନନ୍ଦ ଦାସ ଦଶାକ୍ଷର ମନ୍ତ୍ର "ଗୋପୀଜନ ବଲ୍ଲଭାୟ ନମଃ" ପ୍ରୟୋଗ ପୂର୍ବକ ଘୋଷଣା କଲେ ଯେ ଶ୍ରୀଜଗନ୍ନାଥ ହିଁ ଶ୍ରୀକୃଷ୍ଣ। ଏବେ ମଧ୍ୟ ଗୋପୀଜନ ବଲ୍ଲଭାୟ ଶବ୍ଦ ତାଙ୍କ ପୂଜା ମନ୍ତ୍ରରେ ବ୍ୟବହୃତ ହେଉଛି। ପ୍ରତାପରୁଦ୍ରଙ୍କ ମନ୍ତ୍ରୀ ରାୟରାମାନନ୍ଦ କହିଲେ ଯେ ଜଗନ୍ନାଥ ହେଉଛନ୍ତି କୃଷ୍ଣ। ହରେ ରାମକୃଷ୍ଣ ମନ୍ତ୍ରସ୍ଥ ରାମ ଶବ୍ଦ ରାଧା ଭାବ ଓ କୃଷ୍ଣ ଭାବର ସମନ୍ୱୟ ଭାବର ଦ୍ୟୋତକ ବୋଲି ସେ ଉଲ୍ଲେଖ କରିଛନ୍ତି।

ଶ୍ରୀଜଗନ୍ନାଥଙ୍କୁ ରାମ ଉପାସକ ଭକ୍ତମାନେ ରାମ ଭାବରେ ଗ୍ରହଣ କରିଥାନ୍ତି। ରାମ, ଲକ୍ଷ୍ମଣ, ସୀତାଙ୍କୁ ଜଗନ୍ନାଥ, ବଳଭଦ୍ର ଓ ସୁଭଦ୍ରାଙ୍କଠାରେ ସେମାନେ ଦର୍ଶନ କରିଥାନ୍ତି। ସନ୍ଥ ତୁଳସୀ ଦାସ ଶ୍ରୀଜଗନ୍ନାଥ, ବଳଭଦ୍ର, ସୁଭଦ୍ରାଙ୍କୁ ଦେଖି ଶ୍ରୀରାମ, ଲକ୍ଷ୍ମଣ, ସୀତା ଭାବରେ ଗ୍ରହଣ କରି ଅଭିଭୂତ ହୋଇପଡ଼ିଥିଲେ। ପୌଷ ପୂର୍ଣ୍ଣିମା ତିଥିରେ ପୁଷ୍ୟାଭିଷେକ ଯାତ୍ରା ଅବକାଶର ତ୍ରିମୂର୍ତ୍ତି ଏବେ ମଧ୍ୟ ଶ୍ରୀରାମ, ଲକ୍ଷ୍ମଣ ଓ ସୀତାଙ୍କ ବେଶ ଧାରଣ କରୁଛନ୍ତି। ବଳରାମ ଦାସ, ଶ୍ରୀଜଗନ୍ନାଥଙ୍କୁ ରାମଚନ୍ଦ୍ର ଭାବରେ ପରିକଳ୍ପନା କରିଛନ୍ତି। ଏବେ ମଧ୍ୟ ମିଥିଳା ଓ ଅଯୋଧ୍ୟାରୁ ଆସୁଥିବା ଯାତ୍ରୀମାନେ ଶ୍ରୀକ୍ଷେତ୍ରକୁ ଅଯୋଧ୍ୟାପୁରୀ ଓ ଗୁଣ୍ଡିଚାବାଡ଼ିକୁ ଜନକପୁରୀ ରୂପରେ ବିଚାର କରିଥାନ୍ତି।

ବୌଦ୍ଧ ଧର୍ମାବଲମ୍ବୀମାନେ ଶ୍ରୀଜଗନ୍ନାଥଙ୍କୁ ଦେଖି ତାଙ୍କଠାରେ ବୁଦ୍ଧତ୍ୱ ଆରୋପ

କରିଥାନ୍ତି । ଶ୍ରୀଜଗନ୍ନାଥଙ୍କ ନାଭି କମଳରେ ବୁଦ୍ଧଦେବଙ୍କ ଦାନ୍ତ ରହିଛି ବୋଲି ଜନଶ୍ରୁତି ରହିଛି । ବୌଦ୍ଧମାନେ ତ୍ରିମୂର୍ତ୍ତିଙ୍କୁ, ବୁଦ୍ଧ, ସଙ୍ଘ ଓ ଧର୍ମର ପ୍ରତୀକ ରୂପରେ ଗ୍ରହଣ କରନ୍ତି । ବର୍ଷାରମ୍ଭ ପରେ ବୁଦ୍ଧ ମୂର୍ତ୍ତି ରଥରେ ବସି ପରିକ୍ରମା କରିବାର ପ୍ରଥାରୁ ବର୍ଷା କାଳରେ ହେଉଥିବା ଶ୍ରୀଜଗନ୍ନାଥଙ୍କ ରଥଯାତ୍ରାର ସୃଷ୍ଟି ବୋଲି କେତେକ ଆଲୋଚକ ମତ ଦିଅନ୍ତି । ପୁରୀ ଶବ୍ଦ ଦନ୍ତପୁରୀ ଶବ୍ଦରୁ ଆସିଛି ବୋଲି ମଧ୍ୟ କୁହାଯାଏ । ଓଡ଼ିଆ ସାହିତ୍ୟର ଆଦିକବି ଜଗନ୍ନାଥଙ୍କୁ ବୁଦ୍ଧ ଭାବରେ ପରିକଳ୍ପନା କରି ସ୍ୱରଚିତ 'ମହାଭାରତ' ଗ୍ରନ୍ଥର ବିରାଟ ପର୍ବରେ କହିଛନ୍ତି-

ମହୋଦଧି ତୀରେ ବଡ଼ ଦେଉଳରେ ବସି
ଦରିଦ୍ରମାନଙ୍କ ଦୁଃଖ ଦେଉଅଛି ଧ୍ୱଂସି ।
ବଉଦ୍ଧ ରୂପରେ କଳିଯୁଗେ ଅବତାର
ହୋଇଣ ପାପୀ ଜନଙ୍କୁ କରୁଛ ଉଦ୍ଧାର ।

ଜୈନମାନେ ଜଗନ୍ନାଥଙ୍କୁ ନିଜର ଦେବତା ଜ୍ଞାନ କରନ୍ତି । ସେମାନଙ୍କ ବିଚାରରେ ଜୀନନାଥ ଶବ୍ଦରୁ ଜଗନ୍ନାଥ ଶବ୍ଦର ଉତ୍ପତ୍ତି । ଜୈନ ସାଧକମାନଙ୍କୁ କେବଳୀ କୁହାଯାଏ । କେବଳୀ ଶବ୍ଦରୁ ଜଗନ୍ନାଥଙ୍କର କୈବଲ୍ୟ ଶବ୍ଦ ସୃଷ୍ଟି ହୋଇଛି ବୋଲି କେତେକ ଆଲୋଚକ ମତ ଦିଅନ୍ତି ।

ଶ୍ରୀଜଗନ୍ନାଥଙ୍କ ସେବକ ସମ୍ପ୍ରଦାୟକୁ ବିଚାରକଲେ ଜଣାଯାଏ ଯେ ଜଗନ୍ନାଥଙ୍କ ସେବା ପୂଜା ବହୁ ସମ୍ପ୍ରଦାୟର ସମନ୍ୱୟରେ ହିଁ ସମାହିତ ହୁଏ । ଜନଶ୍ରୁତି ଅଛି ଯେ ଜଗନ୍ନାଥ ମନ୍ଦିରରେ ଠାକୁରଙ୍କ ସେବାରେ ଛତିଶ ପ୍ରକାର ସେବକ ଅଛନ୍ତି । କିନ୍ତୁ ପ୍ରକୃତରେ ସେବକ ସମ୍ପ୍ରଦାୟର ସଂଖ୍ୟା ଛତିଶରୁ ଅଧିକ । ୧୮୦୭ ମସିହାରେ ତତ୍କାଳୀନ ପୁରୀ କଲେକ୍ଟର ଗ୍ରୋମ୍ ସାହେବ ଯେଉଁ ରିପୋର୍ଟ ଦାଖଲ କରିଥିଲେ, ସେଥିରେ ସେବକ ସମ୍ପ୍ରଦାୟର ସଂଖ୍ୟା ୨୫୦ ଥିବାର ଜଣାଯାଏ । ଗଜପତି ମହାରାଜା ହେଉଛନ୍ତି ଶ୍ରୀଜଗନ୍ନାଥଙ୍କ ପ୍ରଥମ ସେବକ । ମନ୍ଦିରରେ ତାଙ୍କ ସେବା ଅତ୍ୟନ୍ତ ଗୁରୁତ୍ୱପୂର୍ଣ୍ଣ । ରଥଯାତ୍ରା ବେଳେ ରଥରେ ଛେରାପହଁରା କାର୍ଯ୍ୟ ସମ୍ପାଦନରେ ତାଙ୍କର ଭୂମିକା ଅତି ମହତ୍ତ୍ୱପୂର୍ଣ୍ଣ । ତାଙ୍କ ବ୍ୟତୀତ ଅନ୍ୟାନ୍ୟ ସେବକମାନଙ୍କ ମଧ୍ୟରେ ମୁଦିରଥ ରାଜାଙ୍କ ଅନିବାର୍ଯ୍ୟ କାରଣ ଜନିତ ଅନୁପସ୍ଥିତିରେ ରଥରେ ଛେରାପହଁରା କାର୍ଯ୍ୟ କରିଥାନ୍ତି । ଏହା ବ୍ୟତୀତ ପ୍ରତି ଦିନର ନୀତିଗତି ଭିତରେ ଭିତର ଛୋ ମହାପାତ୍ର ଦ୍ୱାର ଫିଟା ନୀତି କରନ୍ତି, ସର୍ବପ୍ରଥମେ ମନ୍ଦିର ପ୍ରବେଶ କରି ଶାଢ଼ୀ ବନ୍ଧା ନୀତି କରିବା ସହିତ 'ଅମୁଣିଆ' ପରୀକ୍ଷା କରି ଦେଖନ୍ତି । ତଳିଛୋ ମହାପାତ୍ରଙ୍କର ରୋଷ ଉପରେ କର୍ତ୍ତୃତ୍ୱ ଅଧିକ ଥାଏ । ଭଣ୍ଡାର ମେକାପ ସମ୍ପ୍ରଦାୟ ସିଂହାସନାସୀନ ଦେବତାଙ୍କର ନିତ୍ୟ ବ୍ୟବହାର୍ଯ୍ୟ

ଅଳଙ୍କାରାଦି ବସ୍ତୁ ଭଣ୍ଡାର ଘରୁ ବାହାର କରିଥାନ୍ତି। ପୂଜକ, ପୂଜାପଣ୍ଡା ଓ ବଡ଼ପଣ୍ଡା ପୂଜା କରିବାର ଦାୟିତ୍ୱ ନେଇଥାନ୍ତି। ସିଂହାରୀ ଓ ପଶୁପାଳକ ଠାକୁରମାନଙ୍କ ବେଶ କରି ଦିଅନ୍ତି ଓ ଫୁଲ ଲାଗି କହନ୍ତି। ଗରାବଡୁ ଯୋଗାନ୍ତି ପୂଜା ଅବସରରେ ଜଳ। ପତ୍ରବଡୁ ଦିଅନ୍ତି ପୂଜାର ଅନ୍ୟାନ୍ୟ ଉପକରଣ। ଶଙ୍ଖୁଆ ବଜାନ୍ତି ଶଙ୍ଖ, ମାଦେଳୀ ବଜାନ୍ତି ମାଦଳ। କାହାଳିଆ ବିଜେ କାହାଳୀ ବଜାଇ ପରିବେଶରେ ଆନନ୍ଦ ଓ ତଲ୍ଲୀନ ଭାବ ଭରିଦିଅନ୍ତି। ବୀଣାକାର ଠାକୁରଙ୍କ ପହଡ଼ ପୂର୍ବରୁ ବୀଣା ବଜାନ୍ତି। ଦଇତାମାନେ ନବ କଳେବର, ରଥଯାତ୍ରା ଓ ଅଣସର ବେଳେ ଅଧିକ ସକ୍ରିୟ ଅଂଶ ଗ୍ରହଣ କରନ୍ତି ଜଗନ୍ନାଥଙ୍କ ସେବା କାର୍ଯ୍ୟରେ। ପାଣିଆ ପଟ ଦିନ ସାରା ମନ୍ଦିରରେ ଆବଶ୍ୟକୀୟ ପାଣି ଯୋଗାନ୍ତି। ବଳିତା, ସେବକ ଦିଅନ୍ତି ବଳିତା ସେବକ ମାଳିଆ ସୁଆସିଆଁ ଯୋଗାନ୍ତି କାଠ ପିଢ଼ା। ଘଟୁଆରୀ ଦୈନିକ ନୀତି ନିମନ୍ତେ ଅଁଳା, ଚନ୍ଦନ ଓ ମହାଦୀବ ଯୋଗାଇଥାନ୍ତି। ରଥଭୋଇ ରଥ କାର୍ଯ୍ୟ କରିଥାନ୍ତି। ଚିତ୍ରକାର ଓ ରୂପକାରମାନେ ରଥପାଇଁ ନିର୍ମାଣ କରିଥାନ୍ତି ପ୍ରତିମା ଓ ପ୍ରତିମାର କେତେକ ଚିତ୍ର। ଅଣସର ବେଳେ ଠାକୁରଙ୍କୁ ପାଚନ ଦେଇଥାନ୍ତି ବୈଦ୍ୟ । ଏହାଛଡ଼ା ଆହୁରି ଅନେକ ସେବକ ସମ୍ପ୍ରଦାୟ ଶ୍ରୀଜଗନ୍ନାଥଙ୍କ ସେବା ପୂଜାରେ ନିଯୁକ୍ତ ହୋଇଥାନ୍ତି। ସମସ୍ତଙ୍କର ସଯୋଗରେ ଠାକୁରଙ୍କ ସେବା କାର୍ଯ୍ୟ ସମାହିତ ହୁଏ। ବିଭିନ୍ନ ସମ୍ପ୍ରଦାୟର କାର୍ଯ୍ୟଦକ୍ଷତାର ସମନ୍ୱୟରେ ପ୍ରଭୁଙ୍କ କାର୍ଯ୍ୟ ସୁଚାରୁ ରୂପେ ସମ୍ପାଦିତ ହୁଏ।

ଶ୍ରୀଜଗନ୍ନାଥଙ୍କ ଧର୍ମ ଓ ଦର୍ଶନରେ ଅନାର୍ଯ୍ୟ ସଂସ୍କୃତି ଓ ଆର୍ଯ୍ୟ ସଂସ୍କୃତିର ସମ୍ୟକ୍ ସମନ୍ୱୟ ଦେଖାଯାଏ। ଏହି ସମନ୍ୱୟ ଚେତନା ଯୋଗୁଁ ଯୁଗେ ଯୁଗେ ବହୁ ଗବେଷକ, ସାଧକ, ଭକ୍ତ, ଦାର୍ଶନିକ ଓ ପରିବ୍ରାଜକ ଶ୍ରୀଜଗନ୍ନାଥଙ୍କ ପ୍ରତି ଆକୃଷ୍ଟ ହୋଇଛନ୍ତି। ଶ୍ରୀଜଗନ୍ନାଥ ହେଉଛନ୍ତି ସର୍ବ ଧର୍ମମତକୁ ଆଶ୍ରୟ କରିଥିବା ବିଶିଷ୍ଟ ଦେବତା। ଏହି ପରିପ୍ରେକ୍ଷୀରେ ଦ୍ୱାଦଶ ଶତାବ୍ଦୀର କବି ଉଦୟନାଥ ଆଚାର୍ଯ୍ୟଙ୍କ ଭକ୍ତି ସ୍ମରଣକୁ ଆସେ-

> ଯଂ ଶୈବାଃ ସମୁପାସତେ ଶିବମିତି ବ୍ରହ୍ମେତି ବେଦାନ୍ତିନଃ।
> ବୌଦ୍ଧଃ ବୁଦ୍ଧ ଇତି ପ୍ରମାଣ ପଟବଃ କର୍ତ୍ତେତି ନୈୟାୟିକାଃ ॥
> ଅର୍ହନ୍ନିତ୍ୟଥ ଜୈନ ଶାସନରତାଃ କର୍ମେତି ମୀମାଂସକାଃ।
> ସୋଽୟଂବଃ ବିଦ୍‌ଧାତୁ ବାଞ୍ଛିତଫଳଃ ତ୍ରୈଲୋକ୍ୟନାଥୋ ହରିଃ ॥

ଆର୍ଯ୍ୟ, ଅନାର୍ଯ୍ୟ, ଦ୍ରାବିଡ଼, ବ୍ରାହ୍ମଣ୍ୟ, ଜୈନ, ବୌଦ୍ଧ, ଶୈବ, ଶାକ୍ତ, ଗାଣପତ୍ୟ, ସୌର, ବୈଷ୍ଣବ ଶିଖ ପ୍ରଭୃତି ବହୁ ଦର୍ଶନରେ ପରିପୁଷ୍ଟ ହୋଇଛି ଜଗନ୍ନାଥ ଦର୍ଶନ। ସମନ୍ୱୟ ଚେତନା ବଳରେ ଏହା ସମ୍ଭବ ହୋଇଛି। ଶବର ବିଶ୍ୱାବସୁ, ବୈଷ୍ଣବ

ଇନ୍ଦ୍ରଦ୍ୟୁମ୍ନ, ବୌଦ୍ଧ ଇନ୍ଦ୍ରଭୂତି, ଅଦ୍ୱୈତବାଦୀ ଶଙ୍କରାଚାର୍ଯ୍ୟ, ଦ୍ୱୈତବାଦୀ ମାଧ୍ୱାଚାର୍ଯ୍ୟ, ସନକ ସମ୍ପ୍ରଦାୟର ନିମ୍ବାର୍କାଚାର୍ଯ୍ୟ, ଶୁଦ୍ଧ ଭକ୍ତିବାଦୀ ଚୈତନ୍ୟ, ଶୂନ୍ୟବାଦୀ ବଳରାମ, ଶିଖ ଗୁରୁ ନାନକ, ଯବନ ହରିଦାସ, ମହାପୁରୁଷ କବୀର, ଗାଣପତ୍ୟ ଗଣପତି ଭଟ୍ଟ ରାମ ପ୍ରେମୀ ସନ୍ଥ ତୁଳସୀ ଦାସ ଇତ୍ୟାଦି ବିଶିଷ୍ଟ ଆଚାର୍ଯ୍ୟଗଣ ଜଗନ୍ନାଥଙ୍କୁ ନିଜ ନିଜ ଦର୍ଶନର କଷଟି ପଥରରେ କଷି ଶେଷରେ ଆପଣାର କରି ନେଇଛନ୍ତି। ବୌଦ୍ଧମାନଙ୍କ ପାଇଁ ସେ ବୁଦ୍ଧ, ଜୈନମାନଙ୍କ ଜୀନଦେବ, ବୈଷ୍ଣବମାନଙ୍କ ପାଇଁ ବିଷ୍ଣୁ, ଶୈବମାନଙ୍କ ପାଇଁ ପରମ ଶିବ, ଶାକ୍ତମାନଙ୍କ ପାଇଁ ଦକ୍ଷିଣ କାଳିକା, ସୌରମାନଙ୍କ ପାଇଁ ସୂର୍ଯ୍ୟ ଓ ଗାଣପତ୍ୟମାନଙ୍କ ପାଇଁ ଗଣପତି ରୂପରେ ଆତ୍ମପ୍ରକାଶ କରିଛନ୍ତି। ଜଗନ୍ନାଥ ସଂସ୍କୃତି କୌଣସି ସୀମାରେ ଆବଦ୍ଧ ନୁହେଁ। ନଦୀଗୁଡ଼ିକ ଆସି ସମୁଦ୍ରରେ ମିଶିଲା ପରି ଜଗନ୍ନାଥ ସଂସ୍କୃତିରେ ସବୁ ସଂସ୍କୃତି ଆସି ସମନ୍ୱିତ ହୋଇଛନ୍ତି। ଶ୍ରୀଜଗନ୍ନାଥଙ୍କ ମୂର୍ତ୍ତି ଗଠନରେ ଶବର ପ୍ରଭାବ, ଉପାସନା ପଦ୍ଧତିରେ ଦ୍ରାବିଡ଼ ପ୍ରଭାବ, ପର୍ବପର୍ବାଣୀ ତଥା ଯାତ୍ରାନୁଷ୍ଠାନମାନଙ୍କରେ ପୁରାଣର ପ୍ରଭାବ ପରିଲକ୍ଷିତ ହୁଏ। ପୂଜା ମନ୍ତ୍ରରେ ପ୍ରୟୋଗ ଓଁକୁ ବୈଦିକ ସଂସ୍କୃତିର ଚିହ୍ନ ଭାବରେ ଏବଂ କ୍ଲୀଂ, ହ୍ଲୀଂ, ଶ୍ଲୀଂକୁ ତାନ୍ତ୍ରିକ ସଂସ୍କୃତିର ଚିହ୍ନ ଭାବରେ ଗ୍ରହଣ କରାଯାଏ। ଜଗନ୍ନାଥ ଦର୍ଶନରେ ସର୍ବତ୍ର ସମନ୍ୱୟ ହିଁ ଲକ୍ଷ୍ୟଣୀୟ। ମନେହୁଏ ଜଗନ୍ନାଥ ଚେତନା ଯେପରି ବିଶ୍ୱବ୍ୟାପ୍ତ ସମନ୍ୱୟ ଚେତନାର ସାର୍ଥକ ପ୍ରତିନିଧି ଓ ସୁରମ୍ୟ ପ୍ରତୀକ।

ଶବରର ମେଣ୍ଡା ମୁଣ୍ଡିଆ ଖେଚେଡ଼ି ଅର୍ପଣ, ଜୈନର କୈବଲ୍ୟ, ଶୈବର ନିର୍ମାଲ୍ୟ, ଶାକ୍ତର ପଞ୍ଚମକାର, ବ୍ରାହ୍ମଣର ମୁଦ୍ରାମଣ୍ଡଳ ମନ୍ତ୍ର ପାଠ ସବୁ ମିଶି ଏକ ମର୍ଯ୍ୟାଦା ଆଣି ଦେଇଛି ଶ୍ରୀଜଗନ୍ନାଥଙ୍କର ଉପାସନା ଧାରାକୁ। ଶ୍ରୀଜଗନ୍ନାଥଙ୍କ ବେଶଭୂଷା, ଅଳଙ୍କାର ପରିଧାନ, ଖାଦ୍ୟ ବ୍ୟବସ୍ଥା, ପର୍ବପର୍ବାଣି ଇତ୍ୟାଦିକୁ ଅନୁଧ୍ୟାନ କଲେ ସେ କୌଣସି ନିର୍ଦ୍ଦିଷ୍ଟ ଗୋଟିଏ ସମ୍ପ୍ରଦାୟର ଅନ୍ତର୍ଭୁକ୍ତ ନୁହନ୍ତି ଏହା ସହଜରେ ଜଣାପଡ଼େ। ସେସବୁ ସମ୍ପ୍ରଦାୟର ସମନ୍ୱିତ ଚେତନାର ପ୍ରତୀକ ହୋଇ ରହିଛନ୍ତି ନୀଳାଚଳ ଧାମରେ ଭକ୍ତ ଜନତାର କଲ୍ୟାଣ ନିମନ୍ତେ, ଏଥିରେ ସନ୍ଦେହ ନାହିଁ। ବିଶ୍ୱ ପରିବାର ଗଠନ ନିମନ୍ତେ ସମନ୍ୱୟର ଯେଉଁ ଉପାଦାନ ଜଗନ୍ନାଥ ଚେତନାରେ ରହିଛି ତାହାର ପଟାନ୍ତର ନାହିଁ। ସମଗ୍ର ମାନବ ଜାତିର ଦେହର ରଙ୍ଗକୁ ଦୃଷ୍ଟିରେ ରଖି ଚତୁର୍ଦ୍ଧା ମୂର୍ତ୍ତିଙ୍କର ବର୍ଣ୍ଣ ଯୋଜନା ହେଲାପରି ମନେହୁଏ। ଭାରତ, ଆଫ୍ରିକା, ଗ୍ରୀସ୍ ଓ ତୁର୍କୀ ଆଦି ସ୍ଥାନମାନଙ୍କର ଅଧିବାସୀମାନଙ୍କ ପରି ଶ୍ରୀଜଗନ୍ନାଥ ହୋଇଛନ୍ତି କୃଷ୍ଣ ବର୍ଣ୍ଣ। ୟୁରୋପ୍, ଆମେରିକାର ଅଧିବାସୀଙ୍କ ରଙ୍ଗର ପ୍ରତିନିଧିତ୍ୱ କରେ ବଳରାମଙ୍କର ବର୍ଣ୍ଣ। ଲୋହିତ ଭାରତୀୟଙ୍କ ପିର ସୁଦର୍ଶନ ଲୋହିତରଙ୍ଗରେ ରଞ୍ଜିତ ହୋଇ ଶୋଭା ପାଉଛନ୍ତି।

ଅସ୍ପୃଶ୍ୟତାକୁ ସାମାଜିକ କଳଙ୍କ କହି ତା'ର ଦୂରୀକରଣ ନିମନ୍ତେ ବହୁ ପ୍ରଚେଷ୍ଟା ଏବେ କରାଯାଉଥିଲା ବେଳେ ବହୁ ପୂର୍ବରୁ ଜଗନ୍ନାଥ ସଂସ୍କୃତିରେ ଏଥିନିମନ୍ତେ ନିଆଯାଇଥିବା ପଦକ୍ଷେପ ବାସ୍ତବିକ ମନରେ ବିସ୍ମୟ ସୃଷ୍ଟି କରେ। ଶ୍ରୀୟା ଚଣ୍ଡାଳୁଣୀ ଘରେ ମହାଲକ୍ଷ୍ମୀ ପ୍ରବେଶ କରିବା ଦ୍ୱାରା ଅସ୍ପୃଶ୍ୟତା ନିବାରଣ ନିମିତ୍ତ ଦୃଢ଼ ପଦକ୍ଷେପ ଜଗନ୍ନାଥ ସଂସ୍କୃତିରେ ଗ୍ରହଣ କରାଯାଇଛି। ଜଗନ୍ନାଥ ତ ଭାବଗ୍ରାହୀ : ଭାବରେ ସେ ବନ୍ଧା। ଭକ୍ତର ଆଡ଼ମ୍ବର, ବଂଶ ମର୍ଯ୍ୟାଦା ଉପରେ ସେ ଗୁରୁତ୍ୱ ନଦେଇ ହୃଦୟର ଭାବ ଉପରେ ଗୁରୁତ୍ୱ ଦେଇଥାନ୍ତି। ହିନ୍ଦୁ, ମୁସଲମାନ ଓ ଖ୍ରୀଷ୍ଟିଆନ୍ ଭେଦ ତାଙ୍କ ପାଖରେ ନାହିଁ। ସାତଶହ ପଚାଶ କୋଶ ଦୂରରୁ ଭକ୍ତ ହୃଦୟର ଡାକ ସେ ଶୁଣିପାରି ରଥକୁ ଟିକିଏ ଅଟକାଇ ଦେଇଥିଲେ ବଡ଼ ଦାଣ୍ଡରେ। ସାଲବେଗଙ୍କ ସଙ୍ଗୀତ ପ୍ରଭୁଙ୍କ ପାଇଁ ଅତ୍ୟନ୍ତ ଲୋଭନୀୟ, ଏଥିରେ ସନ୍ଦେହର ଅବକାଶ ନାହିଁ। ମାଦଳା ପାଞ୍ଜିର ରାଜଭୋଗ ବର୍ଣ୍ଣନା ଅନୁସାରେ ଦ୍ୱିତୀୟ ରାମଚନ୍ଦ୍ର ଦେବ ତାଙ୍କ ନାଏବ ନାଜିମ୍ ସୁଜା ଖାଁଙ୍କ କନ୍ୟାକୁ ବିବାହ କରି ମୁସଲମାନ ଧର୍ମୀ ହେବାରୁ ଶ୍ରୀଜଗନ୍ନାଥ ତାଙ୍କ ପାଇଁ ସିଂହଦ୍ୱାର ଗୁମୁଟ ଭିତରେ ପତିତପାବନ ରୂପରେ ଆବିର୍ଭୂତ ହୋଇଥିଲେ। ଯବନ ହରିଦାସଙ୍କ ହୃଦୟରେ ଥିଲା ଶ୍ରୀଜଗନ୍ନାଥଙ୍କ ନିମନ୍ତେ ସୀମାହୀନ ଭକ୍ତି।

ବିଭିନ୍ନ ଦିଗରୁ ବିଚାର କଲେ ଏହା ସ୍ପଷ୍ଟ ପ୍ରମାଣିତ ଯେ ଜଗନ୍ନାଥ ଚେତନା ହିଁ ସମନ୍ୱିତ ଚେତନା ଯାହାର ତୁଳନା ନାହିଁ। ଏହି ଚେତନାର ଧାର୍ମିକ ମୂଲ୍ୟବୋଧ ଯେପରି ରହିଛି, ସାମାଜିକ କ୍ଷେତ୍ରରେ ବ୍ୟାବହାରିକ ମୂଲ୍ୟବୋଧ ମଧ୍ୟ ସେପରି ରହିଛି। ବହୁ ସମସ୍ୟାର ସମାଧାନ ନିମନ୍ତେ ଜଗନ୍ନାଥ ଚେତନା ଓ ଧର୍ମଦର୍ଶନ ଯେ ଦିଗ୍‌ଦର୍ଶନ ଦେଇପାରିବ, ଏଥିରେ ସନ୍ଦେହ ନାହିଁ।

■

ଆମ ସଂସ୍କୃତି ଆମ ଶ୍ରୀଜଗନ୍ନାଥ

ଶ୍ରୀଜଗନ୍ନାଥ କେବଳ ରତ୍ନସିଂହାସନସୀନ ଭକ୍ତ ସେବକ ପୂଜିତ ଦାରୁଦେବତା ନୁହନ୍ତି, ସେ ଆମ ସଂସ୍କୃତିର ମୂର୍ତ୍ତିମନ୍ତ ପ୍ରତୀକ, ଆମର ପରମ ପ୍ରଭୁ । ମାନସିକତାରୁ ଅତିମାନସିକତା ଆଡ଼କୁ ଅଗ୍ରଗତି କରୁଥିବା ମାନବିକ ଚେତନାର କ୍ରିୟାକୁ ତ୍ୱରାନ୍ୱିତ କରିବା ଦିଗରେ ଶ୍ରୀଜଗନ୍ନାଥ ସଂସ୍କୃତିର ଭୂମିକା ଗୁରୁତ୍ୱପୂର୍ଣ୍ଣ । ଏକଥା ମୁକ୍ତ କଣ୍ଠର ସ୍ୱୀକାରଯୋଗ୍ୟ ଯେ ଭାରତୀୟ ଚେତନାର ପ୍ରମୂର୍ତ୍ତି ପ୍ରତୀକ ହେଉଛି ଜଗନ୍ନାଥ ଚେତନା । ଶ୍ରୀଜଗନ୍ନାଥଙ୍କର ସେବା ପୂଜା ତଥା ବିଧିବିଧାନକୁ ସୂକ୍ଷ୍ମ ଭାବରେ ନୀରକ୍ଷଣ କଲେ ସେଥିରୁ ଭାରତୀୟ ସଂସ୍କୃତିର ନିର୍ମଳ ନିର୍ଯ୍ୟାସ ଦେଖିବାକୁ ମିଳେ । ମୈତ୍ରୀ ଚେତନା ଓ ଭ୍ରାତୃଭାବ ଏକାଧାରରେ ଆମ ସଂସ୍କୃତିର ମୌଳିକତା । ଅତଏବ ଶ୍ରୀଜଗନ୍ନାଥ ଗୋଷ୍ଠୀର ଦେବତା ନୁହନ୍ତି, ସମଷ୍ଟିର ଦେବତା । ବହୁ ମତବାଦ ତଥା ସମ୍ପ୍ରଦାୟର ଉପାସ୍ୟ ପ୍ରଭୁ ଭାବରେ ତାଙ୍କର ସ୍ଥିତି ସ୍ୱତନ୍ତ୍ର ଓ ଦୃଢ଼ । ଶ୍ରୀଜଗନ୍ନାଥ ଚେତନା ହେଉଛି ଏକ ମହାସାଗର ଯହିଁରେ ବହୁ ମତରେ ବହୁଧା ବିଭକ୍ତ ଅଗଣିତ ନଦୀଧାରା ଆସି ଏକତ୍ର ତଥା ବ୍ୟବସ୍ଥିତ ହୋଇଛନ୍ତି । ଶ୍ରୀକ୍ଷେତ୍ର ହୋଇଛି ବହୁ ବୈଚିତ୍ର୍ୟର ମହାମିଳନ ପୀଠ, ବହୁ ବୈଷମ୍ୟର ମଧୁର ମିଳନ ତୀର୍ଥ । ଭାରତ ସରୋବରରେ ଉତ୍କଳକୁ ପଦ୍ମଫୁଲ ଏବଂ ନୀଳାଚଳକୁ ପଦ୍ମଫୁଲର କେଶର ବୋଲି ଆଖ୍ୟାୟିତ କରି ଉତ୍କଳମଣି ଗୋପବନ୍ଧୁ କହିଥିଲେ-

"ଭାରତ ସରସେ ଉତ୍କଳ କମଳ
ତା ମଧ୍ୟେ କେଶର ପୁଣ୍ୟ ନୀଳାଚଳ" ।

ଶ୍ରୀଜଗନ୍ନାଥ କେବଳ ଉତ୍କଳରେ ନୁହେଁ ଭାରତର ଅନ୍ୟାନ୍ୟ ବହୁ ଅଞ୍ଚଳରେ ମଧ୍ୟ ପୂଜାପାଆନ୍ତି । ଏଥିରୁ ଏକଥା ପ୍ରମାଣିତ ହେଉଛି ଯେ ଜଗନ୍ନାଥ ଚେତନା ହେଉଛି

ଭାରତୀୟ ଚେତନା ଓ ଭାରତୀୟ ଚେତନା ହେଉଛି ଜଗନ୍ନାଥଚେତନା। ତା'ନ ହୋଇଥିଲେ ଶ୍ରୀଜଗନ୍ନାଥ କେବଳ ଓଡ଼ିଶାରେ ପୂଜା ପାଉଥାନ୍ତେ, ଦେଶର ଅନ୍ୟାନ୍ୟ ଅଞ୍ଚଳରେ ପୂଜା ପାଆନ୍ତେ ନାହିଁ। ସମଗ୍ର ଭାରତର ବିଭିନ୍ନ ଅଞ୍ଚଳରେ ଶ୍ରୀଜଗନ୍ନାଥ ଚେତନା ଦିନକୁ ଦିନ ପ୍ରସାରିତ ହେଉଛି। ସମଗ୍ର ଦେଶରେ ଶ୍ରୀଜଗନ୍ନାଥ ଉପାସନାର ଆଦର ପ୍ରମାଣ କରୁଛି ଯେ ଶ୍ରୀଜଗନ୍ନାଥ ଆମ ରାଷ୍ଟ୍ରର ଦେବତା, ଭାରତୀୟ ଜାତିର ଦେବତା, ଆମ ଚିନ୍ତାର ଅଧିନାୟକ, ଆମ ଚେତନାର ଅଧୀଶ୍ୱର, ଆମ ସଂସ୍କୃତିର ଆରାଧ୍ୟ ଠାକୁର। ଆନ୍ଧ୍ରର ଉତ୍ତରାଂଶ, ମଧ୍ୟପ୍ରଦେଶର ପୂର୍ବାଂଶ, ବିହାରର ଦକ୍ଷିଣାଞ୍ଚଳ, ଆସାମର ବହୁସ୍ଥଳ, ମଣିପୁରର କେତେକାଞ୍ଚଳ ଏବଂ ବଙ୍ଗଳାର ବହୁ ଅଞ୍ଚଳରେ ଶ୍ରୀଜଗନ୍ନାଥଙ୍କ ଉପାସନା ଦେଖିବାକୁ ମିଳେ। ମଧ୍ୟପ୍ରଦେଶର ବସ୍ତରର ଶ୍ରୀଜଗନ୍ନାଥ ମନ୍ଦିରକୁ ବଙ୍ଗବଂଶୀ ରାଜାମାନେ ନିର୍ମାଣ କରିଥିଲେ ବୋଲି କୁହାଯାଏ। ବସ୍ତର ରାଜ୍ୟର ରାଷ୍ଟ୍ରଦେବତା ଥିଲେ ଶ୍ରୀଜଗନ୍ନାଥ, ଏ ପ୍ରମାଣ ୧୭୯୦ ଖ୍ରୀ.ଅ.ରେ ଖୋଦିତ ଏକ ଶିଳାଲିପିରୁ ମିଳିଛି। ଶିଳାଲିପିରେ ଖୋଦିତ ହୋଇଛି, "ଶ୍ରୀଜଗନ୍ନାଥ, ଶ୍ରୀବଳଭଦ୍ର, ଶ୍ରୀସୁଭଦ୍ରା ସହିତ ଏହି କିତି ନିମିତ୍ତକୁ ହେ ସାକ୍ଷି, ଶ୍ରୀରକ୍ଷାପାଳ ଦେବରାଜ ଚାଲକ୍ୟ ବଂଶ।" ବାସ୍ତରର ଜଗନ୍ନାଥ ମନ୍ଦିରର ପୂଜାରୀମାନେ ଥିଲେ ଷାଠିଏ ଘର ବ୍ରାହ୍ମଣ। ସେମାନଙ୍କ ସାଙ୍ଗିଆ ପାଣିଗ୍ରାହୀ ଥିଲା ବୋଲି ଜଣାଯାଏ। ମଧ୍ୟପ୍ରଦେଶର ସାରଙ୍ଗଗଡ଼, ରାୟଗଡ଼ ଏକ ଜଗନ୍ନାଥ ମନ୍ଦିର ନିର୍ମିତ ହୋଇଥିବାର ଜଣାଯାଏ। ବିଷ୍ଣୁପୁରର ରାଜା ପତିତ ମଲ୍ଲ ୧୪୫୦ ଖ୍ରୀଅ.ରେ ବିଷ୍ଣୁପୁରରେ ଏକ ଜଗନ୍ନାଥ ମନ୍ଦିର ନିର୍ମାଣ କରିଥିଲେ, ମଣିପୁରର ରାଜଧାନୀ ଇମ୍ଫାଲରେ ଏବେ ମଧ୍ୟ ରଥଯାତ୍ରା ଅନୁଷ୍ଠିତ ହେଉଛି। ପରମ ବୈଷ୍ଣବ ରାଜର୍ଷି ଅଷ୍ଟାଦଶ ଶତାବ୍ଦୀରେ ଶ୍ରୀଜଗନ୍ନାଥଙ୍କ ରଥଯାତ୍ରାରେ ଶ୍ରୀଗୀତଗୋବିନ୍ଦର ପ୍ରଚଳନ କରିଥିବାରୁ ଏହି ରଥଯାତ୍ରା ପରବର୍ତ୍ତୀ କାଳରେ ଜୟଦେବ ଯାତ୍ରା ନାମରେ ନାମିତ ହୋଇଛି। ଆନ୍ଧ୍ରପ୍ରଦେଶର ସୋମପେଣ୍ଟଠାରୁ ପ୍ରାୟ ୨୦କି.ମି. ଦୂରବର୍ତ୍ତୀ 'ସାବକୋଟା' ନାମକ ସ୍ଥାନରେ ଥିବା ଜଗନ୍ନାଥ ମନ୍ଦିରଟି ପ୍ରାୟ ତ୍ରୟୋଦଶ ଶତାବ୍ଦୀରେ ନିର୍ମିତ ହୋଇଥିଲା ବୋଲି ଐତିହାସିକ ରବର୍ଟ ସୁଏଲ୍ ମତ ଦେଇଛନ୍ତି। ଓଡ଼ିଶାର ପ୍ରାୟ ସବୁ ଅଞ୍ଚଳରେ ଜଗନ୍ନାଥ ମନ୍ଦିର ରହିଛି। ମନ୍ଦିର ଥିବା ପ୍ରତ୍ୟେକ ସ୍ଥାନର ନାମ ତାଲିକା ପ୍ରଦାନ କରିବା ଏହି ପ୍ରବନ୍ଧରେ ସମ୍ଭବ ହେଉନଥିବାରୁ ନମୁନା ସ୍ୱରୂପ କେତେକ ସ୍ଥାନ ଓ ମନ୍ଦିର ନିର୍ମାଣର ସମୟ ନିମ୍ନରେ ପ୍ରଦତ୍ତ ହେଲା।

ଖଣ୍ଡପଡ଼ା (୧୭୫୦), ନୟାଗଡ଼ (୧୭୭୮), ଖଲ୍ଲିକୋଟ (୧୮୦୦), ଦିଗପହଣ୍ଡି (୧୭୯୦), ବୁଗୁଡ଼ା (୧୮୦୦), ନନ୍ଦପୁର-କୋରାପୁଟ (୧୮୫୦), ଜୟପୁର (୧୭୬୦), ବାରିପଦା (୧୫୭୫), ହରିପୁର (୧୬୩୦), କେନ୍ଦୁଝରଗଡ଼

(୧୭୯୦), ଅନୁଗୁଳ ପୁରୁଣାଗଡ଼ (୧୭୫୦), ଗୋପାଳଜୀ ମଠ-ସମ୍ବଲପୁର (୧୫୯୧), ମୁଦିପଡ଼ା (୧୭୦୦), ଚକାପାଦୁମାଳ-ବଉଦ (୧୭୨୦) ଇତ୍ୟାଦି।

ବାଲେଶ୍ୱର ନୀଳଗିରି ଜଗନ୍ନାଥ ମନ୍ଦିର ୧୫୦୦ ଖ୍ରୀ.ଅ.ରେ ନିର୍ମିତ ହୋଇଥିଲା ବୋଲି ଜଣାଯାଏ। ତାଳଚେରର ଜଗନ୍ନାଥ ମନ୍ଦିର ୧୫୧୩ ଖ୍ରୀ.ଅ.ରେ ଏବଂ ବିଶାଖାପାଟଣାସ୍ଥିତ ଜଗନ୍ନାଥ ମନ୍ଦିର ୧୫୧୫ ଖ୍ରୀ.ଅ.ରେ ନିର୍ମିତ ହୋଇଥିଲା ବୋଲି ଐତିହାସିକମାନେ ମତ ଦିଅନ୍ତି।

ଭାରତୀୟ ସଂସ୍କୃତି ମୂଳତଃ ଶାନ୍ତ ଅରଣ୍ୟାନୀରୁ ଉଦ୍ଭୁତ ଆର୍ଷବାଣୀ ବିଭବ ଉପରେ ପ୍ରତିଷ୍ଠିତ। ମୁନିମୁଖରୁ ନିଃସୃତ ବେଦ ଧ୍ୱନିର ଭାବତରଙ୍ଗ ଥିଲା ଭାରତୀୟ ସଂସ୍କୃତିର ମୂଳପିଣ୍ଡ। ଅରଣ୍ୟର ପ୍ରଶସ୍ତି ତେଣୁ ଭାରତୀୟ ସାହିତ୍ୟରେ ବହୁ ଭାବରେ ଦେଖିବାକୁ ମିଳେ। ଅରଣ୍ୟର ପ୍ରଶସ୍ତି ପାଇଁ ଉତ୍କଳମଣି ଗୋପବନ୍ଧୁଙ୍କର ଉକ୍ତି ଏହି ଅବସରରେ ସ୍ମରଣକୁ ଆସେ। ତାଙ୍କ କଥାରେ "ଭାରତ କାବ୍ୟ-ନାଟକ-ପୁରାଣାଦିରେ ଅରଣ୍ୟର ଗୌରବ ବିଶେଷ ଭାବରେ ପ୍ରକଟିତ ହୋଇଅଛି। ଭାରତୀୟ ଭାବୁକମାନେ କାଳେ କାଳେ ପ୍ରକୃତିକୁ ପବିତ୍ର ପ୍ରେରଣାର ମୂଳ ନିଦାନ ବୋଲି ଗ୍ରହଣ କରି ଆସିଛନ୍ତି। ପ୍ରକୃତି ସେମାନଙ୍କ ନିକଟରେ ନିର୍ଜୀବ ଏବଂ ଜଡ଼ ନୁହେଁ, ତାହା ଏକ ମହାଶକ୍ତିରେ ଉଜ୍ଜୀବିତ।" ବୃକ୍ଷ ପୂଜା ଭାରତୀୟ ଜୀବନ ଧାରାର ଏକ ପ୍ରତିଷ୍ଠିତ ବିଭବ। ବେଦରେ ତତ୍କାଳୀନ ପରିବେଶରେ ଶିଳା ବା ଧାତୁର ପ୍ରଚଳନ ଥିବା କଥା ଜଣାଯାଏ ନାହିଁ। ବୈଦିକ ଯଜ୍ଞାନୁଷ୍ଠାନରେ ଆହୁତି ନିମନ୍ତେ ଆବଶ୍ୟକୀୟ ଉପକରଣ ଦାରୁ ନିର୍ମିତ ହେଉଥିଲା, କାରଣ ଭାରତୀୟ ସଂସ୍କୃତିରେ ବିଶ୍ୱାସ ଥିଲା ଯେ ବୃକ୍ଷ ହିଁ ଦେବତା। ଦେବତ୍ୱର ଅବତରଣ ପାଇଁ ବୃକ୍ଷ ହିଁ ସର୍ବଶ୍ରେଷ୍ଠ ମାଧ୍ୟମ। ବିମିଶ୍ରିତ ବିଭୁ ଚେତନାର ଅଭିବ୍ୟକ୍ତି ନିମନ୍ତେ ବୃକ୍ଷ ଯେ ଅପେକ୍ଷାକୃତ ଅଧିକ ସାର୍ଥକ ଓ ସମର୍ଥ ମାଧ୍ୟମ, ଏହା ଭାରତୀୟ ସଂସ୍କୃତି ଉଦ୍‌ଘୋଷଣା କରି ଆସିଛି। ବ୍ରହ୍ମତ୍ୱର ପରିପ୍ରକାଶ ଅଧିକ ଭାବରେ ଦାରୁ ଭିତରେ ହୋଇପାରେ ବୋଲି ଭାରତୀୟ ଜୀବନ ଧାରାରେ ଲୋକବିଶ୍ୱାସ ଏବେ ମଧ୍ୟ ରହିଛି। ଶ୍ରୀଜଗନ୍ନାଥ ଦାରୁ ସ୍ୱରୂପ ହୋଇ ଭାରତୀୟ ସଂସ୍କୃତିରେ ଆଦୃତ ଦାରୁ ପୂଜାର ମହତ୍ତ୍ୱକୁ ଉଦ୍‌ଘୋଷଣା କରୁଛନ୍ତି।

ଆମ ସାହିତ୍ୟରେ ବହୁ ଭାବରେ ଆମ ସଂସ୍କୃତି ଅଭିବ୍ୟକ୍ତ ହୋଇଛି। ଆମ ସଂସ୍କୃତିର ପ୍ରାଣକେନ୍ଦ୍ର ଭାବରେ ପୂଜିତ ଶ୍ରୀଜଗନ୍ନାଥ ମଧ୍ୟ ବହୁ ଭାବରେ ଆମ ସାହିତ୍ୟରେ ସ୍ଥାନ ପାଇଛନ୍ତି। ଶଙ୍କରାଚାର୍ଯ୍ୟ ବିଷ୍ଣୁ ସହସ୍ର ନାମ ଭାଷ୍ୟମ୍‌ରେ ଶ୍ରୀଜଗନ୍ନାଥଙ୍କ ନାମ ଉପରେ ଗୁରୁତ୍ୱ ଦେଇ କହିଛନ୍ତି।

ତସ୍ୟ ଲୋକପ୍ରଧାନସ୍ୟ ଜଗନ୍ନାଥସ୍ୟ ଭୂପତେ ।
ବିଷ୍ଣୋ ର୍ନାମ ସହସ୍ରଂମେ ଶୃଣୁ ପାପଭୟାପହମ୍ ॥

ନବମ ଶତାବ୍ଦୀରେ ପଶ୍ଚିମ ଭାରତର ପ୍ରସିଦ୍ଧ ଜୈନ କବି ସିଦ୍ଧସେନ ଦିବାକର ସ୍ୱରଚିତ 'ବର୍ଦ୍ଧମାନ ଦ୍ୱାତ୍ରିଂଶିକା' ସ୍ତୁତିରେ ତାଙ୍କର ଆରାଧ୍ୟ ମହାବୀର ବର୍ଦ୍ଧମାନଙ୍କୁ ଶ୍ରୀଜଗନ୍ନାଥଙ୍କ ସହିତ ଏକାଦଶ ଶତାବ୍ଦୀରେ 'ଅଭିଧାନ ଚିନ୍ତାମଣି' ଗ୍ରନ୍ଥରେ ଶ୍ରୀଜଗନ୍ନାଥଙ୍କୁ ବିଷ୍ଣୁ ପର୍ଯ୍ୟାୟଭୁକ୍ତ ବୋଲି କହିବାକୁ ଯାଇ କହିଛନ୍ତି-

ସୋମସିନ୍ଧୁ ର୍ଜଗନ୍ନାଥୋ ଗୋବର୍ଦ୍ଧନ ଧରୋଽପିଚ ।

ନବମ ଶତାବ୍ଦୀର କବି ମୁରାରୀ ସୁକୃତ ଅନର୍ଘ ରାଘବ ନାଟକର ପ୍ରାରମ୍ଭରେ ପୁରୁଷୋତ୍ତମ ଶ୍ରୀଜଗନ୍ନାଥଙ୍କ ସମ୍ପର୍କରେ କହିବାକୁ ଯାଇ କହିଛନ୍ତି- "ଭୋ ଭୋ ଲବଣୋଦ ବେଳା... ବନାଳୀ ତମାଳ ତରୁ କନ୍ଦଳସ୍ୟ ତ୍ରିଭୁବନ ମୌଳି ମଣ୍ଡନ ମହାନୀଳମଣେଃ କମଳା କୁଚ କଳସ କେଳି କସ୍ତୁରିକା ପତ୍ରାଙ୍କୁରସ୍ୟ ଭଗବତଃ ପୁରୁଷୋତ୍ତମସ୍ୟ ଯାତ୍ରାୟାମୁପସ୍ଥାନୀୟା ସଭାସଦଃ"

କାଶ୍ମୀର ରାଜ୍ୟର ଦଶମ ଶତାବ୍ଦୀର ପଣ୍ଡିତ ମହାମହେଶ୍ୱରାଚାର୍ଯ୍ୟ ଅଭିନବ ଗୁପ୍ତ 'ରୁଦ୍ରାକ୍ଷମାଳ' ନାମକ ଗ୍ରନ୍ଥର ଭାଷ୍ୟ ରଚନା କରିଥିଲେ । ଉକ୍ତ ଭାଷ୍ୟ ଗ୍ରନ୍ଥରେ ଶ୍ରୀଜଗନ୍ନାଥଙ୍କ ମହତ୍ତ୍ୱ ନିମ୍ନୋକ୍ତ ଶ୍ଳୋକରେ ଉପସ୍ଥାପିତ ହୋଇଛି ।

ଏତେଷାଂ ସ୍ତବନଂ କୁର୍ଯ୍ୟାତ୍ ପରଦେବ ସମନ୍ୱିତମ୍ ।
ଏତତ୍ ପ୍ରକାର କରଣେ ଯଣ୍ଟ ପ୍ରତ୍ୟାହ ମାଶୁଗଃ ॥
କ୍ରିୟା ନିବିଷ୍ଟ ସର୍ବତ୍ର ଭାବନା ଗ୍ରହ ରୂପ ଧୃକ୍ ।
ସ ପଶ୍ୟତି ଜଗନ୍ନାଥଂ କମଳୋରୂପତିଂ ହରିମ୍ ॥

ଦ୍ୱାଦଶ ଶତାବ୍ଦୀରେ ହିନ୍ଦୀ ଭାଷାରେ କବି ନରପତି ନଲହଙ୍କ ଦ୍ୱାରା ରଚିତ 'ବିସଲ ଦେବ ରାସୋ' ଗ୍ରନ୍ଥରେ ଜଗନ୍ନାଥଙ୍କ ମହିମା ଉପସ୍ଥାପିତ ହୋଇଛି । ଏହିପରି ଭାବରେ ଭାରତୀୟ ସାହିତ୍ୟରେ ବହୁ ପ୍ରକାରେ ଭାରତୀୟ ସଂସ୍କୃତିର ମୂର୍ତ୍ତ ପ୍ରତୀକ ଶ୍ରୀଜଗନ୍ନାଥଙ୍କ ମହିମା ପ୍ରଖ୍ୟାପିତ ହୋଇଛି ।

ଭାରତୀୟ ସଂସ୍କୃତିର ଅନ୍ୟତମ ବଳିଷ୍ଠ ତଥା ଆକର୍ଷଣୀୟ ବିଭବ ହେଉଛି ଭ୍ରାତୃଭାବ । ଶ୍ରୀଜଗନ୍ନାଥ ଚେତନା ଏହି ଭାବକୁ ଭିତ୍ତି କରି ପ୍ରତିଷ୍ଠିତ । ଭାଇ ଓ ଭଉଣୀଙ୍କ ସହ ଶ୍ରୀଜଗନ୍ନାଥ ବିଜେ କରିଥାନ୍ତି ରତ୍ନ ସିଂହାସନରେ । ଘୋଷ ଯାତ୍ରାର ପବିତ୍ର ଅବସରରେ ଭାଇ ଓ ଭଉଣୀଙ୍କ ସହ ଶ୍ରୀଜଗନ୍ନାଥ ଯଜ୍ଞ ବେଦୀକୁ ଅର୍ଥାତ୍ ଗୁଣ୍ଡିଚା ମନ୍ଦିରକୁ ଯାତ୍ରା କରିଥାନ୍ତି । ଲକ୍ଷ୍ମୀ ସାଥୀରେ ଯାଆନ୍ତି ନାହିଁ । ଭ୍ରାତୃ ଭାବନା ପାଇଥାଏ ଜଗନ୍ନାଥ ସଂସ୍କୃତିରେ ଉଚ୍ଚାସନ । ସମଗ୍ର ବିଶ୍ୱ ଜୀବନକୁ ଭାରତୀୟ ସଂସ୍କୃତିର ଅନବଦ୍ୟ

ଅବଦାନ ରୂପରେ ଗୃହୀତ ଭ୍ରାତୃଭାବର ଅଭିବ୍ୟକ୍ତ ରୂପ ଶ୍ରୀଜଗନ୍ନାଥ ଚେତନାରେ ପ୍ରକଟିତ ହୋଇଛି । ଭାରତୀୟ ସଂସ୍କୃତିର ମହତ୍ତ୍ୱ ଓ ମୂଲ୍ୟବୋଧ ଜଗନ୍ନାଥ ଚେତନାରେ କେବଳ ସୁରକ୍ଷିତ ହୋଇନାହିଁ, ବହୁଗୁଣିତ ହୋଇଛି ମଧ୍ୟ । ଶ୍ରୀଜଗନ୍ନାଥ ତାଙ୍କ ସେବା ପୂଜାରେ କେବଳ ବ୍ରାହ୍ମଣମାନଙ୍କୁ ସୁଯୋଗ ଦେଇନାହାନ୍ତି, ଅନ୍ୟମାନଙ୍କୁ ମଧ୍ୟ ସୁଯୋଗ ଦେଇଛନ୍ତି । ଭ୍ରାତୃଭାବର ପରମ ପ୍ରତିଷ୍ଠା ଓ ଚରମ ଉପଲବ୍ଧି ନିମନ୍ତେ ଅପୂର୍ବ ସୁଯୋଗ ରହିଛି ଜଗନ୍ନାଥ ସଂସ୍କୃତିରେ । ତନ୍ତୀ ବଳଗଣ୍ଡିରେ ଲୁଗା ବୁଣି ଦିଅନ୍ତି, କେଉଟ ଚୂଡ଼ା କୁଟିବା ସେବା କରିଥାନ୍ତି, ଭୋଇ ରଥ ଗଢ଼ା ବେଳେ ମଞ୍ଚା ବାନ୍ଧିବା କାର୍ଯ୍ୟ କରିଥାନ୍ତି, ଡମ ତାଟି ବୁଣିବା, ହାଡ଼ି ବାହାର ଖରକା ସେବା, ଚଷା ପାଣି ଯୋଗାଇବା ପ୍ରଭୃତି ସେବା କରିଥାନ୍ତି । ସମସ୍ତଙ୍କ ଭିତରେ ସହଯୋଗର ଭାବ, ଆତ୍ମୀୟତାର ଭାବ ଶ୍ରୀଜଗନ୍ନାଥଙ୍କ ସେବା ପୂଜାରେ ଅନୁଭବ କରିହୁଏ । ଜାତି, ବର୍ଣ୍ଣ ନିର୍ବିଶେଷରେ ମଣିଷ ଯେ ଭାଇଭାଇ ଏକଥା ଜଗନ୍ନାଥଙ୍କ ମହାପ୍ରସାଦ ଉଦ୍‌ଘୋଷଣା କରିଛି । ଜଗନ୍ନାଥ ଚେତନାକୁ ବିଶ୍ଳେଷଣ କଲେ ଏଥିରେ ଭାରତୀୟ ସଂସ୍କୃତିର ନିର୍ମଳ ନିର୍ଯ୍ୟାସ ଯେ ଅନ୍ତର୍ନିହିତ ଭାବରେ ରହିଛି, ଏହା ଜଣେ ସହଜରେ ଅନୁଭବ କରିପାରିବ ।

ସାମ୍ୟ ଭାବ ହେଉଛି ଭାରତୀୟ ସଂସ୍କୃତିର ଅନ୍ୟତମ ମନୋଜ୍ଞ ବିଭବ । ଏହି ସଂସ୍କୃତିରେ ତେତିଶ କୋଟି ଦେବତା ପୂଜିତ ହୁଅନ୍ତି । ଶ୍ରୀଜଗନ୍ନାଥଙ୍କ ଶ୍ରୀମନ୍ଦିର ବେଢ଼ାରେ ବହୁ ଦେବାଦେବୀଙ୍କର ଉପାସନା ଭାରତୀୟ ସଂସ୍କୃତିର ଏହି ମହତ୍ତ୍ୱ ଓ ମୂଲ୍ୟବୋଧକୁ ଉଦ୍‌ଘୋଷଣା କରୁଛି । ଉଭୟ ହରି ଓ ହର ଏକତ୍ର ରହିଛନ୍ତି ମନ୍ଦିରରେ । ଗଣ, ନାରାୟଣ, ରୁଦ୍ର, ଅମ୍ବିକା ଏବଂ ଭାସ୍କର ଆଦି ପଞ୍ଚ ଦେବତାଙ୍କର ଉପାସନା ଶ୍ରୀଜଗନ୍ନାଥଙ୍କ ମନ୍ଦିରରେ କରାଯାଏ । ଚାରି ବେଦର ସୁଷମ ସମନ୍ୱୟରେ ଚତୁର୍ଦ୍ଧା ମୂର୍ତ୍ତିର ପରିକଳ୍ପନା କରାଯାଇଛି ବୋଲି କହିବାକୁ ଯାଇ ଓଡ଼ିଆ କବି କହିଛନ୍ତି–

ବଳଭଦ୍ର ଯେ ସାମ ହୋଇ, ଋକ୍ ଯେ ସୁଭଦ୍ରା ଅଟଇ ।
ଯଜୁ ବେଦ ଶ୍ରୀଜଗନ୍ନାଥ, ଅଥର୍ବ ସୁଦର୍ଶନ ପାର୍ଥ ॥

ସାମ୍ୟ ଓ ମୈତ୍ରୀର ଜୟଯାତ୍ରା ଶ୍ରୀଜଗନ୍ନାଥ ସଂସ୍କୃତିରେ ବହୁଳ ଭାବରେ ଦେଖିବାକୁ ମିଳେ । ବିଶେଷତଃ ରଥଯାତ୍ରା ହେଉଛି ପ୍ରୀତି ଓ ମୈତ୍ରୀ ତଥା ମାନବିକତାର ସୁରମ୍ୟ ଜୟଯାତ୍ରା । ସର୍ବଜନ ସୁଖାୟ, ସର୍ବଜନ ହିତାୟ ଏ ଯାତ୍ରା । ରଥଯାତ୍ରାର ପରିକଳ୍ପନା ବୌଦ୍ଧ ଧର୍ମ ଧାରାରୁ ଆସିଛି ବୋଲି କେତେକ ଆଲୋଚକ ମତ ଦିଅନ୍ତି । ଭାରତୀୟ ସଂସ୍କୃତିର ଅନ୍ୟତମ ଉପାଦାନ ଆଦିବାସୀ ସଂସ୍କୃତିର ବହୁଳ ପ୍ରଭାବ ଶ୍ରୀଜଗନ୍ନାଥ ଚେତନାରେ ଅନୁଭବ କରିହୁଏ । ଅତୀତରେ ପ୍ରତିବର୍ଷ ପୁରୀରେ ଅନୁଷ୍ଠିତ ରଥଯାତ୍ରାପାଇଁ କେଉଁଝରେ ଭୂୟାଁ ସମ୍ପ୍ରଦାୟର ଲୋକେ ରତ କାଠ ଓ ରଥ ଟାଣିବାପାଇଁ

ଦଉଡ଼ି ଯୋଗାଇ ଦେଉଥିଲେ। ବ୍ରାହ୍ମଣ୍ୟ ଧର୍ମର ଆରାଧ୍ୟ ଦେବତା ଶ୍ରୀଜଗନ୍ନାଥ ଯେ ଶବର ଦେବତା ଥିଲେ ଏହା ବିଶ୍ୱାସ କରାଯାଏ। ମଧ୍ୟପ୍ରଦେଶର ବିଳାସପୁର ଜିଲ୍ଲାରେ ଶବର ନାରାୟଣ ବୋଲି ସ୍ଥାନ ଅଛି। ଏଠାରୁ ଜଣେ ବ୍ରାହ୍ମଣ ଶ୍ରୀଜଗନ୍ନାଥଙ୍କ ବିଗ୍ରହଙ୍କୁ ମହାନଦୀ ବାଟେ ପୁରୀ ଘେନି ଆସିଥିଲେ ବୋଲି ଏକ ଜନଶ୍ରୁତି ଅଛି।

ଶ୍ରୀଜଗନ୍ନାଥଙ୍କ ଦ୍ୱାଦଶ ଯାତ୍ରା ଭିତରେ ଶ୍ରେଷ୍ଠ ଯାତ୍ରା ଭାବରେ ଘୋଷଯାତ୍ରାର ଭୂମିକା ଅତ୍ୟନ୍ତ ଗୁରୁତ୍ୱପୂର୍ଣ୍ଣ। ଏ ଅନୁଷ୍ଠାନରେ ବୃହ ସମ୍ପ୍ରଦାୟର ଭକ୍ତମଣ୍ଡଳୀ ଆସି ଏକତ୍ର ହୁଅନ୍ତି। ଦିଗ ଦିଗନ୍ତରେ ଆନନ୍ଦର ମନ୍ଦାକିନୀ ମହିମା ଗାନ କରୁଥାନ୍ତି। ଅପୂର୍ବ ସେ ଦୃଶ୍ୟ, ଅନୁଭବ୍ୟ ସେହି ଭାବ ସମ୍ଭାର। ନୟନ କରି ପ୍ରଭୁଙ୍କୁ ଦେଖିବାର ଦୁର୍ବାର ଲାଳସା ସମବେତ ଜନତା ପ୍ରାଣରେ ଚଞ୍ଚଳତା ଭରି ଦିଏ, ଦେହରେ ଭରିଦିଏ ଅପୂର୍ବ ପୁଲକ। ପ୍ରୀତିମୁଗ୍ଧ ଭାବଧାରାର ତରଙ୍ଗ ମାଳାରେ ପ୍ଲାବିତ ହୁଏ ବଡ଼ଦାଣ୍ଡ। ପରମ ପ୍ରଭୁ ପୁରୁଷୋତ୍ତମ ଶ୍ରୀଜଗନ୍ନାଥଙ୍କ ଚରଣରେ ସହସ୍ର ପ୍ରଣାମ ଜଣାଇ ଆଚାର୍ଯ୍ୟ ଶଙ୍କରଙ୍କ ବିରଚିତ ଶ୍ଳୋକଟିକୁ ସ୍ମରଣ କରନ୍ତି ଭକ୍ତବୃନ୍ଦ।

ନ ବୈପ୍ରାର୍ଥ୍ୟଂ ରାଜ୍ୟଂ ନ ଚ କନକ ମାଣିକ୍ୟ ବିଭବମ୍।
ନ ଯାଚେଽହଂରମ୍ୟାଂ ସକଳ ଜନକାମ୍ୟାଂ ବରବଧୂମ୍ ॥
ସଦା କାଳେ କାଳେ ପ୍ରମଥ ପତିନା ଗୀତ ଚରିତୋ।
ଜଗନ୍ନାଥଃ ସ୍ୱାମୀ ନୟନପଥଗାମୀ ଭବତୁ ମେ ॥

ଶ୍ରୀଜଗନ୍ନାଥ କେବଳ ଅତୀତ ବା ବର୍ତ୍ତମାନର ଦେବତା ନୁହନ୍ତି, ସେ ମଧ୍ୟ ଆଗାମୀର ଦେବତା। ସାମ୍ୟ ଓ ମୈତ୍ରୀର ପ୍ରତୀକ ଏହି ଜଗନ୍ନାଥ ଚେତନା ସର୍ବକାଳୀନ ଓ ସାର୍ବଜନୀନ, ଏଥିରେ ଦ୍ୱିରୁକ୍ତି ନାହିଁ। ବିଶ୍ୱ ମାନବର ଗତିପଥରେ ଆଗାମୀ ଦିନରେ ଏହି ସାମ୍ୟ ଓ ମୈତ୍ରୀ ଅଧିକରୁ ଅଧିକ ବରଣୀୟ ହେବ। ମାନବ ଜାତିର ଭାଗ୍ୟାକାଶକୁ ସମୁଜ୍ଜ୍ୱଳ ଦୀପ୍ତିରେ ଉଦ୍ଭାସିତ କରିବା ପାଇଁ ଆଲୋକ ବରଣୀ ଉଷା ଅପେକ୍ଷା କରି ରହିଛନ୍ତି। ଯେଉଁଦିନ ଧରିତ୍ରୀରେ ତାଙ୍କ ପୂର୍ଣ୍ଣ ଅଭିବ୍ୟକ୍ତି ଘଟିବ, ସେହିଦିନ ଶ୍ରୀକ୍ଷେତ୍ରର ରଥଯାତ୍ରାର ପୂର୍ଣ୍ଣ ମୂଲ୍ୟାୟନ ସମ୍ଭବ ହେବ ବୋଲି ମହାଯୋଗୀ ଶ୍ରୀଅରବିନ୍ଦ ଉଦ୍‌ଘୋଷଣା କରିଛନ୍ତି।

ଭାରତୀୟ ସଂସ୍କୃତି ଜ୍ଞାନ, ଭକ୍ତି ଓ କର୍ମର ସମନ୍ୱୟ ଉପରେ ଗୁରୁତ୍ୱ ଆରୋପ କରିଥାଏ। ଆଗାମୀ ଦିନରେ ଆତ୍ମିକ ସ୍ତରର ଏହି ସମନ୍ୱୟ ଅଧିକରୁ ଅଧିକ ପ୍ରକଟିତ ହେବ। ସେତେବେଳେ ଶ୍ରୀଜଗନ୍ନାଥ ଚେତନାର ମହତ୍ତ୍ୱ ବହୁଗୁଣିତ ହେବ।

ଲୀଳା ବିଳାସୀ ଶ୍ରୀଜଗନ୍ନାଥ

ଏକାଧାରରେ ତତ୍ତ୍ୱ ଓ ଲୀଳାର ପ୍ରତୀକ, ଐଶ୍ୱର୍ଯ୍ୟ ଓ ମାଧୁର୍ଯ୍ୟର ପ୍ରତୀକ, ପରାର୍ଦ୍ଧ ଚେତନା ଓ ଅପରାର୍ଦ୍ଧ ଚେତନାର ପ୍ରତୀକ ଶ୍ରୀଜଗନ୍ନାଥଙ୍କୁ ଶତକୋଟି ପ୍ରଣାମ। ଲୀଳା ପୁରୁଷୋତ୍ତମଙ୍କ ପାଇଁ ନୀଳାଚଳଧାମ ନିତ୍ୟ ଚଳଚଞ୍ଚଳ। ତାଙ୍କୁ ନେଇ ଓ ତାଙ୍କ ପାଇଁ ଦ୍ୱାଦଶ ଲୀଳା, ସତେଇଶ ଉପଲୀଳା, ପୁଣି ଏକଶହ ଆଠ ପର୍ବପର୍ବାଣୀ ଉଦ୍ଦିଷ୍ଟ। ଅନୁରାଗର ଭିତ୍ତିରେ ସବୁକିଛି ପରିକଳ୍ପିତ, ପ୍ରଯୋଜିତ ଓ ପରିଚାଳିତ। ପ୍ରଭୁଙ୍କର ଲୀଳା ବିଳାସରେ ବୈରାଗ୍ୟର ହିମଶୀତଳତା ନାହିଁ ବରଂ ଅନୁରାଗର ସ୍ନିଗ୍ଧ ପ୍ରଫୁଲ୍ଲତା ଅଛି। ବିଭିନ୍ନତା ମଧ୍ୟରେ ଏକତା, ବହୁମୁଖୀନତା ଭିତରେ ଏକମୁଖୀନତା ଏହି ଅନୁରାଗର ମୌଳିକତା। ବହୁତ ସେବକ ମାତ୍ର ସେବ୍ୟ ସେହି ଏକ। ବହୁ ନଦୀ ପ୍ରବାହର ସମନ୍ୱୟରେ ସେ ହିଁ ଏକମାତ୍ର ରସସିନ୍ଧୁ। ଦ୍ୱାଦଶ ଲୀଳାର ତାଲିକା କବି ଲୋକନାଥ ବିଦ୍ୟାଧର ପ୍ରଦାନ କରି କହିଛନ୍ତି-

"ଶୁଣ ହେ ସାଧୁଜନ ମାନେ ଏଥେ ଦେଇ ମାନସ
ଦ୍ୱାଦଶ ଉତ୍ସବ କରିବା ଯଥାବିଧି ପ୍ରକାଶ
ସ୍ନାନ ଶ୍ରୀଗୁଣ୍ଡିଚା ଶୟନଯାତ୍ରା ଅନ୍ତେ ଅୟନ
ପାରୁଶ ପରିବର୍ତ୍ତନ ଉତ୍‌ଥାପନ ଓଢ଼ଣ
ଅୟନ ଅଭିଷେକ ଦୋଳ ଦମନକ ଚନ୍ଦନ
ଏ ରୂପେ ଦ୍ୱାଦଶ ଉତ୍ସବ ଏକେ ଏକେ ସଘନ।"

(ନୀଳାଦ୍ରି ମହୋତ୍ସବ)

ଏଥି ମଧ୍ୟରୁ ଦୁଇଗୋଟି ଲୀଳା ହେଉଛି ପରମ ପ୍ରଭୁ ଶ୍ରୀଜଗନ୍ନାଥଙ୍କର ସ୍ୱୟଂ ଲୀଳା। ସେଥିରୁ ଗୋଟିଏ ହେଉଛି ସ୍ନାନ ଲୀଳା ଓ ଅନ୍ୟଟି ଶ୍ରୀଗୁଣ୍ଡିଚା ଲୀଳା କବି ସମ୍ରାଟ ଉପେନ୍ଦ୍ରଭଞ୍ଜ କହନ୍ତି-

ସ୍ନାନ ଗୁଣ୍ଡିଚା ଏ ବେନି ସ୍ୱୟଂ ଲୀଳାଯାର
ପତିତପାବନ ଅର୍ଥେ ପ୍ରାସାଦୁଁ ବାହାର।" (କୋଟି ବ୍ରହ୍ମାଣ୍ଡ ସୁନ୍ଦରୀ)

ଭକ୍ତ ଚାତକ ନିମନ୍ତେ ବର୍ଷା ଝରାଇ ଶ୍ରୀଗୁଣ୍ଡିଚା ଯାତ୍ରା ବା ରଥଯାତ୍ରା ଆସେ। ଏହା ଦେବମାନବର ଅର୍ଚ୍ଚିତ ପୁଷ୍ୟା ନକ୍ଷତ୍ର ଯୁକ୍ତ ଆଷାଢ଼ର ଶୁକ୍ଳ ଦ୍ୱିତୀୟା ତିଥି। ସାରା ବର୍ଷ ଭିତରେ ପବିତ୍ରତମ ସର୍ବମଙ୍ଗଳମୟ ଏଇ ତିଥି ବିଞ୍ଛିଦିଏ ମର୍ତ୍ତ୍ୟରେ ଅମର୍ତ୍ତ୍ୟ ଲାବଣ୍ୟର କିରଣ କାନ୍ତି ଓ ଦିବ୍ୟଚେତନାର ପରମ ପ୍ରଶାନ୍ତି। ଦେବ ବାଦ୍ୟ ବାଜିଉଠେ ଗଗନ ପବନରେ ଯାହା ଭକ୍ତର କାନକୁ ଶୁଭେ। ପାରିଜାତ ଫୁଲ ପାଖୁଡ଼ା ଝରିପଡ଼େ ବଡ଼ଦାଣ୍ଡରେ ଯାହା ଭକ୍ତର ଆଖିକୁ ଦିଶେ। ଦେବ କାମିନୀଙ୍କର ନୃତ୍ୟ ଛନ୍ଦରେ ବାତାବରଣ ଛନ୍ଦାୟିତ ହୋଇଉଠେ, ଯାହା ଭକ୍ତର ଦୃଷ୍ଟିକୁ ଆକୃଷ୍ଟ କରେ। ଲୀଳା ପୁରୁଷୋତ୍ତମଙ୍କର ସ୍ୱୟଂଲୀଳା ଏଇ ଯାତ୍ରା ଲକ୍ଷ ଲକ୍ଷ ଲୋକଙ୍କୁ ଟାଣି ଆଣେ ପୁରୀର ବଡ଼ଦାଣ୍ଡକୁ। ଶ୍ରୀଜଗନ୍ନାଥ ସେଦିନ ରତ୍ନସିଂହାସନରୁ ଅବତରଣ କରି ଆସନ୍ତି ଭକ୍ତମାନଙ୍କୁ ଦେଖିବେ ବୋଲି, ଭକ୍ତଙ୍କର ଦୁଃଖ ଗୁହାରି ଶୁଣିବେ ବୋଲି।

ସେଦିନ ସଜସକାଳରୁ ସରିଯାଏ ମଙ୍ଗଳ ଆଳତି। ଅବକାଶାଦିପରେ ସୂର୍ଯ୍ୟ ପୂଜା ଓ ଦ୍ୱାରପାଳ ପୂଜା ବଢ଼େ। କୋଠଭୋଗ ପରେ ତିନି ବାଡ଼ରେ ମଙ୍ଗଳାରୋପଣ କରାଯାଏ। ପରେ ଡୋର ଲାଗି ଓ ତୂଳି ଲାଗି ବଢ଼େ। ଛାମୁଖୁଣ୍ଟିଆଙ୍କର 'ମଣିମା' 'ମଣିଆ' ଡାକପଡ଼େ, ଶ୍ରୀ ଜୀଉଙ୍କର ରୁନ୍ଧାଫିଟେ, ବିଜେ କାହାଳୀ ବାଜେ ଓ ଶ୍ରୀ ଜୀଉମାନେ କ୍ରମାନ୍ୱୟରେ ରତ୍ନସିଂହାସନରୁ ଅବତରଣ କରନ୍ତି, ପାଟ ଅଗଣାରେ ସାତପାହାଚ ଓହ୍ଲାଇ ବିଜେ ହୁଅନ୍ତି, ଉତ୍ତରଦୁଆର ସିଧାରେ ରାଘବ ଦାସ ମଠ ଦ୍ୱାରା ନିବେଦିତ ଚୂଳ ଓ ଟାହିଆ ଲାଗି କରାଯାଏ। ସେଠାରେ ବନ୍ଦାପନା କରାଯାଇ ଆରମ୍ଭ ହୁଏ ଶ୍ରୀଜୀଉମାନଙ୍କର ପହଣ୍ଡିବିଜେ। ପ୍ରଭୁ ସୁଦର୍ଶନ ଓ ମା'ସୁଭଦ୍ରା ପହଣ୍ଡ ପକାଇ ବିଜେ କରନ୍ତି ନାହିଁ। କେବଳ ଶ୍ରୀ ବଳଭଦ୍ର ଓ ଶ୍ରୀ ଜଗନ୍ନାଥ ପହଣ୍ଡ ପକାଇ ବିଜେ କରନ୍ତି। ସମସ୍ତ ଜୀଉ ଆନନ୍ଦବଜାର ବାଟ ଦେଇ ବାଇଶି ପାହାଚରେ ପହଞ୍ଚି ତଳକୁ ଖସି ସିଂହଦୁଆରରେ ପହଞ୍ଚନ୍ତି। ଓଡ଼ିଆ ଭାଷାରେ ପ୍ରଚଳିତ 'ପହୁଣ୍ଡ' ଶବ୍ଦଟି ସଂସ୍କୃତ ଭଷାର 'ପଦହୁଣ୍ଡନ' ଶବ୍ଦରୁ ନିଷ୍ପନ୍ନ ହୋଇଛି ବୋଲି କୁହାଯାଏ। ଏହାର ଅର୍ଥ ହେଉଛି ଧିରଧିର ପଦକ୍ଷେପ। ପୁଣି 'ବିଜୟ' ଶବ୍ଦରୁ ଓଡ଼ିଆରେ 'ବିଜେ' ଶବ୍ଦର ସୃଷ୍ଟି। ରାଜା ଓ ଦେବତାଙ୍କର ଗତିଶୀଳତାକୁ 'ବିଜେ' ବୋଲି କୁହାଯାଏ। ଶ୍ରୀବଳଭଦ୍ର ଓ ଶ୍ରୀଜଗନ୍ନାଥ ମହାପ୍ରଭୁ ଧିରଧିର ଚାଲିରେ ଆସି ବଡ଼ଦାଣ୍ଡରେ ଉଭା ହୁଅନ୍ତି ବୋଲି ତାଙ୍କ ଆସିବାକୁ ପହଣ୍ଡିବିଜେ କୁହାଯାଏ। ପହଣ୍ଡି ବିଜେ ହେଉଛି ଦୁଇ ପ୍ରକାରର, ଯଥା- ଗୋଟି ପହଣ୍ଡି ଏବଂ ଧାଡ଼ି ପହଣ୍ଡି। ଗୋଟିଏ ବିଗ୍ରହ ସିଂହାସନରୁ ଓହ୍ଲାଇ ପହଣ୍ଡିରେ ଯାଇ

ଗନ୍ତବ୍ୟ ସ୍ଥଳରେ ଯାଇ ପହଞ୍ଚିବା ପରେ ଆଉ ଏକ ବିଗ୍ରହଙ୍କର ସିଂହାସନରୁ ଅବତରଣ କରାଯାଇ ଯେଉଁ ପହଣ୍ଡି କରାଯାଏ, ତାକୁ ଗୋଟି ପହଣ୍ଡି କୁହାଯାଏ। ଏକ ସଙ୍ଗରେ ପହଣ୍ଡି ବିଜେକୁ ଧାଡ଼ିପହଣ୍ଡି କୁହାଯାଏ। ଗୁଣ୍ଡିଚାଯାତ୍ରାର ପହଣ୍ଡିକୁ ମହାପହଣ୍ଡି ବୋଲି ମଧ୍ୟ କୁହାଯାଏ।

ମହାପ୍ରଭୁ ଶ୍ରୀ ଜଗନ୍ନାଥ ଯିଏକି ସହସ୍ରଶୀର୍ଷା ପୁରୁଷ, ସହସ୍ରାକ୍ଷଃ ସହସ୍ର ପାଦ, ସେ ପୁଣି ଅପାଣି ପାଦୋ, ସେ ଭକ୍ତାଧୀନ ଦୈବତଂ। ଭୂଃ, ଭୁବଃ, ସ୍ୱଃ, ମହ, ଜନ, ତପଃ, ସତ୍ୟ ଏହି ସପ୍ତଲୋକ ଏବଂ ଅତଳ, ସୁତଳ, ବିତଳ, ତଳାତଳ, ମହୀତଳ, ରସାତଳ ଓ ପାତାଳ ପ୍ରଭୃତି ସପ୍ତ ତଳ ଏବଂ ଶ୍ରୀବୈକୁଣ୍ଠ, କୈବଲ୍ୟ ବୈକୁଣ୍ଠ, ପରବ୍ୟୋମ ବୈକୁଣ୍ଠ, କାରଣାର୍ଣ୍ଣବ ବୈକୁଣ୍ଠ, ଶେଷଗାୟତ୍ରୀ ବୈକୁଣ୍ଠ, ବିଶ୍ୱଦ୍ୱେଷ ବୈକୁଣ୍ଠ, ଗର୍ଭୋଦକଶାୟୀ ବୈକୁଣ୍ଠ ଓ କୈଳାସ ବୈକୁଣ୍ଠ ପ୍ରଭୃତି ଅଷ୍ଟ ବୈକୁଣ୍ଠର ପ୍ରତୀକ ସବୁ ମିଶି ମୋଟ ୨୨ (ବାଇଶି) ପାହାଚରୁ ପରମ ପ୍ରଭୁ ଅବତରଣ କରି ତଳକୁ ଆସନ୍ତି। କୁହାଯାଏ ଯେ ୨୨ ପାହାଚ ହେଉଛି ଜୈନଧର୍ମର ବାଇଶି ତୀର୍ଥଙ୍କରଙ୍କର ପବିତ୍ର ସ୍ମୃତିର ଅମ୍ଳାନସ୍ମାରକୀ। ପୁନଶ୍ଚ କୁହାଯାଏ ଯେ ପଞ୍ଚଭୂତ, ପଞ୍ଚଜ୍ଞାନେନ୍ଦ୍ରିୟ, ପଞ୍ଚକର୍ମେନ୍ଦ୍ରିୟ, ପଞ୍ଚତନ୍ମାତ୍ର, ମନ ଓ ବୁଦ୍ଧି ହେଉଛି ୨୨ ପାହାଚର ପ୍ରତୀକ। ଏସବୁକୁ ଅତିକ୍ରମ କଲେ ପରମପ୍ରଭୁଙ୍କର ଦର୍ଶନ ଓ କୃପା ମିଳିଥାଏ। ଦର୍ଶନ କେବଳ ଚର୍ମଚକ୍ଷୁର ଅବଲୋକନ ନୁହେଁ ବରଂ ଏହା ଏକ ଅନୁଭବ।

ପହଣ୍ଡି ବେଶରେ ଶ୍ରୀବଳଭଦ୍ର ଓ ଶ୍ରୀଜଗନ୍ନାଥଙ୍କ ଶ୍ରୀଅଙ୍ଗରେ ଖଣ୍ଡୁଆ ଲାଗି ହୋଇଥାଏ। କପାଳରେ ନଥାଏ ସ୍ୱର୍ଣ୍ଣ ଚିତା ବା ପୁଷ୍ପର ତିଳକ। କେବଳ ଥାଏ ଫୁଲର ଟାହିଆ। ସେ ଟାହିଆର ମନମୋହିନୀ ଶୋଭାରେ ଭକ୍ତ ନୟନ ଲାଖି ରହେ। ଶ୍ୱେତ କୁସୁମର ସଜଡ଼ା କୁଞ୍ଜରେ ନାଲିରଙ୍ଗଣୀ ଫୁଲର ସୋରା ସୋରା ଶୋଭା ନୟନ ଲୋଭନୀୟ ହୋଇଥାଏ। ଅଶ୍ୱତ୍ଥ ପତ୍ରାକାର ଏହି ଟାହିଆର ନିମ୍ନକେନ୍ଦ୍ରରେ ଥାଏ ତୁଳସୀର ଗୁଚ୍ଛ। ତୁଳସୀ ହେଉଛି ପବିତ୍ରତାର ପ୍ରମୂର୍ତ୍ତ ପ୍ରତୀକ। ଶୀର୍ଷରେ ଥାଏ ଦୂବ ଗୁଚ୍ଛ ଏବଂ ବରକୋଳି ପତ୍ର। ଟାହିଆର ସତେଜ ସୁନ୍ଦର ରୂପବିଭାରେ ପରିବେଶ ଝଲସି ଉଠେ। ରାଘବ ଦାସ ମଠଙ୍କର ପ୍ରଯତ୍ନରେ ଏହା ନିର୍ମିତ ହୋଇଥାଏ। ଏହା ଏକ ପ୍ରତିଷ୍ଠିତ ପରଂପରା। ଶ୍ରୀମନ୍ଦିରକୁ ଟାହିଆ ଆସିଲା ବେଳେ ବାଟରେ ପାଣି ସିଞ୍ଚା ହୁଏ। ଦକ୍ଷିଣ ଦ୍ୱାର ବାଟେ ଏହା ଭିତରକୁ ପ୍ରବେଶ କରେ। ଟାୟାଁ ବା ଟାଇଆ ହେଉଛି ଆଦିବାସୀମାନଙ୍କର ଏକ ଶିର ଭୂଷଣ ଯାହା ବିଭିନ୍ନ ପ୍ରକାର ଫୁଲରେ ନିର୍ମିତ ହୋଇଥାଏ ଏବଂ ଏଥିରେ ପକ୍ଷୀ ପର ମଧ୍ୟ ଖୋସା ହୋଇଥାଏ। ଏହି ଟାୟାଁ ବା ଟାଇଆ ଶବ୍ଦରୁ ଟାହିଆ ଶବ୍ଦର ଉତ୍ପତ୍ତି ବୋଲି କୁହାଯାଏ। ଏହି ଟାହିଆ ଲାଗି ପରଂପରା ଆଦିବାସୀ

ସଂସ୍କୃତିରୁ ଆସିଅଛି ବୋଲି ଜଣାଯାଏ। ସେହି ଟାହିଆରେ ବିମଣ୍ଡିତ ହୋଇ ପରମ ପ୍ରଭୁ ଯେଡ଼େ ସୁନ୍ଦର ଦିଶନ୍ତି, ତାହା ଭାଷାତୀତ। ପହଣ୍ଡିବେଳେ ପ୍ରଭୁ ଶ୍ରୀଜଗନ୍ନାଥଙ୍କର ବାମକୁ ଡାହାଣକୁ ଢଳି ପଡ଼ିବାର ଦୃଶ୍ୟ ଅତ୍ୟନ୍ତ ରମଣୀୟ।

ଫୁଲ ହେଉଛି ବିଶ୍ୱ ପ୍ରକୃତିର ଭଗବତ ଆରାଧନା ନିମନ୍ତେ ସର୍ବଶ୍ରେଷ୍ଠ ସୁକୁମାର ଉପାଦାନ। ଏହାର ଗ୍ରହଣଶୀଳତା ସ୍ୱତନ୍ତ୍ର ଓ ସର୍ବାଧିକ। ଭକ୍ତମାନଙ୍କର ଆବେଗ, ଆକୁଳତା, ପ୍ରାର୍ଥନା, ଅନୁଭବ ତଥା ପ୍ରୀତି ପ୍ରବଣତାର ଭାବତରଙ୍ଗକୁ ଏହା ଆହରଣ କରି ପରମ ପ୍ରଭୁଙ୍କ ନିକଟରେ ନିଖୁଣ ଭାବରେ ଉପସ୍ଥାପନା କରେ ଏବଂ ପ୍ରଭୁଙ୍କଠାରୁ ଅସୀମ ଅତୁଳନୀୟ କୃପା ଗ୍ରହଣ କରି ତାହାକୁ ଭକ୍ତମାନଙ୍କୁ ବିତରଣ କରିଦିଏ। ଏହି ସୁମହତ କ୍ରିୟାଟି ସମସ୍ତଙ୍କ ଅଲକ୍ଷ୍ୟରେ ସମ୍ପାଦିତ ହେଉଥାଏ। ଶ୍ରୀଜଗନ୍ନାଥଙ୍କର ଟାହିଆରେ ଖଞ୍ଜାଯାଇଥିବା ଫୁଲମାନେ ଏହି ସୁମହତ କ୍ରିୟାଟି ସମ୍ପାଦନ କରିଥାନ୍ତି। ସ୍ନାନଯାତ୍ରା, ଶ୍ରୀଗୁଣ୍ଡିଚା ଯାତ୍ରା ଓ ବାହୁଡ଼ାଯାତ୍ରାରେ ଚତୁର୍ଦ୍ଧା ମୂରତିଙ୍କୁ ଏହି ଟାହିଆ ଦ୍ୱାରା ବିଭୂଷିତ କରାଯାଏ। ଟାହିଆ କହେ ବ୍ରହ୍ମ ସତ୍ୟ, ଜଗତ ମିଥ୍ୟା। ରଘୁ ଅରକ୍ଷିତଙ୍କ ଶୁଭ ସ୍ମୃତିରେ ରାଘବ ଦାସ ମଠ ଏହି ଟାହିଆ ସେବା କରିଥାନ୍ତି। କିମ୍ବଦନ୍ତିରୁ ଜଣାଯାଏ ସେ ରଘୁ ଅରକ୍ଷିତ ଉତ୍ତପ୍ତ ବାଲିରେ ଧ୍ୟାନରତ ଥିଲାବେଳେ ଠାକୁର ନିଜେ ଗୋପାଳ ବେଶରେ ଯାଇ ତାଙ୍କ ମୁଣ୍ଡ ଉପରେ ଛତ୍ର ଢାଙ୍କି ଥିଲେ। ତେଣୁ କୃତଜ୍ଞତାର ସ୍ମାରକୀ ସ୍ୱରୂପେ ରଘୁ ଅରକ୍ଷିତ ମଠ ବା ରାଘବ ଦାସ ମଠ ପ୍ରଭୁଙ୍କ ଯାତାୟାତ କାଳରେ ଏହି ଟାହିଆ ଯୋଗାଇଥାନ୍ତି। ସ୍ନାନ, ଗୁଣ୍ଡିଚା ଓ ବାହୁଡ଼ାରେ ମୋଟ ୨୪ ଟାହିଆ ହୁଏ। ସେଥିରୁ ୮ ଗୋଟି ବଡ଼ ଓ ୧୬ଗୋଟି ଛୋଟ। ଶ୍ରୀମନ୍ଦିରରୁ ବାହାରିବା ଓ ଶ୍ରୀମନ୍ଦିରରକୁ ଫେରିବା ବେଳେ ୪ଗୋଟି ଲେଖାଏଁ ୮ଗୋଟି ବଡ଼ ଟାହିଆ, ଶ୍ରୀଗୁଣ୍ଡିଚା ମନ୍ଦିରରେ ପ୍ରବେଶ ଓ ପ୍ରସ୍ଥାନ କାଳରେ ୪ଗୋଟି ଲେଖାଁଏ ୮ ଗୋଟି ଛୋଟ ଲୋଡ଼ା ହୋଇଥାଏ। ସ୍ନାନଯାତ୍ରା ଦିନ ୨ଥର ଅର୍ଥାତ୍ ୪ଗୋଟି ଲେଖାଏଁ ୮ ଗୋଟି ଛୋଟ ଟାହିଆ ବ୍ୟବହୃତ ହୁଏ। ଶ୍ରୀବଳଭଦ୍ରଙ୍କ ଟାହିଆ ଠାରୁ ଶ୍ରୀଜଗନ୍ନାଥଙ୍କ ଟାହିଆରେ ଚାରି ଗୋଟି କାଠି ଅଧିକ ଲାଗିଥାଏ। ଶ୍ରୀଶ୍ରୀସୁଭଦ୍ରା ଓ ଶ୍ରୀସୁଦର୍ଶନଙ୍କ ଟାହିଆ ଟୋପର ଆକାରର ହୋଇଥାଏ। ଟାହିଆର ପ୍ରସ୍ତୁତିରେ ବାଉଁଶ, କଦଳୀ ପଟୁକା, ସୋଲ, ଜରି ଜମ୍ବୁରା, ରଙ୍ଗୀନ କନା ସହିତ ବିଭିନ୍ନ ଫୁଲ ଆବଶ୍ୟକ ହୋଇଥାଏ। ଶ୍ରୀସୁଦର୍ଶନ ଜଡ଼ର ପ୍ରତୀକ, ମାଆ ସୁଭଦ୍ରା ପ୍ରାଣ ଶକ୍ତିର ପ୍ରତୀକ, ଶ୍ରୀବଳଭଦ୍ର ହେଉଛନ୍ତି ମନର ପ୍ରତୀକ, ଏବଂ ଶ୍ରୀଜଗନ୍ନାଥ ଆତ୍ମାର ଅଧୀଶ୍ୱର। ଅତଏବ ରଥଯାତ୍ରାରେ ଚତୁର୍ଦ୍ଧା ମୂରତି ଭକ୍ତ ଜନତାର ଗହଣକୁ ଆସି ଭକ୍ତ ଜନତାର ଦେହ, ପ୍ରାଣ, ମନ ଓ ଆତ୍ମାର ବିକାଶ ନିମନ୍ତେ ଶୁଭାଶିଷ ପ୍ରଦାନ କରିଥାନ୍ତି।

ଶ୍ରୀଜଗନ୍ନାଥ ହେଉଛନ୍ତି ପୂର୍ଣ୍ଣବ୍ରହ୍ମ, ପୁରୁଷୋତ୍ତମ। ସମସ୍ତେ ତାଙ୍କର, ସମସ୍ତେ ତାଙ୍କ ଭିତରେ ଓ ସେ ସମସ୍ତଙ୍କ ଭିତରେ। ଅନ୍ୟପ୍ରକାରେ କୁହାଯାଇପାରେ ଯେ ସେ ଏକାଧାରାରେ ବିଶ୍ୱଗତ ଓ ବିଶ୍ୱାତୀତ। ସେ ଏକାଧାରରେ ସ୍ରଷ୍ଟା ଓ ସୃଷ୍ଟି, ଦ୍ରଷ୍ଟା ଓ ଦୃଷ୍ଟି, ଅଭିନେତା ଓ ଅଭିନୟ, ଗାୟକ ଓ ଗାୟନ, ଚନ୍ଦନ ଓ ତା'ର ସୁବାସ, ବିଜୟୀ ଓ ତା'ର ବିଜୟ, ସାଧନା ଓ ସିଦ୍ଧି ଇତ୍ୟାଦି ଇତ୍ୟାଦି। ତାଙ୍କୁ ମର୍ମ ଚକ୍ଷୁରେ ଦେଖିଲେ ଆଉ କିଛି ଦେଖିବାକୁ ବାକି ନଥାଏ, ତାଙ୍କ କଥା ଅନ୍ତରରୁ ଶୁଣିପାରିଲେ ଆଉ କିଛି ଶୁଣିବାକୁ ବାକି ନଥାଏ। ସବୁ ସମ୍ପ୍ରଦାୟର ସେ ଆରାଧ୍ୟ ଦେବତା, ସବୁ ତତ୍ତ୍ୱର ସେ ଅଧିନାୟକ। ସେ କେବଳ ଉତ୍କଳ ନାଥ ନୁହନ୍ତି, ଭାରତର ନାଥ ନୁହନ୍ତି ବରଂ ସାରା ଜଗତ୍ ଅର୍ଥାତ୍ ଉଭୟ ଚର ଓ ଅଚରର ଅଧିପତି। ପଣ୍ଡିତ ନୀଳକଣ୍ଠଙ୍କ ମତରେ- "ସେ ରାମନାଥ ନୁହନ୍ତି, ଦ୍ୱାରକାନାଥ ନୁହନ୍ତି, ସେ ସାରା ଜଗତର ନାଥ, ତେଣୁ ତାଙ୍କ ନାମରେ ସାର୍ଥକତା ରହିଛି।" ଜଗତ୍ ଅର୍ଥାତ ଯାହା ଗତିଶୀଳ ଅର୍ଥାତ ଏଇ ପୃଥିବୀର ନାଥ ଅର୍ଥାତ ପ୍ରଭୁ ହେଉଛନ୍ତି ଜଗନ୍ନାଥ। ଯିଏ ଅନୁମନ୍ତାର ଭୂମିକାରେ ଅବତୀର୍ଣ୍ଣ, ସେ ହିଁ ଜଗନ୍ନାଥ।

ଓଡ଼ିଆ ସାହିତ୍ୟରେ ରଥଯାତ୍ରାର ପୁଷ୍କଳ ଚିତ୍ର ଦେଖିବାକୁ ମିଳେ। କବିମାନଙ୍କ ଦୃଷ୍ଟିକୁ ଭିନ୍ନଭିନ୍ନ ବାଗରେ ରଥଯାତ୍ରାର ରଥ ଓ ଅଧୀଶ୍ୱର ପ୍ରଭୁ ଶ୍ରୀଜଗନ୍ନାଥ ଦୃଷ୍ଟିଗୋଚର ହୋଇଛନ୍ତି। ରୀତିଯୁଗୀୟ କବି ଲୋକନାଥ ବିଦ୍ୟାଧରଙ୍କୁ ବଡ଼ଦାଣ୍ଡରେ ସୁସଜ୍ଜିତ ଭକ୍ତ ଜନବୃନ୍ଦ ଲହରୀ ପ୍ରାୟ ଦୃଶ୍ୟ ହୋଇଛନ୍ତି। ନୃତ୍ୟରତ ଭକ୍ତମଣ୍ଡଳୀ ମୟୂର ପ୍ରାୟ ଦୃଶ୍ୟ ହୋଇଛନ୍ତି। କବିଙ୍କ କଥାରେ-

"ରତ ମାନେ ପୋତ ପ୍ରାୟ ଦିଶନ୍ତି ଶୋଭିତ
ବହୁତ ରତନ ବସନରେ ସୁମଣ୍ଡିତ ହେ,

xxx xxx

ବହୁତ ଜାତି ପରିପୂର୍ଣ୍ଣ ହୋଇ ଶୋଭା ପାଆନ୍ତି
ଭକ୍ତ ମଣ୍ଡଳୀ ନୃତ୍ୟଗୀତେ କେକୀ ପ୍ରାୟ ଦିଶନ୍ତି।"(ନୀଳାଦ୍ରିମହୋତ୍ସବ)

ଶ୍ରୀଜଗନ୍ନାଥଙ୍କର ରଥର ଚକ, ପଟି, ରାହୁପଟି, କଳସ, ଦଧିନଉତି, କଣ୍ଠି, ଦଣ୍ଡଚକ୍ର ଓ କପିକେତନ ପ୍ରଭୃତିର ପ୍ରାଣବନ୍ତ ବର୍ଣ୍ଣନା କରି ଶ୍ରୀଯୁକ୍ତ ବିଦ୍ୟାଧରଙ୍କ ବର୍ଣ୍ଣମାଳାରେ ପ୍ରକଟିତ ହୋଇଛି। କପିକେତନର ଚିତ୍ର ପ୍ରଦାନ ପୂର୍ବକ କବି କହନ୍ତି-

"ତଥିପରେ କେତନ ସବୁ ଶୋଭାନିକେତନ
ସମସ୍ତ ରୂପେ ଯତନ ସେହୁ ଅଟଇ,
ପୁଣି ତଳକୁ ପଡ଼ଇ ବେନି ପାଶକୁ ଚଳଇ

ଯାହା ଉପରକୁ ଯାଇ ଏହ୍ନେ ଦିଶଇ
କି ନର୍ତ୍ତକ ହସ୍ତକ ହସ୍ତ।" (ନୀଳାଦ୍ରି ମହୋତ୍ସବ)

ଶ୍ରୀଜଗନ୍ନାଥଙ୍କର ଘୋଷଯାତ୍ରାର ପହଣ୍ଡି ବିଜେ କବି ଗୌରଚରଣଙ୍କ ମନରେ ଆଣିଛି ଭାବାନ୍ତର, ହୃଦୟରେ ପୁଲକର ଉଚ୍ଛ୍ୱଳ ପ୍ଲାବନ। ଆଖିରୁ ତାଙ୍କର ଝରିପଡ଼ିଛି ଦୁଇଧାର ଅଶ୍ରୁ। ଅତ୍ୟନ୍ତ ମନୋଜ୍ଞ ଭାଷାରେ ଅନ୍ତରର କଥା ପ୍ରକାଶିତ ହୋଇଛି 'ପହଣ୍ଡି ବିଜେ' ଗୀତରେ। ପହଣ୍ଡି ବିଜେ ଅବକାଶରେ ସେବକମାନଙ୍କର ଝିଙ୍କାଝିଙ୍କିରେ ଟଣା ଓଟରାରେ ସୁକୁମାର ତନୁକୁ ବାଧା ଲାଗିଥିବ ବୋଲି କବି ବିଚାର କରିଛନ୍ତି।

ତାଙ୍କ ଭାଷାରେ-

"ସେବକମାନଙ୍କ ଅଙ୍ଗ ଶ୍ରମ ଝାଳ ଗମଗମ ପଡ଼େ ବହିକି
ଝିଙ୍କା ଝିଙ୍କି କରିବାରୁ ବାଧୁଥିବ ପରା ସୁକୁମାର ଦେହୀ କି

x x x

ଭକ୍ତି କୁସୁମ ଅଞ୍ଜଳି ପରମ ପ୍ରଭୁଙ୍କ ପାଦରେ ଅର୍ପଣ କରି ବିଭୁ ପ୍ରୀତି ଭାବନାରେ ଜୀବନକୁ ସାର୍ଥକ ମଣି କବି ଗଭୀର ଆଶାପୋଷଣ କରିଛନ୍ତି ଯେ ତାଙ୍କୁ ଶ୍ରୀଚରଣରେ ଓ ନନ୍ଦିଘୋଷ ରଥର ଛାଇରେ ଟିକିଏ ରହିବାକୁ ସ୍ଥାନ ମିଳିବ।

"ଅପଲକ ଦୃଷ୍ଟି କରରେ ମାନସ
ଆଉ ଏ ସମୟ ପାଇକି
ଗଉର ଚରଣ ପଶିଲା ଶରଣ
ନନ୍ଦିଘୋଷ ରଥ ଛାଇକି।"

ଅନ୍ୟ ଏକ ଗୀତରେ କବି ଗୌର ଚରଣ ଶ୍ରୀଗୁଣ୍ଡିଚା ଯାତ୍ରା ମହତ୍ତ୍ୱର ଉପସ୍ଥାପନା କରିଛନ୍ତି। ରଥ ଦଉଡ଼ି ତାଙ୍କୁ ଦିଶିଛି ବାସୁକୀ ସର୍ପ ପରି ଏବଂ ଦେବତାମାନେ ଭକ୍ତ ରୂପରେ ରଥ ଟାଣିଲା ପରି କବିଙ୍କୁ ଦୃଶ୍ୟ ହୋଇଛି।

କବିଙ୍କ ଭାଷାରେ-

"ରଥର ଦଉଡ଼ି ଲମ୍ବେ ଧାଡ଼ି ଧାଡ଼ି
କିବା ସେ ବାସୁକୀ ଫଣୀକି
ନର ସ୍ୱରୂପେ ଅମର ଗଣ ମିଶି
ସଧୀରେ ଧରନ୍ତି ଟାଣିକି।"

ନନ୍ଦିଘୋଷ ରଥ ଆଗକୁ ଚାଲିଲା ବେଳେ ହେଉଥିବା ଘୋର ଘର୍ଘର ନାଦକୁ କବି ପାପତାପହାରୀ ଦେବ ନିର୍ଦ୍ଦେଶନାମା ବୋଲି କହିଛନ୍ତି। ବଡ଼ ଦାଣ୍ଡରେ ପଶିପାରେ ନାହିଁ ଘାତକ ସେତେବେଳେ, କାରଣ ରଥର ଘୋଷଧ୍ୱନି ଏହାକୁ ଆସିବାକୁ

ପ୍ରତିରୋଧକରେ, ଯାହା ଆଗରୁ ପଶି ଆସିଥାଏ ତାହାକୁ ଯଥା ଶୀଘ୍ର ଅଠର ନଳା ଡେଇଁ ପଳାଇଯିବାକୁ ସେହି ଘୋଷ ଧ୍ୱନି କଠୋର ଆଦେଶ ଦିଏ। କବିଙ୍କ କଥାରେ-

"ଗର୍ଜୁ ନାହିଁ ତର୍ଜୁ ଅଛି ସେ ପ୍ରକୋପେ
ବର୍ଜୁଛି ପାତକ ଶ୍ରେଣୀକି
ପଳାତୁ ଅଠର ନଳାଠାରୁ ବଳି
ନ ଆସିବୁ ଆଉ ଏଣିକି।"

ଶ୍ରୀଜଗନ୍ନାଥଙ୍କର ମହିମା ଶତକଣ୍ଠରେ ଗାନ କରିଛନ୍ତି କବି। ପୁରୁଷୋତ୍ତମ ଧାମରେ ନାହିଁ ବ୍ରାହ୍ମଣ ଚାଣ୍ଡାଳର ଭେଦ ବରଂ ବିଶ୍ୱ ମୈତ୍ରୀର ଜୟଧ୍ୱଜା ସେଠାରେ ଫରଫର ହୋଇ ଉଡୁଅଛି। ମାନବିକତାର ମହାମନ୍ତ୍ରରେ ଅଭିମନ୍ତ୍ରିତ ଶ୍ରୀ ଜଗନ୍ନାଥ ସଂସ୍କୃତିର ଅନୁଲମ୍ବ ଉତ୍ତରଣ ଯେତିକି ଅନୁପ୍ରସ୍ଥ ପ୍ରସାରଣ ମଧ୍ୟ ସେତିକି।

କବିଙ୍କ ଭାଷାରେ-

"ବ୍ରାହ୍ମଣ ଚାଣ୍ଡାଳ ଭେଦ ବିନାଶନ
ସାମ୍ୟ ମୈତ୍ରୀ ଛତି ଧରା
ଯୁଗେ ଯୁଗେ ଯାର ଶ୍ରୀକ୍ଷେତ୍ର ମହତ୍ତ୍ୱ
ଧରା ମାଣିକ୍ୟ ପସରାରେ
ଦ୍ୱିଜ ପ୍ରସାରି ହାତ
ଖାଏ ଚଣ୍ଡାଳ ହାତରୁ ଭାତ ଲୋ।"

କବି ଗୋକୁଳା ନନ୍ଦ ମହାନ୍ତିଙ୍କର ଅନ୍ତରରେ ଝଙ୍କୃତ ହୋଇଛି ଶ୍ରୀଜଗନ୍ନାଥଙ୍କ ମହିମାର ମଧୁମୂର୍ଚ୍ଛନା। ପ୍ରଭୁଙ୍କର ଦର୍ଶନରେ ନେତ୍ର ହେବ ପବିତ୍ର ଓ ସାର୍ଥକ ବୋଲି ଭକ୍ତମାନଙ୍କୁ ସେ ଆଦର ଆହ୍ୱାନ ଜଣାଇଛନ୍ତି। ବିଶ୍ୱଭ୍ରାତୃତ୍ୱର ପ୍ରତୀକ ଭାବରେ ସେ ଶ୍ରୀଜଗନ୍ନାଥ ସଂସ୍କୃତିକୁ ବିଚାର କରିବା ଏତେବଡ଼ ସାଂସ୍କୃତିକ ଦେବତାଙ୍କୁ ନେଇ ଓଡ଼ିଶା ଓ ଓଡ଼ିଶାର ଗର୍ବ ଅକଳ୍ପନୀୟ। ଓଡ଼ିଶାର ମାଟି ସେତିକି ପବିତ୍ର ନ ହୋଇଥିଲେ ତାହା ପୁରୁଷୋତ୍ତମଙ୍କୁ ଧରି ରଖିପାରି ନ ଥାନ୍ତା। ଓଡ଼ିଆ ଜାତିର ଅମୂଲ୍ୟଧନ ଭାବରେ ଅଭିହିତ କରି କବି କହିଛନ୍ତି-

"ଚାହାଁରେ ପତିତଜନ ପତିତପାବନଙ୍କୁ
ଓଡ଼ିଆ ଗରବ ଧନ ଜାତି ସନମାନଙ୍କୁ
ପଛେ ନନ୍ଦୀଘୋଷ ଧ୍ୱରେ
ଚଳେ ମାତଙ୍ଗ ଗତିରେ
ଘେନି କଳା କଞ୍ଚାଦଳା
ମଦନ ମୋହନଙ୍କୁ।"

କଲ୍ଲୋଳ କବି ଦୀନକୃଷ୍ଣଙ୍କ ରଚିତ 'ଗୁଣ୍ଡିଚା ଭାବନା ଚଉତିଶା'ରେ ରଥଯାତ୍ରାର ମନୋରମ ଦୃଶ୍ୟ ଅଙ୍କିତ ହୋଇଛି ।

ତେଣୁ କବି ଶ୍ରୀକ୍ଷେତ୍ରକୁ ଆସିନପାରି ଦୂରରେ ରହି କଳ୍ପନାନେତ୍ରରେ ରଥଯାତ୍ରା ଦେଖି ସେହି ଦୃଶ୍ୟକୁ ଭାବରେ ଜାରିତ କରି ଭାଷାରେ ସଜାଇଛନ୍ତି । ଶ୍ରୀଜଗନ୍ନାଥଙ୍କର ପହଣ୍ଡିବିଜେ କବି ତାଙ୍କର ମାନସ ନେତ୍ରରେ ଯେପରି ଦେଖିଛନ୍ତି, ସେପରି ଲେଖିଛନ୍ତି । ସେ ଲେଖିଛନ୍ତି ଏହିପରି ଯେ ନୀଳଗିରି ଶିଖରରୁ ସଦର୍ପରେ ଖସିଆସୁଥିବେ ନୀଳାଦ୍ରିକେଶରୀ ଶ୍ରୀଜଗନ୍ନାଥ । ତାଙ୍କ ଦର୍ଶନରେ ଆତ୍ମ ବିଭୋର ହେଉଥିବେ ଭକ୍ତ ସମାଜ, ଗୀତବାଦ୍ୟ ବାଜୁଥିବ ନୂତନ ଛନ୍ଦରେ; ଦିବ୍ୟ ଭାବରେ ନାଚୁଥିବେ ନର୍ତ୍ତକୀ ବୃନ୍ଦ । ଛତ୍ର ଓ ଚାମର ପଡ଼ିବାରୁ ଦିଶୁଥିବ କ୍ଷୀର ସମୁଦ୍ର ଉଚ୍ଛୁଳିଲା ପରି । ସଭିଙ୍କର ଆଖି ଲାଗି ଯାଉଥିବ ସେହି ଭୁବନ ଭୁଲା ଦୃଶ୍ୟରେ । ଲାଗୁଥିବ ସତେଅବା ନାନାରଙ୍ଗର ଲାବଣ୍ୟକମଳ ଯମୁନାର ଜଳବେଣୀରେ ଫୁଟି ଝୁଲୁଅଛି । ବିଶ୍ୱଶାନ୍ତି, ବିଶ୍ୱମୈତ୍ରୀ ଓ ବିଶ୍ୱଭ୍ରାତୃତ୍ୱର ଉଦ୍‌ଘୋଷଣା କରିବ ଘୋର ଘର୍ଘର ନାଦରେ ନନ୍ଦୀଘୋଷ ରଥ । ଶ୍ରୀ ଜଗନ୍ନାଥଙ୍କ ଅନୁରୋଧରେ ଶ୍ରୀବଳଭଦ୍ର ଆଗରେ ଯିବେ ।

କବିଙ୍କ ଭାଷାରେ–

"ଶ୍ରାବଣ ମଙ୍ଗଳ ଜଗନ୍ନାଥ ହସି ବଳଦେବଙ୍କୁ ଅନାଇଁ
ଶୁଭେ ଆମେ ବିଜେକର ବୋଲିବାରୁ ବିଜେ କରିବେ ଗୋସାଇଁ
ସଙ୍ଗେ ସୁଭଦ୍ରା ଯିବେ
ଶତଶତ ଘଣ୍ଟାଦି ବାଜିବେ ସେ
ସେହି ସଙ୍ଗରେ ପ୍ରଭୁ ସାଜିବେ ସେ ।"

ଉଦାହରଣ ସ୍ୱରୂପ ୨/୪ ଜଣ କବିଙ୍କର ଭକ୍ତିଭାବନା ଉକ୍ତ ପ୍ରବନ୍ଧରେ ଉପସ୍ଥାପିତ ହେଲେ ହେଁ ବହୁ କବିଙ୍କର କୃତିତ୍ୱରେ ଶ୍ରୀଜଗନ୍ନାଥଙ୍କ ପ୍ରତି ଭକ୍ତିଭାବ ପ୍ରକଟିତ ହୋଇଛି । ରଥଯାତ୍ରାକାଳୀନ ଦୃଶ୍ୟ ମଧ୍ୟ ବହୁ କବିଙ୍କ କାବ୍ୟ କବିତାରେ ସ୍ଥାନିତ ହୋଇଛି । ଅବଶ୍ୟ ଏକଥା ସ୍ୱୀକାର୍ଯ୍ୟ ଯେ ଶ୍ରୀଜଗନ୍ନାଥଙ୍କର ମହିମା ଯେତେ ଗାନ କଲେ ମଧ୍ୟ ତାହା ସରିବ ନାହିଁ, ଅଧିକ ଗାନର ଅପେକ୍ଷା ରଖିବ । ମହାସମୁଦ୍ରକୁ ଜାଲ ପକାଇ ଧରିହେବ ନାହିଁ, କେବଳ ଧରିହେବ କେତେ ବିନ୍ଦୁ ଜଳ ମାତ୍ର ।

ଶ୍ରୀଜଗନ୍ନାଥ ହେଉଛନ୍ତି ଭାବରେ ଠାକୁର, ଅନୁଭବର ଠାକୁର । ଭାଷାର ବଳୟ ବାହାରେ ତାଙ୍କର ସ୍ଥିତି ଓ ଅଭିବ୍ୟକ୍ତି । ଅନ୍ତଃମନରେ ତାଙ୍କୁ ବୁଝି ହୁଏ, ଅନ୍ତଃକର୍ଣ୍ଣରେ ତାଙ୍କର କଥା ଶୁଣିହୁଏ । ଅନ୍ତଃନେତ୍ରରେ ଦେଖିହୁଏ ତାଙ୍କର ଘୋଷଯାତ୍ରା । ଏହି ଘୋଷଯାତ୍ରା ପ୍ରକୃତରେ ମାନବବାଦର ଜୟଯାତ୍ରା । ଆଜି ନୁହେଁ ଆଗାମୀ କାଲି ତାହାର

ମହତ୍ତ୍ୱ ଓ ମୂଲ୍ୟବୋଧ ହୃଦୟଙ୍ଗମ କରାଯିବା ପାଇଁ ଉଦ୍ଦିଷ୍ଟ । ଏଥିରୁ ବିଚ୍ଛୁରିତ ଆଲୋକର ରଶ୍ମିରେ ଆଗାମୀ ସମୟ ଉଦ୍ଭାସିତ ହେବାପାଇଁ ଅଭିପ୍ରେତ । ଏହି ଅବକାଶରେ ଏତିକି କୁହାଯାଇପାରେ ଯେ ଏହି ଘୋଷ ଯାତ୍ରାର ଜୟ ହେଉ, ଆଗାମୀ କାଲିର ଜୟହେଉ, ମହାମାନବିକତାର ଜୟ ହେବା ସଙ୍ଗେ ସଙ୍ଗେ ଅତିମାନବିକତାର ଜୟ ହେଉ ।

■

ବିଶ୍ୱଜୀବନ ଓ ଘୋଷଯାତ୍ରା

ଜଗନ୍ନାଥ କେବଳ ଉତ୍କଳର ନାଥ ନୁହନ୍ତି, ଭାରତର ନାଥ ନୁହନ୍ତି, ସେ ହେଉଛନ୍ତି ଜଗତର ନାଥ। ଘୋଷଯାତ୍ରା ତେଣୁ କେବଳ ଉତ୍କଳର ଯାତ୍ରା ନୁହେଁ, ଭାରତର ଯାତ୍ରା ନୁହେଁ, ସମଗ୍ର ବିଶ୍ୱ ମାନବର ବିଜୟର ଯାତ୍ରା। ବଡ଼ଦାଣ୍ଡରେ ଏହି ଯାତ୍ରା ଅନୁଷ୍ଠିତ ହୁଏ। ବଡ଼ଦାଣ୍ଡ ଶ୍ରୀମନ୍ଦିରର ସିଂହଦ୍ୱାରରୁ ଆରମ୍ଭ ହୋଇ ଗୁଣ୍ଡିଚା ମନ୍ଦିରଠାରେ ଶେଷ ହୋଇଛି। ଗୁଣ୍ଡିଚା ମନ୍ଦିରକୁ ମହାବେଦୀ, ଯଜ୍ଞମଣ୍ଡପ, ଜନକପୁରୀ ବୋଲି କୁହାଯାଏ। ଇନ୍ଦ୍ରଦ୍ୟୁମ୍ନ ଏଠାରେ ବେଦୀ ନିର୍ମାଣ କରି ଅଶ୍ୱମେଧ ଯଜ୍ଞ କରିଥିଲେ ବୋଲି ଏହାର ନାମ ମହାବେଦୀ, ଏଥିନିମନ୍ତେ ଏହାର ଅନ୍ୟନାମ ଯଜ୍ଞମଣ୍ଡପ। ଠାକୁରମାନଙ୍କର ଏଠାରେ ଜନ୍ମ ହୋଇଥିଲା ବୋଲି ଏହାର ନାମ ଜନକପୁରୀ। ଏ ସ୍ଥାନ ପାଇଁ ଠାକୁରମାନଙ୍କର ଅସୀମ ପ୍ରୀତି ରହିଛି ବୋଲି ରଥଯାତ୍ରାରେ ଠାକୁରମାନେ ଏଠାକୁ ଆସିଥାନ୍ତି। ସ୍କନ୍ଦ ପୁରାଣରେ ବର୍ଣ୍ଣିତ ଅଛି-

'ମମୋତ୍ ପଭେଣ୍ଟ ନିଳୟଂ ପ୍ରୀତିକୃନ୍ନମ ଶାଶ୍ୱତମ୍
ବହୁକାଳଂ ସ୍ଥିତଶ୍ଚାହଂ ମମାସ୍ମିକ୍, ପ୍ରୀତିରୁତ୍ତମା।'

ଅର୍ଥାତ୍ ଏହା ମୋହର ଜନ୍ମସ୍ଥାନ ବୋଲି ଶାଶ୍ୱତ ପ୍ରୀତିପଦ। ଏହି ସ୍ଥାନରେ ମୁଁ ବହୁ ଦିନ ଅଧିଷ୍ଠିତ ଥିଲି। ତେଣୁ ସେଠାରେ ମୋର ଅସୀମ ପ୍ରୀତି ରହିଛି। ତେଣୁ ଘୋଷଯାତ୍ରା ହେଉଛି ପ୍ରୀତିର ଯାତ୍ରା, ଅନୁରାଗର ଜୟଯାତ୍ରା।

ବଡ଼ଦାଣ୍ଡରେ ଜଗନ୍ନାଥ, ବଳଭଦ୍ର ଓ ଦେବୀ ସୁଭଦ୍ରାଙ୍କ ରଥ ଘୋର ଘର୍ଘର ନାଦରେ ପ୍ରୀତିଭିତ୍ତିକ ପ୍ରଗତିର ପ୍ରଶସ୍ତପଥରେ ଅଗ୍ରଗତି କରି ବିଶ୍ୱ ମାନବକୁ ଅଗ୍ରଗତି ପାଇଁ ଆହ୍ୱାନ ଦେଇଥାଏ। ସୃଷ୍ଟିକାଳରୁ ମାନବଜାତିର ମନରେ ଅଗ୍ରଗତିର ଅପ୍ରତିହତ ଅଭୀପ୍ସା ଓ ଅବିଚଳିତ ସଂକଳ୍ପ ଥିବାରୁ ସେ ଆଜି ବିକାଶର ଜୟମାଲ୍ୟରେ ବିଭୂଷିତ ଓ ଅଧିକ ଉନ୍ନତି ପାଇଁ କର୍ମରତ। ଏପରି ଉନ୍ନତିପ୍ରୟାସୀ ବିଶ୍ୱମାନବ ନିମନ୍ତେ କଲ୍ୟାଣମୟ

ବାର୍ତ୍ତା ଆଣି ଘୋଷଯାତ୍ରା ଆଜି ଉଦ୍‌ଘୋଷଣା କରୁଛି ମୃତ୍ୟୁରୁ ଅମୃତକୁ ଯିବାପାଇଁ, ତମସାର ଘଞ୍ଚ ଆସ୍ତରଣ ଭେଦକରି ଆଲୋକର ଫୁଲଝରିକୁ ଦେଖିବା ପାଇଁ ଓ ସେ ଆଲୋକରେ ଆଲୋକିତ ହେବାପାଇଁ। ଆର୍ଯ୍ୟଋଷିର କଣ୍ଠସ୍ୱର ସହିତ ଏକସ୍ୱର ହୋଇ ଏ ଘୋଷଯାତ୍ରା ଆହ୍ୱାନ କରୁଛି, 'ଶୃଣ୍ୱନ୍ତୁ ବିଶ୍ୱେ ଅମୃତସ୍ୟ ପୁତ୍ରାଃ।' ଜୀବନକୁ ଜାଣିବାକୁ ପ୍ରେରଣା ଦେଉଛି ଏ ଯାତ୍ରା। ବିଶ୍ୱଜୀବନରୁ ଅବସାଦ ତଥା ଅପୂର୍ଣ୍ଣତାର ଅପଶକ୍ତିକୁ ଦୂରୀଭୂତ କରିବା ପାଇଁ ଶ୍ରୀଜଗନ୍ନାଥଙ୍କ ରଥର ବାନା ସତେଯେପରି ସଂକଳ୍ପବଦ୍ଧ। ଉତ୍କଳର କବି ଲୋକନାଥ ବିଦ୍ୟାଧର ସ୍ୱରଚିତ ନୀଳାଦ୍ରି ମହୋତ୍ସବ ଗ୍ରନ୍ଥରେ ପତିତପାବନ ବାନା ସଂପର୍କରେ କହନ୍ତି-

ନୋହିଲେ ଏମନ୍ତ ଅବା ଯାହା ଉପରୁ ପଡ଼ିବା
ପତିତଙ୍କୁ କି ଡାକିବା ଊର୍ଦ୍ଧ୍ୱକୁ ଯିବା,
ଅଘକୁ ଯାଅ ବୋଲିବା ବେନିପାଶକୁ ଢ଼ଳିବା
ଏସନ କହଇ କିବା ତାହା କହିବା।'

ବାନା ଊର୍ଦ୍ଧ୍ୱକୁ ଯିବା ଲକ୍ଷଣ ହେଉଛି ପତିତ, ସାଧୁସନ୍ଥଙ୍କୁ ଭଗବାନ ତାଙ୍କ ନିକଟକୁ ଡାକନ୍ତି ଓ ତଳେ ପଡ଼ିବା ଲକ୍ଷଣ ହେଉଛି ଦୁଷ୍ଟଜନଙ୍କୁ ତଡ଼ିବା ବା ପ୍ରବଳ ବେଗରେ ପଳାଇବା ପାଇଁ ଆହ୍ୱାନ ଜଣାଇବା। କେବଳ ଉତ୍କଳୀୟ ସାଧୁ ବା ଭାରତୀୟ ସଜ୍ଜନଙ୍କ ପାଇଁ ନୁହେଁ, ସମଗ୍ର ବିଶ୍ୱମାନବ ପାଇଁ ପରମପ୍ରଭୁଙ୍କର ଏପରି କରୁଣାର ହସ୍ତ ପ୍ରସାରିତ ହୋଇରହିଛି। ଭାଷା, ବର୍ଣ୍ଣ, ସଂପ୍ରଦାୟ ଭେଦରେ ପ୍ରତ୍ୟେକ ବ୍ୟକ୍ତିର ଦେହ ହେଉଛି ଏକ ଏକ ଦେବାଳୟ। ଶ୍ରୀମଦ୍ ଭଗବଦ୍ ଗୀତାର ଉକ୍ତି ଅନୁସାରେ 'ଦେହୋ ଦେବାଳୟୋ ପ୍ରୋକ୍ତୋ ସ ଦେବଃ ବ୍ରାହ୍ମଣୋବହି।' ଏ ଦେହ କୌଣସି ଏକ ନିର୍ଦ୍ଦିଷ୍ଟ ସଂପ୍ରଦାୟର ବ୍ୟକ୍ତିର ଦେହ ନୁହେଁ, ସମଗ୍ର ବିଶ୍ୱ ମାନବର ଦେହ। ଉତ୍କଳୀୟ କବି ଦ୍ୱାରକା ଦାସ ଦେହକୁ ରଥ ରୂପେ ପରିକଳ୍ପନା କରିଛନ୍ତି। ମନରାଜା ସେଥିରେ ବାସ ଓ ବିହାର କରନ୍ତି ବୋଲି ସେ କହିଛନ୍ତି। ତାଙ୍କ ମତରେ 'ଶରୀର-ରଥକୁ ଦଇବଭିଆଣ କଲା। ଏକାଅଖରେ ଦୁଇଚକ ଦେଇ ବେନିଭୁଜକୁ ସାରଥି କଲା। ଦୁଇପାଦ ଅଶ୍ୱରଥ ବାହାନ୍ତି ଇତ୍ୟାଦି। ଏଇ ଶରୀର ରଥରେ ଦିବ୍ୟଭାବର ଜୟଯାତ୍ରା ଚାଲିଛି। ଶ୍ରୀକ୍ଷେତ୍ରର ରଥଯାତ୍ରା ଏହି ସୂକ୍ଷ୍ମ ଅଦୃଶ୍ୟଯାତ୍ରାର ସ୍ଥୂଳ ଦୃଶ୍ୟମାନ ଅଭିବ୍ୟକ୍ତି କହିଲେ ଅତ୍ୟୁକ୍ତି ହେବନାହିଁ। ତେଣୁ ଏ ଯାତ୍ରାର ଆକର୍ଷଣ ସ୍ୱତନ୍ତ୍ର ଓ ଅଭିନବ। ଯାହାକୁ ଦେଖିବା ପାଇଁ ବିଭିନ୍ନ ସ୍ଥାନକୁ ଯାତ୍ରୀମାନେ ଆସିଥାନ୍ତି। ଲୋକନାଥ ବିଦ୍ୟାଧରଙ୍କ ଭାଷାରେ-

"କେଉଁମାନେ ଅଇଲେ ମାତଙ୍ଗରେ
କେହୁ ଅଇଲେ ତୁରଙ୍ଗ ଉପରେ
କେହୁ ପାଲିଙ୍କି କେହୁ ଶିବିକାରେ"

କେବଳ ଦେଶ ଭିତରୁ ନୁହେଁ ବିଦେଶରୁ ମଧ୍ୟ ମଧ୍ୟ ବହୁ ଦର୍ଶକ ତଥା ପର୍ଯ୍ୟଟକ ଆସି ବଡ଼ଦାଣ୍ଡରେ ଉପସ୍ଥିତ ରହି ଶ୍ରୀଶ୍ରୀଜୀଉଙ୍କୁ ଦର୍ଶନ କରିଥାନ୍ତି। ଜଣେ ବିଦେଶୀ ପର୍ଯ୍ୟଟକ ଡକ୍ଟର କୁଚନାନ୍‌ଙ୍କ ରଥଯାତ୍ରାକାଳୀନ ବର୍ଣ୍ଣନାର କେତେକ କଥା ନିମ୍ନରେ ଉପସ୍ଥାପିତ କରାଯାଇଛି। ତାଙ୍କ ବର୍ଣ୍ଣନାନୁସାରେ ଠାକୁରମାନେ ରଥରେ ଆସୀନ ହେବା ପରେ ଦର୍ଶକ ଭକ୍ତମାନେ ହାତରେ ପଇଡ଼ ଧରି ନମ୍ରତାର ସହିତ ମୁଣ୍ଡିଆ ମାରି ଠାକୁରଙ୍କୁ ପୂଜା ନୈବେଦ୍ୟ ଉତ୍ସର୍ଗ କରିଥାନ୍ତି। ଏହାପରେ ରଥଟଣା କାର୍ଯ୍ୟ ଆରମ୍ଭ ହୁଏ। ରଥର ଆଗେ ଆଗେ ହାତୀ ଓ ନର୍ତ୍ତକୀ କାମିନୀଗଣ ନୃତ୍ୟକରି ଚାଲିଥାନ୍ତି। ଅନ୍ୟ ଜଣେ ବିଦେଶୀ ପର୍ଯ୍ୟଟକ ହେମିଲଟନଙ୍କ ବର୍ଣ୍ଣନାନୁସାରେ ଏହି ରଥର ଗତି ଏତେ ମନ୍ଥର ଯେ ଦେଢ଼ମାଇଲ ଦୂରରେ ଥିବା ଗୁଣ୍ଡିଚାଘରେ ପହଞ୍ଚିବା ପାଇଁ ୩/୪ଦିନ ପର୍ଯ୍ୟନ୍ତ ସମୟ ଲାଗୁଥିଲା। ରଥ ଗଡ଼ିଲାବେଳେ କେତେକ ଅନ୍ଧବିଶ୍ୱାସୀ ଭକ୍ତ ରଥଚକ ତଳେ ପ୍ରାଣ ଉତ୍ସର୍ଗ କରି ନିଜକୁ ଧନ୍ୟ ମନେକରନ୍ତି। ପୁନଶ୍ଚ କୁଚନାନ୍ ଭକ୍ତଜନତାର ଭାବପ୍ରବଣତା ପ୍ରସଙ୍ଗରେ ଉଲ୍ଲେଖ କରିଛନ୍ତି ଯେ, ଜଗନ୍ନାଥ ଯାତ୍ରୀ ଦୂରପଥ ଆସି ପୁରୀର ନିକଟବର୍ତ୍ତୀ ହୋଇ ଅଳ୍ପଦୂରରୁ ଜଗନ୍ନାଥଙ୍କର ଶ୍ରୀମନ୍ଦିରର ପ୍ରଥମ ଦର୍ଶନ ଲାଭ କରି ଆନନ୍ଦରେ ବିହ୍ୱଳ ହୋଇପଡ଼ନ୍ତି ଓ ପ୍ରବଳ ଆନନ୍ଦଧ୍ୱନି ମଧ୍ୟରେ ଦିଗବିଦିଗ ପ୍ରକମ୍ପିତ ହୋଇ ଉଠୁଥାଏ। ରଥଯାତ୍ରାକାଳୀନ ଏ ଚିତ୍ର ଚିତ୍ରଣ କରି ସେ କହନ୍ତି ଯେ ପେଗୋଡ଼ା ମନ୍ଦିରକୁ କେନ୍ଦ୍ରକରି କେତେ ମାଇଲ ଅନ୍ତର୍ଗତ ଅଞ୍ଚଳ ଏକ ବିରାଟ ଶିବିର ପରି ଦେଖାଯାଏ । କେବେ କେବେ ପ୍ରବଳ ଯାତ୍ରୀସ୍ରୋତ ଶ୍ରୀକ୍ଷେତ୍ରର ଦ୍ୱାର ଦେଶରେ ଥିବା ଅଠରନଳା ପୋଲଦେଇ ନଗର ମଧ୍ୟରେ ପ୍ରବେଶ କରିବାବେଳେ ଅତ୍ୟଧିକ ଭିଡ଼ହେତୁ କେତେକ ଯାତ୍ରୀ ପ୍ରାଣ ହରାଇଥାନ୍ତି ।'

ସେ ଯାହାହେଉ ସମସ୍ତେ ଅଭିଭୂତ ନୀଳାଦ୍ରିଧାମରେ, ନୀଳାଦ୍ରିକେଶରୀଙ୍କ ପ୍ରେମରେ। କିଏ ରଥ ଦେଖି, କିଏ ପଥ ଦେଖି, କିଏ ଜନତାର ଭକ୍ତିଭାବ ଦେଖି ଆତ୍ମହରା, କିଏ ଶ୍ରୀଜଗନ୍ନାଥଙ୍କ କଳାଶ୍ରୀମୁଖ ଦର୍ଶନରେ ଭାବବିହ୍ୱଳ। ବରଷକେ ଥରେ ଏଇ ରଥଯାତ୍ରା, ନବଦିନ ଯାତ୍ରା, ମହାବେଦୀ ଯାତ୍ରା ବା ଘୋଷଯାତ୍ରା ସବୁ ବର୍ଣ୍ଣର, ସବୁ ସଂପ୍ରଦାୟର ସମସ୍ତଙ୍କ ପାଇଁ ମହାମିଳନର କ୍ଷେତ୍ର ଓ ପରିବେଶ ସୃଷ୍ଟି କରି ନିଜସ୍ୱ ସ୍ୱତନ୍ତ୍ରତାକୁ ପ୍ରତିପାଦନ କରେ । ପ୍ରଭୁଙ୍କୁ ନୟନ ସମ୍ମୁଖରେ ଦେଖିବାର ଓ ହାତପାଖରେ ପାଇବାର ସୌଭାଗ୍ୟ ତଥା ଗୌରବ ଏତେବେଳେ ମିଳେ । ମନେପଡ଼େ ଗୌରଚରଣଙ୍କ କଥା-

କାଳିଆକାହ୍ନୁ ଆଉ ବିଳମ୍ବ କର କାହିଁକି
'ବରଷକେ ଥରେ ବିଜୟ ରଥରେ
ପତିତ ତାରିବା ପାଇଁକି
ଚଉଦବ୍ରହ୍ମାଣ୍ଡ ରୁଣ୍ଡ ହୋଇଛନ୍ତି
ଦର୍ଶନ କରିବା ପାଇଁକି
ଦେବଦାସୀ ନାଚ ଉକୁଟ କରନ୍ତି
ତା-ତା ଧ୍ରୀମିକିଟି ଥେଇକି
ବାଜେ ଖୋଳ ତାଳ ମହୁରୀ ମଞ୍ଜୁଳ
ମର୍ଦ୍ଦଳ ତା-ଧେଇ ଧେଇକି ।'

ଏ ଘୋଷଯାତ୍ରା ମାନବଜାତିର ଜୟଯାତ୍ରାର ସୁବର୍ଣ୍ଣସ୍ମାରକୀ । ଅନ୍ୟାୟକୁ ରଥଚକ ତଳେ ଚାପି ଧ୍ୱଂସକରି ନ୍ୟାୟର ଜୟଗାନ କରିବାନିମନ୍ତେ ଏ ଯେମିତି ଦିବ୍ୟଚେତନାର ଏକ ସ୍ଥୁଳ ଅଭିବ୍ୟକ୍ତି । ଜଗନ୍ନାଥ ସଂସ୍କୃତିର ବିଶେଷତ୍ୱ ହେଉଛି ସାମ୍ୟଭାବ, ଉଦାରତା ଓ ସହନଶୀଳତା । ବିଭେଦ ମଧ୍ୟରେ ଏକତା ଏହାର ମୁଖ୍ୟ ଆଭିମୁଖ୍ୟ । ଶ୍ରୀଜଗନ୍ନାଥ କୌଣସି ନିର୍ଦ୍ଦିଷ୍ଟ ଧର୍ମର ପ୍ରତୀକ ନୁହନ୍ତି ବା ପ୍ରତିନିଧି ନୁହନ୍ତି, ସେ ମାନବିକ ଧର୍ମର ପ୍ରତିନିଧିତ୍ୱ କରୁଛନ୍ତି । ସମଗ୍ର ବିଶ୍ୱ ମାନବିକ ବ୍ୟକ୍ତିତ୍ୱର ବଳିଷ୍ଠ ରୂପାୟନ ତାଙ୍କଠାରେ ଘଟିଅଛି । ଯବନ କବି ସାଲବେଗଙ୍କଠାରୁ ଆରମ୍ଭ କରି ଇଂରେଜ ବଣିକ ପର୍ଯ୍ୟନ୍ତ ଶୈବଙ୍କଠାରୁ ଗାଣପତ୍ୟଙ୍କ ପର୍ଯ୍ୟନ୍ତ ପ୍ରତ୍ୟେକଙ୍କୁ ସେ ଆପଣାର କରି ନେଇଛନ୍ତି । ସମସ୍ତେ ତାଙ୍କୁ ଆଦରର ଧନ କରି ବରଣ କରିବାରେ ଦ୍ୱିଧାପ୍ରକାଶ କରି ନାହାନ୍ତି । ଶ୍ରୀଜଗନ୍ନାଥଙ୍କ ପରି ତାଙ୍କ ମହାପ୍ରସାଦ ମଧ୍ୟ ମହୀୟାନ ଓ ଏକ ପ୍ରଶସ୍ତ ଭାବର ପ୍ରତୀକ । ଆବ୍ରାହ୍ମଣଚଣ୍ଡାଳ ତାକୁ ଏକତ୍ର ସେବା କରିପାରନ୍ତି, ଏ କଥାଟି ସାଂପ୍ରଦାୟିକ ସଦ୍‌ଭାବ ସୃଷ୍ଟି ପାଇଁ କେତେ ଯେ ଗୁରୁତ୍ୱପୂର୍ଣ୍ଣ ତାହାର ପଟାନ୍ତର ନାହିଁ । ବ୍ୟକ୍ତିଗତ ବିଭେଦ, ଗୋଷ୍ଠୀଗତ ବିବାଦ, ସାଂପ୍ରଦାୟିକ ମତଭେଦକୁ ଭାଙ୍ଗି ଭାତୃଭାବର ମନ୍ଦାକିନୀଧାରାର ପ୍ରବାହ ପାଇଁ ଯେପରି ପରମବ୍ରହ୍ମ ଅନ୍ନସ୍ୱରୂପରେ ଅବତୀର୍ଣ୍ଣ ହୋଇଛନ୍ତି । ପାରସ୍ପରିକ ସ୍ନେହ ଓ ମମତ୍ୱବୋଧରେ ମାନବ ମନକୁ ବାନ୍ଧିଦେବାପାଇଁ ଏହା ଯେପରି ସୁବର୍ଣ୍ଣଶିକୁଳି ପରି କାମକରୁଛି । ଏଇ ମୈତ୍ରୀ ଭାତୃଭାବ କେବଳ ସନାତନ ସଂପ୍ରଦାୟ ଭିତରେ ଆବଦ୍ଧ ହୋଇ ରହିବନାହିଁ, ଏହା କେବଳ ଭାରତବର୍ଷରେ ଆବଦ୍ଧ ହୋଇ ରହିବନାହିଁ, ଭାରତବର୍ଷରୁ ଏହି ସ୍ୱର୍ଗୀୟ ଭାବ ସମଗ୍ର ବିଶ୍ୱକୁ ସଞ୍ଚରିତ ହେବ ଓ ବିଶ୍ୱଜୀବନକୁ ପ୍ରଭାବିତ କରିବ ।

ଭାଇଭଉଣୀଙ୍କୁ ଧରି ଶ୍ରୀଜଗନ୍ନାଥ ରତ୍ନସିଂହାସନରେ ଆସୀନ, ପୁଣି

ଘୋଷଯାତ୍ରାରେ ଭାଇଭଉଣୀଙ୍କୁ ନେଇ ସେ ବଡଦାଣ୍ଡରେ ଅବତୀର୍ଣ୍ଣ, ଏସବୁରେ ଭାତୃଭାବର ବଳିଷ୍ଠ ଆଭିମୁଖ୍ୟ ଅଭିବ୍ୟକ୍ତ ହୋଇଛି । ତେଣୁ ଘୋଷଯାତ୍ରା ଭାତୃଭାବର ବିଜୟଯାତ୍ରା, ଯେଉଁ ଭାବଧାରା ସମଗ୍ର ବିଶ୍ୱର କୋଣେ ଅନୁକୋଣେରେ ସଞ୍ଚରିତ ହେବାର ଆବଶ୍ୟକତା ଏକାନ୍ତ ଅପରିହାର୍ଯ୍ୟ କହିଲେ ଅତ୍ୟୁକ୍ତି ହେବନାହିଁ । ବିଭିନ୍ନ ଧର୍ମ ଓ ସଂପ୍ରଦାୟର ମହାମିଳନ ପାଇଁ ଅବକାଶ ସୃଷ୍ଟି କରେ ରଥଯାତ୍ରା । କେଉଁଠାରେ ଓଡ଼ିଶୀକୀର୍ତ୍ତନ ଦଳଙ୍କର କଣ୍ଠରେ ଝଂକୃତ ହେଉଥାଏ-

'ହାତୀ ଆସନ୍ତି ମୋ ଅଚଳ ମହାମେରୁ
ଭଗତିଭାବକୁ ଆସନ୍ତି ହରି ଶ୍ରୀନୀଳକନ୍ଦରୁ

ଆଉ କେଉଁଠି ଗୌଡ଼ୀୟ ବୈଷ୍ଣବ ଭକ୍ତମାନଙ୍କର ଉଦ୍ଦଣ୍ଡ ନୃତ୍ୟର ମର୍ମସ୍ପର୍ଶୀ ଦୃଶ୍ୟ ଲକ୍ଷ୍ୟ କରିହୁଏ । ପୁଣି କେଉଁଠି ଶ୍ୱେତାଙ୍ଗ ସନ୍ୟାସୀଙ୍କର ଆନନ୍ଦଉଲ୍ଲାସ ଓ ମର୍ମଗ୍ରାହୀ ଭାବପ୍ରବଣତା ପରିଲକ୍ଷିତ ହୁଏ । ସବୁ ଦେଖିଲେ ମନେହୁଏ, ଏଠି ନାହିଁ ଭାଷାର ଭେଦଜନିତ ବିଭେଦ, କଳା-ଗୋରାର ବିଭେଦ ଓ ବିବାଦ, ବାସଭୂଷଣ, ଚାଲିଚଳଣିଜନିତ ଅର୍ଥହୀନ ଆଭିଜାତ୍ୟ । ସମସ୍ତେ କେବଳ ଭାବରେ ବନ୍ଧା, ଏକ ମହାସାଗରର ଅନେକ ତରଙ୍ଗ ।

ହିନ୍ଦୁ ପାଇଁ ମୁକ୍ତିର ମନ୍ତ୍ର ବା ପଥ ହୋଇପାରେ ଏଇ ରଥଯାତ୍ରା । ସେଥିପାଇଁ ସେ କହେ 'ରଥେତୁ ବାମନଂ ଦୃଷ୍ଟ୍ୱା ପୁନର୍ଜନ୍ମ ନ ବିଦ୍ୟତେ'। କିନ୍ତୁ କେବଳ ମୁକ୍ତି-ଦାନରେ ଏ ଯାତ୍ରାର ମହତ୍ତ୍ୱ ସୀମିତ ନୁହେଁ, ସମଗ୍ର ମାନବଜାତି ସେ ଯେଉଁ ଦେଶର ହୁଅନ୍ତୁ, ଯେଉଁ ଭାଷାର ହୁଅନ୍ତୁ, ଯେଉଁ ବର୍ଣ୍ଣର ହୁଅନ୍ତୁ, ସମସ୍ତଙ୍କ ପାଇଁ ଦିବ୍ୟସନ୍ଦେଶ ଆଣି ଆସିଛି ଏ ଘୋଷଯାତ୍ରା । ଭାବ, ଭାବ, ଭାବ କେବଳ ଭାବର ପ୍ରଚାର ଓ ପ୍ରତିଷ୍ଠା କରିଛି ଏ ପରିବେଶ । ନିଜକୁ ଅନ୍ୟ ସ୍ଥାନରେ ରଖିବାର ଭାବ ଓ ଅନ୍ୟକୁ ନିଜ ସ୍ଥାନରେ ରଖିବାର ଭାବ ଆଜିର ବିଶ୍ୱର ଉତ୍କଟ ସମସ୍ୟାମାନଙ୍କର ସମାଧାନରେ ବଳିଷ୍ଠ ପଦକ୍ଷେପ ନେଇପାରିବ ଏଥିରେ ସନ୍ଦେହ ନାହିଁ । ଏହି ତଥ୍ୟଟି ବଡ଼ଦାଣ୍ଡରେ ଅନୁଷ୍ଠିତ ଏଇ ଯାତ୍ରାରେ ଲକ୍ଷ୍ୟଣୀୟ । ଭକ୍ତ ଓ ଭଗବାନ ଏଠାରେ ଏକ, ଭଗବାନ ଆସନ୍ତି ଭକ୍ତର ପାଖକୁ, ବଡ଼ଦାଣ୍ଡର ଧୂଳିକୁ । ଭକ୍ତ କୋଳାଗ୍ରତ କରେ ପ୍ରଭୁଙ୍କୁ ଆଉ ପ୍ରଭୁ କୋଳାଗ୍ରତ କରନ୍ତି ତାଙ୍କର ଭକ୍ତକୁ । ଭାବର ବିନିମୟ ଘଟେ । କୋଳାକୋଳି ସ୍ନେହ-ଭାବର ଏ ପୁଣ୍ୟଅବସର । ବ୍ୟକ୍ତି ବ୍ୟକ୍ତି ଭିତରେ, ଜାତି ଜାତି ଭିତରେ, ଦେଶ ଦେଶ ଭିତରେ ଏପରି ସ୍ନେହସିକ୍ତ ପରିବେଶ ପ୍ରକଟିତ କରିବାପାଇଁ ଏଇ ଯାତ୍ରା ଗୁରୁର ଆସନକୁ ବରଣ କରି ନେଇଛି କହିଲେ ଚଳେ ।

ସୁତରାଂ ରଥଯାତ୍ରା ବା ଘୋଷଯାତ୍ରା ବାହାରେ ଦେଖିଲେ ଜନଗହଳିରେ

ଅନୁଷ୍ଠିତ ଶ୍ରୀଜଗନ୍ନାଥଙ୍କର ନବଦିନ ଯାତ୍ରା କିନ୍ତୁ ସୂକ୍ଷ୍ମଭାବରେ ଅନୁଧ୍ୟାନ କଲେ ସାରା ମାନବଜାତିକୁ ଏକତା ଓ ସହୃଦୟତାର ବନ୍ଧନରେ ଆବଦ୍ଧ କରିବାପାଇଁ ଅଭିପ୍ରେତ ଏକ ବଳିଷ୍ଠ ସୁମହାନ ମାଧ୍ୟମ, ସମସ୍ୟାର ସମାଧାନର ସୂତ୍ରଧାରୀ ପରମପବିତ୍ର ଘୋଷଯାତ୍ରା, ଯାହାର ମହତ୍ତ୍ୱର ପଟାନ୍ତର ନାହିଁ ।

■

ଘୋଷଯାତ୍ରାର ଭୂମି ଓ ଭୂମିକା

ରଥଯାତ୍ରାର ଅନ୍ୟନାମ ଘୋଷଯାତ୍ରା । ରଥଯାତ୍ରା କହିଲେ ଭାରତରେ ଓ ଭାରତ ବାହାରେ ଶ୍ରୀଜଗନ୍ନାଥଙ୍କ ରଥଯାତ୍ରାକୁ ହିଁ ବୁଝାଏ। ଏହି ଯାତ୍ରାର ଅନ୍ୟ କେତେକ ନାମ ମଧ୍ୟ ରହିଛି । ସେଗୁଡ଼ିକ ମଧ୍ୟରୁ ନବଦିନ ଯାତ୍ରା, ମହାବେଦୀ ଯାତ୍ରା ଓ ଦଶାବତାର ଯାତ୍ରା ଆଦି ନାମ ଅନ୍ୟତମ । ଆଷାଢ଼ ଶୁକ୍ଳ ଦ୍ୱିତୀୟା ଦିନ ଶ୍ରୀମନ୍ଦିର ଛାଡ଼ି ଗୁଣ୍ଡିଚା ମନ୍ଦିରରେ ତିନିଠାକୁର ସାତଦିନ ରହି ନବମ ଦିବସରେ ବାହୁଡ଼ି ଆସୁଥିବାରୁ ଏହାର ନାମ ନବଦିନ ଯାତ୍ରା । ଗୁଣ୍ଡିଚା ମନ୍ଦିର ହେଉଛି ମହାବେଦୀ, ସେଠାକୁ ଯାଏ କରୁଥିବାରୁ ଯାତ୍ରାର ନାମ ହୋଇଛି ମହାବେଦୀଯାତ୍ରା । ମହାବେଦୀରେ ଜଗନ୍ନାଥଙ୍କର ଦଶାବତାର ବେଶ ହେଉଥିବାରୁ ଉକ୍ତଯାତ୍ରାକୁ ଦଶାବତାର ଯାତ୍ରା ବୋଲି କୁହାଯାଏ ।

ଶ୍ରୀକ୍ଷେତ୍ରରେ ପ୍ରତିବର୍ଷ ମହାସମାରୋହରେ ଘୋଷଯାତ୍ରା ଅନୁଷ୍ଠିତ ହୁଏ । ଶ୍ରୀକ୍ଷେତ୍ରର ଆକର୍ଷଣକୁ ଏଡ଼ାଇ ନପାରି ଭାରତ ତଥା ଭାରତ ବାହାରୁ ବହୁ ଭକ୍ତ ଓ ଦର୍ଶକ ଆସି ଏଇ ଯାତ୍ରାକାଳରେ ସମବେତ ହୁଅନ୍ତି । ସବୁ କ୍ଷେତ୍ର ଭିତରେ ଶ୍ରେଷ୍ଠ କ୍ଷେତ୍ର ବୋଲି ଶ୍ରୀକ୍ଷେତ୍ରର ନାମର ଯଥାର୍ଥତା ପ୍ରତିପାଦିତ ହୋଇଛି। ତେଣୁ କୁହଯାଇଛି- 'ସର୍ବେଷାଂ ସର୍ବକ୍ଷେତ୍ରାଣାଂ ରାଜା ଶ୍ରୀ ପୁରୁଷୋତ୍ତମଃ । ଏହି କ୍ଷେତ୍ରରେ ମହିମା ଆକଳନ କରିବା ଆୟାସସାଧ୍ୟ। ଭାରତର ଚାରିଧାମ ଭିତରେ ପଶ୍ଚିମର ଦ୍ୱାରକା, ଉତ୍ତରରେ ବଦ୍ରିନାଥ, ଦକ୍ଷିଣର ରାମନାଥଠାରୁ ପୂର୍ବର ପୁରୁଷୋତ୍ତମ କ୍ଷେତ୍ରର ମହତ୍ତ୍ୱ ସ୍ୱତନ୍ତ୍ର ଓ ଆକର୍ଷଣ ଅଭିନବ । ସେଠାରେ ସ୍ୱୟଂ ପୁରୁଷୋତ୍ତମ ବିଜେକରି ଦିଗଦିଗନ୍ତରୁ ବହୁ ତତ୍ତ୍ୱଦର୍ଶୀ, ଜ୍ଞାନୀ, ଭକ୍ତ ଓ ସାଧକମାନଙ୍କୁ ଆକୃଷ୍ଟ କରନ୍ତି ସେଠାକୁ ଆସିବାପାଇଁ। ବିଶେଷତଃ ଘୋଷଯାତ୍ରାବେଳେ ଅଗଣିତ ଜନତାର ସମାବେଶ ପରମପ୍ରଭୁଙ୍କର ଆଦର ଆହ୍ୱାନର ଫଳ ବୋଲି ମାନିବାକୁ ହେବ। ସେ ଦ୍ୱାରକାନାଥ ନୁହନ୍ତି, ବଦ୍ରିନାଥ ନୁହନ୍ତି, ରାମନାଥ ନୁହନ୍ତି, ସେ ହେଉଛନ୍ତି ଜଗତର ନାଥ ଶ୍ରୀଜଗନ୍ନାଥ। ତାଙ୍କ କ୍ଷେତ୍ର

ଶ୍ରୀକ୍ଷେତ୍ର, ଶୁଚିସ୍ନିଗ୍ଧ ପବିତ୍ରତାର ମୂର୍ତ୍ତିମନ୍ତ ପ୍ରତୀକ । ସ୍ୱର୍ଗର ଦେବତା ଓ ମର୍ତ୍ତ୍ୟର ମାନବ, ସମସ୍ତଙ୍କ ପାଇଁ ଏ କ୍ଷେତ୍ରର ଆକର୍ଷଣ ସୁଦୂରପ୍ରସାରୀ। ବ୍ରହ୍ମପୁରାଣ କହେ ଯେ ଏ ତୀର୍ଥରେ ଯେଉଁମାନେ ବାସ କରନ୍ତି, ସେମାନଙ୍କର ଜୀବନ ସାର୍ଥକ ହୋଇଥାଏ । ବ୍ରହ୍ମପୁରାଣ ଅନୁସାରେ-

'ଯେ ବସନ୍ତ୍ୟୁତ୍କଳେ କ୍ଷେତ୍ରେ ପୁଣ୍ୟେ ଶ୍ରୀପୁରୁଷୋତ୍ତମେ
ସଫଳଂ ଜୀବିତଂ ତେଷାମୁତ୍କଳାନାଂ ସୁମେଧସାମ୍ ।'

ଶ୍ରୀକ୍ଷେତ୍ର ସମଗ୍ର ବିଶ୍ୱରେ ସବୁଠାରୁ ଗୋପନୀୟ ସ୍ଥାନ ବୋଲି କୁହାଯାଏ । ସ୍ୱୟଂ ଶ୍ରୀପୁରୁଷୋତ୍ତମ ସର୍ବସଙ୍ଗ ତ୍ୟାଗକରି ଏହି କ୍ଷେତ୍ରରେ ସଦେହରେ ବାସ କରିଛନ୍ତି । ସ୍କନ୍ଦ ପୁରାଣ ଉତ୍କଳଖଣ୍ଡରେ ଉଲ୍ଲେଖ କରାଯାଇଛି-

'ସର୍ବସଙ୍ଗ ପରିତ୍ୟକ୍ତ ସ୍ତତ୍ର ତିଷ୍ଠାତି ଦେହଭୃତ୍
ସୁରାସୁରାବତିକ୍ରମ୍ୟ ବର୍ତ୍ତେଽହଂ ପୁରୁଷୋତ୍ତମେ।'

ଏହି କ୍ଷେତ୍ରରେ ଭଗବାନ ସାକ୍ଷାତ ଭୋଜନ କରନ୍ତି ଓ ଅନ୍ୟ କ୍ଷେତ୍ରରେ ଭଗବାନ ସାକ୍ଷାତ ଭୋଜନ କରନ୍ତିନାହିଁ ବୋଲି ସ୍କନ୍ଦ ପୁରାଣରେ ଉଲ୍ଲେଖ କରାଯାଇଛି। ଶ୍ରୀଜଗନ୍ନାଥଙ୍କ ପ୍ରସାଦ ହୋଇଛି ମହାପ୍ରସାଦ । ଶ୍ରୀରାମକୃଷ୍ଣଙ୍କ ମତରେ ମହାପ୍ରସାଦ ହେଉଛି ସାକ୍ଷାତ ବ୍ରହ୍ମସ୍ୱରୂପ। ଶ୍ରୀକ୍ଷେତ୍ରର ମହତ୍ତ୍ୱର କଳନା ତୁଳନା ନାହିଁ। ସ୍ୱର୍ଗ, ମର୍ତ୍ତ୍ୟ, ପାତାଳରେ ଥିବା ସାର୍ଦ୍ଧ ତ୍ରିକୋଟିସଂଖ୍ୟକ କ୍ଷେତ୍ର ମଧ୍ୟରେ ଶ୍ରୀକ୍ଷେତ୍ର ହେଉଛି ସବୁଠାରୁ ଶ୍ରେଷ୍ଠ। ସ୍କନ୍ଦ ପୁରାଣରେ ଉଲ୍ଲେଖ କରାଯାଇଛି-

'ପୃଥିବ୍ୟାଂ ଯାନି ତୀର୍ଥାନି ଗଗନେ ଚ ତ୍ରିପିଷ୍ଟପେ
ସାର୍ଦ୍ଧତ୍ରିକୋଟି ସଂଖ୍ୟାନି ସ୍ୱର୍ଗମୋକ୍ଷ ପ୍ରଦାନି ବୈ
ତୋଷାମୟଂ ତୀର୍ଥରାଜଃ କୀର୍ତ୍ତିତଃ ପୁରୁଷୋତ୍ତମଃ
ସର୍ବେଷାଂ ମୁକ୍ତି କ୍ଷେତ୍ରାଣାମିଦଂ ସାଯୁଜ୍ୟଦଂ ମତମ୍।'

ଏପରି ମହତ୍ତ୍ୱପୂର୍ଣ୍ଣ କ୍ଷେତ୍ରରେ ଅନୁଷ୍ଠିତ ଘୋଷଯାତ୍ରା ସାଧାରଣ ଯାତ୍ରା ନୁହେଁ, ସ୍ୱୟଂ ପରଂବ୍ରହ୍ମଙ୍କର ସୃଷ୍ଟିସହ ଏକାତ୍ମ ହେବାର ଏକ ସୁବର୍ଣ୍ଣ ସୁଯୋଗ ଏବଂ ସମବେତ ଅଭିଭୂତ ଜନତାର ଚେତନାର ଉତ୍ତରଣ ନିମନ୍ତେ ଏକ ଅତୁଳନୀୟ ବଳିଷ୍ଠ ମାଧ୍ୟମ। ଅତଏବ ରଥଯାତ୍ରା ହିଁ ଜୀବନଯାତ୍ରାର ଏକ ସଫଳ ସ୍ମାରକୀ ଓ ଅତିମାନସିକତା ଆଡ଼କୁ ଏକ ସ୍ପଷ୍ଟଇଙ୍ଗିତ ବହନକାରୀ ସାର୍ଥକ ଅନୁଷ୍ଠାନ। ହିନ୍ଦୁ ମତରେ ଜୀବନ ସହିତ ରଥର ଓ ରଥ ସହିତ ଜୀବନର ସଂପର୍କ ନିବିଡ଼। ଦେହ ପାଇଛି ରଥ ମର୍ଯ୍ୟାଦା, ଆତ୍ମା ହୋଇଛି ସ୍ୱୟଂ ରଥୀ, ବୁଦ୍ଧିକୁ ସାରଥୀ ବୋଲି ବିଚାର କରାଯାଇଛି। କଠୋପନିଷଦରେ କୁହାଯାଇଛି-

'ଆତ୍ମାନଂ ରଥିନଂ ବିଦ୍ଧି ଶରୀରଂ ରଥ ମେବତୁ
ବୁଦ୍ଧିଂ ତ ସାରଥୀ ବିଦ୍ଧି ମନଃ ପ୍ରଗ୍ରହ ମେବ ଚ'

ରଥ ବିନା ରଥୀର ଅଭିବ୍ୟକ୍ତି ଅପୂର୍ଣ୍ଣ ଓ ରଥୀ ବିନା ରଥର ସ୍ଥିତି ଅସ୍ୱାଭାବିକ। ରଥ ଓ ରଥୀର ତଥା ସାରଥୀର ସମ୍ୟକ ସମନ୍ୱୟରେ ଅନୁଷ୍ଠିତ ରଥଯାତ୍ରା ତେଣୁ ପୂର୍ଣ୍ଣତାର ପ୍ରତୀକ। ଯେତିକି ଦର୍ଶନୀୟ ଏ ଯାତ୍ରା, ସେତିକି ଅନୁଭବ୍ୟ ମଧ୍ୟ। ଏହି ଦୃଶ୍ୟ ଦେଖି ସମବେତ ଜନତାର ପ୍ରାଣେ ପ୍ରାଣେ ଅନୁରାଗର ନୀଳତରଙ୍ଗମାଳା ଖେଳିଯାଏ। କିଏ କେତେ ପ୍ରକାରେ ଅଭିଭୂତ ହୋଇ ସ୍ୱଭାବନାକୁ କେତେ ପ୍ରକାରେ ରୂପ ଦେଇଥାନ୍ତି। ସମବେତ ଜନତାର ଭାବାଭିବ୍ୟକ୍ତି ସଂପର୍କରେ କବି ବ୍ରଜନାଥ ବଡ଼ଜେନା ତାଙ୍କ 'ଗୁଣ୍ଡିଚା ବିଜେ' ଗ୍ରନ୍ଥରେ ଯାହା ଲେଖିଛନ୍ତି ସେଥିରୁ ପଦେଅଧେ ସ୍ମରଣକୁ ଆସେ। ଭାଷାରେ-

'କାହାଁ ହରହର ଧ୍ୱନି କାହା କହେ ଗୀତ ରସ
କାହାଁ ବେଦପାଠ ପଠନ କାହାଁ ହୋଏ ପ୍ରେମବଶ,
କାହାଁ ଗୌରଚନ୍ଦ୍ର ସଂକୀର୍ତ୍ତନ ଭାବନର ଭୋଲ ମତ
କାହାଁ କୂଟ କପଟ ପ୍ରେମ କାମଧନ ଲୋଭ ରତ।'

ଶ୍ରୀଜଗନ୍ନାଥ ନିଜର ଲୀଳା ମାଧ୍ୟମରେ ଆଗାମୀ ସମୟରେ ମାନବଜାତି ପାଇଁ ଅଭିପ୍ରେତ ଅତିମାନସ ଚେତନାକୁ ବରଣ କରିବା ନିମନ୍ତେ ଏକ ପାଦ ଆଗେଇ ଆସିବାର ଏହା ଏକ ସଫଳ ସଙ୍କେତ। ମାନବଜାତିର ଭାଗ୍ୟାକାଶକୁ ସମୁଜ୍ଜ୍ୱଳ ଦୀପ୍ତିରେ ଉଦ୍ଭାସିତ କରିବା ପାଇଁ ଆଲୋକବରଣୀ ଊଷା ଅପେକ୍ଷା କରିଥିଲାବେଳେ, ତାଙ୍କ ସ୍ୱାଗତ ନିମନ୍ତେ ଘୋଷଯାତ୍ରା ଘର୍ଘରଘୋଷ ନାଦ ମାଧ୍ୟମରେ ଆବହ ସଂଗୀତ ଗାନ କରୁଛି। ଆଗାମୀକାଲି ନିମନ୍ତେ ତାର ଭୂମିକା ଆଜିଠାରୁ ଅଧିକ ଗୁରୁତ୍ୱପୂର୍ଣ୍ଣ। ଆଗାମୀ ଦିନରେ ରଥଯାତ୍ରାର ପ୍ରକୃତ ମୂଲ୍ୟାୟନ ସମ୍ଭବ ହେବ। ଶ୍ରୀଅରବିନ୍ଦଙ୍କ ମତରେ "ଜଗନ୍ନାଥଙ୍କ ରଥର ପ୍ରକୃତ ଆକୃତି ବା ନମୁନା କେହି ଜାଣନ୍ତି ନାହିଁ, କୌଣସି ଜୀବନଶିଳ୍ପୀ ତାକୁ ଅଙ୍କନ କରିପାରନ୍ତି ନାହିଁ। ସେହି ଛବି ବିଶ୍ୱପୁରୁଷଙ୍କ ହୃଦୟରେ ପ୍ରସ୍ତୁତ ହୋଇ ନାନା ଆବରଣରେ ଆବୃତ ହୋଇ ରହିଛି।" ଆଗାମୀ ଦିନରେ ବିଶ୍ୱଜୀବନ ଧାରାର ଭିତ୍ତି ହେବ ଯେଉଁ ଭ୍ରାତୃଭାବ, ଆଜି ତାହା ସୂଚନାତ୍ମକ ଭାବରେ ଘୋଷଯାତ୍ରାରେ ପ୍ରକଟିତ ହେଉଛି। ସାଧାରଣ ଭାବରେ ଏହି ଭ୍ରାତୃଭାବ ଭାରତୀୟ ଜୀବନଧାରାର ଏକ ମୂଲ୍ୟବାନ ଉପାଦାନ ବୋଲି ମନେ ହୋଇପାରେ; କିନ୍ତୁ ଏକଥା ମୁକ୍ତକଣ୍ଠରେ ସ୍ୱୀକାରଯୋଗ୍ୟ ଯେ ଆଜିର ଭାରତୀୟ ସଂସ୍କୃତିର ବହୁମୂଲ୍ୟ ସଂପଦ ରୂପେ ବିବେଚିତ ଭ୍ରାତୃଭାବ ଆଗାମୀ ବିଶ୍ୱଜୀବନ ଧାରାର ଅମୂଲ୍ୟ ସଂପଦ ଭାବେ

ବିବେଚିତ ହେବ। ସେଦିନ ପ୍ରକୃତରେ ଘୋଷଯାତ୍ରାର ଭୂମିକା ବିଶ୍ୱ ସମକ୍ଷରେ ପ୍ରକଟିତ ହେବ। ପୁନଶ୍ଚ ଜ୍ଞାନ, କର୍ମ ଓ ଭାବର ସାମଞ୍ଜସ୍ୟ ଓ ଏକୀକରଣ ଦ୍ୱାରା ଆତ୍ମଗତ ଐକ୍ୟ ଯେଉଁଦିନ ବିଶ୍ୱଜୀବନରେ ପ୍ରକଟିତ ହେବ ସେହିଦିନ ଘୋଷଯାତ୍ରାର ଲକ୍ଷ୍ୟ ପୂରଣ ହେବ।

ଜ୍ଞାନ ହେଉଛି ଏକ ସଫଳ ଅସ୍ତ୍ର ଯାହାକୁ ପ୍ରୟୋଗ କରି କାମନାର ବିନାଶ ଓ ସଚେତନତାର ବିକାଶ କରାଯାଇପାରେ। ଗୀତାରେ କୁହାଯାଇଛି 'ନହି ଜ୍ଞାନେନ ସଦୃଶ ପବିତ୍ର ମିହ ବିଦ୍ୟତେ'। ଅର୍ଥାତ ପୃଥିବୀରେ ଜ୍ଞାନ ସଦୃଶ ପବିତ୍ର ଉପାଦାନ ଆଉ କିଛି ନାହିଁ। ଜ୍ଞାନ ହେଉଛି ପ୍ରଜ୍ୱଳିତ ଅଗ୍ନି, ଏହା କର୍ମ ବନ୍ଧନକୁ ପୋଡ଼ି ଭସ୍ମ କରି ଦେଇପାରେ। ପ୍ରକୃତ ଜ୍ଞାନର ସ୍ଥିତିରେ କର୍ମ ରହେ ମାତ୍ର କର୍ମର ବନ୍ଧନ ରହେନାହିଁ। ଏହି ଜ୍ଞାନ ବାହ୍ୟ ବ୍ୟାବହାରିକ ଜ୍ଞାନ ନୁହେଁ, ଏହା ହେଉଛି ଆତ୍ମଜ୍ଞାନ। ଏହା ଯଥାର୍ଥ ଆଲୋକ, ଯାହା ସାହାଯ୍ୟରେ ଆମେ ଆମର ଯଥାର୍ଥ ରୂପକୁ ଦେଖିପାରୁ। ଆତ୍ମଜ୍ଞାନ ଭିତ୍ତିରେ କରାଯାଉଥିବା କର୍ମ ହିଁ ପ୍ରକୃତ କର୍ମ ତଥା ଦିବ୍ୟକର୍ମ। ଦିବ୍ୟକର୍ମ ଜୀବନର ପରିପୂର୍ଣ୍ଣତା ଆଣିଦିଏ। ଆତ୍ମାର ନିର୍ଦ୍ଦେଶରେ ହିଁ ଦିବ୍ୟକର୍ମ ସଂଗଠିତ ହୁଏ। କର୍ମର ସ୍ୱରୂପକୁ ଚିହ୍ନିବା ପାଇଁ ଆବଶ୍ୟକ ଆତ୍ମଜ୍ଞାନର ଆଲୋକ। କର୍ମକୁ ବୁଝିବା ପାଇଁ ସ୍ୱତନ୍ତ୍ର ଦୃଷ୍ଟିଭଙ୍ଗୀର ଆବଶ୍ୟକତା ସ୍ୱୀକୃତ ହୋଇଛି। କର୍ମ ଓ ଅକର୍ମ ଭିତରେ ପାର୍ଥକ୍ୟ ଜାଣିବା ଅତ୍ୟନ୍ତ କଠିନ। ଗୀତାର ଉକ୍ତି ଅନୁସାରେ 'କିଂ କର୍ମ କିର୍ମ କର୍ମେତି କବ ୟୋଽପ୍ୟତ୍ର ମୋହିତାଃ ଅର୍ଥାତ୍ କେଉଁଟି କର୍ମ, କେଉଁଟି ଅକର୍ମ ତାହା ଜ୍ଞାନୀମାନେ ମଧ୍ୟ ଠିକ୍ ଭାବରେ ନିର୍ଣ୍ଣୟ କରିପାରନ୍ତି ନାହିଁ। ଏ ସଂସାରରେ କର୍ମ ଏକ ଘୋର ଅରଣ୍ୟ ପରି ଦୁର୍ଗମ ପରିବେଶ ସୃଷ୍ଟି କରେ। ଏହା ଭିତରଦେଇ ଚାଲିଲାବେଳେ ମାନବ ବାରମ୍ବାର ଝୁଣ୍ଟି ରକ୍ତାକ୍ତ ହୁଏ। ପ୍ରକୃତ କର୍ମର ରୂପରେଖ ଅଙ୍କିତ ହେଲେ ଆଉ ଝୁଣ୍ଟିବାକୁ ପଡ଼ିବନାହିଁ।

ଭାବ ହେଉଛି ପରିପୂର୍ଣ୍ଣ ସମର୍ପଣର ଅନ୍ୟନାମ। କେବଳ ବସ୍ତୁ ସମର୍ପଣରେ ଭାବର ପୂର୍ଣ୍ଣତା ଆସେନାହିଁ, ଏଥିସହିତ ଆବଶ୍ୟକ ଭାଗବତ ସତ୍ତାଙ୍କ ନିକଟରେ ଆତ୍ମସମର୍ପଣ। ନିଜେ ଯାହା ଓ ନିଜର ଯାହା କିଛି ଅଛି ସବୁକୁ ଆନ୍ତରିକତାର ସହ ପ୍ରଭୁଙ୍କ ପାଦରେ ଅର୍ପଣ କରିବା ଏକାନ୍ତ ଆବଶ୍ୟକ। ଆତ୍ମଜ୍ଞାନ, ଦିବ୍ୟକର୍ମ ଓ ପ୍ରକୃତ ଭାବର ସମ୍ୟକ ସମନ୍ୱୟରେ ମାନବ ଜୀବନର ସାର୍ଥକତା ପ୍ରକଟିତ ହୁଏ। ଏ ଯାବତ ଏହି ସମନ୍ୱୟ ପୂର୍ଣ୍ଣଭାବରେ ସଂଗଠିତ ହୋଇନାହିଁ। ଆତ୍ମିକ ସତ୍ତାର ପ୍ରେରଣାରେ ମାନବ ଜୀବନ ଏ ପର୍ଯ୍ୟନ୍ତ ପରିଚାଳିତ ହୋଇନାହିଁ। ଆତ୍ମିକ ସତ୍ତାର ନେତୃତ୍ୱରେ ଦେହ, ପ୍ରାଣ ଓ ମନର ସତ୍ତା ଯେଉଁଦିନ ପରିଚାଳିତ ହେବେ ସେଦିନ ପୃଥିବୀ ବକ୍ଷରେ

ନୂତନ ଜୀବନଧାରା ପ୍ରକଟିତ ହେବ ଏବଂ ସେହିଦିନ ଶ୍ରୀକ୍ଷେତ୍ରର ଘୋଷଯାତ୍ରାର ପ୍ରକୃତ ତଥ୍ୟ ଅଧିକ ବୋଧଗମ୍ୟ ହେବ।

ଶ୍ରୀଜଗନ୍ନାଥ ଜ୍ଞାନୀ ପାଇଁ ଜ୍ଞାନର ପ୍ରତୀକ, କର୍ମୀ ପାଇଁ କର୍ମର ଈଶ୍ୱର ଓ ଭକ୍ତ ପାଇଁ ଆତ୍ମୀୟ ଠାକୁର। ତେଣୁ ଶ୍ରୀକ୍ଷେତ୍ର ହୋଇଛି ସବୁ ସଂପ୍ରଦାୟର ମହାମିଳନପୀଠ, ଶ୍ରୀଜଗନ୍ନାଥ ହୋଇଛନ୍ତି ସବୁ ସଂପ୍ରଦାୟର ଆରାଧ୍ୟ ଦେବତା। ଘୋଷଯାତ୍ରା ହୋଇଛି ସବୁ ସଂପ୍ରଦାୟର ଶୁଭଙ୍କରୀ ଯାତ୍ରା। ଶ୍ରୀମଦ୍ ଭଗବଦ ଗୀତା ଯେପରି ସମଗ୍ର ଜଗତର ମାନବଜାତି ପାଇଁ ଉଦ୍ଦିଷ୍ଟ, ଶ୍ରୀଜଗନ୍ନାଥ ଚେତନା ସେପରି ସମଗ୍ର ମାନବଜାତି ପାଇଁ ଅଭିପ୍ରେତ। ଜ୍ଞାନୀ ଆଜି ତାର ଜ୍ଞାନଚକ୍ଷୁରେ ଘୋଷଯାତ୍ରାକୁ ଦେଖିବାକୁ ଚେଷ୍ଟା କରୁଛି, ମାତ୍ର ଜ୍ଞାନର ଛାଞ୍ଚରେ ଏହି ଯାତ୍ରାକୁ ବୁଝି ହେବନାହିଁ। କର୍ମୀ ଚେଷ୍ଟା କରିଛି କର୍ମଚଞ୍ଚଳତା ମାଧ୍ୟମରେ ଏ ଯାତ୍ରାର ମହତ୍ତ୍ୱକୁ ଅନୁଭବ କରିବା ପାଇଁ। କିନ୍ତୁ କେବଳ କର୍ମପ୍ରବଣତା ମାଧ୍ୟମରେ ଏ ଗୁରୁତ୍ୱପୂର୍ଣ୍ଣ ଯାତ୍ରାର ଗୁରୁତ୍ୱ ଅନୁଭବ କରିହେବ ନାହିଁ। ଭକ୍ତ ତା'ର ଭକ୍ତିଭାବନା ମାଧ୍ୟମରେ ଚାହିଁରହିଛି ଘୋଷଯାତ୍ରାର ମାଧୁରିମା ଅନୁଭବ କରିବା ପାଇଁ, କିନ୍ତୁ ଭକ୍ତିମତ୍ତାର ଭିତ୍ତିରେ ଏ ଅପୂର୍ବ ଯାତ୍ରାର ସୁବିସ୍ତୃତ ମାଦକତା ଅନୁଭବ କରିହେବ ନାହିଁ। ଏହି ଯାତ୍ରାର ପ୍ରକୃତ ରୂପ ଅଙ୍କନ କରିବା ପାଇଁ, ପ୍ରକୃତ ସ୍ୱାଦ ଅନୁଭବ କରିବା ପାଇଁ ଆବଶ୍ୟକ ଏକାଧାରରେ ଆତ୍ମଜ୍ଞାନ, ଦିବ୍ୟକର୍ମ ଓ ପୂର୍ଣ୍ଣ ସମର୍ପିତ ଭାବର ସମନ୍ୱିତ ଅବସ୍ଥା। ଅତଏବ ଆଜିର ମାନସିକ ସ୍ଥିତିରେ ଶ୍ରୀଜଗନ୍ନାଥଙ୍କର ପବିତ୍ର ଘୋଷଯାତ୍ରାର ମହତ୍ତ୍ୱ ଓ ମୂଲ୍ୟବୋଧ ଯେତିକି ବୁଝିହେଉଛି, ଆଗାମୀ ଦିନର ଆତ୍ମିକ ଚେତନାରେ ଏହା ଅଧିକ ଭାବରେ ବୁଝି ହେବ। ସମନ୍ୱିତ ଚେତନାରେ ଉପନୀତ ହୋଇ ତାଙ୍କ ଘୋଷଯାତ୍ରାର ପ୍ରକୃତ ମହତ୍ତ୍ୱକୁ ଉପଲବ୍ଧି କରିବା ପାଇଁ ଶ୍ରୀଜଗନ୍ନାଥ ଆମ ସମସ୍ତଙ୍କୁ ଏଇ ଜୀବନରେ ଆତ୍ମିକ ଶକ୍ତି ଦିଅନ୍ତୁ, ଆଜି ତାଙ୍କ ପାଦତଳେ ଏତିକି ପ୍ରାର୍ଥନା।

■

ଆଜି ଏ ପବିତ୍ର ଲଗ୍ନେ

ମର୍ତ୍ତ୍ୟରେ ଅମର୍ତ୍ତ୍ୟର ଲାବଣ୍ୟ ଆଜି ପ୍ରବାହିତ । ଦିଗେ ଦିଗେ ଭକ୍ତିର ପ୍ଲାବନ ଭାବାନ୍ତର ଆଣୁଛି ସମସ୍ତଙ୍କ ମନରେ । ପରମପ୍ରଭୁଙ୍କ ଆଗରେ ଆଜି ସମସ୍ତେ ନମ୍ରନତ । କୃତଜ୍ଞତାରେ ସିକ୍ତ ହୋଇଯାଉଛି ଦିଗଦିଗନ୍ତ । ଗୋଟିଏ ହାତରେ କଦମ୍ବ ଓ ଅନ୍ୟ ହାତରେ ମାଳତୀ ଫୁଲ ଆଣି ଆଷାଢ଼ ଅପେକ୍ଷା କରିଛି ପରମପ୍ରଭୁ ଶ୍ରୀଜଗନ୍ନାଥଙ୍କୁ ଦର୍ଶନ କରିବ ବୋଲି । ସତୃଷ୍ଣନୟନରେ ଚାହିଁ ରହିଛନ୍ତି ସ୍ୱର୍ଗର ଦେବତା । ମହୋଦଧିର ଶୀକର ସିକ୍ତ ଶୀତଳପବନ ବହି ଆଣୁଛି ଚନ୍ଦନ ଗନ୍ଧ । ବେଦଗାନ କରୁଛନ୍ତି ସ୍ୱୟଂ ବ୍ରହ୍ମା । ହସୁଛି ଶ୍ରୀକ୍ଷେତ୍ର ଆଜି ମୃଦୁ ମୃଦୁ ଭଙ୍ଗୀରେ । କେଡ଼େ ସୌଭାଗ୍ୟର ଦିନ ଏଇ ଦିନଟି । ଅଶେଷ ବୈଭବ ତରଳି ଯାଇ ଲହରୀ ତୋଳି ସତେ ଅବା ବହିଯାଉଛି ଶ୍ରୀକ୍ଷେତ୍ର ମାଟିରେ । ଏ ତ ସାମାନ୍ୟ ମାଟି ନୁହେଁ, ଏ ଧୂଳି ତ ସାମାନ୍ୟ ଧୂଳି ନୁହେଁ; ଏ ତ ଦେବ ତୀର୍ଥର ଧୂଳି, ଅଳକାପୁରୀର କନକରେଣୁ । ମହତ୍ତ୍ୱ ତା'ର ଅସୀମ, ଭାଷାରେ କହିହେବ ନାହିଁ । ମାହେନ୍ଦ୍ର ବେଳାରେ ବାଜୁଛି ଦେବ ଦୁନ୍ଦୁଭି, ସାତରଙ୍ଗର ଫୁଲ ପାଖୁଡ଼ା ଖସିପଡୁଛି ନନ୍ଦନକାନନରୁ ବଡ଼ ଦାଣ୍ଡରେ । ସହସ୍ର ଦୀପରେ ରଥମାନଙ୍କୁ ବନ୍ଦନା କରୁଛନ୍ତି ସୂର୍ଯ୍ୟ ଦେବତା । ଖଣ୍ଡ ଖଣ୍ଡ ମେଘର ବିମାନରେ ଦେବତାମାନେ ଆସି ନିରୀକ୍ଷଣ କରୁଛନ୍ତି ଅପୋଡ଼ା ଭୂଇଁକୁ, ନୀଳଚକ୍ରକୁ, ଭକ୍ତଜନଙ୍କୁ । ଭକ୍ତ ଦେହରେ ରୋମାଞ୍ଚ ରୂପରେ ଆଜି ଫୁଟି ଯାଉଛି ଶତ କଦମ୍ବ । ଆହା ଏ ଶୋଭାର ତୁଳନା ନାହିଁ, ବଚନର ବିଷୟ ଏ ନୁହେଁ, ଏ ତ ଅନୁଭବର ବିଷୟ ।

ରଥରେ ବିଜେ ହେଲେଣି ସୁଦର୍ଶନ, ସୂର୍ଯ୍ୟୋଦୟ ପୂର୍ବରୁ ଅରୁଣିମା ଆସିଲା ପରି । ସେ ହେଲେ ବିଷ୍ଣୁଙ୍କର ଚକ୍ର, ମାତ୍ର ସେ ଚକ୍ରାକାର ନୁହନ୍ତି । ଗତିର ପ୍ରତୀକ ସେ, ମାତ୍ର ଗତିକୁ ସେ ଅତିକ୍ରମ କରି ଯାଇଛନ୍ତି । ପରେ ପହଣ୍ଡିରେ ଆସି ବିଜେହେଲେ ରଥରେ ବଳଭଦ୍ର । ସେ କାଦମ୍ବରୀ ପ୍ରମତ୍ତ, ବଜ୍ରଲାଙ୍ଗଳୀ, ଶ୍ୱେତହସ୍ତୀ ପରି ଝିଲମିଲି

ଟାହିଆ ହଲାଇ ବିଜେ ହେଲେ । ଧବଳ ଜ୍ୟୋତିରେ ଦିଗଦିଗନ୍ତ ଉଦ୍‌ଭାସିତ ହେଲା । ବଳଭଦ୍ରଙ୍କ ପରେ ଆସିଲେ ଅଶେଷ ମହିମାମୟୀ ଦେବୀ ସୁଭଦ୍ରା । କଲ୍ୟାଣମୟୀ ମହେଶ୍ୱରୀ । ଆନନ୍ଦମୟୀ ଓ ସୌଭାଗ୍ୟମୟୀ ସେ । ଇଚ୍ଛାମୟୀ, ଶାନ୍ତିମୟୀ, ସିଦ୍ଧିଦାତ୍ରୀ ସେ । ଦୁର୍ଗା ରୂପରେ ସେ ଦୁର୍ଗତି ନାଶିନୀ, ଅସୁର ବିନାଶିନୀ, କାଳୀ ରୂପରେ ସେ ମ୍ଲେଚ୍ଛ ସଂହାରିଣୀ, ଚିଦାନନ୍ଦମୟୀ । ଦେବୀ ସୁଭଦ୍ରାଙ୍କୁ ଦର୍ଶନ କରି ଦଶଦିଗପାଳ ନମ୍ରନତ ହେଲେ ।

ଶେଷରେ ଭକ୍ତଜନଙ୍କ ସାଦର ଆହ୍ୱାନକୁ ଅଙ୍ଗୀକାର କରି ଆସିଲେ ଶ୍ରୀଜଗନ୍ନାଥ ମହାପ୍ରଭୁ । ଅପାଣି ପାଦୋ, ସହସ୍ରଶୀର୍ଷା ପୁରୁଷ, ସହସ୍ରାକ୍ଷ, ସହସ୍ରପାଦ ପୁରୁଷ ସେ । ଏକାଧାରାରେ ତତ୍ତ୍ୱ ଓ ଲୀଳାର ପ୍ରତୀକ, ଐଶ୍ୱର୍ଯ୍ୟ ଓ ମାଧୁର୍ଯ୍ୟର ପ୍ରତୀକ, ପରାର୍ଦ୍ଧ ଓ ଅପରାର୍ଦ୍ଧର ପ୍ରତୀକ ଶ୍ରୀଜଗନ୍ନାଥଙ୍କୁ ସମସ୍ତେ ଭକ୍ତିପୂତ ପ୍ରଣାମ ଜଣାଇଲେ । କିଏ ନୃତ୍ୟର ଛନ୍ଦରେ, କିଏ ସଂଗୀତର ଲହରରେ କିଏ ବାଦ୍ୟର ତାଳେ ତାଳେ ନିଜର ଭାବବିହ୍ୱଳତାକୁ ପ୍ରକଟ କଲେ । ତନ୍ମୟ ଚିତ୍ତରେ କିଏ କିଏ ଶ୍ଳୋକ ଆବୃତ୍ତି କଲେ -

"କଦାଚିତ୍ କାଳିନ୍ଦୀ ତଟ ବିପିନ ସଂଗୀତକବରୋ ।
ମୁଦାଭୀରୀ ନାରୀ ବଦନ କମଳ ସ୍ୱାଦ ମଧୁପଃ
ରମାଶମ୍ଭୁ ବ୍ରହ୍ମା ସୁରପତି ଗଣେଶାର୍ଚ୍ଚିତ ପଦୋ
ଜଗନ୍ନାଥ ସ୍ୱାମୀ ନୟନ ପଥଗାମୀ ଭବତୁ ମେ ।"

ନିରଞ୍ଜନ ସେବକଙ୍କର ଖଞ୍ଜଣି ତାନରେ, ବୈଷ୍ଣବ ଭକ୍ତଙ୍କର ଉଦ୍ଦଣ୍ଡ ନୃତ୍ୟରେ, ଗୋଟିପୁଅଙ୍କର ନୃତ୍ୟ ଭଉଁରୀରେ ଭରିଯାଉଛି ବଡ଼ଦାଣ୍ଡ । ଆଉ ପୁଣି ଶୁଭୁଛି କେଉଁ ଭକ୍ତ କଣ୍ଠରେ ଅଭିମାନ ଭରା ଆକୁଳ ଆବେଦନର ଗୀତ । ଗାଳିଦେଉଛି ସେ ଭକ୍ତ । ବ୍ୟାଜସ୍ତୁତିର ଅନ୍ୟ ରୂପ ସେ ଗାଳି । ଶ୍ରୀଜଗନ୍ନାଥ ସେହି ଗାଳିକୁ ଫୁଲମାଳି ଭଳି ଗ୍ରହଣ କରୁଛନ୍ତି । ଭକ୍ତ କଣ୍ଠରୁ ଝରି ଆସୁଛି -

"କାହାକୁ ବୋଲି ଚକ୍ରୀ, ଚକ୍ରଥିବାରୁ ଚକ୍ରୀ
ତୁମେ ତ ବୋଲାଅ ମଣ୍ଡଳେ
ବୋଲାଇ କୁଣ୍ଡଳୀ ସେ ଆପଣ ତ ବିଶେଷେ
ଭୂଷିତ ମକର କୁଣ୍ଡଳେ ।
ଅଦୃଶ୍ୟ ହେବାରୁ ତା' ପାଦ
ତାହାକୁ ବୋଲି ଗୂଢ଼ ପଦ
ଆପଣା ଚରଣ ତ ବିରଞ୍ଚିକୁ ଗୁପତ
କାହିଁ ତା ଠାରୁ ତୁମ୍ଭ ଭେଦ ହେ ।"

ଆଉ କିଏ ହାତରେ ଫଳମୂଳ ଧରି ଅପେକ୍ଷା କରିଛନ୍ତି ପ୍ରଭୁଙ୍କୁ ଅର୍ପଣ କରିବେ ବୋଲି । ଏସବୁ ଦେଖି ମୋ ମନରେ ହତାଶା ଆସୁଛି । ମୋ ମନ କହୁଛି – "ମୁଁ ବା କ'ଣ ଦେଇ ପ୍ରଭୁଙ୍କୁ ସନ୍ତୁଷ୍ଟ କରିବି । ମୋର ତ ଭାବ ନାହିଁ କି ଭକ୍ତି ନାହିଁ । ସାଧାରଣ ସଂସାରୀଟିଏ ମୁଁ । ସବୁବେଳେ ଆପଣା ଚିନ୍ତାରେ ମଗ୍ନ, ମନ ମୋର ସଦା ଚଞ୍ଚଳ । ଧ୍ୟାନ, ଧାରଣା, ମନନ, ନିଦିଧ୍ୟାସନ ପ୍ରଭୃତି କିଛି ମୁଁ ଜାଣିନାହିଁ ।" ପ୍ରଭୁଙ୍କ କରୁଣା ଅସୀମ । ତାଙ୍କର ମହିମା ଅଶେଷ । ମୋର ଚଞ୍ଚଳ ମନରେ ଭାସିଯାଉଛି ସେହି ଅପୂର୍ବ ମହିମାର କେତେକ ଦିଗ । ମାନସ ପଟରେ ଦିଶିଯାଉଛି ସେହି ମହିମାଭିତ୍ତିକ କେତେ ଚିତ୍ର । ମନେପଡୁଛି ଭକ୍ତ ବଳରାମ ଦାସଙ୍କ କଥା ଯିଏ ସେବକମାନଙ୍କଠାରୁ ଅପମାନ ପାଇ ଅଭିମାନରେ ଆସି ବାଙ୍କି ମୁହାଣରେ ବାଲିରଥ ଗଢ଼ି ତହିଁରେ ମହାପ୍ରଭୁ ଶ୍ରୀଜଗନ୍ନାଥଙ୍କୁ ଅଧିଷ୍ଠିତ ହେବାକୁ ଆକୁଳ ଆକୂତି ଜଣାଇଲେ । ଭକ୍ତର ମନୋବାଞ୍ଛା ପୂରଣ ପୂର୍ବକ ଶ୍ରୀ ଜଗନ୍ନାଥ ଯାଇ ସେଇ ବାଲି ରଥରେ ବିଜେ କରନ୍ତେ ବଡ଼ଦାଣ୍ଡର ସଜଡ଼ା ରଥ ଆଉ ଚଳିଲା ନାହିଁ । ଭାବରେ ବନ୍ଧା ବୋଲି ମହାପ୍ରଭୁଙ୍କ ନାମ ଭାବଗ୍ରାହୀ । ପ୍ରକୃତ ଭାବକୁ ସେ ଗ୍ରହଣ କରିପାରନ୍ତି, ଏକଥା ବାଲିରଥ ପ୍ରସଙ୍ଗରେ ପ୍ରମାଣିତ ହେଲା ।

ପୁଣି ମୋର ମନେପଡୁଛି ଭକ୍ତ ସାଲବେଗଙ୍କ ଭକ୍ତିମତ୍ତା । ବୃନ୍ଦାବନରୁ ଫେରିବାକୁ ବିଳମ୍ବ ହେଉଛି । ଚାଲିଚାଲି ବାଟ ସରୁନାହିଁ, ଶ୍ରୀଜଗନ୍ନାଥଙ୍କୁ ରଥରେ ଅଟକି ରହିବା ପାଇଁ ପ୍ରାର୍ଥନା ଜଣାଇଛନ୍ତି ଭକ୍ତ ସାଲବେଗ । କଣ୍ଠରେ ତାଙ୍କର ପ୍ରାର୍ଥନାର ଗୀତି –

ଜଗବନ୍ଧୁ ହେ ଗୋସାଇଁ
ତୁମ୍ଭ ଶ୍ରୀଚରଣ ବିନୁ ଆନେ ଆଶ୍ରା ନାହିଁ ।
ସାତଶ ପଞ୍ଚାଶ କୋଶ ଚାଲି ନ ପାରଇ
ମୋହ ଯିବା ଯାଏ ନନ୍ଦୀଘୋଷେ ଥିବ ରହି ।"

ଭକ୍ତର ଆକୁଳତା ଘେନା କରିଛନ୍ତି ଓ ବାଟରେ ଅଟକି ରହିଛନ୍ତି ସାଲବେଗଙ୍କ ପହଞ୍ଚିବା ପର୍ଯ୍ୟନ୍ତ । ପ୍ରଭୁ ପଣର ଜୟ ହୋଇଛି ।

ଭକ୍ତିମତୀ କରମାବାଈଙ୍କ ଖେଚେଡ଼ି ରନ୍ଧାର ଦୃଶ୍ୟ ମୋ ମାନସ ପଟରେ ଭାସିଯାଉଛି । ପ୍ରଭୁ ଶ୍ରୀଜଗନ୍ନାଥଙ୍କ ପାଇଁ ପାହାନ୍ତାରୁ ଉଠି ସହଳ ସହଳ ବଢ଼ାରେ ଖେଚେଡ଼ି ବସାଇ ଦିଅନ୍ତି କରମା ବାଈ । ନିଜେ ଦାନ୍ତ ଘଷୁ ଘଷୁ ସେହି ଦାନ୍ତକାଠିରେ ପଛ ପାଖରେ ଘାଣ୍ଟି ଦିଅନ୍ତି ସେଇ ଖେଚେଡ଼ିକୁ । ପରମପ୍ରଭୁ ତାକୁ ଆନନ୍ଦରେ

ଗ୍ରହଣ କରନ୍ତି, ଏଥିରେ କରମାବାଈଙ୍କର ଆନନ୍ଦର ସୀମା ନାହିଁ । ଯାହାର ମନ ଯେଡ଼େ ତାହାର ପ୍ରଭୁ ତେଡ଼େ ବୋଲି ଯାହା କୁହଯାଏ, ତାହା ବାସ୍ତବରେ ଭକ୍ତମାନଙ୍କ ଜୀବନରେ ଛତ୍ରେ ଛତ୍ରେ ପ୍ରମାଣିତ ହୋଇଛି । ପ୍ରଭୁ ଦେଖନ୍ତି କାର୍ଯ୍ୟର ପଛରେ ଥିବା ମନୋଭାବ । ଆନ୍ତରିକତାକୁ ଗ୍ରହଣ କରିଥାନ୍ତି ସେ । ବସ୍ତୁ ବା ଆଡ଼ମ୍ବର ସେ ଖୋଜନ୍ତି ନାହିଁ, ଖୋଜନ୍ତି ସମର୍ପିତ ମନଟିଏ, ସକୃତଜ୍ଞ ପ୍ରାଣଟିଏ । ଅନୁପମ ଭକ୍ତିର ନିଦର୍ଶନ ସ୍ୱରୂପ ସେହି କରମାବାଈଙ୍କ ନାମାନୁସାରେ ବାଈ ହାଣ୍ଡି ଆଜି ମଧ୍ୟ ଶ୍ରୀମନ୍ଦିରରେ ବ୍ୟବହୃତ ହେଉଛି ।

ମନେ ପଡୁଛି ଭକ୍ତ ଦାସିଆ ବାଉରୀଙ୍କ କଥା । ବାଲିଗାଁରେ ତାଙ୍କ ଘର, ମନରେ ବିଭୁଭକ୍ତି ଅମାପ, ଅପାର, ଭାବରେ ଅଭିଭୂତ ହୋଇ ନଡ଼ିଆଟିଏ ସେ ବ୍ରାହ୍ମଣଙ୍କ ହାତରେ ଶ୍ରୀମନ୍ଦିରକୁ ପଠାଇଛନ୍ତି । ଗରୁଡ଼ ପଛରେ ରହି ନଡ଼ିଆଟିକୁ ପ୍ରଭୁଙ୍କୁ ସମର୍ପି ଦେବ, ପ୍ରଭୁ ନ ନେଲେ ଫେରାଇ ଆଣିବ ବୋଲି ଦାସିଆ କହିଛନ୍ତି ସେଇ ବ୍ରାହ୍ମଣଙ୍କୁ । ଏ ପ୍ରସଙ୍ଗରେ ଭକ୍ତକବି ରାମଦାସ କହନ୍ତି -

"ଦାସେ ବୋଇଲେ ବିପ୍ରବର । କଥାଏ ଶୁଣିବ କି ମୋର ॥
ଏ ତୁମ୍ଭ ଦ୍ରବ୍ୟମାନ ଯେତେ । ନେଇଣ ପ୍ରଭୁଙ୍କ ଅଗ୍ରତେ ॥
ମଣୋହି କରାଇ ସାରିବ । ମୋ କଥା ମନେ ପକାଇବ ॥
ବୋଲିବ ବାଲିଗ୍ରାମ ଦାସ । ଦେଇଛି ନିଅ ପୀତବାସ ॥
ସେ ଯେବେ ଶ୍ରୀହସ୍ତ ବଢ଼ାଇ । ତୁମ୍ଭର ହାତରୁ ଛଡ଼ାଇ ॥
ଘେନିବେ ଯେବେ ତାଙ୍କୁ ଦେବ । ନୋହିଲେ ଆଣି ମୋତେ ଦେବ ॥
(ଦାର୍ଢ୍ୟତା ଭକ୍ତି)

ଭକ୍ତଙ୍କର ମନୋବାଞ୍ଛା ପୂରଣ ହୋଇଛି । ପ୍ରଭୁ ସେହି ନଡ଼ିଆ ଅତି ଆନନ୍ଦରେ ଗ୍ରହଣ କରିଛନ୍ତି, ସେଇ ବାଲି ଗାଁ ଦାସଙ୍କର ପାଚିଲା ଆମ୍ବ ଶ୍ରୀଜଗନ୍ନାଥ ଅତି ଆଦରରେ ଗ୍ରହଣ କରିଥିବା ପ୍ରସଙ୍ଗ ପୁଣି ମନେପଡୁଛି । ଦିନେ ଶ୍ରୀକ୍ଷେତ୍ରକୁ ଯିବା ପାଇଁ ବାଲି ଗାଁ ଦାସ ବାହାରିଲେ । ପ୍ରଭୁଙ୍କ ପାଇଁ କିଛି ପାଚିଲା ଆମ୍ବ ଭାରକରି କାନ୍ଧରେ ବୋହି ଚାଲିଲେ ଦାସେ । ସେଇ ଆମ୍ବ ପ୍ରଭୁଙ୍କ ପାଇଁ ଆସିଛି ଜାଣି ସିଂହଦ୍ୱାରରେ ପଣ୍ଡାମାନେ ସେଇ ଆମ୍ବକୁ ପୂଜାକରି ଆଣିବେ ବୋଲି ପରସ୍ପର ଭିତରେ ପ୍ରତିଯୋଗିତା ଆରମ୍ଭ କରିଦେଲେ । ସେଇ ପ୍ରତିଯୋଗିତା ପରିଣତ ହୋଇ ଯାଇଛି କୋଳାହଳରେ । ଏସବୁ ଦେଖି କାହାକୁ କିଛି ଦାୟିତ୍ୱ ନ ଦେଇ ନିଜେ ଦାସେ ନୀଳଚକ୍ରକୁ ଚାହିଁ ପାଚିଲା ଆମ୍ବକୁ ସମର୍ପଣ କରିଛନ୍ତି ଶ୍ରୀଜଗନ୍ନାଥଙ୍କୁ ।

କବି ରାମଦାସଙ୍କ ଭାଷାରେ-

"ଏମନ୍ତ ଯାଚୁକରେ ଧରି । ସେ ଆମ୍ବଗଲା ଶୂନ୍ୟେ ଚଳି ॥
ପଡ଼ିଲା ପ୍ରଭୁଙ୍କର ହସ୍ତେ । ଭୋଜନ କଲେ ଜଗନ୍ନାଥେ ॥
ଯୋଡ଼ିକି ଯୋଡ଼ି ଏହିପରି । ହସ୍ତବଢ଼ାଇ ନେଲେ ହରି ॥
ସବୁ ଭୁଞ୍ଜିଲେ ଚକ୍ରପାଣି । ଯେ ପ୍ରଭୁଭକ୍ତ ଚିନ୍ତାମଣି ॥"

(ଦାର୍ଢ୍ୟତା ଭକ୍ତି)

ପୁଣି ମନେପଡୁଛି ପ୍ରଭୁଙ୍କର କୃଷ୍ଣ ଅବତାରର ପରମଭକ୍ତ ସଖା ସୁଦାମାଙ୍କ କଥା । ବନ୍ଧୁ ଦର୍ଶନପାଇଁ ସୁଦାମାଙ୍କ ମନରେ ଅସୀମ ଉତ୍କଣ୍ଠା, ଭାବର ଅଶେଷ ଉଦ୍‌ବେଳନ । ହାତରେ ଖୁଦଭଜା ପୁଟୁଳି ଟିଏ । ରାଜାଙ୍କୁ ଖୁଦଭଜାର ଉପହାର, ଏହା ଭାବି ଭାବି ବିଚଳିତ ସୁଦାମାଙ୍କ ମନ । କିପରି ସେ ଦେବେ ଏଡ଼େ ବଡ଼ଲୋକଙ୍କୁ ଏତେ ସାମାନ୍ୟ କଥାଟିଏ । ଅନ୍ତର୍ଯ୍ୟାମୀ ମନର କଥା ଜାଣିପାରିଛନ୍ତି ଓ ସୁଦାମାଙ୍କ ହାତରୁ ଛଡ଼ାଇ ନେଇ ଖୁଦଭଜା ଖାଇଛନ୍ତି । ମୁଠାଏ ଖୁଦଭଜା ଭାବ ବିଭବରେ ଜାରିତହୋଇ କୋଟିଲାବଣ୍ୟନିଧିରେ ରୂପାନ୍ତରିତ ହୋଇଯାଇଛି ପ୍ରଭୁଙ୍କ ନିକଟରେ । ସତରେ ପ୍ରଭୁଙ୍କ ସହ କାରବାରରେ ଯାହାର ଯେମନ୍ତ ଭାବ, ତାହାର ତେମନ୍ତ ଲାଭ । ଭାବ ନ ଥିଲେ ସଜଫୁଲଟିଏ ପ୍ରଭୁଙ୍କ ପାଖକୁ ଆସିଲା ବେଳକୁ ବାସୀ ହୋଇଯାଇଥାଏ । ଭାବଥିଲେ ସାଧାରଣ ଫୁଲଟିଏ ଚୈତ୍ରରଥର ଫୁଲଟିଏ ପରି ଝଟକି ଉଠୁଥାଏ । ସତରେ ଭାବକୁ ନିକଟ ପ୍ରଭୁ ଅଭାବକୁ ଦୂର ।

କୃଷ୍ଣ ଅବତାରରେ କୁବୁଜାର ଚନ୍ଦନ ଚର୍ଚ୍ଚା ମୋ ଦୃଷ୍ଟିରେ ଭାସିଯାଉଛି । ପ୍ରଭୁଙ୍କ ତନୁକୁ ଟିକିଏ ସ୍ପର୍ଶ କରିବ ବୋଲି କେତେ ତପସ୍ୟା, କେତେ ପ୍ରତୀକ୍ଷା ତା'ର । ମନୋରଥ ଭକ୍ତର ପୂରଣ କରିଛନ୍ତି ପ୍ରଭୁ । ଚନ୍ଦନ ଲେପି ଦେଇଛି ପ୍ରଭୁଙ୍କ ଶ୍ରୀଅଙ୍ଗରେ କୁବୁଜା । ପ୍ରଭୁଙ୍କ ତନୁ ସ୍ପର୍ଶ ମାତ୍ରକେ ସେ ଅନୁପମା ସୌନ୍ଦର୍ଯ୍ୟର ମୂର୍ତ୍ତିମତୀ ନାୟିକାରେ ପରିଣତ ହୋଇଯାଇଛି । କୃପାମୟ ସେ, କଲ୍ୟାଣର ପ୍ରତୀକ ସେ । ସ୍ଥୁଳତଃ ସେହି ପ୍ରଭୁଙ୍କ କୃପାକୁ ବୁଝି ହୁଏନାହିଁ, ସୂକ୍ଷ୍ମତଃ ଅନୁଭବ କରିହୁଏ । ହୃଦୟର ବ୍ୟାକୁଳତା ତାଙ୍କ ଉପାସନାର ଧୂପବାସ ହେଲାବେଳେ ପ୍ରୀତିପ୍ରବଣତା ସଜଫୁଲ ହୋଇ ଶୋଭା ପାଉଥାଏ ।

ଏଇ ପରା ସେଇ ଦ୍ୱାପରର ପ୍ରଭୁ ଶ୍ରୀକୃଷ୍ଣ । ଲୀଳାମୟ କୁଞ୍ଜବନ ବିହାରୀ ନାଟୁଆ ନଟବର । ଗୋପୀମାନଙ୍କର ଚିତ୍ତ ଚୋର, ମୁରଲୀଧରା, ଶିଖୀଚୂଳିଆ କଦମ୍ବମୂଳିଆ କାହ୍ନା । ଆଜି ନୀଳାଦ୍ରି ଧାମରେ ଶ୍ରୀଜଗନ୍ନାଥ ରୂପରେ ରହିଛନ୍ତି । ଏଡ଼େ ବଡ଼ ଘୋଷଯାତ୍ରାରେ ପ୍ରଭୁ ବଡ଼ଦାଣ୍ଡରେ ରଥାରୂଢ଼ ହୋଇଛନ୍ତି । ରଥରେ ଦଶଦିଗପାଳ

ସମେତ ସମସ୍ତ ଦେବଦେବୀ ଉପସ୍ଥିତ ଅଛନ୍ତି । ବୈକୁଣ୍ଠର ଅମୃତ କଳସରୁ ଅମୃତ ସହସ୍ରଧାରା ହୋଇ ଝରିଯାଉଛି ଏଇ ବାତାବରଣରେ । ମୁଁ ତ କିଛି ଆଣିନାହିଁ, ମୁଁ ତ ପ୍ରଭୁଙ୍କର ମନ୍ତ୍ର ସ୍ତୋତ୍ର କିଛି ଜାଣି ନାହିଁ । ପ୍ରଭୁଙ୍କୁ କ'ଣ ଟିକିଏ ଦିଅନ୍ତି ଯେ କିଛି ମୋ ପାଖରେ ନାହିଁ । ମୋ ଅନ୍ତରରେ ଭକ୍ତି ନାହିଁ, ଭାଷାରେ ଭାବର ଅଭିବ୍ୟକ୍ତି ନାହିଁ, କଣ୍ଠରେ ଜଣାଣର ପଂକ୍ତି ନାହିଁ । କିଛି ନ ଥାଉ ପଛକେ ପ୍ରଭୁଙ୍କ ନାମ ତ ମୋ ତୁଣ୍ଡରେ ଅଛି । ସେଇ ନାମ ଜପିବି । ଶୁଣିଛି 'କଲୌ ନାମେବ କେବଳମ' । ଶୁଣିଛି ନାମୀଠାରୁ ନାମ ବଡ଼ । ଶୁଣିଛି ଯଜ୍ଞ ମଧ୍ୟରେ ପ୍ରଭୁ ହେଉଛନ୍ତି ଜପଯଜ୍ଞ । ସେଇ ନାମଜପ ମୋର ସକଳ ବ୍ୟାଧିର ମହୌଷଧି, ରଙ୍କ ଜୀବନର ଅଞ୍ଚଳ ନିଧି । ନାମହିଁ ଦେବ ମତେ ଅପାର ଆନନ୍ଦ, ଦେହରେ ରୋମାଞ୍ଚ, ପ୍ରାଣରେ ପୁଲକ ଓ ମନରେ ଅପୂର୍ବ ଆହ୍ଲାଦ । ନାମରେ ତ ନାମୀଙ୍କର ସକଳ ଶକ୍ତି, ଦୀପ୍ତି, ଜ୍ୟୋତି, କାନ୍ତି, ଶାନ୍ତି ବିରାଜିତ । ନନ୍ଦିଘୋଷ ରଥକୁ ଚାହିଁ ଶ୍ରୀ ଜଗନ୍ନାଥଙ୍କ ନାମକୁ ମୁଁ ଜପିବି, ମୋ ନେତ୍ରରୁ ରଥ ଅଦୃଶ୍ୟ ହେଲାଯାଏ । ନାମ ଜପି ଜପି ପ୍ରଭୁଙ୍କ ପାଦତଳେ ପ୍ରାର୍ଥନା ଜଣାଇବି ମୋ ଜୀବନ ଜନ୍ମେଜନ୍ମେ ତାଙ୍କ ଚରଣରେ ନିବେଦିତ ହୋଇରହୁ, ସେ ହୁଅନ୍ତୁ ମୋର ଦିଗନ୍ତ ଦିଶାରୀ, ବଣାନାବିକର ବତିଘର, ମୋ ଜୀବନର ଜୀବନ, ମୋ ପ୍ରାଣର ଅଧିଶ୍ୱର । ପ୍ରଭୁପଣର ଜୟ ହେଉ । ଜୟ ଜଗନ୍ନାଥ ।

ଶ୍ରୀଜଗନ୍ନାଥଙ୍କ ନବକଳେବର - ଏକ ଅନୁଶୀଳନ

ବଦ୍ରିନାଥ ସତ୍ୟ ଯୁଗର, ରାମନାଥ ତ୍ରେତୟାଯୁଗର, ଦ୍ୱାରିକାନାଥ ଦ୍ୱାପର ଯୁଗର ଓ ଶ୍ରୀଜଗନ୍ନାଥ କଳିଯୁଗର ପ୍ରମୁଖ ଦେବତା । ତେଣୁ କଳି ଯୁଗରେ ଚାରିଧାମ ଭିତରେ ଜଗନ୍ନାଥ ବା ପୁରୁଷୋତ୍ତମ ଧାମର ସ୍ୱତନ୍ତ୍ର ମର୍ଯ୍ୟାଦା ରହିଛି । ଏଇ ଧାମର ମହତ୍ତ୍ୱ ଅକଳ୍ପନୀୟ ଯେଉଁଠାରେ କାକ ପାଇପାରେ ମୁକ୍ତିର ଆସ୍ୱାଦ, ସ୍ୱୟଂଶିବ ହୋଇପାରନ୍ତି ବ୍ରହ୍ମହତ୍ୟା ପାପରୁ ମୁକ୍ତ । କପିଳସଂହିତାରେ କୁହାଯାଇଛି ।

"ସର୍ବେଷାଂ ସର୍ବ କ୍ଷେତ୍ରାଣାଂ ରାଜା ଶ୍ରୀପୁରୁଷୋତ୍ତମଃ ।"

ଅର୍ଥାତ୍ ସମସ୍ତ କ୍ଷେତ୍ର ମଧ୍ୟରେ ପୁରୁଷୋତ୍ତମ କ୍ଷେତ୍ର ହେଉଛି ଶ୍ରେଷ୍ଠ କ୍ଷେତ୍ର । ଏହାର କେତେକ ହେତୁ ମଧ୍ୟରେ ଏକ ହେତୁ ଏହି ଯେ ଏଠାରେ ନାରାୟଣ ଦେହୀ ହୋଇଛନ୍ତି । କବି ସମ୍ରାଟ ଉପେନ୍ଦ୍ରଭଂଜଙ୍କ ଭାଷାରେ-

"ଶୁଣ କୋବିଦେ ଭରତ ଖଣ୍ଡେ ପୁଣ୍ୟ ଧାମ
ଯେଣୁ ନାରାୟଣ ଦେହୀ ତେଣୁ ସେହି ନାମ"

ପୁରୁଷୋତ୍ତମ ଦେହୀ ହୋଇଥିବାରୁ କ୍ଷେତ୍ରର ନାମ ହୋଇଛି ପୁରୁଷୋତ୍ତମ କ୍ଷେତ୍ର । ଏପରି ଉଦାହରଣ ବିରଳ । ନାରାୟଣ ଦେହୀ ହୋଇଥିବାରୁ ଦେହାନ୍ତର ପ୍ରସଙ୍ଗର ଯୁକ୍ତିଯୁକ୍ତତା ଉପଲବ୍ଧ ହୁଏ । ଏହି ବିଗ୍ରହାନ୍ତର ପ୍ରକ୍ରିୟା ହିଁ ନବକଳେବର ଯାହା ୮ବର୍ଷରୁ ୧୯ବର୍ଷ ବ୍ୟବଧାନରେ ଯେଉଁ ବର୍ଷ ଯୋଡ଼ା ଆଷାଢ଼ ପଡୁଥାଏ ସେହି ବର୍ଷରେ ସମାହିତ ହୁଏ । ଘଟାନ୍ତର ବା ବିଗ୍ରହାନ୍ତର କଥାଟିକୁ ନିରୀକ୍ଷଣ କଲେ 'ଯଥା ଜୀବେ ତଥା ଦେବେ' ଉକ୍ତିଟିର ଯଥାର୍ଥତା ପ୍ରତିପାଦିତ ହୁଏ ।

ଶ୍ରୀଜଗନ୍ନାଥ ହେଉଛନ୍ତି ସମସ୍ତ ସମ୍ପ୍ରଦାୟର ଆରାଧ୍ୟ ଦେବତା । ତାଙ୍କଠାରେ

ସାମ୍ପ୍ରଦାୟିକ କଳହ ନାହିଁ, ବରଂ ଅଛି ସାମ୍ପ୍ରଦାୟିକ ସଦ୍‌ଭାବ । ସେ ଶୈବମାନଙ୍କ ପାଇଁ ଶିବ, ଶାକ୍ତମାନଙ୍କ ପାଇଁ ଶକ୍ତି, ବୈଷ୍ଣବମାନଙ୍କ ପାଇଁ ବିଷ୍ଣୁ, ଗାଣପତ୍ୟମାନଙ୍କ ପାଇଁ ଗଣପତି ଓ ସୌର ମାନଙ୍କ ପାଇଁ ସୂର୍ଯ୍ୟ । ଅର୍ଥାତ୍ ପ୍ରତ୍ୟେକ ସାଧନାର ଶୀର୍ଷଦେଶରେ ସାଧକର ଶ୍ରେଷ୍ଠ ଉପଲବ୍ଧି ହିଁ ଶ୍ରୀଜଗନ୍ନାଥ । ସମସ୍ତ ସମ୍ପ୍ରଦାୟର ଊର୍ଦ୍ଧ୍ୱରେ ତାଙ୍କର ସ୍ଥିତି । ସେ ପୁରୁଷୋତ୍ତମ । କ୍ଷର ଓ ଅକ୍ଷରରୁ ଅତୀତ ପରମବ୍ରହ୍ମ । ସେ ନିଜ ଇଚ୍ଛାରେ ଭକ୍ତଙ୍କୁ ପ୍ରାପ୍ତ ହୁଅନ୍ତି । ଯେତିକି ପ୍ରାପ୍ତ ହୁଅନ୍ତି ତଦପେକ୍ଷା ଅଧିକ ପ୍ରାପ୍ତିର ସମ୍ଭାବନା ରଖିଥାନ୍ତି । ଫଳତଃ ତାଙ୍କୁ ଯେତିକି ଜାଣିହୁଏ ତାହାଠାରୁ ଅଧିକ ଜାଣିବାକୁ ବାକି ରହେ । ତାଙ୍କୁ ଯେତିକି ବୁଝିହୁଏ ତହିଁରୁ ଅଧିକ ବୁଝିବାକୁ ବାକି ରହେ । ତାଙ୍କ ମହିମାର ପଟାନ୍ତର ନାହିଁ । ଦୂବକୁ ସେ ଦାରୁ କରିପାରନ୍ତି, ଦାରୁକୁ ମଧ୍ୟ ଦୂବ କରିପାରନ୍ତି । ପଙ୍ଗୁକୁ ଗିରିଲଂଘନ କରାଇ ଦିଅନ୍ତି । ମୂକ ମୁଖରେ ଭାଷାର ସମ୍ଭାର ଦିଅନ୍ତି । ତାଙ୍କ ମହିମା ଗାନରେ ଭକ୍ତ ଚିତ୍ତ ପ୍ରୀତି ପୁଲକିତ ହୁଏ, ଦେହରେ ସୃଷ୍ଟି ହୁଏ କଦମ୍ବ ରୋମାଞ୍ଚ । ସେ ଲୀଳାମୟ, ସବୁ ତାଙ୍କରି ଲୀଳା । ପୁରାତନ କଳେବର ବର୍ଜନ ଓ ନବକଳେବର ଗ୍ରହଣ ମଧ୍ୟ ତାଙ୍କରି ଲୀଳା । ସେ ଲୀଳା ଅବର୍ଣ୍ଣନୀୟ । ବର୍ଣ୍ଣନା ପାଇଁ ଅତିକ୍ଷୀଣ ପ୍ରୟାସ ଉକ୍ତ ପ୍ରବନ୍ଧରେ ଉପସ୍ଥାପିତ ହୋଇଛି ମାତ୍ର ।

ଚତୁର୍ଦ୍ଧା ମୂର୍ତ୍ତିଙ୍କର ବିଗ୍ରହ ନିର୍ମିତ ହୁଏ ନିମ୍ବବୃକ୍ଷର ଦାରୁରେ କାରଣ ଏଥିନିମନ୍ତେ ଏହା ଶ୍ରେଷ୍ଠ ଦାରୁ । ନିମ୍ବବୃକ୍ଷର ସ୍ୱତନ୍ତ୍ର ମହତ୍ତ୍ୱ ରହିଛି । ଇନ୍ଦ୍ରନୀଳମଣି ପୁରାଣ ଅନୁସାରେ ନିମ୍ବବୃକ୍ଷ ପ୍ରାଚୀନ ହେଲେ ମଳୟର ସ୍ପର୍ଶ ହେତୁ ତାହା ଚନ୍ଦନ ବୃକ୍ଷରେ ପରିଣତ ହୁଏ ।

"ମଳୟ ବାତ ସଂଯୋଗାତ୍ ବିନମ୍ବ ସୌରଭଂ ଜାୟତେ
ଦିବ୍ୟଗନ୍ଧଂ ମୟଂବୃକ୍ଷଂ ମହାପିମ୍ବଳ ଉଚ୍ୟତେ
ତଦ୍‌ବୃକ୍ଷେ ପୂଜୟେତ୍ ବିଷ୍ଣୁଂ ସଂସାରାର୍ଣ୍ଣବ ତାରକଂ
ପୁରୁଷୋତ୍ତମ ସଃ ସାକ୍ଷାତ୍ ବୃକ୍ଷରୂପ ସନାତନ ।"

ପୁନଶ୍ଚ ଏହା ତିକ୍ତ ହୋଇଥିବାରୁ ସହଜରେ କୀଟ ଦ୍ୱାରା ନଷ୍ଟ ହୁଏ ନାହିଁ ।

ନବକଳେବର ବିଧିଟି ସାଧାରଣତଃ ଚାରିଭାଗରେ ବିଭକ୍ତ । ପ୍ରଥମଭାଗରେ ବନଯାଗ ଓ ଦାରୁଅନ୍ୱେଷଣ, ଦ୍ୱିତୀୟ ଭାଗରେ ଦାରୁଚ୍ଛେଦନ, ଆନୟନ ତଥା ବିଗ୍ରହ ନିର୍ମାଣ, ତୃତୀୟ ଭାଗରେ ବ୍ରହ୍ମ ପରିବର୍ତ୍ତନ ଓ ମହା ଅଣସର ଗୁପ୍ତକାର୍ଯ୍ୟ ଏବଂ ଚତୁର୍ଥ ଭାଗରେ ପୁରାତନ ବିଗ୍ରହଙ୍କ ପାତାଳି ଓ ଅନ୍ତ୍ୟେଷ୍ଟିକ୍ରିୟା ତଥା ନୂତନ ଠାକୁରଙ୍କର ନବଯୌବନ ଦର୍ଶନ ଓ ରଥଯାତ୍ରା ଅନୁଷ୍ଠିତ

ହୁଏ । ଦାରୁ ଅନ୍ୱେଷଣ ଯାତ୍ରା ଚୈତ୍ରଶୁକ୍ଳ ଦଶମୀ ଦିନ ଠାରୁ ଆରମ୍ଭ ହୁଏ । ସେହିଦିନ ମଧ୍ୟାହ୍ନ ଧୂପ ଶେଷ ହେବାପରେ ପତି ମହାପାତ୍ର, ଦଇତା, ଦେଉଳକରଣ, ତଢ଼ାଉକରଣ, ବେହେରା ଖୁଣ୍ଟିଆ, ଲେଙ୍କା ଓ ବିଶ୍ୱକର୍ମା ପ୍ରଭୃତି ସେବକଗଣ ପରମ୍ପରା ଅନୁସାରେ ଆଜ୍ଞାମାଳ ଧରି ଶ୍ରୀନବରକୁ ଯାତ୍ରା କରିଥାନ୍ତି । ତତ୍ପରେ ସେମାନେ ଶ୍ରୀନବରରୁ ଏକ ବିରାଟ ପଟୁଆରରେ ଜଗନ୍ନାଥ ବଲ୍ଲଭ ମଠକୁ ଯାଇ ସେଠାରେ ରାତ୍ରୀଯାପନ କରିଥାନ୍ତି । ତା' ପରଦିନ କାକଟପୁର ଅଭିମୁଖେ ଯାତ୍ରା କରିଥାନ୍ତି । କାକଟପୁରରୁ ସିଧାଯାଇ ଦେଉଳି ମଠଠାରେ ଉପସ୍ଥିତ ହୁଅନ୍ତି । ମଠ ତରଫରୁ ସେମାନଙ୍କୁ ସମ୍ବର୍ଦ୍ଧନା ଜ୍ଞାପନ କରାଯାଏ । ପରମ୍ପରା ଅନୁସାରେ ପ୍ରଥମ ଦିନଟି ଦେଉଳିମଠରେ ଅବସ୍ଥାନ କରି ପରଦିନ ସେମାନେ କାକଟପୁରର ମଙ୍ଗଳା ମନ୍ଦିରକୁ ଯାତ୍ରା କରିଥାନ୍ତି । ସେଠାରେ ଯଥା ବିଧି ପୂଜା ଆରାଧନା ସାରି ବନଯାଗ ଦଳ ୩/୪ଟି ଦଳରେ ବିଭକ୍ତ ହୋଇ ବିଭିନ୍ନ ସ୍ଥାନକୁ ଯାତ୍ରା କରିଥାନ୍ତି । ଯାତ୍ରାପଥରେ ଦାରୁ ଚିହ୍ନଟ ହୁଏ । ଦାରୁଚିହ୍ନଟ ନିମିତ୍ତ କେତେକ ସାଧାରଣ ଲକ୍ଷଣ ପ୍ରତି ଦୃଷ୍ଟି ଦିଆଯାଏ । ସାଧାରଣ ଲକ୍ଷଣ -

୧) ବୃକ୍ଷ ନିକଟରେ ଏକ ଆଶ୍ରମ ବା ମନ୍ଦିର ଥିବ ।

୨) ବୃକ୍ଷ ନିକଟରେ ଶ୍ମଶାନ ଘାଟ ଥିବ ।

୩) ବୃକ୍ଷର ଆଶ୍ରୟରେ କୌଣସି ଲତାନଥିବ ।

୪) ନିକଟରେ ଉଇ ହୁଙ୍କା ଥିବ ।

୫) ନିକଟରେ ସାପ ଗାତଥିବ ଓ ତହିଁରେ ଏକ ବା ଏକାଧିକ ସାପ ଦେଖିବାକୁ ମିଳିବ ।

୬) ବୃକ୍ଷଟି ବଜ୍ରାଘାତରୁ ମୁକ୍ତ ଥିବ ।

୭) କେତେକ ବରୁଣ ବୃକ୍ଷ ମଧ୍ୟରେ ବୃକ୍ଷଟି ରହିଥିବ ।

୮) ଗଣ୍ଡିର ପ୍ରାୟ ୧୨ଫୁଟ ପର୍ଯ୍ୟନ୍ତ କୌଣସି ଶାଖା ନ ଥିବ ।

ଏଥି ମଧ୍ୟରୁ ସମସ୍ତ ଲକ୍ଷଣ ନହେଲେ ମଧ୍ୟ ଅନ୍ତତଃ ୫/୬ଟି ଲକ୍ଷଣ ଥିଲେ ଉକ୍ତ ବୃକ୍ଷ ଦାରୁରୂପେ ବିବେଚିତ ହୁଏ । ଶ୍ରୀ ବିଗ୍ରହମାନଙ୍କ ଦାରୁର ବର୍ଣ୍ଣ ଓ ଶାଖା ସମ୍ପର୍କରେ କୁହାଯାଏ ଯେ -

ସୁଦର୍ଶନ	- ରକ୍ତବର୍ଣ୍ଣ	- ସରଳ ସୁନ୍ଦର
ବଳଭଦ୍ର	- ଶୁକ୍ଳବର୍ଣ୍ଣ	- ସପ୍ତଶାଖା
ସୁଭଦ୍ରା	- ହରିତବର୍ଣ୍ଣ	- ତ୍ରିଶାଖା
ଜଗନ୍ନାଥ	- ଈଷତ୍ କୃଷ୍ଣବର୍ଣ୍ଣ	- ଚତୁଃଶାଖା ।

ଦାରୁ ଚିହ୍ନଟ ପରେ ଆବଶ୍ୟକ ପୂଜା ଅର୍ଚ୍ଚନା ଅନୁଷ୍ଠିତ ହୁଏ । ପ୍ରଥମେ ସୁନା କୁରାଢ଼ି ଓ ରୁପା କୁରାଢ଼ିରେ ବୃକ୍ଷକୁ ସ୍ପର୍ଶ କରାଯାଏ ଓ ତା'ପରେ ଲୁହା କୁରାଢ଼ିରେ ବୃକ୍ଷକୁ ଛେଦନ କରାଯାଏ । ସୁନା କୁରାଢ଼ି ଓ ରୂପା କୁରାଢ଼ିରେ ସ୍ପର୍ଶ କରାଗଲା ବେଳେ ଯେଉଁ ମନ୍ତ୍ର ଆବୃତ୍ତି କରାଯାଏ, ତାହା ଏହିପରି -

"ଓଁ ନମୋ ଭଗବତେ ମହା ସୁଦର୍ଶନାୟ ମହାଚକ୍ରାୟ
ମହାଜ୍ୱାଳାୟ ଦୀପ୍ତ ରୂପାୟ ସର୍ବତୋ ରକ୍ଷ ରକ୍ଷ ସ୍ୱାହା ।"

ଛେଦନ ପରେ ପ୍ରତ୍ୟେକ ଦାରୁକୁ ଏକ ଏକ ସ୍ୱତନ୍ତ୍ର ଶଗଡ଼ିଦ୍ୱାରା ଶ୍ରୀକ୍ଷେତ୍ରକୁ ଅଣାଯାଏ । ସେହି ଶଗଡ଼ି ନିର୍ମିତ ହୋଇଥାଏ କେନ୍ଦୁ କାଠରେ ଓ ତା'ର ଚକଗୁଡ଼ିକ ନିର୍ମିତ ହୋଇଥାନ୍ତି ବଟ ଓ ତେନ୍ତୁଳି କାଠରେ । ଆନୀତ ଦାରୁ ଶ୍ରୀମନ୍ଦିର ପରିସରଭୁକ୍ତ କୋଇଲିବୈକୁଣ୍ଠରେ ଅସ୍ଥାୟୀ ଭାବେ ନିର୍ମିତ ଦାରୁଶାଳାରେ ଯତ୍ନରେ ସ୍ଥାନିତ ହୁଅନ୍ତି । ସେଠାରେ ପ୍ରତିଦିନ ସେହି ଦାରୁ ପତି ମହାପାତ୍ର ସେବକଙ୍କ ଦ୍ୱାରା ପୂଜିତ ହୁଅନ୍ତି । ସ୍ନାନପୂର୍ଣ୍ଣିମା ପୂର୍ବରୁ ଦାରୁମାନେ ଶ୍ରୀକ୍ଷେତ୍ରରେ ପହଞ୍ଚିବା ନିଶ୍ଚିତ ହୋଇଥାଏ । ସ୍ନାନପୂର୍ଣ୍ଣିମା ଦିନ ସ୍ନାନ ମଣ୍ଡପରେ ଶ୍ରୀ ଜୀଉମାନଙ୍କର ସ୍ନାନ ନୀତି ଯଥାବିଧି ସମାହିତ ହେବା ସଙ୍ଗେ ସଙ୍ଗେ କୋଇଲି ବୈକୁଣ୍ଠରେ ଥିବା ଦାରୁମାନଙ୍କୁ ମଧ୍ୟ ସ୍ନାନ କରାଯାଏ । ଏହାପରେ ୧୫ଦିନ ମଧ୍ୟରେ ନୂତନ ମୂର୍ତ୍ତି ଗଠନ କାର୍ଯ୍ୟ ସଂଗଠିତ ହୁଏ । ମୂର୍ତ୍ତି ନିର୍ମାଣ ସମୟରେ ପୂଜା, ହୋମ ଯଜ୍ଞ ଓ ପ୍ରାର୍ଥନା ନିୟମିତ କରାଯାଉଥାଏ । ନିର୍ମାଣଶାଳାଟି ଚତୁଃପାର୍ଶ୍ୱରୁ ଆବଦ୍ଧ କରାଯାଇଥାଏ ଯେପରି ବାହାରକୁ କୌଣସି ଶବ୍ଦ ଶୁଣାଯିବ ନାହିଁ । ସ୍କନ୍ଦପୁରାଣର ପୁରୁଷୋତ୍ତମ ମାହାତ୍ମ୍ୟରେ ବର୍ଣ୍ଣିତ ହୋଇଛି ଯେ ଠାକୁରଙ୍କ ମୂର୍ତ୍ତିନିର୍ମାଣ ଦେଖିବା ବ୍ୟକ୍ତି ଅନ୍ଧ ହୋଇଯାଏ ଏବଂ ନିର୍ମାଣ ଶବ୍ଦ ଶୁଣିବା ବ୍ୟକ୍ତି ଶ୍ରବଣ ଶକ୍ତି ହରାଇ ଥାଏ । ତେଣୁ ନିର୍ମାଣ ମଣ୍ଡପର ବାହାରେ ମୂର୍ତ୍ତି ନିର୍ମାଣ ସମୟରେ ବିଭିନ୍ନ ବାଦ୍ୟ ବଜାଇବା ପାଇଁ ପୁରାଣରେ ନିର୍ଦ୍ଦେଶ ରହିଛି । ମୂର୍ତ୍ତି ନିର୍ମାଣପରେ କୃଷ୍ଣ ଚତୁର୍ଦ୍ଦଶୀ ରାତିରେ ନବନିର୍ମିତ ବିଗ୍ରହମାନଙ୍କୁ ଅଣସର ପିଣ୍ଡିକୁ ନିଆଯାଏ । ଯଥାସମୟରେ ନୂତନ ବିଗ୍ରହମାନଙ୍କରେ ବ୍ରହ୍ମ ସଂସ୍ଥାପିତ ହୁଏ । ଏ ବ୍ରହ୍ମ ପ୍ରସଙ୍ଗ ଏବେ ମଧ୍ୟ ରହସ୍ୟାଚ୍ଛନ୍ନ । ଏହାର ସ୍ୱରୂପ କିପରି ତାହା କହିବା ଅସମ୍ଭବ । ତେବେ ଶୁଣାଯାଏ ଯେ ଘଟପରିବର୍ତ୍ତନ କରୁଥିବା ବ୍ୟକ୍ତି ଅଳ୍ପଦିନ ମଧ୍ୟରେ ମୃତ୍ୟୁବରଣ କରିଥାନ୍ତି ।

ବ୍ରହ୍ମ ସଂସ୍ଥାପନ ପରେ ନୂତନ ବିଗ୍ରହମାନଙ୍କୁ ସ୍ପର୍ଶ କରି ଦଇତାପତିମାନେ ନିଜର ସାମର୍ଥ୍ୟ ଅନୁସାରେ ଟଙ୍କାପଇସା ସ୍ୱର୍ଣ୍ଣ ଅଳଙ୍କାର ଇତ୍ୟାଦି ପ୍ରଦାନ କରିଥାନ୍ତି । ଏହି ଅର୍ଥ ଦଇତାପତି ନିଯୋଗକୁ ପ୍ରଦତ୍ତ ହୁଏ । ଏହାର ପରବର୍ତ୍ତୀ ପର୍ଯ୍ୟାୟ ଅତ୍ୟନ୍ତ

ମର୍ମନ୍ତୁଦ । କୋଇଲି ବୈକୁଣ୍ଠରେ ଏକ ନିର୍ଦ୍ଦିଷ୍ଟ ସ୍ଥାନରେ ୯ହାତ ଗଭୀର ଓ ୬ହାତ ବ୍ୟାସର ଏକ ଗାତ ଖୋଳାଯାଏ । ସେହି ଗର୍ତ୍ତରେ ପାଟକନା ପକାଯାଇ ପୁରାତନ ବିଗ୍ରହମାନଙ୍କୁ ବିସର୍ଜନ କରାଯାଏ । ପରେ ପରେ ସାରଥି ପାର୍ଶ୍ୱଦେବତା ଅଶ୍ୱ ପ୍ରଭୃତି ପାତାଳି କରାଯାଏ । ଦଇତାମାନେ ଏଦୃଶ୍ୟରେ ମର୍ମାହତ ହୋଇପଡ଼ନ୍ତି । ୧୦ଦିନ ପର୍ଯ୍ୟନ୍ତ ଶୁଦ୍ଧିକ୍ରିୟା ପାଳନ କରନ୍ତି । ଦଶାହ ଦିନ ଦଇତାପତି ଓ ପତି ମହାପାତ୍ରଙ୍କ ଘରର ସଦସ୍ୟ ବୃନ୍ଦ ମାର୍କଣ୍ଡ ପୁଷ୍କରିଣୀରେ ସ୍ନାନକରି ନୂତନ ବସ୍ତ୍ର ପରିଧାନ ପୂର୍ବକ ଶୁଦ୍ଧ ହୋଇଥାନ୍ତି ।

ବିଗତ ଶତାବ୍ଦୀରେ ଅର୍ଥାତ୍ ବିଂଶ ଶତାବ୍ଦୀରେ ୬ଥର ନବକଳେବର ଅନୁଷ୍ଠିତ ହୋଇଛି । ଯେଉଁବର୍ଷ ମାନଙ୍କରେ ନବକଳେବର ଅନୁଷ୍ଠିତ ହୋଇଥିଲା ସେଗୁଡ଼ିକ ହେଉଛି ୧୯୧୨ ମସିହା, ୧୯୩୧ ମସିହା, ୧୯୫୦ ମସିହା, ୧୯୬୯ ମସିହା, ୧୯୭୭ ମସିହା ଓ ୧୯୯୬ ମସିହା ।

ନବକଳେବର ବର୍ଷ	ରଥଯାତ୍ରା ତାରିଖ
୧୯୧୨ ମସିହା	ଜୁଲାଇ ୧୬ ତାରିଖ
୧୯୩୧ ମସିହା	ଜୁଲାଇ ୧୭ ତାରିଖ
୧୯୫୦ ମସିହା	ଜୁଲାଇ ୧୬ ତାରିଖ
୧୯୬୯ ମସିହା	ଜୁଲାଇ ୧୬ ତାରିଖ
୧୯୭୭ ମସିହା	ଜୁଲାଇ ୧୮ ତାରିଖ
୧୯୯୬ ମସିହା	ଜୁଲାଇ ୧୭ ତାରିଖ

୧୯୧୨ ମସିହାରେ ଯେଉଁ ଯେଉଁ ସ୍ଥାନରୁ ଦାରୁ ପ୍ରାପ୍ତ ହୋଇଥିଲେ ସେହି ସ୍ଥାନଗୁଡ଼ିକ ହେଉଛି -

ସୁଦର୍ଶନଙ୍କ ଦାରୁ	-	ଫତେଗଡ଼
ବଳଭଦ୍ରଙ୍କ ଦାରୁ	-	ନିଆଳି ହାଟର ପୋଖରୀ ହୁଡ଼ାରୁ
ସୁଭଦ୍ରାଙ୍କ ଦାରୁ	-	ପୋଲାର ମାହାଲ ନିକଟରୁ
ଜଗନ୍ନାଥଙ୍କ ଦାରୁ	-	ପ୍ରତାପରୁଦ୍ରପୁର ନୂଆସାହି ।

ଏଇ ବର୍ଷ ଶ୍ରୀଗୁଣ୍ଡିଚା ଦିନ ସକାଳେ ବର୍ଷା ହୋଇଥିଲା । ସନ୍ଧ୍ୟାପୂର୍ବରୁ ଶ୍ରୀବଳଭଦ୍ର ଜୀଉ ଓ ଦେବୀ ସୁଭଦ୍ରାଙ୍କ ରଥ ଗୁଣ୍ଡିଚା ମନ୍ଦିରରେ ଲାଗିଥିଲେ ହେଁ ଶ୍ରୀଜଗନ୍ନାଥଙ୍କ ରଥ ପହଞ୍ଚି ପାରି ନଥିଲା । ତହିଁ ପରଦିନ ଶ୍ରୀ ଜଗନ୍ନାଥଙ୍କ ରଥ ଗୁଣ୍ଡିଚା ମନ୍ଦିରରେ ଉପସ୍ଥିତ ହୋଇଥିଲା ବୋଲି ତତ୍କାଳୀନ 'ଉତ୍କଳ ଦୀପିକା'ରେ ପ୍ରକାଶିତ ସମ୍ବାଦରୁ ଜଣାପଡ଼େ ।

୧୯୩୧ ମସିହାରେ ଯେଉଁ ଯେଉଁ ସ୍ଥାନରୁ ଚତୁର୍ଦ୍ଧାମୂର୍ତ୍ତିଙ୍କ ଦାରୁ ସଂଗୃହୀତ ହୋଇଥିଲା, ସେହି ସ୍ଥାନଗୁଡ଼ିକ ହେଉଛି -

ସୁଦର୍ଶନଙ୍କ ଦାରୁ	-	ସାତ୍ତ୍ୱିକ ପୁର
ବଳଭଦ୍ରଙ୍କ ଦାରୁ	-	ସାତ୍ତ୍ୱିକ ପୁର
ସୁଭଦ୍ରାଙ୍କ ଦାରୁ	-	ନିଆଳି
ଜଗନ୍ନାଥଙ୍କ ଦାରୁ	-	ଗବ ପଡ଼ା

ଏହି ବର୍ଷ ରଥଯାତ୍ରା ଦିନ ଠାକୁରଙ୍କର ପହଣ୍ଡି ବିଜେ ଅତ୍ୟଧିକ ବିଳମ୍ବ ହୋଇଥିଲା । ପ୍ରାୟ ସନ୍ଧ୍ୟା ହୋଇ ଯାଇଥିଲା । ଏ ବର୍ଷ ଯାତ୍ରୀସଂଖ୍ୟା ଅଧିକ ନଥିଲା - ଶାନ୍ତିଶୃଙ୍ଖଳା ରକ୍ଷା ନିମନ୍ତେ ପାଟଣାରୁ ବହୁ ପୋଲିସ କର୍ମଚାରୀ ଆସିଥିଲେ । ସାଧାରଣ ରେଳଗାଡ଼ି ବ୍ୟତୀତ ଅଧିକ ୧୪ ଗୋଟି ରେଳଗାଡ଼ି (ସ୍ପେଶାଲ) ଚଳାଚଳ କରିଥିଲା ବୋଲି ଉତ୍କଳଦୀପିକାର ସମ୍ବାଦ ପରିବେଷଣରୁ ଜଣାଯାଏ ।

୧୯୫୦ ମସିହାରେ ଅନୁଷ୍ଠିତ ନବକଳେବର ପାଇଁ ଯେଉଁ ଯେଉଁ ସ୍ଥାନରୁ ଦାରୁ ଗୁଡ଼ିକ ଚିହ୍ନଟ ତଥା ସଂଗୃହୀତ ହୋଇଥିଲେ ସେହି ସ୍ଥାନଗୁଡ଼ିକ ହେଉଛି -

ସୁଦର୍ଶନଙ୍କ ଦାରୁ	-	ଜଲାର ପୁର
ବଳଭଦ୍ରଙ୍କ ଦାରୁ	-	ନୂଆପାଟଣା ସ୍ଥିତ ନୟାହାଟ
ସୁଭଦ୍ରାଙ୍କ ଦାରୁ	-	ଦୁର୍ଗେଶ୍ୱର ବାହାରଣାଗ୍ରାମ
ଜଗନ୍ନାଥଙ୍କ ଦାରୁ	-	ଖଡ଼ିହର (କାନପୁର) ।

୧୯୬୯ ମସିହାରରେ ଅନୁଷ୍ଠିତ ନବ କଳେବର ପାଇଁ ନିମ୍ନଲିଖିତ ସ୍ଥାନମାନଙ୍କରୁ ଦାରୁ ସଂଗୃହୀତ ହୋଇଥିଲା ।

ସୁଦର୍ଶନଙ୍କ ଦାରୁ	-	ବନମାଳୀ ପୁରସ୍ଥ ବଲରା ଗ୍ରାମ
ବଳଭଦ୍ରଙ୍କ ଦାରୁ	-	ଭାକର ସାହି (ଗଡ଼ ଚାରି ପଡ଼ା)
ସୁଭଦ୍ରାଙ୍କ ଦାରୁ	-	କାହ୍ନୁ ପୁର
ଜଗନ୍ନାଥଙ୍କ ଦାରୁ	-	ଚମ୍ପାଝର ।

୧୯୭୭ ମସିହାରେ ନବକଳେବର ନିମ୍ନୋକ୍ତ ସ୍ଥାନମାନଙ୍କରୁ ଦାରୁ ସଂଗୃହୀତ ହୋଇଥିଲା ।

ସୁଦର୍ଶନଙ୍କ ଦାରୁ	-	ନିଆଳି ନିକଟସ୍ଥ ସିଂହ ସାହି
ବଳଭଦ୍ରଙ୍କ ଦାରୁ	-	ଭୋଗେଶ୍ୱର ଗ୍ରାମ
ସୁଭଦ୍ରାଙ୍କ ଦାର	ୁ-	ବେର ବୋଇ
ଜଗନ୍ନାଥଙ୍କ ଦାରୁ	-	ରାୟ ଚକ୍ରଧର ପୁର ।

୧୯୯୬ ମସିହାରେ ଯେଉଁ ନବକଳେବର ହୋଇଥିଲା ସେଥିପାଇଁ ନିମ୍ନଲିଖିତ ସ୍ଥାନମାନଙ୍କରୁ ଦାରୁ ସଂଗୃହୀତ ହୋଇଥିଲା ।

ସୁଦର୍ଶନଙ୍କ ଦାରୁ	-	ମାଧବ ମୌଜାର ବିଶୋଇ ଡିହି
ବଳଭଦ୍ରଙ୍କ ଦାରୁ	-	ସାନପୁର ନିକସ୍ଥ ରାମକୃଷ୍ଣ ପୁର ଗ୍ରାମ
ସୁଭଦ୍ରାଙ୍କ ଦାରୁ	-	ଅସ୍ତରଙ୍ଗ ବ୍ଲକର ମାଲଦା ଗ୍ରାମ
ଜଗନ୍ନାଥଙ୍କ ଦାରୁ	-	ଖୋର୍ଦ୍ଧା ନିକଟସ୍ଥ ଦଧିମାଛ ଗାଡ଼ିଆ ।

୧୯୯୬ ମସିହାର ବନଯାଗଯାତ୍ରା ଦଳରେ ୭୮ଜଣ ସେବକ ସାମିଲ ହୋଇଥିଲେ । ଏହା ବ୍ୟତୀତ ଜିଲ୍ଲା ଆରକ୍ଷୀ ଦଳ ଓ କେତେକ ସ୍ୱାସ୍ଥ୍ୟ କର୍ମଚାରୀ ସକ୍ରିୟ ସହଯୋଗ କରିଥିଲେ । ସୁଦର୍ଶନଙ୍କ ଦାରୁ ବୃକ୍ଷ ସ୍ଥାନ ଶ୍ରୀ ଲକ୍ଷ୍ମଣ ପାଢ଼ୀଙ୍କ ମାର୍ଫତରେ ଥିଲା । ବଳଭଦ୍ରଙ୍କ ଦାରୁ ଥିଲା ରାମକୃଷ୍ଣ ପୁର ଶ୍ରୀପୂର୍ଣ୍ଣାନନ୍ଦ ସାମଲଙ୍କ ବାଡ଼ିରେ । ସୁଭଦ୍ରାଙ୍କ ଦାରୁ ମାଲଦା ଗ୍ରାମର ଶ୍ରୀ ନୀଳମଣି ସାହୁଙ୍କ ବାଡ଼ିରୁ ମିଳିଥିଲା । ଶ୍ରୀ ଜଗନ୍ନାଥଙ୍କ ଦାରୁ ଶ୍ରୀ ପ୍ରସନ୍ନ ପଟ୍ଟନାୟକଙ୍କ ବାଡ଼ିରେ ଥିଲା । ଅଦ୍ୟାବଧି ରତ୍ନସିଂହାସନରେ ଏହି ଦାରୁ ନିର୍ମିତ ଦାରୁବ୍ରହ୍ମ ପୂଜିତ ହେଉଛନ୍ତି । ଇଚ୍ଛାମୟ ସେ । ନିଜ ଇଚ୍ଛାରେ ସେ କଳେବର ପରିବର୍ତ୍ତନ କରନ୍ତି । ସବୁ ତାଙ୍କରି ଇଚ୍ଛା । ତାଙ୍କ ପାଦତଳେ ସହସ୍ର ପ୍ରଣାମ । ଜୟ ଜଗନ୍ନାଥ ।

■

ଆମ ପଲ୍ଲୀ ଜୀବନଧାରାରେ ଶ୍ରୀଜଗନ୍ନାଥ

ଶ୍ରୀଜଗନ୍ନାଥ କେବଳ ଦାରୁଦେବତା ନୁହନ୍ତି, ସେ ହେଉଛନ୍ତି ସମନ୍ୱୟ ଭାବର ସୁରମ୍ୟ ପ୍ରତୀକ ଓ ସାର୍ଥକ ପ୍ରତିନିଧି । ସେ ନୀଳାଚଳରେ ପୂଜାପାଇଲେ ମଧ୍ୟ ଉତ୍କଳନାଥ ନ ହୋଇ ଜଗତର ନାଥ ଜଗନ୍ନାଥ ନାମରେ ନାମିତ ଓ ପ୍ରତିଷ୍ଠିତ । ଓଡ଼ିଶାର ଜନଜୀବନରେ ଶ୍ରୀଜଗନ୍ନାଥଙ୍କ ପ୍ରତି ଥିବା ଭକ୍ତି ଓ ଶ୍ରଦ୍ଧା ଦେଖିଲେ ଅଭିଭୂତ ହେବାକୁ ହୁଏ । ପଲ୍ଲୀ ଘରଣୀଙ୍କର ବିଶ୍ୱାସ ଅତୀତରେ ପ୍ରବଳ ଥିଲା ଯେ ଦେହରେ ଜଗନ୍ନାଥ, ବଳଭଦ୍ର ଓ ସୁଭଦ୍ରାଙ୍କ ଚିତ୍ର ଚିତା ଆକାରରେ କୁଟାଇଲେ ଯମଦଣ୍ଡ ମିଳିବ ନାହିଁ । ନିଜେ ଶ୍ରୀଜଗନ୍ନାଥ ଯମଦଣ୍ଡରୁ ମୁକ୍ତିଦେବେ ବୋଲି ବିଶ୍ୱାସ ଥିଲା । ଆଜି ସେ ବିଶ୍ୱାସ ସୁଦୂର ପରାହତ ହେଲେ ହେଁ ସମ୍ପୂର୍ଣ୍ଣ ଲୁପ୍ତ ହୋଇନାହିଁ । କିଛି ପରିମାଣରେ ଏପରି ବିଶ୍ୱାସ ଏବେ ମଧ୍ୟ ଗ୍ରାମାଞ୍ଚଳରେ ଥିବାର ଅନୁଭବ କରିହୁଏ । ଘରର କାନ୍ଥରେ ଜଗନ୍ନାଥ, ବଳଭଦ୍ର ଓ ସୁଭଦ୍ରାଙ୍କ ଚିତ୍ର ଅଙ୍କନ କରି ସାଧାରଣ ଲୋକେ ଯେପରି ଭକ୍ତିଭାବର ନିଦର୍ଶନ ଦେଖାଇଥାନ୍ତି ତାହାର ତୁଳନା ନାହିଁ । ଏବେ ମଧ୍ୟ ଗ୍ରାମାଞ୍ଚଳରେ ବହୁ ବ୍ୟକ୍ତି ସ୍ନାନସାରି ପ୍ରଥମେ ତୁଣ୍ଡରେ ନିର୍ମାଲ୍ୟ ଟିକିଏ ଦେଲା ପରେ ଯାହା କିଛି ଖାଦ୍ୟ ଗ୍ରହଣ କରିଥାନ୍ତି । ବାଡ଼ି ବଗିଚାରେ ଫୁଲଟିଏ ପ୍ରଥମ କରି ଫୁଟିଲେ ଲୋକେ ଜଗନ୍ନାଥଙ୍କ ଫଟୋରେ ଲାଗି କରିଥାନ୍ତି । ଗଛରେ ପ୍ରଥମ ଫଳଟିଏ ଫଳିଲେ ଶ୍ରୀଜଗନ୍ନାଥଙ୍କୁ ଭୋଗ ଆକାରରେ ଅର୍ପଣ କରିବାର ପରମ୍ପରା ପଲ୍ଲୀ ଜୀବନରେ ଏବେ ମଧ୍ୟ ଦେଖିବାକୁ ମିଳେ । ମନେହୁଏ ସତେ ଯେମିତି ଶ୍ରୀଜଗନ୍ନାଥ ଆମ ଘରର ସବୁଠାରୁ ଅଧିକ ମର୍ଯ୍ୟାଦାବନ୍ତ ପ୍ରତିନିଧି । ଚିଠିଟିଏ ଲେଖିବସିଲେ ପଲ୍ଲୀ ଜନତା ଶ୍ରୀ ଜଗନ୍ନାଥ ଚରଣେ ଶରଣ, ଶ୍ରୀ ଜଗନ୍ନାଥଙ୍କ କୃପାରୁ.... ଇତ୍ୟାଦି ଇତ୍ୟାଦି ଆଗ ଲେଖିଥାନ୍ତି । ସଚେତନ ଭାବରେ ହେଉ ବା ଅବଚେତନରେ ହେଉ ଶ୍ରୀଜଗନ୍ନାଥଙ୍କ ପ୍ରତି ଆନ୍ତରିକତା ପଲ୍ଲୀଜୀବନରେ ଅନୁଭବ କରିହୁଏ । ବିବାହ ଓ ବ୍ରତାଦି ଉତ୍ସବମାନଙ୍କରେ

ଶ୍ରୀଜଗନ୍ନାଥଙ୍କୁ ପ୍ରଥମେ ନିମନ୍ତ୍ରଣ ଦେବାର ବିଧି ଓଡ଼ିଶାର କେତେକ ଅଞ୍ଚଳରେ ବିଶେଷତଃ ପୁରୀ ଜିଲ୍ଲାର କେତେକ ଅଞ୍ଚଳରେ ରହିଛି । ଏହାଛଡ଼ା ସୁଖଦୁଃଖର ସାଥି ଭାବରେ, ଅନ୍ୟାୟ ଅତ୍ୟାଚାରର ସାକ୍ଷୀ ଭାବରେ ଝଡ଼ି, ବଢ଼ି, ମରୁଡ଼ିରେ ବନ୍ଧୁ ଭାବରେ ଜଗନ୍ନାଥଙ୍କ ଭୂମିକା ଅତ୍ୟନ୍ତ ଗୁରୁତ୍ୱପୂର୍ଣ୍ଣ । ଜଗନ୍ନାଥ ମନ୍ଦିରରେ ପାଳିତ ପର୍ବପର୍ବାଣୀର ପ୍ରଭାବରେ ଓଡ଼ିଶାର ଗ୍ରାମାଞ୍ଚଳରେ କେତେକ ପର୍ବପର୍ବାଣୀ ପାଳିତ ହେବାର ଦେଖାଯାଏ । ଏହି ବିଧି ବ୍ୟବସ୍ଥା ଘରକୁ ମନ୍ଦିରର ମର୍ଯ୍ୟାଦା ଦେବାପାଇଁ ପ୍ରୟାସ କରିବା ପାଇଁ ଯଥେଷ୍ଟ ସୁଯୋଗ ଦେଇଥାଏ ।

ଓଡ଼ିଶାର କବିମାନେ କାବ୍ୟ କବିତା ଲେଖିଲା ବେଳେ ଶ୍ରୀଜଗନ୍ନାଥଙ୍କୁ ସ୍ମରଣ କରନ୍ତି ଓ ତାଙ୍କ ଚରଣରେ ପ୍ରଣାମ କରିଥାନ୍ତି । ପ୍ରଭୁଙ୍କ ନାମ ଉଚ୍ଚାରଣ କରି କାବ୍ୟ ଆରମ୍ଭ କଲେ କାବ୍ୟଟି ନିର୍ବିଘ୍ନରେ ସମାପ୍ତ ହେବ, ଏହି ବିଶ୍ୱାସ କବି ଚିତ୍ତରେ ଅତୀତରେ ଥିଲା । ପ୍ରତିଟି ଛାନ୍ଦର ଶେଷରେ ଶ୍ରୀ ଜଗନ୍ନାଥଙ୍କୁ ସ୍ମରଣ କରିବାର ନିୟମକୁ ଓଡ଼ିଶାର କବିମାନଙ୍କ ମଧ୍ୟରେ ଅନେକେ ପାଳନ କରିଥିଲେ । ଓଡ଼ିଶାର ଲୋକଗୀତରେ ମଧ୍ୟ ଶ୍ରୀଜଗନ୍ନାଥଙ୍କ ମହିମା ବର୍ଣ୍ଣନା କରାଯାଇଛି । ତୁଣ୍ଡରୁ ତୁଣ୍ଡକୁ ଏ ଗୀତ ପ୍ରସରି ଯାଇଛି ଓଡ଼ିଶାରେ । ଲୋକ ଗୀତର ସ୍ରଷ୍ଟାଙ୍କ ନାମ ପ୍ରାୟ ନ ଥାଏ । ଲୋକଗୀତ ଏକାଧାରାରେ ଆନନ୍ଦ ଦାନ ଓ ଲୋକ ଶିକ୍ଷା ଦେଇଥାଏ । ସାଧାରଣ ଜୀବନରେ ନୈତିକତା, ଭ୍ରାତୃଭାବ, ଧାର୍ମିକଚେତନା ସୃଷ୍ଟି କରିବା ପାଇଁ ଏହି ଗୀତଗୁଡ଼ିକରେ ବହୁ ଉପାଦାନ ଥାଏ । ସରଳ, ଲଳିତ ଶବ୍ଦ ଯୋଜନା, ଶ୍ରୁତି ମଧୁର ସ୍ୱର ସଂଯୋଜନା, ସ୍ନିଗ୍ଧ ସୁନ୍ଦର ଭାବର ପ୍ରସ୍ତାବନା ସର୍ବୋପରି ନିରାଭରଣ ଉପସ୍ଥାପନା ଲୋକଗୀତର ମହତ୍ତ୍ୱକୁ ବହୁଗୁଣିତ କରିଥାନ୍ତି । ଏବେ ମଧ୍ୟ ଲୋକଗୀତର ଆବୃତ୍ତି ଓ ଚର୍ଚ୍ଚା ଆମର ପଲ୍ଲୀ ଅଞ୍ଚଳରୁ ପୂରାପୂରି ବିଦାୟ ନେଇନାହିଁ । କିଛି ଲୋକ ଏବେ ମଧ୍ୟ ଲୋକଗୀତ ଗାଉଛନ୍ତି ଓ ଶୁଣୁଛନ୍ତି । ବଡ଼ମ୍ବା ଅଞ୍ଚଳରୁ ସଂଗୃହୀତ ଗୋଟିଏ ଲୋକଗୀତରୁ ଭକ୍ତପ୍ରାଣର ବ୍ୟାକୁଳତା ବିଷୟରେ ଜାଣିହୁଏ । ଭକ୍ତର ଗୋଡ଼ ଦୁଇଟି ସେ ଗୀତରେ କହିଛନ୍ତି ଶରଧା ବାଲିରେ ଚାଲିବାକୁ । ତୁଣ୍ଡ ଚାହିଁଛି ଶ୍ରୀ ଜଗନ୍ନାଥଙ୍କର ଗରମ ଅନ୍ନ ଖାଇବାକୁ । କାନ ମନ କରିଛି ଶ୍ରୀଜଗନ୍ନାଥଙ୍କର ନାମ କୀର୍ତ୍ତନ ଶୁଣିବାକୁ ଇତ୍ୟାଦି ଇତ୍ୟାଦି ।

ବିମଳା ଠାକୁରାଣୀଙ୍କ ମହିମାକୁ ନେଇ ଯେଉଁ ଲୋକଗୀତ ପିପିଲି ଅଞ୍ଚଳରେ ପ୍ରଚଳିତ ସେଥିରେ ବିମଳାଙ୍କ ବେଶଭୂଷା, ଅଳଙ୍କାର ବିଷୟରେ ଉଲ୍ଲେଖ ରହିଛି । କବିଙ୍କ ହୃଦୟର ସୁଲଳିତ ଭାବ ଏଥିରେ ପ୍ରକାଶ ପାଇଛି । ଏଥିରେ ବୋଲାଯାଉଥିବା ଗୋଟିଏ ପଦ ଏହିପରି –

"ମନ୍ଦ ମନ୍ଦ ହସ ମାଆଗୋ
ପାଉଅଛି ଶୋଭା
ମୁକୁତା ପାଶରେ ଶୋହି -
ଅଛି ଦିବ୍ୟଗଭା ।"

ନରସିଂହପୁର ଅଞ୍ଚଳରୁ ମିଳିଥିବା ଗୋଟିଏ ଲୋକଗୀତରେ ଶ୍ରୀ ଜଗନ୍ନାଥଙ୍କର ଚନ୍ଦନ ଯାତ୍ରାକାଳୀନ ବର୍ଣ୍ଣନା କରାଯାଇଛି । ମଦନମୋହନ ବଡ଼ଦାଣ୍ଡରେ ନରେନ୍ଦ୍ର ଚାପକୁ ଗଲାବେଳେ ଆଲଟ ଚାମର ପଡ଼େ । ଘଣ୍ଟ, କାହାଳି, ମର୍ଦ୍ଦଳ, ବୀଣା ବାଜୁଥାଏ । ଚନ୍ଦନ ଜଳରେ ସ୍ନାନ କରି ପ୍ରଭୁ ପୁଣି ବେଶ ଲାଗି ହୁଅନ୍ତି, ଦୟଣା ତୁଳସୀ ମାଳ ପିନ୍ଧନ୍ତି ଇତ୍ୟାଦି ବର୍ଣ୍ଣନା ଏହି ଗୀତରେ ଦେଖାଯାଏ ।

ଅନ୍ୟ ଏକ ଲୋକଗୀତରେ ରଥଯାତ୍ରା ପରେ ହେଉଥିବା ଲକ୍ଷ୍ମୀନାରାୟଣ ଭେଟ ସମ୍ପର୍କରେ ବର୍ଣ୍ଣିତ ହୋଇଛି । ମହାଲକ୍ଷ୍ମୀ କବାଟ କିଳି ଦିଅନ୍ତି, ଶ୍ରୀ ଜଗନ୍ନାଥଙ୍କୁ ମନ୍ଦିର ଭିତରକୁ ଯିବାକୁ ବାଟ ଛାଡ଼ନ୍ତି ନାହିଁ । ବଳଭଦ୍ରଙ୍କୁ ଭିତରକୁ ଯିବାକୁ ଲକ୍ଷ୍ମୀଙ୍କର ଆପତ୍ତି ନଥାଏ, ସେ ତ ଦେଢ଼ଶୂର, ମାନ୍ୟରେ ତାଙ୍କୁ ବାଟ ଛାଡ଼ି ଦିଅନ୍ତି ମହାଲକ୍ଷ୍ମୀ, ଜଗନ୍ନାଥ ପଡ଼ିରହନ୍ତି ବେଶ କିଛି ସମୟ । ବୁଝାଇ ସୁଝାଇ ପୁଣି ଭିତରକୁ ଯାଆନ୍ତି ଶ୍ରୀଜଗନ୍ନାଥ । ଦାସୀ ବାହାରିପଡ଼ି କହେ -

"ଢିଙ୍କି ପନିକି ଆଦି କରି ନେଲ
ଠାକୁରାଣୀଙ୍କୁ ଦୁଃଖୀ କରାଇଲ
ଠାକୁରାଣୀ ଆମ୍ଭ ବିରହେ କ୍ଷୀଣ
ନିଷ୍ଠୁର, ନିର୍ଦ୍ଦୟ ଜଗୁ ଜୀବନ "

ଲୋକଗୀତ ବ୍ୟତୀତ ଲୋକ ନୃତ୍ୟରେ ମଧ୍ୟ ଶ୍ରୀ ଜଗନ୍ନାଥଙ୍କ ମହିମା ଚର୍ଚ୍ଚା ହୁଏ । ପାଲା, ଦାସକାଠିଆ, ଚଉତି ଘୋଡ଼ା, ଡାଲଖାଇ, କରମା ନାଚ ଇତ୍ୟାଦି ଆହୁରି ବହୁ ଲୋକନୃତ୍ୟରେ ଜଗନ୍ନାଥଙ୍କ ନାମ ଗାନ ଓ ମହିମା କୀର୍ତ୍ତନ କରାଯାଏ । ଗୋଟିପୁଅ ନାଚ ଓଡ଼ିଶାର ଏକ ସ୍ୱତନ୍ତ୍ର ବ୍ୟବସ୍ଥା । ଓଡ଼ିଶାର ପଲ୍ଲୀ ଅଞ୍ଚଳରେ ଏବେ ମଧ୍ୟ ଏହି ନାଚର ବ୍ୟବସ୍ଥା ଚନ୍ଦନ ଯାତ୍ରା ଅବକାଶରେ ଗ୍ରାମ ଠାକୁରଙ୍କ ଆଗରେ କରାଯାଏ । ଶ୍ରୀଜଗନ୍ନାଥଙ୍କର ଚନ୍ଦନଯାତ୍ରା କାଳରେ ହେଉଥିବା ଗୋଟି ପୁଅ ନାଚର ପ୍ରଭାବରେ ଗ୍ରାମାଞ୍ଚଳରେ ଏପରି ନାଚ ହୁଏ । ଏହାକୁ ଆଖଡ଼ା ନାଚ ମଧ୍ୟ କୁହାଯାଏ ।

ଗାଁ ଗହଳିରେ ଧାନ, ମୁଗ, ବିରି ଇତ୍ୟାଦି ଶସ୍ୟକୁ ମହାଲକ୍ଷ୍ମୀ ଭାବରେ ବିଚାର କରାଯାଏ । ଏସବୁ ଶସ୍ୟକୁ ମାପ କଲାବେଳେ ମାପୁଣି ପ୍ରଥମ ଥର ମାପକୁ ଏକ ବୋଲି ନ କହି ଜଗନ୍ନାଥ ବୋଲି କହିଥାନ୍ତି । କଥାକଥାକେ ଲୋକେ ଜଗନ୍ନାଥ

ଭରସା ବୋଲି କହିବାର ମଧ୍ୟ ଶୁଣାଯାଏ । କୌଣସି ଗୁରୁତର ଅପରାଧ କଲେ ଜଗନ୍ନାଥ ଧାମକୁ ଯାଇ ପାତକ ଛଡ଼ାଇବାର ବିଧି ଏବେ ମଧ୍ୟ ଓଡ଼ିଶାରେ ରହିଛି । ଗୋହତ୍ୟା ଇତ୍ୟାଦି ଅପରାଧରେ ଅପରାଧୀ ହେଲେ ଶ୍ରୀକ୍ଷେତ୍ର ଯାଇ ମୁକ୍ତିମଣ୍ଡପର ପରାମର୍ଶ ଲୋଡ଼ିବାକୁ ପଡ଼େ । ମୁକ୍ତିମଣ୍ଡପର ପରାମର୍ଶ ଏ ଦିଗରେ ସର୍ବଶ୍ରେଷ୍ଠ ବୋଲି ବିଚାର କରାଯାଏ । ମନ୍ଦିରରେ ବ୍ରାହ୍ମଣ ଭୋଜନ କରାଇଲେ ପାପଛାଡ଼େ ଏବଂ ପୁଣ୍ୟ ଅର୍ଜିତ ହୁଏ ବୋଲି ଲୋକବିଶ୍ୱାସ ଏବେ ମଧ୍ୟ ଗ୍ରାମ୍ୟ ଜୀବନରେ ରହିଛି । ପୟାଶ୍ରାଦ୍ଧ ଦିନ କାଉଁରିଆ କାଠି ଜାଳି ପୂର୍ବ ପୁରୁଷଙ୍କୁ ସ୍ମରଣ କଲାବେଳେ ଜଗନ୍ନାଥଙ୍କ ମନ୍ଦିରର ବାଇଶି ପାହାଚ ଏବଂ ମହାପ୍ରସାଦ କଥା ସ୍ମରଣକୁ ଆସେ । ଏଥିରୁ ସ୍ପଷ୍ଟ ପ୍ରମାଣିତ ଯେ ଓଡ଼ିଆ ଲୋକ ନିଜ ଚେତନାରେ ଓ ଅବଚେତନରେ ଜଗନ୍ନାଥଙ୍କୁ ମନରେ ରଖିଥାନ୍ତି । ଓଡ଼ିଶାରେ କୌଣସି ପର୍ବପର୍ବାଣୀ ପାଳନ କରିବାରେ ତିଥି ଜନିତ କୌଣସି ଅସୁବିଧା ଦେଖାଦେଲେ ତାହା ମୁକ୍ତିମଣ୍ଡପର ପରାମର୍ଶ ଅନୁସାରେ ଦୂର କରାଯାଏ । ମୁକ୍ତିମଣ୍ଡପ ସେତେବେଳେ ବିଚାରାଳୟର କାର୍ଯ୍ୟ କରିଥାଏ । ସେଠାରେ ଥିବା ପଣ୍ଡିତ ମଣ୍ଡଳୀ ଯାହା ରାୟ ଦିଅନ୍ତି ତାହା ଓଡ଼ିଶାବାସୀଙ୍କର ଶିରୋଧାର୍ଯ୍ୟ ହୁଏ । ଚନ୍ଦ୍ରଗ୍ରହଣ, ସୂର୍ଯ୍ୟପରାଗ ପାଇଁ ନୀତିନିୟମ, ସମୟସୀମା ନିର୍ଦ୍ଧାରଣ କ୍ଷେତ୍ରରେ ସମସ୍ୟା ସୃଷ୍ଟି ହେଲେ ଶ୍ରୀମନ୍ଦିରର ମୁକ୍ତିମଣ୍ଡପ ତାକୁ ସମାଧାନ କରିଥାନ୍ତି । ଶ୍ରୀଜଗନ୍ନାଥଙ୍କର ସେତେବେଳେ ଯେପରି ନୀତିଗତି ନିର୍ଦ୍ଧାରିତ ହୁଏ, ଶାସନ ଗାଁ ତଥା ଅନ୍ୟାନ୍ୟ ପଲ୍ଲୀ ଅଞ୍ଚଳରେ ମଧ୍ୟ ଦେବଦେବୀ ମନ୍ଦିରରେ ସେପରି ନୀତିନିୟମ ଲାଗୁ କରାଯାଏ । ପୁନଶ୍ଚ ଗାଁ ଗହଳିରେ ଥିବା ଦେବଦେବୀ ମନ୍ଦିର ମାନଙ୍କରେ ଶ୍ରୀଗୁଣ୍ଡିଚା ଦିନ ଯଥାଶୀଘ୍ର ଠାକୁରଙ୍କର ସେବା ପୂଜା ସମାପନ କରାଯାଏ । ଶ୍ରୀ ଜଗନ୍ନାଥଙ୍କ ରଥକୁ ଗ୍ରାମାଞ୍ଚଳରୁ ସବୁ ଦେବଦେବୀ ଯାଉଥିବାରୁ ଶୀଘ୍ର ନୀତି ବଢ଼ାଇବାର ପରମ୍ପରା ପ୍ରଚଳିତ ରହିଛି । ପଲ୍ଲୀ ଅଞ୍ଚଳରେ ଏବେ ମଧ୍ୟ ଭକ୍ତଜନତା ଶ୍ରୀ ଗୁଣ୍ଡିଚା ଦିନ ଜଗନ୍ନାଥଙ୍କ ରଥ ଚଳିଲା ପର୍ଯ୍ୟନ୍ତ ଉପବାସ ରହି ଠାକୁରଙ୍କ ଭଜନ କୀର୍ତ୍ତନ କରୁଥାନ୍ତି । ଜଳ ପର୍ଯ୍ୟନ୍ତ ସେମାନେ ରଥ ଚଳିବା ଆଗରୁ ଗ୍ରହଣ କରନ୍ତି ନାହିଁ । ଏଥିରୁ ପଲ୍ଲୀ ଜୀବନରେ ଥିବା ଜଗନ୍ନାଥ ପ୍ରାଣତାର ପ୍ରକୃତ ପରିଚୟ ମିଳିଥାଏ । ବିବାହ, ବ୍ରତାଦି ପୁଣ୍ୟ ଅନୁଷ୍ଠାନ ଅବକାଶରେ ବନ୍ଧୁବାନ୍ଧବଙ୍କୁ ନିମନ୍ତ୍ରଣ କରାଯାଏ । ପ୍ରଥମ ଶ୍ରେଣୀର ବନ୍ଧୁ ଅର୍ଥାତ୍ ଅଧିକ ଲଗ୍ନିକ ବନ୍ଧୁମାନଙ୍କୁ ଶ୍ରୀଜଗନ୍ନାଥଙ୍କ ମହାପ୍ରସାଦ ଦେଇ ନିମନ୍ତ୍ରଣ କରାଯାଏ । ମହାପ୍ରସାଦର ପବିତ୍ରତା ବନ୍ଧୁତାର ମର୍ଯ୍ୟାଦା ବଢ଼ାଇଦିଏ । ବେଳେ ବେଳେ ମହାପ୍ରସାଦ ଆଣି ବନ୍ଧୁଙ୍କ ହାତରେ ଦେବା ସମ୍ଭବ ନ ହେଲେ ମହାପ୍ରସାଦ ଦେଇ ନିମନ୍ତ୍ରଣ କଲି ବୋଲି କହିଦେଲେ ମଧ୍ୟ ଚଳିଯାଏ । 'ମହାପ୍ରସାଦ' ଶବ୍ଦଟି ମଧ୍ୟ ମହାପ୍ରସାଦର କାର୍ଯ୍ୟ କରିଥାଏ

ଓଡ଼ିଶାବାସୀଙ୍କ ନିକଟରେ । ଈଶ୍ୱରବିଶ୍ୱାସର କି ପରାକାଷ୍ଠା ଏଥିରେ ଅଛି, ତାହା ଅନୁଭବୀ ବୁଝିପାରନ୍ତି ।

ଲକ୍ଷ୍ମୀପୂଜା ଗାଁ ଗହଳିରେ ପ୍ରଚଳିତ ଏକ ବିଶିଷ୍ଟ ପର୍ବ । ନୂଆ ଧାନକୁ ମହାଲକ୍ଷ୍ମୀ ଭାବରେ ବରଣ କରି ତାଙ୍କ ପୂଜା କରିବାରେ ଗ୍ରାମାଞ୍ଚଳରେ ଯେଉଁ ଆନନ୍ଦ ଥାଏ, ତାକୁ ନ ଦେଖିଲେ ବିଶ୍ୱାସ କରିହେବ ନାହିଁ । ଏହି ଅନୁଷ୍ଠାନକୁ ମାଣବସା ଗୁରୁବାର ବୋଲି କୁହାଯାଏ । ପୂଜାଦିନର ପୂର୍ବରୁ ଘରର ଘରଣୀ ଘରଦ୍ୱାର ଲିପାପୋଛା କରି ପରିଷ୍କାର କରିଥାନ୍ତି । ଚାଉଳ ବଟା ଝୋଟିରେ କାନ୍ଥ ଓ ଚଟାଣରେ ଫୁଲ, ହାତୀ, କଳସ ଇତ୍ୟାଦିର ଚିତ୍ର ଲେଖିଥାନ୍ତି । ମହାଲକ୍ଷ୍ମୀଙ୍କର ପ୍ରିୟ ଫୁଲ ହେଉଛି ପଦ୍ମଫୁଲ । ଝୋଟିରେ ପଦ୍ମଫୁଲର ଚିତ୍ର ଲେଖି ଘରକୁ ସଜାଇଥାନ୍ତି ପଲ୍ଲୀ ଘରଣୀ । ମହାଲକ୍ଷ୍ମୀଙ୍କର ପାଦଚିହ୍ନ ଅଙ୍କିତ ହେବା ସହିତ ଲତାର ଚିତ୍ର, ଅନ୍ୟାନ୍ୟ ଅନେକ ପ୍ରକାର ଫୁଲର ଚିତ୍ର ଅଙ୍କା ହୋଇଥାଏ । ଘରେ, ବାହାରେ, ବାରଣ୍ଡାରେ, ବାରି ଅଗଣାରେ ସବୁଆଡ଼େ । ସେଦିନ ସମସ୍ତଙ୍କ ମନରେ ଆନନ୍ଦର ଲହରୀ ଖେଳିଯାଏ ।

ବିଭିନ୍ନ ଦୃଷ୍ଟିରୁ ବିଚାର କଲେ ଏକଥା ସ୍ପଷ୍ଟ ଯେ ଆମର ପଲ୍ଲୀ ଜୀବନଧାରା ହେଉଛି ଜଗନ୍ନାଥ ସର୍ବସ୍ୱ । ଶ୍ରୀଜଗନ୍ନାଥଙ୍କୁ ଚେତନାରୁ ବାଦଦେଲେ ଆମ ପଲ୍ଲୀଜୀବନ ହେବ ଅପୂର୍ଣ୍ଣ ଓ ମୂଲ୍ୟହୀନ । ଚିତ୍ତରେ, ଚିତ୍ରରେ, ନାମରେ, ଭାବରେ ଜଗନ୍ନାଥ ଆମ ପାଖେ ପାଖେ ରହି ଆମ ପାଇଁ କରୁଣାର ବାରି ବର୍ଷଣ କରୁଥାନ୍ତି । ଆମେ ତାଙ୍କ କରୁଣା ପାଇବା ପାଇଁ ଯେତେ ନିଜକୁ ସମର୍ଥ କରିପାରିବା, ତାଙ୍କ କରୁଣା ଓ ଅଭୟ ଆମକୁ ସେତେ ଘେରି ରହିବ, ଏଥିରେ ସନ୍ଦେହ ନାହିଁ ।

■

ଏମାର ମଠ ଓ ଶ୍ରୀଜଗନ୍ନାଥ

ସର୍ବଜନ କଲ୍ୟାଣ ନିମନ୍ତେ ମହାବାହୁ ପ୍ରସାରି ଯେଉଁ ମହାପ୍ରଭୁ ଶ୍ରୀମନ୍ଦିରର ରତ୍ନସିଂହାସନରେ ଅବସ୍ଥାନ କରିଛନ୍ତି, ତାଙ୍କ ମହିମାର କଳନା ନାହିଁ କି ତୁଳନା ନାହିଁ। ଶ୍ରୀମଦ୍ ଭଗବଦ୍ ଗୀତା ଯେପରି ସମଗ୍ର ମାନବଜାତି ପାଇଁ ଉଦ୍ଦିଷ୍ଟ, ଜଗନ୍ନାଥ ଚେତନା ସେପରି ସମଗ୍ର ମାନବଜାତି ଅଭିପ୍ରେତ। ଗୀତାର ପ୍ରତିଟି ଶ୍ଳୋକରେ ରହିଛି ବିଶ୍ୱଜୀବନ ପାଇଁ ଆଶା ଓ ଆଶ୍ୱାସନାର ସୁବର୍ଣ୍ଣସ୍ୱାକ୍ଷର। ଜଗନ୍ନାଥ ତତ୍ତ୍ୱର ଛତ୍ରେ ଛତ୍ରେ ରହିଛି ବିଶ୍ୱ ପରିବାର ଗଠନର ସୁରମ୍ୟ ପରିକଳ୍ପନା। ଶାନ୍ତି, ସମଦୃଷ୍ଟି, ଉଦାରତା, ଆନ୍ତରିକତା ଆଦି ପବିତ୍ର ଦିବ୍ୟ ଉପାଦାନରେ ସୁଗଠିତ ଜଗନ୍ନାଥ ଚେତନା ଯେପରି ଆକର୍ଷଣୀୟ ସେପରି ବରଣୀୟ ମଧ୍ୟ। ନୀଳାଚଳଧାମକୁ ଦିବ୍ୟଭାବନାର ଲୀଳାନଗରୀ ଓ ଦେବତା ମାନଙ୍କର କ୍ରୀଡ଼ାଶିବିର ଭାବରେ ଭକ୍ତଜନତା ଗ୍ରହଣ କରିଛନ୍ତି। ଶ୍ରୀକ୍ଷେତ୍ର ଓ ଶ୍ରୀଜଗନ୍ନାଥଙ୍କର ମହିମା ଗାଇ ଉତ୍କଳମଣି କହିଛନ୍ତି-

‘ଏହି ସେ ଉତ୍କଳ ପୁଣ୍ୟ ଦେବସ୍ଥଳୀ
ହୋଇଛନ୍ତି ଠୁଳ ଯହିଁ ତୀର୍ଥାବଳୀ।
ତାମଧ୍ୟେ ବିରାଜେ ପୁଣ୍ୟ ନୀଳାଚଳ
ଭାରତର ଧର୍ମହ୍ରଦ ଶତଦଳ।
ଏବେ ନୀଳାଚଳେ ବିଜେ ଜଗନ୍ନାଥ
ତେବେ କିମ୍ପା କହ ଉତ୍କଳ ଅନାଥ।’

ଜଗନ୍ନାଥ ଚେତନାର ଅଭିବ୍ୟକ୍ତି କେବଳ ଦର୍ଶନର କଥା ନୁହେଁ, ଏହା ମଧ୍ୟ ଭକ୍ତଜନତାର ହୃଦୟର ସ୍ୱତଃସ୍ଫୁର୍ତ୍ତ ବାର୍ତ୍ତା। ଦୀପ ଯାହାର ମହାଦୀପ, ସେବକ ଯାହାର ବଡ଼ସେବକ, ଦାଣ୍ଡ ଯାହାର ବଡ଼ଦାଣ୍ଡ, ଦେଉଳ ଯାହାର ବଡ଼ଦେଉଳ, ବାହୁ ଯାହାର ମହାବାହୁ, ପ୍ରସାଦ ଯାହାର ମହାପ୍ରସାଦ, ସମୁଦ୍ର ଯାହାର ମହୋଦଧି ସେହି ଜଗନ୍ନାଥଙ୍କ

ଅବସ୍ଥାନ ଯୋଗୁଁ ନୀଳାଦ୍ରିକ୍ଷେତ୍ର ସୁନ୍ଦର ଦିଶେ। ଭକ୍ତ କଣ୍ଠରେ ଭଜନର ମାଧୁରିମା ବହୁଗୁଣିତ ହୁଏ, ଭକ୍ତପ୍ରାଣରେ ବିଭୁପ୍ରୀତିର ସ୍ନିଗ୍ଧସୁନ୍ଦର ବର୍ଣ୍ଣବିଭା ଉକୁଟିଉଠେ। ମହାପ୍ରଭୁଙ୍କ ପାଇଁ ଭକ୍ତ ହେଉଛି ସବୁଠାରୁ ବଡ଼, ଭକ୍ତ ଆଖିରେ ଲୁହ ଦେଖିଲେ ପ୍ରଭୁଙ୍କ ହୃଦୟରେ କୋହ ଆସେ। ଭକ୍ତ ପାଇଁ ଶ୍ରୀକ୍ଷେତ୍ରର ପ୍ରତି ଧୂଳିକଣାରେ ନନ୍ଦନ ମନ୍ଦାରର ମଧୁର ମହକ ଭରିଯାଏ। ଶ୍ରୀଜଗନ୍ନାଥଙ୍କ ଦର୍ଶନରେ ପାପ କ୍ଷୟ ହୁଏ, ତାଙ୍କ ସମୁଦ୍ରରେ ସ୍ନାନ କଲେ ମଧ୍ୟ ପାପ କ୍ଷୟ ହୁଏ। ଶ୍ରୀକ୍ଷେତ୍ରରେ ସିନ୍ଧୁସ୍ନାନର ମହତ୍ତ୍ୱ ଉପସ୍ଥାପନା କରିବାକୁ ଯାଇ ଜୈମିନୀ କହନ୍ତି-

‘କ୍ରନ୍ଦନ୍ତି ସର୍ବପାପାନି ସମ୍ଭ୍ରାନ୍ତାଃ ସର୍ବପାତକାଃ
ଅନିଷ୍ଟାନି ପଳାୟନ୍ତେ ସ୍ନାନୋ ଦ୍ୟତସ୍ୟବୈ
ଅତ୍ୟ ତୀର୍ଥେ କୃତଂ ପାପଂ ସିନ୍ଧୁତୀରେ ବିନଶ୍ୟତି
ସିନ୍ଧୁତୀରେ କୃତଂ ପାପଂ ସିନ୍ଧୁସ୍ନାନାତ୍ ବିନଶ୍ୟତି।’

ଅର୍ଥାତ୍ ଶ୍ରୀକ୍ଷେତ୍ରରେ ସିନ୍ଧୁସ୍ନାନର ଏପରି ମହତ୍ତ୍ୱ ଅଛି ଯେ, ସିନ୍ଧୁରେ ସ୍ନାନ କରିବା ନିମନ୍ତେ ଉଦ୍ୟତ ହେବା ମାତ୍ରେ ଲୋକର ସମସ୍ତ ପାପରାଶି କ୍ରନ୍ଦନ କରୁଥାଏ ଓ ଅମଙ୍ଗଳ ପଳାୟନ କରେ। ଅନ୍ୟ ତୀର୍ଥରେ କୃତପାପ ସିନ୍ଧୁତୀରକୁ ଆସିବା ମାତ୍ରେ ନଷ୍ଟ ହୁଏ। ସିନ୍ଧୁତୀରରେ କୃତପାପ ସିନ୍ଧୁସ୍ନାନରେ ନଷ୍ଟ ହୁଏ। ଭକ୍ତବୃନ୍ଦ ସିନ୍ଧୁରେ ସ୍ନାନ କରି ନିର୍ମଳ ଦେହ ଓ ମନରେ ଶ୍ରୀଜଗନ୍ନାଥଙ୍କର ଦର୍ଶନ ଲାଭ କରିଥାନ୍ତି। ଶ୍ରୀକ୍ଷେତ୍ରରେ କିଛିଦିନ ଅବସ୍ଥାନ କରି ଶ୍ରୀଜଗନ୍ନାଥଙ୍କୁ କେନ୍ଦ୍ର କରି ଗଢ଼ିଉଠିଥିବା ନୀଳାଦ୍ରିଧାମର ଅନ୍ୟାନ୍ୟ କେତେକ ସ୍ଥାନ ଭ୍ରମଣ କରିବାର ଇଚ୍ଛାକୁ ଭକ୍ତଜନତା ଛାଡିପାରନ୍ତି ନାହିଁ। ଦୂରଦେଶାଗତ ଭକ୍ତମାନଙ୍କ ପାଇଁ ଶ୍ରେଷ୍ଠ ଆଶ୍ରୟସ୍ଥଳର ଗୁରୁତ୍ୱପୂର୍ଣ୍ଣ ଭୂମିକା ମଠମାନଙ୍କୁ ଗ୍ରହଣ କରିବାକୁ ପଡିଥାଏ। ଯାତ୍ରୀ ତଥା ଭକ୍ତମାନଙ୍କୁ ଆଶ୍ରୟ ଦେବା ସଂଗେ ସଂଗେ ଶ୍ରୀଜଗନ୍ନାଥଙ୍କ ନୀତି, ସେବାପୂଜା, ଯାନିଯାତ୍ରା ଓ ପର୍ବପର୍ବାଣୀମାନଙ୍କରେ ମଧ୍ୟ କେତେକ ମଠର କେତେକ ସ୍ୱତନ୍ତ୍ର ଭୂମିକା ଦେଖିବାକୁ ମିଳେ। ଏମାର, ମଙ୍ଗୁ, ଉତ୍ତରପାର୍ଶ୍ୱ, ଦକ୍ଷିଣପାର୍ଶ୍ୱ, ଗୋପାଳ ତୀର୍ଥ, ଶିବତୀର୍ଥ, ଶଙ୍କରାନନ୍ଦ, ବଡ଼ଓଡ଼ିଆ, ସାନଓଡ଼ିଆ, ଆଉଲା, ଚିକିଟି, ରାଘବ ଦାସ, ଇନ୍ଦ୍ରସ୍ୱାମୀ, ନାଗା, ରାଧାବଲ୍ଲଭୀ, ଲବଣିଆ, ବଡ଼ଆଖେଡା, କେନ୍ଦୁଝର, ଦର୍ପଣୀସମେତ ବହୁମଠ ନିଜସ୍ୱ ସ୍ଥିତିକୁ ନାମ କାମରେ ସୁଦୃଢ଼ କରିଛନ୍ତି। ପ୍ରତ୍ୟେକ ମଠ ଯେ ଶ୍ରୀଜଗନ୍ନାଥଙ୍କୁ କେନ୍ଦ୍ର କରି ସଂଗଠିତ ଏକ ଏକ ପବିତ୍ର ଅନୁଷ୍ଠାନ, ଏଥିରେ ଦ୍ୱିମତ ନାହିଁ। ମହାପ୍ରଭୁଙ୍କ ସେବାପୂଜାରେ ଅଂଶ ଗ୍ରହଣ କରିବା ନିମନ୍ତେ ବହୁପୂର୍ବରୁ ଶାସକ ରାଜାମାନେ ପ୍ରାୟ ପ୍ରତ୍ୟେକ ମଠ ନାମରେ କିଛି କିଛି ଭୂସଂପତ୍ତି ଖଞ୍ଜା କରିଥିବାର ଜଣାଯାଏ। ଇଂରେଜମାନେ ଓଡ଼ିଶା ଅଧିକାର କରିବା ପୂର୍ବରୁ ମୋଗଲ

ଓ ମରହଟ୍ଟା ଶାସନ ଓଡ଼ିଶାରେ ଥିଲା। ସେତେବେଳେ ମଠମାନଙ୍କ ନାମରେ ଯେଉଁ ଭୂସଂପତ୍ତି ଥିଲା ତା'ର ବିବରଣୀ ନିର୍ଦ୍ଦିଷ୍ଟ ଭାବରେ ମିଳୁନାହିଁ। ତେବେ ଇଂରେଜମାନେ ଓଡ଼ିଶା ଅଧିକାର କରିବା ପରେ ପୁରୀ ମାଜିଷ୍ଟ୍ରେଟଙ୍କୁ ଯେଉଁ ରିପୋର୍ଟ ଦେଇଥିଲେ ସେଥିରୁ କିଛି କିଛି ବିବରଣୀ ମିଳୁଅଛି। ସେତେବେଳେ ପୁରୀକୁ ଜଗନ୍ନାଥ ଜିଲ୍ଲା କୁହାଯାଉଥିଲା। ପରିବେଶ ଜଗନ୍ନାଥ ଭାବରେ ଭାବିତ ହୋଇ ମର୍ତ୍ତ୍ୟ ବୈକୁଣ୍ଠପୁରର ଲଳିତ ମଞ୍ଜୁଳ ଆଲେଖ୍ୟ ଆଙ୍କି ଦେଉଥିଲା। ମଠସବୁ ଥିଲା ଜଗନ୍ନାଥ ଚେତନାରେ ଅଭିଷିକ୍ତ ଏକ ଏକ ଆଧାତ୍ମିକ ଅନୁଷ୍ଠାନ। ଏମାର ମଠରୁ ମହାପ୍ରଭୁଙ୍କ ଅଙ୍ଗଲାଗି ପାଇଁ ଫୁଲ ଆସୁଥିଲା। ଶ୍ରୀମନ୍ଦିରର କେତେକ ଭୋଗ, ରୋଷଚୁଲୀ ଓ ଚୂନଧଉଳା କାମ ଏହି ମଠ ତରଫରୁ କରାଯିବାର ବିଧିବ୍ୟବସ୍ଥା ଥିଲା ଓ ଏବେ ମଧ୍ୟ ଅଛି। ମଠ ମହନ୍ତଙ୍କର ମହାପ୍ରଭୁଙ୍କ ପାଖରେ ବାରମାସୀ ଚାମର, ଆଲଟସେବାର ବିଧିବ୍ୟବସ୍ଥା ରହିଛି। ବଡ଼ଦେଉଳର ବଡ଼ପଣ୍ଡା ଏହି ମଠର ଶିଷ୍ୟତ୍ୱ ଗ୍ରହଣ କରିଥାନ୍ତି। ଗଜପତି ମଧ୍ୟ ଏହି ମଠରୁ ଶିଷ୍ୟତ୍ୱ ଗ୍ରହଣ କରିଥାନ୍ତି। ଏହି ମଠର ସ୍ଥିତି ସିଂହଦ୍ୱାର ନିକଟରେ ଓ ଏହାର ପ୍ରତିଷ୍ଠା ଅସାଧାରଣ। ପୁରୀର ଗଜପତି ଚୋଡ଼ଗଙ୍ଗଦେବଙ୍କ ସମୟରେ ଏମାର ମଠ ସ୍ଥାପିତ ହୋଇଥିବାର ଜଣାଯାଏ। ଜଗଦ୍‌ଗୁରୁ ଶ୍ରୀ ଭାଷ୍ୟକାର ବିଦ୍ୟାବାଗୀଶ ଦ୍ୱୈତାଚାର୍ଯ୍ୟ ଶ୍ରୀ ରାମାନୁଜାଚାର୍ଯ୍ୟ ଏହାକୁ ପ୍ରତିଷ୍ଠା କରିଥିଲେ। ଏହାର ପ୍ରତିଷ୍ଠା ପ୍ରସଙ୍ଗରେ କଥିତ ଅଛି ଯେ, ଥରେ କାଞ୍ଚିର ଚୋଳ ରାଜାଙ୍କର କନ୍ୟାକୁ ପ୍ରେତ ଗ୍ରାସ କରିଥିଲା। ସେହି ପ୍ରେତର କବଳରୁ କନ୍ୟାକୁ ମୁକ୍ତ କରିବା ପାଇଁ ଚୋଳରାଜା ଶ୍ରୀଯାଦବପ୍ରକାଶଙ୍କୁ ସାଦର ନିମନ୍ତ୍ରଣ ଜଣାଇଲେ। ଗୁରୁ ଶ୍ରୀ ଯାଦବପ୍ରକାଶ ନିଜ ଶିଷ୍ୟ ଶ୍ରୀରାମାନୁଜାଚାର୍ଯ୍ୟଙ୍କ ସହିତ ରାଜକନ୍ୟାଙ୍କ ନିକଟରେ ଉପସ୍ଥିତ ହେଲେ। ପ୍ରେତଗ୍ରସ୍ତା ରାଜକନ୍ୟା କହିଲେ ଯେ ବିଷ୍ଣୁଭକ୍ତ ସାର୍ଥକ ସାଧକ ଶ୍ରୀ ରାମାନୁଜାଚାର୍ଯ୍ୟ ଯେବେ ନିଜର ପାଦ ଦୁଇଟି ତାଙ୍କ ମଥା ଉପରେ ରଖନ୍ତି, ତେବେ ପ୍ରେତର କବଳରୁ ସେ ମୁକ୍ତିଲାଭ କରିବେ। ଗୁରୁ ଶ୍ରୀ ଯାଦବପ୍ରକାଶ ଏ କଥାରେ ରାଜିହେଲେ ଓ ଶିଷ୍ୟ ଶ୍ରୀରାମାନୁଜାଚାର୍ଯ୍ୟଙ୍କୁ ସେପରି କରିବା ପାଇଁ ନିର୍ଦ୍ଦେଶ ଦେଲେ। ଶ୍ରୀ ରାମାନୁଜାଚାର୍ଯ୍ୟ ଗୁରୁଙ୍କ ଆଦେଶ ମାନି ନିଜ ପାଦ ରାଜଜେମାଙ୍କ ମଥା ଉପରେ ରଖିବାରୁ ପ୍ରେତ ଅନ୍ତର୍ହିତ ହେଲା। ଏହା ଦେଖି ସମସ୍ତେ ବିସ୍ମିତ ହେଲେ ଓ ଶ୍ରୀ ରାମାନୁଜାଚାର୍ଯ୍ୟଙ୍କ ମହିମା ତଥା ଲୋକପ୍ରିୟତା ଦିଗଦିଗନ୍ତରେ ପରିବ୍ୟାପ୍ତ ହେବାକୁ ଲାଗିଲା। ଏଥିରେ ଗୁରୁ ଶ୍ରୀ ଯାଦବପ୍ରକାଶ ଈର୍ଷାନ୍ୱିତ ହୋଇ ଶିଷ୍ୟ ଶ୍ରୀରାମାନୁଜାଚାର୍ଯ୍ୟଙ୍କୁ ମାରିଦେବାକୁ ଚିନ୍ତା କଲେ। ଏକଥା ଶିଷ୍ୟ ଶ୍ରୀଗୋବିନ୍ଦ ଜାଣିପାରି ତତ୍‌କ୍ଷଣାତ୍ ଶ୍ରୀରାମାନୁଜାଚାର୍ଯ୍ୟଙ୍କୁ ବୁଝାଇଲେ। ଶ୍ରୀରାମାନୁଜାଚାର୍ଯ୍ୟ ସେଠାରୁ ପଳାଇଗଲେ। ଶ୍ରୀଗୋବିନ୍ଦଙ୍କ ଠାରୁ ଦୂରେଇଯିବା ହେତୁ

ମର୍ମନ୍ତୁଦ ଯନ୍ତ୍ରଣା ସେ ଅନୁଭବ କଲେ। ଏଣେ ଶ୍ରୀଗୋବିନ୍ଦଙ୍କର ଶ୍ରୀଯାଦବପ୍ରକାଶଙ୍କ ସହ ମତାନ୍ତର ହେବାରୁ ଶ୍ରୀଗୋବିନ୍ଦ ସେଠାରୁ ପଳାଇଯାଇ ରାମାନୁଜଙ୍କ ପାଖରେ ପହଞ୍ଚିଲେ ଓ ତାଙ୍କ ସଂଗେ ତୀର୍ଥ ପର୍ଯ୍ୟଟନ କଲେ। ଶ୍ରୀରାମାନୁଜାଚାର୍ଯ୍ୟ ସମୟକ୍ରମେ ଶ୍ରୀଗୋବିନ୍ଦଙ୍କର ଭକ୍ତିଭାବ ଦେଖି ବିମୁଗ୍ଧ ହେଲେ। ବିଶେଷକରି ତାଙ୍କର ହୃଦୟର ନିର୍ମଳତା ଓ ପ୍ରସନ୍ନତା ଦେଖି ଶ୍ରୀରାମାନୁଜାଚାର୍ଯ୍ୟ ଆତ୍ମବିହ୍ୱଳ ହୋଇପଡ଼ିଲେ। ଶ୍ରୀଗୋବିନ୍ଦଙ୍କ ପ୍ରତି ତାଙ୍କ ହୃଦୟରୁ ଆଶୀର୍ବାଦର ଧାରା ଝରିପଡ଼ିଲା।

ଆଉଦିନେ ଗୋଟିଏ ହିଂସ୍ରସାପ ପାଟି ମେଲାକରି ଶ୍ରୀଗୋବିନ୍ଦଙ୍କ ପାଖକୁ ଆସିଲାବେଳେ ସେ ବିଚଳିତ ନହୋଇ ସିଧା ତା ବିସ୍ତାରିତ ପାଟିରେ ହାତ ଭର୍ତ୍ତିକରି ଏକ କଣ୍ଟା ବାହାର କରିଦେଲେ। ଗୋବିନ୍ଦଙ୍କର ଏତାଦୃଶ ସାହସିକ ପଦକ୍ଷେପ ଶ୍ରୀରାମାନୁଜାଚାର୍ଯ୍ୟଙ୍କୁ ମୁଗ୍ଧ କରିଦେଲା। ଶ୍ରୀଗୋବିନ୍ଦଙ୍କୁ ଅତ୍ୟନ୍ତ ଆଦରରେ ଗୁରୁ ବା ନାଥ ହିସାବରେ ମନେ ମନେ ଗ୍ରହଣ କରି 'ମନ୍ନାଥ' ବୋଲି ସେହିଦିନଠାରୁ ସେ ଡାକିଲେ। 'ମନ୍ନାଥ' ଶବ୍ଦଟି ତାମିଲ ପ୍ରତି ଶବ୍ଦାନୁସାରେ ହେଲା ଏମ୍-ପେରୁନାର୍। କ୍ରମେ କ୍ରମେ 'ଏମ୍-ପେରୁନାର୍' ଶବ୍ଦଟି 'ଏମାର' ଶବ୍ଦ ଭାବରେ ଉଚ୍ଚାରିତ ହେଲା। ଏହାପରେ ରାମାନୁଜାଚାର୍ଯ୍ୟ ଉତ୍କଳକୁ ଆସି ତତ୍କାଳୀନ ଗଜପତି ଚୋଡ଼ଗଙ୍ଗଦେବଙ୍କୁ ସାକ୍ଷାତ କଲେ। ଗଜପତି ଶ୍ରୀଚୋଡ଼ଗଙ୍ଗଦେବଙ୍କଠାରୁ ଦୀକ୍ଷାନେଇ ଶ୍ରୀମନ୍ଦିର ବ୍ୟବସ୍ଥାପକ ହେଲେ। ଶ୍ରୀମନ୍ଦିରର ନୀତି ନିୟମରେ କେତେକ ପରିବର୍ତ୍ତନ କରାଇଲେ। ମୁକ୍ତିମଣ୍ଡପ ଛପନଭୋଗ ନୀତିରେ କେତେକ ପରିବର୍ତ୍ତନ କରାଇଲେ। ଶ୍ରୀରାମାନୁଜାଚାର୍ଯ୍ୟ ନିଜର ପ୍ରିୟଶିଷ୍ୟ ଗୋବିନ୍ଦଙ୍କୁ ଜଗନ୍ନାଥଙ୍କ ସିଂହଦ୍ୱାର ମୁହଁରେ ଏକ ମଠ ସ୍ଥାପନ କରି ରଖାଇଲେ। ଗୋବିନ୍ଦଙ୍କ ନାମର ତାମିଲଭାଷାର ପ୍ରତିଶବ୍ଦ ଅନୁସାରେ ମଠର ନାମ 'ଏମାର ମଠ' ରହିଲା ବୋଲି ମଧ୍ୟ ଜଣାଯାଏ। ଶ୍ରୀଗୋବିନ୍ଦଙ୍କୁ ଶ୍ରୀରାମାନୁଜାଚାର୍ଯ୍ୟ ଶ୍ରୀମନ୍ଦିରର ନୀତିଗତି, ସେବାପୂଜାର ତତ୍ତ୍ୱ ନେବା ପାଇଁ ନିର୍ଦ୍ଦେଶ ଦେଇଥିଲେ ବୋଲି ଶୁଣିବାକୁ ମିଳେ। ଏବେ ମଧ୍ୟ ଏମାର ମଠରେ ପ୍ରତିଷ୍ଠାତା ଶ୍ରୀରାମାନୁଜାଚାର୍ଯ୍ୟଙ୍କର ମୂର୍ତ୍ତି ପୂଜା ପାଉଛନ୍ତି। ତାଙ୍କର ଚଳନ୍ତି ପ୍ରତିମା ମଧ୍ୟ ପୂଜିତ ହେଉଛନ୍ତି। ଶ୍ରୀ ରାମାନୁଜାଚାର୍ଯ୍ୟଙ୍କର ଜନ୍ମ ଦିବସର ଶୁଭଅବସରରେ ସ୍ୱତନ୍ତ୍ର ଉପାସନାର ବିଧିବ୍ୟବସ୍ଥା ରହିଛି। ଶାଳଗ୍ରାମ ପୂଜା ପାରମ୍ପରିକ କ୍ରମରେ ଅନୁଷ୍ଠିତ ହେଉଛି। ଅନ୍ନଭୋଗର ବ୍ୟବସ୍ଥା ଏ ମଠରେ ଅଦ୍ୟାବଧି ପ୍ରଚଳିତ ଅଛି। ଏହି ମଠ ସଂପର୍କରେ ଆହୁରି ଅନେକ ତଥ୍ୟ ଅଧିକ ପର୍ଯ୍ୟାଲୋଚନାରୁ ମିଳିପାରିବ, ଏଥିରେ ସନ୍ଦେହ ନାହିଁ।

ଶ୍ରୀଜଗନ୍ନାଥଙ୍କ ମହିମାର ଅଭିବୃଦ୍ଧି ପାଇଁ କେବଳ ଏମାର ମଠ ନୁହେଁ, ଅନ୍ୟ ମଠମାନଙ୍କର ଭୂମିକା ମଧ୍ୟ ଆକର୍ଷଣୀୟ। ଗବେଷଣାରୁ ଅଧିକ ତଥ୍ୟ ମିଳିପାରିବ ।

ଶ୍ରୀଜଗନ୍ନାଥଙ୍କ ରୂପ, ମହିମା, କରୁଣାକୁ କଳନା କରିବା ଆୟାସସାଧ୍ୟ ବ୍ୟାପାର। ମହାସମୁଦ୍ର ପରି ତାଙ୍କର କଳନା ନାହିଁ, ସେ ନିଜେ ହିଁ ନିଜର ତୁଳନା। ଯେ ତାଙ୍କୁ ଯେପରି ଚାହେଁ, ସେ ତାଙ୍କୁ ସେପରି ଦେଖେ। ସେ ରାମ, ସେ କୃଷ୍ଣ, ସେ ଶକ୍ତି ସର୍ବୋପରି ପରଂବ୍ରହ୍ମ, ଜଗତର କର୍ତ୍ତା, ଜଗତର ନାଥ। ସଂସାର ସାଗରରୁ ତାରଣ କରିବା ପାଇଁ ସେ ଏକା ସମର୍ଥ। ସେ ଭକ୍ତକୁ ସମସ୍ତ ପ୍ରକାର ବିପଦରୁ ରକ୍ଷା କରନ୍ତି। ଚରଣ ତଳେ ଶରଣ ମାଗିଲାବେଳେ ଭକ୍ତକଣ୍ଠରୁ ଉଚ୍ଚାରିତ ହୁଏ-

'ଦେବ ଦେବ ଜଗନ୍ନାଥ ସଂସାରାର୍ଣବ ତାରକ
ଭକ୍ତାନୁଗ୍ରାହକ ସଦା ରକ୍ଷମାଂ ପାଦୟୋର୍ନତମ୍।'

■

ଭାରତୀୟ ସଂସ୍କୃତିର ରୂପରେଖ

ବିଶ୍ୱର ପ୍ରାଚୀନ ସଂସ୍କୃତିମାନଙ୍କ ଭିତରେ ଭାରତୀୟ ସଂସ୍କୃତି ଅନ୍ୟତମ । ଏହି ସଂସ୍କୃତିର ସ୍ୱତନ୍ତ୍ର ମୂଲ୍ୟବୋଧ ଉଚ୍ଚତମ ଉଚ୍ଚତାରେ ଅଧିଷ୍ଠିତ । ଏଥିରେ ଜୀବନଧାରା ଅପେକ୍ଷାକୃତ ମାର୍ଜିତ ତଥା ରୁଚିପୂର୍ଣ୍ଣ । ଜୀବନର ପୂର୍ଣ୍ଣତା ନିମନ୍ତେ ଆବଶ୍ୟକୀୟ ଉପାଦେୟ ଉପାଦାନର ପ୍ରାଚୁର୍ଯ୍ୟହେତୁ ଉକ୍ତ ସଂସ୍କୃତି ତାର ନିଜସ୍ୱ ମୌଳିକତାରେ ବରଣୀୟ ହୋଇପାରିଛି । ପ୍ରାଗ୍‌ଐତିହାସିକ ଯୁଗରେ ଭାରତରେ ଆର୍ଯ୍ୟ ଋଷିକଣ୍ଠରୁ ଯେଉଁ ବିଶ୍ୱକଲ୍ୟାଣକାମୀ ବାର୍ତ୍ତା ଉଚ୍ଚାରିତ ହୋଇଥିଲା ତା'ର ଭିତ୍ତି ଯେପରି ସୁଦୃଢ଼ ଥିଲା ବ୍ୟାପ୍ତି ସେପରି ସୁଦୂରପ୍ରସାରୀ ଥିଲା । ଶୋଭାଶ୍ୟାମଳ ବନଭୂମିଠାରୁ ଜନପଦ ପର୍ଯ୍ୟନ୍ତ ବିଶ୍ୱପ୍ରେମର ବାଣୀ ହୋଇଥିଲା ପ୍ରସାରିତ ଓ ଅଭିଷିକ୍ତ । ଋଷିପ୍ରାଣର ପ୍ରଶାନ୍ତ ପବିତ୍ର ଅନୁଭୂତିମାଳା ସମଗ୍ର ମାନବଜାତିର କଲ୍ୟାଣକଳ୍ପେ ଶବ୍ଦରେ ରୂପାୟିତ ହୋଇ ଆଶାନୁରୂପ ମାଙ୍ଗଳିକ ଭାବତରଙ୍ଗ ସୃଷ୍ଟି କରିଥିଲା । ହୀନମନ୍ୟତା କିମ୍ବା ଆତ୍ମଶ୍ଳାଘା ପରିବର୍ତ୍ତେ ଆତ୍ମଜ୍ଞାନ ପ୍ରସୂତ ନମ୍ରତାର ତୁଳସୀସ୍ତବକ ଦେଇ ଆଚାର୍ଯ୍ୟଗଣ କରିଥିଲେ ବିଶ୍ୱଜୀବନର ନିରାଜନା । ସେହି ଅକପଟ ଉଦାର ପ୍ରଶସ୍ତ ପ୍ରଶାନ୍ତ ଚିତ୍ତ ଋଷିଗଣ, ଆଚାର୍ଯ୍ୟଗଣ ଆଜି ସଦେହରେ ନାହାନ୍ତି ସତ; ମାତ୍ର ପ୍ରତ୍ୟେକ ଏକ ଏକ ମହନୀୟ ଅନୁଷ୍ଠାନରେ ପରିଣତ ହୋଇଛନ୍ତି । ଭାରତୀୟ ପାଣି ପବନରେ ସେମାନଙ୍କ ହୃଦୟର ପବିତ୍ର ଚିନ୍ତା, କଣ୍ଠର ସୁଧାସିକ୍ତ ବାର୍ତ୍ତାର ପ୍ରଭାବଶାଳୀ ତରଙ୍ଗମାଳା ଏବେ ମଧ୍ୟ ବିଦ୍ୟମାନ ରହିଛି । ବହୁ ଘାତ ପ୍ରତିଘାତ ସହି ତଥାପି ଭାରତୀୟ ସଂସ୍କୃତି ବଞ୍ଚିରହିଛି ସମଗ୍ର ବିଶ୍ୱ ପାଇଁ । ସମଗ୍ର ବିଶ୍ୱର ଗୁରୁହେବାର ଗୁରୁତ୍ୱପୂର୍ଣ୍ଣ ଭୂମିକାରେ ଆଗାମୀ ଭାରତ ଅବତୀର୍ଣ୍ଣ ହେବ, ଏହା ପ୍ରାଚ୍ୟ ଓ ପାଶ୍ଚାତ୍ୟର ବହୁ ଚିନ୍ତାବିତ୍ ଉଦ୍‌ଘୋଷଣା କରିଛନ୍ତି । ଏ କ୍ଷେତ୍ରରେ ସ୍ୱାମୀ ବିବେକାନନ୍ଦ, ସ୍ୱାମୀ ଆନନ୍ଦାଚାର୍ଯ୍ୟ, ଶ୍ରୀଅରବିନ୍ଦ ଏବଂ ଫ୍ରାନ୍ସର ଡାଃ ଜୁଲବର୍ଣ୍ଣ, ଇସ୍‌ରାଏଲର ପ୍ରଫେସର ହରାର, ଇଂଲଣ୍ଡର ପ୍ରଫେସର କୀରେ. ସ୍ପେନର ପ୍ରଫେସର

ଜି.ବେଜଲେଟିନ୍, ହଙ୍ଗେରୀର ଦିବ୍ୟଦର୍ଶିନୀ ମହିଳା ଶ୍ରୀମତୀ ବୋରିସ୍ୱାଙ୍କ ନାମ ଉଲ୍ଲେଖଯୋଗ୍ୟ। ଜର୍ମାନ ମନୀଷି ମାକ୍ସମୁଲର ଭାରତୀୟ ସଂସ୍କୃତିର ମହତ୍ତ୍ୱ ଓ ମୂଲ୍ୟବୋଧକୁ ଅନୁଭବ କରି କହିଥିଲେ ''ଯଦି ସମଗ୍ର ପୃଥିବୀ ଭିତରେ ଏପରି ଏକ ଦେଶର ସନ୍ଧାନ ଦେବାକୁ ମୋତେ କୁହାଯାଏ, ଯାହା ପ୍ରକୃତିର ଶ୍ରେଷ୍ଠତମ ସଂପଦ, ଶକ୍ତି ଓ ସୌନ୍ଦର୍ଯ୍ୟରେ ବିପୁଳରୂପେ ସମୃଦ୍ଧ ଓ ଯାହାର କେତେକ ଅଂଶକୁ ପୃଥିବୀର ନନ୍ଦନକାନନ ଆଖ୍ୟା ଦିଆଯାଇପାରେ ତେବେ ମୁଁ କହିବି ସେହି ଦେଶ ହେଉଛି ଭାରତବର୍ଷ।''

ସଂସ୍କୃତିର ଅନ୍ତର୍ଗତ କେତେକ ଚେତନା ଭିତରୁ ଧର୍ମ, ଦର୍ଶନ, ସାହିତ୍ୟ, କଳାର ଚେତନା ଅନ୍ୟତମ। ଗୋଟିଏ ବାକ୍ୟରେ କହିଲେ ସଂସ୍କୃତି ହେଉଛି ଗୋଟିଏ ଜାତିର ମାର୍ଜିତ ଚିନ୍ତା ଓ ଚେତନା। ରୁଚିବୋଧ, ଶାଳୀନତା, ଆତ୍ମସମ୍ମାନବୋଧ, ଉଦାରତା ଏହାର ଭିତ୍ତିଭୂମି ରୂପେ ପ୍ରତିଷ୍ଠିତ। ସଭ୍ୟତା ହେଉଛି ସଂସ୍କୃତିର ବାହ୍ୟତମ ବ୍ୟାବହାରିକ ସ୍ଥୂଳସ୍ୱରୂପ। ସଂସ୍କୃତି ବିନା ସଭ୍ୟତାର ସ୍ଥିତି ନାହିଁ ଏବଂ ସଭ୍ୟତା ବିନା ସଂସ୍କୃତିର ଅଭିବ୍ୟକ୍ତି ନାହିଁ। ପରସ୍ପରର ପରିପୂରକ ଏଇ ଦୁଇଟି ଦିଗନ୍ତ ମାନବ ଜୀବନର ମୂଲ୍ୟବୋଧକୁ ବହୁଗୁଣିତ କରିଥାଏ। ଫୁଲରେ ସୁବାସପରି, ଶରୀରରେ ଆତ୍ମାପରି ସଭ୍ୟତାରେ ସଂସ୍କୃତିର ସ୍ଥିତି।

ଭାରତୀୟ ଜୀବନଧାରାର ପ୍ରାଚୀନତ୍ୱ ସର୍ବବାଦୀସମ୍ମତ। ହଜାର ହଜାର ବର୍ଷ ତଳେ ଏହାର ଉଦ୍ଭବ ଘଟିଛି। କ୍ରମବିକାଶଧାରାରେ ଅଗ୍ରଗତି କରି ଭାରତୀୟ ସଂସ୍କୃତି ଆଜିର ରୂପ ଗ୍ରହଣ କରିଛି। ଏହି ସଂସ୍କୃତିର ସ୍ୱରୂପ ଉଦ୍‌ଘାଟନ କରିବାକୁ ଯାଇ ସ୍ୱାମୀ ବିବେକାନନ୍ଦ ଯାହା କହିଛନ୍ତି ତାହା ପ୍ରଣିଧାନଯୋଗ୍ୟ। ତାଙ୍କ ମତରେ, ''ଯେତେବେଳେ ଗ୍ରୀସର ଜନ୍ମ ହୋଇନାହିଁ, ରୋମ୍ କଥା କେହି ଭାବିନାହିଁ, ବର୍ତ୍ତମାନର ୟୁରୋପୀୟ ପୂର୍ବପୁରୁଷଗଣ ବିଚିତ୍ର ଅଙ୍ଗରାଗରେ ରଞ୍ଜିତ ଅରଣ୍ୟବାସୀ ମାତ୍ର ଥିଲେ, ସେହି ସୁଦୂର ଯୁଗରେ ମଧ୍ୟ ଭାରତ ତାହାର ସଂସ୍କୃତିର ସାଧନାରେ କର୍ମମୁଖର ଥିଲା।'' ଜୀବନ ଏଠାରେ ସ୍ୱର୍ଗର ଖଣ୍ଡିଏ ସୁଶ୍ରୀଯୁକ୍ତ କାରୁଶିଳ୍ପ, ଅପାର୍ଥିବ ଆନନ୍ଦର ଖଣ୍ଡିଏ କାବ୍ୟ ହେବା ପାଇଁ ଅଭିପ୍ରେତ । ଭାରତୀୟ ସଂସ୍କୃତିର ଭିତ୍ତିରୂପେ ପ୍ରତିଷ୍ଠିତ କେତେକ ଉପାଦାନ ସଂପର୍କରେ ନିମ୍ନରେ ଆଲୋଚନା କରାଯାଇଛି।

ଧାର୍ମିକତା ଓ ଆଧ୍ୟାତ୍ମିକତା ହେଉଛି ଭାରତୀୟ ସଂସ୍କୃତିର ଏକ ମୌଳିକ ଉପାଦାନ। ଅଧ୍ୟାତ୍ମ ଚେତନା ଧର୍ମାନ୍ଧତା ନୁହେଁ, କୁ-ସଂସ୍କାର ଜର୍ଜରିତ କ୍ଷୀଣ ମାନବିକ ଚେତନା ନୁହେଁ, ଏହା ସ୍ୱତନ୍ତ୍ର ଶକ୍ତିରେ ଶକ୍ତିମୟ ଓ ଆଲୋକରେ ଆଲୋକମୟ ଏକ ଜାଗ୍ରତ ଅବସ୍ଥା। ଧର୍ମଗତ ମତବାଦ ସବୁର ଊର୍ଦ୍ଧ୍ୱରେ ଏହାର ସ୍ଥିତି। ସବୁ ଧର୍ମର

ଶେଷଲକ୍ଷ୍ୟ ତଥା ଶୀର୍ଷବିନ୍ଦୁ ଭାବରେ ଅଧ୍ୟାତ୍ମ ଚେତନାର ସ୍ଥିତି ଅତ୍ୟନ୍ତ ଗୁରୁତ୍ୱପୂର୍ଣ୍ଣ ଓ ଗୌରବଦୀପ୍ତ। ଜୀବକୁ ଶିବଜ୍ଞାନ କରିବା ଏହାର ବିଶିଷ୍ଟ ପ୍ରୟୋଗ ଧାରା। କ୍ଷୁଦ୍ର ଅଣୁଠାରୁ ବିଶାଳ ପର୍ବତ ପର୍ଯ୍ୟନ୍ତ ସର୍ବତ୍ର ଏକ ଅଦ୍ୱିତୀୟ ଚେତନାର ଉପସ୍ଥିତିର ଅନୁଭୂତି ଏହି ଚେତନାର ବିଶିଷ୍ଟ ଗୁଣ ଭାବରେ ଗ୍ରହଣୀୟ। ଭାରତୀୟ ସଂସ୍କୃତିରେ ଆଧ୍ୟାତ୍ମିକତାର ଏତେ ଅଧିକ ପ୍ରଭାବ ପ୍ରାଚୀନକାଳରେ ଥିଲା ଯେ, ତାର ସଫଳ ପଦାଙ୍କ ଭାରତୀୟ ନୀତିଶାସ୍ତ୍ର, ସମାଜଶାସ୍ତ୍ରରେ ଦେଖିବାକୁ ମିଳେ। ଅହଂବିବର୍ଜିତ ଏକ ଉଦାର ପ୍ରଶସ୍ତ ଶୁଚିସ୍ନିଗ୍ଧ ମାନବିକତାର ଭିତ୍ତିରେ ଅଧ୍ୟାତ୍ମ ଚେତନାର ସ୍ଥିତି। ଜୀବନର ପରିପୂର୍ଣ୍ଣତା ପାଇଁ ଏହି ଶକ୍ତିର ଆବଶ୍ୟକତା ଏକାନ୍ତ ଅପରିହାର୍ଯ୍ୟ। ବିଶ୍ୱସ୍ରଷ୍ଟାଙ୍କ ସର୍ବବ୍ୟାପକତାର ସୂଚନା ଧର୍ମ ନିର୍ବିଶେଷରେ ଯେଉଁ ଚେତନାରେ ପ୍ରତିଷ୍ଠିତ ତାହା ହେଉଛି ଅଧ୍ୟାତ୍ମ ଚେତନା। ଅନ୍ୟ ଭିତରେ ନିଜକୁ ଓ ନିଜ ଭିତରେ ଅନ୍ୟକୁ ଅନୁଭବ କରିବାର ପ୍ରୟାସ ଅଧ୍ୟାତ୍ମ ଚେତନାର ମୂଳମନ୍ତ୍ର ଭାବରେ ବିବେଚିତ। ତେଣୁ କୁହାଯାଇଛି 'ଆତ୍ମବତ୍ ସର୍ବଭୂତେଷୁ ପଶ୍ୟତି ସ ପଣ୍ଡିତଃ।' ଆଧ୍ୟାତ୍ମିକତାର ଅର୍ଥ ନୁହେଁ ବିଦ୍ୟାବିମୁଖତା କିମ୍ବା ଜୀବନରୁ ପଳାୟନ। ଧନବିମୁଖତା ମଧ୍ୟ ଏହାର ଗୁଣ ବା ଲକ୍ଷଣ ନୁହେଁ। ଆଧ୍ୟାତ୍ମିକତାର ମୌଳିକ ତତ୍ତ୍ୱ ହେଉଛି ଜୀବନରେ ବସ୍ତୁର ଆବଶ୍ୟକତାକୁ ଆବଶ୍ୟକତା ଅନୁସାରେ ଅନୁଭବ କରିବା। ଜୀବନକୁ ସୁସ୍ଥ, ସୁନ୍ଦର ତଥା ପରିପୂର୍ଣ୍ଣ କରିବାର ପ୍ରୟାସ, ଜୀବନକୁ ଦିବ୍ୟ ଜୀବନରେ ପରିଣତ କରିବାର ଆନ୍ତରିକତା ହିଁ ଅଧ୍ୟାତ୍ମ ଚେତନାର ମୌଳିକ ତତ୍ତ୍ୱ କହିଲେ ଅତ୍ୟୁକ୍ତି ହେବନାହିଁ।

ଶ୍ରୀମଦ୍ ଭଗବଦ୍ ଗୀତାରେ ଯେଉଁ ଆତ୍ମତତ୍ତ୍ୱ ଉପସ୍ଥାପିତ ହୋଇଛି ତାହାର ପଟାନ୍ତର ନାହିଁ। ଏହି ଗ୍ରନ୍ଥସ୍ଥ ଶ୍ଳୋକମାଳା ସମଗ୍ର ମାନବ ଜାତିକୁ ଉଦ୍‌ବୁଦ୍ଧ କରିବା ପାଇଁ ଯୋଗ୍ୟତା ଅର୍ଜନ କରିଥିବାରୁ ଏହାକୁ ଅସାଂପ୍ରଦାୟିକ ଗ୍ରନ୍ଥ ବୋଲି କୁହାଯାଏ। ଧର୍ମ ଧାରଣା ନୁହେଁ ଅଧ୍ୟାତ୍ମ ଚେତନାକୁ ଅନୁଭବ କରିବା ପାଇଁ ଗୀତୋକ୍ତ ପଥ ଯେପରି ପ୍ରଶସ୍ତ ସେପରି ପରିଚ୍ଛନ୍ନ। ଆଶାବାଦୀ ଜୀବନ ଚିନ୍ତାର ନିର୍ମଳ ନିର୍ଯ୍ୟାସରେ ପ୍ରାଣବନ୍ତ ଗୀତାଗ୍ରନ୍ଥ ବିଶ୍ୱ ମାନବ ପ୍ରାଣରେ ଆଶ୍ୱାସନାର ଶୀତଳତା ସୃଷ୍ଟି କରିବାର କ୍ଷମତା ଅର୍ଜନ କରିଛି। ଗୀତା ପାଠକରି ମୁଗ୍ଧ ହୋଇଥିବା ପାଶ୍ଚାତ୍ୟ ମନୀଷି ଚାର୍ଲ୍ସ ୱିଲିକିନ୍‌ସ ୧୭୮୫ ମସିହାରେ ଗୀତାର ଯେଉଁ ଇଂରାଜୀ ଅନୁବାଦ କରିଥିଲେ, ତାହାର ମୁଖବନ୍ଧରେ ୱାରେନ୍ ହେଷ୍ଟିଂସ ମତ ଦେଇଥିଲେ ଯେ ଗୀତାପାଠ ଦ୍ୱାରା କେବଳ ଇଂରେଜ ଜାତି ନୁହନ୍ତି ସମଗ୍ର ବିଶ୍ୱବାସୀ ଉପକୃତ ହେବେ। ଗୀତାଧର୍ମର ଅନୁଶୀଳନ ଦ୍ୱାରା ମାନବ ଜୀବନ ଶାନ୍ତିଧାମରେ ପରିଣତ ହେବ।' ପୁନଶ୍ଚ ୧୮୨୩ ଖ୍ରୀ.ଅ. ରେ ଜର୍ମାନ ମନୀଷି ଉଇଲିୟମ ଶ୍ଳେଗେଲ ଗୀତାଗ୍ରନ୍ଥକୁ ଲାଟିନ୍ ଭାଷାରେ

ଅନୁବାଦ କରିଥିଲେ । ପରେ ଉକ୍ତ ଗ୍ରନ୍ଥ ପାଠ କରି ହମବୋଲଟ ନାମକ ଅନ୍ୟ ଜଣେ ଜର୍ମାନ ମନୀଷି ଯେଉଁ ମତ ଦେଇଥିଲେ ତାହା ଅତ୍ୟନ୍ତ ଆକର୍ଷଣୀୟ ଓ ଗୁରୁତ୍ୱପୂର୍ଣ୍ଣ । ତାଙ୍କ ମତରେ, "ମୁଁ ଏହି ଗ୍ରନ୍ଥଟି ପଢ଼ିଲି, ପଢ଼ିବା ସମୟରେ ଭାଗ୍ୟଦେବତାଙ୍କ ପ୍ରତି ମୋର ହୃଦୟ କୃତଜ୍ଞତାରେ ପୂର୍ଣ୍ଣ ହୋଇଗଲା, କାରଣ ତାଙ୍କ ପ୍ରସାଦ ଯୋଗୁଁ ମୁଁ ଏହି ଗ୍ରନ୍ଥଟି ପଢ଼ିବାର ସୁଯୋଗ ପାଇଲି । ପୃଥିବୀର ଗଭୀରତମ ଓ ଉଚ୍ଚତମ ଚିନ୍ତାର ଉତ୍ସ ସମ୍ଭବତଃ ଏଥିରେ ରହିଛି ।' କେବଳ ଗୀତା ନୁହେଁ, ବେଦ ଓ ଉପନିଷଦରେ ଭରି ରହିଛି ଯେଉଁ ଅଧ୍ୟାତ୍ମ ଚେତନାର ବାର୍ତ୍ତା, ତାହା ସମଗ୍ର ମାନବ ଜାତି ପାଇଁ ଅଭିପ୍ରେତ କାରଣ ତାହାର ବ୍ୟାବହାରିକ ଉପଯୋଗିତା ଦେଶ, କାଳ, ପାତ୍ରର ବନ୍ଧନରେ ଆବଦ୍ଧ ନୁହେଁ । ଯେଉଁ ଆତ୍ମିକଚେତନା ଜାତି, ଧର୍ମ, ବର୍ଣ୍ଣ ନିର୍ବିଶେଷରେ ପ୍ରତ୍ୟେକ ମନୁଷ୍ୟର ମୂଳକଥା, ସେହି ଚେତନା ସଂପର୍କରେ ଅବତାରଣା କରିଛି ଭାରତୀୟ ଅଧ୍ୟାତ୍ମଚେତନା । ଆତ୍ମିକଚେତନା ଭାରତୀୟ ଅଧ୍ୟାତ୍ମ ଚେତନାର ମୂଳଭିତ୍ତି ହୋଇଥିବାରୁ ଏହା କୌଣସି ଏକ ସଂପ୍ରଦାୟ ବା ଧର୍ମର ସଂକୀର୍ଣ୍ଣ ଗଣ୍ଡି ଭିତରେ ଆବଦ୍ଧ ହୋଇନାହିଁ ।

ସନାତନତ୍ୱ:

ସନାତନତ୍ୱ ହେଉଛି ଭାରତୀୟ ସଂସ୍କୃତିର ଅନ୍ୟତମ ବିଶିଷ୍ଟ ଦିଗ । ଇତିହାସର ସୃଷ୍ଟି ପୂର୍ବରୁ ଏହାର ସ୍ଥିତି ଥିଲା । ତେବେ ଏହି ମାର୍ଜିତ ସଂସ୍କୃତିର ରୂପାୟଣ ଋଗ୍‌ବେଦରେ ଦେଖିବାକୁ ମିଳେ । ଋଗ୍‌ବେଦ ପୃଥିବୀର ସବୁଠାରୁ ପ୍ରାଚୀନତମ ଗ୍ରନ୍ଥ ବୋଲି ସ୍ୱୀକୃତିଲାଭ କରିଛି । କେବଳ ପ୍ରାଚୀନତ୍ୱ ନୁହେଁ ଚିରନ୍ତନତ୍ୱ ମଧ୍ୟ ଏହି ସଂସ୍କୃତିର ଅନ୍ୟଏକ ଦିଗ ଯାହା ଏହାକୁ ସ୍ୱତନ୍ତ୍ର ମୂଲ୍ୟବୋଧ ଆଣିଦେଇଛି । ହଜାର ହଜାର ବର୍ଷଧରି ବହୁ ବାଧାବିଘ୍ନର ସମ୍ମୁଖୀନ ହୋଇ ମଧ୍ୟ ସେ ସଂସ୍କୃତି ମ୍ଳାନ ହୋଇନାହିଁ । ଗ୍ରୀକ୍ ସଂସ୍କୃତି ଓ ମିଶର ସଂସ୍କୃତି ପ୍ରାଚୀନ ହେଲେ ମଧ୍ୟ ଚିରନ୍ତନତ୍ୱ ଅଭାବରୁ ଏହାର ପୂର୍ବସ୍ଥିତି ଆଜି ଆଉ ନାହିଁ । ଭାରତୀୟ ସଂସ୍କୃତି ଯେଉଁ ଶାଶ୍ୱତ ମୂଲ୍ୟବୋଧ ଉପରେ ପର୍ଯ୍ୟବସିତ, ତାହା ହେଉଛି ଅନ୍ତର୍ମୁଖୀନତା । ଦାନ, ଦୟା ଓ ଇନ୍ଦ୍ରିୟନିଗ୍ରହ ଆଦି ମହନୀୟ ଉପାଦାନରେ ଗଠିତ ମାନବିକତାର ମୂଲ୍ୟବୋଧରେ ଏହି ସଂସ୍କୃତି ହୋଇଛି ମୂଲ୍ୟବାନ ଏବଂ ଆକର୍ଷଣୀୟ ।

ଧର୍ମ:

ଜୀବନର ପ୍ରତ୍ୟେକ କ୍ଷେତ୍ରରେ ଧର୍ମର ମହତ୍ତ୍ୱ ଭାରତୀୟ ସଂସ୍କୃତିରେ ଅନୁଭବ କରିହୁଏ । ଧର୍ମକୁ ଭାରତୀୟ ଜନଜୀବନର ଆଧାର କହିଲେ ଅତ୍ୟୁକ୍ତି ହେବନାହିଁ । ମହାଭାରତରେ ଧର୍ମର ସଂଜ୍ଞା ପ୍ରସଙ୍ଗରେ ଉଲ୍ଲେଖ କରାଯାଇଛି-

'ଧାରଣାର୍ଦ୍ଧର୍ମ ମିତ୍ୟାହୁ ଧର୍ମୋ ଧାରୟତେ ପ୍ରଜାଃ
ଯସ୍ମାଦ୍ଧାରଣ ସଂଯୁକ୍ତଃ ସ ଧର୍ମ ଇତି ନିଶ୍ଚୟଃ ।'

ସଂପଦରେ, ବିପଦରେ, ଦୀର୍ଘଶ୍ୱାସରେ ଓ ସ୍ମିତହାସରେ, ସବୁ ସମୟରେ ଧର୍ମ ହେଉଛି ଭାରତୀୟ ଜୀବନର ସାଥୀ ଓ ସାରଥୀ। ଆର୍ଯ୍ୟ ଜୀବନର ଚାରିପୁରୁଷାର୍ଥ ମଧ୍ୟରେ ଧର୍ମ ହେଉଛି ମୁଖ୍ୟ। ଅନ୍ୟ ତିନିଗୋଟି ଅର୍ଥାତ୍ ଅର୍ଥ, କାମ ଓ ମୋକ୍ଷର ଭିତ୍ତି ହେଉଛି ଧର୍ମ। ଓଡ଼ିଆ ସାହିତ୍ୟର ସ୍ୱନାମଧନ୍ୟ କବି ରାଧାନାଥ ଧର୍ମକୁ ସଂସାର ସାଗର ତରିବାର ମାଧ୍ୟମ ରୂପେ ପରିକଳ୍ପନା କରି କହିଛନ୍ତି–

'ଧର୍ମ ଏକ ପୋତ ଗଢ଼ିଛନ୍ତି ବିଧି
ତରିବାକୁ ଏହି ସଂସାର ବାରିଧି।'

ଏହା ଏକ ଶକ୍ତି ଯାହା ବ୍ୟକ୍ତିକୁ ଅଜ୍ଞତାରୁ ଜ୍ଞାନଆଡ଼କୁ, ସାଧାରଣ ସ୍ତରରୁ ଅସାଧାରଣ ସ୍ତରକୁ, ଅନ୍ଧାରକୁ ଆଲୋକ ଆଡ଼କୁ ନେଇଯାଇପାରେ। ଧର୍ମର ମୁଖ୍ୟ କର୍ମ ହେଉଛି ବ୍ୟକ୍ତିକୁ, ସମାଜକୁ ଅବିଦ୍ୟାରୁ ବିଦ୍ୟାଆଡ଼କୁ ନେବା, ଦେହସତ୍ତାକୁ ତାର ସର୍ବୋତ୍ତମ ଲକ୍ଷ୍ୟରେ ଉପନୀତ କରାଇବା, ପ୍ରାଣକୁ ତାର ସର୍ବୋତ୍ତମ ସ୍ଥିତିରେ ଅଧିଷ୍ଠିତ କରାଇବା, ମନକୁ ତାର ସ୍ୱକୀୟ ସମୁଜ୍ଜ୍ୱଳତା ଆଣିଦେବା ଓ ସର୍ବୋପରି ଆତ୍ମିକ ଚେତନାକୁ ନେତୃତ୍ୱ ଦେବା ନିମନ୍ତେ ସୁଯୋଗଦେବା। ଧର୍ମ ଏକ ଜାଗ୍ରତ ଚେତନା ଯାହା ସମୟକ୍ରମେ ଭିନ୍ନ ଭିନ୍ନ କାରଣରୁ ମ୍ଳାନ ପଡ଼ିଥାଏ, ସ୍ୱୟଂ ଭଗବାନ ସେତେବେଳେ ଅବତାର ଗ୍ରହଣ ପୂର୍ବକ ଧର୍ମ ଉପରେ ଥିବା କୃତ୍ରିମ ମ୍ଳାନିମାକୁ ଦୂର କରିଥାନ୍ତି।

କର୍ମବାଦ:

ଭାରତୀୟ ସଂସ୍କୃତିରେ କର୍ମବାଦ ଉପରେ ସର୍ବାଧିକ ଗୁରୁତ୍ୱ ଆରୋପିତ ହୋଇଛି। କର୍ମଫଳ ନୁହେଁ, କର୍ମହିଁ ଏକମାତ୍ର ଆରାଧ୍ୟ ଦେବତା ବୋଲି ଶ୍ରୀମଦ୍ ଭଗବଦ୍ ଗୀତାରେ ଉଦ୍‌ଘୋଷିତ ହୋଇଛି। କର୍ମ ଏକ ଯୋଗ, ଏକ ବଳିଷ୍ଠ ମାଧ୍ୟମ, କର୍ମ ହିଁ ସାକ୍ଷାତ ଈଶ୍ୱର। କିଛି ପ୍ରାପ୍ତି ଆଶା ନଥାଇ ମଧ୍ୟ ଭଗବାନ ଶ୍ରୀକୃଷ୍ଣ ନିରନ୍ତର କର୍ମରତ ରହିଛନ୍ତି ବୋଲି ଏଥିରେ ସେ ନିଜେ ଉଦ୍‌ଘୋଷଣା କରିଛନ୍ତି। କର୍ମ ନିୟନ୍ତ୍ରଣ କରିଥାଏ ଭାଗ୍ୟକୁ, ସୁକର୍ମ ବ୍ୟକ୍ତିର ଜୀବନକୁ ସୁନ୍ଦର ତଥା ସୁସ୍ଥ କରିଥାଏ, ସଚେତନତାର ଅଭିବୃଦ୍ଧି କରିଥାଏ। କର୍ମବାଦର ମୂଲ୍ୟବୋଧ ପ୍ରକଟିତ ହୁଏ ପୂର୍ଣ୍ଣଭାବରେ ଇନ୍ଦ୍ରିୟ ଏବଂ ଆବେଗ ସକଳର ଅଧୀନ ନହୋଇ ଅନ୍ୟପକ୍ଷରେ ସେମାନଙ୍କୁ ଅଧୀନସ୍ଥ କରିବାରେ। ଶ୍ରୀମଦ୍ ଭଗବଦ୍ ଗୀତାରେ ଶ୍ରୀକୃଷ୍ଣ କହିଛନ୍ତି ଯେ, କାମନାଶୂନ୍ୟ ହୋଇ ଆତ୍ମସଂଯମ ସହିତ କର୍ମ କର। ଶ୍ରୀକୃଷ୍ଣ କହିଛନ୍ତି ଯେ, 'ନିୟତଂ

କୁରୁ କର୍ମତ୍ୱମ୍‌।’ ବୁଦ୍ଧିଯୋଗ କର୍ମଯୋଗ ଦ୍ୱାରା ପୂର୍ଣ୍ଣତା ଲାଭ କରିଥାଏ। କର୍ତ୍ତାଭାବ ନ ରଖି ନିଜ ଭିତରର କୌଣସି ଅଂଶ ଦ୍ୱାରା ପ୍ରଣୋଦିତ ନହୋଇ କର୍ମର ବାହ୍ୟବିଧି ମାନି ଚଳିବା ହେଉଛି ପ୍ରକୃତ କର୍ମବାଦର ମୌଳିକ ତତ୍ତ୍ୱ। ଭାରତୀୟ ସଂସ୍କୃତିରେ ଯଜ୍ଞ ପାଇଁ କର୍ମ କରିବା ହେଉଛି ପ୍ରକୃତ କର୍ମବାଦର ସାର୍ଥକ ରୂପାୟଣ। ଅହଂକୁ ଗୁରୁତ୍ୱ ନଦେଇ ଭଗବତ ଅଭିମୁଖୀ ହୋଇ କର୍ମ କରିବା ହିଁ ପ୍ରକୃତ କର୍ମବାଦର ସ୍ୱରୂପ ବୋଲି ଭାରତୀୟ ସଂସ୍କୃତି ସ୍ୱୀକାର କରିଛି।

ସମନ୍ୱୟବାଦ:

ଭାରତୀୟ ସଂସ୍କୃତିର ଏକ ବିଶିଷ୍ଟ ଦିଗ ରୂପରେ ଏହା ଏକ ଚେତନାର ଭିତ୍ତି ଉପରେ ପ୍ରତିଷ୍ଠିତ। ଭାରତ ଏକ ଉପମହାଦେଶ ଯେଉଁଠାରେ ବହୁଭାଷା, ବହୁଧର୍ମ, ବହୁ ପ୍ରକାର ଆଚାର ଦେଖିବାକୁ ମିଳେ। ବୈଷମ୍ୟ ମଧ୍ୟରେ ସାମ୍ୟର ପ୍ରତିଷ୍ଠା ସମନ୍ୱୟବାଦର ମୌଳିକ ଲକ୍ଷ୍ୟ। ଭିନ୍ନ ଭିନ୍ନ କାରଣରୁ କେତେକ ସଂସ୍କୃତି ଏ ଦେଶକୁ ଆସିଛି;ମାତ୍ର ଏ ଦେଶ ନିଜ ସଂସ୍କୃତିର ମୂଲ୍ୟବୋଧର ସୁରକ୍ଷା କରିପାରିଛି। ବିଦେଶାଗତ ସଂସ୍କୃତି ଦ୍ୱାରା ସଂପୂର୍ଣ୍ଣ ନଷ୍ଟ ହୋଇନାହିଁ ବରଂ ସମନ୍ୱୟ ଚେତନାକୁ ପ୍ରୟୋଗ କରି ଆଗତ ସଂସ୍କୃତିକୁ ନିଜ ଭିତରେ ସ୍ଥାନ ଦେଇଛି। ଭାରତୀୟ ଜୀବନଧାରାରେ ତେତିଶକୋଟି ଦେବତାଙ୍କର ପରିକଳ୍ପନା କରାଯାଇଛି ଓ ସମସ୍ତ ଦେବତାଙ୍କୁ ସମ୍ମାନ ପ୍ରଦର୍ଶନର ବିଧିବ୍ୟବସ୍ଥା ରହିଛି। ସମନ୍ୱୟ ଭାବନା ଦ୍ୱାରା ଅନୁପ୍ରାଣିତ ହୋଇ ଏପରି କୁହାଯାଇଛି ଯେ, ‘ସର୍ବଦେବ ନମସ୍କାରଃ କେଶବଂ ପ୍ରତିଗଚ୍ଛତି।’ ବୈଦିକ ଧର୍ମ ଓ ଦର୍ଶନରେ ଏହି ସମନ୍ୱୟବାଦର ସୁଦୂରପ୍ରସାରୀ ପ୍ରଭାବ ଅନୁଭବ କରିହୁଏ। ସମଗ୍ର ବିଶ୍ୱର କଲ୍ୟାଣ ପାଇଁ ଋଷିକଣ୍ଠରୁ ଝଂକୃତ ହେଉଥିଲା, ‘ସର୍ବେ ଭବନ୍ତୁ ସୁଖୀନଃ ସର୍ବେ ସନ୍ତୁ ନିରାମୟାଃ’ ଏବଂ ‘ଶୃଣ୍ୱନ୍ତୁ ବିଶ୍ୱେ ଅମୃତସ୍ୟ ପୁତ୍ରାଃ ଇତ୍ୟାଦି ଶ୍ଳୋକମାଳା। ହିମାଳୟଠାରୁ କୁମାରୀକା ପର୍ଯ୍ୟନ୍ତ ପରିବ୍ୟାପ୍ତ ଏହି ଭାରତୀୟ ଭୂଖଣ୍ଡକୁ ଏକ ମହିମାମୟ ଜାଗ୍ରତ ଚେତନା ବାନ୍ଧିରଖିଛି ଯାହାର ବ୍ୟାବହାରିକ ରୂପଟି ସମନ୍ୱୟବାଦ କହିଲେ ଅତ୍ୟୁକ୍ତି ହେବନାହିଁ।

ନିମ୍ନୋକ୍ତ ଶ୍ଳୋକରେ ଏକସମୟରେ କିପରି ବ୍ରହ୍ମା, ଶିବ, ବୁଦ୍ଧ ଓ ଜିନଙ୍କୁ ଉପଯୁକ୍ତ ସମ୍ମାନ ପ୍ରଦତ୍ତ ହୋଇଛି ତାହା ଲକ୍ଷ୍ୟଣୀୟ।

ଯ ଯ ଶୈବା ସମୁପାସନେ ଶିବ ଇତି ବ୍ରହ୍ମେତି ବେଦାନ୍ତିନୋ
ବୌଦ୍ଧାବୁଦ୍ଧ ଇତି ପ୍ରମାଣ ପଟବଃ କର୍ତ୍ତେତି ନୈୟାୟିକାଃ
ଅର୍ହନ୍ନିତ୍ୟଥ ଜୈନଶାସନରତାଃ କର୍ମେତି ମୀମାଂସକା
ସୋଽୟଂ ଯୋ ବିଦ୍‌ଧାତୁ ବାଂଛିତ ଫଳ ତ୍ରୈଲୋକାନାଥୋ ହରିଃ।

ଶାନ୍ତିପ୍ରିୟତା:

ଭାରତୀୟ ସଂସ୍କୃତିର ଅନ୍ୟତମ ଉପାଦାନ ଭାବରେ ଶାନ୍ତିପ୍ରିୟତାର ଭୂମିକା ଅତ୍ୟନ୍ତ ଗୁରୁତ୍ୱପୂର୍ଣ୍ଣ। ପରିବେଶରେ ଶାନ୍ତି ଭରିଯାଉ, ଦିବ୍ୟସୁଷମା ବିଚ୍ଛୁରିତ ହେଉ, ପବନରେ ଶୀତଳତା ଭରିଯାଉ, ଫୁଲରେ ସୁବାସ ଭରିଯାଉ, ଦିଗଦିଗନ୍ତ ସୁବାସିତ ହେଉ ଏହି ଆଶାରେ ଋଷିଙ୍କର ପ୍ରାଣ ପରିପୂରିତ ହେଉଥିଲା। ସମଗ୍ର ବିଶ୍ୱ ଆଜି ବିଭିନ୍ନ ସମସ୍ୟାରେ ଜର୍ଜରିତ ହୋଇପଡିଛି। ଏହି ଅବସ୍ଥାରେ ଭାରତବର୍ଷର ଭୂମିକା ଯେ ଗୁରୁତ୍ୱପୂର୍ଣ୍ଣ ଏକଥା ଶ୍ରୀଅରବିନ୍ଦ କହିଛନ୍ତି - 'ଆଜି ସମଗ୍ର ବିଶ୍ୱ ଯେଉଁ ସମସ୍ୟା ନେଇ ବିବ୍ରତ ଓ କିଂକର୍ତ୍ତବ୍ୟବିମୂଢ଼ ହୋଇପଡିଛି, ଯଦି ଭାରତ ସଂକଳ୍ପ କରେ ତେବେ ଏହି ସମସ୍ୟାର ଦେଇପାରେ ଏକ ଯଥାର୍ଥ ସମାଧାନ।' ସମସ୍ତେ ଶାନ୍ତିରେ ବାସ କରନ୍ତୁ ଏହି ଆଶା ଓ ବିଶ୍ୱାସ ରହିଛି ଭାରତୀୟ ସଂସ୍କୃତିରେ। ମଙ୍ଗଳାଚରଣରେ ସମସ୍ତଙ୍କ କଲ୍ୟାଣ କାମନାପୂର୍ବକ କୁହାଯାଏ-

'ଓଁ ସର୍ବେଷାଂ ସ୍ୱସ୍ତି ଭବତୁ, ସର୍ବେଷାଂ ଶାନ୍ତିର୍ଭବତୁ।
ସର୍ବେଷାଂ ପୂର୍ଣ୍ଣଂ ଭବତୁ, ସର୍ବେଷାଂ ମଙ୍ଗଳଂ ଭବତୁ' ଇତ୍ୟାଦି।

ଗଗନ ପବନରେ, ଜଳରେ ସ୍ଥଳରେ ଶାନ୍ତି ବିରାଜମାନ କରୁ ଏକଥା କହିବାକୁ ଆର୍ଯ୍ୟ ଋଷି ଗାଇଛନ୍ତି-

'ଓଁ ଦ୍ୟୌ ଶାନ୍ତିଃ, ଅନ୍ତରୀକ୍ଷ ଶାନ୍ତିଃ, ପୃଥ୍ୱୀ ଶାନ୍ତିଃ ବିଶ୍ୱେ ଦେବା ଶାନ୍ତିଃ,
ଓଁ ବ୍ରହ୍ମଶାନ୍ତିଃ ସର୍ବଂଶାନ୍ତିଃ, ଶାନ୍ତିରେବ ହି ଶାନ୍ତିଃ, ସାମାଂ ଶାନ୍ତିବୋଧ,
ଓଁ ଶାନ୍ତିଃ ଶାନ୍ତିଃ ଶାନ୍ତିଃ।

ଉପରୋକ୍ତ ଆଲୋଚନାରୁ ଏକଥା ସ୍ପଷ୍ଟ ଯେ, ଭାରତୀୟ ସଂସ୍କୃତିରେ ମାନବିକତାର ନିରାଜନା ପାଇଁ ରହିଛି ପ୍ରଶସ୍ତ କ୍ଷେତ୍ର ଓ ପ୍ରଚୁର ସୁଯୋଗ। ଜୀବନର ସର୍ବାଙ୍ଗୀନ ବିକାଶ ନିମନ୍ତେ ଏଥିରେ ଯେଉଁ ସମୁଜ୍ଜ୍ୱଳ ବର୍ଣ୍ଣବିଭା ବିଦ୍ୟମାନ, ତାହାର ପଟାନ୍ତର ନାହିଁ। ଅତଏବ ଏକଥା ମୁକ୍ତକଣ୍ଠରେ ସ୍ୱୀକାରଯୋଗ୍ୟ ଯେ, ଭାରତୀୟ ସଂସ୍କୃତି ହେଉଛି ଏକାଧାରରେ ସତ୍ୟ, ଶିବ ଓ ସୁନ୍ଦରର ପୂଜାରୀ। ରାଜାଠାରୁ ପ୍ରଜା ପର୍ଯ୍ୟନ୍ତ ସମସ୍ତେ ନ୍ୟାୟମାର୍ଗରେ ପରିଚାଳିତ ହୁଅନ୍ତୁ, ସୁଖୀ ହୁଅନ୍ତୁ ବୋଲି ଉଦ୍‌ଘୋଷିତ ହୋଇଛି ଏହି ସଂସ୍କୃତିରେ। ତେଣୁ କୁହାଯାଇଛି-

"ଓଁ ସ୍ୱସ୍ତି ପ୍ରଜାଭ୍ୟଃ ପରିପାଳୟନ୍ତାଂ
ନ୍ୟାୟେଣ ମାର୍ଗେନ ମହୀଂ ମହୀଶାଃ
ଗୋ ବ୍ରାହ୍ମଣେଭ୍ୟଃ ଶୁଭମସ୍ତୁ ନିତ୍ୟଂ
ଲୋକାଃ ସମସ୍ତାଃ ସୁଖିନୋ ଭବନ୍ତୁ।

ଅନ୍ଧକାରରୁ ଆଲୋକକୁ, ଅସତ୍ୟରୁ ସତ୍ୟ ଆଡ଼କୁ, ମୃତ୍ୟୁରୁ ଅମୃତଆଡ଼କୁ ବ୍ୟକ୍ତିକୁ ନେଇଯିବାର ଯୋଗ୍ୟତା ଯେଉଁ ସଂସ୍କୃତିରେ ରହିଛି ତାହାକୁ ଶତପ୍ରଣାମ। ସେହି ଦେଶପ୍ରତି ଶ୍ରଦ୍ଧାରେ, ଭକ୍ତିରେ ସ୍ୱତଃ ମଥା ନଇଁଯାଏ। ମନେପଡେ ସ୍ୱାମୀ ବିବେକାନନ୍ଦଙ୍କ ବାଣୀ, 'ଯଦି ପୃଥିବୀ ମଧ୍ୟରେ ଏପରି କୌଣସି ଦେଶ ଥାଏ, ଯାହାକୁ ପୁଣ୍ୟଭୂମି ନାମରେ ନାମିତ କରାଯାଇପାରେ, ଯଦି ଏପରି କୌଣସି ଦେଶ ଥାଏ ଯେଉଁଠାରେ ମନୁଷ୍ୟ ଜାତି ମଧ୍ୟରେ ସର୍ବାପେକ୍ଷା ଅଧିକ କ୍ଷାନ୍ତି, ଦୟା ପ୍ରଭୃତି ସଦ୍‌ଗୁଣର ବିକାଶ ହୋଇଛି, ତେବେ ନିଶ୍ଚିତ ଭାବରେ ମୁଁ କହିପାରେ ତାହା ହେଉଛି ଭାରତବର୍ଷ।'

■

ସମଦର୍ଶନ ଓ ଭାରତବର୍ଷ

ଭାରତବର୍ଷ କେବଳ ଏକ ଭୂଖଣ୍ଡ ନୁହେଁ, ଏହା ଏକ ଜାଗ୍ରତ ଚେତନା। ନିଜସ୍ୱ ଜୀବନୀଶକ୍ତିର ପ୍ରଭାବରେ ତାହା ସ୍ମରଣାତୀତ କାଳରୁ ତିଷ୍ଠି ରହିଛି। ବିଶ୍ୱର ସର୍ବାଙ୍ଗୀନ କଲ୍ୟାଣସାଧନ ହେଉଛି ତାର ଲକ୍ଷ୍ୟ ଓ ଉଦ୍ଦେଶ୍ୟ। ବାହ୍ୟ ପ୍ରକୃତିର ସମ୍ମୋହନ ରୂପ ସହିତ ମାନବିକତାର ବଳିଷ୍ଠ ରୂପାୟଣ ଏଠାରେ ରହିଛି। ଏକମନ ହେବା, ଏକସ୍ୱରରେ ଚେତନାର ବାର୍ତ୍ତା ଅଭିବ୍ୟକ୍ତ କରିବା, ତଥା ଏକତ୍ରିତ ହେବା ପାଇଁ ଭାରତର ଋଷିଗଣ ଯେଉଁ ଆହ୍ୱାନ ଦେଇଥିଲେ ତାହାର ପଟାନ୍ତର ନାହିଁ, ଅନ୍ୟ କୌଣସି ଦେଶରେ ସମଦର୍ଶନର ସ୍ୱର ଏତେ ବଳିଷ୍ଠ ହେବାର ଦୃଷ୍ଟାନ୍ତ ମିଳିନାହିଁ। ଏ ସଂପର୍କରେ ଋଗ୍‌ବେଦରୁ ଶ୍ଳୋକଟିଏ ଉଦ୍ଧାର କରାଯାଇପାରେ-

'ସଂଗଚ୍ଛଧ୍ୱଂ ସଂ ବଦଧ୍ୱଂ
ସଂ ବୋ ମନାଂସି ଜାନତାମ୍
ଦେବାଭାଗଂ ଯଥା ପୂର୍ବେ
ସଂ ଜାନାନା ଉପାସତେ।'

ଏହାର ଅର୍ଥ ହେଉଛି ଏକତାବଦ୍ଧ ହେବା, ଏକସ୍ୱରରେ କହିବା, ଏକମନ ହେବା, ଦେବତାମାନେ ଯେପରି ନିଜ ନିଜ ଭାଗରେ ସନ୍ତୁଷ୍ଟ ରହୁଥିଲେ ସେପରି ଆମେ ନିଜ ନିଜ ଭାଗରେ ସନ୍ତୁଷ୍ଟ ରହିବା। ଏକତ୍ୱ ପ୍ରତିଷ୍ଠାର ପ୍ରୟାସ ହିଁ ଭାରତୀୟ ସଂସ୍କୃତିର ମୌଳିକ ନିର୍ଯ୍ୟାସ। ଭ୍ରାତୃଭାବ ଏହି ପ୍ରୟାସର ଭିତ୍ତିଭୂମି ରୂପରେ ପ୍ରତିଷ୍ଠାପ୍ରାପ୍ତ। ଭିନ୍ନଭାଷା, ଭିନ୍ନ ବେଶଭୂଷଣ ଓ ଖାଦ୍ୟାଭ୍ୟାସ ଭିତରେ ମଧ୍ୟ ଏକତ୍ୱର ପ୍ରାଣ ପ୍ରତିଷ୍ଠା ନିମନ୍ତେ ଭାରତୀୟ ସଂସ୍କୃତିରେ ବଳିଷ୍ଠ ଆହ୍ୱାନ ରହିଛି। ଅବଶ୍ୟ ସାମ୍ୟବାଦୀ ଦର୍ଶନ ଓ ସମଦର୍ଶନ ଏକ କଥା ନୁହେଁ। ସମଦର୍ଶନର ଭିତ୍ତି ହେଉଛି ଭ୍ରାତୃଭାବ ଯାହାର ସ୍ଥିତି ଅତ୍ୟନ୍ତ ଦୃଢ଼ ଓ ଅବିଚଳିତ। ଭୌତିକ ସଂପଦର ସୁଷମ ବଣ୍ଟନରେ କେବଳ ବିଶ୍ୱାସୀ

ସାମ୍ୟବାଦ ଚିରସ୍ଥାୟୀ ହୋଇପାରେନା। ସମଭାବ ବାହ୍ୟଦୃଷ୍ଟିରୁ ପ୍ରତିଷ୍ଠିତ ହେଲେ ତାହା ଅସ୍ଥାୟୀ ହୁଏ, ଅଭ୍ୟନ୍ତରରେ ସମଭାବର ପ୍ରତିଷ୍ଠା ହେଲେ ତାହା ସ୍ଥାୟୀ ହୋଇପାରେ। ଭାରତୀୟ ଜୀବନଧାରାରେ ପ୍ରତିଷ୍ଠିତ ସମଦର୍ଶନ ହେଉଛି ଅନ୍ତର୍ମୁଖୀ, ଏହା ସାମ୍ୟବାଦୀ ଦର୍ଶନ ପରି ବହିର୍ମୁଖୀ ନୁହେଁ।

ଭାତୃତ୍ୱ କେବଳ ମୁଖର କଥା ନୁହେଁ, ହୃଦୟରେ ସଂଗଠିତ ଚେତନାର ସୁସଂହତ ରୂପାୟଣ। ଗୋଟିଏ ପିତାର ଯଦି ଚାରୋଟି ସନ୍ତାନ ଥାଆନ୍ତି, ତେବେ ସେହି ସନ୍ତାନମାନଙ୍କ ଭିତରେ ଥିବା ଅନ୍ତର୍ନିହିତ ସାମ୍ୟ ହିଁ ଭ୍ରାତୃତ୍ୱର ମୂଳତତ୍ତ୍ୱ ରୂପେ ବିବେଚିତ ହୋଇଥାଏ। ସୁତରାଂ ଏକ ପରମପିତାଙ୍କର ସନ୍ତାନ ଭାବରେ ସମଗ୍ର ବିଶ୍ୱର ସବୁଜାତିର ଲୋକଙ୍କ ମଧ୍ୟରେ ଭ୍ରାତୃଭାବ କାହିଁକି ନ ଆସିବ? ଭବିଷ୍ୟ ପୁରାଣରେ କୁହାଯାଇଛି-

"ପାଦ ପ୍ରଚାରୈସ୍ତନୁବର୍ଣ୍ଣ କେଶୈଃ
ସୁଖେନ ଦୁଃଖେନ ଚ ଶୋଣିତେନ
ତ୍ୱଙ୍ଗ ମାସ ମେଦୋଽସ୍ଥିରସୈଃ ସମାନାଶ୍ଚତୁଃ
ପ୍ରଭେଦାହି କଥଂ ଭବନ୍ତି।"

ଅର୍ଥାତ୍ ପାଦପ୍ରଚାର, ତନୁ, ବର୍ଣ୍ଣ, କେଶ, ସୁଖ, ଦୁଃଖ, ରକ୍ତ, ତ୍ୱକ, ମାଂସ-ମେଦ, ଅସ୍ଥି ଓ ରସ ଇତ୍ୟାଦିରେ ସମସ୍ତେ ସମାନ, ତେବେ ପ୍ରଭେଦ କେଉଁଠି? ଏହି ସତ୍ୟକୁ ଭାରତବର୍ଷ ସ୍ୱୀକାର କରିଥିବାରୁ ଭ୍ରାତୃଭାବର ପ୍ରତିଷ୍ଠା ଏଠାରେ ଅଧିକ ଭାବରେ ସ୍ଥାୟୀ। ପ୍ରତ୍ୟେକ ବ୍ୟକ୍ତିର ଦେହ ହେଉଛି ପରମ ପ୍ରଭୁଙ୍କର ସ୍ଥୂଳତମ ଅଭିବ୍ୟକ୍ତି। ଏହା ଭଗବାନଙ୍କ ସିଂହାସନ ନିମନ୍ତେ ଏକ ସୁନିର୍ବାଚିତ ଭିତ୍ତି। ଭଗବାନ ମନ୍ଦିରରେ ନଥାନ୍ତି କି ମସ୍‌ଜିଦ୍‌ରେ ନଥାନ୍ତି, ସେ ଥାଆନ୍ତି ପ୍ରତ୍ୟେକଙ୍କ ପାଖରେ। କବୀର ଏହିକଥା ଭଗବାନଙ୍କ ମୁହଁରେ କହିବାକୁ ଯାଇ କହିଛନ୍ତି-

"ମୋ କୋ କହାଁଢୁଡ଼ୋ ବନ୍ଦେ
ମୈଁ ତୋ ତେରେ ପାସ ମେଁ
ନା ମେଁ ଦେବଲ ନା ମୈଁ ମସ୍‌ଜିଦ୍
ନା କାବେ କୈଲାସମେଁ।"

ଅର୍ଥାତ୍ ଭଗବାନ କହିଛନ୍ତି, 'ମୋତେ କାହିଁକି ବୃଥାରେ ବାହାରେ ଖୋଜି ଧନ୍ଦି ହେଉଛୁ, ମୁଁ ରହିଛି ତୋ ପାଖରେ। ମୁଁ ଦେବାଳୟରେ ନଥାଏ, ନଥାଏ ମସ୍‌ଜିଦ୍‌ରେ, ନଥାଏ କାବାରେ, ନଥାଏ କୈଳାସରେ।' ତେଣୁ ସଂପ୍ରଦାୟ ଭିତରେ ବାଦାନୁବାଦ ଯେ କେତେ ନିରର୍ଥକ ଓ ଭିତ୍ତିହୀନ, ଏକଥା ଏଥିରୁ ସ୍ପଷ୍ଟ ବୁଝିହୁଏ। କବୀରଙ୍କ ପରି ଦାଦୁ ମଧ୍ୟ ଏହି ସମଦର୍ଶନର ସୁଦୃଢ଼ ସ୍ୱର ଉତ୍ତୋଳନ କରି କହିଛନ୍ତି-

"ସବ ଘଟ ଏକୈ ଆତ୍ମା, କ୍ୟା ହିନ୍ଦୁ ମୁସଲମାନ" ସବୁ ଘଟରେ ତ ଏକ ଆତ୍ମା, ହିନ୍ଦୁ ମୁସଲମାନ ଭେଦ କ'ଣ ? ଦାଦୁଙ୍କ କଥାରେ ହିନ୍ଦୁ ମୁସଲମାନ ହେଉଛନ୍ତି ଦୁଇହାତ। ଦୁଇହାତ ଯୁକ୍ତହୋଇ ଅଞ୍ଜଳି ନହେଲେ କିପରି ଜନ୍ମଭୂମିର ଅମୃତରସ ପାନ କରାଯିବ ?

"ଦୁନୁଁ ହାଥୀ ହେ ରହେ, ମିଲି ରସ ପିୟା ନ ଜାଇ।"

ଦାଦୁଙ୍କର ରଜ୍ଜବତୀ ନାମରେ ଜଣେ ପରମ ଭକ୍ତ ଥିଲେ। ସେ ସାଂପ୍ରଦାୟିକ ମନୋଭାବରୁ ବହୁ ଊର୍ଦ୍ଧ୍ୱରେ ଥିଲେ। ତାଙ୍କର ଚିନ୍ତା ଓ ଚେତନା ଯେପରି ସୁଦୂରପ୍ରସାରୀ ସେପରି ସୁଗଭୀର ଥିଲା। ସେ କହିଛନ୍ତି ଯେ, ଆମର ହୃଦୟ କନ୍ଦରରେ ପ୍ରଭୁ ସର୍ବଦା ତାଙ୍କର ଧର୍ମଶାସ୍ତ୍ର ଲେଖୁଛନ୍ତି। ତାହାକୁ କେହି ଦେଖିପାରନ୍ତି ନାହିଁ। ମାନବ ଇତିହାସରେ ପ୍ରଭୁଙ୍କର ଅଖଣ୍ଡ ବେଦ ଉଚ୍ଚାରିତ। ବାହାରର ମିଛ ଆଲୋକ ଲିଭାଇଦେଇ ଅନ୍ତରର ସେଇ ବେଦ କୋରାନ ପଢ଼ିବାକୁ ସେ ଆହ୍ୱାନ କରିଛନ୍ତି। ଏହିପରି ବହୁ ସାଧକ ଜୀବନର ମୂଲ୍ୟାୟନ କରିବା ସଂଗେ ସଂଗେ ଜୀବନର ଲକ୍ଷ୍ୟ ଯେ ଏକ ଓ ଅଭିନ୍ନ ଏହା ଉପଲବ୍ଧି କରି ସମଗ୍ର ମାନବଜାତିକୁ ସମୁଚିତ ଦିଗ୍‌ଦର୍ଶନ ଦେଇଛନ୍ତି।

ସାହିତ୍ୟ, ସଂଗୀତ, ଶିଳ୍ପକଳା ଓ ସ୍ଥାପତ୍ୟ ବିଦ୍ୟା କ୍ଷେତ୍ରରେ ମଧ୍ୟଯୁଗରେ ହିନ୍ଦୁ, ମୁସଲମାନ ଓ ଅନ୍ୟାନ୍ୟ ସଂପ୍ରଦାୟ ମଧ୍ୟରେ ପାରସ୍ପରିକ ବୁଝାମଣା ଫଳରେ ସମଦର୍ଶନର ସ୍ୱରୂପ ସ୍ପଷ୍ଟ ଭାବରେ ପ୍ରକଟିତ ହୋଇଥିଲା। ମୁସଲମାନ ରାଜତ୍ୱକାଳରେ ବହୁ ସଂସ୍କୃତ ଗ୍ରନ୍ଥ ଫରାସୀ ଭାଷାରେ ଅନୂଦିତ ହୋଇଥିଲା। ଅବଦର ରହିମ, ଆଜିମଶାହା ପ୍ରଭୃତି ଶାସ୍ତ୍ରବିଦ୍‌ଗଣ ରସସିକ୍ତ ବୈଷ୍ଣବ ସାହିତ୍ୟର ସ୍ୱନାମଧନ୍ୟ ଗ୍ରାହକ ଥିଲେ। ଅବଦର ରହିମ୍‌ଙ୍କର ରଚନାରେ ଗୋଟିଏ ପଂକ୍ତି ଏ ପରିପ୍ରେକ୍ଷୀରେ ପ୍ରମାଣସ୍ୱରୂପ ଗ୍ରହଣ କରାଯାଇପାରେ।

"ଶରଦ ନିଶି ନିଶୀଥେ ଚାଁଦକୀ ରୋଶନାଈ
ସଘନ ବନ ନିକୁଞ୍ଜେ କାନ୍‌ହ ବଂଶୀ ବଜାଇ।"

ସମ୍ରାଟ ଆକବରଙ୍କ ରାଜତ୍ୱକାଳରେ ନାଗୋରୀ ମୁବାରକଙ୍କ ପୁତ୍ର ଆବୁଲଫାଜଲ ଓ ଫୈଜୀ ବହୁ ସଂସ୍କୃତ ଗ୍ରନ୍ଥର ଅନୁବାଦ କରିଥିଲେ। ସମ୍ରାଟ ସାହାଜାହାନଙ୍କର ଜ୍ୟେଷ୍ଠ-ପୁତ୍ର ଦାରାଶିକୋ ଏ କ୍ଷେତ୍ରରେ ଅତ୍ୟନ୍ତ ଗୁରୁତ୍ୱପୂର୍ଣ୍ଣ ଭୂମିକା ଗ୍ରହଣ କରିଥିଲେ। ସେ ସଂସ୍କୃତରୁ ପଚାଶଖଣ୍ଡ ଉପନିଷଦ ପାରସୀ ଭାଷାରେ ଅନୁବାଦ କରିଥିଲେ। ସଂସ୍କୃତ ପ୍ରତି ଅଶେଷ ପ୍ରୀତିପ୍ରବଣତା ତାଙ୍କର ସମଦର୍ଶୀ ମନୋବୃତ୍ତିର ସୁବର୍ଣ୍ଣସ୍ମାରକୀ କହିଲେ ଅତ୍ୟୁକ୍ତି ହେବନାହିଁ।

ଏହିପରି ବିଚାର କଲେ ଜଣାଯାଏ ଯେ, ସମଦର୍ଶୀ ମନୋଭାବର ପ୍ରଚାର ପ୍ରସାର ଭାରତବର୍ଷରେ ବିଭିନ୍ନ ସମୟରେ ହୋଇଛି। ଅବଶ୍ୟ ସମୟ ସମୟରେ

ଦର୍ପଣରେ ଧୂଳିଜମି ମୁହଁ ନ ଦିଶିଲା ଅବସ୍ଥା ହୋଇଛି। ସେତେବେଳେ ନୂତନ ଦିଗଦ୍ରଷ୍ଟାଙ୍କର ଆବିର୍ଭାବ ହୋଇଛି ଏବଂ ସେହି ମଳିନତା ତାଙ୍କର ନିର୍ଦ୍ଦେଶରେ ଅପସରି ଯାଇଛି। ଆଜି ସମୟ ସମୟରେ ସାଂପ୍ରଦାୟିକ ମନୋମାଳିନ୍ୟ ସୃଷ୍ଟି ହୋଇ ଏକଏକ ସମସ୍ୟା ସୃଷ୍ଟି ହେଉଛି। ଏହି ସମସ୍ୟାର ସହଜ ସମାଧାନ ନିମନ୍ତେ ସମଦର୍ଶନର ଚିନ୍ତା ହିଁ ଏକମାତ୍ର ପନ୍ଥା। ଧର୍ମଦୃଷ୍ଟିରୁ ବାହାରକୁ ସବୁ ଧର୍ମ ଅସମାନ ପରି ମନେହେଲେ ହେଁ ଆଧ୍ୟାତ୍ମିକତା ଦୃଷ୍ଟିରୁ ପ୍ରତ୍ୟେକ ଧର୍ମ ସମାନ। ଆଧ୍ୟାତ୍ମିକତାରେ ଜାତି, ବର୍ଣ୍ଣ ଓ ଧର୍ମର ଭେଦାଭେଦ ନାହିଁ। ଜାତି ଜାତି ଭିତରେ, ଭାଷା ଭାଷା ଭିତରେ ସଦ୍‌ଭାବ ଆଣିବା ନିମନ୍ତେ ଆଧ୍ୟାତ୍ମିକତାକୁ ଚାବିକାଠି ରୂପରେ ଗ୍ରହଣ କରାଯାଇପାରେ। ଏହା ମନୁଷ୍ୟକୁ କର୍ଦ୍ଦମରୁ ଭାଗବତ ଶକ୍ତିଆଡକୁ ନେଇଯାଇପାରେ, ଜୀବନକୁ ସୁସ୍ଥ ଓ ସାର୍ଥକ କରିପାରେ। ଧର୍ମ ଭିତରେ ଆଚାରଗତ ପାର୍ଥକ୍ୟ ଥିବାରୁ ଓ ଏହା ଉପରେ ଗୁରୁତ୍ୱ ଆରୋପିତ ହେଉଥିବାରୁ ଅହମିକା ମନରେ ଜମାଟ ବାନ୍ଧିଯାଇ ଚେତନାର ବିକାଶକୁ ବ୍ୟାହତ କରିଥାଏ। ଫଳରେ ଅସ୍ୱାସ୍ଥ୍ୟକର ପରିବେଶ ସୃଷ୍ଟି ହୁଏ। ଏହି ପରିବେଶର ପ୍ରଭାବରୁ ମୁକ୍ତିଲାଭ କରିବାକୁ ହେଲେ ସଂପ୍ରଦାୟର ଊର୍ଦ୍ଧ୍ୱରେ ସ୍ଥିତ ସେହି ଚରମସତ୍ୟ ଓ ପରମତତ୍ତ୍ୱର ନିରାଜନା କରିବାକୁ ହେବ। ଆଧ୍ୟାତ୍ମିକତା ଜୀବନକୁ ଭିତ୍ତି କରି ସଂଗଠିତ ହୋଇଥାଏ। ଭୌତିକ ଜୀବନକୁ ଭୁଲି, ହତାଦର କରି ଧର୍ମ କରିହୁଏ;କିନ୍ତୁ ଆଧ୍ୟାତ୍ମିକତାରେ ଜୀବନ ପ୍ରତି ଆବଶ୍ୟକୀୟ ଅନୁରାଗ ବରଣୀୟ ହୋଇଥାଏ। ଆଧ୍ୟାତ୍ମିକତା ହେଉଛି ସବୁଗୋଷ୍ଠୀ ଓ ସବୁଧର୍ମର ଶେଷବିନ୍ଦୁ। ସେ ଏକ ପବିତ୍ର ପରମଦୀକ୍ଷା ଯହିଁରେ ଦୀକ୍ଷିତ ହେଲେ ମନୁଷ୍ୟ ମନୁଷ୍ୟ ଭିତରେ ଭାବସାମ୍ୟ ପ୍ରତିଷ୍ଠିତ ହୋଇପାରିବ। ଗୋଷ୍ଠୀ ସୃଷ୍ଟି କରିବା ନୁହେଁ, ସାଂପ୍ରଦାୟିକ ମନୋଭାବରୁ ମୁକ୍ତ ରହି ଚିନ୍ତା ଓ ଚେତନାରେ ମୂଳଉତ୍ସ ସହିତ ଯୁକ୍ତରହିବା ଆଜିର ପ୍ରଥମ ଆବଶ୍ୟକତା। ଏହି ଆବଶ୍ୟକତାକୁ ଆଧ୍ୟାତ୍ମିକତା ହିଁ ପୂରଣ କରିପାରିବ।

ଭାରତବର୍ଷରେ ଏହି ଆବଶ୍ୟକତା ପୂରଣ ହେଲେ ଅର୍ଥାତ୍ ଭ୍ରାତୃତ୍ୱର ବନ୍ଧନ ସୁଦୃଢ଼ ହେଲେ ତାହା କ୍ରମଶଃ ବିଶ୍ୱରେ ପରିବ୍ୟାପ୍ତ ହେବ। କାରଣ ଭାରତ ହେଉଛି ସମଗ୍ର ବିଶ୍ୱର ଆଶା ଓ ଆଶ୍ୱାସନାର ପ୍ରାଣକେନ୍ଦ୍ର। ଭାରତରେ ଶାନ୍ତି ଆସିଲେ ଜଗତରେ ଶାନ୍ତି ପ୍ରତିଷ୍ଠିତ ହେବ। ଭାରତ ହେଉଛି ଅନୁଭବର କେନ୍ଦ୍ରବିନ୍ଦୁ, ଏକ ନିଶ୍ଚିତ ଗଠନମୂଳକ ନିର୍ଦ୍ଦେଶର ମହାମନ୍ତ୍ର। ଭାରତର ଜାଗରଣରେ ପାର୍ଥିବ ପରିବେଶର ଜାଗୃତି, ଭାରତର ଅଗ୍ରଗତିରେ ବିଶ୍ୱ ମାନବର ପ୍ରଗତି, ଏହା କହିବାର ତାତ୍ପର୍ଯ୍ୟ ହେଉଛି ଯେ ଭାରତ ହେଉଛି ଜଗତର ଆତ୍ମିକ ଶକ୍ତି। ଆତ୍ମିକ ଚେତନା ଜାଗ୍ରତ ହେଲେ ଯେପରି ପ୍ରତ୍ୟେକ ଅଙ୍ଗ ତାହାର ଯଥାର୍ଥ ରୂପପ୍ରାପ୍ତ ହୁଏ, ସେପରି ଭାରତ ଜାଗ୍ରତ ହେଲେ ସମଗ୍ର ବିଶ୍ୱର

ପ୍ରଗତିସାଧନ ସମ୍ଭବ ହେବ। ଶ୍ରୀମା ଏ ପ୍ରସଙ୍ଗରେ କହିଛନ୍ତି, 'ଭାରତର ଭବିଷ୍ୟତ ଖୁବ୍ ସ୍ପଷ୍ଟ, ଭାରତ ହିଁ ଜଗତର ଗୁରୁ। ପୃଥିବୀର ରୂପରେଖ ଭାରତ ଉପରେ ନିର୍ଭର କରେ, ଭାରତ ହିଁ ଜୀବନ୍ତ ଆତ୍ମା।'

ଭାରତର ଆତ୍ମାକୁ ଆବିଷ୍କାର କରି ତାକୁ ଜାଗ୍ରତ କରାଇପାରିଲେ ପାର୍ଥିବ ପରିବେଶରେ ଦିବ୍ୟ ଜୀବନର କଳାଲଳିତ ରୂପାୟଣ ସମ୍ଭବ ହେବ। ଏ ଦିଗରେ ପ୍ରତ୍ୟେକ ଭାରତୀୟଙ୍କର ଗୁରୁତ୍ୱପୂର୍ଣ୍ଣ ଭୂମିକା ରହିଛି। ଅନ୍ୟ ଭାଷାରେ କହିଲେ ବିଶ୍ୱ ସମସ୍ୟାର ସମାଧାନ ନିମନ୍ତେ ପ୍ରତ୍ୟେକ ସଚେତନ ଭାରତୀୟ ସାନ୍ତ୍ୱନାର ଏକ ଏକ ଏକକ। ଏଥିପାଇଁ ପ୍ରତ୍ୟେକ ଭାରତୀୟ, ଧର୍ମ, ବର୍ଣ୍ଣ, ଭାଷାର ଭେଦଜନିତ ଭିନ୍ନତାର ଊର୍ଦ୍ଧ୍ୱରେ ରହି ଆମ ପରମ୍ପରାରେ ପୂର୍ବ ପ୍ରତିଷ୍ଠିତ ସମଦର୍ଶନର ତୀର୍ଥରେ ଅବଗାହନ କରି ସ୍ୱ ସ୍ୱ ଆତ୍ମିକ ସତ୍ତାକୁ ଆବିଷ୍କାର କରିବା ଏକାନ୍ତ ଆବଶ୍ୟକ। ଏହି ବ୍ୟକ୍ତିଗତ ଆବିଷ୍କାର ହିଁ ଜାତିଗତ ଆତ୍ମାକୁ ତଥା ଦେଶଗତ ଆତ୍ମାକୁ ଆବିଷ୍କାର କରିବାର ଶକ୍ତି ଓ ସାମର୍ଥ୍ୟ ଆଣିଦେବ। ଫଳରେ ବିଶ୍ୱ ମାନବ ଆଲୋକିତ ପଥର ପଥିକ ହେବ, ବିଶ୍ୱ ଜୀବନରୁ ଅବସାଦର ଅନ୍ଧକାର ଅପସରିଯିବ। ଶାନ୍ତି ଓ ପ୍ରୀତିର ରଶ୍ମିରେଖା ବିଶ୍ୱ ଦିଗବଳୟରେ ପ୍ରତ୍ୟକ୍ଷୀଭୂତ ହେବ।

ତେବେ ଭାରତବାସୀଙ୍କୁ ଯେଉଁ ଗୁରୁଦାୟିତ୍ୱ ବହନ କରିବାକୁ ପଡିବ ତାହା ହେଲା ଚୈତ୍ୟସତ୍ତାର ଆବିଷ୍କାର। ଏଥିପାଇଁ ଜୀବନରୁ ପଳାୟନ କରିବାକୁ ପଡ଼ିବନାହିଁ, ବରଂ ଜୀବନକୁ ଭଲ ପାଇବାକୁ ପଡ଼ିବ ନାନାଭାବରେ। ଜଡ଼ବିଜ୍ଞାନ ଓ କାରିଗରୀ କୌଶଳକୁ ସ୍ୱାଗତ କରି ତାହାର ସଦୁପଯୋଗ କରିବାକୁ ହେବ। ରିକ୍ତ ସନ୍ନ୍ୟାସୀର ରୁକ୍ଷତା ନୁହେଁ, ଅନୁରାଗ ହେବ ଜୀବନର ମୂଳମନ୍ତ୍ର। ପ୍ରତିକୂଳ ପରିବେଶ ସୃଷ୍ଟି କରୁଥିବା ସବୁ ଦୁଶ୍ଚିନ୍ତାକୁ ବର୍ଜନ କରିବାକୁ ହେବ। ଗ୍ରହଣ ଓ ବର୍ଜନର କ୍ରିୟା ସେତେବେଳେ ସହଜରୁ ସହଜତର ହେବ ଯେତେବେଳେ ଦିବ୍ୟଚେତନା ପ୍ରତି ହୃଦୟର କୋଣ ଅନୁକୋଣରେ ପ୍ରେମଭାବ ଜାଗ୍ରତ ହେବ। ସେହି ପରମପ୍ରେମମୟ ହେବେ ଜୀବନର ଦିଗନ୍ତଦିଶାରୀ।

ତାଙ୍କ ପ୍ରତି ଗଭୀର ପ୍ରେମ ଭାବରେ ନିମଗ୍ନ ହୋଇ ସେଦିନ ପ୍ରତ୍ୟେକ ଭାରତୀୟ ରବୀନ୍ଦ୍ରନାଥଙ୍କର ସ୍ୱରରେ ସ୍ୱର ମିଶାଇ ଗାଇଉଠିବେ-

'ଅହରହ ତବ ଆହ୍ୱାନ ପ୍ରଚାରିତ
ଶୁନି ତବ ଉଦାରବାଣୀ
ହିନ୍ଦୁ, ବୌଦ୍ଧ, ଶିଖ, ଜୈନ, ପାରସିକ
ମୁସଲମାନ, ଖ୍ରୀଷ୍ଟାନୀ

ପୂରବ ପଶ୍ଚିମ ଆସେ, ତବ ସିଂହାସନ ପାଶେ
ପ୍ରେମହାର ହୟ ଗାଁଥା
ଜନଗଣ-ଐକ୍ୟ ବିଧାୟକ ଜୟ ହେ ଭାରତ ଭାଗ୍ୟବିଧାତା
ଜୟ ହେ, ଜୟ ହେ, ଜୟ ହେ, ଜୟ, ଜୟ, ଜୟ, ଜୟ ହେ।'

■

ଜାତୀୟ ସଂହତିର ସ୍ୱର ଓ ସ୍ୱରୂପ

ପ୍ରତ୍ୟେକ ବ୍ୟକ୍ତିର ଯେପରି ଆଙ୍ଗିକ ଓ ଆତ୍ମିକ ସତ୍ତା ରହିଛି, ପ୍ରତ୍ୟେକ ଦେଶର ସେପରି ଆଙ୍ଗିକ ଓ ଆତ୍ମିକ ସତ୍ତା ରହିଛି । ଗୋଟିଏ ବ୍ୟକ୍ତିର ବିକାଶ ନିମନ୍ତେ ଯେପରି ତାର ଶାରୀରିକ ଓ ମାନସିକ ସୁସ୍ଥତା ଏକାନ୍ତ ଆବଶ୍ୟକ, ଗୋଟିଏ ଦେଶର ସର୍ବାଙ୍ଗୀନ ବିକାଶ ନିମନ୍ତେ ସେପରି ଭୌଗୋଳିକ ଅଖଣ୍ଡତା ଏବଂ ଆଭ୍ୟନ୍ତରୀଣ ଶୃଙ୍ଖଳା ଏକାନ୍ତ ଆବଶ୍ୟକ । ଶାରୀରିକ ଓ ମାନସିକ ସୁସ୍ଥତା ଯେପରି ପରସ୍ପର ସହ ସମ୍ବନ୍ଧାନ୍ୱିତ, ଗୋଟିଏ ଦେଶର ଭୌଗୋଳିକ ଅଖଣ୍ଡତା ଓ ଆଭ୍ୟନ୍ତରୀଣ ଶୃଙ୍ଖଳା ସେପରି ପରସ୍ପର ସହ ସମ୍ବନ୍ଧାନ୍ୱିତ । ବରଂ ଏପରି କୁହାଯାଇପାରେ ଯେ ଆଭ୍ୟନ୍ତରୀଣ ଶୃଙ୍ଖଳା ଉପରେ ଦେଶର ଅଖଣ୍ଡତା ନିର୍ଭରଶୀଳ । ସେ ଶୃଙ୍ଖଳା ବ୍ୟାହତ ହେଲେ ଦେଶର ଅଖଣ୍ଡତା ସୁରକ୍ଷିତ ହେବା କଷ୍ଟକର । ଅତଏବ ଦେଶର ସୀମାରେଖାର ସୁରକ୍ଷା ଓ ଦେଶର ସର୍ବାଙ୍ଗୀନ ବିକାଶ ନିମନ୍ତେ ଅଞ୍ଚଳ ଅଞ୍ଚଳ ଭିତରେ, ଜାତି ଜାତି ଭିତରେ;ଧର୍ମ ଧର୍ମ ଭିତରେ ସହଯୋଗ ଓ ସୌହାର୍ଦ୍ଦ୍ୟ ଏକାନ୍ତ ଆବଶ୍ୟକ, ଏଥିରେ ସନ୍ଦେହ ନାହିଁ ।

ଭାରତବର୍ଷ ଗୋଟିଏ ବହୁ ଭାଷାଭାଷୀ ଦେଶ । ଆଚାର, ଖାଦ୍ୟ ପ୍ରଣାଳୀ, ବାସ ଆଭୂଷଣଧାରାରେ ବହୁ ବୈଚିତ୍ର୍ୟ ଏହି ଦେଶରେ ଥିବାରୁ ଏହାକୁ ଏକ ଉପମହାଦେଶ କୁହାଯାଏ । ଭାରତୀୟ ସଂସ୍କୃତିର ମହତ୍ତ୍ୱ ଓ ମୂଲ୍ୟବୋଧ ଯୁଗେ ଯୁଗେ ପ୍ରତିଷ୍ଠା ଅର୍ଜନ କରିଛି । ଧର୍ମ କ୍ଷେତ୍ରରେ, ଦର୍ଶନ କ୍ଷେତ୍ରରେ, ବିଜ୍ଞାନ କ୍ଷେତ୍ରରେ ପ୍ରାଚୀନ ଭାରତରେ ଯେଉଁ ପ୍ରଗତି ସମ୍ଭବ ହୋଇଥିଲା, ତାହା ସେତେବେଳେ ଅନ୍ୟ କେଉଁ ଦେଶରେ ଦେଖାଯାଇନାହିଁ ।

ସମୟକ୍ରମେ ଭାରତୀୟ ପରିବେଶରେ କେତେକ ପରିବର୍ତ୍ତନ ସଂଗଠିତ ହେଲା । ପାଶ୍ଚାତ୍ୟର ତଥା ପ୍ରାଚ୍ୟ ଭୂଖଣ୍ଡର ଅନ୍ୟ କେତେକ ଦେଶର ପ୍ରଭାବରେ ପ୍ରଭାବିତ ହୋଇ ଭାରତୀୟ ଜୀବନଧାରାରେ ପରିବର୍ତ୍ତନ ଦେଖାଦେଲା । ବହିଃଶତ୍ରୁର ଆକ୍ରମଣ

ଭିନ୍ନ ଭିନ୍ନ ସମୟରେ ଭାରତୀୟ ପରିବେଶରେ ବଳିଷ୍ଠତାକୁ କ୍ଷୁଣ୍ଣ କଲା। କ୍ରମେ କ୍ରମେ ଧର୍ମରେ, ଆଚାର ବ୍ୟବହାରରେ ଜୀବନାଦର୍ଶରେ ପାର୍ଥକ୍ୟ ଅନୁଭୂତ ହେଲା। ଭାରତର ଜାତୀୟ ସଂହତି କ୍ରମେ କ୍ରମେ ଦୁର୍ବଳ ହୋଇପଡିଲା। ବିଶେଷତଃ ବ୍ରିଟିଶମାନଙ୍କ ଦ୍ୱାରା ପରାଧୀନ ହୋଇ ଭାରତବର୍ଷ ବହୁଭାବରେ ଅତ୍ୟାଚାରିତ ହେବା ଫଳରେ ଭାରତୀୟ ଜୀବନଧାରାର ମୂଲ୍ୟବୋଧ ପରିବର୍ତ୍ତିତ ହୋଇଗଲା। ସ୍ୱାଧୀନତା ପରେ ଯେଉଁ କେତେକ ସମସ୍ୟା ଭାରତବର୍ଷରେ ଦେଖାଦେଲା, ସେଥିମଧ୍ୟରେ ଜାତୀୟ ସଂହତିର ଅଭାବ ଏକ ବିଶିଷ୍ଟ ସମସ୍ୟା। ଏହି ସମସ୍ୟାର ସମାଧାନ ଆଜିର ଅପରିହାର୍ଯ୍ୟ ଆବଶ୍ୟକତା। ଏ ସମସ୍ୟାର ସମାଧାନ ପାଇଁ ଜନଜାଗରଣ ଏକାନ୍ତ ଆବଶ୍ୟକ। ସରକାରୀ ସ୍ତରର ଚେଷ୍ଟା ସହିତ ବ୍ୟକ୍ତିଗତ ଚେଷ୍ଟା ମଧ୍ୟ ଅତ୍ୟନ୍ତ ଜରୁରୀ। ପ୍ରତ୍ୟେକ ନାଗରିକର ଏଥିନିମନ୍ତେ ପ୍ରୟାସ ଓ ଉଦ୍ୟମ ଏକାନ୍ତ କାମ୍ୟ। ଏଥିପାଇଁ ସବୁଧର୍ମକୁ ମିଶାଇଦେଲେ ଚଳିବ ନାହିଁ, ସମସ୍ତଙ୍କୁ ଏକପ୍ରକାର ବସ୍ତ୍ର ପିନ୍ଧାଇଲେ, ସମସ୍ତଙ୍କ ପାଇଁ ଏକପ୍ରକାର ଖାଦ୍ୟ ବ୍ୟବସ୍ଥା କରାଇଲେ ଚଳିବ ନାହିଁ। ଏଥିପାଇଁ ମୂଳତଃ ଆବଶ୍ୟକ ହେଉଛି ବ୍ୟକ୍ତି ସଚେତନତା। ନିଜ ପାଇଁ, ନିଜ ପରିବେଶ ପାଇଁ, ନିଜର ଐତିହ୍ୟ, ନିଜର ଭବିଷ୍ୟତ ପାଇଁ ସଚେତନତା ହେଉଛି ଜାତୀୟ ସଂହତିର ମୂଳକଥା। ସଚେତନତା ଆଣିବା ପାଇଁ ଅବଶ୍ୟ ଶିକ୍ଷାର ଗୁରୁତ୍ୱକୁ ଅସ୍ୱୀକାର କରିହେବ ନାହିଁ। ପ୍ରଚଳିତ ଶିକ୍ଷା ସହିତ ଆତ୍ମିକ ଶିକ୍ଷାର ସମ୍ୟକ୍ ସମନ୍ୱୟ ହେଲେ ସେହି ସମନ୍ୱିତ ଶିକ୍ଷା ଜନଜୀବନକୁ ନୂତନ ଦିଗ୍‌ଦର୍ଶନ ଦେବ। ବାହ୍ୟଜ୍ଞାନ ତଥା ବୌଦ୍ଧିକତାର ଅଭିବୃଦ୍ଧି ସହିତ ରୁଚିବୋଧ, ଶାଳୀନତା, ଆତ୍ମସମ୍ମାନବୋଧ ସର୍ବୋପରି ଆତ୍ମଜ୍ଞାନ ଲାଭ ଏକାନ୍ତ ଆବଶ୍ୟକ, ଏହା ମୁକ୍ତକଣ୍ଠରେ ସ୍ୱୀକାର କରାଯାଇପାରେ।

ଆତ୍ମଜ୍ଞାନର ଅସଲ ଚାବିକାଠି ହେଉଛି ଆଧ୍ୟାତ୍ମିକତା। ଆଧ୍ୟାତ୍ମିକତା ଆଣିଥାଏ ଜୀବନର ପରିପୂର୍ଣ୍ଣତା ଓ ସାର୍ଥକତା। ପରସ୍ପର ମଧ୍ୟରେ ଏକତା, ସଦ୍‌ଭାବ ସୃଷ୍ଟି କରିବା ନିମନ୍ତେ ଏହାଠାରୁ ଆଉ ବଡ଼ ଅସ୍ତ୍ର କିଛି ନାହିଁ। ଆଧ୍ୟାତ୍ମିକତା ହେଉଛି ଜୀବନକୁ ଅଧିକ ସୁସ୍ଥ, ସୁନ୍ଦର କରି ଗଢ଼ିବା ନିମନ୍ତେ ଆବଶ୍ୟକୀୟ ଏକ ସଫଳ ଅସ୍ତ୍ର। ଭୌତିକ ବିଜ୍ଞାନ ସହିତ ଏହାର ଆଦୌ ବିରୋଧ ନାହିଁ। ଅର୍ଥନୈତିକ ସମୃଦ୍ଧି ଏହାର ବିରୋଧ କରେନାହିଁ। ଅତଏବ ବସ୍ତୁବାଦର ବିପରୀତ ଧର୍ମୀ ନୁହେଁ ଆଧ୍ୟାତ୍ମିକତା। ବରଂ ବସ୍ତୁର ସଦ୍‌ବ୍ୟବହାର ନିମନ୍ତେ ଆଧ୍ୟାତ୍ମିକତା ଦିଏ ଉପଯୁକ୍ତ ଚେତନା ଓ ପ୍ରେରଣା। ପୃଥିବୀରେ କୌଣସି ଉପାଦାନ ବା ବସ୍ତୁ ଆଦୌ ମୂଲ୍ୟହୀନ ନୁହେଁ, ଅଲୋଡ଼ା ନୁହେଁ। ଯଦି କୌଣସି ଉପାଦାନ ମାନବଜାତିକୁ ବିଭ୍ରାନ୍ତ କରିଛି ବୋଲି କୁହାଯାଏ, ତେବେ ତ୍ରୁଟି ବସ୍ତୁରେ ନାହିଁ, ତ୍ରୁଟି ଅଛି ପ୍ରୟୋଗବିଧିରେ, ଏକଥା ମୁକ୍ତ କଣ୍ଠରେ କୁହାଯାଇପାରିବ।

ଧର୍ମ ଧର୍ମ ଭିତରେ ମତଭେଦ ଘଟିବାରୁ ଜାତୀୟ ସଂହତି ବ୍ୟାହତ ହେଉଛି। ଏହାର ମୂଳ କାରଣ ହେଉଛି ଧର୍ମ ବା ସଂପ୍ରଦାୟର ପ୍ରକୃତ ଲକ୍ଷ୍ୟ ଆମେ ବୁଝୁନାହୁଁ। ସାମୟିକ ଉତ୍ତେଜନା, କୁସଂସ୍କାର ଭିତ୍ତିକ ଆଚାର ତଥା ଭାବପ୍ରବଣତା ଯୋଗୁଁ ଆମେ ଅନ୍ଧ ହୋଇପଡୁଛୁ। ଧର୍ମର ମୁଖ୍ୟ ଲକ୍ଷ୍ୟ ହେଉଛି ଚେତନାର ଉତ୍ତରଣ। ଧର୍ମରେ ମାଧ୍ୟମ ରୂପରେ ଥିବା ଆଚରଣକୁ ଯେନତେନ ପ୍ରକାରେଣ ମାନିନେଲେ ଧର୍ମ ଅର୍ଜିତ ହୁଏ ବୋଲି ଆମର ସାଧାରଣ ଧାରଣା ସୃଷ୍ଟି ହୋଇଛି। ପ୍ରକୃତରେ ଧର୍ମ ହେଉଛି ଏକ ମାଧ୍ୟମ, ଯାହାର କାର୍ଯ୍ୟ ହେଉଛି ବ୍ୟକ୍ତିକୁ ସୀମିତଠାରୁ ଅସୀମତ୍ୱ ଆଡ଼କୁ ଅଗ୍ରସର କରାଇବା, ଜାତିକୁ ପ୍ରଗତିପଥରେ ଅଗ୍ରଗତି କରାଇବା। ବ୍ୟକ୍ତିର ସର୍ବାଙ୍ଗୀନ ବିକାଶ ସାଧନ ହେଉଛି ପ୍ରତ୍ୟେକ ଧର୍ମର ମୁଖ୍ୟ ଆଭିମୁଖ୍ୟ। ବ୍ୟକ୍ତିର ଦେହ, ପ୍ରାଣ, ମନ ତଥା ଚୈତ୍ୟସତ୍ତାର ପରିପୂର୍ଣ୍ଣ ବିକାଶ ଘଟାଇବା ହେଉଛି ଧର୍ମର କାର୍ଯ୍ୟ। ପ୍ରତ୍ୟେକ ଧର୍ମର ଆଭିମୁଖ୍ୟ ସମାନ ହୋଇଥିବାରୁ ଧର୍ମ ଧର୍ମ ଭିତରେ ଏତେ ସଂଘର୍ଷ ଯେ କେତେ ମୂଲ୍ୟହୀନ ତାହା ସହଜରେ ଅନୁମେୟ। ବିଭିନ୍ନ ଧର୍ମଧାରାକୁ ଅନୁଧ୍ୟାନ କଲେ ଜଣାଯାଏ ଯେ, ପ୍ରତ୍ୟେକ ଧର୍ମର ଆଚାର ଅନ୍ୟଠାରୁ ଭିନ୍ନ;କିନ୍ତୁ ପ୍ରତ୍ୟେକଙ୍କର ବିଚାର ଏକ ଓ ଅଭିନ୍ନ। ଆଚାର ଉପରେ ସାଂପ୍ରତିକ ପରିସ୍ଥିତିରେ ଗୁରୁତ୍ୱ ଦେବାହେତୁ ମତାନ୍ତର ମନାନ୍ତର, ଶୀତଳଯୁଦ୍ଧ ଚାଲିଛି। ଜାତି ଜାତି ମଧ୍ୟରେ ଅପ୍ରୀତିକର ପରିସ୍ଥିତି ସୃଷ୍ଟି ହୋଇଛି। ସମଗ୍ର ମାନବଜାତିର ଅପୂରଣୀୟ କ୍ଷତି ଘଟୁଛି ଓ ବିକାଶ ବ୍ୟାହତ ହେଉଛି। ଯଦି ପ୍ରତ୍ୟେକ ବ୍ୟକ୍ତିଙ୍କ ଭିତରେ ସଚେତନତା ସୃଷ୍ଟି ହେବ ତେବେ ଧର୍ମ ଭିତରେ ଥିବା ତଥାକଥିତ ବାଦାନୁବାଦ ବହୁଭାବରେ ଦୂରହେବ, ଏଥିରେ ସନ୍ଦେହ ନାହିଁ। କୌଣସି ଧର୍ମ ବା ସଂପ୍ରଦାୟ ଅନ୍ୟ ଏକ ଧର୍ମ ବା ସଂପ୍ରଦାୟଠାରୁ ବଡ଼ ବା ସାନ ନୁହନ୍ତି। ଗୋଟିଏ ପୋଖରୀର ଭିନ୍ନ ଭିନ୍ନ ତୁଠର ଜଳ ଯେପରି ମୂଳତଃ ସମାନ ସେପରି ପ୍ରତ୍ୟେକ ଧର୍ମ ମୂଳତଃ ସମାନ। ଏହି ଚେତନାଟିର ଉଦ୍ଭବ ଓ ବିକାଶ କେବଳ ଭାରତବର୍ଷରୁ ସମ୍ଭବ ହେବ ଓ ଦିଗଦିଗନ୍ତରେ ପ୍ରସାରିତ ହେବ। ଭାରତବର୍ଷର ଭୂମିକା ହେବ ଏଥିପାଇଁ ଆଗାମୀ ବିଶ୍ୱର ଗୁରୁର ଭୂମିକା। ଏହା ଆଜି କାଳ୍ପନିକ ପରି ମନେହେଲେ ମଧ୍ୟ ଏହା ଯେ ଦିନେ ସତ୍ୟ ହେବ ଏହା କହିବା ବାହୁଲ୍ୟମାତ୍ର। ଏଇ ପରିପ୍ରେକ୍ଷୀରେ ପାଶ୍ଚାତ୍ୟର କେତେଜଣ ବିଶିଷ୍ଟ ଚିନ୍ତାଶୀଳ ବ୍ୟକ୍ତିଙ୍କ ଭାରତ ସଂପର୍କୀୟ ମତାମତକୁ ବିଚାର କରାଯାଇପାରେ।

ଇସ୍ରାଏଲର ହରାର ନାମକ ଜଣେ ଦିବ୍ୟଦ୍ରଷ୍ଟାଙ୍କ ମତରେ, 'ଭାରତବର୍ଷରେ ଏକ ଦିବ୍ୟପୁରୁଷ ଜନ୍ମ ନେବେ, ସେ ସମଗ୍ର ବିଶ୍ୱରେ ବିଖ୍ୟାତ ହେବେ। ତାଙ୍କର ଚିନ୍ତାଧାରା ମାନବତାବାଦୀ ହେବ। ସମଗ୍ର ବିଶ୍ୱ ତାଙ୍କ ବକ୍ତବ୍ୟ ଶୁଣିବାକୁ ବାଧ୍ୟ ହେବ,

ଭାରତ ଏ ଦିଗରେ ଅଗ୍ରଣୀ ହେବ।' ହଙ୍ଗେରୀର ଦିବ୍ୟଦର୍ଶିନୀ ମହିଳା ଶ୍ରୀମତୀ ବୋରିସ୍କା ଆନ୍ତର୍ଜାତିକ କ୍ଷେତ୍ରରେ ଭାରତର ଭୂମିକା ସଂପର୍କରେ କହିଛନ୍ତି ଯେ, 'ଏକ ସର୍ବୋଚ୍ଚ ଶକ୍ତି ଭାବରେ ଭାରତର ଅଭ୍ୟୁଦୟ ହେବ। ଜଣେ ଦେବଦୂତ ଏ ଦେଶରେ ଜନ୍ମ ନେବେ। କେତେକ ଲୋକଙ୍କୁ ଏକତ୍ର କରି ସେ ସେମାନଙ୍କ ମଧ୍ୟରେ ସାହସ ଉତ୍ପନ୍ନ କରିବେ। ଏହି ଲୋକମାନେ ଅନ୍ୟାୟ ବିରୁଦ୍ଧରେ ସଂଗ୍ରାମ କରିବେ। ମାନବିକତାର ବଳିଷ୍ଠ ବିକାଶ ଏଠାରେ ସଂଗଠିତ ହେବ।' ଅତଏବ ଭାରତବର୍ଷକୁ ସମଗ୍ର ବିଶ୍ୱ ପାଇଁ ବଞ୍ଚାଇ ରଖିବାକୁ ହେବ। ଭାରତ ବଞ୍ଚିଲେ ପୃଥିବୀ ବଞ୍ଚିବ। ଆଜି ବିଶ୍ୱମାନବ ଯେଉଁ ଉତ୍କଟ ସମସ୍ୟାର ସମ୍ମୁଖୀନ ହୋଇଛି ତା'ର ସମାଧାନ ଦିଗରେ ଭାରତ ଦେବ ସମଗ୍ର ବିଶ୍ୱକୁ ନେତୃତ୍ୱ। ସମଗ୍ର ବିଶ୍ୱର ଆଶା ଓ ଆଶ୍ୱାସନାର ପ୍ରତୀକ ଭାବରେ ଯେଉଁ ଭାରତବର୍ଷର ସ୍ଥିତି ଏତେ ଉଚ୍ଚରେ ସେହି ଦେଶର କଲ୍ୟାଣ ସର୍ବାଦୌ ଆବଶ୍ୟକ; ପ୍ରଗତି ଏକାନ୍ତ ଅପରିହାର୍ଯ୍ୟ। ଭାରତର ଏହି ପ୍ରଗତି ଆସିବ ଯେତେବେଳେ ଆଭ୍ୟନ୍ତରୀଣ ଶୃଙ୍ଖଳା ସୁରକ୍ଷିତ ହେବା ସଂଗେ ସଂଗେ ବ୍ୟକ୍ତି ବ୍ୟକ୍ତି ଭିତରେ, ଜାତି ଜାତି ଭିତରେ ଆନ୍ତରିକତା ବୃଦ୍ଧି ପାଇବ। ଆମକୁ ଆମ ନିଜସ୍ୱ ଜୀବନଧାରା ଉପରେ ପ୍ରତିଷ୍ଠିତ ହୋଇ ପାଶ୍ଚାତ୍ୟର ବିଜ୍ଞାନକୁ, ପ୍ରଗତିଶୀଳତାକୁ ମର୍ଯ୍ୟାଦା ଦେବାକୁ ହେବ। ଭାରତୀୟ ଜୀବନଚର୍ଯ୍ୟାର ମୌଳିକ ତତ୍ତ୍ୱ ଭାବରେ ଯେଉଁ ଉଦାରତା, ପ୍ରଶସ୍ତତା ରହିଛି ତାକୁ ନୂତନ ଭାବରେ ଉଦ୍‌ଜୀବିତ କରିବାକୁ ହେବ। ଧର୍ମର ବିଭିନ୍ନତା ରହିବ, ମାତ୍ର ବିଭିନ୍ନତାଜନିତ ପାରସ୍ପରିକ ଦ୍ୱନ୍ଦ୍ୱ ସୃଷ୍ଟି ହେବନାହିଁ, ଭାଷାର ଭିନ୍ନତା ରହିବ, ମାତ୍ର ତାହା ପାରିସ୍ପରିକ ଅସହିଷ୍ଣୁତା ସୃଷ୍ଟି କରିବ ନାହିଁ, ଆବଶ୍ୟକୀୟ ସଚେତନତା ତଥାକଥିତ ଯୋଗୀ, ଋଷି ସୃଷ୍ଟି କରିବ ନାହିଁ, ସୃଷ୍ଟି କରିବ ଜାତିପ୍ରେମୀ, ଦେଶପ୍ରେମୀ ସର୍ବୋପରି ବିଶ୍ୱପ୍ରେମୀ ବଳିଷ୍ଠବ୍ୟକ୍ତିତ୍ୱ। ସବୁର ମୂଳରେ ରହିଛି ଶିକ୍ଷା, ଲୋକଶିକ୍ଷା ଏ କ୍ଷେତ୍ରରେ ସର୍ବାଦୌ ଗୁରୁତ୍ୱପୂର୍ଣ୍ଣ। ଧର୍ମଶିକ୍ଷା ପରିବର୍ତ୍ତେ ନୈତିକତାର ଶିକ୍ଷା ଅଧିକ ପ୍ରୟୋଜନ କହିଲେ ଅତ୍ୟୁକ୍ତି ହେବନାହିଁ।

ପ୍ରାଚୀନ ଭାରତୀୟ ସମାଜରେ ନାରୀର ସ୍ଥାନ

ପ୍ରାଚୀନ ଭାରତୀୟ ସମାଜରେ ଆନୁଷ୍ଠାନିକ ଶିକ୍ଷା ଅପେକ୍ଷା ଅନ୍ତର୍ନିହିତ ଶିକ୍ଷାର ପ୍ରଭାବ ଅଧିକ ଥିଲା । ଅନ୍ତରର ଶିକ୍ଷା ହିଁ ପ୍ରକୃତ ଶିକ୍ଷା, ଏକଥା ଭାରତୀୟ ସଂସ୍କୃତିରେ କାଳେ କାଳେ ଗୃହୀତ ତଥା ସମ୍ମାନିତ ହୋଇଆସିଛି । ଜୀବନକୁ ଜାଣିବାର ଇଚ୍ଛା ହିଁ ଆନ୍ତର ଶିକ୍ଷାର ମୂଳତତ୍ତ୍ୱ । ଭାରତବର୍ଷରେ କାଳେ କାଳେ ବ୍ୟକ୍ତି ନିଜ ଜୀବନର ଲକ୍ଷ୍ୟକୁ ସ୍ପଷ୍ଟ ଭାବରେ ବୁଝିବାପାଇଁ ପ୍ରୟାସ କରିବାହିଁ ସୂଚନା ଦେଉଛି ଯେ ଭାରତୀୟ ଜୀବନ ଧାରାରେ ଚେତନାର ଅଭିଷେକ ବହୁ ପ୍ରାଚୀନ କାଳରୁ ହୋଇ ସାରିଥିଲା । ବଳିଷ୍ଠ ପରମ୍ପରା, ମହନୀୟ ନୈତିକ ମୂଲ୍ୟବୋଧ, ଜୀବନବ୍ୟାପୀ ସଚେତନତା, ଜୀବନର ସାମଗ୍ରିକ ବିକାଶପାଇଁ ସ୍ୱତଃସ୍ଫୁର୍ତ୍ତ ପ୍ରୟାସ ଇତ୍ୟାଦି ଉପାଦାନରେ ଗଠିତ ପ୍ରାଚୀନ ଭାରତୀୟ ଜୀବନଧାରାରେ ନାରୀର ସ୍ଥିତି ଥିଲା ସ୍ୱତନ୍ତ୍ର ଭାବରେ ଗୁରୁତ୍ୱପୂର୍ଣ୍ଣ ।

ନାରୀ ଓ ପୁରୁଷ ଏକହିଁ ସ୍ରଷ୍ଟାର ଦୁଇଟି ସୃଷ୍ଟି । ଗୋଟିଏ ବୀଣାର ଦୁଇଟି ତାର ରୂପରେ ସେମାନଙ୍କର ସ୍ଥିତି । ଦୁଇଟି ଧାରାରେ ଗୋଟିଏ ନଦୀର ସୁରମ୍ୟ ଅଭିବ୍ୟକ୍ତି । ନାରୀର ଭୂମିକା କୌଣସି ଗୁଣରେ ସମାଜରେ ନ୍ୟୂନ ନ ଥିଲା ବରଂ ନାରୀ, ଶକ୍ତିର ପ୍ରତୀକ, ଦୀପ୍ତିର ମଞ୍ଜୁଳ ମୂର୍ତ୍ତି ଭାବରେ ବିବେଚିତ ହେଉଥିଲା । ଆତ୍ମଜ୍ଞାନର ଅଧିକାରିଣୀ ହୋଇ ଭାରତୀୟ ସମାଜରେ ବୈଦିକ ଯୁଗରେ ନାରୀ ଯଥେଷ୍ଟ ସମ୍ମାନ ଅର୍ଜନ କରିଥିଲା । ବେଦରେ ଦେବତାମାନଙ୍କ ସହିତ ଅଦିତି, ଶଚୀ, ସରସ୍ୱତୀ ଆଦି ଦେବୀଙ୍କ ନାମ ଦେଖିବାକୁ ମିଳେ । ନାରୀଜାତି ବେଦରେ ଅବଳାବୋଲି ସ୍ୱୀକୃତ ନ ହୋଇ ବରଂ ଶକ୍ତିର ଉତ୍ସ, ତେଜର ପ୍ରତୀକ ଭାବରେ

ବିବେଚିତ ହୋଇଛି । ବୀର ପ୍ରସବିନୀ ଭାବରେ ନାରୀଜାତିର ଗୌରବ ଥିଲା ଅସାଧାରଣ ଓ ଅତ୍ୟନ୍ତ ଆକର୍ଷଣୀୟ ।

ଉପନିଷଦ କାଳରେ ମଧ୍ୟ ନାରୀର ଆସନ ଥିଲା ସ୍ୱତନ୍ତ୍ର ଉଚ୍ଚତାରେ । ଗାର୍ଗୀ ଜନକ ମହାରାଜାଙ୍କର ରାଜସଭାରେ ବ୍ରହ୍ମବିଦ୍ୟା ଆଲୋଚନା କରୁଥିବାର ଜଣାଯାଏ । ବ୍ରହ୍ମବିଦ୍ୟା ହିଁ ଶ୍ରେଷ୍ଠ ବିଦ୍ୟା, ଏହାକୁ ଜାଣିଲେ ଆଉ କିଛି ଜାଣିବାର ନ ଥାଏ । ଏ ଚେତନା ଉପନିଷଦ ଯୁଗରେ ପୁରୁଷ ସମାଜ ଭିତରେ ଯେପରି ପରିବ୍ୟାପ୍ତ ଥିଲା, ନାରୀସମାଜ ଭିତରେ ମଧ୍ୟ ସେପରି ପରିବ୍ୟାପ୍ତ ଥିଲା । ଜୀବନ ଯେ ବ୍ରହ୍ମଜ୍ଞାନ ଆହରଣ ପାଇଁ ଉଦ୍ଦିଷ୍ଟ, ଏ ବିଷୟରେ ପୁରୁଷମାନଙ୍କ ପରି ନାରୀମାନେ ମଧ୍ୟ ସଚେତନ ଥିଲେ । ଶତପଥ ବ୍ରାହ୍ମଣ ଗ୍ରନ୍ଥରେ ଉଲ୍ଲେଖ କରାଯାଇଛି ଯେ ନାରୀ ହେଉଛି ପୁରୁଷର ଆତ୍ମାର ଅଧୀଶ୍ୱରୀ, ନାରୀବିନା ପୁରୁଷର ଜୀବନ ପ୍ରଗତି ପଥରେ ଅଗ୍ରଗତି କରିପାରିବ ନାହିଁ ।

ରାମାୟଣ କାଳରେ ନାରୀଜାତି ସ୍ୱତନ୍ତ୍ର ସମ୍ମାନର ଅଧିକାରିଣୀ ଥିଲା । ନୈତିକତା ଥିଲା ତତ୍କାଳୀନ ନାରୀଜାତିର ପ୍ରଧାନ ଭୂଷଣ । ନାରୀତ୍ୱର ଚରମ ପରାକାଷ୍ଠାର ମାପକାଠି ଥିଲା ସଂସ୍କୃତି ସଚେତନତା ତଥା ଆଦର୍ଶର ସୁମଧୁର ମୂଲ୍ୟବୋଧ । ସୀତା ଚରିତ୍ରର ମହତ୍ତ୍ୱ ଯଥେଷ୍ଟ ସ୍ପଷ୍ଟ ଭାବରେ ପ୍ରମାଣ କରୁଛି ଯେ ରାମାୟଣ ଯୁଗରେ ନାରୀଜାତି ଥିଲେ ଆଦର୍ଶର ପ୍ରତୀକ ଓ ମାନବିକତା ତଥା ଦିବ୍ୟଭାବର ସମୁଜ୍ଜ୍ୱଳ ଅଭିବ୍ୟକ୍ତି । ପତିର ଆସନ ନାରୀ ନିକଟରେ ଥିଲା ସ୍ୱତନ୍ତ୍ର ଓ ଅସାଧାରଣ ଉଚ୍ଚତା ବିଶିଷ୍ଟ । ସେହି ଉଚ୍ଚତମ ଉଚ୍ଚତାରେ କୌଣସି ପରପୁରୁଷର ଛାୟା ମଧ୍ୟ ପଡ଼ିପାରୁ ନଥିଲା । ବସ୍ତୁର ମୋହ, ଐଶ୍ୱର୍ଯ୍ୟର ଆକର୍ଷଣ, କ୍ଷମତାର ପ୍ରଲୋଭନ ସେମାନଙ୍କଠାରୁ ବହୁ ଦୂରରେ ଥିଲା । ନୈତିକତା ଏବଂ ମୂଲ୍ୟବୋଧ ଥିଲା ଜୀବନର ମୂଳ କଥା । ଏହି ପରିପ୍ରେକ୍ଷୀରେ ରାମାୟଣର ସୀତା ଚରିତ୍ରକୁ ଗ୍ରହଣ କରାଯାଇ ପାରେ । ଆତ୍ମିକ ଶିକ୍ଷାର ଆଲୋକରେ ଆଲୋକିତ ନାରୀଜାତିର ପ୍ରତିନିଧି ଥିଲେ ରାମଚନ୍ଦ୍ରଙ୍କ ମାତା କୌଶଲ୍ୟା ଓ ବାଳୀର ପତ୍ନୀ ତାରା । ଉଚ୍ଚଶିକ୍ଷା ନିମନ୍ତେ ମୁନି ଆଶ୍ରମ ଥିଲା ପବିତ୍ର ସାରସ୍ୱତ ପୀଠ ।

ମହାଭାରତ କାଳରେ ମଧ୍ୟ ନାରୀଜାତି ପ୍ରତି ସମାଜରେ ଯଥେଷ୍ଟ ସମ୍ମାନ ଥିଲା । ଅବଶ୍ୟ ଆଦର୍ଶବାଦ କ୍ରମଶଃ ସାମାନ୍ୟ ହ୍ରାସ ପାଇଥିଲା ବୋଲି କେତେକ ମତ ଦିଅନ୍ତି । ସମୟକ୍ରମେ ଜୀବନଧାରା ଅଧିକରୁ ଅଧିକ ସମସ୍ୟାର ସମ୍ମୁଖୀନ ହେଉଥିବାରୁ ନାରୀଜାତି ସ୍ୱାଭାବିକ ଭାବରେ ବାସ୍ତବତାକୁ ବରଣ କରୁଥିଲେ । ଆଦି ପର୍ବରେ କୁହାଯାଇଛି ଯେ ସ୍ତ୍ରୀ ହେଉଛି ପୁରୁଷର ଅର୍ଦ୍ଧାଙ୍ଗ, ଶ୍ରେଷ୍ଠବନ୍ଧୁ, ତ୍ରିତାପହାରିଣୀ ଶକ୍ତି । ଶାନ୍ତିପର୍ବରେ ଉଲ୍ଲେଖ କରାଯାଇଛି –

ଭାର୍ଯ୍ୟାହୀନ ଗୃହସ୍ଥସ୍ୟ ଶୂନ୍ୟମେବ ଗୃହଂଭବେତ୍ ।

X X X

ଗୃହଂ ତୁ ଗୃହିଣୀ ହୀନମ୍ ଅରଣ୍ୟ ସଦୃଶଂ ମତମ୍ ॥

ପୁନଶ୍ଚ ଉଲ୍ଲେଖ କରାଯାଇଛି -

ନାସ୍ତି ଭାର୍ଯ୍ୟାସମୋବନ୍ଧୁଃ ନାସ୍ତି ଭାର୍ଯ୍ୟାସମା ଗତିଃ ।

ନାସ୍ତି ଭାର୍ଯ୍ୟା ସମାଲୋକେ ସହାୟା ଧର୍ମସଂଗ୍ରହେ ॥

ପିତୃଗୃହରେ ନାରୀମାନେ ସାଧାରଣ ଶିକ୍ଷାଲାଭ କରିବାର ପରମ୍ପରା ମହାଭାରତରେ ଦେଖିବାକୁ ମିଳେ ।

ବିରାଟ ରାଜାଙ୍କର କନ୍ୟା ଉତ୍ତରା ପିତୃଗୃହରେ ନୃତ୍ୟ ଓ ସଂଗୀତ ଶିକ୍ଷା କରିବା କଥା ସୂଚନା ଦେଉଛି ଯେ ନାରୀଜାତି ସେତେବେଳେ ସଙ୍ଗୀତ, ସାହିତ୍ୟ ତଥା ନୃତ୍ୟ ଆଦି ବିଦ୍ୟାରେ ସୁନିପୁଣା ଥିଲେ ।

ସ୍ମୃତିକାଳରେ ନାରୀଜାତିର ପାରିବାରିକ ଶିକ୍ଷା ଉପରେ ଗୁରୁତ୍ୱ ଆରୋପିତ ହେଉଥିଲା । ପରିବାରର ସମୃଦ୍ଧି ନିମନ୍ତେ ନାରୀର ଭୂମିକା ଯେ ଅଧିକ ଗୁରୁତ୍ୱପୂର୍ଣ୍ଣ, ଏକଥା ମୁକ୍ତ କଣ୍ଠରେ ସ୍ୱୀକୃତ ହୋଇଥିଲା । ସନ୍ତାନର ପାଳନ ଓ ପରିଚର୍ଯ୍ୟା ସହିତ ସନ୍ତାନକୁ ଦେଶ ଓ ଜାତିର ଜଣେ ଉପଯୁକ୍ତ ନାଗରିକ କରି ଗଢ଼ିବା ଦିଗରେ ନାରୀର ଭୂମିକା ଯେ ଗୁରୁତ୍ୱପୂର୍ଣ୍ଣ, ଏକଥା ଅଧିକରୁ ଅଧିକ ଉଦ୍‌ଘୋଷିତ ହେଲା । ମନୁ ସ୍ମୃତିରେ ଏ ପ୍ରସଙ୍ଗରେ ଉଲ୍ଲେଖ କରାଯାଇଛି -

ଉତ୍ପାଦନ ମପତ୍ୟସ୍ୟ ଜାତସ୍ୟ ପରିପାଳନମ୍ ।

ପ୍ରତ୍ୟହଂ ଲୋକଯାତ୍ରାୟାଃ ପ୍ରତ୍ୟକ୍ଷଂ ସ୍ତ୍ରୀନିବନ୍ଧନମ୍ ॥

ଅପତ୍ୟଂ ଧର୍ମକାର୍ଯ୍ୟାଣି ଶୁଶ୍ରୂଷା ରତିରୁତ୍ତମା ।

ଦାରାଧୀନ ସ୍ତଥା ସ୍ୱର୍ଗଃ ପିତୃଣା ମାତ୍ମନଶ୍ଚହ ॥

ଅର୍ଥାତ୍ ସନ୍ତାନ ଉତ୍ପାଦନ କରିବା ସଙ୍ଗେ ସଙ୍ଗେ ଜାତ ସନ୍ତାନର ପାଳନ ପୋଷଣ ତଥା ପ୍ରତିଦିନର ଯତ୍ନ ଓ ଶିକ୍ଷା ନିମନ୍ତେ ସ୍ତ୍ରୀ ହେଉଛି ପ୍ରତ୍ୟକ୍ଷ ଭାବରେ ସମ୍ପର୍କିତ । ଧର୍ମ କାର୍ଯ୍ୟରେ ସନ୍ତାନକୁ ନିୟୋଜିତ କରିବା ତା'ର କର୍ତ୍ତବ୍ୟ ଇତ୍ୟାଦି... । ଯେଉଁ ଘରେ ସ୍ତ୍ରୀ ଥାଏ ସ୍ୱାମୀପ୍ରତି ଅନୁରକ୍ତ ଓ ସ୍ୱାମୀ ଥାଏ ସ୍ତ୍ରୀ ପ୍ରତି ସନ୍ତୁଷ୍ଟ ସେ ଘରେ ଦେବତାମାନେ ବାସ କରିବାକୁ ଭଲ ପାଆନ୍ତି । ମନୁସ୍ମୃତିରେ ଉଲ୍ଲେଖ କରାଯାଇଛି -

ଯତ୍ର ନାର୍ଯ୍ୟସ୍ତୁ ପୂଜ୍ୟନ୍ତେ ତତ୍ର ରମନ୍ତେ ଦେବତା ।

ନାରୀର ତ୍ୟାଗ ଓ ପ୍ରଶସ୍ତ ମନହିଁ ପରିବାରର କଲ୍ୟାଣ ଦିଗରେ ସର୍ବାପେକ୍ଷା ଅଧିକ ଆବଶ୍ୟକ ବୋଲି ମନୁସ୍ମୃତିରେ ଉଦ୍‌ଘୋଷିତ ହୋଇଛି । କାଳିଦାସଙ୍କ ସମୟରେ

ନାରୀଜାତିର ସାମାଜିକ ସ୍ଥିତି ସମ୍ପର୍କରେ କେତେକ ସୂଚନା ତାଙ୍କ ସାହିତ୍ୟରେ ରହିଛି । ଲଜ୍ଜାକୁ ଭୂଷଣ ରୂପରେ ବରଣକରି ନାରୀ ସେତେବେଳେ ଭାରତୀୟ ଜୀବନର ମୂଲ୍ୟବୋଧକୁ ମୁକ୍ତ କଣ୍ଠରେ ସ୍ୱୀକାର କରିବାର ଚିତ୍ର ଆମେ ଶକୁନ୍ତଳା ଚରିତ୍ରରେ ଦେଖିବାକୁ ପାଉ । ରାଜା ଦୁଷ୍ମନ୍ତଙ୍କ ସମ୍ମୁଖରେ ଶକୁନ୍ତଳା ଅବଗୁଣ୍ଠନବତୀ ହୋଇ ଠିଆ ହୋଇଥିବାରୁ ସେ କୌତୁହଳୀ ହୋଇ ଶକୁନ୍ତଳାଙ୍କର ପରିଚୟ ଜାଣିବାକୁ ଚାହିଁଛନ୍ତି । ଗୌତମୀ ସେତେବେଳେ ମୁଖରୁ କ୍ଷଣକପାଇଁ ଓଢ଼ଣା ଖୋଲିଦେବାକୁ ଶକୁନ୍ତଳାକୁ ଅନୁରୋଧ କରିଛନ୍ତି ।

ମୋଟାମୋଟି ଭାବରେ ଏହା କୁହାଯାଇପାରେ ଯେ ପ୍ରାଚୀନ ଭାରତୀୟ ନାରୀଥିଲା ସ୍ୱାମୀର ଧର୍ମପତ୍ନୀ, ସହକର୍ମିଣୀ, ପତିକୁ ଗୁରୁରୂପେ ବିବେଚନା କରି ତାଙ୍କ କାମରେ ସାହାଯ୍ୟ କରିବା, ଗୁରୁଜନମାନଙ୍କୁ ଯାଥାମାନ୍ୟ ଦେବା, ପରିବାରର ସମୃଦ୍ଧି ପାଇଁ ସଚେତନ ହୋଇ କାର୍ଯ୍ୟ କରିବା ଥିଲା ନାରୀର ପରମ କର୍ତ୍ତବ୍ୟ । ଗୃହିଣୀର ସଚେତନତା ଉପରେ ପରିବାରର ସମୃଦ୍ଧି ନିର୍ଭରଶୀଳ । ଅବଶ୍ୟ ପ୍ରାଚୀନ ଭାରତୀୟ ନାରୀ ସମାଜର ମୂଲ୍ୟବୋଧ ଆଜି କ୍ଷୁର୍ଣ୍ଣ ହୋଇଛି । ପାଶ୍ଚାତ୍ୟ ଶିକ୍ଷା ଓ ସଭ୍ୟତାର ପ୍ରଭାବ ଏଥିପାଇଁ ଦାୟୀ ବୋଲି କୁହାଯାଉଛି । ବସ୍ତୁବାଦୀ ପାଶ୍ଚାତ୍ୟ ସଭ୍ୟତାର ପ୍ରଭାବରେ ଆଦର୍ଶବାଦ, ନୈତିକତା, ତ୍ୟାଗଶୀଳତା ଆଦି ସୁଦୂର ପରାହତ । ନିଜର ସୁଖ ସୁବିଧାପାଇଁ ବିବ୍ରତ ହୋଇ ଆଧୁନିକ ସମାଜରେ ନାରୀଜାତି ତା'ର ପୂର୍ବ ଗୌରବ ବିସ୍ମୃତ ହୋଇଛି । ଅହମିକା ଆଜି ନାରୀ ସମାଜକୁ ଅଧିକରୁ ଅଧିକ ଗ୍ରାସ କରିବାକୁ ବସିଛି । ବସ୍ତୁର ଜାଲରେ ମନ ତା'ର ଛନ୍ଦିହୋଇଯାଇଛି । ଏ ଦେଶର ସାଂସ୍କୃତିକ ମୂଲ୍ୟବୋଧ ସେମାନଙ୍କୁ ବିଶେଷ ଭାବରେ ପ୍ରଭାବିତ କରିପାରୁ ନାହିଁ ।

■

ବର୍ଷାଣାଂ ଭାରତଃ ଶ୍ରେଷ୍ଠଃ

ଆମ ଦେଶ ଭାରତ ବର୍ଷ ଖଣ୍ଡିଏ ଭୂମି ମାତ୍ର ନୁହେଁ, ଭାଷାର ଏକ ଅଳଙ୍କାର ନୁହେଁ, ଏହା ଏକ ଜାଗ୍ରତ ଚେତନା । ପୃଥିବୀର ଅନ୍ୟାନ୍ୟ ଦେଶ ଯେତେବେଳେ ଗାଢ଼ତମ ଅନ୍ଧକାରରେ ନିମଜ୍ଜିତ ଥିଲା, ସେତେବେଳେ ଭାରତରେ ଚେତନାର ବିଚ୍ଛୁରଣ ଘଟି ପ୍ରମାଣ କରିଥିଲା ଯେ ଏ ମାଟିର ମହତ୍ତ୍ୱ ଅସାମାନ୍ୟ ଓ ଅସାଧାରଣ । ଯୁଗ ଯୁଗ ଧରି ମାନବ ଜୀବନର ମହନୀୟତା ଏଠାରେ ଉନ୍ମୋଚିତ ଓ ଉପସ୍ଥାପିତ । ଜୀବନର ମୂଲ୍ୟବୋଧକୁ ଉପଲବ୍ଧି କରିବାପାଇଁ ଏଠାରେ ବ୍ୟାକୁଳତା ସର୍ବାଧିକ । ଦିବ୍ୟ ଶକ୍ତିର ଅବତରଣ ନିମନ୍ତେ ଏହା ଏକ ନିର୍ବାଚିତ ଭୂମି । ତେଣୁ ଏହା ଦେବଭୂମି ନାମରେ ନାମିତ ।

ଆମ ଦେଶର ମାନଚିତ୍ରକୁ ନିରେଖି ଦେଖିଲେ ଆମେ ଏକ ସ୍ୱତନ୍ତ୍ରତା ଅନୁଭବ କରିପାରିବା । ଏହା ଏକ ଉଡ଼ନ୍ତା ପକ୍ଷୀପରି ଦୃଶ୍ୟ ହେବ । ପଶ୍ଚିମ ପାଖରେ ଥିବା ଗୁଜୁରାଟ ଅଞ୍ଚଳଟି ପକ୍ଷୀର ମୁଣ୍ଡପରି ଦେଖାଗଲା ବେଳେ, ଉତ୍ତରରେ ଜାମ୍ମୁକାଶ୍ମୀର ପର୍ଯ୍ୟନ୍ତ ଓ ଦକ୍ଷିଣରେ କୁମାରିକା ଅନ୍ତରୀପ ପର୍ଯ୍ୟନ୍ତ ତା'ର ଦୁଇଡେଣା ପରିବ୍ୟାପ୍ତ ହେଲାପରି ଜଣାଯିବ । ପୂର୍ବର ଆସାମ ଆଦି ଅଞ୍ଚଳ ଏହାର ପୁଚ୍ଛପରି ଦର୍ଶକ ଆଖିକୁ ଦେଖାଯିବ । ମନେହେବ ସତେ ଅବା ସମସ୍ତ ଅଧିବାସୀଙ୍କୁ ନିଜ ଅଙ୍ଗୀଭୂତ କରି ଏହି ଦେଶ ପକ୍ଷୀପରି ଶାଶ୍ୱତଙ୍କ ଆଡ଼କୁ ଉଡ଼ି ଚାଲିଛି । ଆମ ଦେଶକୁ ଏକ ଉପମହାଦେଶର ଆଖ୍ୟା ଦିଆଯାଏ କାରଣ ଏଥିରେ ବହୁ ଧର୍ମ, ବହୁ ଭାଷା, ବହୁ ଚଳଣି ଦେଖିବାକୁ ମିଳେ । ପ୍ରକୃତ ପକ୍ଷେ ଏହା ଏକ ଉପମହାଦେଶ ମାତ୍ର ନୁହେଁ, ଏହା ସମଗ୍ର ବିଶ୍ୱର ପ୍ରତିନିଧିତ୍ୱ କରିବାର ଯୋଗ୍ୟତା ଅର୍ଜନ କରିଛି । ପୃଥିବୀରେ ଅନୁଭୂତ ଭିନ୍ନ ଭିନ୍ନ ଜଳବାୟୁ ଏଠାରେ ସୁଲଭ, ହିମାଳୟ ଭଳି ଉଚ୍ଚ ପର୍ବତ ଶ୍ରେଣୀ, ଉତ୍ତର ଭାରତର ବିସ୍ତୃତ ସମତଳଭୂମି, ଦାକ୍ଷିଣାତ୍ୟର ଉଚ୍ଚ ମାଳଭୂମି, ବୃଷ୍ଟି ବହୁଳ ଚେରାପୁଞ୍ଜି ଅଞ୍ଚଳ, ବୃଷ୍ଟିହୀନ ଥର ମରୁଭୂମି ଅଞ୍ଚଳ ଏଠାରେ ରହିଥିବାରୁ ଭୌଗୋଳିକ ଦୃଷ୍ଟିରୁ ଏହା ପୃଥିବୀର ପ୍ରତିନିଧିତ୍ୱ କରୁଛି । ଗଙ୍ଗା ଆଦି ବିରାଟ

ନଦୀ, ବହୁ ହ୍ରଦ, ବହୁ ଜଳପ୍ରପାତ ବିସ୍ତୀର୍ଣ୍ଣ ଅରଣ୍ୟର ସମାହାର ସହିତ ବହୁ ପ୍ରକାର ଅରଣ୍ୟ ସମ୍ପଦ, ଖଣିଜ ସମ୍ପଦର ସ୍ଥିତି ଆମ ଦେଶରେ ଥିବାରୁ ଏହାକୁ ପୃଥିବୀର ଏକ କ୍ଷୁଦ୍ର ପ୍ରତିରୂପ କହିଲେ ଅତ୍ୟୁକ୍ତି ହେବନାହିଁ ।

କେବଳ ଏତିକି ନୁହେଁ, ସୂକ୍ଷ୍ମ ସ୍ତରରେ ଭାରତ ମଧ୍ୟ ଯୁଗେ ଯୁଗେ ପୃଥିବୀର ପ୍ରତିନିଧିତ୍ୱ କରି ଆସିଛି । ପୃଥିବୀର ସମସ୍ୟା ହିଁ ଭାରତର ସମସ୍ୟା । ପୃଥିବୀର ପ୍ରାଣସ୍ପନ୍ଦନ ଭାରତରେ ଅନୁଭୂତ ହୁଏ । ଭାରତରେ ଯେଉଁ ସମସ୍ୟାର ସମାଧାନ ହେବ, ପୃଥିବୀରେ ସେହି ସମସ୍ୟାର ସମାଧାନ ଆପେ ଆପେ ହୋଇଯିବ । ଯଦି ଭାରତରେ ଆଲୋକର ଶିଖା ନଆସିବ, ତେବେ ସମଗ୍ର ପୃଥିବୀ ଅନ୍ଧକାରରେ ରହିବାକୁ ବାଧ୍ୟ ହେବ । ଶ୍ରୀମା'ଙ୍କ ମତରେ- "India has become the symbolic representation of all difficulties of modern man kind." ପୃଥିବୀର ମାନବ ଜାତିର ଯେତେ ସମସ୍ୟା ରହିଛି ତା'ର ସମାଧାନ ଭାରତର ସଙ୍କଳ୍ପରେ ହୋଇପାରିବ ବୋଲି ଶ୍ରୀ ଅରବିନ୍ଦ ଘୋଷଣା କରିଯାଇଛନ୍ତି । ତାଙ୍କ ମତରେ,- "ଭାରତ ବର୍ଷ ଅନ୍ୟ ଦେଶ ତୁଲ୍ୟ ନିଜ ସକାଶେ ଜାଗ୍ରତ ହୋଇନାହିଁ ବା ବଳଶାଳୀ ହୋଇ ନାହିଁ, ଦୁର୍ବଳକୁ ପାଦରେ ଦଳିଦେବା ପାଇଁ ଉଠି ନାହିଁ । ଭାରତ ଚିରଦିନ ବଞ୍ଚି ରହିଛି ବିଶ୍ୱମାନବ ସକାଶେ, ନିଜ ସକାଶେ ନୁହେଁ, ଆଜି ତାକୁ ବଡ଼ ହେବାକୁ ହେବ, ବିଶ୍ୱ ମାନବ ସମାଜପାଇଁ, ନିଜପାଇଁ ନୁହେଁ ।" ଆଗାମୀ ଦିନରେ ଭାରତ ହେବ ପୃଥିବୀର ଗୁରୁ । ଭାରତର ଚିନ୍ତା ଓ ଚେତନା କାର୍ଯ୍ୟରେ ରୂପାନ୍ତରିତ ହୋଇ ପୃଥିବୀର କଲ୍ୟାଣ ସାଧନ କରିବ । ସମଗ୍ର ପୃଥିବୀ ଭାରତର ନେତୃତ୍ୱକୁ ସ୍ୱୀକାର କରିବା ସଙ୍ଗେ ସଙ୍ଗେ ତା' ଉପରେ ଗୁରୁତ୍ୱ ଆରୋପ କରିବ । ଭାରତରୁ ବିଚ୍ଛୁରିତ ହେବ ମାନିକତାର ସମୁଜ୍ଜ୍ୱଳ ରଶ୍ମିରେଖା । ଦିଗ ଦିଗନ୍ତ ଆଲୋକିତ ହେବ ସେହି ରଶ୍ମି ରେଖାରେ । ଅତଏବ ପୃଥିବୀକୁ ବଞ୍ଚାଇବାକୁ ହେଲେ ଆଗ ଭାରତକୁ ବଞ୍ଚାଇବାକୁ ହେବ । ଅବିଦ୍ୟାର କବଳରୁ ତାକୁ ରକ୍ଷା କରିବାକୁ ହେବ । କାରଣ ଭାରତ ହେଉଛି ପୃଥିବୀର ଆତ୍ମା ସ୍ୱରୂପ । ଆତ୍ମାର ପ୍ରଗତିରେ ଜୀବନର ଯଥାର୍ଥ ପ୍ରଗତି ସମ୍ଭବ ହେଲାପରି ଭାରତର ଉନ୍ନତିରେ ବିଶ୍ୱପ୍ରଗତି ସମ୍ଭବ ହେବ । ଭାରତୀୟ ସଂସ୍କୃତିରେ ଥିବା ଉଦାରତା, ହୃଦୟବତ୍ତା, ଆତ୍ମୀୟତା ଅନ୍ୟ କୌଣସି ଦେଶର ସଂସ୍କୃତିରେ ମିଳେନାହିଁ । ମାନବିକତା ହିଁ ଭାରତୀୟ ଜୀବନଧାରାର ଅସଲ ଚାବିକାଠି । ଏହି ମାନବିକତା ବଳରେ ବିଶ୍ୱଜୀବନରୁ କଳୁଷ, କାଳିମା, ଗ୍ଲାନି ମ୍ଳାନିମା ସବୁ କିଛି ଦୂର ହୋଇ ସେ ସ୍ଥାନରେ ନବ ଚେତନାର ଭାବତରଙ୍ଗ ଖେଳିଯିବ, ଏଥିରେ ସନ୍ଦେହର ଅବକାଶ ନାହିଁ ।

ଆଗାମୀ ବିଶ୍ୱ ଓ ଭାରତବର୍ଷ

ବିଶ୍ୱ ଜୀବନଧାରାକୁ ଭିନ୍ନ ଭିନ୍ନ ଦିଗରୁ ଅନୁଧ୍ୟାନ କଲେ ଏହା ଅନୁଭବ କରିହୁଏ ଯେ ଅଶାନ୍ତି, ଅସନ୍ତୋଷ, ଅସହିଷ୍ଣୁତା ଓ ଈର୍ଷା ଏହାକୁ କବଳିତ କରି ରଖିଛି । ଦେଶ ଦେଶ ଭିତରେ ବୁଝାମଣାର ଅଭାବ ବିଶ୍ୱରେ ଅସ୍ୱସ୍ତିକର ପରିବେଶ ସୃଷ୍ଟି କରୁଛି । ମଣିଷର ସଂଖ୍ୟା ବଢ଼ିଛି, ମାତ୍ର ମାନବିକତାର ମୂଲ୍ୟବୋଧ କମିଆସିଲା ପରି ମନେହେଉଛି । ପାରସ୍ପରିକ ଏକତା, ସମନ୍ୱୟ, ଆନ୍ତରିକତା ଆଜି ସୁଦୂରପରାହତ । ଜୀବନଯାତ୍ରା ଆଜି ଘନୀଭୂତ ମ୍ଳାନିମାରେ ଆଚ୍ଛନ୍ନ ହୋଇ ଅସ୍ୱାଭାବିକ ହୋଇଛି । ବହୁ ସମସ୍ୟା ମାନବଜାତିର ଅଗ୍ରଗତି ଧାରାକୁ ବ୍ୟାହତ କରୁଛି । ଅବଶ୍ୟ କେତେକ ସମସ୍ୟାର ସମାଧାନ ପାଇଁ ଯେ ଉଦ୍ୟମ ନ ହୋଇଛି ଏପରି ନୁହେଁ; କିନ୍ତୁ ସେ ଉଦ୍ୟମ ବିଶେଷ ସଫଳ ହୋଇନାହିଁ କହିଲେ ଚଳେ । ରାଜନୈତିକ ଧାରାରେ ପରିବର୍ତ୍ତନ ହେଲେ, ଭୌତିକ ସଂପଦର ସମବଣ୍ଟନ ହେଲେ ସବୁ ସମସ୍ୟାର ସମାଧାନ ହେବନାହିଁ । ବିଜ୍ଞାନ ବଳରେ ପ୍ରଚୁର ଖାଦ୍ୟ ଉତ୍ପାଦିତ ହେଲେ ମଧ୍ୟ ସବୁ ସମସ୍ୟାର ସମାଧାନ ହେବନାହିଁ । ସବୁ ସମସ୍ୟାର ସମାଧାନର ଚାବିକାଠି ହେଉଛି ଆନ୍ତରିକତା, ଯାହାର ଭିତ୍ତି ହେବ ସମଦର୍ଶନର ଭାବ । ସମଦର୍ଶନ ହେଉଛି ଆତ୍ମିକ ସ୍ତରରେ ସମଭାବନାର ସ୍ନିଗ୍ଧସୁନ୍ଦର ଅଭିବ୍ୟକ୍ତି । ସବୁଧର୍ମ, ସବୁଭାଷା, ସବୁ ସଂପ୍ରଦାୟ ପ୍ରତି ସମଭାବର ଚେତନା ବିଶ୍ୱ ପରିବାର ଗଠନ ନିମନ୍ତେ ଏକାନ୍ତ ଅପରିହାର୍ଯ୍ୟ । ଏକ ସତ୍ୟ, ବହୁନାମରେ, ଭିନ୍ନ ଭାଷାରେ ଉପସ୍ଥାପିତ ହୋଇଛି ମାତ୍ର । ହିନ୍ଦୁମାନଙ୍କର ଯିଏ ବ୍ରହ୍ମ, ପାର୍ସିମାନଙ୍କର ସେ ଅହୁରମଜଦା, ବୌଦ୍ଧମାନଙ୍କର ସେ ବୁଦ୍ଧ, ଇସ୍‌ଲାମଙ୍କର ସେ ଆଲ୍ଲା, ଇହୁଦୀମାନଙ୍କର ଜିହୋବା ପୁଣି ଖ୍ରୀଷ୍ଟିଆନମାନଙ୍କର ସେ ହିଁ ସ୍ୱର୍ଗତ ପିତା । ସମଦର୍ଶନର ଏହି ଭାବ ଯେତେ ଦୃଢ଼ ହେବ ସାଂପ୍ରତିକ ବିଶ୍ୱର ସମସ୍ୟା ସେତେ ଶୀଘ୍ର ସମାଧାନ କରାଯାଇପାରିବ ।

ଭାରତୀୟ ସଂସ୍କୃତିରେ ସମଦର୍ଶନର ଭାବର ଭିତ୍ତି ଓ ସ୍ଥିତି ବହୁ ପ୍ରାଚୀନ। ଏହାର ମୂଳ ଉପାଦାନସବୁ ବୈଦିକ ମନ୍ତ୍ରମାଳାରେ ଉପସ୍ଥାପିତ ହୋଇ ରହିଛି। ଗିରିଗୁହାରୁ ଉତ୍‌ଥିତ, ଶୋଭାଶ୍ୟାମଳ ବନଭୂମିରୁ ଉଚ୍ଚାରିତ, ନଦୀ-ନିର୍ଝରତୀରସ୍ଥ ସୁରମ୍ୟ ପରିବେଶରୁ ପ୍ରଚାରିତ, ଜନପଦରୁ ପ୍ରସାରିତ ଆର୍ଯ୍ୟଋଷିର ବାଣୀରେ ସମଗ୍ର ମାନବଜାତିର କଲ୍ୟାଣକାମନା ମୂର୍ତ୍ତିମନ୍ତ ହୋଇଥିଲା। ଭାରତୀୟ ସଂସ୍କୃତିରେ ବିଶ୍ୱପ୍ରେମର ଉତ୍ତାଳ ତରଙ୍ଗମାଳା ଓ ତାର ପରିପ୍ଲାବନ କାଳେ କାଳେ ଅନୁଭବର ବିଷୟ ହୋଇ ରହିଛି ଓ ରହିବ। ଈର୍ଷା ନାହିଁ, ଅସୂୟା ନାହିଁ, ଅସହିଷ୍ଣୁତା ନାହିଁ, ଅଛି ପ୍ରାଚୀନ ଭାରତର ସଂସ୍କୃତିରେ ସହାନୁଭୂତିର ସ୍ନିଗ୍ଧଶୋଭନ ଚିତ୍ର, ହୃଦୟବତ୍ତାର ନିର୍ମଳ ଆଲେଖ୍ୟ, ସ୍ନେହ ମମତାର ସୁସଂଗତିପୂର୍ଣ୍ଣ ମଧୁସିକ୍ତ ଅଭିବ୍ୟକ୍ତି। ସୁଦୂର ଅତୀତରୁ ଅଦ୍ୟାବଧି ଭାରତୀୟ ଜୀବନଧାରା ବିଶ୍ୱକଲ୍ୟାଣ କାମନାର ମୂଲ୍ୟବୋଧକୁ ଉଚ୍ଚସ୍ଥାନ ଦେଇଛି। ଭାରତୀୟ ଜୀବନ ହେଉଛି ବିଶ୍ୱ ଜୀବନର ସାର୍ଥକ ପ୍ରତିନିଧି। ସନାତନ ଧର୍ମର ଏ ଦେଶକୁ ସମୟକ୍ରମେ ଆସିଛନ୍ତି ଇହୁଦୀମାନେ, ଆସିଛନ୍ତି ରୋମାନ୍‌ମାନେ, ଆସିଛି ଇସଲାମ୍, ଖ୍ରୀଷ୍ଟିଆନ ଆଦି ବହୁ ଧର୍ମ। ଭାରତୀୟମାନେ ଯେ କେବଳ ସବୁ ଧର୍ମକୁ ସହ୍ୟ କରନ୍ତି ତାହା ନୁହେଁ, ବରଂ ସବୁ ଧର୍ମଗୁଡିକୁ ସତ୍ୟ ବୋଲି ବିଶ୍ୱାସ କରନ୍ତି। ସମଗ୍ର ବିଶ୍ୱକୁ ଶାନ୍ତିଧାମରେ ପରିଣତ କରିବା ପାଇଁ ଭାରତୀୟ ସଂସ୍କୃତିରେ ରହିଛି ବହୁମୂଲ୍ୟ ଉପାଦାନ। ସମଗ୍ର ମାନବଜାତିକୁ ମାନବିକତାର ଦୀକ୍ଷାରେ ଦୀକ୍ଷିତ କରିବା ପାଇଁ ଭାରତୀୟ ସଂସ୍କୃତି କାଳେ କାଳେ ପ୍ରୟାସ କରିଛି। ଭାରତବର୍ଷରେ ଏକ ଆତ୍ମିକ ଶକ୍ତିର ସଞ୍ଚରଣ ରହିଛି। ଯାହାକୁ ପ୍ରାଚ୍ୟ ଓ ପାଶ୍ଚାତ୍ୟର ବହୁ ମନୀଷି ମୁକ୍ତକଣ୍ଠରେ ସ୍ୱୀକାର କରିଛନ୍ତି। ଶ୍ରୀଅରବିନ୍ଦଙ୍କ ମତରେ, ''ଭାରତ ଧ୍ୱଂସ ହୋଇନପାରେ। ଆମ୍ଭମାନଙ୍କର ଜାତି ସୁପ୍ତ ହୋଇନପାରେ, କାରଣ ମାନବ ଗୋଷ୍ଠୀସମୂହ ମଧ୍ୟରେ ଭାରତ ସକାଶେ ନିର୍ଦ୍ଦିଷ୍ଟ ରହିଛି ସମଗ୍ର ମାନବଜାତିର ଭବିଷ୍ୟତ ହିତାର୍ଥେ ଅପରିହାର୍ଯ୍ୟ ଏକ ଉଜ୍ଜ୍ୱଳତମ ଓ ମହତ୍ତମସିଦ୍ଧି।'' ଭିନ୍ନ ଭିନ୍ନ ସମୟରେ ବିଭିନ୍ନ କାରଣରୁ ବହିଃଶତ୍ରୁ ଆକ୍ରମଣର ଶିକାର ହୋଇଛି ଭାରତବର୍ଷ। ଭାରତୀୟ ଜୀବନର ସମୃଦ୍ଧି ଓ ସଂହତି ଯେ ବ୍ୟାହତ ନ ହୋଇଛି ଏପରି ନୁହେଁ। ତଥାପି ଭାରତ ବଞ୍ଚିରହିଛି ଓ ବଞ୍ଚିରହିବ ବିଶେଷକରି ସମଗ୍ର ଜଗତ ପାଇଁ। ଆଗାମୀ ବିଶ୍ୱ ପାଇଁ ଭାରତର ଭୂମିକା ହେବ ସ୍ୱତନ୍ତ୍ର ଓ ଅଭିନବ। ନିଜସ୍ୱ ମୌଳିକ, ଉଦାର ପରିବ୍ୟାପ୍ତ ଚେତନା ବଳରେ ସମଗ୍ର ମାନବ ଜାତିକୁ ଉପଯୁକ୍ତ ଦିଗ୍‌ଦର୍ଶନ ଦେଇ ଭାରତ ହେବ ଆଗାମୀ ବିଶ୍ୱର ଗୁରୁ। ଭାରତ ବଞ୍ଚିଲେ ପୃଥିବୀ ବଞ୍ଚିବ। ଭାରତର କ୍ଷତିରେ ପୃଥିବୀର କ୍ଷତି ହେବ। ଏ ପ୍ରସଙ୍ଗରେ ସ୍ୱାମୀ ବିବେକାନନ୍ଦଙ୍କ ବାଣୀ ସ୍ମରଣକୁ ଆସେ। ତାଙ୍କ

ମତରେ, ''ଭାରତର ବିନାଶରେ ଜଗତରୁ ସମୁଦାୟ ଆଧ୍ୟାତ୍ମିକତା ଲୋପ ପାଇବ, ଚରିତ୍ରର ସମସ୍ତ ମହାନ ଆଦର୍ଶ ନଷ୍ଟ ହେବ। ସମସ୍ତ ଧର୍ମ ପ୍ରତି ମଧୁର ସହାନୁଭୂତିର ଭାବ ନଷ୍ଟ ହେବ, ସମୁଦାୟ ଭାବୁକତାର ବିନାଶ ହେବ। ତତ୍‌ପରିବର୍ତ୍ତେ କାମ ଓ ବିଳାସିତାରୂପକ ଦେବାଦେବୀ ରାଜତ୍ୱ କରିବେ। ଅର୍ଥ ହେବ ତାଙ୍କର ପୁରୋହିତ, ପ୍ରତାରଣା, ପାଶବ ବଳ ଓ ପ୍ରତିଦ୍ୱନ୍ଦ୍ୱିତା ହେବ ପୂଜାପଦ୍ଧତି ଏବଂ ମାନବାତ୍ମାକୁ ସେଠାରେ ବଳି ଦିଆଯିବ।'' ଏଥିରୁ ଭାରତର ଭୂମିକା ଆଗାମୀ ବିଶ୍ୱ ପାଇଁ କେତେ ଗୁରୁତ୍ୱପୂର୍ଣ୍ଣ, ତାହା ସହଜରେ ଅନୁମେୟ। ସେଦିନ ଆସିବ ଯେଉଁଦିନ ଭାରତୀୟ ମାନବପ୍ରେମୀ ଚିନ୍ତା ଓ ଚେତନାର ଭାବତରଙ୍ଗ ବିଶ୍ୱର କୋଣେ ଅନୁକୋଣେ ପ୍ରସାରିତ ହେବ। ନୈରାଶ୍ୟର ଅମାଅନ୍ଧକାର କ୍ରମଶଃ ବିଶ୍ୱ ଜୀବନରୁ ଅପସାରିତ ହେବ। ଆଶାବାଦର ଆଲୋକରେ ଆଲୋକିତ ହେବ ବିଶ୍ୱ ମାନବର ଚଲାପଥ। ଭାରତୀୟ ସଂସ୍କୃତିର ଏକ ବିଶିଷ୍ଟ ଉପାଦାନ ଭାବରେ ଆଶାବାଦ ସ୍ୱୀକୃତ। ବୈଦିକ ଯୁଗରୁ ଏହି ଆଶାବାଦର ସୁମଧୁର ସ୍ୱର ଶୁଣିବାକୁ ମିଳେ। ଆଶାବାଦ ଆଣିଦିଏ ମନରେ ଅସୀମ ସାହସ ଓ ଦେହରେ ଅମାପ ଶକ୍ତି। ନିରାଶାକୁ ନିବିଡ଼ ଅନ୍ଧକାର ରୂପରେ ପରିକଳ୍ପନା କରିବା ସଂଗେ ସଂଗେ ନିରାଶାବାଦୀକୁ ଭାବନାହୀନ, ଅଜ୍ଞାନ ବୋଲି ବେଦରେ ବିଚାର କରାଯାଇଛି। ବେଦ ମତରେ ଆଶା ହେଉଛି ଜୀବନର ସୂଚନା ଓ ନିରାଶା ହେଉଛି ମୃତ୍ୟୁର ଯନ୍ତ୍ରଣା। ବୈଦିକ ମନ୍ତ୍ର ନିରାଶାର ମେଘମାଳାକୁ ଦୂରୀଭୂତ କରି ଆଶାର ସ୍ନିଗ୍ଧସୁନ୍ଦର ଚାରୁଚନ୍ଦ୍ରିକାରେ ଜୀବନକୁ ପ୍ଲାବିତ କରିବା ପାଇଁ ସୂଚନା ଦେଇଛି। ଯଜୁଃ ବେଦରେ ପ୍ରାର୍ଥନାସ୍ୱରୂପ ଉପସ୍ଥାପିତ ହୋଇଛି-

'ତେଜୋଽସି ତେଜାମୟି ଧେହି
ବୀର୍ଯ୍ୟମସି ବୀର୍ଯ୍ୟଂମୟି ଧେହି
ବଳମସି ବଳଂ ମୟି ଧେହି
ଓଜୋଽସି ଓଜାମୟି ଧେହି।'

ବିଶ୍ୱ ଜୀବନର ପରିପୂର୍ଣ୍ଣତା ନିମନ୍ତେ ମଧୁରତା ଏକ ଅପରିହାର୍ଯ୍ୟ ଆବଶ୍ୟକତା। ଏହି ମଧୁରତାର ସାର୍ଥକ ରୂପରେଖ ଉପନିଷଦୀୟ ମନ୍ତ୍ରମାଳାରେ ଦେଖିବାକୁ ମିଳେ। ପରିବେଶ ମଧୁସିକ୍ତ ହେଉ, ଜୀବନରେ ମଧୁରତାର ସଞ୍ଚରଣ ଘଟୁ, ବିଶ୍ୱଜୀବନ ଦିବ୍ୟ ଆନନ୍ଦରେ ଶିହରିଉଠୁ, ଏହି କାମନା ଭାରତୀୟ ସଂସ୍କୃତିକୁ ସ୍ୱତନ୍ତ୍ର ମର୍ଯ୍ୟାଦା ଦେଇଛି। ଉପନିଷଦରେ ଅଛି-

'ମଧୁବାତା ଋତାୟତେ ମଧୁକ୍ଷରନ୍ତି ସିନ୍ଧବଃ
ମାଧ୍ୱିର୍ନଃ ସନ୍ତ୍ୱୋଷଧିଃ, ମଧୁନକ୍ତ ଭୂତୋଽଅସି

ମଧୁମତ ପାର୍ଥିବଂ ରଜଃ, ମଧୁ ଦୌର ସ୍ତୁନଃପିତା
ମଧୁମାନ୍ନୋ ବନସ୍ପତିଃ, ମଧୁ ମାନସ୍ତୁ ସୂର୍ଯ୍ୟା।'

ଅର୍ଥାତ୍ ପବନ ଆନନ୍ଦ ଆଣୁ, ନଦୀ ସୁଖ ଆଣୁ, ଲତାମାନେ ଆନନ୍ଦ ଆଣନ୍ତୁ, ରାତି ଓ ଦିନ ଆନନ୍ଦ ଦିଅନ୍ତୁ, ଗଛମାନେ ଆନନ୍ଦ ଦିଅନ୍ତୁ, ସୂର୍ଯ୍ୟ ଆନନ୍ଦ ଦିଅନ୍ତୁ ଇତ୍ୟାଦି...

ଆଗାମୀ ବିଶ୍ୱ ପାଇଁ ଧାର୍ମିକଚେତନା ବିଶେଷ କିଛି ଗୁରୁତ୍ୱପୂର୍ଣ୍ଣ ଭୂମିକା ଗ୍ରହଣ କରିପାରିବ ନାହିଁ। ଆଧ୍ୟାତ୍ମିକତା ହିଁ ସମଗ୍ର ବିଶ୍ୱ ଜୀବନର ବିକାଶ ନିମନ୍ତେ ଦୃଢ଼ ପଦକ୍ଷେପ ନେଇପାରିବ। ଧର୍ମ ଯାହା ପାରିବ ନାହିଁ, ଆଧ୍ୟାତ୍ମିକତା ତାହା କରିବାକୁ ସମର୍ଥ ହେବ। ଆଧ୍ୟାତ୍ମିକତାର ସ୍ପର୍ଶରେ ଜୀବନ ହୋଇଉଠିବ ପୂର୍ଣ୍ଣାଙ୍ଗ ଓ ପୁଷ୍କଳ । ଧର୍ମ ଦେଇପାରେ ସ୍ୱର୍ଗର ସନ୍ଧାନ, କହିପାରେ ମୁକ୍ତିର ପଥ, ଆଧ୍ୟାତ୍ମିକତା କିନ୍ତୁ ଧରାରେ ସ୍ୱର୍ଗକୁ ଅବତରଣ କରାଇପାରେ। ଧର୍ମ ବହୁପରିମାଣରେ ଆଚାର ଉପରେ ଆସ୍ଥା ସ୍ଥାପନ କଲାବେଳେ ଆଧ୍ୟାତ୍ମିକତା ବିଚାର ଉପରେ ଗୁରୁତ୍ୱ ଆରୋପ କରେ। ଜୀବନରୁ ପଳାୟନ ନୁହେଁ, ବରଂ ଦିବ୍ୟ ପୂର୍ଣ୍ଣତାରେ ପୂର୍ଣ୍ଣ କରି ଗଢ଼ିତୋଳିବା ହେଉଛି ଆଧ୍ୟାତ୍ମିକତାର ମୁଖ୍ୟ ଆଭିମୁଖ୍ୟ। ଆଧ୍ୟାତ୍ମିକତା ଜୀବନକୁ ଆଦର କରେ, ଜଗତକୁ ଆଦର କରେ, ଜୀବନର ଅପୂର୍ଣ୍ଣତାକୁ ଖୋଜି ତାକୁ ପୂର୍ଣ୍ଣ କରିବା ପାଇଁ ପ୍ରଚେଷ୍ଟା କରେ। ଗୈରିକବସନ ପରିଧାନ, ଦଣ୍ଡ କମଣ୍ଡଳୁ ଧାରଣ, ଭସ୍ମ ବିଲେପନ, ଚିତାଅଙ୍କନ ଏଥିରେ ମୁଖ୍ୟ ନୁହେଁ, ସଚେତନତା ଏହାର ମୂଳତତ୍ତ୍ୱ ଭାବରେ ଗୃହୀତ। ଜଡ଼ବିଜ୍ଞାନକୁ ଆଧ୍ୟାତ୍ମିକତା ବିରୋଧ କରେନାହିଁ, ବରଂ ତାର ସଦ୍‌ବ୍ୟବହାର ପାଇଁ ପ୍ରେରଣା ଦିଏ। ପ୍ରକୃତରେ ବିଜ୍ଞାନ ଓ ଆଧ୍ୟାତ୍ମିକତା ଭିତରେ ନିବିଡ଼ ସଂପର୍କ। ଏହି ପ୍ରସଙ୍ଗରେ ପାଶ୍ଚାତ୍ୟର ବୈଜ୍ଞାନିକ ଆଇନଷ୍ଟାଇନଙ୍କ ମତ ସ୍ମରଣ କରାଯାଇପାରେ। ତାଙ୍କ ମତରେ, "ମୁଁ ଈଶ୍ୱରଙ୍କୁ ବିଶ୍ୱାସ କରେ, ସୃଷ୍ଟି ନିୟମଗୁଡିକୁ ସେହି ଈଶ୍ୱର ନିୟନ୍ତ୍ରଣ କରନ୍ତି। ମୁଁ ସ୍ୱୀକାର କରେ ଯେ ପ୍ରକୃତିର ଅନ୍ତରାଳରେ ଏକ ଚେତନାଶକ୍ତି କାର୍ଯ୍ୟ କରୁଛି।" ପାଶ୍ଚାତ୍ୟ ଜଗତରେ ଈଶ୍ୱର ବିଶ୍ୱାସ ତଥା ଆଧ୍ୟାତ୍ମିକ ଚେତନା ଯେତିକି ରହିଛି ତାହା ଜୀବନର ପରିପୂର୍ଣ୍ଣତା ନିମନ୍ତେ ଯଥେଷ୍ଟ ନୁହେଁ। ସେହି ଆଧ୍ୟାତ୍ମିକ ଚେତନାର ଅଭିବୃଦ୍ଧି ନିମନ୍ତେ ଭାରତ ନେତୃତ୍ୱ ନେବ।

ଭାଷାର ଏକୀକରଣରେ ବିଶ୍ୱ ଜୀବନରୁ ସମସ୍ୟା ଦୂର ହେବ ନାହିଁ, ବସ୍ତୁଭିତ୍ତିକ ସାମ୍ୟବାଦୀ ଭାବନାର ପ୍ରୟୋଗରେ ମଧ୍ୟ ସମସ୍ୟାର ସମାଧାନ ହେବ ନାହିଁ। ଭାଷାର ଭିନ୍ନତା ଦେଶଭେଦରେ ରହିବ, ଆଚାର ବ୍ୟବହାରରେ ପାର୍ଥକ୍ୟ ରହିବ। ଆତ୍ମଜ୍ଞାନ ହିଁ ବିଶ୍ୱ ଜୀବନରେ ଶାନ୍ତି, ସଂହତି ଓ ଆଶାନୁରୂପ ପ୍ରଗତି ଆଣିଦେଇପାରିବ। ଭାରତର

ଭୂମିକା ଆଗାମୀ ବିଶ୍ୱ ପାଇଁ ଏତେ ଗୁରୁତ୍ୱପୂର୍ଣ୍ଣ ହୋଇଥିବାରୁ ପ୍ରତ୍ୟେକ ଭାରତୀୟଙ୍କ ଭୂମିକା ଯେ କେତେ ଗୁରୁତ୍ୱପୂର୍ଣ୍ଣ ତାହା ସହଜରେ ଅନୁମେୟ। ନିଜ ପାଦରେ ଛିଡ଼ା ହୋଇ ଆତ୍ମଜ୍ଞାନ ଅର୍ଜନ କରିବାକୁ ହେବ। ସେହି ଆତ୍ମଜ୍ଞାନର ଆଲୋକ ପରିବେଶକୁ ଆଲୋକିତ କରିବ। ଆତ୍ମଜ୍ଞାନ ନିମନ୍ତେ ପ୍ରାଚ୍ୟର ଆଧାତ୍ମିକତା ଯେତିକି ଆବଶ୍ୟକ ପାଶ୍ଚାତ୍ୟର ବିଜ୍ଞାନ ବିଚାର ସେତିକି ଆବଶ୍ୟକ। ଏ ପରିପ୍ରେକ୍ଷୀରେ ଶ୍ରୀଅରବିନ୍ଦ ବାଣୀ ସ୍ମରଣୀୟ। ତାଙ୍କ ମତରେ "ପାଶ୍ଚାତ୍ୟର ବିଜ୍ଞାନ, ଯୁକ୍ତି, ଉନ୍ନତିଶୀଳ ଓ ଆଧୁନିକ ଯୁଗର ସକଳ ମୂଳସତ୍ୟକୁ ଆମେ ଗ୍ରହଣ କରିବା । ଆମର ନିଜସ୍ୱ ଜୀବନଧାରା ଉପରେ ଛିଡ଼ାହୋଇ ତାହାକୁ ଆମର ଅଧାତ୍ମ ଆଦର୍ଶ ଓ ଲକ୍ଷ୍ୟସହ ମିଳାଇଧରି ବା ଆମର ଚତୁର୍ଦ୍ଦିଗରେ ଯେଉଁ ଜୀବନପ୍ରବାହ ବିଦ୍ୟୁତ ସ୍ପନ୍ଦନ ହୋଇ ଛୁଟିଚାଲିଛି, ଆଧୁନିକ ପ୍ରାଣରେ ଯେତେ ଐତିହ୍ୟପ୍ରେରଣା ଯେତେ ଆଧିଭୌତିକ କର୍ମୈଷଣାର ଆଲୋଡ଼ନ ଦେଖାଦେଇଛି, ତା' ଭିତରେ ଆମେ ଝାମ୍ପ ଦେଇପାରୁ, କିନ୍ତୁ ସେଥିପାଇଁ ଈଶ୍ୱରଙ୍କ ସମ୍ବନ୍ଧରେ, ମନୁଷ୍ୟ ସମ୍ବନ୍ଧରେ ଆମର ଯେଉଁ ମୂଳ ଉପଲବ୍ଧି ତାହାକୁ ପରିତ୍ୟାଗ କରିବାକୁ ହେବ କାହିଁକି ? ଦୁଇଟି ଭିତରେ ତ କୌଣସି ବିସମ୍ବାଦ ନାହିଁ, ବରଂ ସେମାନେ ନିଜ ନିଜର ତାତ୍ପର୍ଯ୍ୟ ଓ ଭାବ-ବ୍ୟଞ୍ଜନାର ପ୍ରକାଶ ପାଇଁ ନିଜ ନିଜର ପରିପୂର୍ଣ୍ଣ ଅଭିବ୍ୟକ୍ତି ଓ ଋଦ୍ଧିମନ୍ତ ଜାଗୃତି ପାଇଁ ପରସ୍ପରର ପରିପୂରକ।''

■

ଓଡ଼ିଆ ଜନଜୀବନ ଓ ଆମ ସଂସ୍କୃତି

ସଂସ୍କୃତି କହିଲେ ଗୋଟିଏ ଜାତିର ମାର୍ଜିତ ଚିନ୍ତାଧାରାକୁ ବୁଝାଏ। ଗୋଟିଏ ଜାତିର ଅନ୍ତର୍ନିହିତ ଶକ୍ତି ଭାବରେ ଏହାର ଭୂମିକା ଗୁରୁତ୍ୱପୂର୍ଣ୍ଣ। ଯେଉଁ ଜାତିର ସଂସ୍କୃତି ଯେତେ ମାର୍ଜିତ ଓ ରୁଚିକର, ସେ ଜାତି ସେତେ ଉନ୍ନତ ଓ ପ୍ରଗତିଶୀଳ। ସଂସ୍କୃତି ହେଉଛି ଅନ୍ତରର ଅନୁଭବ। ଏହି ଅନୁଭବର ବସ୍ତୁଗତ ପରିପ୍ରକାଶ ହେଉଛି ସଭ୍ୟତା। ସଂସ୍କୃତି ଓ ସଭ୍ୟତା ପରସ୍ପର ସହ ଅଙ୍ଗାଙ୍ଗୀ ଭାବେ ଜଡ଼ିତ। ଭାରତବର୍ଷର ସଂସ୍କୃତି ଯେପରି ପ୍ରାଚୀନ ସେପରି ମୂଲ୍ୟବାନ। ଅତୀତରେ ବିଶ୍ୱବକ୍ଷରେ ଯେଉଁ ସଂସ୍କୃତିମାନ ଗଢ଼ିଉଠିଥିଲା, ତନ୍ମଧ୍ୟରେ ଭାରତୀୟ ସଂସ୍କୃତି ଅନ୍ୟତମ। ରୋମ୍ ସଂସ୍କୃତି, ଗ୍ରୀକ୍ ସଂସ୍କୃତି କାଳକ୍ରମେ ଭିନ୍ନ ଭିନ୍ନ କାରଣରୁ ଅନ୍ତଃସାରଶୂନ୍ୟ ହୋଇ ପ୍ରାୟ ବିଲୁପ୍ତ ହୋଇଯିବା ବେଳେ ଭାରତୀୟ ସଂସ୍କୃତି ନିଜସ୍ୱ ମୌଳିକତା ଓ ମୂଲ୍ୟବୋଧକୁ ଅକ୍ଷୁର୍ଣ୍ଣ ରଖିପାରିଛି। ଏହାର କେତେକ କାରଣ ଭିତରୁ ଅନ୍ତର୍ମୁଖୀନତା ହେଉଛି ଏକ ବିଶିଷ୍ଟ କାରଣ। ଭାରତୀୟ ମନର ଅସଲ ଚାବିକାଠି ହେଉଛି ଆଧ୍ୟାତ୍ମିକତା। ଅତୀତରୁ ଅଦ୍ୟାବଧି ଭାରତ ତାର ନିଜସ୍ୱ ମୌଳିକତାକୁ ସଂପୂର୍ଣ୍ଣ ଭାବେ ବିସ୍ମୃତ ହୋଇନାହିଁ। ଭାରତୀୟ ସଂସ୍କୃତିରେ ଥିବା ମହନୀୟ ଉପାଦାନସବୁ ଉତ୍କଳୀୟ ସଂସ୍କୃତିର ଆତ୍ମପ୍ରକାଶ କରିଥାନ୍ତି। ଶିଳ୍ପସ୍ଥାପତ୍ୟ, କାବ୍ୟକଳା, ଆଚାରବିଚାର ପ୍ରତ୍ୟେକ କ୍ଷେତ୍ରରେ ଉତ୍କଳୀୟ ସଂସ୍କୃତିର ରୂପାୟଣ ଦେଖିବାକୁ ମିଳେ। ଭାରତୀୟ ସଂସ୍କୃତିର ଭିତ୍ତିରେ ପ୍ରତିଷ୍ଠିତ ଆମର ଉତ୍କଳୀୟ ସଂସ୍କୃତି ଉତ୍କଳର ଜନଜୀବନକୁ ପ୍ରତ୍ୟକ୍ଷ ଭାବରେ ଓ ପରୋକ୍ଷ ଭାବରେ ପ୍ରଭାବିତ କରିଛି। ସଂସ୍କୃତି ଦୁଇଟି ଧାରା ଉପରେ ପ୍ରତିଷ୍ଠିତ। ଗୋଟିଏ ହେଉଛି ଆଦର୍ଶବାଦୀଧାରା ଓ ଅନ୍ୟଟି ବାସ୍ତବବାଦୀ ଧାରା। ଆଦର୍ଶବାଦୀ ଧାରାର ପ୍ରଭାବ ପ୍ରତ୍ୟେକ ସଂସ୍କୃତିରେ ଅଧିକ ଗୁରୁତ୍ୱପୂର୍ଣ୍ଣ ଭୂମିକା ଗ୍ରହଣ କରିଥାଏ। ସମୟକ୍ରମେ ସମାଜର ଆବଶ୍ୟକତା ଅନୁସାରେ ବାସ୍ତବତାର ସ୍ପର୍ଶ ସଂସ୍କୃତିରେ ଆସିଲେ ମଧ୍ୟ ଆଦର୍ଶବାଦର ସ୍ୱର ସଂପୂର୍ଣ୍ଣ

ଲୋପ ହୁଏନାହିଁ। ବରଂ ଆଦର୍ଶବାଦ ସହିତ ବସ୍ତୁବାଦର ସମ୍ୟକ୍ ସମନ୍ୱୟ ସଂଗଠିତ ହେବାର ଦେଖାଯାଏ। ଆର୍ଯ୍ୟଋଷି ବୈଦିକ ଯୁଗରେର ଯେଉଁ ନୀତିନିୟମ ପ୍ରଣୟନ କରିଥିଲେ ସେଥିରେ ସାଧାରଣ ଜୀବନ ପାଇଁ ବହୁ ଉପାଦାନ ମଧ୍ୟ ନିହିତ ଥିଲା। କେବଳ ଯେ ଯୋଗୀ, ସନ୍ନ୍ୟାସୀମାନଙ୍କ ପାଇଁ ଏହା ଅଭିପ୍ରେତ ଥିଲା, ଏପରି ନୁହେଁ ସାଧାରଣ ଭୌତିକ ଜୀବନର ପରିପୂର୍ଣ୍ଣତା ପାଇଁ ଏଥିରେ ଥିଲା ଆହ୍ୱାନ। ଉତ୍କଳରେ ସମୟକ୍ରମେ ବହୁ ମନୀଷୀଙ୍କ ଦ୍ୱାରା ଆଦର୍ଶର ନୂତନ ଦ୍ୱାର ଉନ୍ମୋଚିତ ହୋଇଛି ଓ ଏହାର ପ୍ରଭାବରେ ସାଧାରଣ ଜନଜୀବନ ପ୍ରଭାବିତ ହୋଇଛି। ଓଡ଼ିଶାରେ ଜୀବନଚିନ୍ତା ହୋଇଛି ଶାଣିତ ଓ ଅନୁଭବ୍ୟ। ଜୀବନକୁ ସୁସ୍ଥ, ବଳିଷ୍ଠ କରିବା ପାଇଁ ଆବଶ୍ୟକୀୟ ଭୌତିକ ଅଭୌତିକ ସମସ୍ତ ଉପାଦାନ ଏହି ଚିନ୍ତାର ଅନ୍ତର୍ଗତ। ଶାନ୍ତିପୂର୍ଣ୍ଣ ସହାବସ୍ଥାନ ନୀତି ଆମ ଉତ୍କଳୀୟ ସଂସ୍କୃତିର ଏକ ବିଶିଷ୍ଟ ଦିଗ। ଓଡ଼ିଶାର ଜନଜୀବନରେ ଶାନ୍ତିପୂର୍ଣ୍ଣ ସହାବସ୍ଥାନ ନୀତି ଅଭିନନ୍ଦନୀୟ ହୋଇଥାଏ। ଏଠାରେ ବୃକ୍ଷଲତା, ଗିରି-କାନନ ସବୁ ଧ୍ୟାନମଗ୍ନ, ଶାନ୍ତ ସମାହିତ ସତ୍ତାପରି ପ୍ରତୀୟମାନ ହୁଅନ୍ତି। ଅତୀତର ଇତିହାସ ପୃଷ୍ଠାରୁ ଉନ୍ମୋଚନ କଲେ ଜଣାଯାଏ ଯେ, ଉତ୍କଳରୁ ଶାନ୍ତି, ଅହିଂସାର ମନ୍ତ୍ର ଉଚ୍ଚାରିତ ହୋଇ ଗଗନ ପବନକୁ ପ୍ରଶାନ୍ତ ପବିତ୍ର କରିଥିଲା। ସମ୍ରାଟ ଅଶୋକଙ୍କର ଅନମନୀୟ ପ୍ରାଣସତ୍ତା ଉତ୍କଳୀୟ ଜନଚେତନାରେ ଅଧିଷ୍ଠିତ ଶାନ୍ତି, ଅହିଂସାର ପ୍ରଭାବରେ ରୂପାନ୍ତରିତ ହୋଇ ନୂତନ ରଙ୍ଗରେ ରଂଜିତ ହୋଇଛି। ଚଣ୍ଡାଶୋକ ପରିଣତ ହୋଇଛନ୍ତି ଧର୍ମାଶୋକରେ, ଏହି ଉତ୍କଳ ମାଟିର ମହନୀୟତା ତାଙ୍କୁ ଅଭିଭୂତ କରିଛି।

ଆଧ୍ୟାତ୍ମିକତା ହେଉଛି ଉତ୍କଳୀୟ ସଂସ୍କୃତିରେ ଜୀବନଚିନ୍ତାର ଅନ୍ୟତମ ବିଶିଷ୍ଟ ଉପାଦାନ। ପଣ୍ଡିତ, ଜ୍ଞାନୀ, ବିଦ୍ୱାନମାନଙ୍କ ଠାରୁ ଆରମ୍ଭ କରି ସାଧାରଣ ଜନତା ଏହି ଚେତନାରେ ପ୍ରଭାବିତ ହେବାର ଅନୁଭବ କରାଯାଏ। ପର୍ବପର୍ବାଣୀ ମାଧ୍ୟମରେ ଜନଜୀବନରେ ଏହି ଆଧ୍ୟାତ୍ମିକତାର ସ୍ପର୍ଶ ଅନୁଭବ କରିହୁଏ। ବାରମାସରେ ତେରପର୍ବର ପାଳନ ନିମନ୍ତେ ଆବଶ୍ୟକୀୟ ଚେତନାର ସ୍ପର୍ଶ ଉତ୍କଳରେ ଅନୁଭବ୍ୟ। ଶ୍ରୀଜଗନ୍ନାଥ ହେଉଛନ୍ତି ଉତ୍କଳର ଆରାଧ୍ୟ ଦେବତା। ଜଗନ୍ନାଥ ଚେତନା ଉତ୍କଳର ଜନମାନସରେ ଅବିଚଳିତ ଆସନ ଗ୍ରହଣ କରିଛି। ମଣିଷକୁ ସାଧାରଣ ସ୍ତରରୁ ଅସାଧାରଣ ସ୍ତରକୁ ନେଇଯିବା ନିମନ୍ତେ ଓ କର୍ଦ୍ଦମରୁ ଉଚ୍ଚତମ ଚେତନାକୁ ନେଇଯିବା ପାଇଁ ଆଧ୍ୟାତ୍ମିକତାର ଯେଉଁ ଶକ୍ତି ରହିଛି, ସେହି ଶକ୍ତି ପରୋକ୍ଷଭାବରେ ଓଡ଼ିଶାର ଜନଜୀବନରେ ଅନୁଭୂତ ହୁଏ। ବ୍ୟକ୍ତି ଚେତନାକୁ ବିଭୁଚେତନା ସହିତ ସଂପର୍କିତ କରିବା ପାଇଁ ପର୍ବପର୍ବାଣୀ ଗୁଡ଼ିକର ଅବଦାନ ଅବିସ୍ମରଣୀୟ।

କଳାର ଆଦର ଜୀବନକୁ ଉନ୍ନତ କରେ। ଉତ୍କଳୀୟ ଜୀବନରେ କଳାର

ସମୁଚିତ ପ୍ରଭାବ ଓ ପ୍ରତିଷ୍ଠା ଅସାଧାରଣ। ଲୋକନାଟ୍ୟରେ, ଲୋକଗୀତରେ, ମନ୍ଦିର ଗାତ୍ରରେ, କାବ୍ୟର ପୃଷ୍ଠାରେ କଳାଲକ୍ଷ୍ମୀଙ୍କର ନିରାଜନା ଉତ୍କଳରେ ଦେଖିବାକୁ ମିଳେ। କଳାର ଆଦର ଉତ୍କଳୀୟ ଜନଜୀବନରେ ଏତେ ଅଧିକ ଯେ ଘରେ ଘରେ ଏହାର ପ୍ରଭାବ ଦେଖିବାକୁ ମିଳେ। ଉତ୍କଳରେ ଅତୀତରେ ସ୍ତ୍ରୀଲୋକମାନେ ନିଜ ନିଜ ହାତରେ ଓ ଗୋଡ଼ରେ ଚିତାକୁଟାଇ ଗଭୀର ଆନନ୍ଦ ପାଇବା ସଂଗେ ସଂଗେ ଯମଦଣ୍ଡରୁ ମୁକ୍ତି ମିଳିବ ବୋଲି ବିଶ୍ୱାସ କରୁଥିଲେ। ସେହି ବିଶ୍ୱାସକୁ ଆହୁରି ଅଧିକ ସୁଦୃଢ଼ କରିବା ପାଇଁ ଗାଁ ଦାଣ୍ଡରେ ଚିତା କୁଟାଇବାକୁ ଆଣିଥିବା ସ୍ତ୍ରୀ ଲୋକଟି କହୁଥିବାର ଶୁଣାଯାଉଥିଲା–

'କହୁଛି ଶୁଣ ଭଉଣୀ
ମଲାବେଳକୁ ଟି ସଂଗତେ ଯିବ
ଦେହ ସଂଗେ ହେବ ପାଣି।
ନୋହିଲେ ଯମରାଜନ
ଦଣ୍ଡଦେବ ଘନ ଘନ
ଶିମୁଳିଗଛରେ ବାନ୍ଧି ପକାଇବ
ଚିତା ନ ଥିଲେଟି ପୁଣ।'

ସଚେତନ ଭାବରେ ହେଉ ବା ଅଚେତନ ଭାବରେ ହେଉ କଳାର ମହିମା ଉତ୍କଳୀୟ ଜନଜୀବନକୁ ଅତୀତରେ ବହୁଭାବରେ ପ୍ରଭାବିତ କରୁଥିଲା। ଏବେମଧ ପିପିଲିର ଚାନ୍ଦୁଆ, କଣ୍ଟିଲୋ ବାସନ, କଟକର ତାରକସୀ କାମ ଉତ୍କଳୀୟ କଳାର ମହିମା ଦିଗବିଦିଗରେ ଉପସ୍ଥାପନା କରୁଛି। ଚିତା, ଝୋଟିର ଆଦର ଉତ୍କଳର ଘରେ ଘରେ ଏବେ ମଧ ରହିଛି। ଗୁରୁବାର ବିଶେଷକରି ମାଣବସା ଗୁରୁବାର ଦିନ ଉତ୍କଳର ଘରଣୀମାନେ ଘରେ, ବାହାରେ, ବାରିଅଗଣାରେ ଝୋଟି, ମୁରୁଜ ଦେଇଥାଆନ୍ତି। ଏହାର ମୂଳରେ ରହିଛି କଳା ଓ ସୌନ୍ଦର୍ଯ୍ୟବୋଧ ପ୍ରତି ସୀମାହୀନ ଆନ୍ତରିକ ଆକର୍ଷଣ। ଏହା ବ୍ୟତୀତ ଗ୍ରାମାଞ୍ଚଳରେ କାନ୍ଥମାନଙ୍କରେ ଜଗନ୍ନାଥ, ବଳଭଦ୍ର ଓ ସୁଭଦ୍ରାଙ୍କ ଚିତ୍ର ରଙ୍ଗରେ ଅଙ୍କିତ ହୋଇ ପୂଜାପାଆନ୍ତି। ସଂସ୍କୃତିର ଉଚ୍ଚତାକୁ ମାପିବା ପାଇଁ ଆବଶ୍ୟକୀୟ ଉପାଦାନ ଭାବରେ ପ୍ରତିଷ୍ଠିତ କଳାର ଆଦର ଉତ୍କଳର ଘରେ ଘରେ ଲକ୍ଷ୍ୟଣୀୟ। ଓଡ଼ିଶାରେ ନୃତ୍ୟ ଓ ସଂଗୀତର ପରମ୍ପରା ଯେପରି ପ୍ରାଚୀନ ସେପରି ପ୍ରତିଷ୍ଠିତ ଶାସ୍ତ୍ରୀୟ ନୃତ୍ୟ ଭାବରେ ଓଡ଼ିଶୀ ନୃତ୍ୟର ପ୍ରତିଷ୍ଠା ରହିଛି। ଓଡ଼ିଶୀ ସଂଗୀତର ମଧୁମୟତା, ଶ୍ରୁତିମଧୁରତା ଅନନ୍ୟ ସାଧାରଣ କହିଲେ ଅତ୍ୟୁକ୍ତି ହେବନାହିଁ। ଉତ୍କଳରେ ଧର୍ମଗତ ସହାବସ୍ଥାନର ନୀତି ଆଦୃତ ଓ ଅଭିନନ୍ଦନୀୟ। ଭିନ୍ନ ଭିନ୍ନ ସଂପ୍ରଦାୟ ମଧ୍ୟରେ

ସଂଘର୍ଷ ପରିବର୍ତ୍ତେ ଏଠାରେ ସଦ୍‌ଭାବ ଲକ୍ଷ୍ୟ କରାଯାଏ। ପରସ୍ପର ଭିତରେ ସ୍ନେହ, ସଦିଚ୍ଛା ଓଡ଼ିଶାରେ ଅନୁଭବ୍ୟ। ହିନ୍ଦୁ, ମୁସଲମାନ ଉଭୟ ଧର୍ମର ସମ୍ୟକ ସମନ୍ୱୟର ଦେବତା ରୂପେ ଓଡ଼ିଶାରେ ସତ୍ୟପୀର ପୂଜିତ ହେଉଛନ୍ତି। ଉତ୍କଳୀୟ ପରିବେଶରେ ପ୍ରଶାନ୍ତି, ଗଭୀର ଭାବ, ମାନବିକତାର ପବିତ୍ର ସ୍ପର୍ଶ ପ୍ରତ୍ୟେକ ସଚେତନ ବ୍ୟକ୍ତିକୁ ଅଭିଭୂତ କରିଥାଏ।

ପ୍ରାଚୀନ ଓଡ଼ିଆ ସାହିତ୍ୟରେ ପ୍ରାଚୀନ ଓଡ଼ିଶାର ସାଂସ୍କୃତିକ ବିଭବ ଚିତ୍ରିତ ହୋଇଛି। ସଂପ୍ରଦାୟ ଭିତରେ ସହାନୁଭୂତି, ସହନଶୀଳତାର ସମନ୍ୱିତ ପରିବେଶ ସାରଳା ଦାସଙ୍କ ଲେଖନୀରେ ବିଶେଷତଃ ତାଙ୍କ ମହାଭାରତରେ ଦେଖାଯାଏ। ସାରଳା ମହାଭାରତରେ ଥିବା ପଞ୍ଚଦେବତାଙ୍କର ଉପାସନା ତତ୍କାଳୀନ ସାଂସ୍କୃତିକ ବୈଶିଷ୍ଟ୍ୟ ସଂପର୍କରେ ସୂଚନା ଦିଏ। ଗଣପତି ବନ୍ଦନା, ବିଷ୍ଣୁ ବନ୍ଦନା, ଶିବ ବନ୍ଦନା, ସୂର୍ଯ୍ୟ ବନ୍ଦନା ଓ ଶକ୍ତି ବନ୍ଦନା ସାରଳାଙ୍କ ମହାଭାରତରେ ଉପସ୍ଥାପିତ ହୋଇ ତତ୍କାଳୀନ ଜନଜୀବନରେ ଉତ୍କଳୀୟ ସାଂସ୍କୃତିକ ବିଶେଷତ୍ୱକୁ ପ୍ରତିଷ୍ଠା କରିଛି। ପଞ୍ଚସଖା ଯୁଗରେ ମଧ୍ୟ ଏପରି ସହନଶୀଳତା ଓ ସହାବସ୍ଥାନ ନୀତି ଲକ୍ଷ୍ୟଣୀୟ। ପଞ୍ଚସଖା ଯୁଗରେ ବହୁ ସଂପ୍ରଦାୟ, ବହୁପ୍ରକାର ଜପ, ବହୁପ୍ରକାର ଯନ୍ତ୍ରବସାଣ ବିଧି, ବହୁପ୍ରକାର ମନ୍ତ୍ର ଓ ବହୁପ୍ରକାର ଚିତାତିଲକ ଥିଲେ ମଧ୍ୟ ପରସ୍ପର ମଧ୍ୟରେ ଆନ୍ତରିକତା ଥିଲା, ସହନଶୀଳତା ଥିଲା। ରୀତିଯୁଗୀୟ କାବ୍ୟମାଳାରେ ମଧ୍ୟ ଏକାଧିକ ଦେବତାଙ୍କର ଉପାସନା ଦେଖିବାକୁ ମିଳେ। ଏକଥା ସ୍ପଷ୍ଟ ଭାବରେ ପ୍ରମାଣିତ ହେଉଛି ଯେ, ଉତ୍କଳରେ ସାଂପ୍ରଦାୟିକ ସଦ୍‌ଭାବ କାଳେ କାଳେ ପ୍ରତିଷ୍ଠିତ ଥିଲା। ଉତ୍କଳ ହେଉଛି ସର୍ବୋପରି ବହୁ ସଂପ୍ରଦାୟର, ବହୁ ଭାବନାର ସମନ୍ୱିତ ଭୂମି। ଉତ୍କଳୀୟ ସଂସ୍କୃତି ହେଉଛି ବହୁଚେତନାର ସମନ୍ୱିତ ତୀର୍ଥ। ଏହା କେବଳ କଥାର କଥା ନୁହେଁ, ଜନଜୀବନରେ ଏହାର ସ୍ପଷ୍ଟଚିତ୍ର ପରିଦୃଷ୍ଟ ହୋଇ ନିମ୍ନୋକ୍ତ ଉକ୍ତିର ଯଥାର୍ଥତା ଅକ୍ଷରେ ଅକ୍ଷରେ ପ୍ରତିପାଦନ କରିଛି।

'ବର୍ଷାଣାଂ ଭାରତଃ ଶ୍ରେଷ୍ଠ ଦେଶାନାମୁତ୍କଳ ଶ୍ରୁତଃ
ଉତ୍କଳସ୍ୟ ସମୋଦେଶୋ ଦେଶୋନାସ୍ତି ମହୀତଳେ।'

ପଲ୍ଲୀ ଜୀବନଧାରାରେ ଆମ ସଂସ୍କୃତି

ସଂସ୍କୃତି କହିଲେ ଗୋଟିଏ ଜାତିର ମାର୍ଜିତ ରୁଚି ବୋଧକୁ ବୁଝାଏ । ଗୋଟିଏ ଜାତିର ସଂସ୍କୃତି ଅନ୍ୟ ଜାତିଠାରୁ ଭିନ୍ନ ହୋଇଥାଏ । ଗୋଟିଏ ଜାତିର ମାନସିକ ଉଚ୍ଚତାର ମାପକାଠି ହେଉଛି ସଂସ୍କୃତି । ଯେଉଁ ଜାତିର ସଂସ୍କୃତି ଯେତେ ଉନ୍ନତ ସେ ଜାତି ସେତେ ପ୍ରତିଷ୍ଠିତ ଓ ବଳିଷ୍ଠ । ଆମ ସଂସ୍କୃତି ଅର୍ଥାତ୍ ଉତ୍କଳୀୟ ସଂସ୍କୃତି ହେଉଛି ଭାରତୀୟ ସଂସ୍କୃତିର ଅନ୍ୟତମ ରୂପ । ଗୋଟିଏରୁ ଅନ୍ୟଟିକୁ ବାଦ୍ ଦିଆଯାଇ ପାରିବ ନାହିଁ । ଉତ୍କଳୀୟ ଜୀବନ ଧାରାରେ ବିଶେଷତଃ ପଲ୍ଲୀ ଜୀବନ ଧାରାରେ ଆମ ସଂସ୍କୃତିର ରୂପାୟନ ଅଧିକ ଭାବରେ ଦେଖିହୁଏ ।

ଆମ ସଂସ୍କୃତିର କେତେକ ମୌଳିକ ଉପାଦାନ ଭିତରୁ ଧାର୍ମିକତା ହେଉଛି ଗୋଟିଏ ଉପାଦାନ । ପଲ୍ଲୀ ଜୀବନ ଧାରାକୁ ଲକ୍ଷ୍ୟକଲେ ଏହି ଧାର୍ମିକତା ଭିନ୍ନ ରୂପରେ ଦେଖାଯାଏ । ପର୍ବପର୍ବାଣି ସବୁ ପଲ୍ଲୀ ଅଞ୍ଚଳରେ ଯେପରି ବିଧିମତେ ପାଳିତ ହୁଏ ସହର ଅଞ୍ଚଳରେ ସେପରି ପାଳିତ ହୁଏନାହିଁ । ଧାର୍ମିକ ଅନୁଚିନ୍ତାର ସଫଳ ରୂପରେଖ ଗ୍ରାମାଞ୍ଚଳରେ ସ୍ପଷ୍ଟ ଭାବରେ ଦେଖିହୁଏ । ନଦୀ ପୋଖରୀରେ ସ୍ନାନ ସାରି ସୂର୍ଯ୍ୟଦେବତାଙ୍କୁ ଜଳ ଆଞ୍ଜୁଳି ପ୍ରଦାନ କରିବା ଭିତରେ ରହିଛି ଧାର୍ମିକ ଚେତନା ପ୍ରତି ଅନୁରକ୍ତି । ସୂର୍ଯ୍ୟ ସକଳ ଶକ୍ତିର ଆଧାର । ସେ ଦେବତା ଭାବରେ ପୂଜିତ ହୁଅନ୍ତି । ଶିକ୍ଷିତ ଓ ଅଶିକ୍ଷିତ ଉଭୟ ସ୍ତରର ଲୋକମାନଙ୍କ ଭିତରୁ କେତେକ ଏହି ଜଳ ଆଞ୍ଜୁଳା ଦେଇଥାଆନ୍ତି । ଆମ ସଂସ୍କୃତିର ଅନ୍ୟ ଏକ ଉପାଦାନ ହେଉଛି ଆମର ରୁଚିବୋଧ ତଥା ପରିଚ୍ଛନ୍ନତା । ଗ୍ରାମ୍ୟ ଜୀବନରେ ଏହାର ଚିହ୍ନ ଓ ଚିତ୍ର ଦେଖିବାକୁ ମିଳେ । ସକାଳୁ ଉଠି ଘରର ସାମ୍ନାପଟ, ପଛପଟ ଓଳେଇବା ସହ ସେଠାରେ ଗୋବର ପାଣି ଛିଞ୍ଚିବା, ଚିତା ମୁରୁଜ ପକାଇବା ଇତ୍ୟାଦି କ୍ରିୟା ଭିତରେ ପରିଚ୍ଛନ୍ନତା ଓ ରୁଚିବୋଧର ସ୍ପଷ୍ଟ ପରିଚୟ ମିଳେ । ଇତିହାସ ପୃଷ୍ଠାରୁ ଆମ ସାଂସ୍କୃତିକ ଜୀବନଚର୍ଯ୍ୟା ସମ୍ପର୍କରେ

କେତେକ ତଥ୍ୟ ମିଳଥାଏ । ଓଡ଼ିଶାର ମାଟି ହେଉଛି ସେହି ପବିତ୍ର ମାଟି ଯାହା ଦୁର୍ଦ୍ଧର୍ଷ ଚଣ୍ଡାଶୋକଙ୍କୁ ଧର୍ମାଶୋକରେ ରୂପାନ୍ତରିତ କରିଦେଇଥିଲା । ଅଶୋକ ଅନୁଭବ କରିଥିଲେ ଯେ ତରବାରୀର ଜୟ ପ୍ରକୃତ ବିଜୟ ନୁହେଁ । ହୃଦୟର ଜୟ ହିଁ ପ୍ରକୃତ ବିଜୟ । ମାନବିକତାର ଶୁଭ ରଶ୍ମିରେଖାରେ ହୃଦୟ ଆକାଶ ତାଙ୍କର ଆଲୋକିତ ହୋଇ ଉଠିଥିଲା । ଯିଏ ବହୁଧନ ଜୀବନ ନଷ୍ଟ କରିବାପାଇଁ କୁଣ୍ଠା ପ୍ରକାଶ କରି ନଥିଲେ ସେ ପୁଣି ଅବଶିଷ୍ଟ ଜୀବନ ଅହିଂସାନୀତିର ପ୍ରଚାର କରିଥିଲେ ।

ଆନୁଷ୍ଠାନିକ ଶିକ୍ଷା ଆମ ସଂସ୍କୃତିର ଅନ୍ୟତମ ବିଭବଭାବରେ ପରିଗଣିତ । ଅତୀତରେ ଉତ୍କଳର ରତ୍ନଗିରି ଲଳିତଗିରିର ବୌଦ୍ଧ ବିହାର ଥିଲା ଶିକ୍ଷାଲାଭ ନିମନ୍ତେ ଏକଏକ ବିଶିଷ୍ଟ କ୍ଷେତ୍ର । ଏଥିରେ ଭାରତର ବିଭିନ୍ନ ଅଞ୍ଚଳରୁ ବହୁ ଛାତ୍ର ଆସି ଅଧ୍ୟୟନ କରୁଥିଲେ । ପଲ୍ଲୀ ଅଞ୍ଚଳରେ ପ୍ରତିଷ୍ଠିତ ଏହି ବୌଦ୍ଧ ବିହାର ସବୁ ପ୍ରମାଣ କରିଦିଏ ଯେ ଅତୀତରେ ଉତ୍କଳୀୟ ଜନଜୀବନ ଶିକ୍ଷା ପ୍ରତି ଯେତିକି ସଚେତନ ଥିଲା ସେତିକି ଦୂରଦୃଷ୍ଟିସମ୍ପନ୍ନ ଥିଲା । ଆନ୍ତରିକ ତଥା ଆଭ୍ୟନ୍ତରୀଣ ପ୍ରଗତି ଉପରେ ବିଶ୍ୱାସୀ ଥିଲା ଉତ୍କଳୀୟ ଜୀବନ ଧାରା ।

ଧର୍ମ ଧର୍ମ ଭିତରେ ସଦ୍‌ଭାବ, ସମ୍ପ୍ରଦାୟ ସମ୍ପ୍ରଦାୟ ଭିତରେ ସମନ୍ୱୟ ରକ୍ଷା ନିମନ୍ତେ ପ୍ରୟାସ ଉତ୍କଳୀୟ ଜୀବନ ଧାରାରେ ପରିଚ୍ଛନ୍ନ ଭାବରେ ପରିସ୍ଫୁଟ ହୁଏ । ସବୁ ଗୋଷ୍ଠୀ ସବୁ ମତବାଦ ଏଠାରେ ଏକାକାର ହୋଇ ଯାଇଛି ଯୁଗେ ଯୁଗେ ଶ୍ରୀଜଗନ୍ନାଥ ସଂସ୍କୃତିରେ । ଜଗନ୍ନାଥ ଚେତନା ସବୁ ପଥକୁ ଏକାଠି ମିଳାଇ ଦେଇଛି, ସବୁ ମତବାଦକୁ ସମନ୍ୱିତ କରି ଦେଇଛି, ଭରି ଦେଇଛି ସବୁ ସମ୍ପ୍ରଦାୟ ଭିତରେ ଅମାପ ଆନ୍ତରିକତା । ମହାମିଳନପୀଠ ହୋଇଯାଇଛି ଶ୍ରୀକ୍ଷେତ୍ର ଏବଂ ଉତ୍କଳୀୟ ସଂସ୍କୃତି ସମଗ୍ର ବିଶ୍ୱ ଆଗରେ ଭ୍ରାତୃତ୍ୱର ଜୟଗାନ କରିଛି । ବିଶ୍ୱଶାନ୍ତିପାଇଁ ସହାନୁଭୂତିପୂର୍ଣ୍ଣ ସହାବସ୍ଥାନ ସବୁ ମତକୁ ଗୁରୁତ୍ୱ ପ୍ରଦାନର ଆବଶ୍ୟକତା ଉପରେ ଗୁରୁତ୍ୱ ଆରୋପ କରିଛି ।

କଳା କ୍ଷେତ୍ରରେ ଉତ୍କଳୀୟ ଜୀବନ ଧାରାର ପ୍ରତିଷ୍ଠା ଅସାଧାରଣ । ବୟନ ଶିଳ୍ପଠାରୁ ଆରମ୍ଭ କରି ସ୍ଥାପତ୍ୟ ଶିଳ୍ପ ପର୍ଯ୍ୟନ୍ତ ସର୍ବତ୍ର କଳା ଲକ୍ଷ୍ମୀଙ୍କର ନିରାଜନା ଦେଖିବାକୁ ମିଳେ । କର୍କଶ ପ୍ରସ୍ତର ଗାତ୍ରରେ ସୁଲଳିତ ଚିତ୍ରକଳା ଫୁଟାଇ ଓଡ଼ିଆ ଶିଳ୍ପୀ ନିଜର ମନୋଜ୍ଞ ରୁଚିବୋଧର ବଳିଷ୍ଠ ପ୍ରମାଣ ଦେଇଛି । ନିହାଣ ମୁନରେ ଅଙ୍କିତ ହୋଇଛି ଲତା, ଲତାରେ ଫୁଟିଛି ଫୁଲର ସମ୍ଭାର । ମନମୁଗ୍ଧକର କଳାଲଳିତ ପରିବେଶ ଆତ୍ମପ୍ରକାଶ କରିଛି ପୁନଶ୍ଚ ପିପିଲି ଚାନ୍ଦୁଆ ଶିଳ୍ପରେ, ବାଲକାଟିର କଂସା ବାସନ ପ୍ରସ୍ତୁତିରେ, ମାଣିଆବନ୍ଧୀର ପାଟମଠା ବୟନରେ ପୁଣି ପାରଳାଖେମୁଣ୍ଡିର ଶିଙ୍ଗ

କାମରେ । ତାଳପତ୍ର ପୋଥିରେ ଅଙ୍କିତ ବିଭିନ୍ନ ଚିତ୍ର ଉତ୍କଳୀୟ ଜନ ମାନସରେ ଥିବା କଳାତ୍ମକତାର ପରିଚୟ ଦିଏ ।

ସାହିତ୍ୟ ହେଉଛି ଲିପିଶିଳ୍ପ । ଏ ଦିଗରେ ମଧ୍ୟ ଉତ୍କଳର ଭୂମିକା ଅସାଧାରଣ । ଏ ମାଟିର ବରପୁତ୍ର ଜୟଦେବଙ୍କର ଅମ୍ଳାନକୃତି ରୂପେ ଗୀତଗୋବିନ୍ଦ ଗ୍ରନ୍ଥ ସମଗ୍ର ଭାରତରେ ସ୍ୱତନ୍ତ୍ର ମର୍ଯ୍ୟାଦାର ଅଧିକାରୀ । ରାଧାମାଧବର ଲୀଳାବିଳାସ ଏଥିରେ ମୂର୍ତ୍ତିମନ୍ତ । ସୁକୁମାର ସୁଲଳିତ ଶବ୍ଦ ସଂଯୋଜନା, ସୁଧାସିକ୍ତ ମଧୁର ଭାବ ସମ୍ଭାର ଏହି ଗ୍ରନ୍ଥଟିକୁ ଅନନ୍ୟ ସାଧାରଣ କରି ଗଢ଼ି ତୋଳିଛି । ଉତ୍କଳୀୟମାନଙ୍କର ଅମ୍ଳାନକୃତି ହେଲେ ମଧ୍ୟ ସେ ହୋଇଯାଇଛି ଭାରତୀୟ ସାହିତ୍ୟର ଏକ ପ୍ରତିଷ୍ଠିତ କୀର୍ତ୍ତିସ୍ତମ୍ଭ । ସାରଳା ଦାସଙ୍କର ଓଡ଼ିଆ ଭାଷାରେ ରଚିତ ମହାଭାରତ ଅନ୍ୟାନ୍ୟ ପ୍ରାନ୍ତୀୟ ଭାଷାରେ ରଚିତ ମହାଭାରତର ଆତ୍ମ ପ୍ରକାଶ ପାଇଁ ପ୍ରେରଣା ଦେଇଛି । ଭାରତୀୟ ସଂସ୍କୃତିର ମହତ୍ତ୍ୱ ଓ ମୂଲ୍ୟବୋଧକୁ ଉତ୍କଳୀୟ କବି ସାରଳା ଦାସ ସମ୍ମାନ ଦେବା ସଙ୍ଗେ ସଙ୍ଗେ ଉତ୍କଳୀୟ ପଲ୍ଲୀ ଜୀବନରେ ପ୍ରଚଳିତ ବହୁ କାହାଣୀ କିମ୍ବଦନ୍ତୀକୁ ମହାଭାରତରେ ସ୍ଥାନ ଦେଇଛନ୍ତି । ଏବେ ମଧ୍ୟ ସ୍ଥାନେ ସ୍ଥାନେ ପଲ୍ଲୀ ଅଞ୍ଚଳରେ ସାରଳାମହାଭାରତ ପଠିତ ତଥା ଆଲୋଚିତ ହୋଇ ପ୍ରମାଣ କରୁଛି ଯେ ପଲ୍ଲୀବାସୀ ଆମ ସାଂସ୍କୃତିକ ବିଭବ ପ୍ରତି ଅଳ୍ପବହୁତେ ସଚେତନ ଅଛନ୍ତି । ଜଗନ୍ନାଥ ଦାସଙ୍କ ଭାଗବତ, ବଳରାମଦାସଙ୍କ ଦାଣ୍ଡୀରାମାୟଣ ଏବେ ମଧ୍ୟ କେତେକ ପଲ୍ଲୀ ଅଞ୍ଚଳରେ ପୁରାଣ ଭାବରେ ପଠିତ ହେଉଛି । ଶ୍ରୋତାମାନଙ୍କ ଭିତରେ ପ୍ରସଙ୍ଗ କ୍ରମେ ପାଠ ମଝିରେ ଆଲୋଚନା କରାଯାଉଛି । ଉତ୍କଳୀୟ ସଂସ୍କୃତିର ଏକଏକ ଅମୂଲ୍ୟ ରତ୍ନ ଭାବରେ ପ୍ରତିଷ୍ଠିତ ଉକ୍ତ ଗ୍ରନ୍ଥସବୁ ପ୍ରତି ଗ୍ରାମାଞ୍ଚଳରେ ଥିବା ଆଦର ସୂଚନା ଦେଉଛି ଯେ ଗ୍ରାମ୍ୟ ପରିବେଶରେ ଏବେ ମଧ୍ୟ ଆମର ପ୍ରାଚୀନ ସାହିତ୍ୟ ପ୍ରତି ଆକର୍ଷଣ ରହିଛି ।

ଆମ ସଂସ୍କୃତିର ଅବିଚ୍ଛେଦ୍ୟ ଅଂଶ ଭାବରେ ଆଦିବାସୀ ସଂସ୍କୃତି ପ୍ରତିଷ୍ଠା ଲାଭ କରିଛି । ଆଦିବାସୀ ସଂସ୍କୃତିରେ ଶିବ ଓ ଶକ୍ତିଙ୍କର ପ୍ରଥମ ଉପାସନା ଦେଖିବାକୁ ମିଳେ । ଦାରୁ ପୂଜା, ବୃକ୍ଷ ପୂଜା, ସର୍ପ ପୂଜା, ସର୍ପ ଉପାସନା, ମାଟି ପୂଜା ଇତ୍ୟାଦି ପାରମ୍ପରିକ ଅନୁଷ୍ଠାନ ସବୁ ଏହି ସଂସ୍କୃତିରେ ପ୍ରଥମେ ସ୍ଥାନ ପାଇଥିଲା । ଏହା ଛଡ଼ା ସମ୍ରାଟ ଖାରବେଳ, ଗଜପତି କପିଳେନ୍ଦ୍ର ଦେବ ଓ ନରସିଂହ ଦେବଙ୍କ ରାଜ୍ୟ ଜୟ ଜନିତ ବିଜୟ ଗୌରବରେ ଆର୍ଯ୍ୟ ପାଇକମାନଙ୍କର ଯେତିକି ଅବଦାନ ରହିଛି କନ୍ଧ ଭୂୟାଁ ଜୁଆଙ୍ଗ ପାଇକମାନଙ୍କର ମଧ୍ୟ ସେତିକି ଅବଦାନ ରହିଛି ।

ବିଭିନ୍ନ ଦିଗରୁ ବିଚାର କଲେ ଏ କଥା ସ୍ପଷ୍ଟ ହୁଏ ଯେ ଆମର ପଲ୍ଲୀ ଜୀବନରେ ଆମ ସଂସ୍କୃତିର ବହୁ ମୂଲ୍ୟ ଉପାଦାନ ସବୁ ଦୀପ୍ତିମନ୍ତ ହୋଇ ରହିଛି । ଆମର ସଂସ୍କୃତି ଏକ ଜାଗ୍ରତ ସଂସ୍କୃତି । ଦେଶର ରକ୍ଷାଠାରୁ ଆରମ୍ଭ କରି କଳା, ସାହିତ୍ୟ, ସଂଗୀତ, ଶିଳ୍ପ ଆଦି ସବୁ କ୍ଷେତ୍ରରେ ଉତ୍କଳରେ ସଂସ୍କୃତି ପ୍ରୀତି ଥିବାର ଅନୁଭବ କରିହୁଏ ।

ପାରିବାରିକ ଶିକ୍ଷାର ମହତ୍ତ୍ୱ

ଶିକ୍ଷା ମଣିଷକୁ ମାର୍ଜିତ କରେ । ମଣିଷ ଭିତରେ ଥିବା ମୂଲ୍ୟବୋଧର ବିକାଶ ଘଟାଏ । ଦେଶ ବିଦେଶର ସମ୍ବାଦ ସଂଗ୍ରହ ଓ ସ୍ମରଣରେ ଶିକ୍ଷା ସମାପ୍ତ ହୁଏ ନାହିଁ, ଏହା ସହିତ ଅନ୍ତର୍ନିହିତ ଚେତନାର ବିକାଶର ସମନ୍ୱୟ ହେବା ଏକାନ୍ତ ଜରୁରୀ । ଏହା ହିଁ ଶିକ୍ଷାର ପ୍ରକୃତ ଲକ୍ଷ୍ୟ କହିଲେ ଚଳେ । ଅନ୍ତର୍ଚେତନାର ବିକାଶ ଘଟିବାର ପରିଣାମ ନୁହେଁ ମୁଣ୍ଡରେ ଜାଟାବାନ୍ଧି, କାନ୍ଧରେ ବାନା ବହନକରି, ବିଭୂତି ଭୂଷିତ ହୋଇ ଅରଣ୍ୟ ଗମନ କରିବା । ବିକଶିତ ଚେତନା ପଳାୟନବାଦରେ ବିଶ୍ୱାସ କରେନାହିଁ ବା ଅନ୍ୟ ଅର୍ଥରେ କହିଲେ ଆତ୍ମ ସଚେତନ ବ୍ୟକ୍ତି କଦାପି ପଳାୟନପନ୍ଥୀ ନୁହନ୍ତି । ନିଜର କର୍ତ୍ତବ୍ୟ ଓ ଦାୟିତ୍ୱକୁ ବୁଝିବା, ଚିନ୍ତା ଓ କାର୍ଯ୍ୟରେ ସୁସଙ୍ଗତି ରଖିବା, ସର୍ବୋପରି ଶୃଙ୍ଖଳିତ ହେବା ହିଁ ଆତ୍ମ ସଚେତନତାର ମୂଳ ମନ୍ତ୍ର । ଶିଶୁ ଭିତରେ ଆତ୍ମସଚେତନତାର ମୂଳଭିତ୍ତି ପଡ଼ିଥାଏ ପରିବାରରୁ । ଆନୁଷ୍ଠାନିକ ଶିକ୍ଷା ଦ୍ୱାରା ଶିଶୁ ବା କିଶୋର ଯେତିକି ଉପକୃତ ହୁଏ, ପାରିବାରିକ ଶିକ୍ଷା ଦ୍ୱାରା ସେ ତା'ଠାରୁ ଅଧିକ ଉପକୃତ ହୁଏ । ପରିବାର ହିଁ ଶିଶୁପାଇଁ ପ୍ରଥମ ପବିତ୍ର ଶିକ୍ଷାୟତନ । ଭଲକଥାଟିଏ ଶିଖିବାପାଇଁ ଘରଠାରୁ ଅଧିକ ମହତ୍ତ୍ୱପୂର୍ଣ୍ଣ ଅନୁଷ୍ଠାନ ଆଉ କିଛି ନାହିଁ । ପାରିବାରିକ ଶିକ୍ଷା ଠିକ୍‌ଥିଲେ ଭବିଷ୍ୟତ ଜୀବନର ଚଲାପଥରେ ମଣିଷ ବିଶେଷ ବାଉଳା ହୁଏନାହିଁ । ଉପଯୁକ୍ତ ପାରିବାରିକ ଶିକ୍ଷା ନ ଥିଲେ ପିଲା ସ୍ୱେଚ୍ଛାଚାରୀ ହୁଏ, ସମାଜରେ ବହୁ ଲୋକଙ୍କର ଅଶାନ୍ତିର କାରଣ ହୁଏ । କୁମ୍ଭାର କଞ୍ଚାମାଟିକୁ ନେଇ ଠିକ୍ ଭାବରେ ମାଠିଆ ଗଢ଼େନାହିଁ । ସବୁ ଦୋଷ ହୁଏ ମାଠିଆର । ସ୍କୁଲ, କଲେଜ ଶିକ୍ଷା ଚାଲିଥିବାବେଳେ ମଧ୍ୟ ପାରିବାରିକ ଶିକ୍ଷାର ଆବଶ୍ୟକତା ଥାଏ । ଛାତ୍ର ଜୀବନରେ ପରିବାର ହିଁ ତା'ପାଇଁ ମର୍ତ୍ତ୍ୟ ବୈକୁଣ୍ଠ ପରି ପ୍ରତୀୟମାନ ହୁଏ, ତେଣୁ ପାରିବାରିକ ଶିକ୍ଷା ତା' ପାଇଁ ଅତ୍ୟନ୍ତ ଗୁରୁତ୍ୱପୂର୍ଣ୍ଣ । କିନ୍ତୁ ଦେଖାଯାଏ ଯେ ପିଲାମାନଙ୍କୁ ଭଲକଥା ଶିଖାଇବା ପାଇଁ ଯେତିକି କଷ୍ଟ ସ୍ୱୀକାର

କରିବା କଥା ଅଭିଭାବକମାନେ ସେତିକି କଷ୍ଟ ସ୍ୱୀକାର କରନ୍ତି ନାହିଁ । ନିଜର ସୁଖ ସୁବିଧାକୁ ସେମାନେ ଅଗ୍ରାଧିକାର ଦେଉଥିବାରୁ ପିଲାମାନଙ୍କ ପାଇଁ ଆବଶ୍ୟକୀୟ ସମୟ ଦେଇପାରନ୍ତି ନାହିଁ । ଆବଶ୍ୟକତା ଅନୁସାରେ ସ୍ନେହ ଓ ଶାସନର ସମନ୍ୱୟ ଘଟାଇ ସେମାନେ ଯଥାଯଥ ଦିଗ୍‌ଦର୍ଶନ ପିଲାମାନଙ୍କୁ ଦେଇପାରନ୍ତି ନାହିଁ । ଫଳରେ ପିଲାମାନଙ୍କର ଯେଉଁ ଅପୂରଣୀୟ କ୍ଷତି ଘଟେ ତାହା ଆଉ ପୂରଣ ହୋଇପାରେ ନାହିଁ । ସମୟ ଦେଇ ଉପଦେଶ ସହିତ ସ୍ନେହ ଓ ଶାସନ ମାଧ୍ୟମରେ ଶିକ୍ଷା ସମାପ୍ତ ହୁଏ ନାହିଁ, ଏହା ସଙ୍ଗେ ସଙ୍ଗେ ଆବଶ୍ୟକପଡ଼େ ଅଭିଭାବକଙ୍କର ଆଚରଣ ଶୁଦ୍ଧି । ପିଲାମାନେ ଜନ୍ମରୁ ଅତ୍ୟନ୍ତ ଗ୍ରହଣଶୀଳ ହୋଇଥିବାରୁ ଅନ୍ୟମାନଙ୍କର ଚାଲିଚଳଣିକୁ ନିରୀକ୍ଷଣ କରି ଅବଚେତନରେ ମଧ୍ୟ ଗ୍ରହଣ କରିନିଅନ୍ତି । ସେଥିରୁ ନିଜର ଭବିଷ୍ୟତ ଜୀବନପାଇଁ ଚଳଣିର ଉପାଦାନ ସଂଗ୍ରହ କରିନିଅନ୍ତି । ପିଲାମାନେ ପରିବାରରୁ ଶିଖିଥାନ୍ତି ପାରସ୍ପରିକ ସ୍ନେହ, ସହନଶୀଳତା, ଅନ୍ୟପ୍ରତି ସମ୍ବେଦନଶୀଳତା, ଉଦାରତା, ମିଷ୍ଟଭାଷାର ମହତ୍ତ୍ୱ, ନମ୍ରତା ସମେତ ଅନେକ ମୂଲ୍ୟବାନ କଥା । ଦେଶପ୍ରେମର ପ୍ରଥମ ସ୍ଫୁରଣ ମନ ମଧ୍ୟରେ ଏହି ପାରିବାରିକ ଶିକ୍ଷା ମାଧ୍ୟମରେ ହିଁ ଆସିଥାଏ । ଯେଉଁ ପରିବାରରେ ଦେଶ ପ୍ରେମର ଚର୍ଚ୍ଚା ନାହିଁ, ଦେଶ ପ୍ରତି ଆନ୍ତରିକତା ପ୍ରକଟିତ ହୁଏନାହିଁ, ମାନବିକ ସଦ୍‌ଗୁଣ ସମ୍ପର୍କରେ ଆଲୋଚନା ହୁଏ ନାହିଁ, ସେ ପରିବାରର ପିଲାମାନେ ସେସବୁ ଉପାଦନକୁ ମନରେ ସ୍ଥାନ ଦିଅନ୍ତି ନାହିଁ । ଅନୁଷ୍ଠାନରେ ଯେତେ ଚର୍ଚ୍ଚା ଗୁରୁମାନଙ୍କ ଦ୍ୱାରା କରାଗଲେ ମଧ୍ୟ ତାହା କିଶୋର ମନରେ ବିଶେଷ କୌଣସି ପ୍ରଭାବ ପକାଏ ନାହିଁ, ଏ କାନରେ ପଶି, ସେ କାନରେ ବାହାରିଯାଏ କାରଣ ଭଲ କଥାକୁ ଧରି ରଖିବାର ସାମର୍ଥ୍ୟ ତା' ଭିତରେ ପିଲାଦିନରୁ ସୃଷ୍ଟି ହୋଇନଥାଏ । ଉପଦେଶ ଛଳରେ ହେଉ ବା ଗଳ୍ପ ଛଳରେ ହେଉ ପିଲାଟିଏ ନିଜ ସଂସ୍କୃତି, ପରମ୍ପରା ସମ୍ପର୍କରେ ଘରୁ ଯଦି କିଛି ନ ଶୁଣିଲା, ତେବେ ଅନୁଷ୍ଠାନରୁ ଯେତେ ଶୁଣିଲେ ମଧ୍ୟ ତାହା ଦ୍ୱାରା ଉପକୃତ ହୋଇପାରିବ ନାହିଁ । ତା'ର ମନେହେବ ସେସବୁ ମୂଲ୍ୟହୀନ, ଅଦରକାରୀ କଥା । ଯୁକ୍ତି ତା'ର ମନରେ ଆସିବ ଯେ ଯଦି ଏସବୁ ମୂଲ୍ୟବାନ ହୋଇଥାନ୍ତା ତେବେ ଆମଘରେ ଏସବୁ ଚର୍ଚ୍ଚା ହୁଅନ୍ତା ନାହିଁ । ଯେହେତୁ ଆମଘରେ କେହି କେବେ ଏସବୁ କଥା ପକାନ୍ତି ନାହିଁ, ତେଣୁ ଏସବୁ ମୂଲ୍ୟହୀନ ଅଟେ । ପିଲାମାନଙ୍କୁ କେହି ବୁଝାଇବା ଦରକାର ନାହିଁ, ସେମାନେ ମନକୁ ମନ ବୁଝି ଯାଇଥାନ୍ତି ଯେ ତାଙ୍କ ଘର ଭଲ, ତାଙ୍କ ଘର ଲୋକମାନେ ଭଲ, ତାଙ୍କ ଘର ଚଳଣି ଭଲ ଇତ୍ୟାଦି ଇତ୍ୟାଦି । ଅତଏବ ଘରେ ଯାହା ଚର୍ଚ୍ଚା ହୁଏ, ଚଳଣିରେ ଫୁଟେ, ପିଲା ଉପରେ ତାହାର ପ୍ରଭାବ ପଡ଼େ । ଘରେ ଯଦି ମନ୍ଦକଥା ଚର୍ଚ୍ଚା ହୁଏ, ଚଳଣିରେ ଦେଶଦ୍ରୋହୀ ମନୋବୃତ୍ତି

ଫୁଟିପଡ଼େ ତେବେ ପିଲାମାନେ ତାକୁ ଭଲଭାବି ଅନୁକରଣ କରିଥାନ୍ତି ନିର୍ବିକାର ଚିତ୍ତରେ । ସେ ଯଦି ଅନୁଭବ କରେ ଯେ ତାଙ୍କ ଘରେ ନିଜ ସଂସ୍କୃତି ପ୍ରତି ଆଦର ନାହିଁ ବରଂ ସମାଲୋଚନା ଅଛି ତେବେ ସେ ତାହାକୁ ଭଲ ବୋଲି ଗ୍ରହଣ କରିନିଏ ଏବଂ ଜୀବନରେ କେବେ ନିଜ ସଂସ୍କୃତିକୁ ଆଦର କରିପାରେ ନାହିଁ । ପିଲାଦିନର ମନର ଛାପ ଲିଭିବା ଅତ୍ୟନ୍ତ କଷ୍ଟକର । ପ୍ରାୟ ତାହା ଲିଭେ ନାହିଁ । ବେଳେବେଳେ ପିଲାମାନେ ପରିବାରରୁ ଶିଖିଯାନ୍ତି ଯେ ଆମର ଧର୍ମଗ୍ରନ୍ଥ ସବୁ ମୂଲ୍ୟହୀନ, ଆମର ଅତୀତର ଆଚାର୍ଯ୍ୟମାନେ ସମସ୍ତେ ଭଣ୍ଡ, ଅପାରଗ ଓ ଅଯୋଗ୍ୟ, ତେବେ ସେମାନେ ଉଦ୍‌ଭ୍ରାନ୍ତ ନ ହୋଇ ଆଉ କ'ଣ ବା ହେବେ ? ଅତଏବ ଏକଥା ସ୍ପଷ୍ଟ ଯେ ପାରିବାରିକ ଶିକ୍ଷା ହେଉଛି ଜୀବନର ଭିତ୍ତି, ଜୀବନ ପଥରେ ସାଥୀ ଓ ଜୀବନ ରଥରେ ସଫଳ ସାରଥୀ ।

ପାରିବାରିକ ଶିକ୍ଷା କ୍ଷେତ୍ରରେ ମାଆମାନଙ୍କର ଭୂମିକା ସବୁଠାରୁ ଅଧିକ ଗୁରୁତ୍ୱପୂର୍ଣ୍ଣ । ମାଆ ହେଉଛି ଶିଶୁର ପ୍ରଥମ ଶିକ୍ଷକ । ସେ ଯେପରି ଶିଖାଇବ, ପିଲାଟି ସେପରି ଶିଖିବ । ମାଆ ଭଲକଥା ଶିଖାଇଲେ ପିଲା ନିଶ୍ଚୟ ଭଲକଥା ଶିଖିବ । ମହାତ୍ମାଗାନ୍ଧି କହୁଥିଲେ ପୁଅଟିକୁ ଶିକ୍ଷିତ କରିବା ଅର୍ଥ ବ୍ୟକ୍ତିକୁ ଶିକ୍ଷିତ କରିବା, ଝିଅଟିକୁ ଶିକ୍ଷିତ କରିବା ଅର୍ଥ ଗୋଟିଏ ପରିବାରକୁ ଶିକ୍ଷିତ କରିବା । ପରିବାର ଶିକ୍ଷିତ ହେଲେ ଜାତି ଶିକ୍ଷିତ ହେବ । ଅତଏବ ଏକଥା ଠିକ୍ ଯେ ମାଆ ଶିକ୍ଷିତା ହେଲେ ଜାତି ଉଠିବ, ଜାତିର ରୁଚି ମାର୍ଜିତ ହେବ, ଦୃଷ୍ଟିକୋଣ ବଦଳିଯିବ । ଶିକ୍ଷିତ ହେବାର ଅର୍ଥ ନୁହେଁ କେବଳ ଡିଗ୍ରୀ ହାସଲ କରିବା । ଏହା ସହିତ କିଛି ଭଲ କଥା, ଭଲ ଗୁଣ ମାଆମାନେ ଶିଖିବା ଉଚିତ । ସେମାନେ ନିଜେ ନ ଜାଣିଲେ ପିଲାମାନଙ୍କୁ ଜଣାଇବେ କିପରି ? ସେଥିପାଇଁ ନାରୀ ଜାତି ମଧ୍ୟରେ ସ୍ୱତନ୍ତ୍ର ଆଗ୍ରହ ଓ ଆନ୍ତରିକତା ରହିବା ଆବଶ୍ୟକ । ଆମ ସାହିତ୍ୟରେ ମାନବିକତାର ଉଦାହରଣ ପାଇଁ ବହୁ ପ୍ରସଙ୍ଗ ରହିଛି, ସେ ସବୁକୁ ପଢ଼ି ଜାଣି ମାଆମାନେ ପିଲାମାନଙ୍କୁ ସେହି ଚେତନାରେ ଉଦ୍‌ବୁଦ୍ଧ କରିବା ପାଇଁ ପ୍ରୟାସ କରିବା ଉଚିତ । ଏଥିପାଇଁ ଅଧ୍ୟବସାୟ ଦରକାର, ଯତ୍ନ କରିବା ଦରକାର । ନ ହେଲେ ରତ୍ନ ମିଳିବ ନାହିଁ । ମାଆମାନେ ଗୁରୁ ଗୁରୁଜନଙ୍କୁ ଅବମାନନା କରିବା, ହତାଦର କରିବା, ସମାଲୋଚନା କରିବା, ଅନ୍ୟପ୍ରତି କଠୋର ହେବା, ଆପଣାର ସୁବିଧା ଉପରେ ଅଧିକ ଗୁରୁତ୍ୱ ଦେବା, ଘର ଭିତରେ ନିହାତି କ୍ଷୁଦ୍ର କ୍ଷୁଦ୍ର କଥା ଉପରେ ଗୁରୁତ୍ୱ ଦେଇ ଅନ୍ୟମାନଙ୍କ ସହିତ କଳିକରିବା ଇତ୍ୟାଦି ଇତ୍ୟାଦି ବହୁ ଦୁର୍ଗୁଣର ଅଧିକାରଣୀ ହୋଇଥିଲେ ପିଲାମାନେ ତାହାହିଁ ଶିଖିଯିବେ । ତାକୁ ହିଁ ଭଲ ବୋଲି ବୁଝିଯିବେ, ନିଜ ଜୀବନରେ ଅନୁରୂପ ଆଚରଣ କରିବାକୁ ଭୁଲିଯିବେ ନାହିଁ ।

'ରାଷ୍ଟ୍ରର ଗଠନ ଦାୟିତ୍ୱ ଯେ ମାଆମାନଙ୍କ ଉପରେ ନ୍ୟସ୍ତ'- ଏକଥାର ମହତ୍ତ୍ୱ ଓ ମୂଲ୍ୟବୋଧକୁ ବୁଝିବାକୁ ସମୟ ଆଜି ଦେଶର ଦ୍ୱାର ଦେଶରେ ଉପସ୍ଥିତ । ନିଜର ସୁଖ ସୁବିଧାକୁ ତ୍ୟାଗକରି ପିଲାମାନଙ୍କ ଉପରେ ଅଧିକରୁ ଅଧିକ ଗୁରୁତ୍ୱ ଦେବା ଆଜିର ଆହ୍ୱାନ ହୋଇଛି ମାଆମାନଙ୍କ ପାଇଁ, ଏଥିରେ ଦ୍ୱିମତ ନାହିଁ । ଏ ଆହ୍ୱାନ ସମଗ୍ର ବିଶ୍ୱର ଆହ୍ୱାନ । ସମଗ୍ର ବିଶ୍ୱ ଅସୀମ ଉତ୍କଣ୍ଠାର ସହ ଭାରତ ଆଡ଼କୁ ଚାହିଁରହିଛି । । ଭାରତ ଦେବ ଆଗାମୀ ଦିନରେ ସମଗ୍ର ବିଶ୍ୱକୁ ଦିଗ୍‌ଦର୍ଶନ, ଏକଥା ସ୍ୱାମୀ ବିବେକାନନ୍ଦ, ମହାଯୋଗୀ ଶ୍ରୀ ଅରବିନ୍ଦ, ମାକସ୍‌ମୁଲ୍ଲର, ଶ୍ରୀମତୀ ବୋରିସ୍କା ଓ ହରାରଙ୍କ ସମେତ ପ୍ରାଚ୍ୟ ଓ ପାଶ୍ଚାତ୍ୟର ବହୁ ମନୀଷୀ ଉଦ୍‌ଘୋଷଣା କରିଛନ୍ତି । ସମୟର ଏ ଆହ୍ୱାନକୁ ଭାରତର ମାଆମାନେ ଉପେକ୍ଷା କରିବେ ନାହିଁ ବୋଲି ଆଶା କରାଯାଏ ।

■

ବଞ୍ଚିବାର କଳା

ମନୁଷ୍ୟ ଜୀବନ ଏକ ଅର୍ଥହୀନ ଜାନ୍ତବ ଅଭିବ୍ୟକ୍ତି ନୁହେଁ, ଏହା ଏକ ପୂଜାଫୁଲ । ଏହି ପୂଜାଫୁଲ ମହାଚେତନାର ନିରାଜନାପାଇଁ ଅଭିପ୍ରେତ, ଯାହାର ସୁବାସ ଦିଗଦିଗନ୍ତରେ ବିଚ୍ଛୁରିତ ହୋଇ ଅପୂର୍ବ ମହୋଲ୍ଲାସ ସୃଷ୍ଟି କରିପାରେ । ଆନ୍ତର ଚେତନାର ବିକାଶ ନିମନ୍ତେ ଜୀବନ ଏକ ପ୍ରକୃଷ୍ଟ ମାଧ୍ୟମ । ଅତଏବ ଜାଗତିକ ଜୀବନ ଆଦୌ ମୂଲ୍ୟହୀନ ନୁହେଁ ବରଂ ଅତ୍ୟନ୍ତ ମୂଲ୍ୟବାନ, ଏଥିରେ ସନ୍ଦେହର ଅବକାଶ ନାହିଁ । ମନୁଷ୍ୟର ଦେହ ଏକ ରଥ ସଦୃଶ ଯହିଁରେ ରଥୀ ବିରାଜମାନ କରି ବିକଶିତ ହୋଇଥାନ୍ତି । ରଥ ବିନା ରଥୀଙ୍କର ଗତି ବ୍ୟାହତ ହେବାପରି, ଦେହବିନା ଦେହୀଙ୍କର ପ୍ରଗତି ବ୍ୟାହତ ହୁଏ । ସୁତରାଂ ରଥ ଓ ରଥୀ ଉଭୟଙ୍କର ସୁରମ୍ୟ ସହାବସ୍ଥାନରେ ସଂଗଠିତ ଜୀବନର ମହତ୍ତ୍ୱ ଏକାଧାରରେ ଅସୀମ ଓ ଅସାଧାରଣ । ଅନ୍ୟଭାଷାରେ କହିଲେ ଏହାହିଁ ଯଥାର୍ଥ ଯେ ଦେହ ବିନା ଆତ୍ମାର ଅଭିବ୍ୟକ୍ତି ନାହିଁ କି ଆତ୍ମାବିନା ଦେହର ସ୍ଥିତି ନାହିଁ । ଉଭୟ ଉଭୟଙ୍କର ଉପସ୍ଥିତିରେ ମହୀୟାନ । ମନେପଡ଼େ ଏ ପସଙ୍ଗରେ ଡଃ ମାୟାଧର ମାନସିଂହଙ୍କର କବିତାର ସେଇ ପଦଟି -

ନର ଦେହ ହୀନ ମୃତ୍ତିକା ନୁହେଁ
    ନାରାୟଣ ତାର ଜୀବନ ରସ
ମହାଚେତନାର ଅଂଶ ସେ ଏକ
    ବିକାଶ ପାଇଁକି ଶରୀର ବଶ ।

ଏପରି ଦୁର୍ଲ୍ଲଭ ମାନବ ଜୀବନର ସାର୍ଥକତା ଅଧିକରୁ ଅଧିକ ପ୍ରକଟିତ ହେବା ନିର୍ଭର କରେ ତା'ର ବ୍ୟବହାର ବିଧି ଉପରେ । ହୀରାକୁ କଳାତ୍ମକ ଭାବରେ କାଟିଲେ ତା'ର ଉଜ୍ଜ୍ୱଳତା ବଢ଼ିଲା ପରି ଜୀବନକୁ କଳାତ୍ମକ ଭାବରେ ଜୀଇଁ ଜାଣିଲେ ତା'ର ମୂଲ୍ୟବୋଧ ବହୁଗୁଣିତ ହୁଏ । ଅତଏବ ଏହା ସର୍ବବାଦୀ ସମ୍ମତ ଯେ ଜୀବନ ଜୀଇଁବାର

ଏକ କଳାକୌଶଳ ଅଛି, ଅନ୍ୟଥା ଜୀବନ ହୁଏ ଦୁର୍ବହ ଓ ଅଶାନ୍ତ। ଏ ପର୍ଯ୍ୟନ୍ତ ଏହି କଳା କୌଶଳଟି ମନୁଷ୍ୟ ପୂରାପୂରି ଶିଖି ପାରିଛି ବୋଲି କହିହେବ ନାହିଁ । ମାକସିମ୍ ଗର୍କୀଙ୍କମତରେ- "Man can fly in the air like birds, man can swim in water like fish but how to live on this earth he does not know." ଏହି ବଞ୍ଚିବାର କଳାଟିକୁ ଆମେ ଯେତେ ଅଧିକ ଭାବରେ ବୁଝିବା ଓ କାର୍ଯ୍ୟରେ ପରିଣତ କରିବା ଜୀବନ ଆମପାଇଁ ସେତେ ବହୁମୂଲ୍ୟ ଉପହାରରେ ପରିଣତ ହେବ । ଅମୃତର ସନ୍ଧାନ ନିମନ୍ତେ ଏହା ପରିଣତ ହେବ ଏକ ପବିତ୍ର ଉପଚାରରେ । ଏହି କଳାର ସମସ୍ତ ଦିଗ ନୁହେଁ କେତେକ ଦିଗ ସମ୍ପର୍କରେ ସାମାନ୍ୟ ଆଲୋକପାତ କରିବା ଏହି ପ୍ରବନ୍ଧର ଉଦ୍ଦେଶ୍ୟ ।

ଆମେ ସାଧାରଣତଃ ଅତୀତ ପ୍ରତି ଆକୃଷ୍ଟ ହୋଇଥାଉ । ଅତୀତ ଯେ ଭଲଥିଲା, ଏକଥା ଭାବି ବର୍ତ୍ତମାନଠାରୁ ଦୂରେଇ ଯିବାକୁ ଚାହୁଁ । ଫଳତଃ ଆମେ ବର୍ତ୍ତମାନର ଅପବ୍ୟବହାର କରିବା ସହିତ ଏକନିଷ୍ଠତା ହରାଇବସୁ । ଯନ୍ତ୍ର ପରି ଆମେ କେବଳ କର୍ମକରୁ ମାତ୍ର ସେଥିରେ ଆନ୍ତରିକତା ନ ଥିବାରୁ ସେ କାର୍ଯ୍ୟ ଆମପାଇଁ ଅଧିକ ସଫଳ ହୁଏ ନାହିଁ । ତେଣୁ ଅତୀତ ପ୍ରତି ଆବଶ୍ୟକତାଠାରୁ ଅଧିକ ମୋହ ନ ରଖି ବର୍ତ୍ତମାନ ପ୍ରତି ଆନ୍ତରିକତା ଓ ଆକର୍ଷଣ ରଖିବା ଏକାନ୍ତ ବିଧେୟ ।

ହତାଶା ଆମ ଜୀବନର ଅନ୍ୟ ଏକ ଅନ୍ଧାରିତ ଦିଗ ଯାହାର ଲୋମଶ ପାଣ୍ଡୁର ହସ୍ତ ଆମକୁ ନିଶେଷ କରିଦେବା ପାଇଁ ପ୍ରତିକ୍ଷଣରେ ପ୍ରସ୍ତୁତ ଥିଲାପରି ମନେହୁଏ । ଏହା ଏକ ବିରୋଧୀ ଶକ୍ତି, ଅନ୍ୟକୁ ଭୟଭୀତ କରାଇ ନିଜକୁ ଜାହିର କରିବା ତା'ର ନିଜସ୍ୱ ସ୍ୱଭାବ । ଜୀବନରେ ବ୍ୟର୍ଥତା ଜନିତ ହତାଶା ଆସିଗଲେ ନିଜ ଜୀବନର ସଂଜ୍ଞା ନିଜ ପାଖରେ ପରିବର୍ତ୍ତିତ ହୋଇଯାଏ, ମନ ଭାଙ୍ଗିପଡ଼େ, ମନ ସହିତ ଦେହର ସମ୍ପର୍କ ଅତି ସୂକ୍ଷ୍ମ ଓ ଶାଣିତ ହୋଇଥିବାରୁ ଶାରୀରିକ ଅସୁସ୍ଥତା ଦେଖାଦିଏ । ମନରୁ ହତାଶାର ଅପସାରଣ ସର୍ବାଦୌ ଆବଶ୍ୟକ । ଏଥିପାଇଁ ଏକମାତ୍ର ଅବ୍ୟର୍ଥ ଔଷଧ ହେଉଛି ଆଶାବାଦ, ଆଶାବାଦ ଏକ ଆଲୋକ ବର୍ତ୍ତିକା ଯାହା ହତାଶା ଅନ୍ଧାରର ବୁକୁ ବିଦୀର୍ଣ୍ଣ କରିପାରେ । ଅନ୍ଧାର ଥିଲେ ଯଦି 'ଅନ୍ଧାର ଅନ୍ଧାର' ବୋଲି ଚିତ୍କାର କରାଯାଏ, ତେବେ ଅନ୍ଧାର ଯାଏ ନାହିଁ ବରଂ ଆଲୋକର ବର୍ତ୍ତିକାଟିଏ ଆଣିଦେଲେ ଅନ୍ଧାର ଆପେ ଆପେ ଅପସରିଯାଏ । ଠିକ୍ ସେହିପରି ମନରେ ଆଶା ଆଣିଲେ ହତାଶା ଆପେ ଆପେ ଅପସରି ଯିବାକୁ ବାଧ୍ୟ ହୁଏ । ଶ୍ରୀମାଙ୍କ ମତରେ,- "ଆଶା କେବେବି ଛାଡ଼ିବୁ ନାହିଁ, ଏହା ଗୋଟିଏ ଭଗବତ ସଦ୍‌ଗୁଣ ।"

ଜୀବନର ଅନ୍ୟ ଏକ ବିଷାକ୍ତ ଦିଗ ହେଉଛି ଅନ୍ୟପ୍ରତି ଈର୍ଷା, ସ୍ୱାର୍ଥପରତା,

କ୍ରୋଧ ଇତ୍ୟାଦି ଇତ୍ୟାଦି । ଏହାର ମୂଳଭିତ୍ତି ରହିଛି ଅହଂକାରରେ । ନିଜକୁ ବଡ଼ ଭାବି ଅନ୍ୟକୁ ସାନ ଭାବିବା ହେଉଛି ଅହଂକାରର କ୍ରିୟା । ଅହଂକାରୀ ବ୍ୟକ୍ତି ନିଜ ଉପରୁ କର୍ତ୍ତୃତ୍ୱକୁ ହରାଇବସେ । ମନରୁ ସନ୍ତୋଷଭାବ, ଆନନ୍ଦଭାବ ତା'ର ଅପସରିଯାଏ । ଏଥିପାଇଁ ଆବଶ୍ୟକ ହେଲା ସଚେତନ ଚିନ୍ତାଶକ୍ତି । କ୍ରୋଧ ଓ ଈର୍ଷା ଏକ ଏକ ଭୟଙ୍କର ବିଷ ଯାହା ଆତ୍ମାକୁ ତିଳତିଳ କରି ଖାଇଯାନ୍ତି । କ୍ରୋଧ ଅନୁଭବ କଲେ ମନୁଷ୍ୟ ତା'ର ହିତାହିତଜ୍ଞାନ ହରାଇବସେ ଏବଂ କ୍ଷଣକ ମଧ୍ୟରେ ବହୁ ଅକାର୍ଯ୍ୟ କରିବସେ । ଶ୍ରୀମାଙ୍କର ଏ ସମ୍ପର୍କୀୟ ବାଣୀ ସ୍ମରଣକୁ ଆସେ । ସେ କହିଛନ୍ତି "ଯେତେବେଳେ କ୍ରୋଧ ଅନୁଭବ କରୁଛ, ସେତେବେଳେ ପଦଟିଏ ହେଲେ ଉଚ୍ଚାରଣ କରନାହିଁ ।"

ଆମ ଜୀବନର ଅନ୍ୟ ଏକ ଅସଫଳତା ହେଉଛି ଫଳକାମନାରେ କର୍ମ କରିବା । କର୍ମପାଇଁ ଆମେ କର୍ମ କରୁନା । ଆମେ କର୍ମକରୁ ଫଳପ୍ରାପ୍ତି ଆଶାରେ । ତେଣୁ କର୍ମରୁ ଯେଉଁ ଆନନ୍ଦ ମିଳିବା କଥା ଆମେ ତାହା ପାଉନା । ଫଳ ଆଶାନୁରୂପ ନ ହେଲେ ଆମେ ବିଷାଦଗ୍ରସ୍ତ, ବିରକ୍ତ ଓ ବିବ୍ରତ ହୋଇପଡୁ । କର୍ମରେ ଆମର ଅଧିକାର ଅଛି ମାତ୍ର କର୍ମ ଫଳରେ ଆମର ଅଧିକାର ନାହିଁ, ଏହା ଶ୍ରୀମଦ୍ ଭଗବଦ୍ ଗୀତାରେ ଉଦ୍‌ଘୋଷିତ ହୋଇଛି । ଯାଥା- "କର୍ମଣ୍ୟେ ବାଧିକାରସ୍ତେ ମା ଫଳେଷୁ କଦାଚନ ।" ଆମେ ଏକଥା ଜାଣୁ ମାତ୍ର କଥାଟିକୁ କାର୍ଯ୍ୟରେ ପରିଣତ କରିବାପାଇଁ ଯତ୍ନ କରୁନା । ପ୍ରକୃତରେ ଏହା ଯଥାର୍ଥ ଯେ କର୍ମରୁ ଆନନ୍ଦ ହିଁ ମନୁଷ୍ୟର ପ୍ରାପ୍ୟ । କର୍ମ ଜନିତ ଆନନ୍ଦ ମଣିଷ ମନରେ ଆଣିଦିଏ ସନ୍ତୋଷଭାବ ଓ ଆନନ୍ଦଭାବ । ଯାହାପ୍ରତି ଯେତେବେଳେ ଯାହା କର୍ତ୍ତବ୍ୟ ତା'ର ଯଥାଯଥ ସମ୍ପାଦନ ହିଁ ପ୍ରକୃତ କର୍ମର ଅନ୍ତର୍ଭୁକ୍ତ । ଏପରି କର୍ମରେ ଜୀବନର ପ୍ରକୃତ ଅଗ୍ରଗତି ସମ୍ଭବ ହୁଏ ।

ଆମର ଅନ୍ୟ ଏକ ଅସାମର୍ଥ୍ୟର ଚିହ୍ନ ହେଉଛି ବିପଦରେ ଭାଙ୍ଗିପଡ଼ିବା, ଆମେ ବିପଦବେଳେ ଅସ୍ଥିର ହୋଇ ଇତସ୍ତତଃ ଦଉଡ଼ା ଦଉଡ଼ା କରିଥାଉ । ସେଥିରେ ସମସ୍ୟାର ସମାଧାନ ହୁଏନାହିଁ । ସେତେବେଳେ ଧୈର୍ଯ୍ୟର ସହିତ ସ୍ଥିର ଚିତ୍ତରେ ସମସ୍ୟାକୁ ଅତିକ୍ରମ କରିବାପାଇଁ ଶକ୍ତି ସଞ୍ଚୟ କରିବା ଉଚିତ । ଅନ୍ୟପକ୍ଷରେ ବିପଦରେ ଆମେ ଯେତେ ଅସ୍ଥିର ହେଉ ଉତ୍ତେଜିତ ହେଉ ବା ବିବ୍ରତ ହେଉ ବିପଦର ବଳ ସେତେ ବଢ଼ିଯାଏ । ଏ ପରିପ୍ରେକ୍ଷୀରେ ଶ୍ରୀମା କହନ୍ତି- "ଯେତେବେଳେ ଦୁଃଖ ଅସୁବିଧା ଆସେ ଲୋକେ ସାଧାରଣତଃ ଅସ୍ଥିର ହୋଇପଡ଼ନ୍ତି, ଉତ୍ତେଜିତ ଓ ଭୀତ ହୋଇପଡ଼ନ୍ତି । ଏହା ଫଳରେ ଦୁଃଖ ଓ ଅସୁବିଧାକୁ ଅଧିକ ଦୁଃସାଧ୍ୟ କରିପକାନ୍ତି ।" ଅତଏବଃ ଏକଥା ଆମର ସ୍ମରଣୀୟ ଯେ ବିପଦ ପଡ଼ିଲେ ବିପଦକୁ ଆଉ ନଡ଼ରି ବରଂ ତାକୁ ଧୀରସ୍ଥିର ଚିତ୍ତରେ ଅତିକ୍ରମ କରିବାପାଇଁ ଉଦ୍ୟମ କରିବା ଉଚିତ ।

ବାକ୍‌ଶକ୍ତି ହେଉଛି ଭଗବାନଙ୍କର ମନୁଷ୍ୟକୁ ଏକ ଅମୂଲ୍ୟ ଅବଦାନ ।

ଏହି ଶକ୍ତିର ସଦ୍‌ବ୍ୟବହାର ଆମେ କିନ୍ତୁ କରିପାରୁନା । ଏହାର ସଦ୍‌ବ୍ୟବହାର ଅର୍ଥ ଆବଶ୍ୟକତା ଅନୁସାରେ କଥା କହିବା । ଯେତିକି ଦରକାର ତା'ଠାରୁ ଅଧିକ କଥା କହିଲେ ବହୁ ଅବାଞ୍ଛିତ ସମସ୍ୟା ସୃଷ୍ଟି ହେବାର ସମ୍ଭାବନା ଥାଏ ଓ ମାନସିକ ଶାନ୍ତି ବ୍ୟାହତ ହେବାର ଆଶଙ୍କା ବହୁଳ ଭାବରେ ଥାଏ । ଆମେ ଏ ଦିଗରେ ସଚେତନ ହେବା ଉଚିତ । ଆମେ ଜାଣିବା ଉଚିତ ଯେ ଆବଶ୍ୟକତା ଅନୁସାରେ କଥା କହିବା ଏକ କଳା । ଏହାଦ୍ୱାରା ନିଜର ତଥା ଅନ୍ୟମାନଙ୍କର ମଧ୍ୟ ଉପକାର ହୁଏ । ମୌନତା ଯେପରି ସ୍ପୃହଣୀୟ ନୁହେଁ ବାଚାଳତା ସେପରି ବରଣୀୟ ନୁହେଁ ।

ସାମ୍ପ୍ରତିକ ପରିବେଶରେ ଜୀବନଧାରା ଅଶାନ୍ତିରେ ଜର୍ଜରିତ । ଏହା ଧର୍ମ ଭେଦରେ, ଜାତି ଭେଦରେ, ଦେଶଭେଦରେ ସତ୍ୟ । ଶାନ୍ତିର ସ୍ନିଗ୍ଧ ସୁବାସ ସତେ ଯେପରି ଦିନକୁ ଦିନ ଅପସରି ଯାଉଛି ବିଶ୍ୱଜୀବନରୁ । ପାରିବାରିକ ଜୀବନଠାରୁ ଆରମ୍ଭକରି ରାଷ୍ଟ୍ରୀୟ ଜୀବନ ପର୍ଯ୍ୟନ୍ତ କେଉଁଠାରେ ଶାନ୍ତିର ଲଳିତ ସ୍ପର୍ଶ ନାହିଁ କହିଲେ ଅତ୍ୟୁକ୍ତି ହେବନାହିଁ । ତେବେ ଏପରି ଅବସ୍ଥାରେ ରହି ଦୁଃଖକଲେ କିଛି ଲାଭ ନାହିଁ ବରଂ ଏଥିପ୍ରତି ହସିଦେବା ଭଲ । ଶ୍ରୀଅରବିନ୍ଦ ଏ ପରିପ୍ରେକ୍ଷୀରେ କହନ୍ତି- "ଏକଥା ସତ୍ୟ ଯେ ଜୀବନ ଯେପରି ଅବସ୍ଥାରେ ଅଛି ତାହା ବିଶେଷ ପ୍ରୀତିକର ନୁହେଁ, କିନ୍ତୁ ଏହାକୁ ନେଇ ଦୁଃଖ କରିବା ଅପେକ୍ଷା ଏଥିପ୍ରତି ହସିଦେବା ଭଲ ।" ଏ କଥାଟିର ବ୍ୟାବହାରିକ ଉପଯୋଗିତା ଯଥେଷ୍ଟ ରହିଛି ।

ଆମେ ଏପରି ଏକ ମାନସିକ ସ୍ଥିତିରେ ଅଛୁ ଯେ ଆମକୁ ନିଜର ପ୍ରଶଂସା ଶୁଣିଲେ ଖୁସି ଲାଗୁଛି ଓ ନିନ୍ଦାଶୁଣିଲେ ଦୁଃଖ ଲାଗୁଛି । ଏପରି ହେଉଛି ଯେ ଆମେ ନିଜର ପ୍ରଶଂସାପାଇଁ ପରିବେଶ କୃତ୍ରିମ ଭାବରେ ସୃଷ୍ଟି କରୁଛୁ । ଲୋକ ଚକ୍ଷୁରେ ବଡ଼ ହେବାପାଇଁ ପରସ୍ପର ମଧ୍ୟରେ ପ୍ରତିଯୋଗିତା କରୁଛୁ । ଆମେ ନିଜ ପ୍ରଶଂସାରେ ଖୁସିହେବାର ଦେଖି କେତେକ ଚତୁର ବ୍ୟକ୍ତି ଆମର ଅଯଥା ପ୍ରଶଂସା କରି ଆମକୁ ଠକି ଦେଉଛନ୍ତି ଏବଂ ସେମାନଙ୍କର ସ୍ୱାର୍ଥ ହାସଲ କରି ନେଉଛନ୍ତି । ଆମେ ଯଦି ଏ ଦିଗରେ ସଚେତନ ହୁଅନ୍ତେ ତେବେ ଆମର କ୍ଷତି କରିବାକୁ ଅନ୍ୟମାନେ ସାହସ କରନ୍ତେ ନାହିଁ । ଆମ ସଂସ୍କୃତିରେ ଏକଥାଟି ବହୁ ପୁରୁଣା । ଏଥିପାଇଁ ଶାସ୍ତ୍ରୀୟ ଉପଦେଶ ମଧ୍ୟ ରହିଛି, ଯଥା- "ଅନାହୂତୋ ପ୍ରବିଶ୍ୟନ୍ତି, ଅପୃଷ୍ଟୋ ବହୁ ଭାଷ୍ୟତେ" ଇତ୍ୟାଦି ।

ଏ ପ୍ରସଙ୍ଗରେ ମନେପଡ଼େ ମେହେର କାବ୍ୟ 'ପ୍ରଣୟ ବଲ୍ଲରୀ'ରୁ କଣ୍ୱଙ୍କର ମୁଖରେ ଶକୁନ୍ତଳାଙ୍କ ପ୍ରତି ଉପଦେଶାତ୍ମକ ପଦଟି –

ଅଯାଚିତ ହୋଇ କେହି ଯେବେ ତୋର
ଅଯଥା ପ୍ରଶଂସା କରେ ।
ଜାଣିଥିବୁ ତାର ଆଗମନ ତୋତେ
ଠକିବାକୁ କଉଶଳେ ।

ଆତ୍ମପ୍ରଶଂସାରୁ ହେଉଥିବା କ୍ଷତିରୁ ରକ୍ଷା ପାଇବାକୁ ହେଲେ ନିଜକୁ ସେହି ପ୍ରବଣତାରୁ ମୁକ୍ତକରି ରଖିବା ଦରକାର । କିଏ ନିନ୍ଦାକଲେ ମର୍ମାହତ ନହୋଇ, କିଏ ପ୍ରଶଂସାକଲେ ଉତ୍‌ଫୁଲ୍ଲିତ ନହୋଇ ଧୀରସ୍ଥିର ଭାବରେ ବିବେକାନୁମୋଦିତ ପନ୍ଥାରେ କର୍ମ କରିବା ଏକାନ୍ତ ଜରୁରୀ ।

ଆମର ଆଉ ଏକ ଅପୂର୍ଣ୍ଣତା ରହିଛି ଯାହା ଭୌତିକ ବସ୍ତୁର ବ୍ୟବହାର ସହ ସଂଶ୍ଳିଷ୍ଟ । ଆମ ଇଚ୍ଛାରେ ଆମେ ବସ୍ତୁକୁ ବ୍ୟବହାର କରୁ କିନ୍ତୁ ତା'ର ଅନୁଭବ ଶକ୍ତି ଅଛି ବୋଲି ଆମେ ଜାଣୁନା । ଘର ଓଳାଇବା ସରିଗଲେ ଦୂରରୁ ଥାଇ ଛାଞ୍ଚୁଣିଟିକୁ ଘରର କଣକୁ ଫିଙ୍ଗି ଦେଉ । ଆମେ ଭାବୁ ତା'ଣ କ'ଣ ପ୍ରାଣ ଅଛି ଯେ ତାକୁ କାଟିବ ? ସେଇଟା ଭୁଲକଥା । ପ୍ରକୃତରେ ତା'ର ମଧ୍ୟ ଅନୁଭବ ଶକ୍ତି ଅଛି । ଆଦର ଅନାଦର ସେ ବୁଝିପାରେ । କେବଳ ଛାଞ୍ଚୁଣି ନୁହେଁ ପ୍ରତ୍ୟେକ ବସ୍ତୁର ଅନୁଭବ ଶକ୍ତି ଅଛି । ବସ୍ତୁକୁ ଆଦର କରିବା, ଯତ୍ନର ସହ ଅନୁରାଗର ସହ ବସ୍ତୁର ବ୍ୟବହାର କରିବା ହେଉଛି ମାନବିକତାର ଚିହ୍ନ । ଯେଉଁ ବସ୍ତୁକୁ ଯେପରି ସ୍ଥାନରେ ରଖିବା କଥା ଏବଂ ଯେପରି ଭାବରେ ରଖିବା କଥା ସେହିପରି ରଖିଲେ ସେ ବସ୍ତୁଭିତରେ ଏକ ପ୍ରକାର ସନ୍ତୋଷଭାବ ସୃଷ୍ଟି ହୁଏ । ସବୁ ମହାପୁରୁଷ ଏ ଦିଗରେ ଗୁରୁତ୍ୱପୂର୍ଣ୍ଣ ଉପଦେଶ ଦେଇଛନ୍ତି । ଥରେ ଜଣେ ବ୍ୟକ୍ତି ଛାଞ୍ଚୁଣିରେ ଘର ଓଳାଇସାରି ଛାଞ୍ଚୁଣିଟିକୁ ଆସ୍ତେ ନ ରଖି ଦୂରକୁ ଫିଙ୍ଗି ଦେବାରୁ ପାଖ ଘରେ ଥିବା ମାଆ ସାରଦା ଦେବୀଙ୍କୁ ଗଭୀର ଆଘାତ ଲାଗିଥିଲା । ମାଆ ସାରଦା ଦେବୀ ସେଇ ବ୍ୟକ୍ତିଙ୍କୁ ଡାକି ଆଉ ଏପରି ନକରିବା ପାଇଁ ଉପଦେଶ ଦେଇଥିଲେ । ପୁନଶ୍ଚ ଜଣେ ହଳିଆ ତାର ବଳଦକୁ ବିଲରେ ପାଞ୍ଚଣରେ ପିଟିଲା । ସେଠାରୁ ଦୂରରେ ଥାଇ ଶ୍ରୀ ରାମକୃଷ୍ଣ ପରମହଂସଦେବ ଗଭୀର ଆଘାତ ପ୍ରାପ୍ତ ହୋଇଥିଲେ । ବଳଦ ପିଠିରେ ବସିଥିବା ଚିହ୍ନର ଅନୁରୂପ ଚିହ୍ନ ଶ୍ରୀରାମକୃଷ୍ଣଙ୍କ ପିଠିରେ ଦେଖିବାକୁ ମିଳିଲା । ସେ ପଶୁପକ୍ଷୀଙ୍କୁ ଏପରି ଯନ୍ତ୍ରଣାରେ ଜର୍ଜରିତ ନକରିବା ପାଇଁ ଉପଦେଶ ଦେଉଥିଲେ । ପ୍ରକୃତରେ ଜୀବଜନ୍ତୁ ଓ ବସ୍ତୁକୁ ଠିକଭାବରେ ବ୍ୟବହାର କରିବା ଏକ କଳାତ୍ମକ କାର୍ଯ୍ୟ, ଏହା ଜୀବନକୁ ମାର୍ଜିତ ତଥା ଉନ୍ନତ କରିଥାଏ । ଏଥିପାଇଁ ଆନୁଷ୍ଠାନିକ ଡିଗ୍ରୀର ଆବଶ୍ୟକତା ନାହିଁ, ଏହା ମାନବିକତା ବଳରେ ସମ୍ଭବ ହୋଇଥାଏ । ବଞ୍ଚିବାର କେତେକ କଳାତ୍ମକ ବିଭବରୁ

ଏହା ଗୋଟିଏ । ତଥାକଥିତ ପାଠ ପଢ଼ି ଡିଗ୍ରୀ ହାସଲକରି ବ୍ୟକ୍ତିମାନେ ମଧ୍ୟ ଏହି କଥାଟିର ମହତ୍ତ୍ୱ ବୁଝନ୍ତି ନାହିଁ ବା ବୁଝିବାକୁ ଚେଷ୍ଟା କରନ୍ତି ନାହିଁ । ଅତଏବ ଡିଗ୍ରୀ ହାସଲ କଲେ ଯେ ଜଣେ ବଞ୍ଚିବାର କଳାକୁ ବୁଝିପାରିବ ଏପରି ନୁହେଁ, ଏଥିପାଇଁ ଡିଗ୍ରୀ ବଡ଼କଥା ନୁହେଁ, ହୃଦୟର ଭାବ ହେଉଛି ବଡ଼କଥା ।

ଆଜିକାଲି ଆଉ ଏକ ଲକ୍ଷଣ ସାଧାରଣ ଜୀବନଧାରାରେ ଦେଖାଯାଉଛି । ତାହା ହେଲା ଅନ୍ୟକୁ ସାନଭାବି ନିଜକୁ ବଡ଼ ବୋଲି ଭାବିବା । ଅନ୍ୟକୁ ସାନଭାବି ତା' ମନରେ ଆଘାତ ଦେବା ମଧ୍ୟ ଆଜିକାଲି ବୀରତ୍ୱର ଚିହ୍ନ ବୋଲି ଲୋକମାନେ ଭାବୁଛନ୍ତି । ନିୟମ ମାନିବା ଆଜିକାଲି ସମାଲୋଚନାର ବିଷୟ ଓ ନିୟମ ଭାଙ୍ଗିବା ଆଜିକାଲି ବୀରତ୍ୱର ଚିହ୍ନ । ପାରମ୍ପରିକ ମୂଲ୍ୟବୋଧକୁ ଅବମାନନା କରିବା ହୋଇଛି ଆଧୁନିକତାର ଅନ୍ୟତମ ପରିଭାଷା । ଏଠାରେ ପାରମ୍ପରିକ ମୂଲ୍ୟବୋଧକୁ ମୁଁ ଅନ୍ଧବିଶ୍ୱାସ ସହ ଏକାକାର କରୁନାହିଁ । କାରଣ ଅନ୍ଧବିଶ୍ୱାସ ଆଦୌ ମୂଲ୍ୟବୋଧର କଥା ନୁହେଁ । ଅନ୍ଧବିଶ୍ୱାସ ଜୀବନକୁ ଉଦ୍‌ଭ୍ରାନ୍ତକରେ, ତେଣୁ ଏହା ସର୍ବଦା ପରିତ୍ୟଜ୍ୟ । ମୂଲ୍ୟବୋଧ ଜୀବନକୁ ମହନୀୟ କରେ, ଏହାକୁ ବୁଝିବା ଆଜିର ଅନ୍ୟତମ ଅପରିହାର୍ଯ୍ୟ ଆବଶ୍ୟକତା । ମୂଲ୍ୟବୋଧ ପ୍ରତି ଅନୁରକ୍ତି ହେଉଛି ବଞ୍ଚିବାର ଏକ ବଳିଷ୍ଠ କଳାତ୍ମକ ବିଭବ ।

ନିରପେକ୍ଷତା ଆଜିକାଲି ଏକ ଦୁର୍ଲ୍ଲଭ କଥା । ଲାଭ ଦିଗକୁ ସମସ୍ତେ ଢଳି ଯାଉଥିବାର ଦେଖାଯାଏ । ଗ୍ରାମଠାରୁ ସହର ପର୍ଯ୍ୟନ୍ତ ନିରପେକ୍ଷ ବିଚାର କୁତ୍ରାପି ଦେଖାଯାଏ ନାହିଁ । ପକ୍ଷପାତ ନୀତିର ରାଜତ୍ୱ ଚାଲିଛି । ଫଳତଃ ବହୁ ଦୁଷ୍ଟ ଓ ରାକ୍ଷସ ପ୍ରକୃତିର ବ୍ୟକ୍ତି ଅନ୍ୟର କ୍ଷତି କରିପାରୁଛନ୍ତି । ଅନେକ ଶାନ୍ତ, ସରଳ ବ୍ୟକ୍ତି ଅସୁବିଧାର ସମ୍ମୁଖୀନ ହେଉଛନ୍ତି । ଏ ଦିଗରେ କାହାକୁ କିଛି କହିଲେ କିଛି ଲାଭ ହେଉନାହିଁ । ପ୍ରତ୍ୟେକ ସଚେତନ ହେଲେ ନିରପେକ୍ଷତାର ପୂଜା ହୋଇପାରନ୍ତା ।

ଜୀବନଧାରା ଓ ଦର୍ଶନ ଦେଶ ଭେଦରେ ଭିନ୍ନ ଭିନ୍ନ ହୋଇଥାଏ । ପ୍ରାଚ୍ୟ ଦର୍ଶନ ଓ ଜୀବନଧାରା ଗୋଟିଏ ପ୍ରକାରର ହେଲାବେଳେ ପାଶ୍ଚାତ୍ୟ ଦର୍ଶନ ଓ ଜୀବନଧାରା ଆଉ ଗୋଟିଏ ପ୍ରକାରର ହୋଇଥାଏ । କେଉଁଟି ଠିକ୍ କେଉଁଟି ଭୁଲ୍, ଏହା କହିହେବ ନାହିଁ । ଉଭୟରେ ଅପୂର୍ଣ୍ଣତା ରହିଛି । ସମନ୍ୱୟଚେତନାରେ ଅନୁପ୍ରାଣିତ ହୋଇ ଉଭୟ ସଂସ୍କୃତିରୁ ଭଲଭଲ କଥା ଗ୍ରହଣ କଲେ ଜୀବନର ବିକାଶ ତ୍ୱରାନ୍ୱିତ ହୋଇପାରିବ । ଫଳତଃ ମାନବ ଏକତା ପ୍ରକୃତ ଅର୍ଥରେ ସମ୍ଭବ ହେବ । ବିଶ୍ୱ ପରିବାର ଗଠନର ପରିକଳ୍ପନା ସେତେବେଳେ ବାସ୍ତବତାରେ ପରିଣତ ହେବ ।

ଏହି କ୍ଷୁଦ୍ର ପ୍ରବନ୍ଧରେ ବଞ୍ଚିବାର କଳାପରି ଏକ ମହନୀୟ ସୁଦୂର ପ୍ରସାରୀ

ବିଭବ ସମ୍ପର୍କରେ ପୁଙ୍ଖାନୁପୁଙ୍ଖ ଆଲୋଚନା କରିବା ସମ୍ଭବ ନୁହେଁ । ଜୀବନ ଜୀଇଁବାର କଳାକୁ ଏକ ଦିନରେ ଆୟତ୍ତ କରିହେବ ନାହିଁ । ଏହାକୁ ଆୟତ୍ତ କରିବାପାଇଁ ସଂକଳ୍ପ ଏକାନ୍ତ ଆବଶ୍ୟକ । ସଂକଳ୍ପ ପରେ ଅଭ୍ୟାସ କରିବାକୁ ହେବ । ଅଭ୍ୟାସ କରିଚାଲିଲେ ଦିନ ଆସିବ ଯେଉଁଦିନ ବଞ୍ଚିବାର କଳା ଆମ ଜୀବନର ସାର୍ଥକତା ଆଣିଦେବ । ଜୀବନର ମହତ୍ତ୍ୱ ଓ ମୂଲ୍ୟବୋଧ ସେହିଦିନ ପ୍ରକଟିତ ହେବ । ମାନବ ଜୀବନ ହେବ ଦିବ୍ୟ ଆନନ୍ଦରଏକ ଅନବଦ୍ୟ କାବ୍ୟ ଓ ଅପୂର୍ବ ମାଧୁରିମାର ମୂର୍ତ୍ତପ୍ରତୀକ । ଦିବ୍ୟଭାବନାର କ୍ରୀଡ଼ାଶିବିର ହୋଇ ଜୀବନ ଏକ ସ୍ୱତନ୍ତ୍ର ଆଭାରେ ଝଲସି ଉଠିବ ଏବଂ ଏ ପୃଥିବୀ ପରିଣତ ହେବ ସ୍ୱର୍ଗଧାମରେ । ଚେତନାର ମଧୁମଳୟରେ ଦିଗ-ଦିଗନ୍ତ ଆମୋଦିତ ହେବ, ମାନବିକତାର ନନ୍ଦନଫୁଲର ଗନ୍ଧରେ ସମଗ୍ର ପାର୍ଥିବ ପରିବେଶ ଭରିଯିବ । ସବୁ ମୂଳରେ ରହିଛି ଆମର ପ୍ରୟାସ ଓ ଉଦ୍ୟମ । ଆମେ ପ୍ରତ୍ୟେକ ଏ ଦିଗରେ ଯତ୍ନଶୀଳ ହେଲେ ମହତ୍ ଲକ୍ଷ୍ୟ ସାଧିତ ହୋଇପାରିବ, ମାନବ ଜାତିର ଆଶାତୀତ ଅଗ୍ରଗତି ସମ୍ଭବ ହେବ । ବ୍ୟକ୍ତିଟିଏ ସାମାନ୍ୟ ନୁହେଁ, ଅକିଞ୍ଚନ ନୁହେଁ, ଅପାଂକ୍ତେୟ ନୁହେଁ, ବରଂ ସେ ଏକ ପ୍ରଜ୍ୱଳିତ ଦୀପଶିଖା ଯାହା ଆଉ କେତେ ଦୀପକୁ ଜଳାଇ ଦେଇପାରିବ । ସାମାଜିକ ପରିବର୍ତ୍ତନର ମୂଳରେ ରହିଛି ବ୍ୟକ୍ତି ଚେତନାର ପରିବର୍ତ୍ତନ । ବ୍ୟକ୍ତି ହେଉଛି ସମାଜର ଏକ ଏକକ । ଅତଏବ ବ୍ୟକ୍ତିଟିଏ ସଚେତନ ହେଲେ ଦିନେ ତା'ର ପ୍ରଭାବରେ ସମଗ୍ର ସମାଜ ସଚେତନ ହେବ ଏବଂ ସାମାଜିକ ଜୀବନ ହେବ ମଧୁସିକ୍ତ ଓ ପ୍ରଭାଦୀପ୍ତ ।

■

ପାରିବାରିକ ଶିକ୍ଷା ଓ ବିଶ୍ୱ ଜୀବନ

ଶିକ୍ଷା କହିଲେ କେବଳ ଡିଗ୍ରୀକୁ ବୁଝାଏ ନାହିଁ । ଡିଗ୍ରୀଥାଇ ମଧ୍ୟ ବ୍ୟକ୍ତିଟିଏ ଅଶିକ୍ଷିତ ତାଲିକାର ଅନ୍ତର୍ଭୁକ୍ତ ହୋଇପାରେ ଏବଂ ଡିଗ୍ରୀ ନଥାଇ ମଧ୍ୟ ବ୍ୟକ୍ତିଟିଏ ଶିକ୍ଷିତ ପର୍ଯ୍ୟାୟଭୁକ୍ତ ହୋଇପାରେ । ଅତଏବ ଡିଗ୍ରୀ ବା ପଦ ପଦବୀ ଶିକ୍ଷାର ମାନଦଣ୍ଡ ବା ମାପକାଠି ନୁହେଁ । ଶିକ୍ଷା ପ୍ରକୃତ ପକ୍ଷେ ଏକ ମହନୀୟ ଶକ୍ତି ଯାହା ବ୍ୟକ୍ତିକୁ ସଚେତନ କରିଥାଏ । ନିଜ ଉପରେ ଦୃଷ୍ଟିପାତ କରିବାପାଇଁ ତାହା ଦିଗଦର୍ଶନ ଦେଇଥାଏ । ନିଜର କର୍ତ୍ତବ୍ୟ ଓ ଅକର୍ତ୍ତବ୍ୟକୁ ବୁଝିବାକୁ ଆବଶ୍ୟକୀୟ ଚେତନା ଆଣିଦିଏ । ଶିକ୍ଷାର ମାଧ୍ୟମ ଯେପରି ଭିନ୍ନ ଭିନ୍ନ ହୋଇଥାଏ ଶିକ୍ଷାର ପରିବେଶ ମଧ୍ୟ ସେପରି ଭିନ୍ନ ଭିନ୍ନ ହୋଇଥାଏ । ଏହି ପରିବେଶମାନଙ୍କ ମଧ୍ୟରୁ ପାରିବାରିକ ପରିବେଶ ଅନ୍ୟତମ ଯାହାର ମହତ୍ତ୍ୱ ଅତୁଳନୀୟ । ବ୍ୟକ୍ତି ଚରିତ୍ର ଗଠନର ମୂଳଭିତ୍ତି ଏହି ପରିବେଶରେ ପଡ଼ିଥାଏ । ଏହାକୁ ଆଧାରକରି ଜୀବନ ପରିଚାଳିତ ହୋଇଥାଏ । ଯେଉଁ ବ୍ୟକ୍ତିର ପାରିବାରିକ ଶିକ୍ଷା ନାହିଁ, ସେ ବ୍ୟକ୍ତି ଯେତେ ବାହ୍ୟ ଶିକ୍ଷା ତଥା ଅନୁଷ୍ଠାନିକ ଶିକ୍ଷା ପାଇଲେ ମଧ୍ୟ ପ୍ରକୃତ ଅର୍ଥରେ ଶିକ୍ଷିତ ହୋଇପାରେ ନାହିଁ, ସେ ହୁଏ ଅହଂଗ୍ରସ୍ତ ଏକ ବିଚିତ୍ର ସତ୍ତା । ଜୀବନ ଅଙ୍କକୁ ଭୁଲଧାରାରେ କଷି କଷି ଶେଷରେ ହୁଏ କ୍ଳାନ୍ତ ଓ ବିବ୍ରତ । ଅନ୍ୟମାନଙ୍କ ଉପରେ ବିରକ୍ତ ହୋଇ ହୋଇ ଶେଷରେ ସେ ଭୁଲ୍ ମାର୍ଗରେ ପଥିକ ହୋଇ ତା' ପାଦରେ କଣ୍ଟା କେତେ ଫୁଟି ଯାଏ । ଖାଣ୍ଟି ଓଡ଼ିଆରେ କହିଲେ ନେଡ଼ିଗୁଡ଼ କହୁଣିକୁ ବୋହିଯାଏ । ପ୍ରକୃତ ଦୋଷଟି କେଉଁଠାରେ ରହିଗଲା ସେ ବୁଝିପାରେ ନାହିଁ । ଜୀବନ ସେତେବେଳେ ହୁଏ ଦୁର୍ବହ ଓ ଦୁଃସହ ।

ସୁତରାଂ ପିଲାଟିପାଇଁ ତା'ର ପରିବାରର ଶିକ୍ଷା ସବୁଠାରୁ ମୂଲ୍ୟବାନ । ସେଥିପ୍ରତି ପରିବାରରେ ଥିବା ଅଭିଭାବକମାନେ ସଚେତନ ହେବା ଅପରିହାର୍ଯ୍ୟ । ପିଲାଟିଏ ଅତ୍ୟନ୍ତ ଅନୁକରଣପ୍ରିୟ ଓ ସଚେତନ । ତାର ଅଭିବ୍ୟକ୍ତି ସାମର୍ଥ୍ୟ କମ୍‌ଥିଲେ ହେଁ

ଅନୁଭବ ଶକ୍ତି ପ୍ରବଳ ଥାଏ । ଘରେ ଯେପରି ଚଳିଣି ସେ ଦେଖେ ସେପରି ଚଳଣି ସେ ଶିଖେ । ଘରେ ଯେପରି କଥାବାର୍ତ୍ତା ସେ ଶୁଣେ ସେ ସେପରି କଥାବାର୍ତ୍ତା କରିବାକୁ ଶିଖେ । ଅତଏବ ପିଲାଟିକୁ ଗଢ଼ିବାର ଗୁରୁ ଦାୟିତ୍ୱ ଅଭିଭାବକମାନଙ୍କ ଉପରେ । ସେମାନେ ହେଳାକଲେ ପିଲା ହୁଏ ଉଦ୍‌ଭ୍ରାନ୍ତ । ପିଲାଟିଏ ଭୂମିଷ୍ଠ ହେବାପରେ ପରିବାରରେ ପିତା-ମାତା ତଥା ଅନ୍ୟାନ୍ୟ ଗୁରୁଜନଙ୍କର ଦାୟିତ୍ୱ ବଢ଼ିଯାଏ ଓ ଭୂମିକା ବହୁଳଭାବରେ ଗୁରୁତ୍ୱପୂର୍ଣ୍ଣ ହୋଇଯାଏ । ଖାଲି ଉପଦେଶ ଦେଲେ ଚଳେ ନାହିଁ । କାର୍ଯ୍ୟରେ ପ୍ରତିପାଦନ କରିବାକୁ ପଡ଼ିଥାଏ । ନିଜେ ଅସତ ପଥରେ ଯାଇ ପିଲାମାନଙ୍କୁ ସତପଥରେ ଯାଅ ବୋଲି କହିବାର ବିଶେଷ କିଛି ଅର୍ଥ ନାହିଁ । ଚଳଣିରେ ଭଲକଥାକୁ ପ୍ରତିଫଳିତ କରିବାର ଆବଶ୍ୟକତା ଅଛି ନ ହେଲେ ତା'ର କୌଣସି ବିଶେଷ ପ୍ରଭାବ ପିଲା ଉପରେ ପଡ଼େନାହିଁ । ପିଲାଟିଏ ଲକ୍ଷ୍ୟକରେ ଘରେ ଅନ୍ୟମାନେ ପରସ୍ପରପ୍ରତି କିପରି ବ୍ୟବହାର କରୁଛନ୍ତି । ପରସ୍ପର ପ୍ରତି ଥିବା ସ୍ନେହ, ମମତା ତଥା ଆନ୍ତରିକତାକୁ ସେ ଅକ୍ଳେଶରେ ବୁଝିଯାଏ ଓ ନିଜକୁ ସେପରି ଧାରାରେ ଚଳାଇବାକୁ ଅଭ୍ୟସ୍ତ କରିଥାଏ । ସେ ସବୁଠାରୁ ବେଶୀ କଥା ଶିଖେ ତା'ର ମା'ଠାରୁ । ମା' ଯଦି ଭଲକଥା କହିବା ସହିତ ଅନ୍ୟମାନଙ୍କୁ ଭଲ ବ୍ୟବହାର କରୁଥାଏ ତେବେ ପିଲାଟିଏ ତାହାହିଁ ଶିଖେ । ମା' ହେଉଛି ପିଲାଟିର ପ୍ରଥମ ଶିକ୍ଷୟିତ୍ରୀ । ମା'ର ଶିକ୍ଷା ପିଲା ଜୀବନରେ ସବୁଠାରୁ ଅଧିକ ପ୍ରଭାବ ପକାଇଥାଏ । ମା' ଯେତେ ସ୍ନେହୀ, ସଚ୍ଚୋଟ, ନମ୍ର, ତ୍ୟାଗଶୀଳା, ସଦିଚ୍ଛା-ସମ୍ପନ୍ନା, ମାର୍ଜିତରୁଚି ସମ୍ପନ୍ନା ତଥା ବ୍ୟକ୍ତିତ୍ୱର ଅଧିକାରିଣୀ ହୁଏ ପିଲାଟି ତା'ଠାରୁ ସେସବୁ କଥା ଶିଖିଯାଏ । ମା'ଯଦି ସଂସ୍କୃତି ପ୍ରତି ସଚେତନ ହୁଏ, ଦେଶ ପ୍ରେମରେ ଉଦ୍‌ବୁଦ୍ଧ ହୋଇଥାଏ, ସୁନୀତି ପରାୟଣା ହୋଇଥାଏ ତେବେ ପିଲାଟି ଉପରେ ଏହାର ସୁପ୍ରଭାବ ପଡ଼ିଥାଏ । ମା' ଯଦି ହୁଏ ସ୍ୱାର୍ଥପର, କଟୁଭାଷିଣୀ, ଅଶାନ୍ତ, ଈର୍ଷାପରାୟଣ, ସଂକୀର୍ଣ୍ଣମନା ତେବେ ପିଲାଟି ତାହାହିଁ ଶିଖିଯାଏ । ସେହି ବିକୃତ ଚିନ୍ତାର ଛାପ ତା'ର ଅବଚେତନାରେ ରହିଯାଏ । ପରେ ଯେତେ ଭଲ କଥା କୁହାଗଲେ, ତା'ର ବିଶେଷ କିଛି ପ୍ରଭାବ ପଡ଼େନାହିଁ । ମା' ଯଦି ତୋର ମୋର ବିଚାରରଖି ପରିବାରରେ ଅନ୍ୟମାନଙ୍କ ସହିତ ଭଲରେ ଚଳୁନଥାଏ ତେବେ ପିଲାଟି ସେହିପରି ଭାବରେ ଭାବିତ ହୋଇଯାଏ । ସେ ଭବିଷ୍ୟତରେ ହୁଏ ଚରମ ସ୍ୱାର୍ଥପର, ହିଂସ୍ର ଓ କୁଚକ୍ରୀ । ଉଦାହରଣ ସ୍ୱରୂପ ଯଦି ପିଲାଟିଏ ଦେଖେ ଯେ ତା'ର ମା' ଘରେ ତା'ର ଜେଜେବାପା ଓ ଜେଜେମା'ଙ୍କୁ ଭଲ ବ୍ୟବହାର ନ କରେ, ଭଲ କଥା ନ କହେ, ଆଦର ଯତ୍ନ ନ କରେ, ସେମାନଙ୍କ ସହ କଳି ଲଗାଉଥାଏ ତେବେ ପିଲାଟିଏ ଭବିଷ୍ୟତରେ ନିଜ ମା'ଙ୍କୁ ସେପରି ବ୍ୟବହାର କରିବାକୁ ଅବଚେତନ ମନରେ

ଶିଖିଯାଏ । ଏହାକୁ ଲୋକ କଥାରେ କହନ୍ତି ଉଧାର ମାଣକ ପାଞ୍ଚପା । ଏକଥାର ତାତ୍ପର୍ଯ୍ୟ ବୁଝିନପାରି ଲୋକେ କହନ୍ତି ଭାଗ୍ୟରେ ଥିଲା, କିନ୍ତୁ ସେମାନେ ଯେ ପିଲାମାନଙ୍କୁ ଭଲକଥା ଶିଖାଇ ନାହାନ୍ତି, ସେ କଥା ବୁଝନ୍ତି ନାହିଁ । ମହାଯୋଗୀ ଶ୍ରୀଅରବିନ୍ଦ କହନ୍ତି ଯେ, "ପିଲାଟିଏ ହେଲାପରେ ପିତା-ମାତା ଅଧିକ ସଂଯତ ଓ ସଚେତନ ରହିବା ଏକାନ୍ତ ଆବଶ୍ୟକ ।" ଏହା ପ୍ରକୃତରେ ଅକ୍ଷରେ ଅକ୍ଷରେ ସତ୍ୟ । ନିଜେ ସଚେତନ ନହେଲେ ପିଲାଟିର ଭବିଷ୍ୟତ ଧ୍ୱଂସ ହୋଇଯାଏ ଏବଂ ପିଲାଟି ଜୀବନରେ ସୁଖୀ ହୋଇପାରେ ନାହିଁ । ସୁଖ ପ୍ରକୃତରେ ବସ୍ତୁଭିତରେ ନଥାଏ ବହୁ ଅର୍ଥ ଉପାର୍ଜନରେ ନ ଥାଏ, ବଡ଼ ପଦବୀରେ ବସିବାରେ ନଥାଏ, ସୁଖ ଥାଏ ନିଜ ମନ ଭିତରେ, ମନ ଯଦି ଠିକ୍ ଭାବରେ ଗଠିତ ହୋଇନଥାଏ ତେବେ ସେ କସ୍ତୁରୀ ମୃଗପରି ଏଆଡ଼େ ସେଆଡ଼େ ଧାଇଁ ଧାଇଁ ଶେଷରେ କ୍ଲାନ୍ତ ଓ ହତାଶ ହୋଇପଡ଼େ । ଅତଏବ ନିରପେକ୍ଷ ଭାବରେ କହିଲେ ପିଲାଟିର ଜୀବନ ନଷ୍ଟ କରିଦେବା ପାଇଁ ପିତା-ମାତା ତଥା ଅନ୍ୟାନ୍ୟ ଗୁରୁଜନଙ୍କର ଅସାବଧାନତା ବହୁଭାବରେ ଦାୟୀ ହୁଏ । ମା' ସହିତ ଅନ୍ୟମାନଙ୍କର ସହଯୋଗ ରହିଲେ ଏବଂ ସମସ୍ତେ ମିଶି ପିଲାମାନଙ୍କୁ ଭଲ ବାଟରେ ନେବାପାଇଁ ପ୍ରୟାସ କଲେ ପିଲାମାନେ ସୁସ୍ଥ ନାଗରିକ ହୋଇ ବାହାରନ୍ତି । ସେମାନେ କେବଳ ନିଜର ନୁହେଁ, ନିଜ ଜାତିର, ଦେଶର ତଥା ସାରା ବିଶ୍ୱର କଲ୍ୟାଣ ସାଧନ କରିଥାନ୍ତି ।

ବ୍ୟକ୍ତିଟିଏ ମାନେ ସାମାନ୍ୟ କଥା ନୁହେଁ । ଗୋଟିଏ ବ୍ୟକ୍ତି ହେଉଛି ଗୋଟିଏ ଦୀପ ଯିଏ କେତେ ଦୀପରେ ଆଲୋକ ସଂଯୋଗ କରିପାରେ । ଅନ୍ୟ କେତେ ଲୋକଙ୍କୁ ଆଲୋକ ଦେଖାଇପାରେ । ବିଶ୍ୱଜୀବନର ବିକାଶ ନିମନ୍ତେ ବ୍ୟକ୍ତି ଜୀବନର ବିକାଶ ଏକାନ୍ତ ଜରୁରୀ । ବ୍ୟକ୍ତିକୁ ଠିକ୍ ନଗଢ଼ି କେବଳ ବିଶ୍ୱଜୀବନର ବିକାଶ ହେଉ କହିବା ଅରଣ୍ୟ ରୋଦନ ପରି ଅର୍ଥହୀନ ଓ ଅକାଶକୁସୁମପରି ସ୍ଥିତିହୀନ । ଆଜି ସାରା ବିଶ୍ୱ ଚାହିଁ ବସିଛି ମଣିଷପଣିଆ ଥିବା ମଣିଷକୁ, ସେପରି ମଣିଷ ଆସିଲେ ପୃଥିବୀ ହେବ ସ୍ୱର୍ଗପରି ଲଳିତ କଳାମଞ୍ଜୁଳ ଓ ମଧୁମୟ । ପାର୍ଥିବ ଜୀବନ ହେବ ଅପାର୍ଥିବ ଆନନ୍ଦର ଏକ ଛନ୍ଦମୟ କାବ୍ୟ । ଦିଗ ବିଦିଗ ସୁଧା ସଂଜୀବନୀ ଧାରାରେ ସିକ୍ତ ହେବ ଓ ସୀମାହୀନ ମୂଲ୍ୟବୋଧରେ ଅଭିଷିକ୍ତ ହେବ । ବିଶ୍ୱ ଆଜି ମଣିଷ ପରି ମଣିଷମାନଙ୍କ ଆସିବା ବାଟକୁ ଚାହିଁ ବସିଛି । ସମୟକୁ ଅଳିକରୁଛି ଭଲ ମଣିଷ କିଛି ତାକୁ ଦେବାପାଇଁ । ସମୟର ଆହ୍ୱାନ ଭଲ ମଣିଷ ପାଇଁ ଅତ୍ୟନ୍ତ ଶାଣିତ ଓ ଅନୁଭବ୍ୟ । ଆଜି ପିଲାଟିକୁ ଭଲ କରି ଗଢ଼ିବାର ଅର୍ଥ ବିଶ୍ୱ ବିକାଶରେ ସହଯୋଗ କରିବା । ଏହି ସହଯୋଗ ଫଳରେ ମାନବ ଜାତିର ପ୍ରକୃତ ଅର୍ଥରେ ଐକ୍ୟ ଯାହା ଏଯାବତ୍ ପ୍ରତିଷ୍ଠିତ

ହୋଇନାହିଁ ତାହା ପ୍ରତିଷ୍ଠିତ ହେବ । ଯେଉଁ ଯେଉଁ କଥା ଏହି ମାନବଏକତାକୁ କ୍ଷୁର୍ଣ୍ଣ କରୁଛି ତାହା ମଣିଷ ମନରୁ ଦୂରୀଭୂତ ହେଲେ ଏକତାର ସୌରରଶ୍ମି ବିଚ୍ଛୁରିତ ହେବ । ଆଜି ପୃଥିବୀର ରାଜନୈତିକ, ସାମାଜିକ, ଅର୍ଥନୈତିକ ଜୀବନର ପ୍ରଗତି ହୋଇଛି ଏଥିରେ ସନ୍ଦେହ ନାହିଁ । ସ୍ଥାନର ଦୂରତ୍ୱକୁ ଆଜି ଗମନାଗମନର ସୁବିଧା ହେତୁ ସହଜରେ ଓ ଅଳ୍ପ ସମୟ ମଧ୍ୟରେ ଅତିକ୍ରମ କରିହେଉଛି । ଗୋଟିଏ ଦେଶରେ ଯେଉଁ ଘଟଣା ଘଟୁଛି, ତା' ପର ମୁହୂର୍ତ୍ତରେ ଅନ୍ୟ ଦେଶରେ ତା'ର ପ୍ରତିକ୍ରିୟା ପ୍ରକାଶ ପାଉଛି । ଏସବୁ ସତ୍ତ୍ୱେ ମାନବ ଏକତା ଆସିନାହିଁ ବୋଲି ମୁକ୍ତ କଣ୍ଠରେ କହିବାକୁ ହେବ । ମଣିଷ ମନରୁ ହିଂସା, ଅଜ୍ଞାନତା, ମତାନ୍ତରରୁ ମନାନ୍ତର ତଥା ଅହଂକାର ଦୂର ନ ହେଲେ ସଚେତନତା ଆସିବ ନାହିଁ କି ପ୍ରକୃତ ଆଧ୍ୟାତ୍ମିକତା ଆସିବ ନାହିଁ । ଧାର୍ମିକତାରେ ନୁହେଁ ଆଧ୍ୟାତ୍ମିକତାରେ ହିଁ ମାନବ ଐକ୍ୟ ପ୍ରତିଷ୍ଠିତ ହେବ । ଆଧ୍ୟାତ୍ମିକତାରେ ମନ ପ୍ରଶସ୍ତ ହୁଏ, ଅନ୍ୟକୁ ସମ୍ମାନ ଦେବା ଓ ବୁଝିବାର ମାର୍ଗ ସହଜ ହୁଏ । ଏଯାବତ୍ ଅପ୍ରଚଳିତ ଓ ଆଗାମୀ କାଲି ପ୍ରଚଳିତ ହେବାକୁ ଥିବା ଏହି ସଚେତନ ଆଧ୍ୟାତ୍ମିକ ଜୀବନ ଆତ୍ମପ୍ରକାଶ କରିବ ଆଗାମୀ କାଲିର ନାଗରିକମାନଙ୍କ ମାଧ୍ୟମରେ ଯେଉଁମାନେକି ଆଜି ଶିଶୁ ହୋଇ ରହିଛନ୍ତି । ଅତଏବ ଆଜିର ସମୟ ହେଉଛି ଆଗାମୀ କାଲିର ପ୍ରସ୍ତୁତିପାଇଁ ଉପଯୁକ୍ତ ସମୟ । ଏହି ସମୟର ସଦ୍‌ବ୍ୟବହାର କରିବା ଅର୍ଥ ହେଉଛି ଶିଶୁମାନଙ୍କୁ ଏବଂ କିଶୋରମାନଙ୍କୁ ଉପଯୁକ୍ତ ଶିକ୍ଷା ଦେବା । ଏହି ଯଥାର୍ଥ ଶିକ୍ଷାଲାଗି ପିତାମାତା ତଥା ଅଭିଭାବକଙ୍କୁ ପ୍ରୟାସ ଓ ପ୍ରଯତ୍ନ କରିବାକୁ ହେବ । ଅଳସବିଳାସରେ ସମୟ ନକଟାଇ ଏ ଦିଗରେ ଧ୍ୟାନ ଦେବାକୁ ହେବ । ସେମାନେ ନିଜେ କଷ୍ଟ ସ୍ୱୀକାର କରି ପଢ଼ାଶୁଣା କରି ଆତ୍ମବିଶ୍ଳେଷଣ କରି ଆବଶ୍ୟକୀୟ ଜ୍ଞାନ ଆହରଣ କରିବା ଏକାନ୍ତ ଜରୁରୀ, ଏହା ଏକ ଗୁରୁ ଦାୟିତ୍ୱ । ଏ ଦାୟିତ୍ୱକୁ ଏଡ଼ାଇ ଦେବାର ଅର୍ଥ ପିଲାଙ୍କ ପ୍ରତି ଅନ୍ୟାୟ କରିବା । ସୁତରାଂ ସମାଜର କଲ୍ୟାଣ, ପରିବେଶର ସମୃଦ୍ଧିଶୀଳତା, ଦେଶର ପ୍ରଗତି ସର୍ବୋପରି ବିଶ୍ୱର ବିକାଶ ସବୁ କିଛି ନିର୍ଭରଶୀଳ ଆଜି ବିଶେଷତଃ ପିତାମାତାଙ୍କ ଉପରେ । ସେମାନେ ଉଦ୍ୟମକଲେ ଆଜିର ଶିଶୁ ଓ କିଶୋରମାନେ ଆସନ୍ତା କାଲିର ନାଗରିକ ହୋଇ ନିଜେ ହସି ଏଇ ବିଶ୍ୱ ଅଧରରେ ସ୍ମିତ ହାସ୍ୟର ମାଧୁରିମା ଭରିଦେବେ ।

ଅବିଦ୍ୟା, ବିଦ୍ୟା ଓ ଅର୍ଥକରୀ ବିଦ୍ୟା

ମିଥ୍ୟାରୁ ସତ୍ୟ ଆଡ଼କୁ, ଅନ୍ଧାରରୁ ଆଲୋକ ଆଡ଼କୁ, ମୃତ୍ୟୁରୁ ଅମରତ୍ୱ ଆଡ଼କୁ ଗତିଶୀଳତାର ମନୁଷ୍ୟର ଜନ୍ମଗତ ଅଧିକାର । ସେ ଅଧିକାରକୁ ସେ ସାବ୍ୟସ୍ତ କରିପାରୁନାହିଁ । ଆଲୋକ ପ୍ରତି ତା'ର ଆଗ୍ରହ ନାହିଁ, କାରଣ ଆଲୋକର କ୍ରିୟାଶୀଳତା ପ୍ରତି ସେ ବିଶ୍ୱସ୍ତ ନୁହେଁ । ନିଜର ଦୃଷ୍ଟିଶକ୍ତି ନଷ୍ଟ ହୋଇଯାଇଥିବାରୁ ଆଲୋକର ମହତ୍ତ୍ୱ ଓ ଗୁରୁତ୍ୱ ବୁଝିବା ତା ପକ୍ଷରେ ପ୍ରାୟ ଅସମ୍ଭବ ହୋଇପଡୁଛି । ଦୃଷ୍ଟିଶକ୍ତି ବିନା ଅନ୍ଧତ୍ୱ ଆସିଥାଏ । ଏହି ମାନସିକ ଅନ୍ଧତ୍ୱର ମୂଳ କାରଣ ରୂପେ ଯାହାକୁ ବିଚାର କରାଯାଏ, ତାହା ହେଉଛି ଅବିଦ୍ୟା । ଅବିଦ୍ୟା ଏକ ଦାର୍ଶନିକ ପରିଭାଷା । ଏହା ଏକ ସାଂଘାତିକ ବ୍ୟାଧି ଯାହା ବ୍ୟକ୍ତିକୁ ନଷ୍ଟକରି ତା'ର ପରିବାରକୁ ତଥା ସମାଜକୁ ନଷ୍ଟ କରିଦିଏ । 'ବୈକୁଣ୍ଠ ସମାନ ଆହା ଅଟେ ସେହି ଘର ।' ଏହି କଥାଟି କେବଳ କଥାରେ ରହିଯାଏ ଅବିଦ୍ୟାର ପ୍ରଭାବରେ । ମନୁଷ୍ୟର ନିମ୍ନ ପ୍ରକୃତିକୁ ମାଧ୍ୟମ କରି ଅବିଦ୍ୟା କାର୍ଯ୍ୟ କରିଥାଏ । ଏ କାର୍ଯ୍ୟରେ ଯେଉଁ ଦୁଇଟି ଉପାଦାନ ମୁଖ୍ୟ ଭୂମିକା ନେଇଥାନ୍ତି ସେଥିରୁ ଗୋଟିଏ ହେଲା ଅହଂ ଓ ଅନ୍ୟଟି ସ୍ୱାର୍ଥ ।

ଅହଂ ବଳରେ ମଣିଷର ନିଜକୁ ଆବଶ୍ୟକତାଠାରୁ ଅଧିକ ବଡ଼ ମନେକରେ । ଅନ୍ୟମାନଙ୍କୁ ସାନ ଓ ମୂଲ୍ୟହୀନ ବୋଲି ସେ ବିଚାର କରିଥାଏ । ଆତ୍ମପ୍ରଶଂସାର ଲାଳସା, ନିଜକୁ ଜାହିର କରିବାର ପ୍ରବୃତ୍ତି ତାକୁ କିମ୍ଭୂତ କିମାକାର କରିଦିଏ । ସେ ନିଜର ପ୍ରକୃତ ଗନ୍ତବ୍ୟ ପଥରେ କେବେବି ପାଦ ରଖିବାର ସୌଭାଗ୍ୟ ପାଏନାହିଁ, କେବଳ ପାଦ ରଖିବାର ଛଳନା କରୁଥାଏ । ହୀରାକୁ କାଚ ଭାବି ଦୂରକୁ ଫିଙ୍ଗିଦିଏ ଓ କାଚକୁ ହୀରା ଜ୍ଞାନକରି ଗୋଟାଇ ଆଣି ସାଇତି ରଖେ । ସାଧାରଣ କଥାକୁ ମାଜି ମାଜି ବଡ଼କରେ ଆଉ କଥା ବଢ଼ିଗଲେ 'ମୁଁ', 'ମୁଁ', 'ମୋର', 'ମୋର' ଏପରି ଶବ୍ଦର ବହୁଳ ବ୍ୟବହାର ସେ କରୁଥାଏ । ଅନ୍ୟର ସୁଖ ସୌଭାଗ୍ୟ ଦେଖିଲେ ମନ

ତା'ର ହିଂସାରେ ଜଳୁଥାଏ । କ୍ରୋଧରେ ଜର୍ଜରିତ ହୋଇ ଦିନ କି ରାତି ସେ ଅନ୍ୟର ଅନିଷ୍ଟ ଚିନ୍ତା ହିଁ କରୁଥାଏ । ଈର୍ଷାକୁ ମନରେ ସ୍ଥାନଦେଇ ତାହାଦ୍ୱାରା ପରିଚାଳିତ ହୋଇ ସେ ଆସୁରିକ ଆନନ୍ଦ ପାଏ, ମାତ୍ର ସେ ଆନନ୍ଦ ପ୍ରକୃତ ଆନନ୍ଦ ପଦବାଚ୍ୟ ନୁହେଁ । ତାହା ଆନନ୍ଦର ଏକ ବିକୃତ ରୂପ । ଅନ୍ୟର ଅନିଷ୍ଟ ଚିନ୍ତା ହୃଦୟର ମଧୁରତା ଓ ଚିନ୍ତାଧାରାର ପବିତ୍ରତାକୁ ନଷ୍ଟ କରିଦିଏ । ପରିବେଶରେ ବିଷାକ୍ତ ବଳୟ ସୃଷ୍ଟି ହୁଏ ।

ସ୍ୱାର୍ଥ ଅନ୍ୟ ଏକ କଳଙ୍କିତ ଉପାଦାନ ଯାହା ମନୁଷ୍ୟକୁ ନିମ୍ନଗାମୀ କରାଇଥାଏ । ତାହା ମଣିଷର ଚେତନାର ପ୍ରଗତି ପଥରେ ଅନ୍ତରାୟ ସୃଷ୍ଟି କରେ । ଏହି ଗୁଣ ବଳରେ ମଣିଷ ନିଜର ସୁଖ ସୁବିଧାପାଇଁ ଅନ୍ୟର ଅସୁବିଧା କରିବା ପାଇଁ କୁଣ୍ଠା ପ୍ରକାଶ କରେନାହିଁ । ବରଂ ଅନ୍ୟର ଅସୁବିଧା କରି ନିଜର ସୁବିଧା କରିବାପାଇଁ କୌଶଳ ପ୍ରୟୋଗ କରିଥାଏ । ଏଥିପାଇଁ ଅନ୍ୟର ମନରେ ଦାରୁଣ ଆଘାତ ଲାଗିଲେ ମଧ୍ୟ ସେ ସେଥିରେ ଆଦୌ ବିଚଳିତ ହୁଏନାହିଁ । ଏପରିକି ଅତୀତରେ ଯେଉଁମାନେ ତାକୁ ସାହାଯ୍ୟ ସହାନୁଭୂତି ଦେଇଥିଲେ, ସେ ସମୟକ୍ରମେ ନିଜର ସୁବିଧାପାଇଁ ସେମାନଙ୍କର କ୍ଷତିକରିବାକୁ ପଶ୍ଚାତପଦ ହୁଏନାହିଁ । ନିଜ ଚିନ୍ତା ବ୍ୟତୀତ ଅନ୍ୟମାନଙ୍କ ସମ୍ପର୍କରେ ଗଠନମୂଳକ ଚିନ୍ତା କରିବାପାଇଁ ତା'ର ସମୟ ନଥାଏ । କେବଳ ଅନ୍ୟଠାରୁ ଛଳେ, ବଳେ, କଉଶଳେ କିପରି ନିଜର ସୁବିଧା ହାସଲ କରାଯାଇପାରିବ ତାହା ହୋଇଥାଏ ତା'ର ଗବେଷଣାର ବିଷୟ । ଅନ୍ୟପାଇଁ ସମବେଦନା ତ ଦୂରର କଥା, କଥାପଦେ କହିବାକୁ ସମୟର ଅଭାବ ପ୍ରମାଣକରେ ତା'ର ସ୍ୱାର୍ଥପରତାରେ ଜର୍ଜରିତ ମାନସିକ ସ୍ଥିତି କେଡ଼େ ବିଷାକ୍ତ ଓ ଭୟଙ୍କର । ଅହଂ ଏବଂ ସ୍ୱାର୍ଥ ପରସ୍ପର ସହ ମୈତ୍ରୀବନ୍ଧନରେ ଆବଦ୍ଧ । ଗୋଟିକୁ ଛାଡ଼ି ଅନ୍ୟଟିର ସ୍ଥିତି ସୁଦୃଢ଼ ନୁହେଁ । ଦୁହିଁଙ୍କ ପ୍ରରୋଚନାରେ ବ୍ୟକ୍ତି ଚେତନା ନିମ୍ନାଭିମୁଖୀ ହୋଇଥାଏ । ଏହି ସୁଯୋଗନେଇ ଲୋଭ, କାମ, କ୍ରୋଧ, ମୋହ ଇତ୍ୟାଦି ଅନ୍ୟାନ୍ୟ ବିରୋଧୀ ଶକ୍ତିମାନେ ବ୍ୟକ୍ତିକୁ ଆକ୍ରମଣ କରିଥାନ୍ତି । ବିରୋଧୀ ଶକ୍ତିଙ୍କର ଜାଲରେ ପଡ଼ି ମନୁଷ୍ୟ ପ୍ରକୃତ ସୁଖପାଇବାରୁ ବଞ୍ଚିତ ହୁଏ । ମରୁଭୂମିରେ ଓଟ ନାଗଫେଣୀ କଣ୍ଟାଖାଇ ରକ୍ତାକ୍ତ ମୁଖରେ ପ୍ରାଣିକ ସୁଖ ଅନୁଭବ କଲାଭଳି ମନୁଷ୍ୟ ଅବିଦ୍ୟାର ପ୍ରଭାବରେ ଦାରୁଣ ଯନ୍ତ୍ରଣାରେ ଜର୍ଜରିତ ହୋଇ ପ୍ରାଣିକ ସୁଖ ଅନୁଭବ କରୁଥାଏ । ସେହି ସୁଖ ହୁଏ ତା'ର ଦୁଃଖର କାରଣ । କାରଣ ଏଥିରେ ଦୁଃଖର ବୀଜ ଲୁକ୍କାୟିତ ହୋଇ ରହିଥାଏ । ପ୍ରକୃତ ସୁଖଠାରୁ ଏହା ଗୁଣ ଓ ଧର୍ମରେ ଭିନ୍ନ । ପ୍ରକୃତ ସୁଖର ସଂଜ୍ଞା ଅଲଗା । ଏହାର ପ୍ରଭାବରେ ମନରେ ଆସେ ପ୍ରଶାନ୍ତିର ସୁଲଳିତ ସ୍ପର୍ଶ, ମାଦକତାର ସୁକୁମାର ବିଳାସ ।

ପ୍ରକୃତ ସୁଖପାଇଁ ବିଦ୍ୟାର ଆହରଣ ଏକମାତ୍ର କାମ୍ୟ । ଏହି ବିଦ୍ୟା ତଥାକଥିତ ଆନୁଷ୍ଠାନିକ ଶିକ୍ଷା ନୁହେଁ । ବିଦ୍ୟା ଏକ ଦାର୍ଶନିକ ପରିଭାଷା ଯାହା ମୁଖ୍ୟତଃ ଦୁଇଟି ବିଭବରେ ବିମଣ୍ଡିତ । ସେଥିରୁ ଗୋଟିଏ ହେଉଛି ବିବେକ ଓ ଅନ୍ୟଟି ବୈରାଗ୍ୟ । ବିବେକ କହିଲେ ମାନବିକତାକୁ ବୁଝାଇଥାଏ । ବୈରାଗ୍ୟ କହିଲେ ପଳାୟନକୁ ବୁଝାଏ ନାହିଁ । ସ୍ୱାର୍ଥ ବିହୀନ ମନୋବୃତ୍ତି ହିଁ ବୈରାଗ୍ୟର ମୂଳତତ୍ତ୍ୱ । ବିବେକ ଓ ବୈରାଗ୍ୟ ଲାଭ ନିମନ୍ତେ ଯେଉଁ ଦୁଇଗୋଟି ମାର୍ଗ ଏକାନ୍ତ ଧ୍ୟେୟ ତାହା ହେଲା ଆଗ୍ରହ ଓ ଅଭ୍ୟାସ ।

ଆଳସ୍ୟ, ଜଡ଼ତା, ଲୋଭ, ମୋହ, ଅକୃତଜ୍ଞତା, ରୁକ୍ଷତା ସମେତ ବହୁ ଦୁର୍ଗୁଣର ପ୍ରତ୍ୟାଖ୍ୟାନ ପାଇଁ ପ୍ରୟାସ ମଣିଷକୁ ଉଚିତ ମାର୍ଗ ଦର୍ଶନ କରାଇଥାଏ । ଏଠାରେ ପ୍ରଶ୍ନ ଉଠିପାରେ ଅର୍ଥ ପ୍ରତ୍ୟାଖ୍ୟାନର ଉପାଦାନ କି ? ଉତ୍ତରରେ ଏତିକି କୁହାଯାଇପାରେ ଯେ ଅର୍ଥ ଏକ ଶକ୍ତି, ଏହା ପ୍ରତ୍ୟାଖ୍ୟାନର ବିଷୟ ନୁହେଁ । କେବଳ ଏହାର ଉପାର୍ଜନ ଓ ବ୍ୟବହାରରେ ଅଧିକରୁ ଅଧିକ ସଚେତନତା ଆବଶ୍ୟକ । ମାର୍ଜିତ ରୁଚି ଓ ଚେତନାରେ ରହି ଅର୍ଥର ଅର୍ଜନ ଓ ବ୍ୟବହାର କଲେ ଅର୍ଥଶକ୍ତି ମାନବ ଜାତିର ଅଶେଷ କଲ୍ୟାଣ ସାଧନ କରିପାରିବ, ଅର୍ଥକରୀ ବିଦ୍ୟା ରହିବ । ଅର୍ଥକରୀ ବିଦ୍ୟା କହିଲେ ତଥାକଥିତ ଭୌତିକ ବିଦ୍ୟାକୁ ବୁଝାଏ ଯାହା ମଣିଷର ବିକାଶ ନିମନ୍ତେ ଅପରିହାର୍ଯ୍ୟ। ବୈଜ୍ଞାନିକ ଅନୁଚିନ୍ତା ରହିବ, ତା ନହେଲେ ମାନବ ଜାତିର ପ୍ରଗତି ବ୍ୟାହତ ହେବ, ବିଶ୍ୱ ଜୀବନର ସର୍ବାଙ୍ଗୀନ ବିକାଶ ସୁଦୂର ପରାହତ ହେବ। ସବୁ ଭୌତିକ ବିଦ୍ୟା ରହିବ, ମାନବିକତା ଯେତିକି ଯେତିକି ଅଧିକ ପ୍ରକଟିତ ହେବ, ଅବିଦ୍ୟା ସେତିକି ବିଦ୍ୟାରେ ରୂପାନ୍ତରିତ ହେବା ସଙ୍ଗେ ସଙ୍ଗେ ଅର୍ଥକରୀ ବିଦ୍ୟା ମାଧମରେ ବ୍ୟକ୍ତି ଜୀବନ, ରାଷ୍ଟ୍ର ଜୀବନ ତଥା ବିଶ୍ୱ ଜୀବନ ସେତିକି ଅଧିକ ପରିମାଣରେ ମଧୁମୟ ହେବ।

ଆତ୍ମବିକାଶରେ ଅର୍ଥର ଭୂମିକା

ଅର୍ଥଯୋଗୁଁ ଭୌତିକ ବିକାଶ ସଂଗଠିତ ହୁଏ, ଜାଗତିକ ଜୀବନ ସମୃଦ୍ଧ ହୁଏ, ଏଥିରେ ଦ୍ୱିମତ ନାହିଁ । ମାତ୍ର ଏତିକିରେ ଅର୍ଥର କ୍ରିୟା ସୀମାବଦ୍ଧ ନୁହେଁ, ଏହା ବାହାରେ ଏକ ପ୍ରଶସ୍ତ ଭୂମିରେ ଅର୍ଥ କାର୍ଯ୍ୟ କରିଥାଏ । ତାହା ହେଉଛି ମାନସଭୂମି ଯାହାକୁ ଭିତ୍ତିକରି ଆତ୍ମବିକାଶର ପରିକଳ୍ପନା । ଆତ୍ମବିକାଶକୁ ଚେତନାର ବିକାଶ ବୋଲି କୁହାଯାଇପାରେ । ଅନ୍ୟ ଅର୍ଥରେ କହିଲେ ଅର୍ଥ ଗୋଟିଏ ଶକ୍ତି ଯାହା ବଳରେ ଚେତନାର ଉତ୍ତରଣ ଯେପରି ଘଟିଥାଏ ଅବତରଣ ମଧ୍ୟ ସେପରି ଘଟିଥାଏ । ଚେତନାର ଉତ୍ତରଣକୁ ଊର୍ଦ୍ଧ୍ୱଗତି ଓ ଅବତରଣକୁ ନିମ୍ନଗତି ବୋଲି କୁହାଯାଇପାରେ । ଦୁଇଟି ମାର୍ଗ ମନୁଷ୍ୟର ଆଗରେ ପ୍ରଶସ୍ତ ଓ ପ୍ରସାରିତ ହୋଇରହିଛି । ସ୍ୱଇଚ୍ଛାରେ ସେ ଗୋଟିଏ ମାର୍ଗକୁ ତା'ର ଗନ୍ତବ୍ୟ ପଥବୋଲି ନିର୍ବାଚନ କରିପାରେ । ଚେତନାରେ ଊର୍ଦ୍ଧ୍ୱଗତି କଲେ ସେ ଦିବ୍ୟ ଆନନ୍ଦର ଅଧିକାରୀ ହୋଇପାରେ, ନିମ୍ନଗତି କଲେ ରସାତଳଗାମୀ ହୋଇଥାଏ । ଚେତନାର ବିକାଶପାଇଁ ଅର୍ଥ ଯେ ଆବଶ୍ୟକ, ଏକଥା ଶୁଣିଲେ କାନକୁ ଅଡୁଆ ଲାଗିବା ସ୍ୱାଭାବିକ, କାରଣ ଆମର ଧାରଣା ଅର୍ଥକୁ ଛାଡ଼ିଲେ ଲୋକ ସନ୍ନ୍ୟାସୀ ହୁଏ, ଆଉ ସନ୍ନ୍ୟାସୀ ହେଲେ ଚେତନାର ବିକାଶ ଘଟେ । ପ୍ରକୃତରେ ଅର୍ଥକୁ ଛାଡ଼ିଲେ ଲୋକ ସନ୍ନ୍ୟାସୀ ହୁଏ ନାହିଁ, ଅର୍ଥର ଦାସତ୍ୱକୁ ଛାଡ଼ିଲେ ମାନସିକତାରେ ଉଚ୍ଚ ଭାବ ଆସେ ଓ ଚେତନାର ବିକାଶ ଘଟେ, ଚେତନାର ଅଭିବୃଦ୍ଧି ପାଇଁ ଅର୍ଥର ଉପଯୋଗିତା ରହିଛି । ଅର୍ଥ ଅନର୍ଥର କାରଣ ନୁହେଁ, ଅର୍ଥ ବରଂ ବିକାଶର ମାଧ୍ୟମ । ଏହା ଏକ ଜଡ଼ ଭୌତିକ ଶକ୍ତି ଯାହାବଳରେ ବାହ୍ୟ ଜୀବନ ସମୃଦ୍ଧ ହେବା ସଙ୍ଗେ ସଙ୍ଗେ ଅନ୍ତର୍ଜୀବନ ଆଲୋକିତ ହୋଇଥାଏ । ଦୂର ଅତୀତରେ ଭାରତ ବର୍ଷ ଅର୍ଥର ମୂଲ୍ୟବୋଧକୁ ହୃଦୟଙ୍ଗମ କରିଥିଲା । ବିଶେଷତଃ ମଧ୍ୟବର୍ତ୍ତୀ ସମୟରେ ଅର୍ଥ ଉପରେ ଏକ ଆସୁରିକ ଅହମିକାର ଛାପ ପଡ଼ିଲା ଏବଂ ଅର୍ଥର ପ୍ରଭାବ କଳଙ୍କିତ ହେଲା ।

ଏହା ଏକ ସାମୟିକ ପ୍ରକ୍ରିୟା ଓ ପ୍ରତିକ୍ରିୟା । ଏହା ସମୟକ୍ରମେ ଅପସରି ଯିବାକୁ ବାଧ୍ୟ, ଏଥିରେ ସନ୍ଦେହର ଅବକାଶ ନାହିଁ ।

ଚାଲି ନଜାଣି ବାଟର ଦୋଷ, ସ୍ନାନ କରି ନଜାଣି ଘାଟର ଦୋଷ ଦେଲାଭଳି ବ୍ୟବହାର କରି ନଜାଣି ଅର୍ଥ ଉପରେ ଦୋଷାରୋପ କରାଯାଏ । ପ୍ରକୃତରେ ଧନ ଏତେ ଦୋଷର ବସ୍ତୁ ନୁହେଁ । ଅର୍ଥର ଉପାର୍ଜନ ଦୋଷାବହ କାର୍ଯ୍ୟ ନୁହେଁ । ଦୋଷଟି ଅର୍ଥରେ ନାହିଁ ବରଂ ଅର୍ଥର ଅର୍ଜନ ଓ ବ୍ୟୟ ପ୍ରକ୍ରିୟାରେ ଦୋଷ ରହିବାରୁ ଅଯଥାରେ ଅର୍ଥକୁ ଦୋଷୀକରାଯାଇ ଅନର୍ଥର କାରଣ ବୋଲି କୁହାଯାଏ । ଅସତ୍ ମାର୍ଗରେ ଉପାର୍ଜିତ ଧନ ଆନନ୍ଦ ଦିଏ ନାହିଁ, ଶାନ୍ତି ଦିଏ ନାହିଁ ବରଂ ଗ୍ଲାନିରେ ଜର୍ଜରିତ କରେ ମନକୁ । ପୁନଶ୍ଚ ଅର୍ଥର ମାଲିକ ବୋଲି ନିଜକୁ ବିଚାର କଲେ ଅଶାନ୍ତି ବଢ଼େ । ଅର୍ଥର ରକ୍ଷକ ବୋଲି ନିଜକୁ ଅନୁଭବକଲେ ମନରେ ଅସ୍ଥିରତା ଓ ଅଶାନ୍ତି ସୃଷ୍ଟି ହୁଏ ନାହିଁ । ଧନର ସ୍ୱଭାବ ହେଉଛି ଚଞ୍ଚଳ ଗତି । ହାତରୁ ହାତକୁ ଚାଲିଯିବା ତା'ର ଧର୍ମ । ସେଥିପାଇଁ ଅର୍ଥ ବା ଧନକୁ ଚଞ୍ଚଳା ବୋଲି କୁହାଯାଏ । ଆଜି ତାହା ଏଠାରେ ଅଛି କାଲିକୁ ଆଉ କେଉଁଠିକୁ ଚାଲିଯିବ । ଆଜିର ରାଜା ହୋଇପାରେ କାଲିକୁ ଫକିର । ତେଣୁ କୁହାଯାଏ –

'ଆଜି ଯେ ରାଜେନ୍ଦ୍ରାସନେ କାଲି ସେ ଫକିର ।'

ବିଛା ମନ୍ତ୍ର ନଜାଣି ସାପଗାତରେ ହାତ ପୂରାଇ ହଟହଟା ହେଲାପରି ଧନର ବ୍ୟବହାର ବିଧି ଏବଂ ମୂଲ୍ୟବୋଧକୁ ନଜାଣି ଧନୀମାନେ ଆତ୍ମ ସଂଘର୍ଷ କରି ହଟହଟା ହେଉଥାନ୍ତି । ଧନ ତାଙ୍କୁ ଆତ୍ମସନ୍ତୋଷ ପରିବର୍ତ୍ତେ ଦେଇଥାଏ ଆତ୍ମ ସଂଘର୍ଷ । କାରଣ ସେମାନେ ଧନର ମୂଲ୍ୟଟିକୁ ସବୁବେଳେ ଦେଖନ୍ତି, ମୂଲ୍ୟବୋଧକୁ କେବେହେଲେ ଦେଖନ୍ତି ନାହିଁ । ପ୍ରକୃତରେ ସେମାନେ ଧନର ଅଧିକାରୀ ହୋଇନଥାନ୍ତି ଧନ ସେମାନଙ୍କୁ ଅଧିକାର କରିନେଇ ଦାସାନୁଦାସ କରି ରଖିଥାଏ । ବିବେକ ଓ ବିଚାର ଶକ୍ତିକୁ ସେମାନେ ଅର୍ଥର ଚରଣରେ ବଳି ଦେଇଥାନ୍ତି । ଯେନତେଣ ପ୍ରକାରେଣ ଅର୍ଥର ସଂଗ୍ରହ ଓ ସଞ୍ଚୟକୁ ଜୀବନର ଲକ୍ଷ୍ୟବୋଲି ସେମାନେ ବିଚାର କରିଥାନ୍ତି । ତାଙ୍କପାଇଁ ଅର୍ଥ ହିଁ ଜୀବନ ଓ ଜୀବନ ହିଁ ଅର୍ଥ । ଏପରି ଭାବନା କରି ଜୀବନସାରା କେବଳ ଲାଭକ୍ଷତିର ଅଙ୍କ କଷିକଷି ସେମାନେ କ୍ଳାନ୍ତ ହୋଇପଡ଼ନ୍ତି । ଆତ୍ମସନ୍ତୋଷ ପରିବର୍ତ୍ତେ ଯାହା ପାଆନ୍ତି ତାହା ହେଉଛି କ୍ଷଣିକ ପ୍ରାଣିକ ସୁଖ । ଏହି ପ୍ରାଣିକ ସୁଖ, ଆନନ୍ଦ ପଦବାଚ୍ୟ ନୁହେଁ । ଏହି ସୁଖ ଆସେ ଅହମିକାରୁ ଓ ଆଣିଦିଏ ଅଧିକ ଅହମିକା । ନିଜ ଉପରେ ଆବଶ୍ୟକତାଠାରୁ ଅଧିକ ଗୁରୁତ୍ୱ ଦେବାକୁ ଅହମିକା ପ୍ରବର୍ତ୍ତାଏ ଓ ଶେଷରେ ଅନ୍ଧକାରର ଅତଳ ଗହ୍ୱରରେ ନେଇ ନିକ୍ଷେପ କରେ । ସେଠାରେ

ଆତ୍ମବିକାଶ ପଥରେ ଅର୍ଥ ସହାୟତା ନ କରି ବିନାଶର ପଥକୁ, ଗ୍ଲାନିର ପଥକୁ ପ୍ରଶସ୍ତରୁ ପ୍ରଶସ୍ତତର କରିଥାଏ ।

ଅର୍ଥର ଉପାର୍ଜନ ବିଧିରୁ ଯେପରି ବ୍ୟକ୍ତିକୁ ଚିହ୍ନିହୁଏ ଅର୍ଥର ବ୍ୟବହାର ବିଧିରୁ ମଧ୍ୟ ସେପରି ବ୍ୟକ୍ତିକୁ ଜାଣିହୁଏ । ଅର୍ଥ ଉପାର୍ଜନ ଯେତିକି କଷ୍ଟ ଅର୍ଥର ବ୍ୟୟ ତାହାଠାରୁ ଅଧିକ କଷ୍ଟ ବୋଲି କୁହାଯାଏ, ତାହା ଅକ୍ଷରେ ଅକ୍ଷରେ ସତ୍ୟ । ଅର୍ଥକୁ ସତ୍ ଉପାୟରେ କେବଳ ଅର୍ଜନ କଲେ ହେବନାହିଁ । ତା'ର ବ୍ୟବହାରରେ ଭାରସାମ୍ୟ ରଖିଲେ ଅର୍ଥର ମୂଲ୍ୟବୋଧ ବଢ଼ିଥାଏ । ଆତ୍ମ ସୁଖପାଇଁ ନୁହେଁ କର୍ତ୍ତବ୍ୟ ପାଳନ ନିମନ୍ତେ ଅର୍ଥ ବିନିଯୁକ୍ତ ହେବା ଉଚିତ । କର୍ତ୍ତବ୍ୟ ହିଁ ପ୍ରକୃତ ଧର୍ମ, କର୍ତ୍ତବ୍ୟକୁ ବାଦଦେଇ ଧର୍ମ ଅର୍ଜିତ ହୋଇପାରେ ନାହିଁ । ଯାହା ପ୍ରତି ଯାହା କର୍ତ୍ତବ୍ୟ ତାକୁ ପାଳନ କଲେ ବିଭୁ କରୁଣା ମିଳିଥାଏ । ଅତଏବ ଧନ ଅର୍ଜନରେ ଧର୍ମ ଅର୍ଜନ କରାଯାଇପାରେ ଓ ଧନ୍ୟ ବ୍ୟୟରେ ମଧ୍ୟ ଧର୍ମ ଅର୍ଜନ କରାଯାଇପାରେ ଯାହା ଚେତନାର ବିକାଶ ଘଟାଇଥାଏ । ହାତରେ ମାଳିଗଡ଼ାଇ, ତୁଣ୍ଡରେ 'ରାଧେ ରାଧେ', 'କୃଷ୍ଣ କୃଷ୍ଣ' କହି ଅନ୍ୟର ଅନିଷ୍ଟ ଚିନ୍ତାରେ ସମୟ ଓ ଶକ୍ତିକୁ ଲଗାଇଲେ ଧର୍ମ ହୁଏନାହିଁ, ବରଂ ପିତା-ମାତା, ବନ୍ଧୁ-ବାନ୍ଧବ, ସମାଜ, ରାଷ୍ଟ୍ର ସବୁପାଇଁ ମନୁଷ୍ୟର କର୍ତ୍ତବ୍ୟ ରହିଛି, ଏକଥା ବୁଝି ସେହି କର୍ତ୍ତବ୍ୟ ସାଧନ କଲେ ଧର୍ମ ଅର୍ଜିତ ହୁଏ । କର୍ତ୍ତବ୍ୟ ପାଳନପାଇଁ ଅର୍ଥ ଏକ ବିଶିଷ୍ଟ ମାଧ୍ୟମ । କର୍ତ୍ତବ୍ୟ ପାଳନରେ ଆତ୍ମବିକାଶର ଦ୍ୱାର ଉନ୍ମୁକ୍ତ । ଅତଏବ ଧନ ଯେ ଆତ୍ମବିକାଶ ପାଇଁ ଏକ ବଳିଷ୍ଠ ମାଧ୍ୟମ, ଏଥିରେ ସନ୍ଦେହ ନାହିଁ ଯଦି ତାହା ସତ ଉପାୟରେ ଅର୍ଜିତ ହୁଏ ଓ ସତ ମାର୍ଗରେ ବ୍ୟୟିତ ହୁଏ ।

ଆତ୍ମ ବିକାଶର ସ୍ୱରଲିପି

ଆତ୍ମ ବିକାଶ ପାଇଁ ମନୁଷ୍ୟର ଜନ୍ମ । ସେ ନିଜେ ହିଁ ନିଜର ଭାଗ୍ୟ ବିଧାତା । ସବୁ ଅବସ୍ଥାରେ ତା'ର ଆଗରେ ଦୁଇଟି ପଥ ରହିଥାଏ । ଗୋଟିଏ ପଥ ଊର୍ଦ୍ଧ୍ୱଚେତନା ଦିଗରେ ଓ ଅନ୍ୟଟି ନିମ୍ନ ଚେତନା ଦିଗରେ ଉନ୍ମୁକ୍ତ ଥାଏ । ତାକୁ ନିର୍ବାଚନ କରିବାକୁ ହୁଏ ପ୍ରତି ମୁହୂର୍ତ୍ତରେ ତା'ର ନିଜର ଗତିପଥ । ତେଣୁ ହିଁ କୁହାଯାଏ ଯେ ମନୁଷ୍ୟର ସାମର୍ଥ୍ୟ ଅଛି ନିଜର ଭାଗ୍ୟକୁ ନିୟନ୍ତ୍ରଣ କରିବା ପାଇଁ । ନିଜର ପ୍ରୟାସ ଓ ପ୍ରଚେଷ୍ଟା ଦ୍ୱାରା ମନୁଷ୍ୟ ବିଭିନ୍ନ ପ୍ରକାର ଆତ୍ମବିକାଶ କରିପାରେ । ନିଜର ଉତ୍ତମ କର୍ମ ଓ ବ୍ୟବହାର ଦ୍ୱାରା ସେ ନରନାରାୟଣରେ ପରିଣତ ହୋଇପାରେ । ପୁନଶ୍ଚ ଅସାଧୁକର୍ମ ଓ ଅସତ୍ ବ୍ୟବହାର ଦ୍ୱାରା ନରପଶୁ, ନରରାକ୍ଷସ କିମ୍ୱା ନର ପିଶାଚରେ ମଧ୍ୟ ସେ ପରିଣତ ହୋଇପାରେ । ମନୁଷ୍ୟ ତା'ର ଗୁଣ, କର୍ମ ଦ୍ୱାରା ଅଭିନନ୍ଦିତ ହୋଇପାରେ ବା ନିନ୍ଦିତ ହୋଇପାରେ । ସେ ଚାହିଁଲେ ନିଜର ବିକାଶ କରିପାରେ, ପୁଣି ଚାହିଁଲେ ତା'ର ନିଜର ବିନାଶ ମଧ୍ୟ କରିପାରେ । ଆତ୍ମବିକାଶ ସମ୍ପର୍କରେ କେତେକ ତଥ୍ୟ ଏହି ପ୍ରବନ୍ଧର ଆଲୋଚ୍ୟ ବିଷୟ ବସ୍ତୁ ।

ଆତ୍ମବିକାଶ ପାଇଁ ପ୍ରଥମତଃ ଆବଶ୍ୟକ ଆତ୍ମବିଶ୍ୱାସ । ଆତ୍ମବିଶ୍ୱାସ ନ ଥିଲେ ଜୀବନରେ ଉନ୍ନତିର ମାର୍ଗ ପ୍ରଶସ୍ତ ହୁଏ ନାହିଁ । ମନରେ ଆନନ୍ଦ ରହେନାହିଁ । ପ୍ରାଣରେ ପୁଲକ ଆସେ ନାହିଁ । ସବୁକିଛି କେମିତି ନୀରସ ଶୁଷ୍କ ମନେହୁଏ । ଆତ୍ମବିଶ୍ୱାସ ବିନା ମନୁଷ୍ୟ ନିଜକୁ ସାନ ଓ ହୀନ ମନେକରେ । ଏହା ଏକ ପାପ । ନିଜ ଭିତରେ ଅନନ୍ତ ଶକ୍ତିର ଉତ୍ସ ବିରାଜମାନ । ସେହି ଶକ୍ତିର କ୍ରିୟା ଅପରିସୀମ ଓ ଅସାଧାରଣ । ସ୍ୱାମୀ ବିବେକାନନ୍ଦଙ୍କ ମତରେ "ଆତ୍ମବିଶ୍ୱାସୀ ବ୍ୟକ୍ତି ହିଁ ଯଥାର୍ଥରେ ପ୍ରଗତିଶୀଳ ବ୍ୟକ୍ତି । ଯାହାର ଆତ୍ମବିଶ୍ୱାସ ନାହିଁ ସେ ନାସ୍ତିକ ।"

ନିଜକୁ ଚିହ୍ନିବା, ବୁଝିବା ଓ ଜାଣିବା ସର୍ବାଦୌ ଆବଶ୍ୟକ । ସେଥିପାଇଁ

ଯାହା ଏକାନ୍ତ ଜରୁରୀ ତାହା ହେଲା ଆତ୍ମଶକ୍ତି । ଆତ୍ମଶକ୍ତି ବଳରେ ମନୁଷ୍ୟ ସ୍ୱୟଂସମ୍ପୂର୍ଣ୍ଣ ହୋଇପାରେ । ଜୀବନର ମହତ୍ତ୍ୱ ଓ ମୂଲ୍ୟବୋଧକୁ ଉପଲବ୍ଧି କରିପାରେ । ଆତ୍ମଶକ୍ତି ପାଇଁ ପ୍ରାଥମିକ ଆବଶ୍ୟକତା ରୂପେ ଜ୍ଞାନକୁ ଗ୍ରହଣ କରାଯାଇପାରେ । ସବୁ ବିଷୟରେ କିଛି କିଛି ଜ୍ଞାନ ରହିଲେ ଆତ୍ମଶକ୍ତି ବୃଦ୍ଧି ପାଏ । ସନ୍ଦେହ ଏକ ବିରୋଧୀ ଶକ୍ତି ଯାହା ମନର ସରସତା ଓ ଶକ୍ତିକୁ ତିଳ ତିଳ କରି ନଷ୍ଟ କରିଦିଏ । ହତାଶା ମନରେ ଆସିଲେ ପ୍ରଗତିର ଦ୍ୱାରରୁଦ୍ଧ ହୋଇଯାଏ । ଅତଏବ ଆଶା, ଆନନ୍ଦ, ଉତ୍ସାହ ଓ ଧୈର୍ଯ୍ୟ- ଏହିସବୁ କଥା ଜୀବନରେ ଚେତନା ଆଣିଦିଏ ଓ ଆତ୍ମଶକ୍ତିର ସଞ୍ଚରଣ ପାଇଁ ଭିତ୍ତି ପ୍ରସ୍ତୁତ କରିଦିଏ । ବିଫଳତା ଜୀବନରେ ଆସିଲେ ସେଥିପ୍ରତି ଗୁରୁତ୍ୱ ଦେବା ଅନାବଶ୍ୟକ । କାରଣ ବିଫଳତା ହିଁ ସଫଳତାର ଭିତ୍ତିଭୂମି । କୁହାଯାଏ ଯେ ଏଡ଼ିସନ୍ ବୈଜ୍ଞାନିକ ଆବିଷ୍କାରବେଳେ ବାରମ୍ବାର ଅକୃତକାର୍ଯ୍ୟ ହୋଇଥିଲେ, ତଥାପି ସେ ସଫଳତାର ଆଶା ରଖିଥିଲେ ଓ ଶେଷରେ ସଫଳ ହୋଇଥିଲେ ଅର୍ଥାତ୍ ବିଦ୍ୟୁତ୍ ଆବିଷ୍କାର କରିଥିଲେ ।

ଆତ୍ମବିଶ୍ୱାସ ନିମନ୍ତେ ଅନ୍ୟ ଏକ ଉପାଦାନ ମହତ୍ତ୍ୱପୂର୍ଣ୍ଣ, ତାହା ହେଉଛି ଇଚ୍ଛାଶକ୍ତି । ଇଚ୍ଛାଶକ୍ତି ସର୍ବଦା ଗଠନମୂଳକ ହେବା ଆବଶ୍ୟକ । ଏହାକୁ ଅନ୍ୟ ପ୍ରକାରେ କୁହାଯାଇ ପାରେ କଳ୍ପନାଶକ୍ତି । ମଣିଷ ମନର କଳ୍ପନାରେ ଅମାପ ଶକ୍ତି ନିହିତ । ଭଲ କଳ୍ପନାରୁ ଭଲ ଫଳ ମିଳେ । ବ୍ୟକ୍ତିର କଳ୍ପନା ତତ୍ତ୍ୱ ହିଁ ତା'ର ଭବିଷ୍ୟତ ଗଠନରେ ବହୁ ସହାୟକ ହୁଏ । ଅତଏବ କଳ୍ପନାକୁ ଜୀବନ କ୍ଷେତ୍ରରେ ଗୁରୁତ୍ୱପୂର୍ଣ୍ଣ ସ୍ଥାନ ଦେବା ଉଚିତ ।

କେବଳ କଳ୍ପନା ନୁହେଁ ଏହା ସହିତ ଉଦ୍ୟୋଗକୁ ସଂଯୁକ୍ତ କରିବା ବିଧେୟ । ଉଦ୍ୟୋଗ ବିନା ଆତ୍ମବିକାଶ ହୋଇ ପାରେନାହିଁ । ଜୀବନର ଲକ୍ଷ୍ୟସ୍ଥିର କରି ଏବଂ କଳ୍ପନାଶକ୍ତିକୁ ଗୁରୁତ୍ୱ ଦେଇ ତଦନୁସାରେ କର୍ମ କରିବା ଆବଶ୍ୟକ । ଶାରୀରିକ ଶକ୍ତିର ସଦୁପଯୋଗ ହୁଏ କର୍ମରେ, ମନର ସଦୁପଯୋଗ ହୁଏ ଭଲ ଚିନ୍ତାରେ । ଅତଏବ ଆନନ୍ଦମୟ ଜୀବନଯାପନ କରି ଆତ୍ମବିକାଶର ପଥରେ ପଥିକ ହେବା ନିମିତ୍ତ ନିଜର ମନୋନୁକୂଳ କର୍ମରେ ଜଣେ ନିଜକୁ ବ୍ୟସ୍ତ ରଖିବା ଉଚିତ । ବ୍ୟାସଦେବଙ୍କର ବାଣୀ ଅନୁସାରେ –

'ବୁଦ୍ଧି ପ୍ରଭାବ ତେଜଶ୍ଚ ସତ୍ୟମୁତ୍ଥାନମେବଚ
ବ୍ୟବସାୟଶ୍ଚ ଯସ୍ୟ ସ୍ୟାତ ତସ୍ୟାଽବୃତ୍ତି ଭୟଂ କୁତଃ'

ଅର୍ଥାତ୍ ବୁଦ୍ଧି, ପ୍ରଭାବ, ତେଜ, ବଳ, ପ୍ରଗତିର ଇଚ୍ଛା, ଉଦ୍ୟୋଗ ଏ ସମସ୍ତ ପୁଣି ଯାହାଠାରେ ଅଛି ତା'ର ଭୟ କ'ଣ ?

ଉଦ୍ୟୋଗ ଆରମ୍ଭ କରି ତାକୁ ଚାଲୁରଖିବା ଆବଶ୍ୟକ । ଏହାକୁ କୁହାଯାଏ ଅଧ୍ୟବସାୟ । କର୍ମର ଯୋଜନାନୁସାରେ ନିରନ୍ତର ପରିଶ୍ରମକୁ ଅଧ୍ୟବସାୟ କହନ୍ତି । ସାବଧାନତା ସହିତ ଲକ୍ଷ୍ୟ ଦିଗରେ ଏକନିଷ୍ଠ କର୍ମାଭ୍ୟାସ ଯୋଗୁଁ ସିଦ୍ଧି ହସ୍ତଗତ ହୁଏ । ଅଧ୍ୟବସାୟ ହେଉଛି ଏକପ୍ରକାର ସାଧନା ।

ଆତ୍ମବିକାଶ ପଥରେ ପାଦ ଦେବାକୁ ଇଚ୍ଛା କଲେ ବିରୋଧୀ ଶକ୍ତିଗଣ ବ୍ୟକ୍ତିକୁ ଅସୁବିଧାରେ ପକାଇବାକୁ ଚେଷ୍ଟା କରନ୍ତି । ବିରୋଧୀ ଶକ୍ତି କେବେ ବି ଚାହାନ୍ତି ନାହିଁ ବ୍ୟକ୍ତିର ଆତ୍ମବିକାଶ, ତେଣୁ ସେମାନେ ବହୁ ଅଘଟଣ ଘଟାଇଥାନ୍ତି । ଲୋଭ, ମୋହ, କାମ ଆଦି ରିପୁଗଣ ଅଧିକରୁ ଅଧିକ ଆକ୍ରମଣ କରି ବ୍ୟକ୍ତିକୁ ଆତ୍ମବିକାଶ ପଥରୁ ବିଚ୍ୟୁତ କରିବା ପାଇଁ ଚେଷ୍ଟା କରନ୍ତି । ସେତେବେଳେ ବ୍ୟକ୍ତିର ସଚେତନତା ଏକାନ୍ତ କାମ୍ୟ । ବିରୋଧୀ ଶକ୍ତିର କ୍ରିୟାକୁ ଚିହ୍ନି ସେମାନଙ୍କ ଦ୍ୱାରା ପ୍ରଭାବିତ ନ ହେବା ପାଇଁ ବ୍ୟକ୍ତି ସତର୍କ ରହିବା ଉଚିତ ।

ଦିଗ୍‌ଦର୍ଶନ ନିମନ୍ତେ ଭଲ ଭଲ ଗ୍ରନ୍ଥ ପାଠ ଏକାନ୍ତ ଜରୁରୀ । ଧର୍ମ ମତ ନିର୍ବିଶେଷରେ ସବୁଗ୍ରନ୍ଥର ସାରନିର୍ଯ୍ୟାସ ପ୍ରାୟ ଏକ କହିଲେ ଅତ୍ୟୁକ୍ତି ହେବନାହିଁ । ଏହା ସହିତ ପରିସ୍ଥିତିର ଅଧ୍ୟୟନ, ଅନ୍ୟର ଜୀବନଧାରା ଓ ଜୀବନୀର ଅନୁଶୀଳନ, ମାନବ ସ୍ୱଭାବର ଅନୁଶୀଳନ ଇତ୍ୟାଦିକୁ ଜୀବନରେ ଗୁରୁତ୍ୱ ଦେବା ଉଚିତ । ଏହାକୁ କୁହାଯାଏ ସ୍ୱାଧ୍ୟାୟ । ନିଜ ଜୀବନର ଅନୁଭୂତି ମଧ୍ୟ ବ୍ୟକ୍ତିକୁ ସଚେତନ କରିଥାଏ । ମହାତ୍ମା ଗାନ୍ଧୀଙ୍କ ମତରେ- "DEEP TRAGEDY IS THE SCHOOL OF GREAT MEN" ଅର୍ଥାତ୍ ଘୋର ପରାଜୟରୁ ମଣିଷ ଅଧିକ ଶିକ୍ଷା ଲାଭ କରିଥାନ୍ତି । ଏହା ମଧ୍ୟ ସ୍ୱାଧ୍ୟାୟର ଅନ୍ତର୍ଗତ । ତେବେ ପାଠ ଦ୍ୱାରା ବ୍ୟକ୍ତି ବହୁ ପ୍ରକାରେ ଉପକୃତ ହୋଇପାରେ । ଏହା ଏକ କଳା । ପୁସ୍ତକରେ ଉପସ୍ଥାପିତ ତଥ୍ୟର ମର୍ମାର୍ଥ ବୁଝିବା ଉଚିତ । ସ୍ମରଣଶକ୍ତି ସବଳ ନଥିଲେ ଗ୍ରନ୍ଥ ପଠନ ଦ୍ୱାରା କିଛି ଲାଭ ହୋଇନଥାଏ । ଖାଲି ପାଠ କଲେ ଯଥେଷ୍ଟ ଉପକାର ହୁଏନାହିଁ । ଏହା ସହିତ ବିଚାରଶୀଳତାକୁ ଯୋଗ କରିବାକୁ ହୁଏ । ନ ବୁଝି କଣ୍ଠସ୍ଥ କରିଦେଲେ ବିଶେଷ କିଛି ଲାଭ ହୁଏନାହିଁ । ପୋଥିଗତ ପାଠପରି ତାହାର ପ୍ରଭାବ କିଛି ରହେନାହିଁ । ନିଜର ଆଗ୍ରହ ଓ ଆନ୍ତରିକତା ଅନୁସାରେ ସଦ୍‌ଗ୍ରନ୍ଥ ନିର୍ବାଚନ କରି ତାକୁ ଏକାଗ୍ର ଚିତ୍ତରେ ଅଧ୍ୟୟନ କଲେ ସେଥିରୁ ଚେତନାର ବିକାଶ ପାଇଁ ଯଥେଷ୍ଟ ଉପାଦାନ ମିଳିଥାଏ ।

ବିଚାରଶୀଳତା ପ୍ରୟୋଗ କରି ହୃଦୟଙ୍ଗମ କରିବା ସଙ୍ଗେ ସଙ୍ଗେ ଗ୍ରନ୍ଥଲବ୍ଧଜ୍ଞାନକୁ କ୍ରିୟାରେ ପରିଣତ କରିବା ବାଞ୍ଛନୀୟ । ଜ୍ଞାନ ବିଳାସୀ ଅପେକ୍ଷା କର୍ମଶୀଳ ବ୍ୟକ୍ତିକୁ ସମାଜରେ ଅଧିକ ସମ୍ମାନ ଓ ଶ୍ରଦ୍ଧା ମିଳେ । କୁହାଯାଏ 'ଯଃ କ୍ରିୟାବାନ୍ ସଃ ପଣ୍ଡିତଃ'

ଅତଏବ ଏକଥା ସର୍ବବାଦୀ ସମ୍ମତ ଯେ କର୍ମଦ୍ୱାରା ହିଁ ଜ୍ଞାନ ସାର୍ଥକ ହୁଏ । କର୍ମ ମାଧ୍ୟମରେ ଜ୍ଞାନ ପରିପକ୍ୱ ହେବା ସଙ୍ଗେ ସଙ୍ଗେ ଜ୍ଞାନର ବୃଦ୍ଧି ମଧ୍ୟ ହୁଏ ।

କେବଳ ନିଜର ଅଭିଜ୍ଞତା ଓ ସ୍ୱାଧ୍ୟାୟ ଯେ ଆତ୍ମବିକାଶ ପାଇଁ ଯଥେଷ୍ଟ ତାହା ନୁହେଁ ଏହା ସହିତ ଅନ୍ୟମାନଙ୍କଠାରୁ ମଧ୍ୟ କିଛି କିଛି ଶିଖିବାକୁ ହୁଏ । ନିରଭିମାନ ହୋଇ ଅନ୍ୟଠାରୁ କିଛି ଭଲ ଗୁଣ ଶିଖିବା ପାଇଁ ଆତ୍ମପ୍ରସ୍ତୁତି ଦରକାର ।

ଆତ୍ମବିକାଶ କହିଲେ କେବଳ ନିଜର ବ୍ୟକ୍ତିଗତ ଚେତନାର ବିକାଶକୁ ବୁଝାଏ ନାହିଁ । ଏହା ସହିତ ପରିବେଶ ତଥା ସମାଜର ବିକାଶ ମଧ୍ୟ ସଂଶ୍ଲିଷ୍ଟ । ଜଣେ ମନୁଷ୍ୟ ଆତ୍ମବିକାଶ ପଥରେ ଚାଲିଲେ ତା'ର ପରିପାର୍ଶ୍ୱରେ ଏକ ଗଠନମୂଳକ ବାତାବରଣ ସୃଷ୍ଟି ହୁଏ, ଯାହାର ପ୍ରଭାବରେ ଅନ୍ୟମାନେ ପ୍ରଭାବିତ ହୁଅନ୍ତି । ବ୍ୟକ୍ତିର ଆତ୍ମବିକାଶ ବଳରେ ସମୟକ୍ରମେ ବିଶ୍ୱ ଜୀବନର ଆତ୍ମବିକାଶ ସମ୍ଭବ ହୋଇପାରେ । ଆତ୍ମସଚେତନ ବ୍ୟକ୍ତି ମାର୍ଜିତ ରୁଚି, ଅନ୍ୟମାନଙ୍କ ପାଇଁ କର୍ତ୍ତବ୍ୟବୋଧ, ସମ୍ବେଦନଶୀଳତା, ସହାନୁଭୂତି ଇତ୍ୟାଦି ମାନବିକ ସଦ୍‌ଗୁଣରେ ଭୂଷିତ ହୋଇଥାଏ । ସେ ଅରଣ୍ୟନିବାସୀ ହେବାଠାରୁ ସମାଜରେ ରହିବା ଶ୍ରେୟସ୍କର । ଭଲକଥାର ଯେପରି ପ୍ରଭାବ ଅଛି ଭଲ ବ୍ୟବହାରର ମଧ୍ୟ ସେପରି ପ୍ରଭାବ ଅଛି । ଆତ୍ମବିକାଶ ପ୍ରୟାସୀ ବ୍ୟକ୍ତି ହୁଏ ଶାନ୍ତ, ଅହଂବର୍ଜିତ, ସ୍ଥିର, ସ୍ଥିତପ୍ରଜ୍ଞ, ଈଶ୍ୱର ବିଶ୍ୱାସୀ ଓ କର୍ମପ୍ରିୟ । ଉଦ୍‌ବେଗହୀନତା ଏହାର ଅନ୍ୟଏକ ଉପାଦେୟ ଉପାଦାନ । ଆପଣା ସ୍ୱାର୍ଥର ବିଷାକ୍ତ ବଳୟ ଭିତରୁ ମୁକ୍ତ ହେବାପାଇଁ ପ୍ରୟାସ ଓ ପ୍ରଚେଷ୍ଟା ବ୍ୟକ୍ତିକୁ ବିକାଶ ନିମନ୍ତେ ସୁବିଧା ଦିଏ, ମନକୁ ପ୍ରଶସ୍ତ କରେ, ହୃଦୟକୁ ଗଭୀରତା ଆଣିଦିଏ । ସାଧାରଣ ବ୍ୟକ୍ତି ଆପଣା ଚିନ୍ତାରେ ସାରାଜୀବନ ମଜ୍ଜି ରହିଥାନ୍ତି । କ୍ଷଣମାତ୍ର ଅନ୍ୟଚିନ୍ତା କରିବାକୁ ସମୟ ସେମାନେ ପାଆନ୍ତି ନାହିଁ । ଆତ୍ମସଚେତନ ବ୍ୟକ୍ତି ସଂକୀର୍ଣ୍ଣ ସ୍ୱାର୍ଥର ପରିସୀମାରୁ ମୁକ୍ତହୋଇ ପ୍ରଶସ୍ତ ପରିବେଶରେ ରହିବା ପସନ୍ଦ କରନ୍ତି ଓ ତହିଁରୁ ଆତ୍ମସନ୍ତୋଷ ଲାଭ କରିଥାନ୍ତି ।

ଆତ୍ମବିକାଶ ପରି ଏକ ଗୁରୁତ୍ୱ ପୂର୍ଣ୍ଣ ପ୍ରସଙ୍ଗରେ ଆଲୋଚନା କରିବା ପାଇଁ ଏହି କ୍ଷୁଦ୍ର ପ୍ରବନ୍ଧରେ ଅବକାଶ ନାହିଁ । ତେବେ ପରିଶେଷରେ ଏତିକି କୁହାଯାଇପାରେ ଯେ ମଣିଷର ଇନ୍ଦ୍ରିୟ ସବୁ ବାହାରକୁ ରହିଛନ୍ତି, ସେମାନଙ୍କୁ ମନର ଚିନ୍ତା ଦ୍ୱାରା ସତକାର୍ଯ୍ୟରେ ଲଗାଇଲେ ଆତ୍ମବିକାଶର ସମ୍ଭାବନା ରହେ, ଅନ୍ୟଥା ନୁହେଁ । ଇନ୍ଦ୍ରିୟଗଣ ସ୍ୱେଚ୍ଛାଧୀନ ଭାବରେ ନିଜ ନିଜର ପଥରେ ଚାଲିଲେ ଆତ୍ମବିକାଶ ବାସ୍ତବତାରେ ପରିଣତ ହୋଇପାରେନାହିଁ ।

ଆତ୍ମବିକାଶ ପଥରେ ଚାଲୁଥିବା ବ୍ୟକ୍ତି ଦିନେ ଆତ୍ମାକୁ ଆବିଷ୍କାର କରିବାକୁ

ସମର୍ଥ ହୁଏ । ମଣିଷ ସେତେବେଳେ ପ୍ରକୃତ ଅର୍ଥରେ 'ବସୁଧୈବ କୁଟୁମ୍ବକମ୍' ତଥା 'ଆତ୍ମବତ୍ ସର୍ବଭୂତେଷୁ' ଭାବନାରେ ଭାବିତ ହୋଇଥାଏ । ଆତ୍ମାରେ ଥିବା ଶକ୍ତି ଅସୀମ ଓ ଅନନ୍ତ । ତା'ର ନେତୃତ୍ୱରେ ଏଯାବତ୍ ମଣିଷ ପରିଚାଳିତ ହୋଇନାହିଁ । ଏ ପର୍ଯ୍ୟନ୍ତ ମନ ହେଉଛି ପ୍ରଭୁ । ଆତ୍ମା ଯେବେ ପ୍ରଭୁ ହେବ ସେତେବେଳେ ଜୀବନ ଧାରା ପରିବର୍ତ୍ତିତ ହେବ । ଜୀବନରେ ଅମରତ୍ୱ ପ୍ରତିଷ୍ଠିତ ହେବ । ନୂଆ ଚେତନାର ମଧୁମହକରେ ଦିଗ ଦିଗନ୍ତ ଆମୋଦିତ ହେବ । ପ୍ରାଚୀନ ଭିତ୍ତି ଉପରେ ନୂତନର ସ୍ଥିତି ହେବ ଅତ୍ୟନ୍ତ ଆକର୍ଷଣୀୟ ଓ ଆଦରଣୀୟ । ମନର ବିକାଶ ଘଟି ସାରିଛି । ଏହାପରେ ଆବଶ୍ୟକ ଆତ୍ମାର ଉନ୍ମେଷ ଓ ବିକାଶ । ସୁଡ଼ଙ୍ଗ ଶେଷରେ ଆଲୋକ ରହିଛି । ଜଣେ ସୁଡ଼ଙ୍ଗ ପାରିହେଲେ ସେହି ଆଲୋକର ଦର୍ଶନ ପାଇବ । ଆତ୍ମବିକାଶ ପାଇଁ ଉଦ୍ୟମ ହେଉଛି ହିଁ ସୁଡ଼ଙ୍ଗରେ ଯାତ୍ରାରମ୍ଭ । ଅତଏବ ଆଜିର ଏ ସମୟ ଯାତ୍ରାରମ୍ଭର ସମୟ । ଏହା ବୃଥାରେ ବ୍ୟୟିତ ନ ହେଉ । ଆଜିର ପ୍ରସ୍ତୁତି ସାଜି ଦେଉ ଆଗାମୀ କାଲିର ଆତ୍ମସାକ୍ଷାତକାର ପାଇଁ ସୁଦୃଶ୍ୟ ସ୍ୱାଗତ ତୋରଣ ।

■

ଆନନ୍ଦବୋଧର ସ୍ୱର ଓ ସ୍ୱରୂପ

ମନୁଷ୍ୟ ଜୀବନର ଆଦ୍ୟରେ ଆନନ୍ଦର ଅଭିଷେକ, ମଧ୍ୟରେ ଆନନ୍ଦର ଲୀଳା ବିଳାସ ଓ ଶେଷରେ ଆନନ୍ଦର ପରିଚ୍ଛନ୍ନ ପୂର୍ଣ୍ଣତା, ଏହା ବିବର୍ତ୍ତନ ଧାରାର ଚମତ୍କାର ନୀତି । ଏହା ଜୀବନପାଇଁ ଯେତିକି ସତ୍ୟ, ଭୌତିକ ଜଗତପାଇଁ ମଧ୍ୟ ସେତିକି ସତ୍ୟ । ଜଗତ ହେଉଛି ପରମେଶ୍ୱରଙ୍କର ବାହ୍ୟତମ ବ୍ୟାବହାରିକ ରୂପ । ଐଶୀ ସତ୍ତାର ସ୍ୱଧର୍ମ ଓ ସ୍ୱରୂପ ଆନନ୍ଦମୟ ହୋଇଥିବାରୁ ତାଙ୍କର ବିଶ୍ୱମୟ ରୂପ ଅର୍ଥାତ୍ ଏହି ବିରାଟ ବିଶ୍ୱ ଆନନ୍ଦର ଗନ୍ତାଘର ହେବା ସ୍ୱାଭାବିକ । ମାଟିରେ, ପାଣିରେ, ପବନରେ, ଆକାଶରେ, ବତାସରେ, ବୃକ୍ଷଲତାରେ ତଥା ଜୀବଜଗତରେ ସେହି ଆନନ୍ଦ ସଞ୍ଚରିତ ଓ ପ୍ରସାରିତ । ଆନନ୍ଦରେ ମୟୂର ନାଚେ, ଚାତକ ଉଲ୍ଲସିତ ହୁଏ, ଚକୋର ମନ୍ତ୍ରମୁଗ୍ଧ ହୁଏ, ଭ୍ରମର ଗତିଶୀଳ ହୁଏ । ଆନନ୍ଦ ଏଠାରେ ସାଧନ ଓ ସାଧ୍ୟ ରୂପରେ ଦୃଷ୍ଟିକୁ ଆକର୍ଷିତ କରେ । ମନୁଷ୍ୟପାଇଁ ଆନନ୍ଦ ଭିନ୍ନ ଭିନ୍ନ ସ୍ତରକୁ ଭିନ୍ନ ଭିନ୍ନ ଧାରାରେ ଅବତରଣ କରି ଆସେ । ଦୁଃଖତା'ର ଭାଗ୍ୟଲିପି ନୁହେଁ ବୋଲି ଏବଂ ଅନ୍ୟ ପକ୍ଷରେ ଆନନ୍ଦ ତା'ର ପ୍ରାପ୍ୟ ଓ ଦାବିର ଧନ ବୋଲି ସାମାନ୍ୟ ଦୁଃଖ ମଧ୍ୟ ମନୁଷ୍ୟପାଇଁ ଅସହ୍ୟ ହୁଏ । ସୁଖର ଘନୀଭୂତ ଅବସ୍ଥାକୁ ଆନନ୍ଦ ନାମରେ ଅଭିହିତ କରାଯାଇ ପାରେ, ପୃଥିବୀର ଯେକୌଣସି ଅଂଶରେ ବ୍ୟକ୍ତିଗତ ଜୀବନକୁ ନିରେଖି ଦେଖିଲେ ସ୍ପଷ୍ଟ ଜଣାଯିବ ଯେ ସୁଖର ପରିମାଣଗତ ଆଧିକ୍ୟ ମଣିଷକୁ ବଞ୍ଚିବାପାଇଁ ପ୍ରେରଣା ଦିଏ, ଗଭୀର ଦୁଃଖରେ ଦୁଃଖୀ ବୋଲି କହି ନିଜପକ୍ଷ ସମର୍ଥନ ପୂର୍ବକ ଯେତେ ମନ୍ତବ୍ୟ ମଣିଷ ପ୍ରକାଶ କଲେ ମଧ୍ୟ ସେ ଯେ ଦୁଃଖଠାରୁ ବହୁଗୁଣିତ ସୁଖର ଅଧିକାରୀ, ଏଥିରେ ସନ୍ଦେହ ନାହିଁ । ଯେତିକି ଦୁଃଖ ଅଛି, ତାହା ଇଚ୍ଛା ବିରୁଦ୍ଧରେ ହେଲେ ମଧ୍ୟ ଆମେ ସହିବାକୁ ବାଧ୍ୟ ହେଉ । ଦୁଃଖ, ଯନ୍ତ୍ରଣା ଓ ଅଶ୍ୱସ୍ତିବୋଧର ସ୍ଥିତି ଜୀବନରେ ତଥାପି ରହିଛି, ଏହା ମୁକ୍ତ କଣ୍ଠରେ ମାନିବାକୁ ହୁଏ । ଏହାର କାରଣ ସମ୍ପର୍କରେ ସାମାନ୍ୟ ସୂଚନା ଓ ଆଲୋଚନା

ବୋଧହୁଏ ଅପ୍ରାସଙ୍ଗିକ ହେବନାହିଁ । ଏହି ଦୁଃଖ କେଉଁଠାରୁ ଓ କାହିଁକି ଆସେ ? ଏ ପ୍ରଶ୍ନର ଉତ୍ତର ଦେବା ଅତ୍ୟନ୍ତ କଷ୍ଟସାଧ୍ୟ । ଏହି ବିଶ୍ୱ ତ ଭଗବତ ସତ୍ତାରେ ପରିପୂର୍ଣ୍ଣ, ଭଗବାନ ତ ଚିର ଆନନ୍ଦମୟତାର ପ୍ରତୀକ । ତେବେ ଆନନ୍ଦ ଭିତରୁ ଦୁଃଖ ଆସିଲା କିପରି ? ଏହାର ଉତ୍ତରରେ ଏତିକି କୁହଯାଇପାରେ ଯେ, ଆନନ୍ଦ ଭିତରେ ଅର୍ଥାତ୍ ଭଗବାନଙ୍କ ସତ୍ତାରେ ଦୁଃଖର ଭୂମି ନାହିଁ । ଦୁଃଖର ଭୂମି ରହିଛି ମଣିଷର ନିଜ ଭିତରେ । ତାହା ମଣିଷ ଅନୁଭବ ନ କରିପାରି ଭାବୁଛି ଦୁଃଖ ବାହାରୁ ଆସି ତାକୁ ଆକ୍ରମଣ କରୁଛି । କେତେକ ଦାର୍ଶନିକ ଓ ମହାପୁରୁଷ ଦୁଃଖର କାରଣ ସ୍ୱରୂପ କାମନା ବାସନାକୁ ଗ୍ରହଣ କରିଛନ୍ତି । ବୁଦ୍ଧଦେବଙ୍କ ମତରେ ଅସ୍ମିତାହିଁ ସବୁ ଦୁଃଖର କାରଣ । ଏ ମତ ବିଚାରଯୋଗ୍ୟ । ଏ ମତରେ କୁହାଯାଏ କାମନାର ବିନାଶରେ ଦୁଃଖର ବିନାଶ । ଦୁଃଖର ବିନାଶରେ ଆନନ୍ଦର ସମ୍ପ୍ରାପ୍ତି । ମଣିଷ ମନ ବାସନାର ଅନାବନାରେ ପରିପୂର୍ଣ୍ଣ । ସେହି ଅନାବନାରେ ବିଭିନ୍ନ ପ୍ରକାର ବିଷାକ୍ତ କୀଟପତଙ୍ଗ ଲୁଚିରହିବା ଯୁକ୍ତିଯୁକ୍ତ । ସେମାନେ ମନର ସ୍ୱାଭାବିକ ବିକାଶକୁ ବ୍ୟାହତ କରିବା ସଙ୍ଗେ ସଙ୍ଗେ ମଣିଷକୁ ଆନନ୍ଦ ଲାଭରୁ ବଞ୍ଚିତ କରନ୍ତି । ଏଠାରେ ମନକୁ ଆଉ ଏକ ପ୍ରଶ୍ନ ଆସିବା ସ୍ୱାଭାବିକ । ପ୍ରଶ୍ନ ହେଲା ମଣିଷ ଦୁଃଖ ଭୋଗ କରିବାପାଇଁ ଏତେ କାମନା ବାସନା ଜାଲରେ ଆବଦ୍ଧ ହେଲା କେତେବେଳେ ? ଏହାର ଉତ୍ତରରେ ଏହା କୁହାଯାଇପାରେ ଯେ କାମନା ବାସନା ଜନ୍ମ ଜନ୍ମାନ୍ତର ଧରି ଜୀବନ ସହିତ ମିଶି ରହିଥାଏ । ପୂର୍ବ ଜନ୍ମରେ ଥିବା କାମନାର ପ୍ରଭାବ ପର ଜନ୍ମରେ ମନକୁ ବିଚଳିତ କରିଥାଏ । ଗୋଟିଏ ବାସନାର ତୃପ୍ତି କରୁ କରୁ ଏକାଧିକ ବାସନା ଜାଲରେ ମଣିଷ ଆବଦ୍ଧ ହୁଏ । ଫଳତଃ ଚକ୍ରବତ୍ ଚାଲିଥାଏ କାମନାର ପୂର୍ଣ୍ଣତା ପାଇଁ ଲାଳସା ଓ ତଜ୍ଜନିତ ଦୁଃଖଭୋଗ । ତେବେ ପୁଣି ପ୍ରଶ୍ନ ଉଠେ, କେହି ତ ସ୍ୱଇଚ୍ଛାରେ ଦୁଃଖ କାମନା କରେ ନାହିଁ, ସମସ୍ତେ ସୁଖ କାମନା କରିଥାନ୍ତି । ସୁଖ ପ୍ରାପ୍ତି ତ ମଣିଷର ଦାବି । ସେ ଯଦି ସୁଖ କାମନା କରେ ତେବେ ତା'ର ଦୋଷ ରହିଲା କେଉଁଠି ଯେ ସେ ସେଥିଲାଗି ଦଣ୍ଡଭୋଗ କରିବ ? ଏହାର ଉତ୍ତରରେ କୁହାଯାଇପାରେ ଯେ ସୁଖକାମନା ପ୍ରକୃତ ଅର୍ଥରେ ମଣିଷ କରିପାରେ ନାହିଁ । ସେ ଯାହାକୁ ସୁଖ ବୋଲି ଭାବେ ତାହା ହେଉଛି ସୁଖର ଏକ ପ୍ରାତିଭାସିକ ରୂପ ଅଥବା ଛାୟାଚ୍ଛନ୍ନ ରୂପ । ଏ ସବୁର ଅନୁଭବ୍ୟ ମାଧ୍ୟମ ଭାବରେ ସେ ଇନ୍ଦ୍ରିୟମାନଙ୍କୁ ଗ୍ରହଣ କରେ ।

ଇନ୍ଦ୍ରିୟ ଲବ୍ଧ ସୁଖ ଯେ ପୂର୍ଣ୍ଣ ସୁଖ ନୁହେଁ ଏହା ସେ ସହଜରେ ବୁଝି ପାରେନାହିଁ । ଈଶ୍ୱରଙ୍କ ବିଚିତ୍ର ଲୀଳା ସହଜରେ ବୁଝି ହୁଏନାହିଁ । ସେ ଇନ୍ଦ୍ରିୟଗୁଡ଼ିକୁ ପୁରୋଭାଗରେ ରଖି ଅନ୍ତର୍ଦ୍ଦେଶରେ ପ୍ରକୃତ ସୁଖକୁ ଲୁଚାଇ ରଖିଛନ୍ତି । ଅନ୍ତରତମ ପ୍ରଦେଶରେ ନିହିତ

ସୁଖକୁ ଅନୁଭବ କରିବାପାଇଁ ବାହାର ତୋରଣ ପାର ହୋଇଯିବା ବ୍ୟତୀତ ଅନ୍ୟ ପନ୍ଥା ନ ଥିବାରୁ ଇନ୍ଦ୍ରିୟଲବ୍ଧ ଜଗତ ମିଥ୍ୟା ନୁହେଁ କି, ଇନ୍ଦ୍ରିୟଲବ୍ଧ ଅନୁଭବ ପୂର୍ଣ୍ଣ ଭ୍ରମ ନୁହେଁ । ମାତ୍ର ଏହା ପୂର୍ଣ୍ଣ ସତ୍ୟ ନ ହୋଇଥିବାରୁ ଇନ୍ଦ୍ରିୟ ମାଧ୍ୟମରେ ସୁଖର କାମନା କରି ମନୁଷ୍ୟ ପୂର୍ଣ୍ଣ ସୁଖ ପାଇ ନ ପାରି ଦୁଃଖର ଜାଲରେ ପଡ଼ିଯାଇଛି । ଅତଏବ ଏହା ପ୍ରମାଣିତ ଯେ ଆନନ୍ଦଲାଭର ଅଭୀପ୍ସା ପ୍ରତ୍ୟେକ ଜୀବ ଭିତରେ ରହିଛି ଏବଂ ମନୁଷ୍ୟ ମଧ୍ୟରେ ରହିଛି । ଅସୁବିଧା ରହିଛି ତାକୁ ଚିହ୍ନିବାରେ । ପ୍ରବୃତ୍ତି ମାର୍ଗର ତୋରଣ ପାରିହେଲେ ନିବୃତ୍ତି ମାର୍ଗ ଦୃଷ୍ଟିଗୋଚର ହେଲାପରି କ୍ଷଣିକ ସୁଖକୁ ପାରି ହେଲେ ଶାଶ୍ୱତ ସୁଖର ରାଜ୍ୟ ଦୃଷ୍ଟି ପଥାରୂଢ଼ ହୋଇଥାଏ । ବିଶ୍ୱର ମର୍ମରେ ତଥା ଜୀବନର ମର୍ମରେ ଆନନ୍ଦ ସାଗର ପରିବ୍ୟାପ୍ତ ହୋଇରହିଛି । ଏହି ମର୍ମରେ ପ୍ରବେଶ କଲେ ସାଗରର ବିମୁକ୍ତ ସୁଷମା ଓ ଅନନ୍ତ ନୀଳିମାର ମାଧୁରିମା ସହଜରେ ଅନୁଭବ କରାଯାଇପାରେ । ଏହି ଆନନ୍ଦର ଅପେକ୍ଷାରେ ରହିଛି ବୋଲି ମଣିଷର ମନଃସ୍ତରରେ ଅମରତ୍ୱ ଆଶା ବଳବତ୍ତର ରହିଛି । ଭଗବତ ସତ୍ତାର ତିନିଗୋଟି ଦିଗ ସତ୍, ଚିତ୍ ଓ ଆନନ୍ଦକୁ ବିଚାର କଲେ ଜଣାଯିବ ଯେ ସତ୍ ଓ ଚିତ୍‌ର ମୌଳିକ ରୂପ ହିଁ ଆନନ୍ଦ । ଭଗବାନ ନିଜେ ହିଁ ଅଭିନେତା, ପୁଣି ଅଭିନୟ ଓ ରଙ୍ଗମଞ୍ଚ ରୂପେ ବିଦ୍ୟମାନ । ତାଙ୍କ ପ୍ରକଟନର ମୂଳଲକ୍ଷ୍ୟ ହେଉଛି ଆନନ୍ଦ ଲାଭ । ଅହମିକାର ସ୍ଥିତି ଥିବା ପର୍ଯ୍ୟନ୍ତ ଜୀବ ବା ମନୁଷ୍ୟ ପ୍ରକୃତ ତତ୍ତ୍ୱକୁ ଆସ୍ୱାଦନ କରିପାରିବ ନାହିଁ । କାରଣ ଅହମିକା ମନୁଷ୍ୟକୁ ବହିର୍ମୁଖୀ କରାଏ, ଅନ୍ତର୍ମୁଖୀ କରାଏ ନାହିଁ । ଅହମିକାର ବଳୟ ଭେଦ ପରେ ପ୍ରଶସ୍ତ ଅତିଚେତନାର ସବୁଜ କ୍ଷେତ୍ରମାନ ବିସ୍ତୃତ ହୋଇ ରହିଛି ବୋଲି ଯୋଗୀ ଋଷିମାନେ କହିଛନ୍ତି । ଅହମିକାର ଅନ୍ଧକାର ମନରୁ ଦୂରୀଭୂତ ହେଲେ ଅସଲ ଆନନ୍ଦର ଦ୍ୟୁତି ପ୍ରକଟିତ ହେବ ଏବଂ ଆନନ୍ଦର ସ୍ନିଗ୍ଧ ଲହରୀରେ ଦିଗ ଦିଗନ୍ତ ସୁଶୋଭିତ ହୋଇ ନୟନ ମନରେ ଅପୂର୍ବ ଆକର୍ଷଣ ସୃଷ୍ଟି କରିବ ।

■

ଆମେ ଓ ସାଂପ୍ରତିକ ଦୃଷ୍ଟିଭଙ୍ଗୀ

ଆମ ଜୀବନକୁ ସୁସ୍ଥ ଓ ସମୃଦ୍ଧ କରିବା ଦିଗରେ ଖାଦ୍ୟ, ବସ୍ତ୍ର ଓ ବାସଗୃହ ପରି ଅବସର ବିନୋଦନ ଏକାନ୍ତ ଜରୁରୀ। କର୍ମକ୍ଳାନ୍ତି ଦୂର କରିପାରେ ଏହି ଅବସର ବିନୋଦନ। ବ୍ୟକ୍ତିର ରୁଚି, ସହାବସ୍ଥାନ ନୀତି, ପାରସ୍ପରିକତା ସର୍ବୋପରି ବଞ୍ଚିବାର କଳାକୁ ଅନୁମୋଦନ କରେ ସଂସ୍କୃତି। କେବଳ ଚାଲିଚଳଣିରେ ଏହା ସୀମିତ ନୁହେଁ। ଏଥିରେ ଥାଏ ଚେତନାର ଅଗ୍ରଗତି ପାଇଁ ପ୍ରବଳ ପ୍ରେରଣା ଓ ବିପୁଳ ସୁଯୋଗ ।

ସ୍ଥାନ, କାଳ ଓ ପାତ୍ରର ବିଚାର ଆମ ସଂସ୍କୃତିର ଏକ ବିଶିଷ୍ଟ ଦିଗ। ଏଥିରେ ବ୍ୟକ୍ତି ଜୀବନ ବିକଶିତ ହେବା ସଂଗେସଂଗେ ସମାଜ ଜୀବନ ମଧ୍ୟ ବିକଶିତ ହୁଏ। କାହାକୁ କିପରି ବ୍ୟବହାର କରିବାକୁ ହେବ, କଥାବାର୍ତ୍ତା କରିବାକୁ ହେବ ତାହା ଜଣାଏ ସଂସ୍କୃତି। 'ସର୍ବେ ଭବନ୍ତୁ ସୁଖୀନଃ' ଆମ ସଂସ୍କୃତିର ମୂଳ ମନ୍ତ୍ର। ଏଥିନିମନ୍ତେ ଆବଶ୍ୟକ ପାରସ୍ପରିକ ଅନୁମୋଦନ। ନିଜକୁ ବଡ଼ ଭାବି ଅନ୍ୟକୁ ସାନ ହୀନ ବୋଲି ଭାବିଲେ ଏହି ଅନୁମୋଦନ ଆସେନାହିଁ କି ସାମାଜିକ ପରିବେଶ ଉନ୍ନତ ହୁଏନାହିଁ।

ପର୍ବପର୍ବାଣୀର ପାଳନ ଆମ ସଂସ୍କୃତିର ଏକ ପ୍ରତିଷ୍ଠିତ ବିଭବ। ଈଶ୍ୱର ବିଶ୍ୱାସ ଏହାର ମେରୁଦଣ୍ଡ। ନାମରେ ବହୁ ହେଲେ ମଧ୍ୟ ଈଶ୍ୱର ବାସ୍ତବରେ ଏକ ଓ ଅଭିନ୍ନ। ତାଙ୍କୁ ନିଜର ମଣି ନିଜର ଦୁଃଖ ସୁଖ କହିଲେ ସେ ଶୁଣନ୍ତି ଓ ସହାୟତା କରନ୍ତି। ଭଲ ପାଇବା ହେଉଛି ତାଙ୍କୁ ପାଇବାର ମୂଳକଥା। ଏଥିପାଇଁ ସେବା ପୂଜା ଆରାଧନା ଏକ ଏକ ମାଧ୍ୟମ। ପ୍ରାର୍ଥନା ହେଉଛି ଭଗବାନ ଓ ମଣିଷ ଭିତରେ ସୁନାର ସେତୁ। ଭୋଗ ଲଗାଇବା, ଧୂପ ଦୀପ ଦେଇ ଭଗବାନଙ୍କୁ ନିରାଜନା କରିବା ଦ୍ୱାରା ହେଉ ଅଥବା ଶୂନ୍ୟ ନିରାକାର ଭାବରେ ତାଙ୍କୁ ପ୍ରାର୍ଥନା କରିବା ମାଧ୍ୟମରେ ହେଉ ତାଙ୍କ ପ୍ରତି ଭାବ ଏକାନ୍ତ ଆବଶ୍ୟକ। ଭାବ ନଥିଲେ କିଛି ନାହିଁ। ତେଣୁ କୁହାଯାଏ ଭାବରେ ଭେଟ ସେ ଅଭାବରେ ଅଭେଟ।

ହିଂସା, ଦ୍ୱେଷ, କଳହ, ଘୃଣା ଓ କ୍ରୋଧକୁ ଅନୁମୋଦନ କରେ ନାହିଁ ଆମ ସଂସ୍କୃତି। ମାଟି ଆମର ପବିତ୍ର ଦେବଭୂମି। ଦେବତା ଏଠାରେ ବାରମ୍ବାର ଜନ୍ମ ନିଅନ୍ତି ଓ ନୂତନ ଦିଗଦର୍ଶନ ମାନବ ଜାତିକୁ ଦେଇଯାଆନ୍ତି। ଅହିଂସା, ସତ୍ୟ, ଶାନ୍ତି, ଭ୍ରାତୃତ୍ୱର ପରାକାଷ୍ଠା ଏ ଭୂମିରେ ସୁଲଭ।

ଏସବୁ ସତ୍ତ୍ୱେ ପରିବେଶ ଆଜି ବଦଳି ଯାଇଛି। ଏ ବଦଳିବା ପଛରେ ଗଛପତ୍ର ପଶୁପକ୍ଷୀ ଦାୟୀ ନୁହନ୍ତି। ଦାୟୀ ହେଉଛି ମଣିଷ, ଆମେମାନେ ସମସ୍ତେ। ପରିବାରରେ ଅଥବା ସମାଜରେ ଆମେ କାହାକୁ ଯଥାର୍ଥ ଗୁରୁତ୍ୱ ଦେଉନାହୁଁ, ଅଧିକା କଥା ପଚାରେ କିଏ। ତେଣୁ ପାରିବାରିକ ଶୃଙ୍ଖଳା ଓ ସାମାଜିକ ସଂହତି କେତେକାଂଶରେ ବିପର୍ଯ୍ୟସ୍ତ ହେଉଛି। ମୂଳ ଅସୁବିଧାଟି ରହିଛି ଅହଂରେ। ଏହାର ବିଲୋପ ନହେଲେ ପାରିବାରିକ ସଂସ୍କୃତି ଓ ସାମାଜିକ ସଂସ୍କୃତି ଉନ୍ନତ ହେବନାହିଁ।

ଆଜିକାଲି ପୂଜାନାମରେ ପ୍ରହସନ ଚାଲିଛି। ଅପସଂସ୍କୃତିର ପ୍ରଭାବରେ ଅଶ୍ଳୀଳ ଗୀତ ଓ ନୃତ୍ୟ ହୋଇଛି ଆମୋଦପ୍ରମୋଦର ମୁଖ୍ୟ ମାଧ୍ୟମ। ସାଙ୍ଗସାଥି ମହଲରେ କଥାବାର୍ତ୍ତାରେ ଶାଳୀନତା ନାହିଁ। କଥା କଥାକେ ଅଶ୍ଳୀଳ ଭାଷାର ପ୍ରୟୋଗ ହେଉଛି। ଝିଅମାନଙ୍କର ବେଶବାସରେ ମାର୍ଜିତ ରୁଚିର ଚିହ୍ନ ନାହିଁ। ପୁଅମାନଙ୍କର ଆତ୍ମ ସଂଯମର ମାନସିକତା ନାହିଁ। ଏହା କୌଣସି ପ୍ରକାରେ ପ୍ରଗତିର ଚିହ୍ନ ନୁହେଁ।

ଆମ ସଂସ୍କୃତି ହିଂସ୍ରତା, ଦ୍ୱେଷ, କଳହ, କ୍ରୋଧ, ଈର୍ଷାକୁ ସ୍ୱୀକାର କରେନାହିଁ। ବରଂ ଆଲୋଚନା ମାଧ୍ୟମରେ ସମସ୍ତ ସମସ୍ୟାର ସମାଧାନ ଆଣିବାକୁ ପ୍ରୟାସ କରେ। ଶାନ୍ତି ଓ ଅହିଂସା ଆମର ଜାତୀୟତାର ମୂଳ ଉପାଦାନ। ଏଥିନିମନ୍ତେ ଆମ ଦେଶର ସ୍ଥାନ ବିଶ୍ୱ ଦରବାରରେ ସ୍ୱତନ୍ତ୍ର। ମାତ୍ର ଦୁଃଖର କଥା ଆମ ଦେଶରେ ଦିନକୁ ଦିନ ଉଗ୍ରବାଦ, ଆତଙ୍କବାଦର ପ୍ରଭାବ ଅଧିକରୁ ଅଧିକ ଅନୁଭୂତ ହେଉଛି। କେତେ ଧନଜୀବନ ଏହା ଯୋଗୁଁ ନଷ୍ଟ ହେଉଛି। ଏହା ପଛରେ ଲୁଚି ରହିଛି ବିଦ୍ରୋହମୂଳକ ମନୋବୃତ୍ତି, ଯାହା ମୂଳରେ ରହିଛି ଅହଙ୍କାର। ଉଗ୍ରବାଦୀର ହୃଦୟରେ ପରିବର୍ତ୍ତନ ନ ଆସିଲେ ଉଗ୍ରବାଦର ମୂଳୋତ୍ପାଟନ ହେବନାହିଁ। ଦୃଷ୍ଟିଭଙ୍ଗୀର ପରିବର୍ତ୍ତନ ଏଥିପାଇଁ ଆବଶ୍ୟକ, ଯାହା କେବଳ ଅନୁତାପ ଯୋଗୁଁ ଆସିପାରେ।

ଆମ ଭୂମି ପୁଣ୍ୟଭୂମି, ଦେବଭୂମି। ଆଗାମୀ ଦିନରେ ତାହା ହେବ ନିଜର ମହନୀୟ ମୂଲ୍ୟବୋଧ ବଳରେ ସମଗ୍ର ବିଶ୍ୱର ଗୁରୁ। ଏକଥା ପ୍ରାଚ୍ୟ ଓ ପାଶ୍ଚାତ୍ୟର ବହୁ ମନୀଷୀ ଘୋଷଣା କରିଛନ୍ତି। ସମୟ ଏ ଦିଗରେ ଆମର ସହଯୋଗ ଲୋଡୁଛି। ଆମେ କ'ଣ ଏ ଦିଗରେ କୁଣ୍ଠିତ ହେବା ?

ଆମ ସଂସ୍କୃତି ଆହୁରି ମାର୍ଜିତ ହେଉ, ରୁଚିସ୍ନିଗ୍ଧ ହେଉ, ସଂସ୍କୃତିରେ କର୍ମପ୍ରବଣତା

ବଢୁ। କର୍ମପ୍ରବଣତା ସହିତ ଈଶ୍ୱରଙ୍କ ଠାରେ ଭକ୍ତି ଓ ବିଶ୍ୱାସ, ଗୁରୁ ଗୁରୁଜନଙ୍କୁ ଯଥାଯୋଗ୍ୟ ମାନ୍ୟତା, ଦେଶପ୍ରତି ଆନ୍ତରିକତା, ଭାଷା ପ୍ରତି ଗୌରବବୋଧ ବଢୁ, ଏହା ହିଁ ଆମ ସମସ୍ତଙ୍କର କାମନା ହେଉ।

■

ଆଜିର ଆହ୍ୱାନ ଓ ଆମେ

ଆମ ଦେଶରେ ମଣିଷର ସଂଖ୍ୟା ଗଣତିରେ ଦିନକୁ ଦିନ ବଢ଼ିଯାଉଛି, ଏକଥା ଯେପରି ସତ, ମାନବିକତାର ଦୀପ୍ତି ଦିନକୁ ଦିନ କମିଯାଉଛି ଏକଥା ସେପରି ସତ । ମଣିଷ ମନରୁ ସ୍ନେହପ୍ରବଣତା, ହୃଦୟରୁ ସମ୍ବେଦନଶୀଳତା, କଣ୍ଠରୁ ସୁମଧୁର ଭାଷା ଦିନକୁ ଦିନ କମି ଆସୁଛି । ବେଳକୁ ବେଳ ମଣିଷ ହୋଇଯାଉଛି ସ୍ୱାର୍ଥପର, ଉଗ୍ର ଏବଂ ସୁବିଧାବାଦୀ । ଅହଂକାର ତାକୁ ହିଂସ୍ର ଓ ଭୟଙ୍କର କରିଛି । ସାମାନ୍ୟ ସାମାନ୍ୟ କଥାରେ ଉପକାର ପରିବର୍ତ୍ତେ କ୍ଷତି କରିବାର ଆଗ୍ରହ ତା ମନରେ ଅଧିକ ବଳବତ୍ତର ହେଉଛି । ସେ ଅନ୍ୟର ସୁବିଧା ଦେଖିଲେ ଈର୍ଷାରେ ଜଳିଉଠୁଛି । ଯେତେ ଲୁଚାଇବାକୁ ଚେଷ୍ଟାକଲେ ମଧ୍ୟ ଧରାପଡ଼ିଯାଉଛି ତା'ର ଈର୍ଷା. ଜର୍ଜରିତ ମନୋଭାବଟି । ତା'ର କ୍ରୋଧଭାବଟି ଧାର୍ମିକ ଭିନ୍ନତା ତଥା ସାମ୍ପ୍ରଦାୟିକ ଭିନ୍ନତାକୁ ଆଶ୍ରୟକରି ଅନେକ ସମୟରେ ଆତ୍ମପ୍ରକାଶ କରୁଛି । ମଣିଷର ବୌଦ୍ଧିକ ବିକାଶ ଘଟିଛି ମାତ୍ର ମାନବିକତାର ଅନୁରୂପ ବିକାଶ ଘଟିନଥିବାରୁ ତା'ର ପୂର୍ଣ୍ଣାଙ୍ଗ ବିକାଶ ହୋଇଛି ବୋଲି କୁହାଯାଇ ପାରିବ ନାହିଁ । 'ସର୍ବେ ଭବନ୍ତୁ ସୁଖୀନଃ, ସର୍ବେ ସନ୍ତୁ ନିରାମୟାଃ' ନୀତି ଆଜି ସୁଦୂର ପରାହତ । ପାଶ୍ଚାତ୍ୟ ସଂସ୍କୃତିର ବସ୍ତୁବାଦୀ ଭାବଧାରାରେ ପ୍ରଭାବିତ ହୋଇ ଭାରତ ଆଜି ଉଦ୍ଭ୍ରାନ୍ତ । ମଣିଷ ଏବେ ବସ୍ତୁକୁ ଅଧୀନ କରି ରଖିନାହିଁ, ବସ୍ତୁ ମଣିଷକୁ ଅଧୀନ କରି ରଖିଛି । ବସ୍ତୁର ଆଧିକ୍ୟରେ ମଣିଷର ପ୍ରତିଷ୍ଠାର ମୂଲ୍ୟାଙ୍କନ ହେଉଛି, ମାନବିକତା ମଣିଷକୁ ବିଚାର କରିବାପାଇଁ ମାପକାଠି ହେଉନାହିଁ । ସ୍ୱାଧୀନତା ନାମରେ ମନରେ ସ୍ୱେଚ୍ଛାଧୀନତାର ଆସୁରିକ ରାଜତ୍ୱ ଚାଲିଛି । ଭାରତୀୟ ସଂସ୍କୃତିର ମହତ୍ତ୍ୱ ଓ ମୂଲ୍ୟବୋଧ ପ୍ରତି ବିମୁଖତା ପ୍ରକଟିତ ହେଉଛି । ପାରମ୍ପରିକତାର ବିଚାର ଓ ବିଶ୍ଳେଷଣ ଆଜି ପୁରୁଣାକାଳିଆ କଥାରେ ପରିଣତ ହେଲାଣି । ମନରେ ଏପରିଭାବ ସୃଷ୍ଟି ହେଲାଣି ଯେ ଆମ ସଂସ୍କୃତିରେ ଥିବା ସବୁକଥା ମନ୍ଦ, ପାଶ୍ଚାତ୍ୟ ସଂସ୍କୃତିରେ ଥିବା ସବୁକଥା

ଭଲ । ନିଜ ସଂସ୍କୃତିରେ ଥିବା ଭଲ କଥାକୁ ଗ୍ରହଣ କରିବା ସଙ୍ଗେ ସଙ୍ଗେ ଅନ୍ୟ ସଂସ୍କୃତିରେ ଥିବା ଭଲ କଥାକୁ ଗ୍ରହଣ କରିବାର ପ୍ରଶସ୍ତ ଦୃଷ୍ଟିଭଙ୍ଗୀ ଆଜି ପରିଲକ୍ଷିତ ହେଉନାହିଁ । କେତେକ କୁସଂସ୍କାରକୁ ବାଦଦେଲେ ଆମ ସଂସ୍କୃତିର ଯେଉଁ ମୌଳିକ ମୂଲ୍ୟବୋଧ ରହିବ ତାହା ଆଗାମୀ ଦିନରେ ସମଗ୍ର ପୃଥିବୀକୁ ଦିଗଦର୍ଶନ ଦେବ ବୋଲି ପ୍ରାଚ୍ୟ ଓ ପାଶ୍ଚାତ୍ୟର ବହୁ ମନୀଷୀ ଘୋଷଣା କରିଛନ୍ତି । ଦୁଃଖର କଥା ଏପରି ଏକ ମହନୀୟ ସଂସ୍କୃତିପ୍ରତି ଆନ୍ତରିକତା ଓ ଆତ୍ମୀୟତା ଆମର କମିଯାଉଛି । ଏପରି ଧାରଣା କେମିତି କେଜାଣି ସୃଷ୍ଟିହୋଇ ଯାଇଛି ଯେ ଆମର ପୂର୍ବପୁରୁଷ ମୂର୍ଖ ଥିଲେ, ଆମର ଶାସ୍ତ୍ର ସବୁ ଅର୍ଥହୀନ ଅଟେ, ଅତୀତର ବିଚାରଧାରାସବୁ ମୂଲ୍ୟହୀନ ଥିଲା ଇତ୍ୟାଦି ଇତ୍ୟାଦି । ଭାରତୀୟର ମନ ଆଉ ନିଜ ମାଟିରେ ରହିପାରୁ ନାହିଁ, ସେ ହୋଇଯାଉଛି ଅସ୍ଥିର ଓ ଚଳଚଞ୍ଚଳ । ଏହି ଅସ୍ଥିରତା କେବଳ ଭାରତ ପାଇଁ ଅସ୍ୱସ୍ତିକର ନୁହେଁ, ସମଗ୍ର ବିଶ୍ୱପାଇଁ ମଧ୍ୟ କ୍ଷତିକାରୀ । ଭାରତର କଲ୍ୟାଣରେ ଜଗତର କଲ୍ୟାଣ ସାଧିତ ହେବ, ଏହା ସ୍ୱାମୀ ବିବେକାନନ୍ଦ, ଶ୍ରୀଅରବିନ୍ଦଙ୍କ ପରି ମହାପୁରୁଷମାନେ ଉଦ୍‌ଘୋଷଣା କରିଛନ୍ତି । ଏ ସମ୍ପର୍କରେ ଶ୍ରୀଅରବିନ୍ଦ କହନ୍ତି, "ଭାରତ କେବଳ ନିଜ ସକାଶେ ବଞ୍ଚିନାହିଁ, ସେ ସମଗ୍ର ବିଶ୍ୱ ନିମିତ୍ତ ବଞ୍ଚିରହିଛି ।" ଅତଏବ ଏକଥା ସ୍ପଷ୍ଟ ପ୍ରତିପାଦିତ ଯେ ଭାରତ ବଞ୍ଚିଲେ ଜଗତ ବଞ୍ଚିବ । ଜଗତକୁ ବଞ୍ଚାଇବାର ଚାବିକାଠି ରହିଛି ଭାରତର ସର୍ବାଙ୍ଗୀଣ ବିକାଶରେ । ଭାରତକୁ ବଞ୍ଚାଇବାର ମାର୍ଗ ହେଉଛି ଭାରତୀୟ ସଂସ୍କୃତିର ଅନୁଧ୍ୟାନ, ଅନୁଶୀଳନ ଓ ଭାରତୀୟ ଜୀବନରେ ତା'ର ନିରାଜନା । ଭାରତୀୟ ସଂସ୍କୃତିର ସୁରକ୍ଷା ଉପରେ ବିଶ୍ୱଜୀବନର ସମୃଦ୍ଧି ନିର୍ଭରଶୀଳ ଥିବାବେଳେ ଏ ଦିଗରେ ପ୍ରତ୍ୟେକ ଭାରତୀୟଙ୍କର ଭୂମିକା ଯେ କେତେ ଗୁରୁତ୍ୱପୂର୍ଣ୍ଣ ତାହା ବୁଝାଇ କହିବାର ଆବଶ୍ୟକତା ନାହିଁ । 'ଭାରତର କଲ୍ୟାଣରେ ଜଗତର କଲ୍ୟାଣ' - ଏକଥାରେ ପ୍ରତ୍ୟେକ ଭାରତୀୟ ନିଜକୁ ଗୌରବାନ୍ୱିତ ମନେକରିବା ଉଚିତ । ଭାରତର ସେବା ମାଧ୍ୟମରେ ବିଶ୍ୱର ସେବାକରିହେବ, ଏକଥା ବୁଝିବାର ସମୟ ବର୍ତ୍ତମାନ ଆସି ପ୍ରତ୍ୟେକ ଭାରତୀୟଙ୍କ ଦ୍ୱାର ଦେଶରେ ଉପସ୍ଥିତ । ସାମ୍ପ୍ରତିକ ସମୟ ଓ ପରିବେଶ ଭାରତୀୟମାନଙ୍କୁ ସଚେତନତାର ସହିତ ନିଜ ସଂସ୍କୃତିକୁ ଆଦର କରିବା ପାଇଁ ଆହ୍ୱାନ ଜଣାଉଛି ।

■

ଦେଶପ୍ରେମର ମୂଲ୍ୟବୋଧ

ଭାରତ ବର୍ଷ ସ୍ୱାଧୀନ ହୋଇଛି ସତ ମାତ୍ର ସ୍ୱାଧୀନତାର ସୁଫଳ ଯେତେ ସ୍ୱାଦଯୁକ୍ତ ହେବା କଥା ହୋଇନାହିଁ । ଏହାର ଅନେକ କାରଣ ମଧ୍ୟରୁ ଗୋଟିଏ ମୁଖ୍ୟକାରଣ ହେଉଛି ବ୍ୟକ୍ତିଭିତରେ ଦେଶପ୍ରେମର ଅଭାବ । ସ୍ୱଦେଶପ୍ରେମ କଥାର କଥା ନୁହେଁ, ଏହା ଏକ ସାତ୍ତ୍ୱିକ ଭାବ । କିଛି ବ୍ୟକ୍ତିଙ୍କ ହୃଦୟରେ ଏହା ସ୍ୱତଃ ସୃଷ୍ଟିହୁଏ । ଆଉ କିଛି ବ୍ୟକ୍ତିଙ୍କ ହୃଦୟରେ ଅନ୍ୟର ପ୍ରଭାବରୁ ଏହା ସୃଷ୍ଟିହୁଏ । ସ୍ୱଦେଶ ପ୍ରେମର ଭିତ୍ତି ହେଉଛି ସମତା, ଅନ୍ୟପ୍ରତି ମମତା, ସହାନୁଭୂତି, କରୁଣା, ଶୁଭେଚ୍ଛା ଓ ମୈତ୍ରୀ । ଅନ୍ୟର ସୁଖ ଦୁଃଖକୁ ନିଜର ସୁଖ ଦୁଃଖରୂପେ ବିଚାର କରିବାର ସାମର୍ଥ୍ୟଥିଲେ ବ୍ୟକ୍ତିଭିତରେ ଦେଶପ୍ରେମର ତରଙ୍ଗ ସୃଷ୍ଟି ହୋଇଥାଏ । ମାତୃଭୂମି ପ୍ରତି ଶ୍ରଦ୍ଧା ଓ ସମ୍ମାନ ରହିଲେ ଦେଶପ୍ରେମ ସ୍ୱତଃ ମନରେ ଜାଗ୍ରତ ହୁଏ । ମାତୃଭୂମି ପ୍ରତି ଶ୍ରଦ୍ଧା ଆସିବା ଫଳରେ ଭ୍ରାତୃତ୍ୱ ଆଉ ବହିର ପାଠ, ଭାଷଣର ଉଦ୍‌ବୋଧନ, ସମବେତ କଣ୍ଠ ସଂଗୀତର ଭାଷାରେ ଆବଦ୍ଧ ହୋଇ ନରହି ପ୍ରକୃତ ହୃଦୟର ଆସନକୁ ଅଧିକାର କରେ । ଭ୍ରାତୃତ୍ୱ ବିହୀନ ସାମ୍ୟନୀତିର ବିଶେଷ କୌଣସି ମୂଲ୍ୟ ନାହିଁ କାରଣ ଏହାର ଭିତ୍ତି ଦୁର୍ବଳ ହୋଇଥିବାରୁ ଏହା ଉପରେ ଆସ୍ଥା ସ୍ଥାପନ କରାଯାଇ ପାରେ ନାହିଁ । ଅତଏବ ଆଗ ଭ୍ରାତୃତ୍ୱ ପରେ ନୀତିନିୟମର ପ୍ରଣୟନ ।

ସ୍ୱଦେଶ ପ୍ରେମ ଓ ଜାତୀୟତା ବୋଧ ପରସ୍ପର ସହ ଅଙ୍ଗାଙ୍ଗୀ ଭାବେ ଜଡ଼ିତ । ଗୋଟିଏ ନଥିଲେ ଅନ୍ୟଟିର ସ୍ଥିତିନଥାଏ । ଜାତୀୟତା ବୋଧ ନଥିଲେ ନିଜ ସଂସ୍କୃତି, ସଭ୍ୟତା, ସାହିତ୍ୟ ତଥା ଆଦର୍ଶ ପ୍ରତି ଆଗ୍ରହ ରହେନାହିଁ । ନିଜସ୍ୱ ପାରମ୍ପରିକ ମୂଲ୍ୟବୋଧ ପ୍ରତି ଆକର୍ଷଣ ଆସେ ନାହିଁ । ଦେଶ ସମ୍ପର୍କରେ ଶ୍ରଦ୍ଧା ସୃଷ୍ଟିକରିବାର ପରିବେଶ ପ୍ରସ୍ତୁତ କରିବାର ଦାୟିତ୍ୱ ଅଗ୍ରଜମାନଙ୍କର । ଦେଶପ୍ରତି ଆକର୍ଷଣ ନଆସିଲେ ବ୍ୟକ୍ତିମୁଖୀନତା ବଢ଼ିଚାଲେ ଓ ବ୍ୟକ୍ତିପାଖରେ ନିଜର ଲାଭକ୍ଷତିର ଅଙ୍କ କଷାଟି ପ୍ରାଧାନ୍ୟ ଲାଭକରେ ।

ଦେଶବାସୀଙ୍କ ମନରେ ଜାତୀୟତାର ବିକାଶ ନିମନ୍ତେ ମହାଯୋଗୀ ଶ୍ରୀଅରବିନ୍ଦ ଭାରତର ମାନଚିତ୍ରକୁ ନିର୍ଦ୍ଦେଶ କରି ଯାହା କହିଥିଲେ ତା'ର ମର୍ମ ପ୍ରଣିଧାନ ଯୋଗ୍ୟ । ଏହା ଏହିପରି, "ଏହି ମାନଚିତ୍ରକୁ ଚାହଁ ଏବଂ ଏହା ଭିତରେ ସ୍ୱୟଂ ଭାରତମାତାଙ୍କ ପ୍ରତିକୃତି ଦେଖିବାକୁ ଚେଷ୍ଟାକର । ଏହିସବୁ ନଗର, ପର୍ବତ, ନଦୀ ଓ ଅରଣ୍ୟ ଆଦି ହେଉଛି ଉପାଦାନ ସ୍ୱରୂପ ଯାହାକୁ ନେଇ ତାଙ୍କର ଶରୀର ଗଠିତ । ଏହି ଦେଶର ଅଧିବାସୀମାନେ ହେଉଛନ୍ତି ତାଙ୍କର ସଜୀବ ତନ୍ତୁକୁ ଗଠନ କରୁଥିବା ପ୍ରାଣକୋଷ ସବୁ । ଆମର ସାହିତ୍ୟ ହେଉଛି ତାଙ୍କର ସ୍ମୃତି ଓ ବାଣୀ । ଆମ ସଂସ୍କୃତିର ଭାବଧାରା ହେଉଛି ତାଙ୍କର ଆତ୍ମା ।" ଆମେ ଯେଉଁଦିନ ଭାରତମାତାଙ୍କର ଅଖଣ୍ଡ ରୂପଦର୍ଶନ କରିବୁ ସେହିଦିନ ଭାରତର ପ୍ରଗତିର ବାଧା ତିରୋହିତ ହେବ । ପ୍ରାଦେଶିକତା ନୁହେଁ ବରଂ ସାମଗ୍ରିକତା ହିଁ ସ୍ୱଦେଶ ପ୍ରେମର ମୂଳତତ୍ତ୍ୱ ହେବା ଉଚିତ । ଭାରତର ବହୁ କବିଙ୍କ ଲେଖନୀରେ ଏହି ଭାବଧାରା ଅଭିବ୍ୟକ୍ତ ହୋଇଛି । ଏମାନଙ୍କ ମଧ୍ୟରେ ବଙ୍କିମଚନ୍ଦ୍ରଙ୍କ ନାମ ସ୍ମରଣୀୟ । ତାଙ୍କର ବନ୍ଦେମାତରମ୍ ମନ୍ତ୍ରରେ ସାମଗ୍ରିକ ଦୃଷ୍ଟିଭଙ୍ଗୀ ସ୍ଥାନିତ । ତାଙ୍କ ଭାଷାରେ –

ଶୁଭ୍ର ଜ୍ୟୋତ୍ସ୍ନା ପୁଲକିତ ଯାମିନୀମ୍ । ଫୁଲ୍ଲ କୁସୁମିତ ଦ୍ରୁମଦଳ ଶୋଭିନୀମ୍ ॥
ସୁହାସିନୀଂ, ସୁମଧୁର ଭାଷିଣୀମ୍ । ସୁଖଦାଂ ବରଦାଂ ମାତରମ୍ ॥

ଓଡ଼ିଆ ସାହିତ୍ୟରେ ବହୁ ସ୍ରଷ୍ଟା ଭାରତମାତାଙ୍କର ସାମଗ୍ରିକ ରୂପଦର୍ଶନ କରିବାକୁ ଅଭୀପ୍ସା କରିଛନ୍ତି । ସେମାନଙ୍କ ମଧ୍ୟରେ ଭକ୍ତକବି ମଧୁସୂଦନ ରାଓ ଅନ୍ୟତମ । ତାଙ୍କ ଭାଷାରେ –

ଧନ୍ୟ ମହିମା ତୋହର ନାହିଁ ତାର ପଟାନ୍ତର
ମସ୍ତକରେ ହିମାଳୟ ପର୍ବତ ବର ।
ଦୁଇ ପାରୁଶେ ଜଳଧି ବ୍ରହ୍ମପୁତ୍ର ସିନ୍ଧୁ ନଦୀ
ଚରଣରେ ବିରାଜିତ ମହାସାଗର ।
ବିନ୍ଧ୍ୟ ଗିରିବର କଟିରେ
ଗଙ୍ଗା ଆଦି କେତେ ନଦୀ ଶୋଭେ ଶରୀରେ ।

ଆମେ ଭାରତ ସନ୍ତାନ । ଆମକୁ ତା'ର ଆଧ୍ୟାତ୍ମିକତା ଓ ସାଂସ୍କୃତିକ ପ୍ରଭା ପ୍ରଭାବିତ କରୁ ଆଗେଇ ଯିବାପାଇଁ । ସବୁ ସଂକୀର୍ଣ୍ଣତାରୁ ଆମ ମନ ମୁକ୍ତହେଉ ଏବଂ ବିଶ୍ୱଜନୀନତାରେ ଯୁକ୍ତ ହେଉ । ଭାରତୀୟ ଅଧ୍ୟାତ୍ମ ଗ୍ରନ୍ଥମାଳାର ଆଦର ଆମେରିକାଦି ପାଶ୍ଚାତ୍ୟ ଦେଶମାନଙ୍କରେ ଅଧିକରୁ ଅଧିକ ବଢ଼ିବା ବେଳେ ଭାରତରେ ତା'ର ଆଦର କମିଯିବା ଚିନ୍ତାର ବିଷୟ । ନିଜ ଦେଶକୁ, ନିଜ ସଂସ୍କୃତିକୁ ସମ୍ମାନ ଦେବା ଆମର ପ୍ରଥମ କର୍ତ୍ତବ୍ୟ । ଏହାର ଅର୍ଥ ନୁହେଁ ଯେ ଅନ୍ୟ ଦେଶକୁ ବା ଅନ୍ୟ ସଂସ୍କୃତିକୁ ଘୃଣା

କରିବା । ଅସଲ କଥା ହେଉଛି ନିଜ ମାଟିରେ ପାଦ ଥାପି ଦମ୍ଭରେ ଠିଆହୋଇ ଅନ୍ୟ ଦେଶ ଓ ସଂସ୍କୃତିରୁ ଭଲ ଭଲ ଉପାଦାନକୁ ଆହରଣ କରିବାପାଇଁ ଆଗ୍ରହ ପ୍ରକାଶ କରିବା । ଭାରତୀୟ ସଂସ୍କୃତିର ମହତ୍ତ୍ୱ ଓ ମୂଲ୍ୟବୋଧ ପ୍ରତ୍ୟେକଙ୍କ ହୃଦୟରେ ଅନୁରଣିତ ହେଲେ ଭାରତର ସମୁଚିତ ବିକାଶ ହେବ । ଭାରତର କଲ୍ୟାଣରେ ଜଗତର କଲ୍ୟାଣ । "ସର୍ବେ ଭବନ୍ତୁ ସୁଖିନଃ, ସର୍ବେ ସନ୍ତୁ ନିରାମୟା, ସର୍ବେ ଭଦ୍ରାଣି ପଶ୍ୟନ୍ତୁ, ମା କଶ୍ଚିତ ଦୁଃଖଭାଗଭବେତ୍" ବାର୍ତ୍ତାରେ ଯେଉଁ ଚେତନା ରହିଛି, ତାହାର ତୁଳନା ନାହିଁ ।

ଅତଏବ ଏକଥା ସ୍ପଷ୍ଟ ଯେ ବାହ୍ୟ ଦୃଷ୍ଟି ନୁହେଁ ଅନ୍ତଃଦୃଷ୍ଟି ବଳରେ ଯେଉଁ ଶକ୍ତି ଆହରିତ ହୁଏ ତାହାହିଁ ଯଥାର୍ଥ ଦିଗ୍‌ଦର୍ଶନ ଦେଇପାରେ । ଦେଶକୁ ଭଲପାଇବାର ମାଧ୍ୟମରେ ଦେଶବାସୀଙ୍କ ମଧ୍ୟରେ ପାରସ୍ପରିକ ମମତ୍ୱବୋଧ ବୃଦ୍ଧି ପାଇପାରେ । ଫଳତଃ ବହୁ ଅନ୍ତଃନିହିତ ସମସ୍ୟାର ସମାଧାନ ହୋଇପାରେ ।

■

ବିଶ୍ୱ ଭ୍ରାତୃତ୍ୱ ଓ ସ୍ୱାମୀ ବିବେକାନନ୍ଦ

ବୌଦ୍ଧିକ ଚେତନାର ବିକାଶ ଫଳରେ ମାନବଜାତି କେତେକ ସମସ୍ୟାର ସମ୍ମୁଖୀନ ହୋଇଛି ଏଥିରେ ଦ୍ୱିରୁକ୍ତି ନାହିଁ । ସମୟ ସ୍ରୋତରେ ଗୋଟିଏ ଦେଶର ସମସ୍ୟା ଆଉ କେବଳ ସେହି ଦେଶର ନହୋଇ ବିଶ୍ୱ ସମସ୍ୟାର ରୂପାୟିତ ହେଉଛି । ବିଶ୍ୱ ସମସ୍ୟାର ପ୍ରଭାବ ବ୍ୟକ୍ତିକୁ ଅଳ୍ପେ ବହୁତେ, ଆକ୍ରାନ୍ତ କରୁଛି । ଦେଶ ଦେଶ ଭିତରେ ପାରସ୍ପରିକ ବୁଝାମଣା, ସଦିଚ୍ଛା ଯେ ଆଜିର ପରିପ୍ରେକ୍ଷୀରେ ଏକାନ୍ତ ଆବଶ୍ୟକ, ଏକଥା କହିବା ବାହୁଲ୍ୟ ମାତ୍ର । ମଣିଷ ବୁଦ୍ଧିବଳରେ ବହୁ ନୂତନ ତଥ୍ୟ ଉଦ୍ଭାବନ କରିଛି ଯାହାକୁ ପ୍ରୟୋଗ କରି ସେ ଗୋଟିଏ ସ୍ଥାନରେ ରହି ଅନ୍ୟଦୂର ସ୍ଥାନର ସମ୍ବାଦ ରଖିପାରୁଛି । ମାତ୍ର ବ୍ୟକ୍ତି ଭିତରୁ ଆନ୍ତରିକତା, ସହାନୁଭୂତି କ୍ରମଶଃ କମି କମି ଆସୁଛି । ଦେଶ ଦେଶଭିତରେ ଚଳଣିଗତ ପାର୍ଥକ୍ୟ ରହିବା ସ୍ୱାଭାବିକ । ଭାଷାର ଭିନ୍ନତା, ଧର୍ମର ଭିନ୍ନତା, ବେଶଭୂଷଣର ଭିନ୍ନତା ସତ୍ତ୍ୱେ ମାନସିକ ସ୍ତରରେ ସମନ୍ୱୟର ଭାବ ଆସିଲେ ବହୁ ସମସ୍ୟାର ସମାଧାନ ହୋଇପାରିବ, ବ୍ୟକ୍ତି ବ୍ୟକ୍ତି ଭିତରେ, ଜାତି ଜାତି ଭିତରେ ସହନଶୀଳତା ତଥା ସହୃଦୟତା ରହିଲେ ବିଶ୍ୱକଲ୍ୟାଣ ସାଧିତ ହେବ । ପରମପୁରୁଷ ଶ୍ରୀରାମକୃଷ୍ଣ ଏହି ଭାବନା କରିଛନ୍ତି ଓ ସ୍ୱାମୀଜୀ ତାକୁ ଭାଷାରେ ରୂପ ଦେଇଛନ୍ତି । ଶ୍ରୀରାମକୃଷ୍ଣ ସୂର୍ଯ୍ୟ ହେଲେ ବିବେକାନନ୍ଦ ତା'ର କିରଣମାଳାର ମୂର୍ତ୍ତିମନ୍ତ ରୂପରେଖ । ଶ୍ରୀରାମକୃଷ୍ଣ ଅଗ୍ନି ହେଲେ ବିବେକାନନ୍ଦ ତା'ର ଦାହିକା ଶକ୍ତିର ସାମଗ୍ରିକ ରୂପ । ବିଶ୍ୱଭ୍ରାତୃତ୍ୱ ପ୍ରତିଷ୍ଠା ନିମନ୍ତେ ଶ୍ରୀରାମକୃଷ୍ଣଙ୍କ ପ୍ରୟାସ ସର୍ବ ପ୍ରଥମେ ସମଗ୍ର ବିଶ୍ୱର ଦୃଷ୍ଟି ଆକର୍ଷଣ କରିଥାଏ । ତାଙ୍କ ମତରେ ସବୁଧର୍ମର ସାରବତ୍ତା ଏକ ଓ ଆଭିମୁଖ୍ୟ ଏକ, ନାମରେ ଭିନ୍ନତା ରହିଛି ମାତ୍ର । ଏ ପ୍ରସଙ୍ଗରେ ସେ ପୋଖରୀର ଉଦାହରଣ ଦେଇ ସମସ୍ୟାଟିର ସରଳ ସମାଧାନ କରିଛନ୍ତି । ଯେପରି ଗୋଟିଏ ପୋଖରୀର ଭିନ୍ନ ଭିନ୍ନ ତୁଠରୁ ପାଣି ସଂଗ୍ରହ କରି ତାକୁ ଭିନ୍ନଭିନ୍ନ ନାମ ଦେଲେ ମଧ୍ୟ ସଂଗୃହୀତ ଜଳ ଭିନ୍ନ

ହୁଏ ନାହିଁ, ସେପରି ଗୋଟିଏ ସତ୍ୟକୁ ଭିନ୍ନ ଭିନ୍ନ ଧର୍ମରେ ଭିନ୍ନ ଭିନ୍ନ ନାମ ଦେଲେ ହେଁ ତାହା ଭିନ୍ନ ହୁଏ ନାହିଁ ।

ସ୍ୱାମୀ ବିବେକାନନ୍ଦ ଏ ଦିଗରେ ସୁଦୃଢ଼ ପଦକ୍ଷେପ ନେଇଛନ୍ତି । ସେ ଭାରତୀୟ ଯୁବଶକ୍ତିକୁ ସଚେତନ ହେବାକୁ ପରାମର୍ଶ ଦେଇଛନ୍ତି । ଭାରତର ଉନ୍ନତିରେ ବିଶ୍ୱର ଉନ୍ନତି ସମ୍ଭବ ହେବ । ବିଶ୍ୱ ମାନବ ଜାତିକୁ ଉପଯୁକ୍ତ ମାର୍ଗ ଦର୍ଶନ ନିମନ୍ତେ ଭାରତ ନିକଟରେ ରହିଛି ଅମାପ ସାମର୍ଥ୍ୟ, ଅସୀମ ଶକ୍ତି । ଭାରତ ବର୍ଷ ସ୍ୱଇଚ୍ଛାରେ ଏହାର ସଦ୍‌ବ୍ୟବହାର କରିପାରିବ । ଭାରତ ବର୍ଷ ହେବ ଆଗାମୀ ବିଶ୍ୱର ଗୁରୁ, ବିଶ୍ୱକୁ ବଞ୍ଚାଇବାକୁ ହେଲେ ଭାରତବର୍ଷକୁ ବଞ୍ଚାଇବାକୁ ହେବ, ଏହା ସେ ବାରମ୍ବାର ଘୋଷଣା କରିଛନ୍ତି । ଭାରତ ମାଟି ତାଙ୍କପାଇଁ ସ୍ୱର୍ଗଠାରୁ ଅଧିକ ଥିଲା । ଭାରତବାସୀଙ୍କୁ ଆହ୍ୱାନଦେଇ ସେ କହିଛନ୍ତି, ''ସଦର୍ପରେ ଡାକି କହ, ଭାରତବାସୀ ମୋର ଭାଇ, ଭାରତବାସୀ ମୋର ପ୍ରାଣ, ଭାରତର ଦେବ ଦେବୀ ମୋର ଈଶ୍ୱର, ଭାରତର ସମାଜ ମୋର ଶିଶୁଶଯ୍ୟା, ମୋର ଯୌବନର ଉପବନ, ମୋର ବାର୍ଦ୍ଧକ୍ୟର ବାରଣାସୀ, କହ ଭାଇ, ଭାରତର ମୃତ୍ତିକା ମୋ'ର ସ୍ୱର୍ଗ'' । ଏପରି ଉଦ୍‌ବୋଧନରେ ଯେଉଁ ଦୀପ୍ତିମୟତା ରହିଛି ତାହାର ପଟାନ୍ତର ନାହିଁ । ଭାରତ ବର୍ଷର ଇତିହାସକୁ ପର୍ଯ୍ୟାଲୋଚନା କରି ସେ ଏହି ସିଦ୍ଧାନ୍ତରେ ଉପନୀତ ହୋଇଛନ୍ତି ଯେ ବିଶ୍ୱ ଜୀବନରେ ଯେତେବେଳେ ଚେତନାର ନବୀନ ଆଲୋକ ରେଖା ସୃଷ୍ଟି ହୋଇଛି, ତାହାର ଉତ୍ପତ୍ତି ସ୍ଥଳ ହୋଇଛି ଭାରତ ବର୍ଷ । ସମସ୍ତ ଜ୍ଞାନ ବିଜ୍ଞାନର ଜନ୍ମଭୂମି ବୋଲି ସେ ଭାରତକୁ ବିଚାର କରିଛନ୍ତି । ତାଙ୍କ କଥାରେ,- "ବିଶ୍ୱର ଇତିହାସ ପର୍ଯ୍ୟାଲୋଚନା କର, ଯେଉଁଠି କୌଣସି ମହାନ ଆଦର୍ଶର ସନ୍ଧାନ ମିଳିବ, ଦେଖିବାକୁ ପାଇବ ତା'ର ଜନ୍ମ ଭାରତ ବର୍ଷରେ । ସ୍ମରଣାତୀତ କାଳରୁ ଭାରତ, ମାନବ ସମାଜ ପାଖରେ ମୂଲ୍ୟବୋଧ ସମୂହର ଖଣି ସ୍ୱରୂପ ହୋଇ ରହିଛି ।" ଊନବିଂଶ ଶତାବ୍ଦୀରେ ଭାରତୀୟ ପରିବେଶରେ କୁସଂସ୍କାରର ଅଖଣ୍ଡ ରାଜତ୍ୱ ଚାଲିଥିବା ବେଳେ ସ୍ୱାମୀଜୀଙ୍କ ଆହ୍ୱାନ ସେହି ତମସାର ଆବରଣ ଛିନ୍ନକରି ଉଷାଲୋକର ସନ୍ଧାନ ଦେଇଥିଲା । ରାଜନୈତିକ, ସାମାଜିକ, ନୈତିକ ତଥା ଧାର୍ମିକ ପରିବେଶରେ ଆବଶ୍ୟକୀୟ ପରିବର୍ତ୍ତନ ଆଣିବା ଦିଗରେ ସ୍ୱାମୀଜୀ ଯେଉଁ ଗୁରୁତ୍ୱପୂର୍ଣ୍ଣ ଭୂମିକା ଗ୍ରହଣ କରିଥିଲେ ତା'ର ତୁଳନା ନାହିଁ । ଅସ୍ପୃଶ୍ୟତା ନିବାରଣ ନିମନ୍ତେ ତାଙ୍କର ଶୁଭଙ୍କର ପ୍ରୟାସ ଯେପରି ସ୍ମରଣୀୟ ସେପରି ବରଣୀୟ । ମୋଚି, ମେହେନ୍ତର, କୃଷକ, କୁମ୍ଭାର, କମାର, ତେଲି ଇତ୍ୟାଦି ଅନ୍ୟାନ୍ୟ ବହୁ ବୃତ୍ତିର ଲୋକଙ୍କୁ ସେ ନିଜର ଭାଇଜ୍ଞାନ କରିବା ସଙ୍ଗେ ସଙ୍ଗେ ଅନ୍ୟମାନେ ସେମାନଙ୍କୁ ଭ୍ରାତୃତ୍ୱର ବନ୍ଧନରେ ଆବଦ୍ଧ କରନ୍ତୁ, ଏହା ତାଙ୍କର ଇଚ୍ଛା ଥିଲା ।

ଭାରତର ଅତୀତର ଗୌରବ ଗାଥା ସ୍ୱାମୀଜୀ ସ୍ମରଣ କରିଛନ୍ତି । ବିଭିନ୍ନ କ୍ଷେତ୍ରରେ ଭାରତର ମହତ୍ତ୍ୱ ଓ ମୂଲ୍ୟବୋଧ ସମ୍ପର୍କରେ ସେ ଆଲୋଚନା କରିଛନ୍ତି । ଗଣିତ, ଜ୍ୟୋତିଷ, ଜଡ଼ବିଜ୍ଞାନ, ରସାୟନ ବିଜ୍ଞାନ, ଶଲ୍ୟ ଚିକିତ୍ସା ଇତ୍ୟାଦି କ୍ଷେତ୍ରରେ ପ୍ରାଚୀନ ଭାରତର ସମୃଦ୍ଧି ଥିଲା ଅସାଧାରଣ । ସମଗ୍ର ବିଶ୍ୱକୁ ପ୍ରାଚୀନ ଭାରତର ଅବଦାନ ଯେ ଅସୀମ ଏହା ମୁକ୍ତ କଣ୍ଠରେ ସ୍ୱୀକାର୍ଯ୍ୟ । ବହୁ ବୈଦେଶିକ ଆକ୍ରମଣ ଏବଂ ଅନ୍ୟ କେତେକ କାରଣ ଯୋଗୁଁ ମଧ୍ୟଯୁଗର ଭାରତରେ ସମୃଦ୍ଧିର ମାନ ହ୍ରାସ ହୋଇଥିବା କଥା ସ୍ୱାମୀଜୀ ଉଲ୍ଲେଖ କରିଛନ୍ତି । ଆଧୁନିକ ଭାରତ ପୁନର୍ବାର ଜାଗ୍ରତ ହେବ ଏବଂ ବିଶ୍ୱକଲ୍ୟାଣ ସାଧନରେ ବ୍ରତୀ ହେବ । ଜନ ଚେତନାର ସାମଗ୍ରିକ ବିକାଶ ଆଧୁନିକ ଭାରତରୁ ଉଦ୍ଭୁତ ହେବ । ସ୍ୱାମୀଜୀଙ୍କ ମତରେ,- "ଭାରତ ପୁନର୍ବାର ଉଠିବ, କିନ୍ତୁ ଜଡ଼ର ଶକ୍ତିରେ ନୁହେଁ, ଶାନ୍ତି ଓ ପ୍ରେମର ପତାକା ଉଡ଼ାଇ ।" ଆମର ଅତୀତର ସମୃଦ୍ଧି ଆଧୁନିକ ଭାରତରେ ବହୁଗୁଣିତ ହେବ, ଏହି ଦୃଢ଼ ବିଶ୍ୱାସ ସ୍ୱାମୀଜୀ ପୋଷଣ କରିଛନ୍ତି ।

ଭାରତର ପ୍ରଗତିରେ ଜଗତର ପ୍ରଗତି ସମ୍ଭବ, ଭାରତର ପ୍ରଗତି ନହେଲେ ଜଗତର ପ୍ରଗତି ହେବ ନାହିଁ । ଭାରତର ପ୍ରଗତିର ମୂଳ ମନ୍ତ୍ର ହେଉଛି ଧାର୍ମିକ ଉନ୍ନତି । ଧର୍ମ ହିଁ ଭାରତୀୟ ଚେତନାର ଅସଲ ଚାବିକାଠି । ଏହି ଧର୍ମ ତଥାକଥିତ ଧର୍ମ ନୁହେଁ । ଏହା ଜୀବନର ଯଥାର୍ଥ ଚେତନା ବୋଲି ସ୍ୱାମୀଜୀ ମତବ୍ୟକ୍ତ କରିଛନ୍ତି । ତାଙ୍କ ମତରେ,- "ଭାରତର ଯେ କୌଣସି ଉନ୍ନତିର ଚେଷ୍ଟା କରାଯାଉ, କିନ୍ତୁ ପ୍ରଥମେ ଧର୍ମର ଉନ୍ନତି ହେବା ଆବଶ୍ୟକ । ଧର୍ମ ହିଁ ଭାରତୀୟ ଜାତୀୟ ଜୀବନର କେନ୍ଦ୍ରବିନ୍ଦୁ । ଏହା ବେଦାନ୍ତର ଧର୍ମ ଯାହା କହେ 'ଆତ୍ମନୋ ମୋକ୍ଷାର୍ଥଂ ଜଗଦ୍ଧିତାୟଚ' ଅର୍ଥାତ୍ ନିଜର ଆଧ୍ୟାତ୍ମିକ ଉନ୍ନତି ଓ ଜଗତର କଲ୍ୟାଣ ଏ ଦୁଇଟି ଏକ ସଙ୍ଗେ କରିବାକୁ ହେବ ।" ଧର୍ମ ସମ୍ପର୍କରେ ଯେଉଁ ବ୍ୟାଖ୍ୟା ସ୍ୱାମୀ ବିବେକାନନ୍ଦ ଦେଇଛନ୍ତି, ତାହାର ମୂଲ୍ୟ ଅସାଧାରଣ । ଏଥିରେ ସଂକୀର୍ଣ୍ଣତା ନାହିଁ ବରଂ ରହିଛି ବିସ୍ତୃତିର ପରମ ପ୍ରତିଷ୍ଠା ଓ ଚରମ ପରାକାଷ୍ଠା । ତାଙ୍କ ମତରେ,- "ଅନ୍ୟର ମଙ୍ଗଳ କରିବା ହେଉଛି ଧର୍ମ, ଅନ୍ୟର କ୍ଷତି କରିବା ହେଉଛି ପାପ, ଅନ୍ୟକୁ ଆଦର କରିବା ହେଉଛି ଧର୍ମ ଅନ୍ୟକୁ ଘୃଣା କରିବା ହେଉଛି ପାପ ।"

ପ୍ରାଚ୍ୟ ଓ ପାଶ୍ଚାତ୍ୟ ଚେତନାର ମଧୁର ମିଶ୍ରଣରେ ବିଶ୍ୱ ଭ୍ରାତୃତ୍ୱର ପ୍ରତିଷ୍ଠା ସମ୍ଭବ ହେବ । ପାଶ୍ଚାତ୍ୟର ଯୁକ୍ତିବାଦ, ବୈଜ୍ଞାନିକ ଦୃଷ୍ଟିକୋଣ ସହିତ ପ୍ରାଚ୍ୟର ଆତ୍ମଚେତନା, ଆଧ୍ୟାତ୍ମିକତାର ମିଶ୍ରଣ ହେଲେ ବିଶ୍ୱ ସମସ୍ୟାର ସରଳ ସମାଧାନ ହେବା ସଙ୍ଗେ ସଙ୍ଗେ ବିଶ୍ୱ ପରିବାର ଗଠନର ପଥ ବିମୁକ୍ତ ତଥା ପ୍ରଶସ୍ତ ହେବ ।

ଶରୀରର ସୁସ୍ଥତା ଏକାନ୍ତ, କାମ୍ୟ ବୋଲି ସ୍ୱାମୀଜୀ ଉଦ୍‌ଘୋଷଣା କରିଛନ୍ତି । ସେ କହିଛନ୍ତି,- "ଗୀତା ପାଠ ଅପେକ୍ଷା ଫୁଟବଲ ଖେଳିଲେ ତୁମେ ସ୍ୱର୍ଗର ଅଧିକ ନିକଟବର୍ତ୍ତୀ ହେବ ।" ସୁସ୍ଥ ଶରୀର ବିନା ଜୀବନରେ ପ୍ରଗତି କରିବା କଷ୍ଟସାଧ୍ୟ ବ୍ୟାପାର । ଚିକାଗୋ ଧର୍ମ ମହାସଭାରେ ୧୮୯୩ ମସିହା ସେପ୍ଟେମ୍ବର ୧୧ ତାରିଖରେ ସ୍ୱାମୀଜୀ ନିଜର ଭାଷଣର ଆରମ୍ଭରେ ଆମେରିକା ବାସୀ ଭଉଣୀ ଓ ଭାଇମାନେ ବୋଲି ଉଦ୍‌ବୋଧନ ମାଧ୍ୟମରେ ଭ୍ରାତୃଭାବର ପ୍ରତିଷ୍ଠା ପାଇଁ ଯେଉଁ କଲ୍ୟାଣମୟ ପ୍ରୟାସ କରିଛନ୍ତି ତାହାର ତୁଳନା ନାହିଁ ।

ବିଭିନ୍ନ ଦୃଷ୍ଟିରୁ ବିଚାରକଲେ ଏହା ଯଥାର୍ଥ ଯେ ସ୍ୱାମୀ ବିବେକାନନ୍ଦ ଭାରତରେ ଜନ୍ମଲାଭ କରିଥିଲେ ହେଁ ସେ ଥିଲେ ବିଶ୍ୱଭ୍ରାତୃତ୍ୱର ପ୍ରତୀକ । ତାଙ୍କର ମହନୀୟତା ତେଣୁ ଦେଶ ଭିତରେ ଆବଦ୍ଧ ନରହି ପ୍ରସାରିତ ହୋଇଯାଇଛି ବିଶ୍ୱର କୋଣ ଅନୁକୋଣକୁ । ସମଗ୍ର ବିଶ୍ୱଥିଲା ତାଙ୍କର ନିବାସ ସ୍ଥଳ । ଭାରତବର୍ଷର ଯୁବଶକ୍ତି ଉପରେ ଅସାମାନ୍ୟ ଗୁରୁତ୍ୱ ସେ ଆରୋପ କରିଯାଇଛନ୍ତି । ବିଶ୍ୱ ପରିବାର ଗଠନ ନିମନ୍ତେ ସେ ନିର୍ବାଚନ କରିଯାଇଛନ୍ତି ଭାରତବର୍ଷକୁ ଯିଏ ଏଥିନିମନ୍ତେ ଉପଯୁକ୍ତ ମାର୍ଗ ଦର୍ଶନ ଦେଇପାରିବ । ତାଙ୍କର ବାଣୀକୁ ବିଚାର ଓ ବିଶ୍ଳେଷଣ କଲେ ସେଥିରେ ଥିବା ଅମାପ ଶକ୍ତିମତ୍ତାକୁ ସଙ୍ଗେ ସଙ୍ଗେ ଉପଲବ୍ଧି କରିବାକୁ ହୁଏ । ଆଜି ଦେହରେ ନଥିଲେ ମଧ୍ୟ ସ୍ୱାମୀଜୀ ଏକ ଜାଗ୍ରତ ବିଶ୍ୱବ୍ୟାପ୍ତ ଚେତନା ହୋଇ ରହିଛନ୍ତି ।

■

ମିଶ୍ର ସଂସ୍କୃତିର ପ୍ରଭାବ

ସଂସ୍କୃତି କହିଲେ ଗୋଟିଏ ଜାତିର ମାର୍ଜିତ ଚାଲି ଚଳଣିକୁ ବୁଝାଏ। ଜାତିଭେଦରେ ଦେଶ ଭେଦରେ ଏହା ଭିନ୍ନ ଭିନ୍ନ । ଗୋଟିଏ ଦେଶର ତଥା ଜାତିର ସଂସ୍କୃତି କେତେଗୁଡ଼ିଏ କଥା ଉପରେ ନିର୍ଭର କରେ । ଯଥା- ଭୌଗୋଳିକ ପରିବେଶ, ଆର୍ଥନୀତିକ ଅବସ୍ଥା, ସାମାଜିକ ପରମ୍ପରା ଓ ରାଜନୈତିକ ବାତାବରଣ ।

ଆମର ସଂସ୍କୃତି ଆଜି ଆଉ ନିରୋଳା ସଂସ୍କୃତି ହୋଇ ନାହିଁ । ବହିରାଗତ କେତେ ସଂସ୍କୃତିର ପ୍ରଭାବରେ ପ୍ରଭାବିତ ହୋଇ ଏହା ଭିନ୍ନ ପ୍ରକାରର ହୋଇଯାଇଛି । ଏକଥା ସତ ଯେ ଜଗତୀକରଣ ଯୁଗରେ ଅଲଗା ହୋଇ କେହି ରହିପାରିବେ ନାହିଁ, ଆମେ ମଧ୍ୟ ରହିପାରିବା ନାହିଁ । ତେବେ ବାଛି ବାଛି ଅନ୍ୟ ସଂସ୍କୃତିରୁ ଭଲ ଭଲ କଥା ଆଣିଲେ ସଂସ୍କୃତିର ବିକାଶ ଘଟିବା ସ୍ୱାଭାବିକ । ମାତ୍ର ଦୁଃଖର କଥା ଆମ କ୍ଷେତ୍ରରେ ସେକଥା ଘଟୁନାହିଁ । ଓଲଟା ଘଟୁଛି, ଆମେ ଅନ୍ୟ ସଂସ୍କୃତିରୁ ଦେଶାତ୍ମବୋଧ, ସମୟାନୁବର୍ତ୍ତିତା, ନିୟମାନୁବର୍ତ୍ତିତା ସଚ୍ଚୋଟପଣିଆ, ଶୃଙ୍ଖଳାବୋଧ ପରି ଭଲ ଭଲ କଥା ଶିଖୁ ନାହୁଁ। କେହି ନ କହିଲେ, ବାଧ୍ୟ ନ କଲେ ଆମେ ପୋଷ୍ଟ ଅଫିସରେ ଅଥବା ରେଳଷ୍ଟେସନରେ ଟିକେଟ ଆଣିବା ପାଇଁ ଅବା ଫର୍ମ ଆଣିବା ପାଇଁ ଧାଡ଼ିରେ ଠିଆ ହେବାକୁ ଚାହୁଁନା । କଡ଼ପଟେ ହାତ ଗଳେଇ ଏସବୁ ନେଇ ଆଣିବା ଆମପାଇଁ ବୀରପଣିଆ ବୋଲି ଆମେ ଭାବୁଛୁ । ମନ୍ଦିର ଭିତର ବଗିଚାରେ ଅଥବା ସାଧାରଣ ପାର୍କରେ ଲାଗିଥିବା ଫୁଲ ଗଛକୁ ଆମେ ଜାତୀୟ ସମ୍ପଦ ବୋଲି ଭାବୁ ନାହିଁ । ତହିଁରେ ଫୁଟିଥିବା ଫୁଲକୁ ଛିଣ୍ଡାଇ ଆଣିବାକୁ ଶ୍ରେୟ ମଣୁଛୁ । ଗାଁ ଓ ସହରର ରାସ୍ତା କାମକୁ ଆମେ ତିଆରି କରିବାକୁ ଠିକା ନେଉଛୁ, ମାତ୍ର ତାହାକୁ ଜାତୀୟ କାର୍ଯ୍ୟ ଭାବରେ ବିଚାର କରୁନାହୁଁ । ଯେତେବେଶୀ ଫାଇଦା ତହିଁରୁ ଉଠା ଯାଇପାରେ ତାହାହିଁ ଦେଖୁଛୁ । ବେପାରୀ ବ୍ୟବସାୟୀ ଭାଇମାନଙ୍କ କଥା ନ କହିଲେ ଭଲ । ବାହାର

ସଂସ୍କୃତିର ପ୍ରବେଶ ଓ ପ୍ରଭାବରେ ଆମ ସଂସ୍କୃତି ମିଶ୍ରିତ ହୋଇଯାଇଛି । ଅପମିଶ୍ରିତ ହୋଇଯାଇଛି କହିଲେ ଅତିରଞ୍ଜିତ ହେବ ନାହିଁ । ଶତାଧିକ ବର୍ଷ ପୂର୍ବରୁ ସ୍ୱାମୀ ବିବେକାନନ୍ଦ ଯାହା କହିଥିଲେ ତାହା ସେତେବେଳ ଅପେକ୍ଷା ଆଜି ଅଧିକ ସତ ହୋଇଛି । ସେ କହିଥିଲେ ଯେ ପିଲାଟିଏ ବିଦ୍ୟାଳୟ ଯାଇ ଶିଖୁଛି ଯେ ତା'ର ବାପା ଗୋଟିଏ ମୂର୍ଖ, ତା'ର ଜେଜେ ବାପା ଜଣେ ପାଗଳ ଏବଂ ତା'ର ଶାସ୍ତ୍ର ସବୁ ମିଥ୍ୟା କାହାଣୀରେ ପରିପୂର୍ଣ୍ଣ ଇତ୍ୟାଦି ।

ଆମ ସଂସ୍କୃତିର ଅମୂଲ୍ୟ ସମ୍ପଦ ହେଉଛି ପାରିବାରିକ ଜୀବନ । ସ୍ନେହ, ସହାନୁଭୂତି ଓ ସମବେଦନା ଏହାର ମୌଳିକ ଉପାଦାନ । ସ୍ନେହ ଓ ସହିଷ୍ଣୁତା ଗୋଟିଏ ମୁଦ୍ରାର ଦୁଇପାଖ ପରି ଓତଃପ୍ରୋତ ଜଡ଼ିତ । ଏହି ସହିଷ୍ଣୁତା ଓ ସ୍ନେହ ଏକାନ୍ନବର୍ତ୍ତୀ ପରିବାରର ମୂଳକଥା । ଆଜି ମିଶ୍ରସଂସ୍କୃତିରେ ବହୁଭାବରେ ଭାଙ୍ଗିଯାଉଛି ଏକାନ୍ନବର୍ତ୍ତୀ ପରିବାର । ଫିକା ଫିକା ହୋଇଯାଉଛି ପାରିବାରିକ ଜୀବନର ମୂଲ୍ୟବୋଧ । ବଡ଼ ପରିବାରକୁ ଅହଂକାର ଭାଙ୍ଗିରୁଜି ଖଣ୍ଡ ଖଣ୍ଡ କରିଦେଉଛି, ଭାଙ୍ଗି ଖଣ୍ଡ ଖଣ୍ଡ କରିଦେବା ଚତୁରତାର ଲକ୍ଷଣ ବୋଲି ବୁଝାଯାଉଛି । ମିଶ୍ର ସଂସ୍କୃତିର ଫଳ ହେଉଛି ଏହି ଅହଂକାର ଏବଂ ଭାଙ୍ଗିଦେବାର ମନୋବୃତ୍ତି । ଖାପଖୁଆଇ ଚଳିବାର କଳା ଏଇ ମିଶ୍ର ସଂସ୍କୃତି ଶିଖାଉନାହିଁ ଯାହା ଆମ ସଂସ୍କୃତିରେ ଆଗରୁ ଥିଲା । ମିଶ୍ର ସଂସ୍କୃତି ଶିଖାଉଛି ଅନ୍ୟ ସହ ନିଜକୁ ଦିନରାତି ତୁଳନା କରିବା ଓ ପରିବାରର ଅନ୍ୟମାନଙ୍କ ବିରୁଦ୍ଧରେ ଦିନରାତି ଅଭିଯୋଗ କରିବା । ପରିବାର ଭାଙ୍ଗିଯିବାରୁ ବେଶୀ କ୍ଷତିଗ୍ରସ୍ତ ହେଉଛନ୍ତି ପରିବାର ଅଭିଭାବକ ତଥା ବୃଦ୍ଧ ପିତାମାତା । ବିଦେଶୀ ସଂସ୍କୃତି ପରି ବୃଦ୍ଧାଶ୍ରମ ଆମର ଏଠାରେ ଗଢ଼ି ଉଠିନାହିଁ କି ଗଢ଼ିଉଠିଲେ ମଧ୍ୟ ତହିଁରେ ଆନନ୍ଦରେ ରହିବାର ମାନସିକତା ଆମର ଆସିନାହିଁ । ଜେଜେବାପା, ଜେଜେମାଆ, ଦାଦାଖୁଡ଼ୀ ମାନଙ୍କ ସହ ଚଳିନଥିବା ଛୋଟ ଛୋଟ ପରିବାରର ପିଲାମାନେ ଭବିଷ୍ୟତରେ ଖାପଖୁଆଇ ଚଳିବା କଥା ଶିଖିପାରୁ ନାହାନ୍ତି। 'ମୁଁ' 'ମୋର' ଶବ୍ଦ କହି କହି ତାଙ୍କ ଦିନ ବିତିଯାଉଛି । ଶୁଖିଲା କାଠ ଅଥବା ଯନ୍ତ୍ରଚାଳିତ ମଣିଷଟିମାନ ହୋଇଯାଉଛନ୍ତି । ତ୍ୟାଗ, ଶ୍ରଦ୍ଧା, ମମତା, ସହନଶୀଳତା କିପରି କଥା ସେମାନେ ଜାଣୁନାହାନ୍ତି, କେବଳ 'ଯେସାକୁ ତେସା' କଥାଟି ଭଲଭାବରେ ଜାଣୁଛନ୍ତି । ଏହାଦ୍ୱାରା ଯେ ତାଙ୍କର ଅନେକ କ୍ଷତି ଘଟୁଛି, ଦେବଶିଶୁ ଯେ ସାଧାରଣ ଶିଶୁରେ ପରିଣତ ହୋଇଯାଉଛି, ଏକଥା କିଏ କାହାକୁ ବୁଝାଇବ ? ବୁଝିବ ବା କିଏ ?

ଆମ ସଂସ୍କୃତିର ଅନ୍ୟ ଗୋଟିଏ ମହନୀୟ ଦିଗ ହେଉଛି ଦେବ ଆରାଧନା । ବାରମାସରେ ତେରପର୍ବ, ବହୁ ଓଷାବ୍ରତ । ଗଛର ପ୍ରଥମ ଫଳଟି ଆମ ସଂସ୍କୃତିର ବିଚାରରେ ଦେବତାଙ୍କର ପ୍ରାପ୍ୟ । ଦୁଇବେଳା ଠାକୁରଙ୍କ ପାଖରେ ପ୍ରାର୍ଥନା, ଗଲା

ଅଇଲା ବେଳେ ଠାକୁରଙ୍କୁ ମୁଣ୍ଡିଆ ମାରିବା ଆମର ପ୍ରଥାଗତ । ହେଲେ ଆଜିର ମିଶ୍ର ସଂସ୍କୃତି ଶିଖାଇଛି ଯେ ଏସବୁ ଅଲୋଡ଼ା, ଅଧିକା କଥା । ହେଲେ ଚଳିବ, ନହେଲେ ବି ଚଳିବ । ଅର୍ଥାତ ସୁବିଧା ହେଲେ ପୂଜାଅର୍ଚ୍ଚନା, ପ୍ରାର୍ଥନା ପ୍ରଭୃତି କରିବା, ନହେଲେ ନକରିବା ।

ଏମିତି ମଧ୍ୟ ଶୁଣାଗଲାଣି ଯେ ପାରୁଛି ସେ କରୁ, ଯେ ନପାରୁଛି ନାହିଁ । ହେତୁବାଦ ଆଚ୍ଛନ୍ନ କରିଛି ମଣିଷର ମନ, କର୍ମକଲେ ଫଳମିଳିବ, ଆଉ ଭଗବାନ କ'ଣ କରିବେ ଇତ୍ୟାଦି ଇତ୍ୟାଦି । ଏହାଫଳରେ ଈଶ୍ୱର ବିଶ୍ୱାସ କମିଯାଉଛି, ଆସୁରିକତା ବଢ଼ିଯାଉଛି ଓ ଦୁଷ୍ଟ ବୁଦ୍ଧି ପ୍ରବଳ ହେଉଛି । ଆସୁରିକତାରୁ ଜନ୍ମନେଉଛି ଆତଙ୍କବାଦ, ଉଗ୍ରବାଦ ପ୍ରଭୃତି ସର୍ବନାଶକାରୀ ପ୍ରତିକ୍ରିୟାମାନ । ଆମ ସଂସ୍କୃତିର ବାହକ ଭାବରେ ପାଲା, ଦାସକାଠିଆ, ଘୋଡ଼ାନାଚ, ସଖୀନାଟ, ଡାଲଖାଇ, ରସରକେଲୀ ବହୁଦିନରୁ ପ୍ରଚଳିତ । ମାତ୍ର ତାହାକୁ ଆଜିକାଲି ପଚା ପୁରୁଣା ବୋଲି ବିଚାର କରାଯାଉଛି, ସାଧାରଣତଃ ଧର୍ମାନୁଷ୍ଠାନ ମାନଙ୍କରେ ମେଲୋଡ଼ି ନ ହେଲେ ନ ଚଳେ । ଅଶ୍ଳୀଳଗୀତର ଲହର ଆମକୁ ଉତ୍‌ଫୁଲ୍ଲ କରୁଛି । ନୃତ୍ୟ ଆହୁରି ସ୍ୱତନ୍ତ୍ର ଓ ବିଚିତ୍ର ଧରଣର । ଓଡ଼ିଶୀ ନୃତ୍ୟ ଆମକୁ ପସନ୍ଦ ଆସୁନାହିଁ, ବ୍ରେକଡ଼୍ୟାନ୍ସ ହିଁ ପ୍ରକୃତ ଡ୍ୟାନ୍ସ ବୋଲି ଆମର ମତ ବେଳକୁ ବେଳ ଦୃଢ଼ ହୋଇ ଆସିଲାଣି । ନୃତ୍ୟ ନାଁରେ ଅଙ୍ଗଭଙ୍ଗୀର ବିକୃତ ପ୍ରଦର୍ଶନ କେବଳ ଚାଲିଛି ଆଉ ଚାଲିଛି ।

ଆମ ଭାଷା ଆମକୁ ପିତା ଲାଗୁଛି । ଅଦରକାରୀ ଭାବରେ ଇଂରାଜୀ ଭାଷା ମିଶାଇ କଥା କହିଲେ, ଭାଷଣ ଦେଲେ ଆମର ବ୍ୟକ୍ତିତ୍ୱ ବଢ଼ି ଗଲାପରି ଲାଗୁଛି । ଏହାର ଅର୍ଥ ଏପରି ନୁହେଁ ଯେ ଆମେ ଇଂରାଜୀ ଭାଷାର ବିରୋଧ କରିବା । ବିରୋଧ ନୁହେଁ ଯେତିକି ଆବଶ୍ୟକ ଆମେ ସେତିକି ଗ୍ରହଣ କରିବା ଅନ୍ୟଭାଷା, ଅଧିକ ନୁହେଁ କି ଅଦରକାରୀ ହିସାବରେ ନୁହେଁ । ଆମ ଭାଷାରେ ଉଚ୍ଚଶିକ୍ଷାର ବ୍ୟବସ୍ଥା ନାହିଁ । ଫଳରେ ଆମେ ଗୋଟିଏ କଠିନ ତଥା ବା ତତ୍ତ୍ୱକୁ ଭଲ ରୂପେ ବୁଝିବାକୁ ସମର୍ଥ ହେଉନାହୁଁ ।

ଖାଦ୍ୟ ରୁଚି ମଧ୍ୟ ଆମର ବେଳକୁ ବେଳ ଭିନ୍ନ ହୋଇଯାଉଛି । ଆମ ତରକାରୀ, ଆମ ପିଠାପଣା ଆମକୁ ଆଉ ରୁଚୁନାହିଁ । ରାସ୍ତାକଡ଼ରେ ଠିଆହୋଇ ଫାଷ୍ଟଫୁଡ଼ ଖାଇବାରେ ଆମେ ଗୌରବ ଅନୁଭବ କରୁଛୁ । ଆମେ ଅଜ୍ଞାନତା ଦୃଷ୍ଟିରୁ ଅଥବା ବୃଥା ସଉକି ଦୃଷ୍ଟିରୁ ଆମର ଖାଦ୍ୟପେୟକୁ ଅବହେଳା କରୁଛୁ । ଫଳରେ ନା ଆମର ହେଉଛି ସ୍ୱାସ୍ଥ୍ୟରକ୍ଷା ଅବା ସସ୍କୃତିର ସୁରକ୍ଷା । ଆମ ସଂସ୍କୃତିକୁ ଆମେ ହିଁ ନଷ୍ଟ କରୁଛୁ, ଅନ୍ୟ କେହି ନୁହନ୍ତି ।

ଭାବବାଦ ଆମର ସଂସ୍କୃତିର ଗୋଟିଏ ବଡ଼ଦିଗ । ଭାବବାଦକୁ ଦୂରକୁ ଠେଲିଦେଇ ଆଜି ବସ୍ତୁବାଦ ନିଜକୁ ସମ୍ପୂର୍ଣ୍ଣ ଜାହିର କରୁଛି । ଯେନତେନ ପ୍ରକାରେଣ ଧନସମ୍ପଦ ଅର୍ଜନ କରିବା ଓ ଠୁଳ କରିବା, ବସ୍ତୁର ମାନଦଣ୍ଡରେ ଜୀବନକୁ ମାପିବା ହୋଇଛି ଆଜିର ବଞ୍ଚିବାର କଳା । ପ୍ରକୃତରେ ବସ୍ତୁ ଆମର ଶତ୍ରୁ ନୁହେଁ, ବସ୍ତୁର ଆବଶ୍ୟକତା ଆମ ପାଇଁ ବହୁ ଭାବରେ ରହିଛି । ହେଲେ ଆଜି ବସ୍ତୁ ଯେପରି ଭାବରେ ଅଛି ସେପରି ନୁହେଁ, ଆଜି ବସ୍ତୁ ହୋଇଛି ପ୍ରଭୁ, ଆମେ ହୋଇଛୁ ଏହାର ଦାସ । ମାତ୍ର ଓଲଟା କଥାଟି ଘଟିବା ଉଚିତ ଯେ ବସ୍ତୁ ହେଉ ଆମର ଦାସ ଓ ଆମେ ହେଉ ଏହାର ପ୍ରଭୁ । ବସ୍ତୁ ରହୁ ଆମର ସହଯୋଗୀ ଭାବରେ, ଅଗ୍ରଗତି ପଥରେ ସହାୟକ ଭାବରେ ।

ଅନ୍ୟ ମଣିଷକୁ ମଣିଷ ଭାବରେ ଦେଖିବାକୁ ଶିଖାଉନାହିଁ ଆଜିର ମିଶ୍ର ସଂସ୍କୃତି । ଅହଂକାର ବଢ଼ାଇଛି ମନରେ । ଅନ୍ୟକୁ ସାନ ଓ ନିଜକୁ ବଡ଼ କରିବାର ମନୋବୃତ୍ତିକୁ ବଢ଼ାଇ ଦେଇଛି । ସିଧାକଥାରେ କହିଲେ ମିଶ୍ର ସଂସ୍କୃତି ଅଧୈର୍ଯ୍ୟଭାବ, କ୍ରୋଧଭାବ, ସ୍ୱାର୍ଥପରତା, ହିଂସା, ଦ୍ୱେଷ, ଈର୍ଷା ଶିଖାଉଛି, ଫଳତଃ ଆମ ସଂସ୍କୃତିର ମଧୁରତା, ଭାବମୟତା, ଆତ୍ମୀୟତା ପୂର୍ଣ୍ଣ ସୁରକ୍ଷିତ ହୋଇପାରୁନାହିଁ । ବାସ୍ତବରେ ଆମେ ଅନ୍ୟ ସଂସ୍କୃତିକୁ ବିରୋଧ କରିବା ନାହିଁ ବରଂ ଆମେ ତହିଁରେ ଥିବା ଭଲକଥା ସବୁଗ୍ରହଣ କରିବା ଓ ମନ୍ଦ ଦିଗଗୁଡ଼ିକୁ ପରିତ୍ୟାଗ କରିବା । ଏଇ ପ୍ରସଙ୍ଗରେ ମନେପଡ଼େ ସ୍ୱାମୀ ବିବେକାନନ୍ଦଙ୍କର ଉଦ୍‌ବୋଧନ । ତାଙ୍କର ଆହ୍ୱାନ ଥିଲା ଯେ ନିଜମାଟି ଉପରେ ଦମ୍ଭରେ ଠିଆ ହୋଇ ଚାରିପଟକୁ ହାତ ବଢ଼ାଇ ତହିଁରୁ ଭଲ ଭଲ ଜିନିଷ ଆହରଣ କରିବା । ଶତାଧିକ ବର୍ଷ ତଳର ଏ ଦିଗ୍‌ଦର୍ଶନ ଆଜିପାଇଁ ମଧ୍ୟ ଅକ୍ଷରେ ଅକ୍ଷରେ ସତ୍ୟ । ପ୍ରତ୍ୟେକ ଜାତି ନିଜ ସଂସ୍କୃତି ଉପରେ ଗୁରୁତ୍ୱଆରୋପ କରି ଅନ୍ୟ ସଂସ୍କୃତିରୁ ଉପାଦେୟ ଉପାଦାନ ଗ୍ରହଣ କରିବାର ସମୟ ଆସିଛି । ସମୟ ସ୍ୱୀକାର କରୁଛି ପ୍ରତ୍ୟେକ ସଂସ୍କୃତିର ମହତ୍ତ୍ୱକୁ । ଆମେ ସମୟର ଏଇ ଆହ୍ୱାନକୁ ଉପେକ୍ଷା କରିବା ନାହିଁ । ଆମ ସଂସ୍କୃତି ଉପରେ ଦମ୍ଭରେ ଠିଆହୋଇ ଅନ୍ୟ ସଂସ୍କୃତିରୁ ଯଥାଯୋଗ୍ୟ ଉପାଦାନ ଆହରଣ କରି ନିଜକୁ ସମୃଦ୍ଧ କରିବାକୁ ପ୍ରୟାସ କରିବାହିଁ ଆଜିର ଅନୁଚିନ୍ତା ଓ ଆମର ପରମ କର୍ତ୍ତବ୍ୟ, ଏଥିରେ ସନ୍ଦେହ ନାହିଁ ।

■

ଜୀବନ ଚିନ୍ତାର ରୂପରେଖ

ଜୀବନଚିନ୍ତା କହିଲେ ଅନେକ ମନେ କରନ୍ତି ଯେ ଧ୍ୟାନ, ଧାରଣା, ମନନ, ନିଦିଧ୍ୟାସନ ଇତ୍ୟାଦି ଇତ୍ୟାଦି । କିନ୍ତୁ ଏହାକୁ କେବଳ ଜୀବନ ଚିନ୍ତା ବୋଲି କୁହାଯାଇ ପାରିବନାହିଁ । ଜୀବନର ସର୍ବାଙ୍ଗୀଣ ବିକାଶ ପାଇଁ ଅଭିପ୍ରେତ ଚିନ୍ତା ହିଁ ଜୀବନ ଚିନ୍ତା ନାମରେ ନାମିତ । ଜୀବନର ପ୍ରତ୍ୟେକଟି ଗତିବୃତ୍ତିକୁ ଜୀବନ ଚିନ୍ତାର ଅନ୍ତର୍ଭୁକ୍ତ କରାଯାଇପାରେ, ଯଦି ସେସବୁକୁ ସଚେତନତାର ସହ କରାଯାଏ । ଅତଏବ ଖାଇବା, ପିନ୍ଧିବା, ହସିବା, ଖେଳିବା ଠାରୁ ଆରମ୍ଭ କରି ଧ୍ୟାନ, ଧାରଣା, ଈଶ୍ୱର ଚର୍ଚ୍ଚା ସବୁକିଛି ଜୀବନ ଚିନ୍ତାର ପରିସର ଭୁକ୍ତ ।

ସବୁ କାର୍ଯ୍ୟର ମହତ୍ତ୍ୱ ଅଛି ଯଦି ତାହା ଯଥା ସ୍ଥାନରେ ତଥା ଯଥା ସମୟରେ କରାଯାଏ । କର୍ମ ସେତିକିବେଳେ ଅପକର୍ମ ହୁଏ ଯେତେବେଳେ ତାହାର ଅପବ୍ୟବହାର ହୁଏ । ଅପବ୍ୟବହାରର ପ୍ରକ୍ରିୟା ଦୁଇଟି ମୁଖ୍ୟ ଉପାଦାନ ଯୋଗୁଁ ଘଟିଥାଏ । ସେଥିରୁ ଗୋଟିଏ ହେଉଛି ଅହଂ ଓ ଅନ୍ୟଟି ସ୍ୱାର୍ଥ । ଅହଂ ପ୍ରଣୋଦିତ କର୍ମ ନିଜର ଚେତନାକୁ ନିମ୍ନଗାମୀ କରିବା ସଙ୍ଗେ ସଙ୍ଗେ ପରିବେଶରେ ଆସୁରିକ ପ୍ରଭାବର ବିଚ୍ଛୁରଣ ଘଟାଇଥାଏ । ସ୍ୱାର୍ଥ ସର୍ବସ୍ୱ କର୍ମ ମଧ୍ୟ ନିଜକୁ କଳୁଷିତ କରି ବାତାବରଣକୁ ଅଶାନ୍ତ ଓ ଅସ୍ୱାଭାବିକ କରିଥାଏ । ସ୍ଥାନ କାଳପାତ୍ର ଅନୁସାରେ ସଂଗଠିତ ସତ୍‌କର୍ମ ଅନ୍ୟପକ୍ଷରେ ମନୁଷ୍ୟର ଚେତନାକୁ ଊର୍ଦ୍ଧ୍ୱମୁଖୀ କରାଇବା ସହିତ ପରିବେଶରେ ସୁସଂହତ, ସୁସମୃଦ୍ଧ ଓ ଅନୁକୂଳ ପ୍ରଭାବ ସୃଷ୍ଟି କରିଥାଏ । ଫଳତଃ ବ୍ୟକ୍ତି ଜୀବନ ଓ ସମାଜ ଜୀବନ ହୁଏ ଆନନ୍ଦଦାୟକ ଓ ମହତ୍ତ୍ୱପୂର୍ଣ୍ଣ ।

ଅହଂ ଓ ସ୍ୱାର୍ଥର ପ୍ରଭାବରେ ଜୀବନର ପ୍ରକୃତ ଲକ୍ଷ୍ୟ ହୁଏ ବ୍ୟାହତ ଓ ବିପର୍ଯ୍ୟସ୍ତ । ପ୍ରତିଦାନର ଆଶା ଓ ଫଳାଭିସନ୍ଧି କର୍ମକୁ କୁତ୍ସିତ କରେ, ଜୀବନକୁ ନୀଚ, ହୀନ ଓ ଘୃଣ୍ୟ କରିଥାଏ । ସେହି କର୍ମ ହୁଏ ଅଶେଷ ବନ୍ଧନର କାରଣ ।

ପୁନଶ୍ଚ ଆନନ୍ଦ ପାଇଁ କରାଯାଉଥିବା କର୍ମ ମଧ୍ୟ ଉପଯୁକ୍ତ କର୍ମ ନୁହେଁ । କର୍ମ ପାଇଁ କର୍ମ ହିଁ ଯଥାର୍ଥ କର୍ମ । ଅନ୍ୟ ପ୍ରକାରେ କୁହାଯାଇପାରେ ଯେ ଆନନ୍ଦ ପାଇଁ କର୍ମ ନୁହେଁ, କର୍ମରୁ ଆନନ୍ଦ ପାଇବା ହେଉଛି ଜୀବନ ଚିନ୍ତାର ଏକ ବିଶିଷ୍ଟ ଦିଗ ।

ସେବା ଗୋଟିଏ ମହତ୍ ଗୁଣ । ମାନବର ସେବାକୁ ମାଧବର ସେବା ବୋଲି କୁହାଯାଏ । କିନ୍ତୁ ଏତିକରେ ଏ କଥାଟି ସରେନାହିଁ । କିଏ ସେବା କରେ, କିଏ ସେବ୍ୟ ଇତ୍ୟାଦି ଇତ୍ୟାଦି ପ୍ରଶ୍ନ ମନକୁ ଆସିବା ସ୍ୱାଭାବିକ । ଅନ୍ୟର ଉପକାରୀ କର୍ମକୁ ଅନ୍ୟର ସେବା ବୋଲି କୁହାଯାଇ ପାରେ । ଅନ୍ୟ ପ୍ରତି ଦୟା, ସହନଶୀଳତା, କ୍ଷମା ତଥା ଆନ୍ତରିକତା ପ୍ରଦର୍ଶନ କରିବା ମଧ୍ୟ ସେବାର ଅନ୍ତର୍ଭୁକ୍ତ । ଏସବୁ ମୂଲ୍ୟହୀନ ନୁହେଁ । ଏହାର ଭୂମିକା ଅତ୍ୟନ୍ତ ଗୁରୁତ୍ୱପୂର୍ଣ୍ଣ । ତେବେ ଏଥିପାଇଁ ପ୍ରଥମେ ଆବଶ୍ୟକ ହେଲା ମାନସିକତାର ପରିବର୍ତ୍ତନ । କିଛି ଟିକିଏ ଲାଭର ଲାଳସା, ଯଶ ପ୍ରଶଂସାର କାମନା, ରହିଲେ ସେ ସେବା ଭାଗବତ କାର୍ଯ୍ୟ ରୂପେ ପରିଗଣିତ ହୁଏନାହିଁ । ସୁତରାଂ ଏଥିପାଇଁ ପ୍ରଥମେ ଆବଶ୍ୟକ ଆତ୍ମପ୍ରସ୍ତୁତି । ଅନ୍ୟର ସେବକ ହେବା ପୂର୍ବରୁ ନିଜେ ନିଜର ସେବକ ହେବା ଆବଶ୍ୟକ । ବାହାରେ ଅଳିଆ ସଫା କରିବା ପୂର୍ବରୁ ନିଜ ଭିତରେ ଅଳିଆ ଆବର୍ଜନା ସଫା କରିବା ଦରକାର । ନିଜର ସେବା କରିବାର ଅର୍ଥ ନିଜକୁ ଚେତନାସ୍ତରରେ ବଳିଷ୍ଠ କରି ଗଢ଼ି ତୋଳିବା, ପ୍ରତ୍ୟେକ ଏପରି ନିଜ ନିଜକୁ ନିର୍ମଳ କରିପାରିଲେ ମାନବ ସମାଜର ଅଶେଷ କଲ୍ୟାଣ ସାଧିତ ହୋଇପାରିବ । ନିଜ ଭିତରେ ଦୁଃଖର କେନ୍ଦ୍ରବିନ୍ଦୁ, ଅସୁସ୍ଥତାର ମୂଳବୀଜ, କଳହର ପ୍ରାଣକେନ୍ଦ୍ର, ଅସନ୍ତୋଷର ଭିତ୍ତିଭୂମି ରହିଛି, ସେସବୁକୁ ଚିହ୍ନି ତାକୁ ଦୂର ନ କଲାଯାଏ ମଣିଷ ସମାଜରୁ ଦୁଃଖ, ଅସୁସ୍ଥତା, କଳହ, ଅସନ୍ତୋଷ ଦୂରୀଭୂତ ହେବନାହିଁ । ଡାକ୍ତରଖାନା ବସାଇ ଦେଲେ ଅସୁସ୍ଥତାର ମୂଳୋତ୍ପାଟନ ହେବ ନାହିଁ । ଆଂଶିକ ଭାବରେ ଅସୁସ୍ଥତା କମିଯାଇପାରେ । ଅସୁସ୍ଥତାର ବିଲୋପ ପାଇଁ ବ୍ୟକ୍ତି ନିଜ ଭିତରକୁ ନିର୍ମଳ ଓ ସୁସ୍ଥ କରିବା ପାଇଁ ପ୍ରୟାସ ଓ ପ୍ରଯତ୍ନ କରିବା ଆବଶ୍ୟକ । ସେହିପରି କଳି, କ୍ରୋଧ, ଈର୍ଷା, ସ୍ୱାର୍ଥପରତାର ମୂଳୋତ୍ପାଟନ ଏକାନ୍ତ ଆବଶ୍ୟକ ।

ତ୍ୟାଗ କହିଲେ ଆମେ ବୁଝୁ ଯେ ଆବଶ୍ୟକୀୟ ବସ୍ତୁର ତ୍ୟାଗ, ପ୍ରକୃତରେ ଅନାବଶ୍ୟକ ବସ୍ତୁ ବା ଭାବନାର ତ୍ୟାଗ ହିଁ ତ୍ୟାଗ ପଦବାଚ୍ୟ । ଭଲ ଖାଦ୍ୟକୁ ତ୍ୟାଗ କରିବା, ଭଲ ବସ୍ତ୍ର ପରିଧାନ ନ କରିବା, ଅର୍ଥକୁ ତ୍ୟାଗ କରିବାକୁ ଆଗେ ସନ୍ନ୍ୟାସୀର ମୌଳିକ ଲକ୍ଷଣ ବୋଲି ବୁଝାଯାଉଥିଲା । ପ୍ରକୃତରେ କଥାଟି ସେପରି ନୁହେଁ । ଖାଦ୍ୟରେ ସଂଯମୀ ବ୍ୟକ୍ତି, ବସ୍ତ୍ର ପରିଧାନରେ ସରଳ ବ୍ୟକ୍ତିଟିଏ ତ୍ୟାଗୀ ନ ହୋଇପାରେ ଯଦି ସେ କାମ, କ୍ରୋଧ, ଈର୍ଷା, ହିଂସା, ପରଶ୍ରୀକାତରତା ଇତ୍ୟାଦି ବହୁ ଦୁର୍ଗୁଣକୁ

ତ୍ୟାଗ ନ କରିଥାଏ । ଅତଏବ ଆମର ଅନ୍ତର ଓ ବାହାରର ଅଭିବୃଦ୍ଧି ପାଇଁ ଯାହା ବାଧକ ଆମେ ତାକୁ ତ୍ୟାଗ କରିବା ହିଁ ପ୍ରକୃତ ତ୍ୟାଗ । ଯେଉଁ ପ୍ରକାର ଖାଦ୍ୟ, ପାନୀୟ, ପରିବେଶ ବାହ୍ୟତଃ ଆମକୁ ଅଗ୍ରଗତିରେ ବାଧାଦିଏ, ତାହାକୁ ଆମେ ତ୍ୟାଗ କରିବା ଉଚିତ । ଯେଉଁ ଦୁର୍ଗୁଣ ଆମକୁ ଯନ୍ତ୍ରଣାରେ ଜର୍ଜରିତ କରେ, ଅନ୍ତର ସ୍ତରରେ ସେ ସବୁକୁ ତ୍ୟାଗ କରିବା ଏକାନ୍ତ କାମ୍ୟ ।

ମୌନତା ହେଉଛି ମୁନିର ଲକ୍ଷଣ, ଏହି ଭାବରେ ଭାବିତ ହୋଇ ବାହ୍ୟତଃ ଜଣେ ଜଣେ ସପ୍ତାହକୁ ଏକଦିନ ମୌନବ୍ରତ କରିଥାନ୍ତି ଓ ନିଜକୁ ଅତ୍ୟନ୍ତ ମହତ ଜନ ବୋଲି ମନେ କରନ୍ତି । ଅନ୍ୟମାନେ ମଧ୍ୟ ଏହି ଚିନ୍ତାଧାରାକୁ ଅନୁମୋଦନ କରି ସେ ବ୍ୟକ୍ତି ଉପରେ ଅବାଂଛିତ ଗୁରୁତ୍ୱ ଆରୋପ କରନ୍ତି । ଗୋଟିଏ ଦିନ ସପ୍ତାହରେ କଥା ନ କହିଲେ ବ୍ୟକ୍ତି ବଡ଼ ହୁଏ ନାହିଁ । ବାକ୍ ସଂଯମ ହେଉଛି ପ୍ରକୃତରେ ସାଧୁତାର ପରିଚୟ । ଆବଶ୍ୟକତାଠାରୁ ଟିକିଏ ବି ଅଧିକା କଥା ନ କହିବାକୁ ବାକ୍ ସଂଯମର ଅନ୍ତର୍ଭୁକ୍ତ କରାଯାଏ । ଭାବନାର ସଂଯମ ହିଁ ବାକ୍ ସଂଯମର ମୂଳତତ୍ତ୍ୱ । ମନକୁ ଆୟତ୍ତ ନ କଲେ ଭାବନାର ସଂଯମ ହୁଏ ନାହିଁ । କଥା କହିବା ଆଗରୁ ଭାବିବା ମଧ୍ୟ ବାକ୍ ସଂଯମର ଅନ୍ୟଏକ ଦିଗ । ଆମେ ସାଧାରଣତଃ କହୁକହୁ ଅନେକ କଥା କହିଥାଉ । ପରେ ଭାବୁ କାହିଁକି କହିଲୁ ବୋଲି । ବହୁତ ବ୍ୟସ୍ତଲାଗେ, କେତେ ଅସୁବିଧା ସେଥିରୁ ସୃଷ୍ଟି ହୁଏ । ଆଗରୁ ଭାବି କଥା କହିଲେ ବହୁ ସମସ୍ୟାର ସୃଷ୍ଟି ହୁଅନ୍ତା ନାହିଁ ଏବଂ ବହୁ ଅଶାନ୍ତିରୁ ରକ୍ଷା ମିଳନ୍ତା ।

ଆଉ ଏକ ମାନସିକ ଦ୍ୱନ୍ଦ୍ୱର ସମ୍ମୁଖୀନ ଆମେ ହୋଇଥାଉ ଯେତେବେଳେ ଆମେ ଆଚାର ଓ ବିଚାର ଭିତରେ ଥିବା ପାର୍ଥକ୍ୟକୁ ବୁଝିନଥାଉ । ସମୟ କ୍ରମେ ପୃଥିବୀରେ ଭିନ୍ନ ଭିନ୍ନ ଧର୍ମର ସୃଷ୍ଟି ହୋଇଛି । ଭିନ୍ନ ଭିନ୍ନ ଧର୍ମର ଆଚରଣ ପଦ୍ଧତି ଭିନ୍ନଭିନ୍ନ । ଶେଷ ଲକ୍ଷ୍ୟର ଅନ୍ୟନାମ ବିଚାର । ଶେଷ ଲକ୍ଷ୍ୟ ପ୍ରାୟ ସମାନ ଥାଏ । ଆଚାର ହେଉଛି ମାଧ୍ୟମ, ବିଚାର ହେଉଛି ଲକ୍ଷ୍ୟ । ଆମେ ମାଧ୍ୟମକୁ ଲକ୍ଷ୍ୟ ବୋଲି ଭାବିନେଉ ଏବଂ ଲକ୍ଷ୍ୟକୁ ପୂରାପୂରି ଭୁଲିଯାଉ । ଫଳରେ ମତାନ୍ତର, ସାମ୍ପ୍ରଦାୟିକ କଳହର ସୂତ୍ରପାତ ହୁଏ । ଆମେ ଯଦି ଠିକ୍‌ଭାବରେ ନିଜ ଧର୍ମଟିକୁ ବୁଝିଥାନ୍ତୁ ତେବେ ଅନ୍ୟ ଧର୍ମକୁ ବୁଝିବାକୁ ଆମକୁ ଅସୁବିଧା ହୁଅନ୍ତା ନାହିଁ । ଆମେ ବୁଝୁନା ଯେ 'ଏକଂସଦ୍ ବିପ୍ରାଃ ବହୁଧା ବଦନ୍ତି' । ସତ୍ୟ ହେଉଛି ଏକ ଅଦ୍ୱିତୀୟ । ମାଧ୍ୟମକୁ ନେଇ ପରସ୍ପର ଭିତରେ କଳି କରିବା କେତେ ଅଶୋଭନୀୟ, ତାହା ବିଚାର୍ଯ୍ୟ । ଆଜି ପ୍ରତ୍ୟେକ ବ୍ୟକ୍ତିପକ୍ଷରେ ଏକଥାର ଗୁରୁତ୍ୱ ଓ ମହତ୍ତ୍ୱ ବୁଝିବା ଅତ୍ୟନ୍ତ ଜରୁରୀ । ସମ୍ପ୍ରଦାୟ ଭିତରେ ସଦ୍‌ଭାବ, ଧର୍ମ ଧର୍ମ ଭିତରେ ସହନଶୀଳତା ତଥା ଆନ୍ତରିକତା ଆଣିବା ପାଇଁ ଆତ୍ମ

ବିଶ୍ଳେଷଣ ଆଜିର ଅପରିହାର୍ଯ୍ୟ ଆବଶ୍ୟକତା, ଏହା କହିବା ବାହୁଲ୍ୟ ମାତ୍ର । ଆଉ ଏକ ମାନସିକତା ଆମ ଭିତରେ ଅଛି ଯାହାକୁ ନେଇ ଆମେ ଭାବୁ ଯେ ସେହି ବ୍ୟକ୍ତି ହେଉଛି ମହାନ ଯାହାର ଦୁଃଖ ବା ସୁଖର ଅନୁଭବ ନାହିଁ, ପ୍ରକୃତ କଥାଟି ତାହା ନୁହେଁ । କଥାଟି ହେଲା ସେହି ବ୍ୟକ୍ତି ହେଲା ମହାନ ଯିଏ ଦୁଃଖ ଓ ସୁଖକୁ ଅନୁଭବ କରି ପ୍ରତିକ୍ରିୟା ପ୍ରକାଶରେ ସଂଯମ ଆଚରଣ କରିଥାଏ । ଅନୁଭବ ଶକ୍ତି ନ ରହିଲେ ମଣିଷ ତ ମହାନ୍ ହେବା ଦୂରେ ଥାଉ କାଠ ପଥରରେ ପରିଣତ ହୋଇଯିବ । ଅନୁଭବ ଶକ୍ତି ନ ଥିବା ଅର୍ଥ ମାନବିକତା ନ ଥିବା । ଅତଏବ ଅନୁଭବ ହିଁ ଯଥାର୍ଥ ବ୍ୟକ୍ତିତ୍ୱର ମାପକାଠି । ଦୁଃଖରେ ଭାଙ୍ଗି ନ ପଡ଼ିବା ଏବଂ ସୁଖରେ ଉଲ୍ଲସିତ ହୋଇ ଅଣଆୟତ୍ତ ନ ହେବା ହିଁ ଯଥାର୍ଥ ମହାନତା, ଏହା ଜୀବନର ମୂଲ୍ୟବୋଧକୁ ବହୁଗୁଣିତ କରିଥାଏ ।

ସମ୍ପ୍ରତି ସମଗ୍ର ପୃଥିବୀ ବାତାବରଣରେ ଏକ ଅହେତୁକୀ ନିରାଶା ଅନୁଭୂତ ହେଉଛି । ଏହି ହତାଶାର ଅନୁଭବ ଅତ୍ୟନ୍ତ ତୀବ୍ର ଓ ଶାଣିତ । ମଣିଷ ମନରେ ଭୟ, ସନ୍ଦେହ, ଅଶାନ୍ତିର ମେଞ୍ଚା ମେଞ୍ଚା ଅନ୍ଧାର କାହୁଁ ଆସୁଛି, ଜାଣି ହେଉନାହିଁ । ମନେ ହେଉଛି ସତେଅବା ବାୟୁମଣ୍ଡଳର ପ୍ରତିଟି ଧୂଳିକଣାରେ ତାହା ଆସ୍ଥାନ ଅଧିକାର କରିଛି । ମନ ନିରାଶାରେ ଜର୍ଜରିତ ହେବାରୁ କଳାରେ, ସାହିତ୍ୟରେ, ସ୍ଥାପତ୍ୟରେ ତାହାହିଁ ରୂପାୟିତ ହେଉଛି । ବଞ୍ଚିବାର ପ୍ରେରଣା ଚତୁର୍ଦ୍ଦିଗରେ ଦୁର୍ଲ୍ଲଭ ହୋଇପଡ଼ିଲାଣି । ଜୀବନ ହୋଇ ପଡ଼ିଲାଣି ଅଶାନ୍ତ ଓ ବିପର୍ଯ୍ୟସ୍ତ । ଆମେ ଭାବିନେଇଛୁ, ଏହାହିଁ ଯୁଗଧର୍ମ । ଏହି ହତାଶା, ନିଃସଙ୍ଗତା ବୋଧ, ଅସହାୟତା ସର୍ବଥା ବର୍ଜନୀୟ । ଆଶା, ଆଗ୍ରହ ଓ ଆନ୍ତରିକତାକୁ ମନରେ ରଖିପାରିଲେ ହତାଶା, ଅଶାନ୍ତି କ୍ରମଶଃ ଦୂରୀଭୂତ ହେବ । ଜୀବନ ହୋଇଉଠିବ ସ୍ୱର୍ଗର ଖଣ୍ଡିଏ ସୁଶ୍ରୀ ଶୋଭନ କାରୁଶିଳ୍ପ, ଅପାର୍ଥିବ ଆନନ୍ଦର ମଧୁକ୍ଷରା ଏକ ସୁଲଳିତ କାବ୍ୟ । ଅନ୍ୟଠାରୁ ସ୍ନେହ ଆଦର ପାଇବାର ଦାବି ଆମକୁ ଯନ୍ତ୍ରଣାରେ ଜର୍ଜରିତ କରେ । ଅନ୍ୟକୁ ସ୍ନେହ ଆଦର କରିବାରେ ପ୍ରକୃତ ଆନନ୍ଦର ମୂଳତତ୍ତ୍ୱ ନିହିତ ଥାଏ, ଏକଥା ବୁଝିବା ଆମର ଉଚିତ ।

ଆଉ ଗୋଟିଏ ପ୍ରକାର ଚିନ୍ତାଧାରା ଆମ ଜୀବନରେ ସୁଲଭ । ତାହା ହେଲା ନିଜକୁ ବଡ଼ ବୋଲି ଭାବିବା ଓ ଅନ୍ୟକୁ ସାନ ବୋଲି ଭାବିବା । ଏହା ଆତ୍ମପକ୍ଷ ସମର୍ଥନକାରୀ ଏକ ମନସ୍ତତ୍ତ୍ୱ । ନିଜର ସବୁ ଭଲ ଓ ଅନ୍ୟର ସବୁ ଖରାପ, ଏପରି ଚିନ୍ତାଧାରା ପାରିବାରିକ ଜୀବନଠାରୁ ଆରମ୍ଭ କରି ରାଷ୍ଟ୍ରୀୟ ଜୀବନ ପର୍ଯ୍ୟନ୍ତ ସବୁଠାରେ କଲୁଷ କାଳିମା ଭରିଦିଏ । ଫଳତଃ ମାନବଜୀବନର ସାର୍ଥକତା ପ୍ରକଟିତ ହୁଏନାହିଁ । ମଣିଷ ଯଦି ଅନ୍ୟ ମଣିଷକୁ ଆଦର କରନ୍ତା ତେବେ ସମଗ୍ର ମାନବଜାତି ଉପକୃତ ହୁଅନ୍ତା ଏବଂ ବିଶ୍ୱପରିବାର ଗଠନର ପଥ ସୁଗମ ହୋଇଉଠନ୍ତା ।

ସର୍ବୋପରି ଏହି ପ୍ରବନ୍ଧରେ ବ୍ୟକ୍ତିଜୀବନ ଉପରେ ସର୍ବାଧିକ ଗୁରୁତ୍ୱ ଆରୋପିତ । ବ୍ୟକ୍ତିଟିଏ ପୃଥିବୀର ଯେଉଁ କଣରେ ଥିଲେ ହେଁ ତା'ର ଜୀବନ ଅର୍ଥହୀନ ନୁହେଁ । ପ୍ରତ୍ୟେକ ବ୍ୟକ୍ତିର ଜୀବନ ଦେଶ, କାଳ, ଧର୍ମ, ଚଳଣି ନିର୍ବିଶେଷରେ ଏକ ଏକ ସଜଫୁଟା ନୀଳ କଇଁଫୁଲ । ଏହାର ସୁବାସ ସୁଦୂର ପ୍ରସାରୀ । ନିକଟରୁ ବହୁ ଦୂର ପର୍ଯ୍ୟନ୍ତ ପ୍ରସାରିତ ହେବାର ସାମର୍ଥ୍ୟ ଏହି ସୁବାସର ଅଛି । ଏହି ସୁବାସ ପାଇଁ ସାରା ବିଶ୍ୱ ଆଜି ଅପେକ୍ଷମାଣ ।

ଅନୁରାଗର ଅନୁଚିନ୍ତା

ଋତୁ ଯାଏ, ଋତୁ ଆସେ । ଶୀତ କମିଗଲେ ବସନ୍ତ ଆସେ । ବସନ୍ତ ବଢ଼ିବଢ଼ି ଗ୍ରୀଷ୍ମରେ ପରିଣତ ହୁଏ । ଗ୍ରୀଷ୍ମ ପୁଣି ରୂପାନ୍ତରିତ ହୁଏ ବର୍ଷାରେ । ବର୍ଷାଋତୁ ପରେ ପରେ ପୁଣି ଶୀତ ଆସେ । ଶୀତ ପରେ ଆସେ ବସନ୍ତ । କଢ଼ିମାନେ ଫୁଲ ହୁଅନ୍ତି, ଫୁଲମାନେ ବାସ୍ନାୟିତ ଡେଣା ଝାଡ଼ି ଦେଇ ଝଡ଼ି ପଡନ୍ତି । ଝରା ଫୁଲ ମାଟିରେ ମିଶି ମାଟି ହୋଇଯାଏ, ମାତ୍ର ପବନରେ ରହିଯାଏ ଫୁଲର ମହୀମୋହନା ବାସ୍ନା । ଆମ୍ବ କଷି ପାକଳ ହୁଏ, ପାଚି ଗଛରେ ଦୋଳିଖେଳେ । ସମୁଦ୍ର ଉଚ୍ଛୁଳେ । ନଈ ବହେ ମନ୍ଦ ଗତିରେ । ଆକାଶରେ ତାରାମାନେ ନୀରବ ଭାଷାରେ କଥା ହୁଅନ୍ତି । ନିଜ ନିଜର ଆଲୋକରେ ଅନ୍ୟ ତାରାମାନଙ୍କୁ ଆଲାକିତ କରୁଥାଆନ୍ତି ।

ନୀଳ ଆକାଶରେ କୃଷ୍ଣ ପ୍ରଲେପ ମାଖି ବର୍ଷା ଆସେ । ଝକ୍ ମରା ବିଜୁଳିର ଅଳଙ୍କାର ପିନ୍ଧି ଶୋଭନ ଦିଶନ୍ତି ମେଘମାଳା । ଝର ଝର ବର୍ଷା ଆତ୍ମମଗ୍ନା ମାଟିରେ ଅମୃତଧାରା ପରି ଝରି ପଡ଼େ । ଆଞ୍ଜୁଳା ଭରି ସେଇ ଅମୃତକୁ ପାନ କରିଥାନ୍ତି ଗଛଲତା, ଡାଳ, ପତ୍ର । ମାଟି ଉପରେ ଘାସ ଫୁଲର ଲଳିତ କାନ୍ତି ନିରେଖିଲା ଆଖିକୁ ଜକ ଜକ ଦିଶେ । ବେଳେବେଳେ ଆକାଶରେ ଇନ୍ଦ୍ରଧନୁ ଭାସେ । ସାତରଙ୍ଗର ଅମର୍ତ୍ତ୍ୟଲାବଣ୍ୟ ପହଁରିଯାଏ । କାହା ବିରହ ବ୍ୟାକୁଳତା କେଉଁଠି 'ମେଘଦୂତ'ରେ ପ୍ରତିଧ୍ୱନିତ ହୁଏ ତ ଆଉ ତ କେଉଁଠି ଶୁଭେ ପ୍ରବରଷନ ଗିରିରୁ ଲକ୍ଷ୍ମଣଙ୍କ ପ୍ରତି ଶ୍ରୀରାମଚନ୍ଦ୍ରଙ୍କ ଉପଦେଶ । କେବଳ ବର୍ଷା ନୁହେଁ, ବର୍ଷସାରା ଦିଗେଦିଗେ ଭିନ୍ନ ଭିନ୍ନ ରୁଚିପୂର୍ଣ୍ଣ ଦୃଶ୍ୟ ସମ୍ଭାରର ଚାରୁଚିତ୍ର ପ୍ରକଟିତ ହୁଏ ।

ବିଶ୍ୱପ୍ରକୃତିର ଏତେ ପରିକଳ୍ପନା, ପ୍ରଯୋଜନା ଓ ପରିଚାଳନା ଆଦୌ ନିରର୍ଥକ ନୁହେଁ । ସୂକ୍ଷ୍ମ ଦୃଷ୍ଟି ନେଇ ସେ କ୍ରିୟାରତ ଚଳ ଚଞ୍ଚଳ । ସେ ଜଡ଼ ନୁହେଁ ଜୀବନ୍ତ, ଜାଗ୍ରତ ଓ ଚୈତନ ଯୁକ୍ତ । ନିଜକୁ ନିଜ ଭିତରେ ହଜାଇ, ଖୋଜିବାର ଅନୁଭବ

ତାର ଅଛି । ଏଇ ଅନୁଭବର ଅନ୍ୟନାମ ଅନୁରାଗ । ଏଇ ଅନୁରାଗ ହିଁ ବିଶ୍ୱ ବିକାଶର ମୂଳମନ୍ତ୍ର । ଗୁରୁ ହୋଇ ଏହା ମାର୍ଗ ଦର୍ଶନ ଦିଏ, ସଖା ହୋଇ ପାଖେ ପାଖେ ଛାଇ ପରି ରହେ, ମାଆ ହୋଇ ଆଶିଷ ଢାଳିଦିଏ । ଅନୁରାଗ ଦିଏ ବଞ୍ଚିବାର ନିଶା ଓ ଆଗକୁ ଚାଲିବାକୁ ପାଦକୁ ପ୍ରେରଣା । ଶ୍ରୁତିମଧୁର ସ୍ୱରଟିଏ ହୋଇ ବାଜି ଉଠେ ଅନ୍ତଃକର୍ଣ୍ଣରେ । ରମ୍ୟ ସୁଷମ ଛବିଟିଏ ହୋଇ ଦିଶେ ଅନ୍ତଃଚକ୍ଷୁରେ । ଯିଏ ଏଇ ସ୍ୱରକୁ ସ୍ପଷ୍ଟ ଶୁଣିପାରେ, ଯିଏ ଏଇ ଚିତ୍ରକୁ ଦେଖିପାରେ ତାର ଜୀବନ ହୋଇ ଉଠେ ଏକ ସୁଶ୍ରୀଶୋଭନ ଚାରୁଶିଳ୍ପ । ଜୀବନାନୁରାଗ ବିବର୍ତ୍ତିତ ହୋଇ ଜଗତାନୁରାଗର ରୂପ ନିଏ । ନିଜ ଭିତରେ ଜଗତକୁ ଓ ଜଗତ ଭିତରେ ନିଜକୁ ଦେଖିବାକୁ ବଳ ଦିଏ । ଅନ୍ତରର ସୂକ୍ଷ୍ମ ତନ୍ତ୍ରୀରେ ଝଙ୍କାର ତୋଳେ । ପୁରୁଣା କଥା ସବୁ ନୂଆ ଲାଗନ୍ତି । ନୂଆ କଥା ସବୁ ଭାଷାତୀତ ରୂପରେ ଆବିର୍ଭୂତ ହୁଅନ୍ତି । ଭୂମି ଓ ଭୂମାଙ୍କୁ ବାରମ୍ବାର ପ୍ରଣାମ କରିବାକୁ ଇଚ୍ଛା ହୁଏ । ପବନ ସେତେବେଳେ କଥା କହେ, ଝରଣା ଗୀତ ଗାଏ, ଦିଗ୍‌ବଳୟ ଦିଗ୍‌ଦର୍ଶନ ଦିଏ ନୀରବଭଙ୍ଗୀରେ । ଅତୀତର ସ୍ମୃତିଧ୍ୱନି ନିମିଷକେ ପ୍ରତିଧ୍ୱନିତୋଳେ । ଅଧିକରୁ ଅଧିକ ଆପଣାର ଲାଗେ ପତ୍ରଫାଙ୍କରୁ ଝରୁଥିବା ଜହ୍ନ କିରଣ, ନଈ ପଠାର ଗଛମାନେ ଅଧିକରୁ ଅଧିକ ଶ୍ୟାମଳ ଦିଶନ୍ତି । ଦୃଶ୍ୟକୁ ଆଣି ଅଦୃଶ୍ୟ ଆସି ବେଳେବେଳେ ଠିଆ ହୁଏ । ସେତେବେଳେ ଭିତରେ ଓ ବାହାରେ ଅନୁପମ ଲାବଣ୍ୟର ଲେପଟିଏ ମାଖି ହୋଇଯାଏ । ଜୀବନର ମାନଚିତ୍ର ଓ ମାପକାଠି ବଦଳି ଯାଏ । ଚେତନା ବିକଶିତ ହୁଏ ଅନୁଲମ୍ବ ଓ ଅନୁପ୍ରସ୍ଥ ଉଭୟ ଦିଗରେ । ସେତେବେଳେ ଆଉ ନିଜର ସ୍ୱାର୍ଥ ପାଇଁ ଏଡେ ବଡ଼ ଗଛଟିକୁ ହାଣି ତଳେ ଶୁଆଇ ଦେବାକୁ ମନ ବଳେ ନାହିଁ, ଫୁଲ ତୋଳୁ ତୋଳୁ କଢ଼ି, ପତ୍ର ଓ ଡାଳକୁ ମୋଡ଼ି ଦେବାକୁ ହାତ ଯାଏ ନାହିଁ । ସାଇକେଲରେ ଯାଉଥିବା ପିଲାଟିର ଧେଡ଼ିଆ କୁକୁରଟିକୁ ଗୋଇଠାଟିଏ ପକାଇବାକୁ ଇଚ୍ଛା ହୁଏ ନାହିଁ । ଆଉ ଆଉ ମଣିଷର ପଦୋନ୍ନତି କଥା ଶୁଣି ମନରେ ଈର୍ଷା ଆସେ ନାହିଁ । ଅନ୍ୟ ଦ୍ୱାରା କେତେ ଆଦୃତ ହେଲି ସେ ହିସାବ ମନକୁ ଆସେ ନାହିଁ ବରଂ ଅନ୍ୟକୁ ଆଦର କରିବାର ମାନସିକତା ବଢ଼ିଯାଏ । ସ୍ମିତ ହାସ୍ୟର ମାଧୁରିମା ଓଠରେ ପହଁରିଯାଏ ଅନ୍ୟକୁ ବୁଝିଲା ବେଳେ ଓ ବୁଝାଇଲାବେଳେ ।

ସମାଜରୁ କିଛି ନେଇ ଯିବାର ମାନସିକତା ବଦଳରେ ସମାଜକୁ କିଛି ଦେଇ ଯିବାର ଆନ୍ତରିକତା ଆସେ । ଏକ ଅଦୃଶ୍ୟ ଶକ୍ତି ପ୍ରତି ପ୍ରଣାମ ଆଭୂମ ହୁଏ । ଖାଇବା, ପିନ୍ଧିବା, ଖେଳିବା ବୁଲିବା, ସବୁ କିଛି ରହେ, ମାତ୍ର ସେ ସବୁ ଜୀବନର ଲକ୍ଷ୍ୟ ନହୋଇ ମାଧ୍ୟମ ହୋଇଯାଆନ୍ତି । ମାଧ୍ୟମ ରହେ ମାଧ୍ୟମ ଭୂମିକାରେ, ଲକ୍ଷ୍ୟ ଥାଏ ଲକ୍ଷ୍ୟ ଭାବରେ । ନିଜକୁ ଅତିକ୍ରମ କରି ନିଜେ ନିଜକୁ ପାଇ ହୁଏ ଏଇ ଅନୁରାଗରେ ।

ବୈରାଗ୍ୟ ନୁହେଁ କି ଆସକ୍ତି ନୁହେଁ । ଏଇ ଦୁଇଟିର ଉର୍ଦ୍ଧ୍ୱରେ ଅନୁରାଗ ଅଧିଷ୍ଠିତ ଯାହାର ଅନୁଚିନ୍ତା ଓ ଅନୁଭବ ଜୀବନକୁ ମୂଲ୍ୟ ଦିଏ , ଅସୀମ ସରସତାରେ ଭରିଦିଏ ଜୀବନର କୋଣ ଅନୁକୋଣ । ଦୃଷ୍ଟିଭଙ୍ଗୀକୁ ବଦଳାଇ ଦିଏ । ଜୀବନ, ଜଗତ ଓ ବିଶ୍ୱାତୀତଚେତନାକୁ ଏକ ସୂତ୍ରରେ ବାନ୍ଧେ । ଅନ୍ୟ ଭାଷାରେ କହିଲେ ଭୂମି ଓ ଭୂମା ଚେତନାର ରମ୍ୟସମନ୍ୱୟ ଘଟାଏ । ସେତେବେଳେ ବିଶ୍ୱ ହୁଏ ବିକାଶର ଚାରଣ ଭୂମି, ଓ ଜୀବନ ହୁଏ ନବ ଜ୍ୟୋତିର ଝଲସିତ ଏକ ଶୁଦ୍ଧ ସାର୍ଥକ ସତ୍ତା । ଅନ୍ଧାରୀ ଦିଗନ୍ତରେ ସିନ୍ଦୂରା ଫାଟେ, ପ୍ରଭାତର ପ୍ରଭାଉକୁଟି ଉଠେ ।

■

ପ୍ରାକୃତିକ ପରିବେଶ ଓ ସ୍ପର୍ଶକାତର କବି ଚିତ୍ତ

ପ୍ରାକୃତିକ ପରିବେଶ କାଳେ କାଳେ ମଣିଷର ମନକୁ ବହୁ ଭାବରେ ପ୍ରଭାବିତ କରିଛି । ସାଧାରଣ ଲୋକଙ୍କ ନିକଟରେ ଏ ପ୍ରଭାବ ଯେତିକି ସ୍ପଷ୍ଟ ହୋଇଛି, ସାଧକ, ଭାବୁକ ତଥା କବିମାନଙ୍କ ନିକଟରେ ଏହା ଅଧିକରୁ ଅଧିକ ସ୍ପଷ୍ଟ ହୋଇଛି । ଋଷି ପ୍ରାଣରେ ଅସାମାନ୍ୟ ପୁଲକର ତରଙ୍ଗମାଳା ଭରିଦେଇଛି ଶ୍ୟାମଳ ବନାନୀର ମଞ୍ଜୁଳ ପରିବେଶ, କଣ୍ଠରେ ଦେଇଛି ବିଶ୍ୱ କଲ୍ୟାଣକାମୀ ଚେତନା ଭିତ୍ତିକ ପବିତ୍ର ଶ୍ଳୋକମାଳା । ନଦୀ ନିର୍ଝରର ସଲିଳ ଧାରାରେ ଥିବା ପ୍ରାଣ ଶକ୍ତି ଋଷି ପ୍ରାଣରେ ଭାବାନ୍ତର ଆଣିଛି, ବୃକ୍ଷଲତା ଭିତରେ ଥିବା ସାର୍ବଜନୀନ ହିତ ଚିନ୍ତା ଋଷି ହୃଦୟରେ ଅନୁରୂପ ଭାବପ୍ଳାବନ ସୃଷ୍ଟି କରିଛି ଏବଂ ପବନର ପ୍ରବାହ ଭିତରେ ଥିବା ବ୍ୟାପ୍ତି ଜନିତ ଉଦାରତା ମୁନି ମନକୁ ବିଶ୍ୱଜନୀନ ଭାବରେ ଭାବିତ କରିଛି । ଆର୍ଯ୍ୟ ଋଷି ଏକାନ୍ତ ଭାବରେ ଇଚ୍ଛା କରିଛନ୍ତି ଯେ ପରିବେଶ ମଧୁସିକ୍ତ ହେଉ, ଜୀବନରେ ମଧୁରତାର ସଞ୍ଚରଣ ଘଟୁ, ବିଶ୍ୱଜୀବନ ଦିବ୍ୟ ଆନନ୍ଦରେ ଶିହରି ଉଠୁ । ଏହି ଭାବନା ଭାରତୀୟ ସଂସ୍କୃତିକୁ ସ୍ୱତନ୍ତ୍ର ମର୍ଯ୍ୟାଦା ଦେଇଛି । ବୈଦିକ ସାହିତ୍ୟରେ ଉଲ୍ଲେଖଅଛି –

ମଧୁବାତା ଋତାୟତେ ମଧୁ କ୍ଷରନ୍ତି ସିନ୍ଧବଃ
ମାଧ୍ୱିର୍ନଃ ସନ୍ତ୍ୱୋଷଧି, ମଧୁନକ୍ତ ମୁତୋଷସୋ ॥
ମଧୁମତ୍ ପାର୍ଥିବଂ ରଜ ମଧୁ ଦୌରସ୍ତୁନଃ ପିତା
ମଧୁମାନ୍ନୋ ବନସ୍ପତି, ର୍ମଧୁମାନସ୍ତୁ ସୂର୍ଯ୍ୟଃ ॥

ଅର୍ଥାତ୍ ପବନ ମଧୁମୟ ହେଉ, ନଦୀମାନେ ମଧୁମୟ ଜଳ ବହନକରି ଆଣନ୍ତୁ, ଉଦ୍ଭିଦମାନେ ମଧୁମୟ ହୁଅନ୍ତୁ, ରାତି ଓ ଦିନ ସୁଖପ୍ରଦ ହୁଅନ୍ତୁ, ପଥ କଲ୍ୟାଣମୟ

ହେଉ, ପିତୃସ୍ୱରୂପ ଆକାଶ ମଙ୍ଗଳମୟ ହେଉ, ତରୁଲତାମାନେ ମଧୁମୟ ହୁଅନ୍ତୁ, ସୂର୍ଯ୍ୟ କଲ୍ୟାଣମୟ ହୁଅନ୍ତୁ ।

ଋଷିମାନଙ୍କ ପରି କବିମାନଙ୍କର ଅନୁଚିନ୍ତା ମଧ୍ୟ ବିଶ୍ୱକଲ୍ୟାଣ ନିମନ୍ତେ ଅଭିପ୍ରେତ । କବି ହେଉଛନ୍ତି ଦ୍ୱିତୀୟ ବ୍ରହ୍ମା ଓ କାର୍ଯ୍ୟ ତାଙ୍କର ଜନ ମାନସରେ ସଚେତନତା ସୃଷ୍ଟି ପୂର୍ବକ ମାନବ ଜାତିର ସେବା । ଦେଶ କାଳ କବି ଚେତନାକୁ ବାନ୍ଧି ରଖିପାରେ ନାହିଁ । ଚେତନାରେ ସେ ମୁକ୍ତ ଓ ପରିବ୍ୟାପ୍ତ । ପରିବେଶ କବି ଚେତନାକୁ ବହୁ ଭାବରେ କାଳେ କାଳେ ଉଦ୍‌ବୁଦ୍ଧ କରିଛି । କେତେବେଳେ ଗୁରୁ ଭାବରେ ଦୂରରୁ ଭୀତ କରିଛି ତ ଆଉ କେତେବେଳେ ସଖି ପ୍ରାୟ ମୃଦୁ ହସି ପ୍ରୀତିପ୍ରବଣ ଭାବତରଙ୍ଗ ସୃଷ୍ଟି କରିଛି । ବାଲ୍ମୀକି, ବ୍ୟାସ ପ୍ରଭୃତି ଭାରତୀୟ ମହାକବିଙ୍କ ଲେଖନୀକୁ ପ୍ରାକୃତିକ ପରିବେଶ ଯେ କେତେ ଭାବରେ ପ୍ରଭାବିତ କରିଛି ତାହା ସ୍ୱତନ୍ତ୍ର ଭାବରେ ଅନୁଧ୍ୟାନର ବିଷୟ । ଇତିହାସ ପୃଷ୍ଠାରୁ ସୁବର୍ଣ୍ଣ ଯୁଗ ନାମରେ ନାମିତ ହୋଇଥିବା ଗୁପ୍ତ ଯୁଗ ଆଖିରେ ପଡ଼ିବା ସଙ୍ଗେ ସଙ୍ଗେ 'ପୁରା କବିନାଂ ଗଣନା ପ୍ରସଙ୍ଗେ' କବିଗୁରୁ କାଳିଦାସଙ୍କ କୃତିତ୍ୱ ସ୍ମରଣକୁ ଆସେ । କାଳିଦାସଙ୍କୁ ପ୍ରାକୃତିକ ପରିବେଶର ଚିତ୍ରପଟ ଯେତିକି ମୁଗ୍ଧ କରିଛି ପରିବେଶର ଅନ୍ତରାଳରେ ଥିବା ବ୍ୟକ୍ତିତ୍ୱ ସେତିକି ଅଭିଭୂତ କରିଛି । 'ଋତୁ ସଂହାର'ରେ ଋତୁ ସବୁ ନିର୍ଦ୍ଦିଷ୍ଟ ସମୟର ଚିତ୍ରପଟ ନୁହନ୍ତି, ବରଂ ପରିଛନ୍ନ ବ୍ୟକ୍ତିତ୍ୱ ସହ ପ୍ରକଟିତ ହୋଇଛନ୍ତି । ବର୍ଷାଋତୁ କବି ଦୃଷ୍ଟିକୁ ଏପରି ପ୍ରଭାବିତ କରିଛି ଯେ କବି ଲେଖନୀ ବର୍ଷାକୁ ରାଜାପରି ଚିତ୍ରଣ କରିଛି । ଜଳ ବିନ୍ଦୁ ପୂର୍ଣ୍ଣ ମେଘକୁ କବି ରାଜାଙ୍କର ହାତୀ ବୋଲି ବର୍ଣ୍ଣନା କରିଛନ୍ତି । ପୁନଶ୍ଚ ମେଘଗଣ ଘଡ଼ଘଡ଼ି ରୂପକ ବାଜା ବଜାଇ ବିଜୁଳି ରୂପକ ଗୁଣ ଲାଗିଥିବା ଇନ୍ଦ୍ରଧନୁକୁ ଧାରଣ କରି ଜଳଧାରା ରୂପ ଶରରାଶି ବର୍ଷଣ କରି ପ୍ରବାସୀଙ୍କୁ ଆତୁର କରନ୍ତି ବୋଲି କବି ଉଲ୍ଲେଖ କରିଛନ୍ତି । ବସନ୍ତ ବର୍ଣ୍ଣନାର ଅବକାଶରେ କବି ବସନ୍ତ ଋତୁକୁ ଯୋଦ୍ଧା ରୂପରେ ସଜାଇ ଦେଇଛନ୍ତି । ଆମ୍ବ ବଉଳର ଶରଧରି ସୁରତି ପ୍ରିୟ ଲୋକମାନଙ୍କ ମନକୁ ଭେଦ କରିବାକୁ ବସନ୍ତ ଋତୁ ଉପଗତ ହୋଇଛି ବୋଲି ସେ ଉଲ୍ଲେଖ କରିଛନ୍ତି । ପୁନଶ୍ଚ "ଅଭିଜ୍ଞାନ ଶାକୁନ୍ତଳମ୍" ନାଟକରେ ପ୍ରାକୃତିକ ପରିବେଶର ପ୍ରଭାବଶାଳୀ ଚିତ୍ର ଚିତ୍ରିତ ହୋଇଛି । ରାଜା ଦୁଷ୍ୟନ୍ତଙ୍କୁ ମାଳିନୀ ନଦୀ ତଟସ୍ଥ କଣ୍ୱ ମୁନିଙ୍କ ଆଶ୍ରମର ଲଳିତ ଶୋଭା ବିମୁଗ୍ଧ କରିଛି । ଆଶ୍ରମର ଫୁଲ-କୁଞ୍ଜ, ମନରେ ତାଙ୍କର ସୃଷ୍ଟି କରିଛି ଅପୂର୍ବ ଆନନ୍ଦର ତରଙ୍ଗମାଳା ।

ରାଜା ଭୁଲିଯାଇଛନ୍ତି ନିଜର ଅସ୍ମିତାକୁ । କଣ୍ୱ ମୁନିଙ୍କ ପାଳିତା କନ୍ୟା ଶକୁନ୍ତଳା ସହ ପ୍ରଣୟ ସୂତ୍ରରେ ଆବଦ୍ଧ ହୋଇଛନ୍ତି ରାଜା ଦୁଷ୍ୟନ୍ତ । ପରିବେଶ ଆନନ୍ଦରେ ଯେପରି ଦୁଷ୍ୟନ୍ତଙ୍କୁ ସ୍ୱାଗତ କରିଛି, ଆତ୍ମୀୟତାରେ ସେପରି ପତି ଗୃହଗାମିନୀ ଶକୁନ୍ତଳାଙ୍କ ଦୁଃଖରେ

ମର୍ମାହତ ହୋଇଛି । ଲତା କୁଞ୍ଜରୁ ଅଶ୍ରୁ ଛଳରେ ଶୁଖିଲା ପତ୍ର ଝଡ଼ିପଡ଼ିଛି । ଭାବାବେଗର ମୂଲ୍ୟ ବୁଝିବାକୁ ପରିବେଶର ଯେ ସାମର୍ଥ୍ୟ ରହିଛି, ଏକଥା କବି କାଳିଦାସ ମୁକ୍ତ କଣ୍ଠରେ ସ୍ୱୀକାର କରିଛନ୍ତି । ରଘୁବଂଶ କାବ୍ୟରେ ନିର୍ବାସିତା ସୀତାଙ୍କ ଦୁଃଖରେ ପରିବେଶ ସମବେଦନା ପ୍ରକାଶ କରିଛି । ବନରେ ମୟୂରମାନେ ନୃତ୍ୟ ତ୍ୟାଗ କରିଛନ୍ତି, ହରିଣମାନଙ୍କ ମୁଖରୁ ତୃଣ ଖସିପଡ଼ିଛି । କବିଙ୍କ ଭାଷାରେ –

'ନୃତ୍ୟଂ ମୟୂରାଃ କୁସୁମାନି ବୃକ୍ଷାଃ
ଦର୍ଭାନୁପାତ୍ତାନ୍ ବିଜହୁର୍ହରିଣ୍ୟଃ ।
ତସ୍ୟା ପ୍ରପନ୍ନେ ସମଦୁଃଖ ଭାବ
ମତ୍ୟନ୍ତ ମାସୀଦ୍ ରୁଦିତଂ ବନେଽପି ।'

କି ପ୍ରାଣସ୍ପର୍ଶୀ ସେ ଦୃଶ୍ୟସଜ୍ଜା, କି ହୃଦୟଗ୍ରାହୀ ସେ ପରିବେଶର ପ୍ରତିକ୍ରିୟା । ସେ ତ ବଚନର ବିଷୟ ନୁହେଁ, ହୃଦୟର ଅନୁଭବ ମାତ୍ର ।

ପରିବେଶ ପ୍ରେମୀ ଅନ୍ୟାନ୍ୟ ବହୁ କବିଙ୍କ ଭିତରେ ମୈଥିଳୀ କୋକିଳ କବି ବିଦ୍ୟାପତିଙ୍କ ନାମ ସ୍ମରଣକୁ ଆସେ । ସେ ବୃନ୍ଦାବନର ମଧୁର ବାସନ୍ତୀ ପରିବେଶକୁ ସ୍ୱରଚିତ ପଦାବଳୀରେ ଲିପିମାଳାରେ ଚିତ୍ରଣ କରିବା ସଙ୍ଗେ ସଙ୍ଗେ ସେହି ପରିବେଶ ଯେ ରାସରସିକ ଶ୍ରୀକୃଷ୍ଣଙ୍କ ମନରେ ଭାବାନ୍ତର ଆଣିଛି, ଏହା ଉଲ୍ଲେଖ କରିଛନ୍ତି । ନୂଆ ପତ୍ର, ନୂଆ ଫୁଲ ଶ୍ରୀକୃଷ୍ଣଙ୍କୁ ନୂଆ ପ୍ରେମରେ ବିଭୋର କରିଛି –

ବିହର ନବଲ କିଶୋର
କାଳିନ୍ଦୀ-ପୁଳିନ-କୁଞ୍ଜବନ-ଶୋଭନ
ନବ ନବ ପ୍ରେମ ବିଭୋର ।

ଓଡ଼ିଆ ସାହିତ୍ୟରେ ପ୍ରାକୃତିକ ପରିବେଶର ସାର୍ଥକ ରୂପାୟନ କେତେକ କବିଙ୍କ ଲେଖନୀରେ ସଙ୍ଗଠିତ । ସଜ ଫୁଟା ଫୁଲ କୁଞ୍ଜ, ଜହ୍ନ ରାତି, ମୃଦୁମନ୍ଦ ପବନ ପ୍ରବାହ ନାୟକ ନାୟିକାଙ୍କ ମନରେ ଭାବାନ୍ତର ଆଣିବା ନିମନ୍ତେ ଉଦ୍ଦୀପନ ବିଭାବ ରୂପେ ପରମ୍ପରାକ୍ରମେ ଗୃହୀତ ହୋଇଛି । ଦୀନକୃଷ୍ଣଙ୍କ ଲେଖନୀରେ ପ୍ରାକୃତିକ ପରିବେଶର ମନମୋହିନୀ ମାଧୁରିମା ଚିତ୍ରିତ ହେବା ସାଙ୍ଗେ ସାଙ୍ଗେ ଏହାର କ୍ରିୟାଶୀଳତା ମଧ୍ୟ ପ୍ରକଟିତ ହୋଇଛି । "ରସକଲ୍ଲୋଳ" କାବ୍ୟରେ ଏହି ଅନୁଚିନ୍ତାର ଅନୁପମ ଆଲେଖ୍ୟ ଅଙ୍କିତ ହୋଇଛି । ବୃନ୍ଦାବନର କଳା ଲଳିତ ପରିବେଶ ରାସଲୀଳାରତ କୃଷ୍ଣ ଗୋପୀଙ୍କ ପ୍ରତି କିପରି ମନୋଭାବ ପୋଷଣ କରିଛି ତା'ର ଚିତ୍ର ଦେବାକୁ ଯାଇ କବି କହିଛନ୍ତି –

କେଉଁ ଲତାରୁ ଫୁଲ ପାଖୁଡ଼ା ଖସେ
କୁସୁମ ବରଷିଲା ପରାୟେ ଦିଶେ ।

କୁସୁମିତ ବଲ୍ଲରୀ ପବନେ ଚଳେ
କିଶୋର କିଶୋରୀଙ୍କୁ ଚାମର ଢାଳେ ।

ଆଧୁନିକ ଓଡ଼ିଆ ସାହିତ୍ୟର ସ୍ରଷ୍ଟାମାନେ ପରିବେଶରେ ବ୍ୟକ୍ତିତ୍ୱ ଆରୋପ କରିବା ଦିଗରେ ସିଦ୍ଧହସ୍ତତା ଅର୍ଜନ କରିଛନ୍ତି । କବିବର ରାଧାନାଥ ପ୍ରକୃତିକୁ ପ୍ରାଣବନ୍ତ କରିବା ନିମନ୍ତେ ଯଥେଷ୍ଟ ପ୍ରୟାସୀ । ତାଙ୍କପାଇଁ ପରିବେଶ ହୋଇଛି କେତେବେଳେ ରୁଦ୍ର ଗମ୍ଭୀର ତ ଆଉ କେତେବେଳେ ସ୍ନିଗ୍ଧ ସୁନ୍ଦର । "ଚିଲିକା" ଖଣ୍ଡକାବ୍ୟରେ ଚିଲିକା ପାଇଛି କାବ୍ୟ ନାୟିକାର ସମ୍ମାନ । ପରିବେଶ ଚିତ୍ରଣ ହୋଇଛି ଏହାର ମୁଖ୍ୟ ଅବଲମ୍ବନୀୟ ଉପାଦାନ । ଅତୀତରେ ରକ୍ତବାହୁର ଆକ୍ରମଣକୁ ପ୍ରତିହତ କରିବାପାଇଁ ଚିଲିକା ଯେ ଗୁରୁତ୍ୱପୂର୍ଣ୍ଣ ଭୂମିକା ଗ୍ରହଣ କରିଥିଲା ତା'ର ହୃଦୟସ୍ପର୍ଶୀ ବର୍ଣ୍ଣନା ଦେଇ କବି କହିଛନ୍ତି -

ତୋ ଇଙ୍ଗିତ ସଙ୍ଗେ ଘେନି ଊର୍ମିଥାଟ
ଦଉଡ଼ି ଆସିଲେ ନୀଳାମ୍ବୁ-ସମ୍ରାଟ ।

ପ୍ରାକୃତିକ ପରିବେଶରେ ବ୍ୟକ୍ତିତ୍ୱ ଆରୋପ ଦିଗରେ ସ୍ୱଭାବ କବି ଗଙ୍ଗାଧର ମେହେରଙ୍କର କୃତିତ୍ୱ ଅତ୍ୟନ୍ତ ଆକର୍ଷଣୀୟ । ସେ ସେଥିରେ ଦେଇଛନ୍ତି ଅସୀମ ପ୍ରାଣ ଶକ୍ତି ତଥା ବଳିଷ୍ଠ ବ୍ୟକ୍ତିତ୍ୱର ଅଶେଷ ଦୀପ୍ତି । "ତପସ୍ୱିନୀ" କାବ୍ୟରେ ନିର୍ବାସିତା ସୀତାଙ୍କ କାରୁଣ୍ୟରେ ପ୍ରକୃତି ସମବେଦନା ଜଣାଇବା ସଙ୍ଗେ ସଙ୍ଗେ ଅନ୍ୟାୟର ପ୍ରତିବାଦ ପାଇଁ ନିୟତି ସହ ଯୁଦ୍ଧ କରିବାକୁ ଆଗେଇ ଆସିଛି ।

'କରିବାକୁ ନିୟତିର ସହିତ ସମର
ତୃଣରାଜ ଖଡ଼୍‌ଗ କରେ ଗର୍ଜିଲା ପ୍ରଖର ।
ବାୟା ବସା ତୂଣୀରକୁ ଝାଡ଼ି ବାରବାର
ପତ୍ର କଙ୍କପତ୍ର କଲା କି ଅବା ବାହାର ।'

କବି ଚିତ୍ତର ଭାବାବେଗ କେତେ ଶାଣିତ ହୋଇପାରେ, ସୂକ୍ଷ୍ମ ହୋଇପାରେ ତା'ର ବଳିଷ୍ଠ ନମୁନା ମେହେର କବିଙ୍କର ସୃଷ୍ଟିରୁ ଦେଖିବାକୁ ମିଳେ । "ତପସ୍ୱିନୀ" କାବ୍ୟରେ ତମସାର ସୀତାଙ୍କୁ ସ୍ନେହରେ ଆଲିଙ୍ଗନ କରିବାର କାମନା, ନିଜ କୂଳରେ ଧୀର ପଦ ଚାରଣ କରିବାପାଇଁ ତାଙ୍କୁ ସାଦର ନିମନ୍ତ୍ରଣ, ଦୂରରୁ ଭାସି ଭାସି ଆସୁଥିବା ଝରା ଫୁଲଗୁଡ଼ିକୁ ସ୍ନାନବେଳେ ପାଦରେ ଠେଲି ନ ଦେବାକୁ ବିନମ୍ର ପ୍ରାର୍ଥନା ପ୍ରମାଣ କରୁଛି ଯେ ପରିବେଶ କବିଙ୍କ ଲେଖନୀରେ କେବଳ ଜୀବନ୍ତ ହୋଇନାହିଁ, ଅଧିକନ୍ତୁ ବଳିଷ୍ଠ ବ୍ୟକ୍ତିତ୍ୱ ସହ ଦୀପ୍ତିବନ୍ତ ହୋଇ ଉଠିଛି ।

"ପ୍ରଣୟବଲ୍ଲରୀ" କାବ୍ୟରେ ମଧ୍ୟ ପରିବେଶ ପ୍ରତି କବି ଚିତ୍ତର ସ୍ପର୍ଶକାତରତା

ରୂପାୟିତ । ପତି ଗୃହଗାମିନୀ ଶକୁନ୍ତଳା କୁସୁମିତ ଶିଶିରସ୍ନାତ ବୃକ୍ଷଲତାଙ୍କୁ ଛୁଇଁଦେବା ବେଳେ ଯେଉଁ ଦୃଶ୍ୟ ସୃଷ୍ଟି ହୋଇଛି ତା'ର ମାର୍ମିକ ଚିତ୍ର କବି ଲେଖନୀରେ ଆତ୍ମପ୍ରକାଶିତ । ଶକୁନ୍ତଳାଙ୍କ ହାତବାଜି ଝରିପଡ଼ିଛି ପତ୍ରରୁ ଶିଶିର ବିନ୍ଦୁ, ଝଡ଼ିପଡ଼ିଛି ଫୁଲରୁ ପାଖୁଡ଼ା । କବି ଦୃଷ୍ଟିରେ କଥାଟି କେବଳ ଏତିକି ନୁହେଁ । ଶକୁନ୍ତଳାର ବିଚ୍ଛେଦଜନିତ ଦୁଃଖକୁ ହୃଦୟଭରି ଅନୁଭବ କରି ବୃକ୍ଷଲତା ଅଶ୍ରୁମୋଚନ କରିଛନ୍ତି ବୋଲି ସେ କହିଛନ୍ତି । କବିଙ୍କ ଭାଷାରେ -

ଶିଶିର ବର୍ଷଣ ଛଳେ ଅବା କେତେ କୁସୁମ ବର୍ଷଣ ଛଳେ ।
ଶକୁନ୍ତଳା କର ପରଶ ମାତ୍ରକେ ଲୋତକ ମୋଚନ କଲେ ।

ପଲ୍ଲୀକବି ନନ୍ଦକିଶୋର ମଧ୍ୟ ପ୍ରକୃତି ବିଶେଷତଃ ପଲ୍ଲୀ ପ୍ରକୃତିକୁ ଜୀବନ୍ୟାସ ଦେଇ ତା ସହିତ ବାର୍ତ୍ତାଳାପ କରିଛନ୍ତି, ଭାବ ବିନିମୟ କରିଛନ୍ତି । ଅଦିନ ବର୍ଷାକୁ ପଚାରିଛନ୍ତି ତା'ର ଠିକଣା, କାଉ କଣ୍ଠରେ କହିଛନ୍ତି ମନର କଥା ଆଉ ଦେଇଛନ୍ତି ହୃଦୟର ବାର୍ତ୍ତା ।

ପ୍ରାକୃତିକ ପରିବେଶର ଯଥାଯଥ ରୂପ ଚିତ୍ରଣରେ ମଧୁସୂଦନ ରାଓଙ୍କର ଭୂମିକା ଅତ୍ୟନ୍ତ ଗୁରୁତ୍ୱପୂର୍ଣ୍ଣ । ତାଙ୍କ "ସୀତା ବନବାସ" କବିତାରେ ନିର୍ବାସିତା ସୀତାଙ୍କ ଦୁଃଖରେ ଅଭିଭୂତ ହୋଇ ଗଙ୍ଗା ଶୀତଳ ପବନ ପଠାଇଛନ୍ତି, ମୟୂରମାନେ ନୃତ୍ୟ ଭୁଲି ସ୍ଥିର ହୋଇଛନ୍ତି, ହରିଣମାନେ ତୃଣ ଭକ୍ଷଣ କରିନାହାନ୍ତି । ଗଛରୁ ପତ୍ର କେତେ ଝଡ଼ିପଡ଼ିଛି, ଫୁଲସବୁ ବୃକ୍ଷଲତାରୁ ଝଡ଼ି ତଳେ ପଡ଼ିଛନ୍ତି ।

ଦେବୀଙ୍କ ଦୁଃଖେ ବନସ୍ଥଳୀ କାତର
କାନ୍ଦିଲା ବହୁ ପ୍ରତିଧ୍ୱନି ଛଳର ।
ତେଜିଲେ ନୃତ୍ୟ ବର୍ହିକୁଳ ବିକଳ
ହରିଣୀଏ ଛାଡ଼ିଲେ ତୃଣ କବଳ ।

ଏହି ପ୍ରସଙ୍ଗରେ ଘଟଣାଗତ ବାସ୍ତବତା ଥାଉ କି ନଥାଉ କବି ଚିତ୍ତର ସ୍ପର୍ଶକାତରତା ଯେ ରୂପ ପାଇଛି ଏଥିରେ ସନ୍ଦେହ ନାହିଁ । ତାଙ୍କର "ପଦ୍ମ" କବିତାରେ ସେ ପଦ୍ମଫୁଲକୁ ଗୁରୁ ଭାବରେ ବରଣ କରିଛନ୍ତି । ଢଳଢଳ ସୁନ୍ଦର ପଦ୍ମଫୁଲଟି କେବଳ ରୂପର ସୌନ୍ଦର୍ଯ୍ୟରେ ତାଙ୍କୁ ମୁଗ୍ଧ କରିନାହିଁ, ସୁଗୁଣରେ ମଧ୍ୟ ଅଭିଭୂତ କରିଛି । କେତେ ଆଶା ଓ ଆଶ୍ୱାସନାର ଉତ୍ସ ହୋଇଛି ପଦ୍ମଫୁଲ କବିଙ୍କପାଇଁ । କବି ଗାଇଉଠିଛନ୍ତି -

କଲୁଷ ପଙ୍କେ ମୁହିଁ କେଡ଼େ ମଳିନ
କେମନ୍ତେ ସରି ତୋର ହେବି ନଳିନ ।
ପଙ୍କଜ ଅଟୁ ତୁହି ତେଣୁ ଭରସା
ତୋ ପରି ଶୁଭ୍ର ହେବି ଲଭି ସୁଦଶା ।

ଆଧୁନିକ ଓଡ଼ିଆ ସାହିତ୍ୟର ଆହୁରି ବହୁ ସାଧକଙ୍କୁ ପରିବେଶ ବହୁ ଭାବରେ ପ୍ରଭାବିତ ରହିଛି । ନୀଳକଣ୍ଠଙ୍କୁ ବାତ୍ୟା ବିକ୍ଷୁବ୍ଧ କୁମାର ପୂର୍ଣ୍ଣିମାର ପରିବେଶ ଦେଶ ଓ ଜାତି ସମ୍ପର୍କରେ କେତେ ଐତିହାସିକ ସ୍ମୃତିକୁ ସ୍ମରଣ କରାଇଦେଇଛି । ଚନ୍ଦ୍ରିକା ଚର୍ଚ୍ଚିତ ରାତ୍ରିର ପରିବେଶ କବି ମାୟାଧର ମାନସିଂହଙ୍କୁ ଉତ୍କଳର ଅତୀତ ଗୌରବ ଗାନରେ ଶତମୁଖ କରାଇଛି । ଅତ୍ୟାଧୁନିକ ସମୟରେ ବହୁ କବିଙ୍କୁ ପରିବେଶ ଯେପରି ବିଭିନ୍ନ ଭାବରେ ପ୍ରଭାବିତ କରିଛି, ତାହା ସ୍ୱତନ୍ତ୍ର ଆଲୋଚନାର ଅପେକ୍ଷା ରଖେ । ତେବେ, ଏ କଥା ସର୍ବବାଦୀ ସମ୍ମତ ଯେ ପ୍ରାକୃତିକ ପରିବେଶ ଯୁଗେ ଯୁଗେ କବି ଚିତ୍ତରେ ସ୍ୱତନ୍ତ୍ର ଆସନ ପ୍ରତିଷ୍ଠା କରିଆସିଛି । ପ୍ରାକୃତିକ ପରିବେଶ ହେଉଛି ସ୍ୱୟଂପୁଷ୍ଟ, ସ୍ୱୟଂ ସଂଗଠିତ, "ସର୍ବେ ଭବନ୍ତୁ ସୁଖୀନଃ" ହେଉଛି ତା'ର ହୃଦୟର ବାର୍ତ୍ତା । ଆଜି ପରିବେଶର ସୁରକ୍ଷାପାଇଁ ଅଭିଯାନ ସର୍ବାଦୌ ଅଭିନନ୍ଦନୀୟ । ସମଗ୍ର ମାନବ ଜାତିର ସ୍ଥିତି ଓ ସମୃଦ୍ଧି ନିମନ୍ତେ ଏହାର ସୁରକ୍ଷା ଏକାନ୍ତ ଆବଶ୍ୟକ, ଏଥିରେ ସନ୍ଦେହ ନାହିଁ ।

ଦୋଷ କେଉଁଠି ?

ଗଣ ମାଧ୍ୟମରେ ପ୍ରତିଦିନ ଯେତେ ସମ୍ବାଦ ପ୍ରକାଶିତ, ପ୍ରଚାରିତ ଓ ପ୍ରସାରିତ ହୁଏ, ତହିଁର ବହୁଳାଂଶ ଅପରାଧ ଭିତ୍ତିକ । ଦେଶର ବଡ଼ ବଡ଼ ନେତୃସ୍ଥାନୀୟ ବ୍ୟକ୍ତିଗଣ ଏଥିରୁ ବାଦ୍ ପଡ଼ନ୍ତି ନାହିଁ । କେତେବେଳେ ଲାଞ୍ଚ ମାମଲାରେ ତ ଆଉ କେତେବେଳେ ଦୁର୍ନୀତି ମାମଲାରେ ଦୋଷୀ ସାବ୍ୟସ୍ତ ହୋଇ କାରାଦଣ୍ଡାଦେଶ ଲାଭ କରନ୍ତି । ଅଭିଯୁକ୍ତ ଆସାମୀମାନଙ୍କର ମନରେ ଦୁଃଖ ନ ଥାଏ କି ମୁହଁରେ ଅବସାଦର ଚିହ୍ନ ନଥାଏ । ଏସବୁ ସେମାନଙ୍କ ପାଇଁ ଆଭୂଷଣ ପ୍ରାୟ ମୂଲ୍ୟବାନ, ପାରିବାର ପଣିଆ, ବୁଦ୍ଧିମତ୍ତାର ପ୍ରମାଣପତ୍ର । ସଂପ୍ରତି ଯିଏ ଯେତେ ଦୁର୍ନୀତିଗ୍ରସ୍ତ ସେ ସେତେ ବୁଦ୍ଧିମାନ, ସେ ସେତେ ବଳିଷ୍ଠ ବ୍ୟକ୍ତିତ୍ୱର ଅଧିକାରୀ । ଯେନତେନ ପ୍ରକାରଣେ ଧନୀ ହେବା ଦରକାର । ଦୁର୍ନୀତି ଏବେ ନୀତିର ପର୍ଯ୍ୟାୟଭୁକ୍ତ । ଅସଲ ନୀତି ଦୂରକୁ-ଦୂରକୁ ଅପସରି ଯାଇ କେଉଁଠି ଆତ୍ମଗୋପନ କରିଛି ଯେ ତାକୁ ଠାବ କରିବା ଏକ ପ୍ରକାର ଅସମ୍ଭବ । ଯଦି କିଏ ନୀତିରେ ଚଳିଲା ତେବେ ତା'ର ନାମ ଦୁର୍ବଳ ଲୋକଙ୍କର ତାଲିକାଭୁକ୍ତ ହେଉଛି । ନୀତି କଥା କହୁଥିବା ଯୁବକଟି ପୁରୁଣା କାଳିଆ ବୃଦ୍ଧରେ ଗଣା ହେଉଛି ।

ସମସ୍ୟାଟି ଏହିପରି ଯେ ତଥାକଥିତ ପ୍ରତିଷ୍ଠିତ ବ୍ୟକ୍ତିଗଣ ଯଦି ଏପରି ଅସାମାଜିକତାକୁ ଗଳାହାର କରନ୍ତି ଓ ତଦ୍‌ଜନିତ ସମ୍ବାଦ ପରିବେଷଣରେ ନିଜକୁ ଗୌରବାନ୍ୱିତ ମନେ କରନ୍ତି ତେବେ ସାଧାରଣ ଲୋକେ କାହାକୁ ଚାହିଁ ବାଟ ଚାଲିବେ ? ସମାଜ ଜୀବନର ସୁସ୍ଥତା ପାଇଁ ଆବଶ୍ୟକ ଏକ ଆଦର୍ଶ ଓ ଲକ୍ଷ୍ୟ । ଯଦି କିଛି ଆଦର୍ଶ ନ ରହିବ, ତେବେ ଜନ ସାଧାରଣ ଉଦ୍‌ଭ୍ରାନ୍ତ ନ ହୋଇ ଆଉ ହେବେ କଅଣ ? କଥା ପ୍ରସଙ୍ଗରେ ସେଦିନ ଜଣେ ଭଦ୍ରଲୋକ କହୁଥିଲେ "ଆଜ୍ଞା, ହିଂସ୍ରତା ଓ ବ୍ୟଭିଚାର ଏ ଦୁଇଟି ଗୋଟିଏ ମୁଦ୍ରାର ଦୁଇପାଖ ପରି ଓତପ୍ରୋତ ଭାବରେ ଜଡ଼ିତ । ଯେଉଁଠି କାମବାସନା ପ୍ରବଳ, ସେଇଠି ହିଂସତା ପ୍ରବଳ । ଗୀତାରେ ପରା କୁହାଯାଇଛି

'କାମାତ୍ କ୍ରୋଧ ଉପ୍ତନ୍ନ' । ସେ କାମନା ଶାରୀରିକ, ପ୍ରାଣିକ ବା ମାନସିକ ହୋଇପାରେ ।"

ଅତୀତରେ କାମନା ଥିଲା ଓ ତା'ର ପରିପୂର୍ତ୍ତି ନିମନ୍ତେ କିଛି ନୀତି ନିୟମ ଥିଲା । ଏବେ କିଛି ନୀତି ନିୟମ ନ ଥିବାରୁ କାମନାର ଅଗ୍ନି ଅଧିକ ଜଳୁଛି ଓ ଚତୁର୍ଦ୍ଦିଗକୁ ଜାଳି ଦେଉଛି । ଅବଶ୍ୟ ପାଠକେ କହିବେ ପୂର୍ବ ଅପେକ୍ଷା ତ ଆଇନ ଅଧିକ ସଂଶୋଧିତ ଓ ପ୍ରଣୀତ ହେଉଛି, ଆଉ ନୀତିନିୟମ ନାହିଁ କଅଣ ? ଉତ୍ତରରେ କୁହାଯାଇପାରେ ଯେ ଆଇନ କାନୁନରୁ ଖସିବାକୁ ବରଂ ବେଶି ବେଶି ବାଟ ଖୋଜା ହେଉଛି । ପ୍ରକୃତରେ ନୀତିନିୟମର ସୃଷ୍ଟି ହୁଏ ଅନ୍ତର ଶିକ୍ଷାରୁ । ଭିତରୁ ନୀତି ପାଇଁ ଆନ୍ତରିକତା ନ ଆସିଲେ ଆଇନକାନୁନ୍ ବଳରେ ବିଶେଷ କିଛି ଉପକାର ହୁଏ ନାହିଁ । ଏକଥା କ'ଣ ଜ୍ଞାନୀ ଲୋକମାନେ ବୁଝିପାରୁ ନାହାନ୍ତି ? ବୁଝିଛନ୍ତି କିନ୍ତୁ ତାହାକୁ କାର୍ଯ୍ୟକାରୀ କରିପାରୁ ନାହାନ୍ତି । ଏହା ହୋଇପାରେ ଯେ ବୁଝିବା ଲୋକଙ୍କର ସଂଖ୍ୟା କମ୍ ଓ ନ ବୁଝିବା ଲୋକଙ୍କର ସଂଖ୍ୟା ଅଧିକ । ତେଣୁ ମୂଢ଼ ସଭାରେ ମୂକ ଯଥା ଧାର୍ମିକ ନ୍ୟାୟରେ ସେମାନେ ନୀରବ ରହୁଛନ୍ତି । ମୋର କହିବା କଥା ଯେ ବୁଝିବା ଲୋକଙ୍କର ସଂଖ୍ୟା ବଢ଼ିବା ଏକାନ୍ତ ଜରୁରୀ । ଆଇନକାନୁନ୍ ରହୁ, ମାତ୍ର ଅପରାଧ ପ୍ରବଣତା ମଣିଷ ମନରୁ ନ କମିଲା ପର୍ଯ୍ୟନ୍ତ ସମାଜ ସୁସ୍ଥ ହେବ ନାହିଁ, ପୂର୍ଣ୍ଣ ବିକଶିତ ହେବ ନାହିଁ । ନୈତିକତାର ଭୟ ହିଁ ପ୍ରକୃତ ଭୟ । ସେଥିରେ ସମାଜ ଯେତେ ସୁସ୍ଥ ହୁଅନ୍ତା, ଆଇନକାନୁନ୍ ଦ୍ୱାରା ସେତେ ସୁସ୍ଥ ହୋଇପାରୁନାହିଁ । ମଣିଷ ମନର ପରିବର୍ତ୍ତନ ନ ହେଲେ ସମାଜର ପରିବର୍ତ୍ତନ ହେବ ନାହିଁ । ଉଦାହରଣସ୍ୱରୂପ ଗୋଟିଏ କଥା କୁହାଯାଇପାରେ ଯେ ନାରୀ ନିର୍ଯ୍ୟାତନା ରୋକିବା ପାଇଁ ଓ ଯୌତୁକ ନେବା ଦେବାକୁ ରୋକିବା ପାଇଁ ଆଇନ୍ ବଳରେ ସମାଜ ଯେତିକି ସୁସ୍ଥ ହୋଇଛି ଏଥିସହିତ ଯଦି ଶିକ୍ଷାନୀତିରେ ଏହାକୁ ମାନବିକତା ଦିଗରୁ ବିଚାର କରାଯାଇ ସାମିଲ କରାଯାଇଥାଆନ୍ତା ତେବେ ସମାଜ ଅଧିକ ସୁସ୍ଥ ହୋଇଥାନ୍ତା । ଭୟରୁ ଆସୁଥିବା ଭକ୍ତି ଯେପରି ସ୍ଥାୟୀ ନୁହେଁ, ଆଇନ୍ ଡରରେ ମଣିଷର ଚୁପ୍‌ଚାପ୍ ଭାବ ସେପରି ସ୍ଥାୟୀ ନୁହେଁ । ଭିତରୁ ରୋଗଜୀବାଣୁ ନ ମଲା ଯାଏ ବାହାର ମଲମ ଲଗାଇ ରୋଗ ଚାପିଦେଲେ ବିଶେଷ କିଛି ଲାଭ ହୁଏ ନାହିଁ । ଟିକିଏ ସୁବିଧା ପାଇଲେ ସେ ରୋଗ ପୁଣି ଫୁଟି ବାହାରେ ।

ଅଧିକ ଆଲୋଚନା କରିବାକୁ ମୁଁ ବସିନାହିଁ । ଗୋଟିଏ କଥା କହିବାର ଅଛି ଯେ ଗୋଟିଏ ପିଢି ଉପଯୁକ୍ତ ଭାବରେ ଶିକ୍ଷିତ ତଥା ସଚେତନ ହେଲେ ତାକୁ ଆଦର୍ଶ କରି ହୁଏତ ପରବର୍ତ୍ତୀ ପିଢ଼ି ଆଗେଇ ଯିବେ । ସ୍ୱାଧୀନତାର ଏତେ ବର୍ଷ ପରେ ମଧ

ଏତିକି ସମ୍ଭବ ହୋଇପାରିନାହିଁ, ଏହା ଅତ୍ୟନ୍ତ ପରିତାପର ବିଷୟ । ଏଥିପାଇଁ ପ୍ରସ୍ତୁତି, ନିଷ୍ଠା, ଆନ୍ତରିକତା, ଏକାଗ୍ରତା ଆବଶ୍ୟକ । ମୋ ବିଚାରରେ ଯାହା ବଳରେ ଗୋଟିଏ ସଚେତନ ପିଢ଼ି ଗଢ଼ା ହେବ ତାହା ହେଲା ଏହିପରି ।

୧. ପାରିବାରିକ ଶିକ୍ଷା

୨. ଆନୁଷ୍ଠାନିକ ଶିକ୍ଷା

୩. କର୍ମାଭିମୁଖୀ ଶିକ୍ଷା

୪. ଗଣମାଧ୍ୟମର ଶିକ୍ଷା

୫. ପାରସ୍ପରିକ ଆଲୋଚନା।

ପାରିବାରିକ ଶିକ୍ଷା କହିଲେ ଏକଥା ଆଦୌ ବୁଝାଏ ନାହିଁ ଯେ ବାପାମାଆ ଅତିକମ୍‌ରେ ବି.ଏ ବା ଏମ୍.ଏ ପଢ଼ିଥିବେ । ପଢ଼ିଥିଲେ ଭଲ । ପଢ଼ନ୍ତୁ ବା ନ ପଢ଼ନ୍ତୁ ସେମାନଙ୍କର ମନ ଟିକିଏ ପ୍ରଶସ୍ତ ହୋଇଥିବା ଦରକାର । ନୀଚ ମନର ବାପାମାଆଙ୍କଠାରୁ ଉଚ୍ଚମନର ଓ ଉଚ୍ଚମାନର ପିଲାଟିଏ ଯଦି ସମାଜ ଆଶାକରେ ତେବେ ସେ ହତାଶ ହେବ ନାହିଁ କି ? ପିଲାଟି ଭିତରେ 'ମୁଁ' 'ମୁଁ' ଭାବ ଯେ ବଢ଼ିବ, ଏଥିରେ ଅସ୍ୱାଭାବିକତା କାହିଁ? ଉଦାହରଣଟିଏ ଦେଲେ କଥାଟି ଟିକିଏ ସ୍ପଷ୍ଟ ହେବ । ମାଆଟିଏ ତା' ପିଲାଟି ପାଇଁ ବ୍ୟସ୍ତ ଅଥଚ ପରିବାରରେ ଥିବା ଅନ୍ୟ ସଦସ୍ୟମାନେ ପିଲାଟି ପାଇଁ ଏହା ଦ୍ୱାରା କାହାର କିଛି ଲାଭ ହୁଏ ନାହିଁ। ଆଉ ଗୋଟିଏ ଉଦାହରଣ ଦିଆଯାଇପାରେ । ନିଜ ପିଲାପାଇଁ ବ୍ୟସ୍ତତା ଥିବ ଅଥଚ ଦାଣ୍ଡରେ ନିଜପିଲା ବୟସର ଅନ୍ୟ ପିଲାଟିଏ ଝୁଣ୍ଟି ପଡ଼ି କାନ୍ଦିଲେ ତୁଣ୍ଡରେ ଆହାପଦ ନଥିବ ତେବେ ସେ ମାଆ ଠିକ୍ ଅର୍ଥରେ ମାଆ ନୁହେଁ । ତା'ଠାରୁ ଜନ୍ମ ନେଇଥିବା ପିଲାଟି ଦରଦୀ, ସହାନୁଭୂତିଶୀଳ ହେବ କିପରି ? ବାପା ଅଫିସ୍ ଚାକିରି ମାଧ୍ୟମରେ ଦେଶକୁ ଖୋଳ କରିବାରେ ବ୍ୟସ୍ତ, ସେହି ଖୋଳ ଧନରେ ପିଲାଙ୍କର ଖାଇବା ପିନ୍ଧିବା ଚଳେ, ସେ ପିଲାଟି ଦେଶପ୍ରେମୀ, ସଚ୍ଚୋଟ ହେବ ବୋଲି ଆଶା କରିବା ବୃଥା ନୁହେଁ କି ? ବାପା ନୁହେଁ କି ମାଆ ନୁହେଁ କାହାରି ଭିତରେ ବିଶ୍ୱ ତ ଦୂରର କଥା, ନିଜ ଦେଶ ପାଇଁ, ଜାତି ପାଇଁ, ସଂସ୍କୃତି ପାଇଁ ଟିକିଏ ଆନ୍ତରିକତା ନାହିଁ, ଅଛି କେବଳ ଫୁଲାଏ ଅହଂ, ଏଥିରୁ ଜନ୍ମିତ ଏବଂ ଏହି ପରିବେଶରେ ଲାଳିତ ପାଳିତ ପିଲାଟିଏ ଉଦାର ଚେତା, ପ୍ରଶସ୍ତମନା, ପ୍ରକୃତ ଅର୍ଥରେ ସଂସ୍କୃତି ସଂପନ୍ନ ହେବା ସମ୍ଭବ କି? ଅହଂରୁ ଯାହାର ଜନ୍ମ ଓ ଲାଳନ ପାଳନ ସେ ମୂର୍ତ୍ତିମନ୍ତ ଅହଂକାର ନ ହୋଇ ଆଉ କ'ଣ ବା ହେବ ? ଅବଶ୍ୟ ଆପଣ କହିପାରନ୍ତି ଖତଗଦାରେ କ'ଣ ପଦ୍ମ ଫୁଟେ ନାହିଁ କି ? ଉତ୍ତରରେ କୁହାଯାଇପାରେ ଯେ ଯେତେ ପଦ୍ମ ଆବଶ୍ୟକ, ଖତଗଦା ସେତେ ପଦ୍ମ ଯୋଗାଇପାରେ କି ? ଖତଗଦାର ପଦ୍ମଫୁଲ

ଉପରେ ଭରସା କରି ରହିଲେ ମହତ୍ ଲକ୍ଷ୍ୟ ପୂରଣ ହୁଏ କି ? ଅତଏବ ଏତେବେଳେ ବାପମାଆ କେତେ ସଚେତନ ହେବାକୁ ପଡ଼ିବ ତାହା ବେଶି ବୁଝାଇବା ଦରକାର ନାହିଁ । ଏପରି ସଚେତନତା ପ୍ରକୃତରେ ଦେଶସେବା ବା ଜାତିର ଯର୍ଥାର୍ଥସେବା ବୋଲି କହିଲେ ଭୁଲ ହେବ କି ?

ଆନୁଷ୍ଠାନିକ ଶିକ୍ଷାର ପ୍ରଭାବ ଅତୁଳନୀୟ । ଅନୁଷ୍ଠାନ କହିଲେ ଛାତ୍ର, ଶିକ୍ଷକ ଓ ଶିକ୍ଷାୟତନକୁ ମୁଖ୍ୟତଃ ବୁଝାଏ । ଶିକ୍ଷକର ପ୍ରଥମ ଗୁଣ ହେଉଛି ଅହଂଶୂନ୍ୟତା । ଅହଂ ରହିଲେ ଶିକ୍ଷା କସ୍ମିନ କାଳେ ପ୍ରଭାବଶାଳୀ ହେବ ନାହିଁ । ଶବ୍ଦର ଓ ଚାଲିଚଳନର ଏକ ଭାବ ତରଙ୍ଗ ଅଛି । ଏ ଭାବ ତରଙ୍ଗ ଅହଂଦ୍ୱାରା ପ୍ରଦୂଷିତ ହେଲେ ତାହା କେବେ ସଫଳ ହେବନାହିଁ । ଶିକ୍ଷକର ଅନ୍ୟତମ ଗୁଣ ଓ ଲକ୍ଷଣ ହେଉଛି ସାମ୍ୟନୀତି । ପକ୍ଷପାତିତା ରହିଲେ ଶିକ୍ଷା ବ୍ୟବସ୍ଥା କଳଙ୍କିତ ହୁଏ ଏବଂ ଶିକ୍ଷା ନାମରେ ଅଶିକ୍ଷାର ପ୍ରେତ ନାଚ ବଢ଼ିଚାଲେ । 'ଏ ବଡ଼ଲୋକର ପିଲା', ' ଏ ଗରିବ ଘରର ପିଲା' ଏପରି ସଂକୀର୍ଣ୍ଣଭାବ ଓ ଭାବନା ଥିବା ଶିକ୍ଷକଙ୍କଦ୍ୱାରା ଶିକ୍ଷିତ ଛାତ୍ର ଯେ ପ୍ରଶସ୍ତ ହେବ, ଏ ଆଶା କରିବା ବୃଥା । ପୁନଶ୍ଚ ଶିକ୍ଷକଙ୍କ ଭିତରେ ସ୍ୱାର୍ଥର ଲାଳସା ଅର୍ଥାତ୍ ଲାଭର ଲାଳସା ନୁହେଁ, ଦେବାର ଆନନ୍ଦ ଥିବ । ନଚେତ୍ ଶିକ୍ଷା ଏକ ବେପାରରେ ପରିଣତ ହେବ । ପିଲାଟି ଠାରୁ ଧନ ଲାଭ, ନିଜର ଯଶ ଲାଭ ଓ କ୍ଷମତା ଲାଳସା ଶିକ୍ଷକତାର ବଡ଼ ଶତ୍ରୁ । ଏପରି ଲୋଭୀ ଶିକ୍ଷକଙ୍କର ଛାତ୍ର କ'ଣ ନିର୍ଲୋଭ ହେବ, ନିଃସ୍ୱାର୍ଥପର ହେବ ? ପୁନଶ୍ଚ ଶିକ୍ଷାୟତନକୁ ନିର୍ମଳ ନ ରଖିଲେ ଶିକ୍ଷା କଳଙ୍କିତ ହୁଏ । ଶିକ୍ଷା ରୂପକ ଦେବତାଙ୍କ ପାଇଁ ମନ୍ଦିର ହେଉଛି ଶିକ୍ଷାୟତନ । ଶିକ୍ଷାୟତନର ଶୁଦ୍ଧତା ଏକାନ୍ତ ଜରୁରୀ । ରାଜନୀତି ଯଦି ଶିକ୍ଷାୟତନ ଭିତରକୁ ଧସେଇ ପଶେ ଓ ଶିକ୍ଷକ ତଥା ଛାତ୍ରଙ୍କ କାନ୍ଧରେ ସବାର ହୋଇ ସେମାନଙ୍କୁ ଚାପି ଦିଏ ତେବେ ସେହି ପରିବେଶରୁ ଶିକ୍ଷାପ୍ରାପ୍ତ ଛାତ୍ର ଅର୍ଥାତ୍ ଦେଶର ଭାବି ନାଗରିକ କଳା ଅଙ୍ଗାର ହୋଇ ବାହାରିବେ ନାହିଁକି ? ଅତଏବ ଶିକ୍ଷକଙ୍କର ଭୂମିକା ମାଆର ଭୂମିକା ପରି ଅତି ମୂଲ୍ୟବାନ । ତେଣୁ ଶିକ୍ଷକଙ୍କୁ କୁହାଯାଏ ଦ୍ୱିତୀୟ ମାଆ ଏବଂ ମାଆକୁ କୁହାଯାଏ ପ୍ରଥମ ଶିକ୍ଷକ । କେବଳ ସମ୍ବାଦ ଭିତ୍ତିକ ଶିକ୍ଷାଦାନ (Information based teaching) ରେ ଶିକ୍ଷକ ସନ୍ତୁଷ୍ଟ ରହିଲେ ସେ ଶିକ୍ଷା ଫଳପ୍ରଦ ହୁଏ ନାହିଁ କି ସେ ଶିକ୍ଷକ ସମାଜ ଗଠନ କରିପାରନ୍ତି ନାହିଁ । ଶିକ୍ଷକ ନିଜର ଆଚାର ବ୍ୟବହାରକୁ ଉନ୍ନତ ତଥା ମାର୍ଜିତ କରିବା ଉଚିତ୍, କାରଣ ଶିକ୍ଷକଟିଏ ବୋଲି ସାମାନ୍ୟ ବ୍ୟକ୍ତିଟିଏ ନୁହେଁ, ତାଙ୍କ ଦ୍ୱାରା ଜଣେ ନୁହେଁ ବହୁ ଛାତ୍ର ପ୍ରଭାବିତ ହୋଇପାରନ୍ତି । ଅତଏବ ସଚେତନ ଶିକ୍ଷକ ହେଉଛନ୍ତି ସମାଜର ଭୂଷଣ, ଏହା ମୁକ୍ତ କଣ୍ଠରେ ସ୍ୱୀକାର୍ଯ୍ୟ ।

କର୍ମାଭିମୁଖୀ ଶିକ୍ଷାର ଆବଶ୍ୟକତା ଅଧିକରୁ ଅଧିକ ରହିଛି । କେବଳ ନୈତିକ ଶିକ୍ଷା ବା ପୋଥିଗତ ଶିକ୍ଷା ଯଥେଷ୍ଟ ନୁହେଁ । କର୍ମରେ ପ୍ରଯୁକ୍ତ ହେଉଥିବା ଶିକ୍ଷା ହିଁ ଅସଲ ଶିକ୍ଷା । ଶିକ୍ଷା ଏକ ଯୌଗିକ ପ୍ରକ୍ରିୟା ଯାହାର ପ୍ରୟୋଗ କ୍ଷେତ୍ର ହେଉଛି କର୍ମ । କର୍ମରେ କୁଶଳତା ହିଁ ଶିକ୍ଷାର ମହତ୍ ଲକ୍ଷ୍ୟ । କର୍ମରେ ବ୍ୟାପୃତ ନ ରହିଲେ ଶିକ୍ଷାପ୍ରାପ୍ତ ଯୁବ ସମାଜର ସମୟ ଓ ଶକ୍ତିର ଅପବବ୍ୟହାର ହେବ ହିଁ ହେବ, ଯାହା ଦେଶର ଏବେ ଘଟୁଅଛି । ଯାହା କୁହାଯାଏ 'Idle mind is the evil's workshop' ତାହା କାର୍ଯ୍ୟରେ ପରିଣତ ହେଉଛି ଓ ହେବ । ଘରେ ଖାଇ ବାହାରେ ପୁଞ୍ଜିପୁଞ୍ଜି ହୋଇ ବସି ପର ଅନିଷ୍ଟ ଚିନ୍ତାକରିବାରେ, ଯୌନ ଆବେଗ ମୂଳକ କଥାବାର୍ତ୍ତାରେ ବ୍ୟାପୃତ ରହିବାରେ, ଟିକିଏ ସୁବିଧା ପାଇଲେ ଅନ୍ୟର କ୍ଷତି କରିବାରେ ସମୟ ବିତିବ । କର୍ମ ବ୍ୟସ୍ତତା ରହିଲେ ଜୀବନରେ ଏସବୁ ପାଇଁ ସମୟ ଓ ପରିବେଶ ମିଳିବ ନାହିଁ । ଶିକ୍ଷା ଦରକାର ଓ କର୍ମ ଦରକାର । ଯେଉଁ କର୍ମ ପ୍ରତି ଯାହାର ଆଗ୍ରହ ଅଛି, ତାକୁ ପ୍ରୋତ୍ସାହନ ଓ ତାଲିମ ଦିଆଗଲେ କର୍ମାଭିମୁଖୀ ଶିକ୍ଷା ଫଳପ୍ରଦ ହୋଇପାରିବ । ଶିକ୍ଷକ ଏଥିପାଇଁ ନିଜକୁ ଅଧିକ କୁଶଳୀ କରି ଗଢ଼ିବା ଦରକାର । ରାଜନୈତିକ ସ୍ତରରେ କର୍ମାଭିମୁଖୀ ଶିକ୍ଷା ନିମନ୍ତେ ଅକପଟ ଆନ୍ତରିକତା ଲୋଡ଼ା। ଆତ୍ମପ୍ରଚାର ପାଇଁ ଯଶ ପ୍ରଶଂସା ପାଇଁ ନତୁବା ଅର୍ଥ ବାଟମାରଣା ପାଇଁ କର୍ମାଭିମୁଖୀ ଶିକ୍ଷାର ପ୍ରଚଳନ କଲେ ତାହା କଦାପି ସଫଳ ହେବ ନାହିଁ । ଅତୀତରୁ ବର୍ତ୍ତମାନ ପର୍ଯ୍ୟନ୍ତ ଏ ଦିଗରେ ବହୁ ଅନୁଭୂତି ବହୁଲୋକଙ୍କର ରହିଛି ।

ଗଣ ମାଧ୍ୟମର ଶିକ୍ଷା ସାଂପ୍ରତିକ ପରିବେଶରେ ଉଚ୍ଚାସନ ଲାଭ କରିଛି । ବେତାର, ଦୂରଦର୍ଶନ ତଥା ସମ୍ବାଦପତ୍ରର ବହୁଳ ପ୍ରସାର ଘଟିଛି । ଦେଶ ବିଦେଶର ଖବର ତତ୍କ୍ଷଣାତ୍ ଜାଣି ହେଉଛି । ପୃଥିବୀର ଦୂରତ୍ୱ କମିଯାଇଛି ହେଲେ ଦେଶ ଦେଶ ଭିତରେ, ଜାତି ଜାତି ଭିତରେ ବ୍ୟକ୍ତି ବ୍ୟକ୍ତି ଭିତରେ ମାନସିକ ଦୂରତା କମି ନାହିଁ । ଶ୍ରୋତାଟିଏ, ଦର୍ଶକଟିଏ ବା ପାଠକଟିଏ ଗଣମାଧ୍ୟମରୁ ବିଶ୍ୱଭାତୃତ୍ୱର ଶିକ୍ଷା ପାଉନାହିଁ, ମାନବିକତା ବିଶେଷ ଶିକ୍ଷାର ପାଉନାହିଁ । ବିଜ୍ଞାନ ଓ ପ୍ରଯୁକ୍ତି ବିଦ୍ୟାର ପ୍ରସାର ସହିତ ଯଦି ମାନବିକତାର ଶିକ୍ଷା ଦିଆଯାଆନ୍ତା ତେବେ ଜନ ସାଧାରଣଙ୍କର ଚିନ୍ତା ଓ ଚେତନା ଅପେକ୍ଷାକୃତ ମାର୍ଜିତ ଓ ଉନ୍ନତ ହୁଅନ୍ତା । ବିଶ୍ୱ ଗ୍ରାମ (Global Village) ଗଠନର ସ୍ୱପ୍ନକୁ ସାକାର କରିବା ନିମନ୍ତେ ପୃଷ୍ଠଭୂମିଟିଏ ପ୍ରସ୍ତୁତ ହୋଇପାରନ୍ତା । ବ୍ୟକ୍ତିଜୀବନ, ରାଷ୍ଟ୍ର ଜୀବନର ସମସ୍ୟାର ଉପସ୍ଥାପନା ପୂର୍ବକ ସେଗୁଡ଼ିକର ସମାଧାନ ମାନବିକତା ମାଧ୍ୟମରେ କରାଯିବାର ଦୂରଦର୍ଶନ ଯଦି ଦିଆଯାଆନ୍ତା ତା'ହେଲେ ବ୍ୟକ୍ତିଟିଏ ଉପକୃତ ହୋଇ ପାରନ୍ତା । ଏସବୁ ପରିବର୍ତ୍ତେ

ଜଟିଳତାକୁ ଭିତ୍ତି କରି ପ୍ରସ୍ତୁତ ଚିତ୍ର ଓ ଗଣମାଧ୍ୟମ ମାନଙ୍କରେ ଅଧିକ ପ୍ରଦର୍ଶିତ ହେଉଛି । ସମ୍ବାଦ ପତ୍ରରେ ଏପରି ସମ୍ବାଦମାନଙ୍କୁ ଅତିରଂଜନ ପୂର୍ବକ ପ୍ରକାଶ କରାଯାଉଛି । ଫଳତଃ ଦର୍ଶକ ଓ ପାଠକ ଉଦ୍‌ଭ୍ରାନ୍ତ ହେଉଛନ୍ତି । ଲେଖକ ଓ ପ୍ରଯୋଜକ କେହି ଭାବୁ ନାହାନ୍ତି ସମାଜର ସୁରକ୍ଷା କଥା।

ବିଭିନ୍ନ ଦିଗରୁ ବଚାର କଲେ ଏପରି ଅବସ୍ଥାରେ ପିଢ଼ିଟିଏ ପ୍ରସ୍ତୁତ ହେବ କିପରି ? କେତେକ ଏକା ମାନସିକ ବୟସର ପିଲାଙ୍କୁ ନେଇ ପିଢ଼ିଟିଏ ପ୍ରସ୍ତୁତ ହୁଏ । ଆଜିକାଲି ପ୍ରାୟ କୌଣସି ପିଲା ଘରୁ କି ବାହାରୁ କିଛି ଆସ୍ତିବାଚକ ଶିକ୍ଷା ପାଉନାହାନ୍ତି । ପାଉଛନ୍ତି କେବଳ ନାସ୍ତିବାଚକ ଶିକ୍ଷା । ସରକାରୀ ତଥା ବେସରକାରୀ ସ୍ତରରେ ସାଂସ୍କୃତିକ ସଂସ୍ଥାମାନ ରହିଛନ୍ତି, କିନ୍ତୁ ସେମାନେ ସଂସ୍କୃତିର ସଂଜ୍ଞା ଓ ସ୍ୱରୂପ ବିଷୟରେ ପ୍ରାୟ କିଛି ଜାଣନ୍ତି ନାହିଁ । ପିଲାଟିର ସାଙ୍ଗସାଥି ଅଛନ୍ତି ମାତ୍ର ସେମାନଙ୍କ ଭିତରେ ପ୍ରକୃତ ଏକତା ବା ଆନ୍ତରିକତା ନାହିଁ । ଯାହା ଅଛି ତାହା କେବଳ ବିକୃତ ଏକତା, ଯାହା ନିଜ ନିଜର ସ୍ୱାର୍ଥ ସିଦ୍ଧି ନିମନ୍ତେ ଅଭିପ୍ରେତ । ଏହି ଏକତା ରେଳ ରୋକ, ରାସ୍ତାରୋକ, ବସପୋଡି, ଜାତୀୟସଂପତ୍ତି ପୋଡ଼ାଜଳା ତଥା ଭଙ୍ଗାରୁଜା କାର୍ଯ୍ୟରେ ଲାଗେ । ଏସବୁ ଜାଣିଲା ପରେ ଆଉ ପିଲାଟିକୁ ଦୋଷଦେବା କେତେଦୂର ଯୁକ୍ତିଯୁକ୍ତ ତାହା ବିଚାର୍ଯ୍ୟ ବିଷୟ ।

ବିଜ୍ଞାନ ଓ ଆତ୍ମଜ୍ଞାନ

ପ୍ରଥମରୁ କହିରଖେ ଯେ ବିଜ୍ଞାନ କହିଲେ ପରୀକ୍ଷାଗାରରୁ ଲବ୍ଧ ଜ୍ଞାନ ଓ ତତ୍ତ୍ୱର ବାହ୍ୟ ପ୍ରୟୋଗ ଓ ପରିଣତିକୁ କେବଳ ବୁଝାଏ ନାହିଁ, ଏହା ସହିତ ବିଶ୍ୱସମ୍ପର୍କରେ ବିଶେଷ ଜ୍ଞାନକୁ ମଧ ବୁଝାଏ । ଅନ୍ୟଭାଷାରେ କୁହାଯାଇପାରେ ଯେ, ବିଜ୍ଞାନ ହେଉଛି ରହସ୍ୟମୟ ବିଶାଳ ବିଶ୍ୱ ବ୍ରହ୍ମାଣ୍ଡର ଗାଣିତିକ ତଥା ଯୁକ୍ତିଭିତ୍ତିକ ବିଶ୍ଳେଷଣ ଓ ଅନୁସନ୍ଧାନ । ଏଥିପାଇଁ ପରୀକ୍ଷାଗାର ଏକ ମାଧ୍ୟମ ମାତ୍ର ।

ଆତ୍ମଜ୍ଞାନ କହିଲେ ଧାର୍ମିକତା, ସନ୍ନ୍ୟାସ, ସଂସାର ତ୍ୟାଗ, ଜଟାଧାରଣକୁ ବୁଝାଏ ନାହିଁ । ଆତ୍ମଜ୍ଞାନ କେବଳ ଆତ୍ମାସମ୍ପର୍କରେ ଜ୍ଞାନ ନୁହେଁ, ବ୍ୟକ୍ତିର ସମସ୍ତ ସତ୍ତା ସମ୍ପର୍କରେ ଜ୍ଞାନ ହିଁ ଆତ୍ମଜ୍ଞାନ । ଜୀବନର ସବୁ ଆବଶ୍ୟକତା ଓ ଅନୁଭବକୁ ଉଚିତ ଅର୍ଥରେ ଗ୍ରହଣ କରାଗଲେ, ସେସବୁ ଆତ୍ମଜ୍ଞାନର ଅନ୍ତର୍ଭୁକ୍ତ ହୋଇପାରନ୍ତି ।

ବିଜ୍ଞାନ ଓ ଆତ୍ମଜ୍ଞାନର ମୂଳକଥା ହେଉଛି ଜିଜ୍ଞାସା । ଜିଜ୍ଞାସା ହିଁ ଜୀବନର ଚିହ୍ନ । ଏପରି କୁହାଯାଇପାରେ ଯେ ଜିଜ୍ଞାସା ହିଁ ଜୀବନ ଏବଂ ଜୀବନ ହିଁ ଜିଜ୍ଞାସା । ଜିଜ୍ଞାସା ଅଛି ତ ଜୀବନ ଅଛି, ଜିଜ୍ଞାସା ନାହିଁ ତ ଜୀବନ ନାହିଁ । ବ୍ୟକ୍ତିର ଜିଜ୍ଞାସା ମୁଖ୍ୟତଃ ଦୁଇଭାଗରେ ବିଭକ୍ତ- (୧) ବିଶ୍ୱକୁ ଜାଣିବାର ଇଚ୍ଛା (୨) ନିଜକୁ ଜାଣିବାର ଇଚ୍ଛା । ଗୋଟିଏ ମୁଦ୍ରାର ଦୁଇ ପାଖଭଳି ପ୍ରତ୍ୟେକ ପରସ୍ପର ସହ ଓତପ୍ରୋତ ଭାବରେ ଜଡ଼ିତ । ଗୋଟିଏ ଥିଲେ ଅନ୍ୟଟି ତା' ପାଖେ ପାଖେ ନିଶ୍ଚୟ ଥିବ । ସାଧାରଣ ବିଚାରରେ ଉଭୟ ପରସ୍ପରର ପରିପନ୍ଥୀ । ପ୍ରକୃତରେ କଥାଟି ଆଦୌ ସେପରି ନୁହେଁ । ଉଭୟର ସ୍ଥିତି ଏକାଧାରରେ ସ୍ୱୀକୃତ ଓ ପ୍ରତିଷ୍ଠିତ । ପ୍ରକୃତ ବିଜ୍ଞାନୀ କେବେହେଲେ ଆତ୍ମଜ୍ଞାନକୁ ଅବମାନନା କରନ୍ତି ନାହିଁ, ପ୍ରକୃତ ଆତ୍ମଜ୍ଞାନୀ କେବେହେଲେ ବିଜ୍ଞାନକୁ ଅବଜ୍ଞା କରନ୍ତି ନାହିଁ । ନିଜକୁ ଜାଣିଲେ ବିଶ୍ୱକୁ ଜାଣିବା ସହଜ ସାଧ, ସେହିପରି ବିଶ୍ୱକୁ ଜାଣିଲେ ନିଜକୁ ବୁଝିବା ସହଜ ସାଧ୍ୟ । ବ୍ୟକ୍ତି ହେଉଛି ବିଶ୍ୱର ଏକକ

(Unit) । ବ୍ୟକ୍ତିର ମନ, ବ୍ୟକ୍ତିର ପ୍ରାଣ ହେଉଛି ବିଶ୍ୱମନ ଓ ବିଶ୍ୱପ୍ରାଣର ଏକ ଏକ ଏକକ । ବ୍ୟକ୍ତି ଭିତରେ ବିଶ୍ୱ ବିଦ୍ୟମାନ, ବିଶ୍ୱ ମଧ୍ୟରେ ବ୍ୟକ୍ତି ବିଦ୍ୟମାନ, ଭାରତୀୟ ଦର୍ଶନରେ ଏବଂ ସାହିତ୍ୟରେ ଏହି କଥାକୁ ଏକ ତତ୍ତ୍ୱରୂପରେ ଗ୍ରହଣ କରାଯାଏ । ତତ୍ତ୍ୱଟି ହେଉଛି ପିଣ୍ଡ ବ୍ରହ୍ମାଣ୍ଡ ତତ୍ତ୍ୱ । ଏହି ତତ୍ତ୍ୱ ଅନୁସାରେ ପିଣ୍ଡ ଅର୍ଥାତ୍ ବ୍ୟକ୍ତିଜୀବନକୁ ବିଶ୍ୱଜୀବନର ପ୍ରତିନିଧି ବୋଲି ବିଚାର କରାଯାଏ । ସାହିତ୍ୟରେ ଏ ତତ୍ତ୍ୱର ଅବତାରଣା ବହୁଳ ଭାବରେ ଦେଖିବାକୁ ମିଳେ । କ୍ଷିତି, ଅପ୍, ତେଜ, ମରୁତ୍, ବ୍ୟୋମ ସହିତ ଆଉ ଯେତେ କଥା ବହିଃବିଶ୍ୱରେ ରହିଛି ବ୍ୟକ୍ତି ଭିତରେ ସେସବୁ ସମନ୍ୱିତ ଏବଂ ବେଳେବେଳେ ସ୍ତରୀଭୂତ ହୋଇ ରହିଛି ।

ଅଦ୍ୟାବଧି ଏଇ ଦୁଇଟି କଥା ଯେ ଏକ ଓ ଅଭିନ୍ନ, ଏହା ଦୃଢ଼ ଭାବରେ ପ୍ରତିଷ୍ଠିତ ହୋଇପାରି ନାହିଁ । କିଛି ଲୋକଙ୍କ ଦୃଷ୍ଟିରେ ବିଜ୍ଞାନବେତ୍ତା ହେଉଛନ୍ତି ଆତ୍ମଜ୍ଞାନୀଠାରୁ ବଡ଼, ଆଉ କିଛି ଲୋକଙ୍କ ଦୃଷ୍ଟିରେ ଆତ୍ମଜ୍ଞାନୀ ହେଉଛନ୍ତି ବିଜ୍ଞାନବେତ୍ତାଙ୍କ ଠାରୁ ବଡ଼ । ପ୍ରକୃତରେ ଉଭୟଙ୍କର ସ୍ଥିତି ଏକ ଉଚ୍ଚତମ ଉଚ୍ଚତାରେ ଯେଉଁଠାରେ 'ବଡ଼' ଆଉ 'ସାନ' ଶବ୍ଦର ସ୍ଥିତି ନାହିଁ । ଏତେ ବିରାଟ ଚେତନାକୁ ବୁଝାଇବା ପାଇଁ 'ବଡ଼' ଆଉ 'ସାନ' ଶବ୍ଦ ସମ୍ପୂର୍ଣ୍ଣ ଅସମର୍ଥ, ଏହା କହିବା ବାହୁଲ୍ୟ ମାତ୍ର ।

ଅହଂ ପ୍ରଣୋଦିତ ହୋଇ ବ୍ୟକ୍ତି ଏପରି ବିଭାଜନ କରିଥାନ୍ତି । ଅନ୍ୟ କଥାରେ କୁହାଯାଇପାରେ ଯେ ବିଜ୍ଞାନ ଓ ଆତ୍ମଜ୍ଞାନ ମଝିରେ ବ୍ୟକ୍ତିର ଅହଂ ହି ପ୍ରାଚୀର ସଦୃଶ ଦଣ୍ଡାୟମାନ । ଅହଂର କାର୍ଯ୍ୟ ହେଉଛି ଭୁଲ ମାର୍ଗଦର୍ଶନ । ସେ କହିଦେଉଛି ଏ ବଡ଼, ଏ ସାନ । ଫଳତଃ ବିଭେଦ ସୃଷ୍ଟି ହେଉଛି ବ୍ୟକ୍ତି ଜୀବନରେ, ସମାଜ-ଜୀବନରେ ସର୍ବୋପରି ବିଶ୍ୱ ଜୀବନରେ । ସମ୍ପ୍ରଦାୟ ଗଢ଼ି ଉଠିଛି, ଧ୍ୱଜାର ମାପରେ ଧର୍ମର ମାପ ହେଉଛି । ବିଭାଜନ ଫଳରେ ବିଶ୍ୱର ସାମଗ୍ରିକ ଜୀବନର ବହୁ କ୍ଷତି ଘଟିଛି । ଉଭୟ ମଧ୍ୟରେ ସହଯୋଗ ନ ଥିବାରୁ ଉଭୟର ଶକ୍ତି କ୍ଷୁର୍ଣ୍ଣ ହୋଇଛି । ବିଭାଜନରୁ କଳହ, କଳହରୁ ଅଶାନ୍ତି ଓ ଅଶାନ୍ତିରୁ ଅବକ୍ଷୟ ହିଁ ଘଟିଚାଲିଛି । ଅହଂ ଓ ସ୍ୱାର୍ଥ ଯୋଗୁଁ ଏତେ ଅଘଟଣ ଘଟୁଛି, ଏହା ବୁଝିବାର ସମୟ ଆସିଛି । ନିଜର ଆନନ୍ଦ ପାଇଁ ଅହଂ ଓ ସ୍ୱାର୍ଥ ଏପରି ବିଭୀଷିକା ସୃଷ୍ଟି କରିଛନ୍ତି । ଏମାନଙ୍କୁ ମନରୁ ଦୂରକଲେ ପ୍ରକୃତ ସତ୍ୟ ଉଦ୍‌ଘାଟିତ ହେବ । ଜୀବନର ଯଥାର୍ଥ ମୂଲ୍ୟବୋଧ ପ୍ରତିଷ୍ଠିତ ହେବ । ଚେତନା ଓ ଆନନ୍ଦର ମଧୁ ମହକରେ ବିଶ୍ୱଜୀବନ ମହକି ଉଠିବ, ସର୍ବାଙ୍ଗୀଣ ଉନ୍ନତିର ସୁକୁମାର ପରିବେଶ ଅଚିରେ ସୃଷ୍ଟି ହେବ ।

ଆତ୍ମଜ୍ଞାନକୁ ଅନ୍ୟ ଭାଷାରେ ଅଧ୍ୟାତ୍ମଜ୍ଞାନ ବୋଲି କୁହାଯାଇପାରେ ।

ଅଧ୍ୟାତ୍ମଜ୍ଞାନ ବା ଆଧ୍ୟାତ୍ମିକତା କେବେ ହେଲେ ଜୀବନକୁ ଅସ୍ୱୀକାର କରେ ନାହିଁ । ବରଂ ଅଧିକ ସ୍ୱୀକାର କରେ । ଧର୍ମ ଓ ଆଧ୍ୟାତ୍ମିକତା ମଧ୍ୟରେ ସ୍ପଷ୍ଟ ପାର୍ଥକ୍ୟ ରହିଛି । ବେଳେବେଳେ ଧର୍ମ କହେ ପଳାୟନର କଥା, ଦିଏ ଅବାଞ୍ଛିତ ବୈରାଗ୍ୟର ବାର୍ତ୍ତା । କିନ୍ତୁ ଆଧ୍ୟାତ୍ମିକତା କେବେହେଲେ ପଳାୟନ ବା ବୈରାଗ୍ୟର କଥାକହେ ନାହିଁ, କହେ ପୂର୍ଣ୍ଣତାର କଥା, ଦିଏ ଦିବ୍ୟ ଚେତନାର ବାର୍ତ୍ତା । ମହାଯୋଗୀ ଶ୍ରୀ ଅରବିନ୍ଦଙ୍କ ମତରେ "ଜୀବନ କ୍ଷେତ୍ରରୁ ପଳାୟନ ନୁହେଁ, ବରଂ ଦିବ୍ୟ ପୂର୍ଣ୍ଣତାରେ ଜୀବନକୁ ପୂର୍ଣ୍ଣାଙ୍ଗ କରି ଗଢ଼ିତୋଳିବା ହିଁ ଯଥାର୍ଥ ଆଧ୍ୟାତ୍ମିକତା ।" ପୁନଶ୍ଚ ସେ କହିଛନ୍ତି, "ସତ୍ୟର ଉପଲବ୍ଧି ପାଇଁ ଆମକୁ ଏ ପୃଥିବୀକୁ ଛାଡ଼ିଯିବାକୁ ହେବନାହିଁ, ଆତ୍ମାର ପ୍ରାପ୍ତି ପାଇଁ ବ୍ୟକ୍ତିକୁ ଜୀବନ ପରିତ୍ୟାଗ କରିବାକୁ ପଡ଼ିବ ନାହିଁ, ଭଗବାନଙ୍କ ସହିତ ସମ୍ପର୍କ ସ୍ଥାପନ କରି ପାଇଁ ବ୍ୟକ୍ତିକୁ ସଂସାର ବର୍ଜନ କରିବାକୁ ହେବନାହିଁ ।"

ସୁତରାଂ ବିଜ୍ଞାନ ଓ ଆଧ୍ୟାତ୍ମିକତା ଉଭୟେ ଜୀବନବାଦୀ । ବିଜ୍ଞାନ ଚାହେଁ ଜୀବନର ବିକାଶ ଏବଂ ଆଧ୍ୟାତ୍ମିକତା ଚାହେଁ ଜୀବନର ସାମଗ୍ରିକ ବିକାଶ । ଚିନ୍ତାଚେତନାରେ ତଥା କ୍ରିୟା ପ୍ରତିକ୍ରିୟାରେ ଏକ ବିରାଟ ଶକ୍ତି ସହ ସମ୍ପର୍କ ସ୍ଥାପନ ହିଁ ଆଧ୍ୟାତ୍ମିକତା । ସେହି ବିରାଟ ଶକ୍ତିଙ୍କର ନାମ ଦେଶ ଭେଦରେ ଭାଷା ଭେଦରେ ଭିନ୍ନ ଭିନ୍ନ । କିଏ ତାଙ୍କୁ ଈଶ୍ୱର, କିଏ ଆଲ୍ଲା, କିଏ ଗଡ୍ ନାମରେ ତାଙ୍କୁ ଡାକନ୍ତି । ଏହାଦ୍ୱାରା ଭଗବାନ ବା ବିଶ୍ୱ ସୃଷ୍ଟିକର୍ତ୍ତା ବିଭାଜିତ ହୁଅନ୍ତି ନାହିଁ । ସେ ସର୍ବଦା ଏକ ଓ ଅଭିନ୍ନ ହୋଇ ରହିଥାନ୍ତି । ଆକାଶକୁ ଆମେ ଦେଶ ଭେଦରେ, ପୁଣି ପ୍ରଦେଶ ଭେଦରେ ପୁଣି ଅଞ୍ଚଳ ଭେଦରେ ବାଣ୍ଟି କହୁ 'ଏ ଭାରତ ଆକାଶ, ଏ ଜାପାନର ଆକାଶ, ଏ ଆମେରିକାର ଆକାଶ, ଏ ଓଡ଼ିଶାର ଆକାଶ ଇତ୍ୟାଦି ।' ଏହାଦ୍ୱାରା ଆମ ଚିନ୍ତାଧାରାର ସଙ୍କୁଚିତ ଅବସ୍ଥାଟି ଜଣାପଡ଼େ । ପ୍ରକୃତରେ ଆକାଶର କୌଣସି କ୍ଷୟକ୍ଷତି ଘଟେ ନାହିଁ । ଭଗବାନ ଆକାଶ ପରି ପରିବ୍ୟାପ୍ତ, ପବନଠାରୁ ଆହୁରି ସୂକ୍ଷ୍ମ ଭାବରେ ସର୍ବତ୍ର ବିରାଜିତ । ତାଙ୍କୁ କେବଳ ଉପଲବ୍ଧି କରାଯାଏ ଚେତନା ମାଧ୍ୟମରେ । ଜଡ଼ବିଜ୍ଞାନ ଆଦୌ ଭଗବାନଙ୍କୁ ଅସ୍ୱୀକାର କରେନାହିଁ, ଅବମାନନା କରେ ନାହିଁ । ବିଶ୍ୱ ବିଖ୍ୟାତ ବୈଜ୍ଞାନିକ ଆଇନ୍‌ଷ୍ଟାଇନ୍‌ଙ୍କ ଉକ୍ତିରୁ ଏହା ସ୍ପଷ୍ଟ ଭାବରେ ଜଣାଯାଏ । ତାଙ୍କ ମତରେ "ମୁଁ ଈଶ୍ୱରଙ୍କୁ ବିଶ୍ୱାସ କରେ । ସୃଷ୍ଟିର ନିୟମଗୁଡ଼ିକୁ ସେହି ଈଶ୍ୱର ନିୟନ୍ତ୍ରଣ କରନ୍ତି । ମୁଁ ସ୍ୱୀକାର କରେ ଯେ ପ୍ରକୃତିର ଅନ୍ତରାଳରେ ଏକ ଚେତନ ଶକ୍ତି କାର୍ଯ୍ୟ କରୁଅଛି । ସୃଷ୍ଟି ଅକସ୍ମାତ୍ ହୋଇଯାଇନାହିଁ । ଏହାର ନିୟମ, ପ୍ରୟୋଜନ ଓ ଉଦ୍ଦେଶ୍ୟ ରହିଛି ।"

ଆଜିର ଆଧ୍ୟାତ୍ମିକତା ହେଉଛି ପ୍ରୟୋଗବାଦୀ ଆଧ୍ୟାତ୍ମିକତା । କେବଳ ଧ୍ୟାନ ଧାରଣା ଏହାର ଅଂଗ ନୁହେଁ, ଜୀବନର ପ୍ରତ୍ୟେକ ଯଥାର୍ଥ କ୍ରିୟା ହିଁ ଆଧ୍ୟାତ୍ମିକତାର

ଅନ୍ୟ ରୂପ । ଅତଏବ ବିଜ୍ଞାନ ମଧ୍ୟ ଆଧ୍ୟାତ୍ମିକତାର ଅଙ୍ଗବିଶେଷ । ଗୋଟିଏ ମୁଦ୍ରାର ଦୁଇ ପାଖ ଭଳି ପରସ୍ପର ସହ ସଂଶ୍ଳିଷ୍ଟ ବୋଲି କହିବା ଅପେକ୍ଷା ଅଧିକ ଠିକ୍ ଅର୍ଥରେ କୁହାଯାଇପାରେ ଯେ ବିଜ୍ଞାନ ହେଉଛି ଆଧ୍ୟାତ୍ମିକତାର ବଳୟଭୁକ୍ତ ଏକ ଜୀବନଧର୍ମୀ ଉପାଦାନ । ଉଭୟ ମଧ୍ୟରେ ଆଦୌ ବିରୋଧ ନାହିଁ, ବିଭେଦ ନାହିଁ, ପ୍ରକୃତରେ ବିରୋଧ ଅଛି, ବିଭେଦ ଅଛି ଆମ ଚେତନାରେ ।

■

ଆଜିର ଅନୁଚିନ୍ତା

କଥାରେ ଅଛି 'କଥା କହି ଜାଣିଲେ ସୁନ୍ଦର, ମଥା ବାନ୍ଧି ଜାଣିଲେ ସୁନ୍ଦର ।' ଅର୍ଥାତ୍ କହିଜାଣିବା ଉପରେ କଥାର ମହତ୍ତ୍ୱ ନିର୍ଭରକରେ ଏବଂ ବାନ୍ଧିଜାଣିବା ଉପରେ ମଥାର ସୌନ୍ଦର୍ଯ୍ୟ ନିର୍ଭର କରେ । ଠିକ୍ ସେହିପରି ଜୀବନ ଜୀଇଁ ଜାଣିଲେ ସୁନ୍ଦର । ଜୀଇଁ ଜାଣିବା ଉପରେ ଜୀବନର ମୂଲ୍ୟବୋଧ ନିର୍ଭର କରେ । ବଞ୍ଚିବା ଓ ବଞ୍ଚିବାର କଳା ଜାଣିବା ଭିତରେ ପାର୍ଥକ୍ୟ ରହିଛି । ସମାଜର ବହୁ ସମସ୍ୟାର ସମାଧାନ ବଞ୍ଚିବାର କଳା ଜାଣିବା ଉପରେ ନିର୍ଭରକରେ । କେବଳ ଆଇନକାନୁନ୍ ଦ୍ୱାରା ସବୁ ସମସ୍ୟାର ସମାଧାନ ସମ୍ଭବ ନୁହେଁ । ଭଲ କଥା ପିଲାଦିନୁ ନ ଶିଖାଇ ବଡ଼ ହେଲେ ଦୋଷୀକୁ ଦଣ୍ଡ ଦେବାର ବିଧି ବ୍ୟବସ୍ଥା ରଖିଦେଲେ କ'ଣ ସୁସ୍ଥ ସମାଜ ଗଠିତ ହୋଇଯିବ ? କହିବାର ତାତ୍ପର୍ଯ୍ୟ ଏହିକି ଯେ ଆଇନ ରହୁ ଏହା ସହିତ ପିଲାଦିନରୁ ଭଲକଥା ଶିଖାଇବାର ବ୍ୟବସ୍ଥା ମଧ୍ୟ ରହୁ । ଭଲକଥା କହିଲେ ଧର୍ମ କଥା, ପୁରାଣ କଥା, ଧ୍ୟାନ ଧାରଣା ନିରାମିଷ ଭୋଜନ ଇତ୍ୟାଦି ଇତ୍ୟାଦିକୁ ବୁଝାଏ ନାହିଁ । ନିଜସ୍ୱ ଚେତନା ବଳରେ ଜୀବନର ବାସ୍ତବତାକୁ ସମ୍ମୁଖୀନ ହେବାର ପ୍ରଣାଳୀ ଓ ପ୍ରକ୍ରିୟା ହିଁ ଭଲକଥାର ଅନ୍ତର୍ଭୁକ୍ତ । ଭଲକଥାରୁ ମାର୍ଜିତ ରୁଚି ଭିତ୍ତିକ ଦୃଢ଼ ମାନସିକତା ସୃଷ୍ଟି ହୁଏ । ଗୋଟିଏ ଶବ୍ଦରେ କହିଲେ ତାହାହିଁ ଯଥାର୍ଥ ସଚେତନତା ।

ସଚେତନତା ଥିଲେ ବ୍ୟକ୍ତି ଉଚିତମାର୍ଗରେ ଚାଲିପାରେ ଓ ପରିବେଶକୁ ସୁନ୍ଦର ତଥା ଶାନ୍ତିମୟ କରିପାରେ । କିନ୍ତୁ ସଚେତନତାର ଅଭାବ ଘଟିଲେ ବ୍ୟକ୍ତି ଦାରୁଣ ଦୁଃଖର ସମ୍ମୁଖୀନ ହୁଏ । ମନ ତା'ର ଅଶେଷ ଯନ୍ତ୍ରଣାରେ ଜର୍ଜରିତ ହୋଇଉଠେ । ହଜିଯାଏ ଆନନ୍ଦର ସବୁଜ ସୁଷମା, ଦିଗଦିଗନ୍ତ ଭରିଯାଏ ଗ୍ଲାନି ଓ ହାହାକାରରେ । ଜୀବନ ତାର ବୋଝରେ ପରିଣତ ହୁଏ ଏବଂ ସେ ନିଜେ ହୁଏ ସମାଜର ଏକ ବୋଝ । ଏଇ ଧରାଯାଉ, ଜଣେ ଯଦି ସବୁବେଳେ ଲୋକମାନେ କ'ଣ କହୁଛନ୍ତି

ବା ନ କହୁଛନ୍ତି, ସେଇ ଉପରେ ଅଧିକ ଗୁରୁତ୍ୱ ଆରୋପ କରନ୍ତି, ତେବେ ସେ କେବେହେଲେ ମାନସିକ ଶାନ୍ତି ପାଇବେ ନାହିଁ । ଲୋକଙ୍କ କହିବା ସରିବ ନାହିଁକି ତାଙ୍କର ଅନ୍ତର୍ଦ୍ୱନ୍ଦ୍ୱ ସରିବ ନାହିଁ । ଲୋକଙ୍କ କାମ ହେଉଛି କହିବା, ଯାହା କଲେ ମଧ ଲୋକେ କହିବେ । ସାଧାରଣ ଲୋକଙ୍କୁ ସବୁବେଳେ ସନ୍ତୁଷ୍ଟ କରିବା ଆଦୌ ସମ୍ଭବ ନୁହେଁ । ନିଜର ବିବେକାନୁମୋଦିତ କାର୍ଯ୍ୟଦ୍ୱାରା ଆତ୍ମସନ୍ତୋଷ ପ୍ରାପ୍ତି ଏକାନ୍ତ କାମ୍ୟ । ଏହି ଆତ୍ମସନ୍ତୋଷ ହିଁ ଭାଗବତ ଆରାଧନା ପାଇଁ ସୁବାସିତ ସଜ ଫୁଲ । ଶ୍ରୀମା' କହନ୍ତି "ଲୋକମାନଙ୍କ କଥାରେ ନିଜକୁ ଉତ୍ପୀଡ଼ିତ ହେବାକୁ ଛାଡ଼ିଦିଅ ନାହିଁ ।

ଅନ୍ୟପକ୍ଷରେ ଅନ୍ୟର ଅନିଷ୍ଟ ଚିନ୍ତା ଓ ଅନ୍ୟପ୍ରତି ଈର୍ଷା ଅନ୍ୟ ଅପେକ୍ଷା ନିଜର ଅଧିକ କ୍ଷତି ଘଟାଏ । ନିଜ ମନ ଏହାଦ୍ୱାରା ରୁଗ୍ଣ ଓ ଅଯଥା ଭାରାକ୍ରାନ୍ତ ହୋଇଯାଏ । ବୁମେରାଂ ଭଳି ସେ ଅସ୍ତ୍ର ନିଜ ଉପରକୁ ଲେଉଟି ଆସେ ଓ ନିଜର ବହୁ କ୍ଷତି କରିଥାଏ । ଅନ୍ୟପ୍ରତି ସଦିଚ୍ଛା ପୋଷଣ କଲେ ମନ ପ୍ରଶସ୍ତ ହୁଏ, ଆନନ୍ଦମଗ୍ନ ହୁଏ । ଏସବୁ ହିଁ ଯଥାର୍ଥରେ ଶିକ୍ଷାର ଅନ୍ତର୍ଭୁକ୍ତ । ଏଥିପାଇଁ ଆନୁଷ୍ଠାନିକ ଶିକ୍ଷାର ଯେତିକି ଅବଦାନ ରହିଛି, ପାରିବାରିକ ଶିକ୍ଷାର ତଦପେକ୍ଷା ଅଧିକ ଅବଦାନ ରହିଛି ।

ପରିବେଶ ସମ୍ବନ୍ଧରେ ସଚେତନତା ତଥା ରାଷ୍ଟ୍ର ସଂପର୍କରେ ସଚେତନତା ପିଲାଟି ମନରେ ଆଣିଦେବା ପାଇଁ ପରିବାରର ଲୋକେ ଅଧିକ ଯତ୍ନଶୀଳ ହେବା ଏକାନ୍ତ ଜରୁରୀ । ପିଲାକୁ ଅତିବେଶୀରେ 'ପଢ଼', 'ବହି ଧରି ବସ୍' କହିଦେଲେ ଅଭିଭାବକମାନଙ୍କର କର୍ତ୍ତବ୍ୟ ସରିଯାଏ । ବହି ପାଠ ସହିତ ଦେଶ, ଜାତି, ସଂସ୍କୃତି, ଆଧ୍ୟାତ୍ମିକତା ସର୍ବୋପରି ମାନବିକତା ସମ୍ପର୍କରେ କିଛି ଭଲକଥା ଶୁଣାଇବା ଦାୟିତ୍ୱ ଯେ ଅଭିଭାବକମାନଙ୍କର ଅଛି, ଏକଥା ସେମାନେ ଭୁଲି ଯାଇଥାନ୍ତି । ଏପରିକି ପନ୍ଦର ଅଗଷ୍ଟ ଆସେ, ଛବିଶ ଜାନୁୟାରୀ ଆସେ, ସ୍କୁଲ ବା କୌଣସି ଅନୁଷ୍ଠାନକୁ ପିଲାମାନେ ଆସନ୍ତି ପତାକା ଉତ୍ତୋଳନ ଉତ୍ସବରେ ଅଂଶଗ୍ରହଣ କରିବା ନିମନ୍ତେ । ଉତ୍ସବସବୁ କାହିଁକି ପାଳନ କରାଯାଉଛି ଓ ସେମାନେ କାହିଁକି ଆସିଛନ୍ତି ବୋଲି ପଚାରିଲେ ପିଲାମାନେ ଉତ୍ତରରେ ପ୍ରାୟ କିଛି କହନ୍ତି ନାହିଁ, ଅତିବେଶି ହେଲେ କହନ୍ତି ମିଠେଇ ବଣ୍ଟା ହେଉଛି ଓ ସେମାନେ ମିଠେଇ ନେବାପାଇଁ ଆସିଛନ୍ତି । ଅକ୍ଟୋବର ଦୁଇ ତାରିଖରେ ଛୁଟି ହୁଏ, ପିଲାଏ ଜାଣନ୍ତି ନାହିଁ ଛୁଟି କାହିଁକି ହୁଏ ? କହିଲେ କହିବେ ଶିକ୍ଷକମାନେ ସ୍କୁଲରେ, ଘରେ ବା କହିବ କିଏ, କହିବାକୁ ଲୋକ ବା କାହାନ୍ତି ? ନିଜ ତରଫରୁ ତ କହିବାର ନାହିଁ, ପିଲାମାନେ ଅନୁସନ୍ଧିତ୍ସୁ ହୋଇ ବିଭିନ୍ନ ପ୍ରଶ୍ନ କଲେ ତା'ର ଉତ୍ତର ଦେବା ପରିବର୍ତ୍ତେ କେବଳ ବିରକ୍ତି ପ୍ରକାଶ କରାଯାଏ । ଏହା ଫଳରେ ପିଲାଙ୍କର ମନ ଦବିଯାଏ ।

ଅନ୍ୟ ଦେଶର ଶିଶୁ ଓ କିଶୋର ମାନଙ୍କର ମନୋଭାବ ଅପେକ୍ଷା ଆମଦେଶର ଶିଶୁ ଓ କିଶୋରଙ୍କର ମନୋଭାବ ଭିନ୍ନ । କେତେକ ଦେଶର ପିଲାମାନେ ନିଜ ଦେଶ ସମ୍ପର୍କରେ ଅଳ୍ପେ ବହୁତେ ସଚେତନ ଥାଆନ୍ତି, ସେମାନଙ୍କୁ ସେମାନଙ୍କର ପ୍ରିୟ କଥାଟି କ'ଣ ବୋଲି ପ୍ରଶ୍ନ କଲେ କେତେକ କଥା ସହିତ ନିଜ ଦେଶର ନାମ ସେମାନେ ଉଚ୍ଚାରଣ କରିଥାନ୍ତି । ମାତ୍ର ଆମ ପିଲାମାନଙ୍କୁ ଏଇ ପ୍ରଶ୍ନଟି ପଚାରିଲେ ଉତ୍ତର ମିଳେ ଚକୋଲେଟ୍, ଖେଳଣା, ଆମଘର, ଅଜା, ଆଈ ଇତ୍ୟାଦି ଇତ୍ୟାଦି । ଏତେ କଥା ସହ ଆମ ଦେଶକୁ କେହି ଜଣେ ହେଲେ ସାମିଲ କରନ୍ତି ନାହିଁ । ଏଥିପାଇଁ ଅଭାବବୋଧଟି କେଉଁଠାରେ ରହୁଛି ତାହା ବିଚାର୍ଯ୍ୟ ବିଷୟ ।

ଯୁବ ସମ୍ପ୍ରଦାୟ କଥା ନ କହିଲେ ଭଲ । ସେମାନଙ୍କ ଦୃଷ୍ଟିରେ ନିୟମ ଭାଙ୍ଗିବା ହେଉଛି ବୀରତ୍ୱର ଚିହ୍ନ ଏବଂ ନିୟମ ମାନିବା ହେଉଛି ଦୁର୍ବଳତାର ଚିହ୍ନ । ଟ୍ରାଫିକ୍ ନିୟମ ଠାରୁ ଆରମ୍ଭ କରି ଅଫିସ କଚେରୀର ନିୟମ ଭାଙ୍ଗିଲେ ପ୍ରଶଂସା ମିଳେ, ମାନିଲେ ନିନ୍ଦା ଶୁଣିବାକୁ ମିଳେ । ଅନ୍ୟପ୍ରତି ଅଯଥାରେ କର୍କଶରୁକ୍ଷ ବ୍ୟବହାର କରିବା ହେଉଛି ବ୍ୟକ୍ତିତ୍ୱର ଏକ ବିଶିଷ୍ଟ ଦିଗ ବୋଲି ଆମେ ଭାବୁ । ବୟସ୍କ ବ୍ୟକ୍ତିଙ୍କୁ ନମ୍ର ବ୍ୟବହାର ପ୍ରଦର୍ଶନ କରିବା ପୁରୁଣା ପୋଥିର କଥା ହୋଇଗଲାଣି । ଏପରିକି ଅଭିଭାବକଙ୍କ ମୁଖରୁ ଶୁଣିବାକୁ ମିଳିଲାଣି "ପିଲାଟି ଧୀର ସ୍ଥିର, ହେଲେ ଏ ଯୁଗକୁ ନୁହେଁ ।" ଏବେ ହେଲାଣି ବିଶୃଙ୍ଖଳା ଯେଉଁଠି ବୀରତ୍ୱ ସେଇଠି । ଘରେ ବାହାରେ ଛୋଟ ସମସ୍ୟାଟିକୁ ଜଟିଳ କରିବା ହେଉଛି ବୀରର ଲକ୍ଷଣ । ସମସ୍ୟାଟିର ସରଳ ସମାଧାନର ପ୍ରୟାସ ଓ ପ୍ରଚେଷ୍ଟା ଏବେ ଦୁର୍ବଳତାର ଚିହ୍ନ । ଏଇ ପରିପ୍ରେକ୍ଷୀରେ 'ପ୍ରଗତି', ଖାଲି ଚିତ୍କାରର ବିଷୟ ଓ ଆନୁଷ୍ଠାନିକ ବାର୍ଷିକ ଉତ୍ସବରେ ପୁରସ୍କାର ବିତରଣ ନିମନ୍ତେ ପ୍ରତିଯୋଗିତାର କଥାବସ୍ତୁ ହୋଇ ରହିବାକୁ ବାଧ୍ୟ ।

ବୟସ୍କ ଲୋକମାନଙ୍କ କଥା ଆଉ ଟିକିଏ ଭିନ୍ନ । ସାଧାରଣ ଲୋକଙ୍କ କାମ ହେଉଛି ପରକଥାରେ ମୁଣ୍ଡ ଖେଳାଇବା । ନିଜ ଚିନ୍ତାକରିବାକୁ ତାଙ୍କୁ ବେଳ ଥାଏ । ନିଜର ବହୁ ଅସୁବିଧା ପ୍ରତି ନଜର ନ ଥାଏ, ନଜରଥାଏ ଅନ୍ୟର ଟିକିଏ ଦୋଷ ତ୍ରୁଟି, ସୁବିଧା ଅସୁବିଧା ପ୍ରତି । ପରଚିନ୍ତାରୁ, ପରଚର୍ଚ୍ଚାରୁ ସେମାନଙ୍କୁ ଯେଉଁ ଆନନ୍ଦ ମିଳେ ତା'ର କଳନା ନ ଥାଏ ।

ଏସବୁ ବ୍ୟତୀତ ସାମାଜିକ ବିପର୍ଯ୍ୟୟ ପାଇଁ ଦୁଇଗୋଟି ଅଶୁଭ ଶକ୍ତି ମୁଖ୍ୟତଃ ଦାୟୀ । ତାହାହେଲା ଦାରିଦ୍ର୍ୟ ଓ ବେକାରୀ । ଦାରିଦ୍ର୍ୟ କେବଳ ଏକ ବାସ୍ତବତା ନୁହେଁ, ଏକ ମାନସିକତା ମଧ୍ୟ । ଧନୀ ହେବାର ସହଜ ମନୋଭାବ ହିଁ ଦାରିଦ୍ର୍ୟର ମୂଳ କାରଣ । ଅର୍ଥର ସଫଳ ବିନିଯୋଗରେ ଦାରିଦ୍ର୍ୟର ଦୂରୀକରଣ କେତେକାଂଶର

ସମ୍ଭବ । ଗଚ୍ଛିତ ହୋଇ ରହି ବ୍ୟକ୍ତିର ଅହଂ ବୃଦ୍ଧି କରିବା ଅର୍ଥର କାର୍ଯ୍ୟ ନୁହେଁ । ଭତ୍ତା ଆକାରରେ ଅର୍ଥର ବଣ୍ଟନ ନୁହେଁ ସମାଜର କୋଣ ଅନୁକୋଣରେ ଅର୍ଥ ଶକ୍ତି ପହଞ୍ଚିବା ଆବଶ୍ୟକ । ଏହି ପହଞ୍ଚିବାର ପଦ୍ଧତି ହେଉଛି ବେକାରୀ ଦୂରୀକରଣର ଅନ୍ୟତମ ପରିଭାଷା । ଭତ୍ତା ଆକାରରେ ଅର୍ଥର ବଣ୍ଟନ ନୁହେଁ ପରିଶ୍ରମ ବଳରେ ଅର୍ଥ ଉପାର୍ଜନ ହିଁ ଦାରିଦ୍ର୍ୟ ଦୂରୀକରଣର ଯଥାର୍ଥ ପନ୍ଥା । ଦାରିଦ୍ର୍ୟ ଦୂରୀକରଣ ଓ ବେକାରୀ ଦୂରୀକରଣ ଗୋଟିଏ ମୁଦ୍ରାର ଦୁଇପାଖ ଭଳି ଓତପ୍ରୋତ ଭାବରେ ଜଡ଼ିତ ହେଲେ ସାମାଜିକ ବିକାଶ ତଥା ରାଷ୍ଟ୍ରୀୟ ବିକାଶ ତ୍ୱରାନ୍ୱିତ ହବ ।

ଆମର ସମସ୍ୟା ସବୁକୁ ଆମେ ବିଶ୍ଳେଷଣ କରିବା ଏବଂ ସମାଧାନର ପନ୍ଥା ନିର୍ଣ୍ଣୟ କରିବାକୁ ପ୍ରୟାସୀ ହେବା ହିଁ ଆଜରି ଅନୁଚିନ୍ତା ।

■

ଆତ୍ମବିଶ୍ଳେଷଣ

ଜଙ୍ଗଲରୁ କାଠ, ପୋଖରୀରୁ ମାଛ, ବ୍ୟାଙ୍କରୁ ଟଙ୍କା, ଖୁଣ୍ଟରୁ ବିଜୁଳି, ଦେହରୁ ବୃକକ୍, ସମାଜରୁ ମହିଳା, ଗୋଦାମରୁ ସିମେଣ୍ଟ ପୁଣି ପୁରୁଣା ବହିରୁ ପାଠ ଚୋରି ସମେତ ବହୁ ଚୋରି ଆଜିକାଲିର ସାଧାରଣ ଘଟଣା । କର୍ତ୍ତା କିଏ ପଚାରିଲେ ଉତ୍ତର ହେଉଛି ମଣିଷ ଏବଂ କାରଣ କ'ଣ ବୋଲି ପଚାରିଲେ ଉତ୍ତର ହେଉଛି ଅଶିକ୍ଷା । ଅଶିକ୍ଷାଟି କ'ଣ ଓ ଏହାର କାରଣ କ'ଣ ବୋଲି ଜାଣିଲେ ଏହାର ନିରାକରଣର ପଥ ସୁଗମ ହୋଇପାରିବ । ଶିକ୍ଷାର ବିପରୀତ କଥାଟି ଅଶିକ୍ଷା ନୁହେଁ, ବରଂ ଶିକ୍ଷାର ଅଭାବ ହିଁ ଅଶିକ୍ଷା ।

ଶିକ୍ଷା କହିଲେ କେବଳ ସମ୍ବାଦ ସଂଗ୍ରହକୁ ବୁଝାଏ ନାହିଁ, ଏହା ସହିତ ଆଉ କିଛି କଥାକୁ ବୁଝାଏ, ଯାହା ବ୍ୟକ୍ତି ଚେତନାର ବିକାଶ ନିମନ୍ତେ ଅଭିପ୍ରେତ । ଏହି ଚେତନାର ବିକାଶ ହିଁ ଜୀବନର ଲକ୍ଷ୍ୟ । ମଣିଷର ଜନ୍ମଠାରୁ ମୃତ୍ୟୁ ପର୍ଯ୍ୟନ୍ତ ଶିକ୍ଷାଲାଭର ଆବଶ୍ୟକତା ରହିଛି । ତେଣୁ କୁହାଯାଏ ସମଗ୍ର ଜୀବନ ହିଁ ଶିକ୍ଷା । ଅବଶ୍ୟ ଏଥିପାଇଁ ବ୍ୟକ୍ତିର ଗ୍ରହଣଶୀଳତା ଏକାନ୍ତ ଆବଶ୍ୟକ । ଗ୍ରହଣଶୀଳତାର ଭିତ୍ତି ପଡ଼ିଥାଏ ପରିବାରରୁ । ଶିଶୁ ଓ କିଶୋର ମନରେ ପାରିବାରିକ ଶିକ୍ଷାର ପ୍ରଭାବ ଏତେ ଅଧିକ ଯେ ତାହା ଜୀବନର ବିଳମ୍ବିତ ଉତ୍ତରାର୍ଦ୍ଧରେ ମଧ୍ୟ ସତେଜ ହୋଇ ରହିଥାଏ । ପାରିବାରିକ ଶିକ୍ଷାକୁ ପୁଞ୍ଜିକରି ବ୍ୟକ୍ତି ନିଜ ଜୀବନରେ ନୂଆ ନୂଆ ଅଭିଜ୍ଞତାରୁ ଶିକ୍ଷାଲାଭ କରିଥାଏ ଏବଂ ତାହାଦ୍ୱାରା ଉପକୃତ ହୋଇଥାଏ । ତେଣୁ ଜୀବନକୁ ଏକ ବିଦ୍ୟାଳୟ ବୋଲି କୁହାଯାଏ । ଜୀବନରେ ବିଦ୍ୟାଳୟ ଗମନ ଏକ ଆବଶ୍ୟକତା ଏବଂ ଏହାଠାରୁ ଅଧିକ ଆବଶ୍ୟକ ଜୀବନକୁ ବିଦ୍ୟାଳୟ ବୋଲି ବିଚାର କରିବା । ଶିଖିବାର ଇଚ୍ଛା ଜୀବନକୁ ମାର୍ଜିତ, ସଚେତନ ସର୍ବୋପରି ସମୃଦ୍ଧ କରିଥାଏ । ଜୀବନରେ ଭଲକଥା ଶିଖିବାର କ୍ଷେତ୍ର ଯେପରି ପ୍ରଶସ୍ତ, ମନ୍ଦକଥା ଶିଖିବାର କ୍ଷେତ୍ର ମଧ୍ୟ ସେପରି ଉନ୍ମୁକ୍ତ ।

ପ୍ରତ୍ୟେକ ମୁହୂର୍ତ୍ତରେ ବ୍ୟକ୍ତି ନିକଟରେ ଭଲ ଓ ମନ୍ଦ ଉଭୟର ରାସ୍ତା ପରିବ୍ୟାପ୍ତ ହୋଇ ରହିଥାଏ । ନିର୍ବାଚନ କରିବାର ଦାୟିତ୍ୱ ହେଉଛି ବ୍ୟକ୍ତିର । ଇଚ୍ଛା କଲେ ସେ ଭଲ ବାଟରେ ଯାଇପାରେ ଇଚ୍ଛା କଲେ ସେ ମନ୍ଦ ବାଟରେ ଯାଇପାରେ । ଏଥିପାଇଁ ଆବଶ୍ୟକ ବିଚାରଶୀଳତା । ଆନୁଷ୍ଠାନିକ ଶିକ୍ଷାରୁ ଏହି ବିଚାରଶୀଳତା ଯେତିକି ଆସେ, ପାରିବାରିକ ଶିକ୍ଷାରୁ ଏହି ବିଚାରଶୀଳତା ସେତିକି ଆସେ, ବରଂ ପାରିବାରିକ ଶିକ୍ଷାରୁ ତାହା ବହୁ ଗୁଣରେ ଅଧିକ ଆସେ ।

ପାରିବାରିକ ଶିକ୍ଷାର ମାନ ନିର୍ଭର କରେ ମୁଖ୍ୟତଃ ମାଆମାନଙ୍କର ସଚେତନତା ଉପରେ । ଏପରି ମାଆ ଅଛନ୍ତି ଯେଉଁମାନେ କି ପିଲାଙ୍କ ଚିନ୍ତାଠାରୁ ନିଜ ସୁଖସୁବିଧାର ଚିନ୍ତା ଅଧିକ କରନ୍ତି । ପିଲାମାନେ ଅନ୍ୟବାଡ଼ିରେ ପଶି ଫୁଲ ଚୋରିଠାରୁ ଲଙ୍କାମରିଚ ଚୋରି ପୁଣି ପରିବା ଚୋରି କରିବା କଥା ଜାଣିଲେ ମଧ୍ୟ କିଛି କହନ୍ତି ନାହିଁ । କିଶୋର ବୟସରେ କୁସଙ୍ଗରେ ପଡ଼ି ପଥଭ୍ରଷ୍ଟ ହେବାର ସୂଚନା ପାଇଲେ ମଧ୍ୟ ବ୍ୟସ୍ତ ବିବ୍ରତ ହୁଅନ୍ତି ନାହିଁ କି ପ୍ରତିକାର ପାଇଁ ଯଥେଷ୍ଟ ପ୍ରୟାସ କରନ୍ତି ନାହିଁ । ଉପରେ ଉପରେ ଭାସି ଭାସି ଜନନୀର ଗୌରବ ନେଉଥାଆନ୍ତି । ଭଲ କଥା ଶିଖାଇବାର କଷ୍ଟ ସ୍ୱୀକାର ନ କରି ଉଦାସୀନ ରହିଥାଆନ୍ତି । ପିଲାଟିକୁ ଭଲ ଭଲ କଥା ଶିଖାନ୍ତି ନାହିଁ, ସେଥିପାଇଁ ନା ଥାଏ ତାଙ୍କ ପାଖରେ ଆଗ୍ରହ, ଆନ୍ତରିକତା କି ଧୈର୍ଯ୍ୟ ।

ପ୍ରକୃତରେ ମାତୃତ୍ୱ ହେଉଛି ଦିବ୍ୟ ଚେତନାର ପ୍ରତୀକ । ଗର୍ଭାଧାନ ସମୟରୁ ସେ ଶିକ୍ଷୟିତ୍ରୀର ଭୂମିକାରେ ଅବତୀର୍ଣ୍ଣ । ପିଲାଟିର ଯଥାର୍ଥ ଶିକ୍ଷାର ଆରମ୍ଭ ହୁଏ ମାତୃଗର୍ଭରେ । ସେତେବେଳେ ମାଆ ଯେଉଁ ମାନସିକତାରେ ରହେ ପିଲାଟିର ମସ୍ତିଷ୍କର ସ୍ନାୟୁ ଶିରା ତହିଁରୁ ସେହି ଉପାଦନ ସବୁ ଗ୍ରହଣ କରେ । ମାଆ ସେତେବେଳେ ସତ୍‌ଚିନ୍ତାକରେ ପିଲା ଉପରେ ତା'ର ପ୍ରଭାବ ପଡ଼େ । କଳି, ହିଂସା, କ୍ରୋଧ ଇତ୍ୟାଦି ମନ୍ଦ ଚିନ୍ତା ଓ ଚେତନାରେ ମାଆ ରହିଲେ ତାହାର ପ୍ରଭାବ ମଧ୍ୟ ପିଲା ଉପରେ ପଡ଼େ । ତେଣୁ କଥାରେ ଅଛି 'ମାଆ ଚାହିଁଲେ ପିଲା ଚାହେଁ, ମାଆ ଶୋଇଲେ ପିଲା ଶୁଏ ।' ଆଜିର ମନୋବୈଜ୍ଞାନିକମାନେ ଏଇ କଥା ଉପରେ ଅଧିକରୁ ଅଧିକ ଗୁରୁତ୍ୱ ଆରୋପ କରୁଛନ୍ତି । ଏକଥାଟି ଆମ ଦେଶରେ ବହୁ ଆଗରୁ ଅଭିମନ୍ୟୁଙ୍କ ଶିକ୍ଷା ପ୍ରସଙ୍ଗରେ ପ୍ରତିଷ୍ଠିତ ହୋଇସାରିଛି । ଆମେ ଜାଣୁ ଯେ ଅଭିମନ୍ୟୁ ମାତୃଗର୍ଭରେ ଥିଲାବେଳେ ଚକ୍ରବ୍ୟୂହର ଭେଦ ପ୍ରସଙ୍ଗ ସୁଭଦ୍ରା ଯେତିକି ଅର୍ଜୁନଙ୍କଠାରୁ ଶୁଣିଥିଲେ, ଅଭିମନ୍ୟୁ ସେତିକି ଜାଣିଥିଲେ । ନିଦ୍ରା ହେତୁ ଯେଉଁ ଅଂଶ ସୁଭଦ୍ରା ଶୁଣିପାରି ନ ଥିଲେ, ଅଭିମନ୍ୟୁ ସେହି ଅଂଶ ଜାଣିପାରି ନ ଥିଲେ । ଅତଏବ ମାଆ ହିଁ ଶିଶୁର ପ୍ରକୃତ ରୂପକାର । ତେଣୁ ସାରାଜୀବନ ଅଶୁଝା ହୋଇ ରହିଯାଏ ମାଆର ଉପକାର ।

କେବଳ ମାଆ ନୁହେଁ ବାପା ଓ ଅନ୍ୟାନ୍ୟ ଅଭିଭାବକଙ୍କର ମଧ୍ୟ ପିଲାମାନଙ୍କୁ ଭଲକଥା ଶିଖାଇବାର ଭୂମିକା ରହିଛି । ପିଲାର କାନରେ ଯଥାସମୟରେ ଦେଶର ଐତିହ୍ୟ, ସଂସ୍କୃତିର ମହତ୍ତ୍ୱ, ସଭ୍ୟତାର ବୈଶିଷ୍ଟ୍ୟ, ପରମ୍ପରାଗତ ରୁଚିଶୀଳତାର ପ୍ରସଙ୍ଗ ପକାଇବା ସେମାନଙ୍କର ଦାୟିତ୍ୱ ଓ ପବିତ୍ର କର୍ତ୍ତବ୍ୟ । ମାନବିକତାର ମୂଲ୍ୟବୋଧ ସମ୍ପର୍କରେ ପିଲାମାନଙ୍କୁ ଧୈର୍ଯ୍ୟର ସହ ବହୁକଥା ଜଣାଇବା ଏକାନ୍ତ ପ୍ରୟୋଜନ । ଭଲକଥା କିଛି ନ ଶୁଣାଇ, ନ ଜଣାଇ, ନ ବୁଝାଇ ଭଲକଥା ପିଲାଠାରୁ ଆଶା କରିବା ବୃଥା । ପାଣି, ଖତସାର ନ ଦେଇ ଖାଲି ଭଲ ଫସଲର ଆଶା ବିଡ଼ମ୍ବନାର ବିଷୟ । ଏପରି ବହୁଲୋକ ଅଛନ୍ତି ଯେଉଁମାନେ ନିଜ ବ୍ୟତୀତ ଆଉ କାହାକୁ ମଣିଷରେ ଗଣନ୍ତି ନାହିଁ । ଅହଂକାରରେ ଭରପୂର ହୋଇ ଦିନରାତି ଖାଲି ଗଁ ଗଁ ହେଉଥାନ୍ତି । ସେମାନେ ତାଙ୍କ ପିଲାଙ୍କୁ ଭଲକଥା ଶିଖାଇବେ କିପରି ? ସେମାନେ ତ ଭଲକଥା ଶିଖିନାହାନ୍ତି, ଅନ୍ୟକୁ ଭଲକଥା ଶିଖାଇବାର ଯୋଗ୍ୟତା ସେମାନଙ୍କର ନାହିଁ କହିଲେ ଅତିରଞ୍ଜନ ହେବ ନାହିଁ । ବିଦ୍ୟାଳୟରେ ପଢୁଥିବା ଏପରି ବହୁ ପିଲା ଅଛନ୍ତି ଯେଉଁମାନେ ଅଗଷ୍ଟ ପନ୍ଦର ଏବଂ ଜାନୁୟାରୀ ଛବିଶ ତାରିଖ ସହ ଆମ ଦେଶର ସମ୍ପର୍କକୁ ବୁଝାଇ ପାଞ୍ଚଗୋଟି ବାକ୍ୟ କହିପାରିବେ ନାହିଁ । ନିଜ ଘରୁ ଏ ବାବଦରେ ଗୋଟିଏ ହେଲେ ବାକ୍ୟ ଶୁଣିବାର ଅବକାଶ ସେମାନଙ୍କର ନଥାଏ । ତେଣୁ ନ କହି ପାରିବାଟା କେତେଦୂର ଦୋଷାବହ କଥା, ତାହା ବିଚାର୍ଯ୍ୟ ବିଷୟ ।

ଭଲକଥା ଶିଖାଇବାର ଆଗ୍ରହ ଘର ଭିତରେ ରହୁନାହିଁ । ଏହାର କେତେକ କାରଣ ଭିତରୁ ଗୋଟିଏ କାରଣ ହେଉଛି ନୈତିକତାର କଥା, ଶୃଙ୍ଖଳାର କଥା ଜାଣିଲେ ପିଲାମାନେ କାଳେ ଦୁର୍ବଳ ମାନସିକତାର ଶିକାର ହୋଇଯିବେ । କେମିତି ଏକ ଭୁଲ ଧାରଣା ମନ ଭିତରେ ରହିଛି ଯେ ଭଗବାନଙ୍କ କଥା ଶୁଣିଲେ କାଳେ ପିଲାଏ ଆମର ବାବାଜୀ ହୋଇଯିବେ । ଏଇ ଭୟ କେଉଁଠାରୁ ଆସିଛି, କେମିତି ଆସିଛି ବୋଲି ଭାବିଲେ ବିସ୍ମିତ ହେବାକୁ ପଡ଼େ । ଆହୁରି ଏକ ଭୁଲଧାରଣା ମନ ଭିତରେ ରହିଛି ଯେ ନିଜ ଭାଷା, ସାହିତ୍ୟ ଓ ସଂସ୍କୃତି ସମ୍ବନ୍ଧରେ ଜାଣିଲେ ପିଲାଟି ପଚା, ପୁରୁଣା ତଥା ଅଚଳ ଦୋଅଣି ହୋଇଯିବ । ଏଇ ଭ୍ରମ ଧାରଣା କେଉଁଠାରୁ କିପରି ଆସିଲା, ତାହା ଚିନ୍ତାର ବିଷୟ ।

ଅନ୍ୟ ଦେଶକୁ, ଅନ୍ୟ ସଂସ୍କୃତିକୁ ସମ୍ମାନଦେବା ହିଁ ମାନବିକତା । ମାତ୍ର ନିଜ ସଂସ୍କୃତିକୁ ଜଳାଞ୍ଜଳି ଦେଇ ଅନ୍ୟ ସଂସ୍କୃତିକୁ ସମ୍ମାନ ଦେବା ମାନବିକତା ନୁହେଁ । ଏହା ମଧ୍ୟ ବିଶ୍ୱଗ୍ରାମ ଗଠନର ସୂତ୍ର ନୁହେଁ । ବିଶ୍ୱ ଗ୍ରାମ ଗଠନର ସୂତ୍ରଟି ହେଉଛି ନିଜ ମାଟିରେ ଦମ୍ଭରେ ଠିଆ ହୋଇ ବାହାରୁ ଚାରିଆଡୁ ଭଲ ଭଲ କଥା ସଂଗ୍ରହ କରି

ନିଜକୁ ସମୃଦ୍ଧ କରିବା । ଯଥାର୍ଥ ମାନବିକତାର ମହତ୍ତ୍ୱ ଆମ ଦେଶର ସଂସ୍କୃତିରେ ଆବହମାନ କାଳରୁ ନିହିତ ହୋଇ ରହିଛି । ଆମ ପିଲାମାନଙ୍କୁ ଏଇ ମହତ୍ତ୍ୱ ସମ୍ପର୍କରେ ଶୁଣାଇବାର ଓ ଜଣାଇବାର ସମୟ ଆସିଛି । ଆଜି ସମଗ୍ର ବିଶ୍ୱ ଚାହିଁ ରହିଛି ଭାରତ ଆଡ଼କୁ । ଭାରତର ଦିଗ୍‌ଦର୍ଶନ ସମଗ୍ର ପୃଥିବୀ ପାଇଁ ଏକାନ୍ତକାମ୍ୟ ଏକଥା ପାଶ୍ଚାତ୍ୟର ବହୁ ଚିନ୍ତାବିତ୍ ଆଗରୁ କହି ସାରିଛନ୍ତି । ସେମାନଙ୍କ ମଧ୍ୟରେ ରୋମାଁରୋଲା, ହରାର୍, ଶ୍ରୀମତୀ ବୋରିସ୍କା, ନୋଷ୍ଟ୍ରାଡ଼ମସ୍, ଭଗିନୀ ନିବେଦିତା ଓ ମାକ୍ସ ମୁଲ୍ଲରଙ୍କ ନାମ ଉଲ୍ଲେଖଯୋଗ୍ୟ ।

ଆଜି ବିଶ୍ୱରେ ଭାରତବର୍ଷର ପ୍ରାଧାନ୍ୟ ବିସ୍ତୃତ ହେବାରେ ଲାଗିଛି । ଆଗାମୀ ଦିନରେ ବିଶ୍ୱଭ୍ରାତୃତ୍ୱ ମାଧ୍ୟମରେ ବିଶ୍ୱ ନାଗରିକତ୍ୱର ସଂଜ୍ଞା ଓ ସ୍ୱରୂପ ଉଦ୍‌ଘୋଷିତ ହେବ ଭାରତବର୍ଷରୁ । ଜାତି, ଧର୍ମ, ବର୍ଣ୍ଣର ସୀମାକୁ ଡେଇଁ ଯାଇ ପାରୁଥିବା ଦିବ୍ୟ ଚେତନା ବଳରେ ଏକଥା ସମ୍ଭବ ହେବ । ଆଗାମୀ ବିଶ୍ୱର ଦରବାରରେ ଆମଦେଶ ଭାରତବର୍ଷର ସ୍ଥାନ ହେବ ସ୍ୱତନ୍ତ୍ର । ବିଶ୍ୱ ସିଂହାସନରେ ଭାରତଜନନୀ ଆମର ଅଭିଷିକ୍ତ ହେବେ । ଏହି ଅଭିଷେକ ଉତ୍ସବରେ ଆମର ପିଲାମାନେ ସହଯୋଗ କରନ୍ତୁ ବୋଲି ଆମେ ଚାହିଁବା ନାହିଁକି ?

■

ଶେଷ କେଉଁଠି ?

ଶେଷ ଫୁଲଟି ଏପର୍ଯ୍ୟନ୍ତ ଫୁଟି ନାହିଁ । ଯଦିବା ପ୍ରତିଦିନ ବହୁତ ଫୁଲ ଫୁଟୁଛି । ଶେଷ ଲହରୀଟି ଏ ପର୍ଯ୍ୟନ୍ତ ଉଠିନାହିଁ ଯଦିବା ପ୍ରତିଦିନ ବହୁ ଲହରୀ ଉଠୁଛି । ଶେଷ ପ୍ରେମ ଏ ପର୍ଯ୍ୟନ୍ତ ପୃଥିବୀକୁ ଆସିନାହିଁ ଯଦିବା ରାଧା ପ୍ରେମ ଶ୍ରେଷ୍ଠ ବୋଲି ସ୍ୱୀକୃତ ଓ ସମ୍ମାନିତ ହୋଇଛି । ଶେଷ କ୍ଷମା ଏ ପର୍ଯ୍ୟନ୍ତ ରୂପାୟିତ ହୋଇନାହିଁ ଯଦିବା ଯୀଶୁଖ୍ରୀଷ୍ଟ ତାଙ୍କର ହତ୍ୟାକାରୀମାନଙ୍କୁ କ୍ଷମା ଦେଇ ସାରିଛନ୍ତି । ଅହିଂସାର ଶେଷ ପ୍ରୟୋଗଟି କରାଯାଇନାହିଁ ଯଦିବା ମହାତ୍ମାଗାନ୍ଧୀ ଅହିଂସାର ଶ୍ରେଷ୍ଠ ପୂଜାରୀ ଭାବରେ ବିଶ୍ୱବିଖ୍ୟାତ ହୋଇଛନ୍ତି ।

'ଶେଷ' ଓ 'ଆରମ୍ଭ'-ଏଇ ଦୁଇ ଶବ୍ଦକୁ ନେଇ ବହୁ ପ୍ରଶ୍ନ ଜନମାନସରେ କାଳେକାଳେ ସୃଷ୍ଟି ହୋଇଛି । କଥାଟି ଯେତିକି ବୁଝି ହେଉଛି, ତା'ଠାରୁ ଅଧିକ ଅବୁଝା ହୋଇ ରହିଯାଉଛି । 'ଶେଷ' ଶବ୍ଦଟିର ଅର୍ଥ ଛାୟାଚ୍ଛନ୍ନତା ଭିତରେ ରହି ଏକପ୍ରକାର କୁହୁକ ଲଗାଇ ଦେଉଛି । ଏପଟରୁ ବୁଝିଲେ ସେପଟରୁ ବୁଝି ହେଉନାହିଁ, ସେ ପାଖରୁ ବୁଝିଲେ ଏ ପାଖରୁ ବୁଝି ହେଉନାହିଁ । କଥାଟି ଯେତିକି ବୁଝି ହେଉଛି ସେଥିରୁ ଏତିକି ଜାଣିହେଉଛି ଯେ ଗୋଟିଏ ଶେଷ ହିଁ ଅନ୍ୟ ଏକ ଆରମ୍ଭର ଦ୍ୱାରଦେଶ । ଶେଷ କଥାଟିର ଶେଷ ଯେଉଁଠି ହୁଏ, ଆରମ୍ଭର ଆରମ୍ଭ ହିଁ ସେଇଠି ହୁଏ । ଅନ୍ୟଭାଷାରେ କୁହାଯାଇପାରେ ଯେ ଶେଷର ଶେଷ ପାହାଚ ହିଁ ଆଉ ଏକ ଆରମ୍ଭର ପ୍ରଥମ ପାହାଚ । ଆହୁରି ମଧ୍ୟ କୁହାଯାଇପାରେ ଯେ ପ୍ରତ୍ୟେକ ଶେଷ ଭିତରେ ତାହାର ଅନ୍ୟ ଏକ ଆରମ୍ଭ ଯେପରିଥାଏ, ପ୍ରତ୍ୟେକ ଆରମ୍ଭ ଭିତରେ ତାହାର ଶେଷ ସେହିପରି ସଂଗୋପିତ ତଥା ସଂଗଠିତ ହୋଇଥାଏ । ଅତଏବ ଏଥିରୁ ଏତିକି ସ୍ପଷ୍ଟ ଯେ 'ଆରମ୍ଭ'ର ବିପରୀତ ଧର୍ମୀ ଶବ୍ଦ 'ଶେଷ' ନୁହେଁ । ବରଂ ଆରମ୍ଭର ରୂପାନ୍ତରିତ ରୂପ ହେଉଛି ଶେଷ ଓ ଶେଷର ରୂପାନ୍ତରିତ ରୂପ ହେଉଛି ଆରମ୍ଭ । ଶେଷ ଭିତରେ ଆରମ୍ଭର

ଉପସ୍ଥିତି ଓ ଆରମ୍ଭ ଭିତରେ ଶେଷର ସ୍ଥିତି ଅଦୃଶ୍ୟଭାବରେ ସଂଲଗ୍ନ ହୋଇ ରହିଥାଏ । ସୁତରାଂ ଆମକୁ ଯେତେ ଯେତେକଥା ଶେଷ ବୋଲି ମନେହୁଏ, ପ୍ରକୃତରେ ସେଇ ସେଇ କଥା ଶେଷ କଥା ନୁହେଁ । ପ୍ରାୟତଃ ଆମକୁ ଶ୍ରେଷ୍ଠକଥାଗୁଡ଼ିକ ଶେଷ କଥା ବୋଲି ମନେହୁଏ । ପ୍ରକୃତରେ ଶ୍ରେଷ୍ଠ ଓ ଶେଷ ଭିତରେ ଆକାଶ ପାତାଳ ତଫାତ୍ ରହିଛି । ଶ୍ରେଷ୍ଠର ପରିଚିତି ଦେଶ, କାଳ ଓ ପାତ୍ରରେ ନିର୍ଦ୍ଧାରିତ, ମାତ୍ର 'ଶେଷ'ଟି ଦେଶ, କାଳ ଓ ପାତ୍ରର ଊର୍ଦ୍ଧ୍ୱରେ ଥାଇ କ୍ରିୟାଶୀଳ । କିପରି ଆରମ୍ଭର କିପରି ଶେଷ ପୁଣି କିପରି ଶେଷରେ କିପରି ଆରମ୍ଭ ହେବ, ତାହା କୌଣସି ଗାଣିତିକ ସୂତ୍ରଦ୍ୱାରା ନିୟନ୍ତ୍ରିତ ନୁହେଁ ସତ୍ୟ, ମାତ୍ର ଏଥିପାଇଁ ଯେ ଏକ ନିୟନ୍ତ୍ରକ ତଥା ନିୟାମକ ଶକ୍ତି ରହିଛି, ଏହାକୁ ଅସ୍ୱୀକାର କରାଯାଇ ପାରିବ ନାହିଁ । ସେହି ଶକ୍ତିହେଉଛି ବିଶ୍ୱ ପ୍ରକୃତି । ମାନସ ବୁଦ୍ଧିର ଅଲକ୍ଷ୍ୟରେ ତାହାର କ୍ରିୟା ସମ୍ପାଦିତ ଓ ସଂଗଠିତ ହୁଏ ।

ବିଶ୍ୱପ୍ରକୃତି ନିରନ୍ତର କେତେ କଥା ଗଢ଼େ ଓ ଭାଙ୍ଗେ । ଗଢ଼େ ବୋଲି ଭାଙ୍ଗେ କି ଗଢ଼ିବା ପାଇଁ କି ଭାଙ୍ଗେ, ଭାଙ୍ଗେ ବୋଲି ଗଢ଼େ କି ଭାଙ୍ଗିବା ପାଇଁ ଗଢ଼େ, ଏ ପ୍ରଶ୍ନର ଉତ୍ତର ଏ ପର୍ଯ୍ୟନ୍ତ କାହାକୁ ମିଳିନାହିଁ । ତେବେ ଏତିକି ଲକ୍ଷ୍ୟକରି ହେଉଛି ଯେ ଯେଉଁ ବିଶ୍ୱପ୍ରକୃତି ଗଢ଼ିବାରେ ଉଲ୍ଲସିତ, ସେଇ ବିଶ୍ୱପ୍ରକୃତି ଭାଙ୍ଗିବାରେ ଉଦାସୀନ ନୁହେଁ । ଉଦାସୀନ ହେବା ପାଇଁ ତା' ପାଖରେ ସମୟ ମଧ୍ୟ ନାହିଁ । କାରଣ ସେ ଅହରହ କ୍ରିୟାରତ । ତା'ର କ୍ଳାନ୍ତି ନାହିଁ, ବିରକ୍ତି ନାହିଁ କି ବିତୃଷ୍ଣା ମଧ୍ୟ ନାହିଁ, ବରଂ ଅଛି କର୍ମ ପ୍ରବଣତା, ଅନୁରକ୍ତି ଓ ଆଗକୁ ଯିବାକୁ ଅନେକ ତୃଷ୍ଣା । ଏଇ ତୃଷ୍ଣା ତାକୁ ପ୍ରେରଣା ଦିଏ, ଉତ୍ସାହ ଦିଏ, ପ୍ରଗତି ପଥରେ ଅଗ୍ରଗତି କରିବାକୁ ଅସୀମ ଶକ୍ତି ଓ ଅଶେଷ ସାମର୍ଥ୍ୟ ଦିଏ । ଶେଷ ଓ ଆରମ୍ଭ ଭିତରେ ଆମ ପାଇଁ ଅସ୍ପଷ୍ଟ, ମାତ୍ର ତା'ପାଇଁ ସ୍ପଷ୍ଟ ସୀମାରେଖାଟି ସେ କେତେବେଳେ ଓ କିପରି ଟାଣେ, ସେକଥା ସେ ହିଁ ଜାଣେ । ପ୍ରତି କଥାକୁ ଅଧିକ ମହନୀୟ ଓ ମୋହନୀୟ କରି ଗଢ଼ିବାକୁ ସେ ଚାହେଁ । ଅନୁପମ ମୋହିନୀ ମନ୍ତ୍ରରେ ମନ୍ତ୍ରାୟିତ, ମନୋରମ ସୁଚାରୁ ଛନ୍ଦରେ ଛନ୍ଦାୟିତ ସେ ଏକ ଅଦୃଶ୍ୟ ଅନୁଭବ୍ୟ ସତ୍ତା ।

ବିଶ୍ୱ ପ୍ରକୃତିର ମୁଗ୍ଧ ମଧୁରିମା ପହଁରିଯାଏ ପାଣିରୁ ପବନ ପର୍ଯ୍ୟନ୍ତ । ତରୁରୁ ତୃଣ ପର୍ଯ୍ୟନ୍ତ କଅଁଳ ପତ୍ରର ଧାରେ ଧାରେ ତାହା ମାଖି ହୋଇଯାଏ । ସବୁଜ କେଦାରର ଲହରୀରେ, ଫୁଟା ଫୁଲର ପାଖୁଡ଼ାରେ, ଭ୍ରମରର ଗୁଞ୍ଜନରେ ପୁଣି ଦିଗ୍‌ବଳୟର ଗାରେ ଗାରେ ତା'ର ରୂପବିଭା ଜକ ଜକ ଦିଶେ ଓ ସ୍ୱରସୁଧା ମଧୁର ଛନ୍ଦରେ ଝରିଝରି ପଡ଼େ । ସାତ ସମୁଦ୍ର ତେର ନଈ ଡେଇଁ ପବନ ହୋଇ ସବୁକିଛିକୁ ଛୁଇଁଯାଏ, ପୁଣି ସଭିଙ୍କ କାନରେ କହିଯାଏ ନୂଆ ନୂଆ କଥା ଓ ସଭିଙ୍କ ଅନ୍ତରରେ ଦେଇଯାଏ ନୂଆ

ନୂଆ ବାର୍ତ୍ତା । ସେ କଥାର ଧ୍ବନିମାଳା ଓ ସେ ବାର୍ତ୍ତାର ଭାବଧାରା ଅନନ୍ୟ ଓ ଅସାଧାରଣ । ସିଏ ଅନୁମାନରୁ ଅନୁଭବ ଓ ଭାବନାରୁ ଭାଷା ପର୍ଯ୍ୟନ୍ତ ବିକଶିତ ଓ ବିସ୍ତୃତ । ସିଏ ପୁଣି ରୂପାୟିତ 'ଆରମ୍ଭ'ରେ ଓ 'ଶେଷ'ରେ । ଆରମ୍ଭର ଆରମ୍ଭ ସିଏ, ପୁଣି ଶେଷର ଶେଷ ମଧ୍ୟ ସିଏ । ପଥ ସିଏ, ପାଥେୟ ସିଏ, ପୁଣି ପଥପ୍ରାନ୍ତର ଛାଇ ମଧ୍ୟ ସିଏ । ସେ ଚାଲେ ଓ ଚଲାଏ, ହସେ ଓ ହସାଏ, କାନ୍ଦେ ଓ କନ୍ଦାଏ, ଭାସେ ଓ ଭସାଏ । ସେ ବାଟରେ ଅଟକେ ନାହିଁ, କି କେହି ଅଟକି ଯାଆନ୍ତୁ ବୋଲି ସେ ଚାହେଁ ନାହିଁ । ଆରମ୍ଭ ତା'ପାଇଁ ଆରମ୍ଭ ନୁହେଁ କି ଶେଷ ତା'ପାଇଁ ଶେଷ ନୁହେଁ । ସେ ହିଁ ଆରମ୍ଭ, ସେହିଁ ଶେଷ, ତାକୁ ମଥାନତ ପ୍ରଣାମ ।

ଆମେ ଆଉ ଆମେ

ଦିନ ଯାଏ, ରାତି ଆସେ, ରାତି ଯାଏ, ଦିନ ଆସେ। ଆମେ ଆମ ଚିନ୍ତାରେ ଥାଉ। ଆମେ କ'ଣ ଖାଇବୁ, କ'ଣ ପିନ୍ଧିବୁ, କିପରି ଆରାମ କରିବୁ ଇତ୍ୟାଦି ଇତ୍ୟାଦି। ଟିକିଟିକି ଚିନ୍ତାରେ ସମୟ କଟିଯାଏ। ଜୀବନ ଆରମ୍ଭ ହୋଇ ସରିଯାଏ, ତେବେ ମଧ୍ୟ ଆମେ ଟିକିଏ ସମୟ ପାଉନା ଦେଶକଥା, ଜାତିକଥା, ସଂସ୍କୃତି କଥା ଭାବିବାକୁ। ଦେଶ ଯେ ଆମ ପାଇଁ ଜୀବନ୍ତ ଦେବୀ, ଆମେ କେତେ ପ୍ରକାରେ ତାହା ଦ୍ୱାରା ଉପକୃତ, ଏକଥା ଆମେ କେବେ ଭାବୁନାହିଁ। ଏସବୁ ଆମପାଇଁ ଅଲୋଡ଼ା। ବାୟାର କି ଯାଏ, ବାଆ କଲେ ବସା ଦୋହଲୁଥାଏ। ଆମର କ'ଣ ଯାଏ, ଦେଶ ନା ଫେଶ, ଆମେ ଭଲ ତ ଦୁନିଆଁ ଭଲ। ଖାଲି ଦରକାର ଟଙ୍କା ଆଉ କ୍ଷମତା। ଗଦାଗଦା ଟଙ୍କା ରଖିବାରେ ବୀରତ୍ୱ ଅଛି। ଯେନତେନ ପ୍ରକାରେଣ ସେ ଟଙ୍କା ଆସୁ, ଦୁଃଖ ନାହିଁ। ଦେଶର ଧନ ଆମର ଧନରେ ମିଶି ଆମ ଧନରେ ପରିଣତ ହୋଇଗଲେ ଆମେ ଯେ କି ଖୁସି ତାହା କଥାରେ କହିହେବ ନାହିଁ। ଦେଶକୁ ଖୋଳ କରି ଆମର ବ୍ୟକ୍ତିଗତ ଧନ ବଢ଼ାଇ ଚାଲିଲେ ଦେଶ ଯେ ଦିନେ ଭୁଶୁଡି ପଡିବ ସେ ଚିନ୍ତା ଆମର ନାହିଁ। ଯଦି କଦବା କ୍ୱଚିତ କିଏ ରାଜନୀତି ଦୃଷ୍ଟିରୁ ନୁହେଁ ଅନ୍ୟାନ୍ୟ ଦିଗରୁ ଦେଶ କଥା ତଥା ଦେଶର ଉନ୍ନତି କଥା ପକାଏ, ତେବେ ଆମକୁ ହସମାଡ଼େ। ଆମ ପାଟିରୁ ସ୍ୱତଃ ବାହାରିପଡେ, 'ଇଏ ହେଲେ ଦ୍ୱିତୀୟ ଗୋପବନ୍ଧୁ, କିହୋ ! ଜଣେ ଭାବିଲେ କ'ଣ ହେବ, ସମସ୍ତେ ଭାବିଲେ ସିନା ହେବ ଇତ୍ୟାଦି ଇତ୍ୟାଦି। ପ୍ରକୃତପକ୍ଷେ ଜଣକରୁ ଜଣେ, ତା'ପରକୁ ଆଉଜଣେ, ଏପରି ସିନା ଦେଶପ୍ରେମୀ ଜଣ ଜଣ ହୋଇ ପଣେ ହେବେ, ଏକଥା ଆମେ ବୁଝିବାକୁ ଇଚ୍ଛା କରୁନା। ବରଂ ଜଣକୁ ଏପରି ବାକ୍ୟବାଣ ପ୍ରୟୋଗ କରୁଯେ 'ମୂଢ଼ ସଭାରେ ମୂକ ଯଥା ଧାର୍ମିକ' ପରି ସେ ନୀରବ ରହିବାକୁ ବାଧ୍ୟ ହୁଏ।

ତେବେ ଯେତେ ଯାହା ହେଉନା କାହିଁକି ଭୋଟ ଗ୍ରହଣ ଦିନ ଦେଶର ସ୍ଥିତିକୁ

ପୂରା ଅନୁଭବ କରିହୁଏ। ତା'ର କିଛିଦିନ ଆଗରୁ ପରିବେଶ ଗରମଗରମ ଲାଗେ। ଭୋଟ ଦିନ ତ କିପରି ଗୋଟାଏ କୁତୁକୁତିଆ ଆନନ୍ଦ ଲାଗେ। ନିଜକୁ ନିଜେ ଓଜନିଆ ଓଜନିଆ ଲାଗେ। ଦିନଟି ଖୁସିରେ କଟିଯାଏ। ରାତି ପାହିଲେ ଆମ ବାଟରେ ଆମେ, ଦେଶ ବାଟରେ ଦେଶ।

ଟିକିଏ କ୍ଷମତା ଥିବା ଚାକିରିଆ ହୋଇଥିଲେ ଆମର ଚିନ୍ତା ହୁଏ, ଦରମା ପଇସା ଖର୍ଚ୍ଚ ନହୋଇ ଉପରା ପଇସାରେ କିପରି ଚଳିବାକୁ ହେବ। ତେଣୁ କେତେ ପେଞ୍ଚ ପାଞ୍ଚ ଆମ ମନକୁ ସ୍ୱତଃ ଆସିଯାଏ। ବୁଦ୍ଧି ସବୁ ସେତେବେଳକୁ ବନ ଝରଣା ପରି ଝରିଝରି ଆସେ। କେତେବେଳେ ପାଟିରୁ ବାଣୀ ଚନ୍ଦନ ଶୀତଳା ବାହାରେ ତ ଆଉ କେତେବେଳେ ଫଅଁ ଫଅଁ, ରାଇଁ ରାଇଁ, ଝାଇଁ ଝାଇଁ। ମଣିଷ ଦେଖିକରି କାରବାର। ବେଳେବେଳେ ଥିବା ଫାଇଲ ହଜିଯାଏ, ଆଉ ହଜିଥିବା ଫାଇଲ ମିଳିଯାଏ। ହଇରାଣର ଶିକାର ହୋଇଥିବା ଲୋକଟି ଆମକୁ ନମସ୍କାର କରେ, ଆମେ ତା'ର ନମସ୍କାରଟି ପାଇଲୁ କି ନାହିଁ ଦ୍ୱନ୍ଦ୍ୱରେ ପଡି ଆଉଥରେ ମଧ୍ୟ ନମସ୍କାର କରେ। ନମସ୍କାର ପାଇ ଆମର ଖୁସି କହିଲେ ନସରେ। ତେବେ ଖୁସିଟା ଆମେ ପ୍ରକାଶ କରୁନା, ବରଂ ଶୂନ୍ୟ ଗମ୍ଭୀରତାରେ ମୁହଁକୁ ସଜାଇଦେଉ। ସେମିତି ସେମିତି ଫୁଲିଫୁଲି ଚଉକିରେ ବସି ବସି ଅଳ୍ପ କିଛି କାମ କରି ଆମେ ଲେଉଟାଣି ପଡୁ ଘରକୁ। ଆମେ ଆମ ବାଟରେ ଆସୁ, ବିଜୁଳି ପଙ୍ଖା ବୁଲୁଥାଏ, ଟେବୁଲ ଉପରେ ଥିବା କାଗଜପତ୍ର ହାଉଆ ଖାଉଥାନ୍ତି। ପଙ୍ଖା ବୁଲି ବୁଲି କହୁଥାଏ ମୁଁ ଚାଲିଛି, ଆଉ ଦେଶ ଚାଲିଛି। ଆମେ ଆମ ପଙ୍ଖା ବନ୍ଦ କରିବାର ଦାୟିତ୍ୱରେ ନଥାଉ। ଆଉ ଜଣେ ଥାଏ, ସେ କେଉଁଠି ବସି ଢୁଳାଉଥାଏ, ନହେଲେ ଯାଦୁ କୁଣ୍ଢାଉଥାଏ। ତା'ର ଘରକୁ ଯିବାବେଳ ହେଲେ ସେ ଆସି ପଙ୍ଖା ବନ୍ଦ କରେ।

ଶାସ୍ତ୍ର କହିଛି 'ବାଣିଜ୍ୟେ ବସତେ ଲକ୍ଷ୍ମୀ',ବାଣିଜ୍ୟ କଥାଟି ମନ୍ଦ ନୁହେଁ। ଗୋଟିଏ ସ୍ଥାନରୁ ଜିନିଷପତ୍ର ଆଣି ଆଉ ଗୋଟିଏ ଜାଗାରେ ନିଜର ଯଥାର୍ଥ ପାରିଶ୍ରମିକ ମିଶାଇ ବିକ୍ରି କରିବା ହିଁ ବେପାର। ଅପମିଶ୍ରଣ, ଓଜନରେ ଠକେଇ ତ ବେପାର ବିଦ୍ୟାର ଅନ୍ତର୍ଭୁକ୍ତ ନୁହେଁ। ଅପମିଶ୍ରଣର ଉତ୍କଟତା ଯୋଗୁଁ ଖାଉଟି ଦୁରାରୋଗ୍ୟ ବ୍ୟାଧିର ଶିକାର ହୁଅନ୍ତି, ହେଲେ ହୁଅନ୍ତୁ, ସେଥିରେ କିଛି ଯାଏ ଆସେ ନାହିଁ। ବେପାର ପାଇଁ ବେପାର ଏକଥାରେ ବିଶ୍ୱାସ ଅଧିକ। ଏବେ ଔଷଧ ଭିତରୁ କେତେ ଔଷଧ ଭେଜାଲ। ଔଷଧ ଖାଇଲେ ରୋଗ ଉପଶମ ହେଉନାହିଁ। ଭିଟାମିନ୍ ବଟିକାରେ ପୁଣି ଚକ୍‌ଖଡି ଗୁଣ୍ଡ, ପାଉଁଶ ଇତ୍ୟାଦି ମୂଲ୍ୟବାନ ପଦାର୍ଥ। ଏଥିରେ କାହାର ବା ଯାଏ ଆସେ କେତେ ? କିଏ ଭାବେ କାହା କଥା।

ସ୍ୱେଚ୍ଛାଧୀନତାର ଅଖଣ୍ଡ ରାଜତ୍ୱ। ସ୍ୱେଚ୍ଛାଧୀନତା ଏବେ ସ୍ୱାଧୀନତା ନାମରେ ନାମିତ। ସ୍ୱାଧୀନତା ଓ ସ୍ୱେଚ୍ଛାଧୀନତା ଦୁଇଟି ଶବ୍ଦ ଭିନ୍ନ ଭିନ୍ନ ଅର୍ଥ ବିଶିଷ୍ଟ। ଦୁଇ ଅର୍ଥ ଭିତରେ ତଫାତ ବହୁତ। ଆମେ ଏହା ବୁଝିନାହୁଁ। ବୁଝିବାକୁ ଚାହୁଁନାହୁଁ। ବୁଝିଗଲେ ଆମର ବୀରପଣିଆ କାଳେ କମିଯିବ, ଏ ଭୟ ମଧ୍ୟ ଆମର ରହିଛି। ଶୃଙ୍ଖଳିତ ହୋଇଗଲେ କାଳେ କେହି ମାନିବେ ନାହିଁ, ଏ ଚିନ୍ତାଧାରା ଆମ ଭିତରେ ରହିଛି। ଅତଏବ ଏତେ କଥାକୁ ଯାଉଛି କିଏ ? ମୁଁ ,ମୁଁ, ମୋର, ତୁ, ତୁ, ତୋ'ର ଭାବ ଅଛି ତ ଥାଉ। 'ଆମେ'କଥାଟି ନଆସୁ, 'ମୁଁ' ଭାବରେ ତ ଆନନ୍ଦ ମିଳୁଛି। ବେଶ୍ ଚଳିଯାଉଛି। ଅନ୍ୟର ଅସୁବିଧା କିଛି ହେଉଛି ତ ହେଉ। ମୋର ସୁବିଧା ତ ହେଉଛି, ସେତିକି ଯଥେଷ୍ଟ। ଏ ଆନନ୍ଦ ଯେ ଅସ୍ଥାୟୀ, ଏହା ବୁଝିବାକୁ ଆମର ବେଳନାହିଁ କି ଆମର ଧୈର୍ଯ୍ୟ ନାହିଁ। ଅନ୍ୟମାନଙ୍କର ଅସୁବିଧାର କାରଣ ହେଲେ ନିଜର ସୁବିଧା କେବେ ବି ହୁଏନାହିଁ। ସେଇପ୍ରକାର ନହେଲେ ମଧ୍ୟ ଅନ୍ୟ ପ୍ରକାର ଅସୁବିଧାରେ ଦିନେ ନା ଦିନେ ନିଜକୁ ପଡ଼ିବାକୁ ହୁଏ। ଏହା ବୁଝିବାକୁ ଆମକୁ ଆହୁରି ସମୟ ଲାଗିବ।

ଆମେ ପ୍ରାୟ ସବୁବେଳେ ଅହେତୁକୀ କ୍ରୋଧରେ ଜର୍ଜରିତ, ବିରକ୍ତିରେ ବିବ୍ରତ। ଗଁ ଗଁ ହୋଇ ବଞ୍ଚିଛୁ। ଏହାର ମୂଳରେ ଅଛି ଅହଂ। କୌଣସି ଅନୁଷ୍ଠାନରେ ଯଦି ମୋ କଥା ନ ରହିଲା ତେବେ ଆମେ ସେହି ଅନୁଷ୍ଠାନରୁ ନିଜକୁ ଦୂରେଇ ନେବା ସହିତ ଯଥାଶୀଘ୍ର କଳେବଳେ କଉଶଳେ ଅନୁଷ୍ଠାନଟିକୁ ଭାଙ୍ଗି ଦେବାକୁ ଚେଷ୍ଟା କରୁ। ପାଞ୍ଚଜଣଙ୍କ କଥା ରହୁ, ମୋ କଥା ନ ରହିଲେ ନାହିଁ। ଏ ଭାବ ଆଉ ନାହିଁ।

ଆମେ ଦାବିକରୁ ବେକାରୀଭତ୍ତା, ଋଣ ଛାଡ଼ ଓ ସଂରକ୍ଷଣ ବ୍ୟବସ୍ଥାର ଅଭିବୃଦ୍ଧି। ଭତ୍ତା ଦେଲେ ବେକାରୀ ସମସ୍ୟାର ସମାଧାନ ହୁଏନାହିଁ। ଏକଥା ଭାବିବାକୁ ଆମର ଆଗ୍ରହ ନାହିଁ। ଚକେ ଗଲେ ବାରହାତେ, କିଏ ପଚାରେ ? ଯୋଡ଼ା ତାଳି ପକାଇ ଗାଦି ଜୟ କଲେ ଯାଏ, କ'ଣ ମିଳୁଛି କେଉଁ କଥାରୁ ? ଆମେ ଯୁବକମାନେ ମଧ୍ୟ ଭତ୍ତା ପାଇବା ପାଇଁ ଲାଳାୟିତ। ମାସକୁ ମାସ କବାଟ ଠକ୍‌ଠକ୍ କରି ଡାକବାଲା ମନି ଅର୍ଡ଼ର ଯୋଗେ ଆସିଥିବା ଭତ୍ତା ଆମକୁ ଯଦି ଦେଇଯାଆନ୍ତା, ସତରେ କେତେ ମଜ୍ଜା ହୁଅନ୍ତା। ବିନା ପରିଶ୍ରମରେ ଅର୍ଥ ପ୍ରାପ୍ତି, ଏହା ତ ଆମ ପାଇଁ ବୈକୁଣ୍ଠର ଆନନ୍ଦ।

ଆମେ ଶିକ୍ଷାନୀତି ପ୍ରଣୟନ କରୁ, କମିଶନ ଗଠନ କରୁ। ବହୁ ଚର୍ଚ୍ଚା କରୁ। ମାତ୍ର ଶିକ୍ଷା ଜୀବନଧର୍ମୀ ହୋଇପାରେ ନାହିଁ। ଦେଶର ଶିଶୁ, କିଶୋର ଓ ଯୁବକ କିଭଳି ଶିକ୍ଷା ପାଇବା ଉଚିତ୍ ସେ ଚିନ୍ତା ଆମର ନଥାଏ। ଚିନ୍ତା ଥାଏ ଯଥାଶୀଘ୍ର ଆଲୋଚନା ସମାପ୍ତ କରିବା ଓ ଗସ୍ତ ଖର୍ଚ୍ଚ ଶୀଘ୍ର ପାଇ ଘରକୁ ଫେରିଯିବା। ଦେଶର ଅତୀତ ଗୌରବ, ଜାତିର ଗୌରବ ଗାଥା ଓ ଭବିଷ୍ୟତ ଦେଶ ଗଠନର ଯୋଜନା

ସହିତ ଯୁବଶକ୍ତିକୁ ପରିଚିତ କରିବାର ବ୍ୟବସ୍ଥା ନଥାଇ ଯୁବଶକ୍ତିଠାରୁ ବହୁତ କିଛି ଆଶା କରିବା ବିଡ଼ମ୍ବନା ନୁହେଁ କି? ଆଉ ଅଭିଭାବକମାନଙ୍କ କଥା ନ କହିଲେ ଭଲ। ସେମାନେ ପିଲାମାନଙ୍କ ପାଇଁ କଷ୍ଟ କରିବାକୁ ପ୍ରସ୍ତୁତ ନୁହନ୍ତି। ଆମ ସୁଖସୁବିଧାରେ ଟିକିଏ ଆଞ୍ଚ ଆସିବନି, ଅଥଚ ପିଲାମାନେ ମନକୁ ମନ ଭଲ ହୋଇଯିବେ, ଶିକ୍ଷିତ ହୋଇଯିବେ। ଆହା, ଏଇ ଚତୁରତା ହେଉଛି ଅତ୍ୟନ୍ତ ଚମତ୍କାର ଚତୁରତା। ଆମେ ଭଲ କଥା ଶୁଣାଇବା ନାହିଁ ଅଥଚ ପିଲାମାନଙ୍କ ଠାରୁ ଭଲ କଥା ଆଶା କରିବା। ଯତ୍ନ ନକଲେ ଗଛଟିଏ ଉଧୋଉନାହିଁ, ଆଉ ମଣିଷ ପିଲାଟିଏ ମନକୁ ମନ ବାହାରୁ ଭଲ କଥା ଶିଖିଯିବ, କି ଚମତ୍କାର ଭାବନା। ଅଭିଭାବକ ମାନଙ୍କୁ ଦେଶକଥା, ଜାତି କଥା ତଥା ବିଶ୍ୱକଥା ଜାଣିବାକୁ ପଡ଼ିବ। ବି.ଏ. ଅଥବା ଏମ୍.ଏ. ଡିଗ୍ରୀ କଥା ଏଠାରେ ପଡ଼ିନାହିଁ। ଡିଗ୍ରୀଠାରୁ ଚେତନା ହିଁ ଅସଲ ବଡ଼ କଥା। ଅତିକମ୍‌ରେ ଅଭିଭାବକ ଅଥବା ପିତାମାତାଙ୍କର ଗୁରୁ, ଗୁରୁଜନମାନଙ୍କୁ ଅବମାନନାର ଭାବ ରହିଲେ ପିଲାଏ ଅବଲୀଳା କ୍ରମେ ତାହା ସହଜରେ ଶିଖିଯାନ୍ତି। ସ୍ୱାର୍ଥପର ମନୋଭାବ ରହିଲେ ପିଲାଏ ତାହା ସହଜରେ ଶିଖିଯାନ୍ତି ଓ ସେହି ଶିକ୍ଷାକୁ ଜୀବନରେ ପ୍ରୟୋଗ କରି ନିଜେ ଦୁଃଖୀ ହୁଅନ୍ତି ଏବଂ ଅନ୍ୟମାନଙ୍କୁ ଯନ୍ତ୍ରଣାରେ ଜର୍ଜରିତ କରିଥାନ୍ତି।

ନିଜ ପ୍ରଶଂସା ନିଜେ ଗାଇବାରେ ଆଜି କେହି କୁଣ୍ଠିତ ନୁହନ୍ତି। ବରଂ ଗାଇ ନପାରିବାଟା ହେଉଛି ଅଯୋଗ୍ୟତା। ନିଜ ଢୋଲ ନିଜେ ପିଟିବା ହେଉଛି ବୀରତ୍ୱର ଚିହ୍ନ। ଆଗେ ଏପରି ବ୍ୟକ୍ତିଙ୍କୁ ମୂର୍ଖ, ଅଧମ ବୋଲି କୁହାଯାଉଥିଲା, ମାତ୍ର ଆଜିକାଲି ସେପରି ବ୍ୟକ୍ତିଙ୍କୁ ଜ୍ଞାନୀ, କରିତ୍‌କର୍ମା ତଥା ଯୁଗୋପଯୋଗୀ ବୋଲି କୁହାଯାଉଛି।

ସଂସ୍କୃତି ସଚେତନତା ଏକ ମଫସଲିଆ କଥାରେ ପରିଣତ ହୋଇଗଲାଣି। ଅପସଂସ୍କୃତି ଆସି ସଂସ୍କୃତିର ସ୍ଥାନ ଅଧିକାର କରିବସିଛି। ଚାଲି ଚଳଣିରେ, ବେଶପୋଷାକରେ ଅମାର୍ଜିତ ରୁଚି ଫୁଟିପଡୁଛି। ଏହା ଆଧୁନିକତା ବୋଲି କହି ଆମେ ଖୁସି ରହିଛୁ। ଏହାର ଅର୍ଥ ଏପରି ନୁହେଁ ଯେ ଆମେ ପରିବର୍ତ୍ତନ ବିମୁଖ ହେବା। ପରିବର୍ତ୍ତନ ନିମନ୍ତେ ଆଗ୍ରହ ହିଁ ପ୍ରଗତିର ମୂଳମନ୍ତ୍ର। ମାତ୍ର ପରିବର୍ତ୍ତନ ସକାରାତ୍ମକ ହେବା ଆବଶ୍ୟକ। ଅନ୍ୟର ଅନ୍ଧାନୁସରଣ ନ କରିବା ଉଚିତ୍। ଅସଲ କଥାଟି ହେଉଛି ନିଜର ମାଟିରେ ଦମ୍ଭ ହୋଇ ଛିଡା ହୋଇ ବିଭିନ୍ନ ଦିଗରୁ ଭଲ ଭଲ କଥା ଆଣି ନିଜକୁ ସମୃଦ୍ଧ କରିବା।

ନିଜ ମାଟିରେ ପାଦକୁ ସ୍ଥିର ନକଲେ କେବଳ ପବନରେ ଭାସି ବୁଲିବାକୁ ହେବ, ପ୍ରଗତି ହେବ ସୁଦୂର ପରାହତ। ଅତଏବ ଆମେ ବିଶ୍ୱଜୀବନକୁ ଚିହ୍ନିବା ଓ ବୁଝିବା ଆମ ଜାତୀୟ ଜୀବନ ମାଧ୍ୟମରେ। ଜାତୀୟ ଜୀବନ ଓ ବିଶ୍ୱଜୀବନ ଭିତରେ

ବିରୋଧ ନାହିଁ, ଏକଥା ସେତେବେଳେ ଆମେ ସହଜରେ ବୁଝିପାରିବା। ଜାତୀୟ ଜୀବନ ଓ ବିଶ୍ୱଜୀବନ ସେତେବେଳେ ଆମ ପାଇଁ ପରସ୍ପରର ପରିପୂରକ ହେବେ। ଅନ୍ୟପ୍ରକାରେ କୁହାଯାଇପାରିବ ଯେ, ଆମେ ଆମ ଦେଶକୁ ଯେତିକି ଯେତିକି ବୁଝିବା, ବିଶ୍ୱକୁ ଆମେ ସେତିକି ସେତିକି ବୁଝିବା। ଏହା ଚିରନ୍ତନ ସତ୍ୟ। ଏ ସତ୍ୟକୁ ଉପଲବ୍ଧି କରିବାର ସମୟ ଆମ ନିକଟରେ ଉପସ୍ଥିତ। ନୂତନ ଶତାବ୍ଦୀର ଏହା ହେଉଛି ଅନ୍ୟତମ ବଳିଷ୍ଠ ଆହ୍ୱାନ। ଏଇ ଆହ୍ୱାନକୁ କ'ଣ ଆମେ ଉପେକ୍ଷା କରିବା ?

■

ଆଲୋକର ଜୟଗାନ

ଅନ୍ଧାର ଅନ୍ଧାର ବୋଲି ଚିତ୍କାର କଲେ ଅନ୍ଧାର ଯାଏନାହିଁ। ଆଲୁଅ ଆସିଲେ ଅନ୍ଧାର ଯାଏ। ଅତଏବ ଚିତ୍କାର କରିବା ଠାରୁ ଦୀପ ଶିଖାଟିଏ ଜଳାଇବାର ପ୍ରୟାସ କରିବା ଶତଗୁଣେ ଶ୍ରେୟସ୍କର। 'ଅନ୍ଧାର ହୋଇଛି' 'ଅନ୍ଧାର ହୋଇଛି' ବୋଲି କେବଳ ପ୍ରଚାର କଲେ ବକ୍ତା ଓ ଶ୍ରୋତା ଉଭୟଙ୍କର ସମସ୍ତ ଶକ୍ତି, ସମୟ ଓ ଏକାଗ୍ରତା ଅନ୍ଧାର ଆଡ଼କୁ ଯାଏ। କ୍ରମଶଃ ଅନ୍ଧାରର ଉପାସନା ଅଧିକ ହେଲେ ଅନ୍ଧାରର ଆଧିପତ୍ୟ ବଢ଼ିଯାଏ। ଆଲୋକର କଥା ପ୍ରାୟତଃ ଲୋକମାନେ ଭୁଲିଯାଆନ୍ତି। ହତାଶା, ଗ୍ଲାନି, ମିଥ୍ୟା, କପଟ, ଛଳନା, ଈର୍ଷା, ହିଂସା, କଳହ ଇତ୍ୟାଦି ଅପଶକ୍ତିମାନେ ପ୍ରବଳ ହୁଅନ୍ତି। ଜୀବନ ଏହି ଅପଶକ୍ତିମାନଙ୍କ କବଳରେ ପଡ଼ି ଛଟପଟ ହୁଏ, ଅଶାନ୍ତ ହୁଏ। ଆଜିର ସମୟ ଏପରି ଏକ ସମୟ ଯେତେବେଳେ କି ଅପଶକ୍ତିମାନେ ଜୀବନକୁ କରାୟତ୍ତ କରିରଖିଛନ୍ତି। ଅପଶକ୍ତିମାନଙ୍କୁ ଗୁରୁତ୍ୱ ଦେବାରୁ ସେମାନେ ଏତେ ପ୍ରବଳ ହୋଇଛନ୍ତି, ଗୁରୁତ୍ୱ ନଦେଲେ ସେମାନେ ଦୁର୍ବଳ ହେବାକୁ ବାଧ୍ୟ ହେବେ। ଆଲୋକର ଅଭୀପ୍‌ସାରେ ଅନ୍ଧାରର ଶକ୍ତି ହ୍ରାସ ହେବ। ଅତଏବ ଅନ୍ଧାରର ସପକ୍ଷରେ ବହୁ କଥା କହିବା ଅପେକ୍ଷା ଆଲୋକର ସପକ୍ଷରେ ଅଳ୍ପ କଥା କହିବା ବହୁଗୁଣରେ ଅଭିନନ୍ଦନୀୟ। ବିବେକାନନ୍ଦ କହୁଥିଲେ 'ନାସ୍ତି' 'ନାସ୍ତି' କହି କହି ଭାରତର ସର୍ବ ନାଶ ହେଲା, କୁହ 'ଅସ୍ତି' 'ଅସ୍ତି' ତେବେ ବହୁ ସମସ୍ୟାର ସମାଧାନ ସହଜ ହେବ'। ପ୍ରକୃତରେ ଆଶା ଓ ବିଶ୍ୱାସ ବଳରେ ହତାଶା ଓ ଅବିଶ୍ୱାସର କଳାମେଘ ଅପସାରିତ ହୋଇପାରେ। ନବଚେତନାର ସୁଲଳିତ ମଧୁ ଜୋଛନାରେ ଜୀବନ ସୁଶ୍ରୀଶୋଭନ ହୋଇପାରେ। ଆନନ୍ଦର ନୀଳ କଇଁଫୁଲ ପାଖୁଡା ପାଖୁଡା ମେଲି ଫୁଟିଯାଇପାରେ। ପରିବେଶ ପରିଣତ ହୋଇପାରେ ଅପାର୍ଥିବ ସୁକୁମାରତାର ସୁଲଳିତ କାବ୍ୟରେ। ଦିବ୍ୟ ମାଧୁରିମାର ମୋହନ ବିଳାସ ମୂର୍ତ୍ତିମନ୍ତ ହୋଇପାରେ ବିଶ୍ୱ ପରିବେଶରେ, ଆଲୋକର ଆଗମନ ନିର୍ଭର

କରେ ଆବାହନରେ ଥିବା ଆନ୍ତରିକତା ଉପରେ। ଆବାହନ ଯେତେ ତୀବ୍ର ହୁଏ, ଆଲୋକର ଆଗମନ ପଥ ସେତେ ସରଳ ହୁଏ। ଏଥିପାଇଁ ମୁଖ୍ୟତଃ ଜନସଚେତନତା ଉପରେ ଗୁରୁତ୍ୱ ଆରୋପିତ ହୁଏ। ଜନଶିକ୍ଷାରୁ ଜନସଚେତନତା କେତେକାଂଶରେ ସୃଷ୍ଟି ହୁଏ। ଶିକ୍ଷା କହିଲେ ଡିଗ୍ରୀକୁ ବୁଝାଏ ନାହିଁ। ଶିଖିବାର ମନୋବୃତ୍ତି ହିଁ ଶିକ୍ଷାର ମୂଳମନ୍ତ୍ର। ଶିକ୍ଷା ଆନୁଷ୍ଠାନିକ ହୋଇପାରେ ପୁଣି ଅଣଆନୁଷ୍ଠାନିକ ମଧ୍ୟ ହୋଇପାରେ। ବିଦ୍ୟାଳୟ, ମହାବିଦ୍ୟାଳୟ ତଥା ବିଶ୍ୱବିଦ୍ୟାଳୟରୁ ଜଣେ ଯେପରି ଶିକ୍ଷା ଲାଭ କରିପାରେ ସେପରି ନିଜର ପରିବାର, ସମାଜ ତଥା ପରିବେଶରୁ ମଧ୍ୟ ଶିକ୍ଷା ଅର୍ଜନ କରିପାରେ। ଶିକ୍ଷା ଏକ ନିର୍ମଳ ସ୍ୱଚ୍ଛ ପ୍ରବାହ ଯାହା ଅବିରତ ଧାରାରେ ଜୀବନ ଭୂମିରେ ପ୍ରବାହିତ ହୁଏ। ଅଭିଜ୍ଞତାରୁ ବହୁ କଥା ଶିଖିବାକୁ ହୁଏ। ବୟସ୍କ ବ୍ୟକ୍ତିଙ୍କଠାରୁ ବହୁ କଥା ଶିଖିବାକୁ ଥାଏ। ଆମ ସଂସ୍କୃତିରେ ଅଭିଜ୍ଞତା ଉପରେ ବିଶେଷ ଗୁରୁତ୍ୱ ଆରୋପିତ ହୁଏ। ଡିଗ୍ରୀର ମାନଦଣ୍ଡରେ ବୟସ୍କ ବ୍ୟକ୍ତିଙ୍କର ମାନସମ୍ମାନ ମପାଯାଏନାହିଁ। ଅତଏବ ପିଲାମାନଙ୍କୁ ସଚେତନ ଓ ଯଥାର୍ଥରେ ଶିକ୍ଷିତ କରିବାର ଦାୟିତ୍ୱ ଗୁରୁ ଗୁରୁଜନଙ୍କ ଉପରେ ରହିଛି, ଏହା ଅସ୍ୱୀକାର କଲେ ଚଳିବନାହିଁ। ଅନ୍ୟ ଅର୍ଥରେ ଏପରି କୁହାଯାଇପାରେ ଯେ, ଅଭିଭାବକମାନେ ସ୍ୱଇଚ୍ଛାରେ ନହେଲେ ମଧ୍ୟ ଅନିଚ୍ଛାରେ ଅନ୍ତତଃ ଉଚିତ୍ ଅର୍ଥରେ ସଚେତନ ବା ଶିକ୍ଷିତ ହେବା ଉଚିତ୍। ପିଲାମାନଙ୍କୁ ଶିକ୍ଷିତ କରିବା ପାଇଁ ଏ କଷ୍ଟ ସ୍ୱୀକାର କରିବା ଏକ ଅପରିହାର୍ଯ୍ୟ ଆବଶ୍ୟକତା।

ଏପରି ସମୟରେ ସଂପ୍ରତି ଆମେ ବାସ କରୁଛୁ ଯେତେବେଳେ ଚତୁର୍ଦ୍ଦିଗରେ ହତାଶାର ହିମଶୀତଳ ପରିବେଶ ଅନୁଭୂତ ହେଉଛି। ଯେତେ ଅଘଟଣ ସବୁ ଘଟୁଛି, ଯାହା ସାଧାରଣ କଳ୍ପନାର ବାହାରେ ଥିଲା, ସେପରି ଘଟଣା ଘଟୁଛି। ପ୍ରକୃତରେ ଏସବୁ ଆଉ କେଉଁ ଗ୍ରହରୁ ଆମଦାନୀ ହୋଇଆସୁନାହିଁ। ମଣିଷ ମନର କେଉଁ ଏକ ଅନ୍ଧାରୀକୋଣରେ ଲୁଚି ରହିଥିବା ଅପଶକ୍ତିମାନେ ଲମ୍ଫ ପ୍ରଦାନ ପୂର୍ବକ ଆତ୍ମପ୍ରକାଶ କରୁଛନ୍ତି। ଏହାର କାରଣ ହେଉଛି ଯେ, ମଣିଷ ମନର ପୂର୍ଣ୍ଣତା ଆସିଲାଣି। ବହୁ ଭଲ ଚିନ୍ତାର ସୁବର୍ଣ୍ଣ ସମ୍ଭାବନା ମନକୁ ଅଧିକାର କରିବାକୁ ବସିଲାଣି। ଏହି ପରିପ୍ରେକ୍ଷୀରେ ମନର ମଇଳା ସବୁ ଉପରିଭାଗକୁ ଉଠିଆସିବାକୁ ଉଦ୍ୟମ କରୁଛି। ତେଣୁ ଅଘଟଣ ସବୁ ଘଟିଚାଲିଛି।

ଅତଏବ ସାଂପ୍ରତିକ ଜୀବନରେ ଏସବୁ ଅଘଟଣ ଦେଖି ବିବ୍ରତ ନହୋଇ ଶାନ୍ତ ହୋଇ ନିଜର ଗୁରୁ ଦାୟିତ୍ୱକୁ ସ୍ମରଣ କରିବା ଉଚିତ୍। ଆଲୋକର ଅଭିଷେକ ପାଇଁ ଲଳିତ ସ୍ୱରରେ ସ୍ୱାଗତିକା ସହ ପ୍ରଦୀପମାଳା ସଜାଇ ରଖିବା ଆମର କର୍ତ୍ତବ୍ୟ। ଆଲୋକର କ୍ରିୟା ତ୍ୱରାନ୍ୱିତ ହେଲେ ଅତିମନର ଅଭିବ୍ୟକ୍ତି ସହଜ ଓ ସରଳ ହେବ।

ପ୍ରାଚୁର୍ଯ୍ୟ ଓ ମାଧୁର୍ଯ୍ୟର ମଧୁମିଳନରେ ବିଶ୍ୱଜୀବନ ଅନୁପମ ବିକାଶର ଅଧିକାରୀ ହେବ। ଅତିମନର ପ୍ରଭାବରେ ଦିବ୍ୟସୌରଭ ବିଚ୍ଛୁରିତ ହେବ ଦିଗଦିଗନ୍ତରେ।

ପ୍ରକୃତିର ଅଭୀପ୍ସା ବଳରେ ପ୍ରାଣରୁ ମନର ସୃଷ୍ଟି ହେଲା। ଚତୁଷ୍ପଦ ପ୍ରାଣୀରୁ ଦ୍ୱିପଦ ପ୍ରାଣୀର ବିକାଶ ଘଟିଲା। ମନ ସୃଷ୍ଟି ହେବା ପରେ ମନର ସମୁଚିତ ବିକାଶ ନିମନ୍ତେ ଆବଶ୍ୟକୀୟ ପ୍ରୟାସ ଓ ଉଦ୍ୟମ ମନୁପୁତ୍ରକୁ ହିଁ କରିବାକୁ ପଡ଼ିବ। କେବଳ ପ୍ରକୃତିର ଅଭୀପ୍ସା ଉପରେ ନିର୍ଭର କରିହେବନାହିଁ। ନିର୍ଭର କଲେ ବହୁ ସହସ୍ର ବର୍ଷ ବିତିଯିବ। ପ୍ରକୃତିର ଅଭୀପ୍ସା ସହ ମାନବର ଅଭୀପ୍ସାର ସମନ୍ୱୟରେ ବିକାଶ ହେବ ସର୍ବାଙ୍ଗୀନ ଓ ପୂର୍ଣ୍ଣାଙ୍ଗ । ଚେତନାରେ ଅଗ୍ରଗତି ପାଇଁ ସଂକଳ୍ପ କରିବାକୁ ହେବ। ସଂକଳ୍ପର ଦୃଢ଼ତା ପାଇଁ ହୃଦୟ ମନ୍ଦିରକୁ ଶୁଦ୍ଧ ରଖିବାକୁ ହେବ।

■

ଶ୍ରୀକୃଷ୍ଣାୟନ

ସେ ଗୋପର କୃଷ୍ଣ ହୁଅନ୍ତୁ କି ମଥୁରାର କୃଷ୍ଣ ହଅନ୍ତୁ, କୁରୁକ୍ଷେତ୍ରର କୃଷ୍ଣ ହୁଅନ୍ତୁ କି ଦ୍ୱାରକାର କୃଷ୍ଣ ହୁଅନ୍ତୁ, ଆମ ପାଇଁ ସେ ଦିବ୍ୟ ଚେତନାର ପ୍ରତୀକ, ତାଙ୍କ ଧରାବତରଣର ତିଥି ଆମ ପାଇଁ ନବଜନ୍ମର ପ୍ରତୀକ । ସେ ଏକାଧାରରେ ତତ୍ତ୍ୱମୟ ପୁଣି ଲୀଳାମୟ, ପ୍ରୀତିମୟ ପୁଣି ପ୍ରତୀତିମୟ । ତାଙ୍କ ନାମରେ ଅନୁପମ ଆକର୍ଷଣ ଅଛି, 'ଆକର୍ଷଇତି ଇତି 'କୃଷ୍ଣ'' ନାମରେ ସାର୍ଥକତା ରହିଛି । ତାଙ୍କ ନାମରେ ମଧୁଅଛି, ତାଙ୍କ ରୂପ ବିଭାରେ ମଧୁରତା ରହିଛି । ଅଧରରେ ତାଙ୍କର ଭରି ଯାଇଛି ଭୁବନମୋହନ ମାଦକତା, କଟାକ୍ଷ ଛଟାରୁ ତାଙ୍କର ଝରିଯାଉଛି ଭାବାବେଶର ଲଳିତ ଲାବଣ୍ୟ । ପାଦର ଶୋଭା ସଜପଦ୍ମଫୁଲର କାନ୍ତିକୁ ବଳିଯାଇଛି, ଶିଢ଼ି ପରି ଅବତରଣ କରି ସେ ଆସିଛନ୍ତି ମାନବ ଶରୀରରେ ଆମ ପାଖକୁ, ଆମକୁ ତାଙ୍କ ନିକଟକୁ ଉତ୍ତରିତ କରି ନେବେ ବୋଲି । ମାଟିକୁ ଆସଛନ୍ତି ଅନୀତି ନାଶ କରିବା ପାଇଁ ଓ ନୀତି ନ୍ୟାୟର ପ୍ରତିଷ୍ଠା କରିବା ପାଇଁ । ବହୁକଷ୍ଟ ସହିଛନ୍ତି, ଶ୍ରମକ୍ଷୀଣ ହୋଇଛନ୍ତି । ଆମକୁ ଆପଣାର କରିଛନ୍ତି ଏବଂ ଆମର ହୋଇରହିଯାଇଛନ୍ତି । ସେ ଏତେ ଅଧିକ ଭାବରେ ଆମର ହେଇ ରହିଯାଇଛନ୍ତି ଯେ ଆମ ସଂସ୍କୃତିରୁ ତାଙ୍କୁ ବାଦ୍‌ଦେଲେ ଆମ ସଂସ୍କୃତି ବିକଳାଙ୍ଗ ହୋଇଯିବ । ପୂର୍ଣ୍ଣ ମାତ୍ରାରେ ପୂର୍ଣ୍ଣ ଜହ୍ନ ପରି, ବେଦର ଓଁକାର ଧ୍ୱନି ପରି କୃଷ୍ଣନାମ , କୃଷ୍ଣ ପ୍ରେମ ଓ କୃଷ୍ଣ ମହିମା ଆମ ସଂସ୍କୃତିର ଅବିଚ୍ଛେଦ୍ୟ ଅଙ୍ଗ ହୋଇ ରହିଛି ।

ସଂସ୍କୃତ ମହାଭାରତରେ ସେ ଏକାଧାରରେ ଜ୍ଞାନୀ, ବୀର, ସୁଚତୁର, ଶାନ୍ତିପ୍ରିୟ, ନୀତିନିପୁଣ, ରାଜନୀତି ବିଶାରଦ, ଯୋଗେଶ୍ୱର, ଧର୍ମ ରକ୍ଷକ ଇତ୍ୟାଦି ଇତ୍ୟାଦି ଭୂମିକାରେ ଅବତୀର୍ଣ୍ଣ । ଶ୍ରୀମଦ୍ ଭାଗବତରେ ସେ ଏକାଧାରରେ ଭାବମୟ, ବ୍ରହ୍ମମୟ, ତତ୍ତ୍ୱମୟ ଓ ଲୀଳାମୟ । ବ୍ରହ୍ମ ବୈବର୍ତ୍ତ ପୁରାଣରେ ଶ୍ରୀକୃଷ୍ଣ ପ୍ରେମମୟ ତଥା ଲୀଳାବିଳାସମୟ । ବିଷ୍ଣୁ ପୁରାଣରେ ତାଙ୍କର ବାଲ୍ୟଲୀଳା ଅତ୍ୟନ୍ତ ଆକର୍ଷଣୀୟ ।

ଶ୍ରୀମଦ୍ ଭଗବଦ୍ ଗୀତାରେ ଆତ୍ମପରିଚୟ ପ୍ରଦାନ ପୂର୍ବକ ସେ କହିଛନ୍ତି ଯେ ସେ ହେଉଛନ୍ତି ଅନାଦି, ଅଜନ୍ମା ପୁଣି ଲୋକେଶ୍ୱର । ସେ ସୃଷ୍ଟିକର୍ତ୍ତା । ମନୁଷ୍ୟର ବୁଦ୍ଧି, ଜ୍ଞାନ, କ୍ଷମା, ଦମ, ଶମ, ଅହିଂସା, ସମତା, ସନ୍ତୋଷ, ତପ ଓ ଦାନର ଅଧୀଶ୍ୱର । ସର୍ବଭୂତ ଅନ୍ତଃସ୍ଥିତ ସର୍ବବ୍ୟାପ୍ତ, ଅନନ୍ତ ସେ ସର୍ବେଶ୍ୱର । ଗନ୍ଧର୍ବରେ ସେ ଚିତ୍ରରଥ, ବେଦରେ ସାମବେଦ, ଇନ୍ଦ୍ରିୟରେ ମନ, ସରସୀରେ ସାଗର, ବଚନରେ ଓଁକାର, ବୃକ୍ଷରେ ଅଶ୍ୱତ୍‌ଥ, ଅଶ୍ୱରେ ଉଚ୍ଚୈଶ୍ରବା, ହସ୍ତୀରେ ଐରାବତ୍, ସର୍ପରେ ବାସୁକୀ, ବିଦ୍ୟାରେ ଅଧ୍ୟାତ୍ମ ବିଦ୍ୟା, ମାସରେ ମାର୍ଗଶିର, ଋତୁରେ ବସନ୍ତ, ମୁନିରେ ବ୍ୟାସଦେବ ଇତ୍ୟାଦି ଇତ୍ୟାଦି । ଏଥିରୁ ବୁଝି ହେଉଛି ଯେ ସେ କେବଳ ସ୍ୱର୍ଗର ନୁହନ୍ତି, ମର୍ତ୍ତ୍ୟର ଏବଂ ପାତାଳର ମଧ୍ୟ ଅଧୀଶ୍ୱର, ରାଜାଧିରାଜ ପରମଠାକୁର । ସେ ବିଶ୍ୱବ୍ୟାପ୍ତ ଏବଂ ବିଶ୍ୱଠାରୁ ଅଧିକ ପରିବ୍ୟାପ୍ତ । ସେ ପୁଣି ମହାକାଳ ରୂପରେ ଲୋକ ସଂହାରକ । ବିଶ୍ୱ ତାଙ୍କ କୋଳରେ ଶାନ୍ତ ଶିଶୁପରି କେତେବେଳେ ଶାୟିତ ତ ଆଉ କେତେବେଳେ ପୀଡିତ ଶିଶୁତୁଲ୍ୟ ବ୍ୟସ୍ତ ଓ ବିବ୍ରତ । ସମସ୍ତ ବସ୍ତୁରେ ସେ ଆତ୍ମପ୍ରକାଶିତ । ସେ ବିଶ୍ୱଗତ ପୁଣି ବିଶ୍ୱାତୀତ, କାଳଗତ ପୁଣି କାଳାତୀତ, ଦେହଗତ ପୁଣି ଦେହାତୀତ । ସବୁ କିଛି ଭିତରେ ସିଏ ଏବଂ ତାଙ୍କ ଭିତରେ ସବୁ କିଛି, ସେ ସ୍ୱୟଂ ଭଗବାନ, ଅକଳ୍ପନୀୟ ତାଙ୍କର ଭଗବତ୍ତା ।

ବ୍ୟଷ୍ଟିଗତ ରୂପରେ ସେ ଦେବକୀଙ୍କ ଗର୍ଭରୁ ଭାଦ୍ର କୃଷ୍ଣ ଅଷ୍ଟମୀ ତିଥିରେ ଜନ୍ମ ହୁଅନ୍ତି ଏବଂ ଜନ୍ମ ପରେ ପରେ ଗୋପପୁରର ଯଶୋଦାଙ୍କ କୋଳକୁ ସ୍ଥାନାନ୍ତରିତ ହୁଅନ୍ତି । ଗୋପପୁରରେ ବାଲ୍ୟଲୀଳା ଅବକାଶରେ ପୁତନା, ଶକଟାସୁର, ତୃଣାସୁର, ବତ୍ସାସୁର, ବକାସୁର, ଅଘାସୁର ଧେନୁକାସୁର, ପ୍ରଭୃତିଙ୍କୁ ବଧକରି ଦୟା ପରବଶ ହୋଇ ସେମାନଙ୍କୁ ମୁକ୍ତି ଦିଅନ୍ତି । ତାଙ୍କ ସ୍ପର୍ଶରେ ଶତ୍ରୁମାନେ ମଧ୍ୟ ମୋକ୍ଷ ପ୍ରାପ୍ତ ହୁଅନ୍ତି । ତାଙ୍କ ଦେହରେ ଲୀନ ହୁଅନ୍ତି, ଏହା ହିଁ କୃଷ୍ଣଙ୍କର ଅପୂର୍ବ ମହିମା ଓ ଈଶ୍ୱରତ୍ୱର ବଳିଷ୍ଠ ନିଦର୍ଶନ । ରଙ୍ଗ ଅଧରରେ ମୋହନ ବେଣୁ ବଜାଇ ଗୋପୀମାନଙ୍କ ଆତ୍ମିକ ଚେତନାକୁ ଆକୃଷ୍ଟ କରନ୍ତି । ଏକଥା ଲକ୍ଷ୍ୟଣୀୟ ଯେ ଗୋପୀମାନଙ୍କ ଭିତରୁ ପ୍ରତ୍ୟେକ ଜଣେ ଜଣେ ସାଧିକା, କେହି ସାଧାରଣ ନୁହନ୍ତି । ଜ୍ଞାନ ନୁହେଁ ପ୍ରେମ ହେଉଛି ସେମାନଙ୍କ ସାଧନାର ମାର୍ଗ ।

ମଥୁରାରେ ସୁଦାମ ମାଳିଙ୍କର ଫୁଲ ଚନ୍ଦନ ଶ୍ରୀକୃଷ୍ଣ ଗ୍ରହଣ କରିଛନ୍ତି, ସେଇ ଫୁଲ ଚନ୍ଦନରେ ମଣ୍ଡିତ ହୋଇ ବିଶ୍ୱ ମୋହନ ବେଶ ଧାରଣ କରିଛନ୍ତି । କୁବୁଜାର ମନସ୍କାମ ପୂରଣ କରି ତାକୁ ମୋକ୍ଷ ଦେଇଛନ୍ତି । କଂସକୁ ନିଧନ କରି ଶ୍ରୀକୃଷ୍ଣ ନିଜର ଭାଗବତ କ୍ରିୟା ସଂପାଦନ କରିଛନ୍ତି । ଭଗବାନ ସାତ ପ୍ରକାରେ ଭକ୍ତମାନଙ୍କର

ନିକଟତମ ହୋଇଥାନ୍ତି । ଗୁରୁ, ସଖା, ବନ୍ଧୁ, ପ୍ରେମିକ, ପ୍ରଭୁ, ସନ୍ତାନ ଓ ଶତ୍ରୁ ରୂପରେ ଭକ୍ତମାନଙ୍କର ମନସ୍କାମନା ପୂରଣ କରି ସେମାନଙ୍କୁ ମୁକ୍ତି ଦେଇଥାଆନ୍ତି । ବନ୍ଧୁ ଭାବରେ ଦେଖି ନ ପାରିଲେ ମଧ୍ୟ ତାଙ୍କୁ ଶତ୍ରୁ ଭାବରେ ଦେଖିବା ଦରକାର । ତାଙ୍କ ପାଖରେ ଶତ୍ରୁତା ହିଁ ବନ୍ଧୁତାର ଅନ୍ୟ ଏକ ରୂପ, ଅନ୍ୟ ଏକ ଦିଗ । ପ୍ରତ୍ୟେକଙ୍କ ଭିତରେ ଥିବା ଅପୂର୍ଣ୍ଣତାକୁ ସେ ଦେଖନ୍ତି ଓ ତାହା ପୂରଣ କରିବାକୁ ପ୍ରୟାସ କରିଥାନ୍ତି । ଘୃଣା ତାଙ୍କର ନାହିଁ, ସବୁ ତ ତାଙ୍କ ସୃଷ୍ଟି, ସମସ୍ତେ ତାଙ୍କର ଆପଣାର, ଏକାନ୍ତ ନିଜର । ସେ ଭିତରେ ସେ ପୁଣି ବାହାରେ, ସେ ଆଲୋକରେ ସେ ପୁଣି ଅନ୍ଧକାରରେ, ସେ ବିଦ୍ୟାରେ, ସେ ପୁଣି ଅବିଦ୍ୟାରେ ବିରାଜିତ । ପ୍ରତ୍ୟେକଙ୍କର ଅପୂର୍ଣ୍ଣତା ସେ ଜାଣନ୍ତି, ସେହି ଅପୂର୍ଣ୍ଣତାର ପରିପୂରଣ ପାଇଁ ଯଥାଯୋଗ୍ୟ କୃପା ସେ ବର୍ଷଣ କରନ୍ତି ।

ଭଗବାନ ଅବତରି ଆସନ୍ତି ନିଜେ ପଥରେ ଚାଲିବେ ଓ ଆମକୁ ଉଚିତ ପଥରେ ଚଳାଇବେ ବୋଲି । ଏସବୁ ସତ୍ତ୍ୱେ ସେ ତାଙ୍କର ଭଗବତ ମହିମାକୁ ଭୁଲିନଥାନ୍ତି । ମଣିଷର ପାଖେ ପାଖେ ରହି ହାତ ଧରି ଆଗକୁ ଚଲାଇ ନେବାକୁ ଚେଷ୍ଟା କରନ୍ତି । ଲୀଳାମୟ ସେ, ଲୀଳା ତାଙ୍କର ଚିର ସହଚର । ମଣିଷକୁ ସେ ପ୍ରାଣ ଭରି ଭଲ ପାଆନ୍ତି ବୋଲି ତା'ର (ଭକ୍ତର) ସୁଖ ଦୁଃଖରେ ସେ ସାହସ ଦିଅନ୍ତି, ଅଂଶୀଦାର ହୁଅନ୍ତି । ଭକ୍ତ ଆଖିରୁ ଲୁହ ଝରିଲେ, ତାଙ୍କ ଆଖିରୁ ମଧ୍ୟ ଲୁହ ଝରେ । ଭକ୍ତର ଓଠରେ ହସ ଫୁଟିଲେ ତାଙ୍କ ମନରେ ଆନନ୍ଦର ପ୍ଲାବନ ଆସେ । ସେ ଦେହରେ ଥିଲେ ଯାହା ନଥିଲେ ମଧ୍ୟ ତାହା । ତାଙ୍କର କ୍ଷୟ ନାହିଁ; ସେ ଅକ୍ଷୟ, ସେ ଅବ୍ୟୟ । ସେ ପରଂବ୍ରହ୍ମ, ସେ ପୁରୁଷୋତ୍ତମ ।

ଶ୍ରୀକୃଷ୍ଣ ଆଜି ଦେହରେ ନଥିଲେ ମଧ୍ୟ ମହାଚେତନା ହୋଇ ବିଶ୍ୱ ବାତାବରଣରେ ଅଛନ୍ତି । ଅହରହ ଆମ ଚେତନାର ବିକାଶ ନିମନ୍ତେ ଆଶିଷ ଦେଉଛନ୍ତି । ଆମର ହାତ ଧରି ଚାଲୁଛନ୍ତି ଆଗକୁ ଆଗକୁ । ଏକାଧାରରେ ସେ ଆମର ବିପଦରେ ବନ୍ଧୁ, ଅଭାବରେ ମାତା । ଆମ ଗୁରୁ ହୋଇ ନିତ୍ୟନିରନ୍ତର ରହିଛନ୍ତି ।

ପରମପ୍ରଭୁଙ୍କ ପାଇଁ ପ୍ରତିଦିନ ପୂଜାଫୁଲହୋଇ ଅସୁମାରି ଫୁଲ ଫୁଟୁଛି । ଦିବାନିଶି ପବନ ହୋଇ ତାଙ୍କର ନିଃଶ୍ୱାସ ପ୍ରଶ୍ୱାସ ବହୁଛି । ପକ୍ଷୀର କାକଳିରେ ଶୁଭୁଛି ତାଙ୍କର କଣ୍ଠ ସ୍ୱର । ଆନନ୍ଦମୟ ସେ, ତାଙ୍କ ଆନନ୍ଦର ପ୍ରବାହରେ ଦିଗଦିଗନ୍ତ ସୁଧାସିକ୍ତ । ସେହି ଆନନ୍ଦରେ ଆନନ୍ଦିତ ହେବା ପାଇଁ ସମୟର ଆହ୍ୱାନ ଆସିଛି । ବିଷାଦ, ବିଦ୍ରୋହ ଓ ଉଗ୍ରତାର ଘନ ଅନ୍ଧାର ସେହି ଆନନ୍ଦର ଆଲୋକରେ ଆଲୋକିତ

ହେଉ । ଆଧ୍ୟାତ୍ମିକତାର ପ୍ରଭାବରେ ମାନବିକତାର ବିକାଶ ହେଉ । ସେହି ମାନବିକତାର ବିଜୟରେ ସନ୍ତ୍ରାସବାଦ, ଆତଙ୍କବାଦ ପରି ଆସୁରିକ ଶକ୍ତିର ଅବସାନ ହେଉ । ନକାରାତ୍ମକ କ୍ରିୟାର ପରାଜୟ ହେଉ ଏବଂ ସକାରାତ୍ମକ କ୍ରିୟା ବିଜୟୀ ହେଉ । ଆଜି ପରମ ପ୍ରଭୁ ଶ୍ରୀକୃଷ୍ଣଙ୍କୁ ଏତିକି ପ୍ରାର୍ଥନା ସହ ତାଙ୍କ ପାଦ ତଳେ ସହସ୍ର ପ୍ରଣାମ ।

ଆମେ ଓ ଆମ ପରିବେଶ

'ଆମେ',-ଏ ଶବ୍ଦଟି ଉଚ୍ଚାରଣ କଲାବେଳେ ଗୋଟିଏ ପ୍ରଶ୍ନ ଆସି ମନରେ ପହଞ୍ଚେ ଯେ 'ଆମେ' ବୋଲି ଆଉକିଛି ଭାରତରେ ଅଛିକି ? ଉତ୍ତରରେ ଏହା କୁହାଯାଇପାରେ ଯେ ଆମେ ସ୍ଥାନରେ ଏବେ 'ମୁଁ' ଶବ୍ଦଟି ଅଭିଷିକ୍ତ ହୋଇଯାଇ ଅଖଣ୍ଡ କ୍ଷମତାର ଅଧିକାରୀ ହୋଇଛି । ମଣିଷର ମୁଖରେ 'ମୁଁ'ର ଧ୍ୱନି ଶତ ସହସ୍ରବାର ଉଚ୍ଚାରିତ ହୋଇଛି । 'ଆମେ' କଥାଟି ପୁରୁଣା କାଳିଆ ହୋଇଗଲାପରି ମନେ ହେଉଛି । ନିଜ ଢୋଲଟି ନିଜେ ପିଟି ପାରିଲେ ଶ୍ରୋତାଙ୍କ କାନ ମଧ୍ୟ ପବିତ୍ର ହେଲାପରି ମନେ ହେଉଛି । ଅହଂର ଲଢ଼େଇରେ ବିପର୍ଯ୍ୟସ୍ତ ଭାରତୀୟ ଜୀବନ । ମଧୁମୟ ପାରିବାରିକ ଜୀବନ, ସୁସ୍ଥ ସାମାଜିକ ଜୀବନ, ବଳିଷ୍ଠ ରାଷ୍ଟ୍ରୀୟ ଜୀବନ ଭାରତରେ ପ୍ରାୟ ନାହିଁ କହିଲେ ଚଳେ; ଯାହା ଅଛି ତାହା ଅହଂକାରର ସମରପାଇଁ ଏକ ଏକ ନିର୍ବାଚିତ ଭୂମି । ଟୁକୁରା ଟୁକୁରା ହୋଇ ଜୀବନ ଭାଙ୍ଗିପଡୁଛି ଦିନକୁ ଦିନ, ଶେଷରେ ଅବଶେଷ ରୂପେ କ'ଣ ରହିବ ଭାବି ହେଉନାହିଁ । ଭାଙ୍ଗିଯିବା, ବିଭକ୍ତ ହେବା, ଭିନ୍ନ ଭିନ୍ନ ହେବା, ଏହା ଯେମିତି ଯୁଗଧର୍ମରେ ପରିଣତ ହେଲାଣି । କର୍ପୂର ଉଡ଼ିଯାଇ କନା ପୋଡ଼ିଗଲେ ପାଉଁଶର ସ୍ଥିତିରେ ସ୍ମୃତି ନରହିଲା ପରି ରାଷ୍ଟ୍ରୀୟତା, ସାମାଜିକତା ତଥା ପାରିବାରିକତା ନଷ୍ଟହୋଇ କେବଳ 'ମୁଁ' ଭାବ ରହିଗଲେ କ'ଣ ହେବ ତାହା ଅନୁମାନ କରିବାର ସମୟ ଆସିଛି । ବୈକୁଣ୍ଠର ମହକ ଓ ମହତ୍ତ୍ୱ ଅପସରି ଯାଉଛି ବେଳକୁ ବେଳ ପରିବାରରୁ । ବହୁ ବଚନରେ ପାରିବାରିକ ଗୁରୁତ୍ୱ ଉପସ୍ଥାପିତ ହେଉନାହିଁ । 'ମୁଁ' ପରିବାରରେ ସର୍ବଶ୍ରେଷ୍ଠ ସଦସ୍ୟ ବୋଲି ପ୍ରତ୍ୟେକ ଭାବିବା ଫଳରେ ଅହଂର ସଂଘର୍ଷରେ ପାରିବାରିକ ପରିବେଶ ବିପର୍ଯ୍ୟସ୍ତ ତଥା ବିଷାକ୍ତ ବାଷ୍ପଜର୍ଜରିତ ହୋଇଯାଉଛି । ସାମାଜିକ ଜୀବନ ମଧ୍ୟ ଅନୁରୂପ ଭାବରେ କ୍ଷତିଗ୍ରସ୍ତ । ଫଳତଃ ସମନ୍ୱୟ ଚେତନା ଆଜି କେବଳ ଆହ୍ୱାନର ସାମଗ୍ରୀ ରୂପେ ପରିଚିତ । ଏ ଦିଗରେ

ଆନ୍ତରିକତା ଆଜି ସୁଦୂର ପରାହତ । ସମନ୍ୱୟ ପାଇଁ ଆବଶ୍ୟକୀୟ ସହନଶୀଳତା, ସଚେତନତାର ଅନୁପସ୍ଥିତି ଏକାନ୍ତ ଲକ୍ଷ୍ୟଣୀୟ । ଅହଂର ପ୍ରତିଯୋଗିତା ପାଇଁ ସମାଜ ହୋଇଛି ଏକ କ୍ରୀଡ଼ା ପ୍ରାନ୍ତର । ଏଠାରେ 'ଆଲୋ ସଖୀ, ଆପଣା ମହତ ଆପେ ରଖି' ମନ୍ତ୍ରଟି ସମ୍ପ୍ରତି ମୂଲ୍ୟହୀନ ଓ ଶକ୍ତିହୀନ । ଅର୍ଥ, କ୍ଷମତା, ଯଶ, ପ୍ରଶଂସା ପାଇଁ ପ୍ରବୃତ୍ତି ଏବେ ମହତ୍ତ୍ୱର ମାପ କାଠି । ବ୍ୟକ୍ତିର ପ୍ରତିଭା ବିକାଶପାଇଁ ସମାଜ ଆଉ ଉପଯୁକ୍ତ ଭୂମି ନୁହେଁ । ନୀତିର ପ୍ରତିଷ୍ଠା ପାଇଁ ସମାଜ ଆଉ ଯଥାଯୋଗ୍ୟ ଭିତ୍ତି ନୁହେଁ । ସଂସ୍କୃତିର ଅଭିବ୍ୟକ୍ତି ପାଇଁ ସମାଜ ଏକ ମୁକ୍ତ ମଞ୍ଚ ନୁହେଁ । ଏହା ଅପସଂସ୍କୃତିର ବିଷରେ ଜର୍ଜରିତ ଏକ କାଳିନ୍ଦୀ ହ୍ରଦ ଯାହା ଉପରେ ଉଡ଼ିଯାଉଥିବା ନିରୀହ ପକ୍ଷୀମାନେ ମଧ୍ୟ ଶ୍ୱାସରୁଦ୍ଧ ହେବାକୁ ବାଧ୍ୟ । ପାଣି ଏପରି ନୀଳ ବର୍ଣ୍ଣ ଯେ ନିରେଖି ଚାହିଁଲେ ମଧ୍ୟ ଦର୍ଶକ ନିଜ ମୁହଁ ଏଥିରେ ଦେଖିପାରୁ ନାହିଁ । ସଂଗଠନର ସଂଖ୍ୟା ବୃଦ୍ଧିରେ ଜୀବନର ସାମଗ୍ରିକ ବିକାଶ ଅନୁଭୂତ ହେଉନାହିଁ । ନାସ୍ତିବାଦୀ (Negative attitude) ଦୃଷ୍ଟିକୋଣ ପ୍ରଶସ୍ତରୁ ପ୍ରଶସ୍ତତର ହେଉଛି । ଗଠନମୂଳକ ଇଚ୍ଛା ଆଜି ଆଧୁନିକତାର ଚିହ୍ନ ନୁହେଁ, ପୁରୁଣା କାଳିଆ କଥାବୋଲି ଉପହାସର ସାମଗ୍ରୀ । ଭଙ୍ଗା ପରିବାରର ରୁକ୍ଷ, କର୍କଶ ପ୍ରଭାବରେ ଭାରାକ୍ରାନ୍ତ ମନୁଷ୍ୟର ଅଶ୍ୱସ୍ତିଜନିତ ଦୀର୍ଘଶ୍ୱାସରେ ସାମାଜିକ ଜୀବନ ଏକ ପ୍ରକାର ଜର୍ଜରିତ । ଆଜିର ମଣିଷ ଅନ୍ୟ ସୁଖରେ ଦୁଃଖୀ ଓ ଅନ୍ୟର ଦୁଃଖରେ ସୁଖୀ ହେଉଛି । ମାନବିକତାର ମଧୁର ମୂର୍ଚ୍ଛନା ସମାଜର କୋଣ ଅନୁକୋଣରେ ଶୁଭୁ ନାହିଁ । ଈର୍ଷା, ଅସହିଷ୍ଣୁତା, ପରଶ୍ରୀକାତରତାକୁ ମଣିଷମନ ଗୁରୁରୂପରେ ବରଣ କରି ନିଜକୁ ଜାହିର କରୁଛି କିମ୍ଭୂତ କିମାକାର ଭାବରେ । ନାହିଁ ନାହିଁର ରାଜ୍ୟ ହୋଇଛି ଆଜିର ସମାଜ । ବଞ୍ଚିବାର କଳା (Art of living) ର ଅଭାବ ମଣିଷର ସ୍ନାୟୁରେ, ଶିରାରେ ଅନୁଭୂତ । ବୈଜ୍ଞାନିକ ଉଦ୍ଭାବନ ତାକୁ ଯେତେ ଉନ୍ନତ ତଥା ମାର୍ଜିତ କରିବାର କଥା ତାହା କରୁନାହିଁ । ଏଥିପାଇଁ ବିଜ୍ଞାନ ଦାୟୀ ନୁହେଁ, ଦାୟୀ ହେଉଛି ବ୍ୟବହାର ପ୍ରଣାଳୀ ଓ ଗ୍ରହଣଶୀଳତାର ଅଭାବ । ନୈତିକତା ଶବ୍ଦଟି ଜୀବନର ଭାଷାକୋଷରେ ଖୋଜିଲେ ମିଳୁନାହିଁ । ତାହା ପ୍ରାଚୀନ ପ୍ରୟୋଗ ନ୍ୟାୟରେ ଆଜି ଉପେକ୍ଷିତ । ବୌଦ୍ଧିକତା ଶବ୍ଦଟି ବହୁ ପ୍ରଚାରିତ ଓ ପ୍ରତିଷ୍ଠିତ । ହୃଦୟବତ୍ତା କାବ୍ୟ ଯୁଗର କଥା ହୋଇଗଲାଣି । ହୃଦୟବାନ ଲୋକେ ଦ୍ୱିତୀୟ ଶ୍ରେଣୀର ନାଗରିକ ବୋଲି ଗଣାଯିବା ଆଶଙ୍କାରେ ଯାହା ପାଖରେ ଯାହା ହୃଦୟବତ୍ତା ଥିଲା ତାହା ସେମାନେ ଆଉ ପ୍ରକାଶ ନକରି ଚାପି ରଖୁଛନ୍ତି । ଅବିଦ୍ୟାର ପ୍ରେତନାଚରେ, କିଳିକିଳା ରାବରେ ବିଦ୍ୟା ନୀରବ ଓ ମୂକ । ଶିକ୍ଷାୟତନର ବିସ୍ତାର ଘଟିଛି, ମାତ୍ର ବିଦ୍ୟାର ପ୍ରସାର ଘଟିନାହିଁ । ବିଦ୍ୟାକୁ ଶିକ୍ଷାର ପରିସର ଭୁକ୍ତ କରାଯାଇଛି ବୋଲି ମନେ ହେଉନାହିଁ । ଦେଶ ବିଦେଶର ସମ୍ବାଦ ଗ୍ରହଣ ସହିତ ଜୀବନର

ମୂଲ୍ୟବୋଧକୁ ମିଶାଇବାର ଆନ୍ତରିକତା ଏଥିରେ ପରିଲକ୍ଷିତ ହେଉନାହିଁ । ରାଷ୍ଟ୍ରୀୟଜୀବନ କଥା ନ କହିଲେ ଭଲ । ରାଷ୍ଟ୍ର ସହିତ ସମ୍ପର୍କର ଆବଶ୍ୟକତା ଆଉ ଅନୁଭୂତ ହେଉନାହିଁ । ରାଷ୍ଟ୍ରୀୟ ଚେତନା, ରାଷ୍ଟ୍ରୀୟ ଏକତା, ରାଷ୍ଟ୍ରୀୟ ଭାବନା ଏସବୁ କେବଳ ବକ୍ତୃତା ପ୍ରତିଯୋଗିତା, ପ୍ରବନ୍ଧ ପ୍ରତିଯୋଗିତାର ବିଷୟବସ୍ତୁ ହୋଇ ରହିଲାଣି । ବ୍ୟକ୍ତିଜୀବନ ଗୋଟିଏ ବାଟରେ ତ ରାଷ୍ଟ୍ରୀୟ ଜୀବନ ଆଉ ଗୋଟିଏ ବାଟରେ । ବହୁ କ୍ଷେତ୍ରରେ ଜୀବନକାଳ ମଧ୍ୟରେ ଉଭୟଜୀବନ ଥରକପାଇଁ ସୁଦ୍ଧା ଚଲାପଥରେ ଭେଟାଭେଟି ହେବାର ସମ୍ଭାବନା ରହୁନାହିଁ । ପ୍ରାୟତଃ ପରିବାରରେ ରାଷ୍ଟ୍ରୀୟ ଚେତନା ସମ୍ପର୍କିତ ପ୍ରସଙ୍ଗ କେବେ ପଡ଼େ ନାହିଁ । ପିଲାଟି, ପିଲା ଦିନରୁ ଅଭିଭାବକ ତଥା ପରିବାରର ସଦସ୍ୟମାନଙ୍କଠାରୁ ଥରେ ମାତ୍ର ଏ କଥା ଶୁଣିବାର ଅବକାଶ ପାଇନଥିବାରୁ ନାଗରିକ ଜୀବନରେ ଏକଥା ଯେ ମୂଲ୍ୟହୀନ ତାହା ସେ ସ୍ଥିର ନିଶ୍ଚିତ କରିନେଇଥାଏ । ପରିବାର ହିଁ ବ୍ୟକ୍ତି ଜୀବନର ମୂଳ ଭିତ୍ତି । ସେଠାରେ ଥିବା ପରିବେଶ ହିଁ ବ୍ୟକ୍ତିଜୀବନକୁ ଗଢ଼ିବାରେ ବିଶିଷ୍ଟ ଭୂମିକା ନେଇଥାଏ । ଅଭିଭାବକଙ୍କ ମଧ୍ୟରେ ରାଷ୍ଟ୍ରୀୟ ଚେତନା ରହିଲେ ତାହା କ୍ରମଶଃ ପିଲାମାନଙ୍କ ମନରେ ସଞ୍ଚରିବା ସ୍ୱାଭାବିକ । ଅନ୍ୟଥା ଏହା ଆଶା କରିବା ବୃଥା ।

ଏ କଥା ମୁକ୍ତ କଣ୍ଠରେ ସ୍ୱୀକାର୍ଯ୍ୟ ଯେ ସାମାଜିକ ଜୀବନ ବଦଳିଲେ ବ୍ୟକ୍ତି ଚରିତ୍ର ବଦଳିବ ନାହିଁ । ବରଂ ଏହା ଯଥାର୍ଥ ଯେ ବ୍ୟକ୍ତି ଚରିତ୍ର ବଦଳିଲେ ସାମାଜିକ ପରିବେଶ ବଦଳିବ । ବ୍ୟକ୍ତି ଚେତନାର ବିକାଶ ନିମନ୍ତେ ପରିବାର ହେଉଛି ଉପଯୁକ୍ତ ଶିକ୍ଷାଳୟ । ପରସ୍ପର ସ୍ନେହ, ସଦିଚ୍ଛା ତ୍ୟାଗପୂତ ମନୋଭାବ, ସହଯୋଗ, ସହାନୁଭୂତି, ଆନ୍ତରିକତା ପ୍ରଭୃତି ବହୁ ସଦ୍‌ଗୁଣର ଶିକ୍ଷା ସେହି ସ୍ଥାନରୁ ମିଳିଥାଏ । ଏ ମାଟିରୁ ରସ ସଂଗ୍ରହ କରି ଜୀବନ ଗଢ଼ିଉଠେ ଓ ବଢ଼ିଥାଏ । ମାଟିରେ ମୂଲ୍ୟବୋଧର ଜଳ ଦିଆଗଲେ ତାହା ବୃକ୍ଷଟିକୁ ସବୁଜଶ୍ରୀ ବିମଣ୍ଡିତ ତଥା କୁସୁମିତ କରିବା ସ୍ୱାଭାବିକ । ଅତଏବ ପରିବାର ହିଁ ମୂଳକଥା ଯେଉଁଠାରେ ଜୀବନର ସୁସ୍ଥ ଗଠନ ନିମନ୍ତେ ଉପଯୁକ୍ତ ପରିବେଶ ସୃଷ୍ଟି ହୋଇପାରନ୍ତା । ପାରିବାରିକ ଶିକ୍ଷା ଠିକ୍ ରହିଲେ ବ୍ୟକ୍ତି ଜୀବନ ସମୃଦ୍ଧ ହେବା ସଙ୍ଗେସଙ୍ଗେ ସମାଜ ଜୀବନ ତଥା ରାଷ୍ଟ୍ରୀୟ ଜୀବନ ପରିପୁଷ୍ଟ ହୁଅନ୍ତା । ପାରିବାରିକ ଜୀବନରେ 'ମୁଁ'ର ବିଲୋପ ଘଟି 'ଆମେ' ଭାବର ପ୍ରାବଲ୍ୟ ଆସିଲେ, ମାନବିକ ମୂଲ୍ୟବୋଧର ମହତ୍ତ୍ୱ ପ୍ରତିଷ୍ଠିତ ହେଲେ ଜୀବନର ସର୍ବାଙ୍ଗୀନ ବିକାଶ ହୋଇପାରନ୍ତା ।

■

ଆଉ ବେଳ ଗଡ଼ି ନ ଯାଉ

ଆମ ଦେଶର ପରାଧୀନତା ଜନିତ ଦୁରବସ୍ଥା ପ୍ରସଙ୍ଗ ଆଉ ପ୍ରାୟ ଶୁଣିବାକୁ ମିଳୁନାହିଁ । ଶୁଣାଇବା ଲୋକ ବହୁତ ପରିମାଣରେ କମିଗଲେଣି, ମରି ହଜି ଗଲେଣି ସେମାନେ । ଯିଏ ଯେମିତି ଅଳ୍ପସଂଖ୍ୟାରେ କେଉଁଠି କେମିତି ଅଛନ୍ତି, ତାଙ୍କ ସଂଖ୍ୟାଠାରୁ ଶୁଣିବା ଲୋକଙ୍କ ସଂଖ୍ୟା ଆହୁରି କମିଗଲାଣି । ବସି ଶୁଣିବାକୁ ଲୋକ ପ୍ରାୟ ନାହାନ୍ତି କହିଲେ ଅତିରଞ୍ଜନ ବୋଧହୁଏ ହେବନାହିଁ । ଖୋଜିଲେ ଯାହା କିଛି ଜାଣିବାକୁ ମିଳୁଛି ତାହା ମୁଖ୍ୟତଃ ଇତିହାସ ପୃଷ୍ଠାରୁ; ତତ୍କାଳରେ ବିରଚିତ ଦେଶପ୍ରେମୀ ବ୍ୟକ୍ତିମାନଙ୍କର ସୃଷ୍ଟି ସମ୍ଭାରରୁ ଏବଂ କିଛି କିଛି ଜନଶ୍ରୁତି ତଥା କିମ୍ବଦନ୍ତିରୁ ।

ଭାବିଲେ ଦୁଃଖ ଲାଗୁଛି ଯେ କେତେ ଅତ୍ୟାଚାର ସହିଛନ୍ତି ଆମ ପୂର୍ବପୁରୁଷମାନେ ବ୍ରିଟିଶ ଶାସନରେ। ବିନା ଦୋଷରେ କେତେ ଦଣ୍ଡ ପାଇଛନ୍ତି ସେମାନେ । ତରକାରୀରେ ପକାଇବାକୁ ଲୁଣ ଟିକିଏ ପାଇନାହାନ୍ତି । ଲିଭର ପୁଲରୁ ଗୋରାବେପାରୀ ଆଣିଥିବା ଲୁଣ କିଣିବାକୁ ମୁଦ୍ରା ଆସିବ କାହୁଁ ? ସେ ତ ଦୁର୍ଲ୍ଲଭରୁ ଆହୁରି ଦୁର୍ଲ୍ଲଭ କଥା । ଆମ ଦେଶରେ କପା ଗଛ ଅଛି, ଗଛରେ କପା ଅଛି, ମାତ୍ର ବୁଣାକାରଙ୍କ ହାତରେ ଆଙ୍ଗୁଠି ନାହିଁ ଲୁଗା ବୁଣିବା ପାଇଁ । ଇଂରେଜ ଶାସକ ଆଙ୍ଗୁଠି କାଟି ଦେଇଛି । କେଡ଼େ ନୃଶଂସତା, ଭାବି ହେଉନାହିଁ ।

ଉତ୍କଳ ମଣି ଗୋପବନ୍ଧୁ, ପଣ୍ଡିତ ନୀଳକଣ୍ଠ, ପଣ୍ଡିତ ଗୋଦାବରୀଶ, ଉତ୍କଳ ଭାରତୀ କୁନ୍ତଳା କୁମାରୀ, ଚାରଣ କବି ବାଞ୍ଛାନିଧି ଏବଂ ଜାତୀୟ କବି ବୀରକିଶୋରଙ୍କ ସମେତ ବହୁ ସ୍ରଷ୍ଟାଙ୍କ ସୃଷ୍ଟି ସମ୍ଭାରରେ ଦେଶାତ୍ମବୋଧ ପ୍ରକଟିତ ହୋଇଥିଲା। ଇଂରେଜ ଶାସନ ବିରୁଦ୍ଧରେ ପ୍ରଥମ ସ୍ୱର ଉତ୍ତୋଳିତ ହୋଇଥିଲା ଓଡ଼ିଶାରେ ପାଇକ ବିଦ୍ରୋହ ମାଧ୍ୟମରେ । ପ୍ରାୟ ଚାଳିଶ ବର୍ଷ ପରେ ସିପାହି ବିଦ୍ରୋହ ଅନୁଷ୍ଠିତ ହେଲା ଭାରତ ବର୍ଷରେ । ଜିରାଠାରୁ ହୀରା ପର୍ଯ୍ୟନ୍ତ ସବୁ କିଛି ଆମର ଲୁଟି ନେଲେ ଗୋରା ସରକାର

ଏବଂ ବିନିମୟରେ ଅକଥନୀୟ ଅତ୍ୟାଚାର ଚଳାଇଲେ ଆମ ଉପରେ । ବେଳକୁ ବେଳ ଅସହ୍ୟହେଲା ସେଇ ଅତ୍ୟାଚାର । ଏଥି ସହିତ ବହୁ ପ୍ରକାର ଅସ୍ୱାଭାବିକ ନିୟମମାନ ପ୍ରଣୟନ କରି ବ୍ରିଟିଶ ଶାସକମାନେ ଆମକୁ ତଳିତଳାନ୍ତ କରିବାକୁ ଆରମ୍ଭ କଲେ । ଅନ୍ୟାୟର ପ୍ରତିବାଦ କରି ଝାନ୍ସୀର ରାଣୀ ଲକ୍ଷ୍ମୀବାଈ ବିଦ୍ରୋହ କଲେ, ପ୍ରବଳ ସଂଗ୍ରାମ କଲେ । ସଂଗ୍ରାମରେ ଶେଷରେ ନିହତ ହେଲେ ସତ, ମାତ୍ର ମୃତ୍ୟୁ ତାଙ୍କୁ ଡରାଇ ପାରିଲା ନାହିଁ, ବରଂ ଅମର କରିଦେଲା । ଓଡ଼ିଆ ପୁଅ ଚନ୍ଦନ ହଜୁରୀ ଥିଲେ ଲକ୍ଷ୍ମୀବାଈଙ୍କର ସେନାପତି । ତାଙ୍କ ସମର କୌଶଳରେ ଇଂରେଜ ଶାସନ ଏକ ପ୍ରକାର ଟଳମଳ ହୋଇଗଲା ।

ଆମ ସଂସ୍କୃତିକୁ କ୍ଷୟମୁଖୀ କରାଇବା ପାଇଁ ବ୍ରିଟିଶ ଶାସକମାନେ ବହୁ ପ୍ରକାରେ ପ୍ରଚେଷ୍ଟା କଲେ । ଅଧିକ ଷଡ଼ଯନ୍ତ୍ର ସେଦିନ ଆରମ୍ଭ କଲେ ଯେଉଁଦିନ ସେମାନେ କୋରାନ୍, ପୁରାଣ, ଗୀତା, ଭାଗବତକୁ ତୁଚ୍ଛା ଗପ ବୋଲି କହିଲେ ଏବଂ ସଂସ୍କୃତ ଭାଷାକୁ ମୃତଭାଷା ବୋଲି ଘୋଷଣା କଲେ । ପ୍ରାନ୍ତୀୟ ଭାଷାର ଜ୍ୟୋତିକୁ ଜବରଦସ୍ତି ମଉଳାଇ ଦେଲେ ।

ଜାଲିଆନାୱାଲା ବାଗ୍‌ରେ ସେଦିନ ବସିଥିବା ମେଳାରେ ଏକାଠି ହୋଇଥିବା ଅଗଣିତ ହିନ୍ଦୁ, ଶିଖ, ଜୈନ, ମୁସଲମାନ ପ୍ରଭୃତି ଭାରତୀୟଙ୍କୁ ଯେଉଁଭଳି ହତ୍ୟା କରାଗଲା, ତାହା କଳ୍ପନା କରିହେବ ନାହିଁ । କେହି ସେହି ଗୋଟିଏ ଫାଟକ ଥିବା ଜାଗାରୁ ବଞ୍ଚି ବର୍ତ୍ତି ଫେରିପାରିଲେ ନାହିଁ ।

ବ୍ରିଟିଶ୍ ଶାସକ ଯେ ସ୍ୱାଧୀନତା ମାଗିଲେ ଆମକୁ ଦେବେ, ଏଇ ବିଶ୍ୱାସ ସେଦିନ ଶତ ପ୍ରତିଶତ ତୁଟିଗଲା । ଆନ୍ଦୋଳନ ବିନା ସ୍ୱାଧୀନତା ମିଳବ ନାହିଁ, ଏକଥା ଭାରତୀୟ ନେତୃବର୍ଗର ହୃଦବୋଧ ହେଲା । ହେଲେ ଆନ୍ଦୋଳନ ପାଇଁ ସଫଳ ଅସ୍ତ୍ରଶସ୍ତ୍ର କାହିଁ ? ଅହିଂସା ଓ ଅସହଯୋଗର ଅସ୍ତ୍ରଶସ୍ତ୍ର ଧରି ମହାତ୍ମାଗାନ୍ଧୀ ଆଗେଇ ଆସିଲେ, ଭାରତୀୟ ମାନଙ୍କର ନେତୃତ୍ୱ ନେଲେ । ତାଙ୍କୁ ସହଯୋଗ ଦେଲେ କୋଟି କୋଟି ଭାରତବାସୀ । ଗୋଟିଏ ସ୍ୱରରେ ଆକୁମାରୀ ହିମାଚଳ ପ୍ରକମ୍ପିତ ହେଲା- 'ବନ୍ଦେମାତରମ୍' । ଶିକ୍ଷାନୁଷ୍ଠାନମାନ ଶୂନ୍ୟ ହୋଇଗଲା, ଯୁବଶକ୍ତି ଏକତ୍ର ହେଲା ମାତୃଭୂମିର ମର୍ଯ୍ୟାଦା ରକ୍ଷା କରିବାକୁ, ଦେଶକୁ ସ୍ୱାଧୀନ କରିବାକୁ । ବନ୍ଦିନୀ ଭାରତମାତାଙ୍କର ବନ୍ଧନ ଫିଟାଇବାକୁ ସଂକଳ୍ପବଦ୍ଧ ହେଲେ ଯୁବକମାନେ ।

ସମଗ୍ର ଭାରତ ବର୍ଷର ଅନ୍ୟ ପ୍ରଦେଶ ମାନଙ୍କ ସହ ତାଳଦେଇ କ୍ରମଶଃ ସ୍ୱାଧୀନତା ଆନ୍ଦୋଳନ ଓଡ଼ିଶାରେ ତୀବ୍ର ଆକାର ଧାରଣ କଲା । ଓଡ଼ିଶାର କେତେ ବୀର କାରାଦଣ୍ଡରେ ଦଣ୍ଡିତ ହେଲେ ଏବଂ ଫାଶୀ ପାଇଲେ ମଧ୍ୟ । ଦେଶପାଇଁ ହସିହସି

ସେମାନେ ଫାଶୀଖୁଣ୍ଟରେ ବେକ ଝୁଲାଇଦେଲେ, ଦୁଃଖ ନ ଥିଲା ମରଣ ପାଇଁ ବରଂ ଶେଷ ନିଃଶ୍ୱାସ ପର୍ଯ୍ୟନ୍ତ ଥିଲା କଣ୍ଠରେ 'ବନ୍ଦେ ମାତରମ୍'ର ମାଙ୍ଗଳିକ ଧ୍ୱନି । କେତେ ସଂଗ୍ରାମୀ ଆଣ୍ଡାମାନର ଭାଇପର ଦ୍ୱୀପକୁ ନିର୍ବାସିତ ହୋଇଗଲେ । ହାତରେ ପଡ଼ିଲା କଡ଼ି ଓ ଗୋଡ଼ରେ ବେଡ଼ି । ବିଷାକ୍ତ କୀଟ ପତଙ୍ଗ ଦଂଶନରେ ଶରୀର ଅସୁସ୍ଥ ହେଲା ଓ ମୃତ୍ୟୁମୁଖରେ ପଡ଼ିବାକୁ ସେମାନେ ବାଧହେଲେ । ପରେପରେ ନିର୍ମିତ ହେଲା ପୋର୍ଟବ୍ଲେୟାରର ସେଲୁଲାର ଜେଲ୍ । ସେଠାରେ ସ୍ୱାଧୀନତା ସଂଗ୍ରାମୀମାନଙ୍କୁ ରଖାଯାଇ ସେମାନଙ୍କୁ ଅତ୍ୟନ୍ତ କଷ୍ଟ ଦିଆଯାଉଥିଲା । ଅସ୍ୱାଭାବିକ ପରିବେଶ ଓ ଅସହ୍ୟ ଯନ୍ତ୍ରଣା ଭିତରେ ରହି ନ ପାରି କେତେ ମୃତ୍ୟୁବରଣ କଲେ, ଆଉ କେତେ ଅତି ରୁଗ୍ଣ ହୋଇ ନାମକୁ ମାତ୍ର ବଞ୍ଚି ରହିଲେ ।

ଦୀର୍ଘଦିନର ଆନ୍ଦୋଳନ ପରେ ବହୁ ପ୍ରତୀକ୍ଷିତ ସ୍ୱାଧୀନତା ଆସିଲା, ମାତ୍ର ସ୍ୱାଧୀନତାର ସ୍ୱାଦୁ ଆସିଲା ନାହିଁ । ଭାରତବାସୀଙ୍କଠାରୁ ବେଳକୁ ବେଳ ଫିକା ପଡ଼ିଗଲା ଭାରତୀୟତାର ମୂଲ୍ୟବୋଧ । ଏହାର କାରଣ ନିରୂପଣ ଯେପରି ଗବେଷଣାର ବିଷୟ, ନିରାକରଣ ସେପରି ଆଲୋଚନାର ବିଷୟ । ଦୁଃଖର ବିଷୟ ଏହାର ଗବେଷଣା ଓ ଆଲୋଚନା ପ୍ରାୟତଃ ହେଉନାହିଁ । ରାଜନୀତିକ ସ୍ୱାଧୀନତାରୁ ଫାଇଦା ଉଠାଇବାକୁ ଆମେ ଏତେ ବ୍ୟସ୍ତ ଯେ ସେ ବ୍ୟସ୍ତତାକୁ ରୂପ ଦେବାକୁ ଭାଷା ନାହିଁ । ସଂସ୍କୃତି କଥା ପଚାରେ କିଏ ? ସେକଥା ପଚାରିବାକୁ କାହାର ଅବକାଶ ନାହିଁ । ପଦବୀରୁ ଫାଇଦା ଉଠାଉ ଉଠାଉ ସକାଳରୁ ପୁଣି ସକାଳ ହୋଇ ଯାଉଛି, ଦିନର ଚବିଶଘଣ୍ଟା ବିତି ଯାଉଛି, ଆଉ ବେଳ କାହିଁ ?

ଦେଶରେ ଘର ଭାଙ୍ଗି ଏବେ ଖଣ୍ଡ ଖଣ୍ଡ, ବୈକୁଣ୍ଠ ସମାନ ଘର ଭୂଲୁଣ୍ଠିତ, ଧ୍ୱଂସାବଶେଷ ଦେଖି ବିଶ୍ୱାସ କରିହେଉନାହିଁ ଏଠାରେ ବୈକୁଣ୍ଠ ଥିଲା ବୋଲି । ସ୍ୱାଧୀନତା ନାମରେ ସ୍ୱେଚ୍ଛାଧୀନତାର ନିଆଁ ଜାଳିଦେଲାଣି ଏକାନ୍ନବର୍ତ୍ତୀ ପରିବାରକୁ । କର୍ପୂର ଉଡ଼ିଗଲାଣି, କନା ମଧ୍ୟ ପୋଡ଼ିଗଲାଣି । ହେଲେ ସେ ଆଡ଼କୁ କାହାରି ନିଘା ନାହିଁ । ନୈତିକ ଶିକ୍ଷା, ସହନଶୀଳତାର ଶିକ୍ଷା ସର୍ବୋପରି ବଞ୍ଚିବାର କଳାର ଶିକ୍ଷା ଯେ ଏହି ବ୍ୟାଧିର ମହୌଷଧି, ଏକଥା ବେଳେବେଳେ ବୁଝି ହେଉଛି, କିନ୍ତୁ ପ୍ରଚଳନ କରିହେଉ ନାହିଁ । ନୈତିକତା ହେଉଛି ମାନବିକତା । ମାନବିକତାର ଶିକ୍ଷାର ଭିତ୍ତିରେ ବଞ୍ଚିବାର କଳା ପ୍ରତିଷ୍ଠିତ, ଶିକ୍ଷାରେ ତାହା ଅଙ୍ଗୀଭୂତ ହୋଇନାହିଁ।

ଯୁବ ଶକ୍ତି ଆମର ଅମୂଲ୍ୟ ସମ୍ପଦ । ସେମାନଙ୍କୁ ଜୀବନର ଲକ୍ଷ୍ୟ, ଜୀବନର ମହତ୍ତ୍ୱ, ବିଶ୍ୱଗ୍ରାମ ଗଠନରେ ସେମାନଙ୍କର ଭୂମିକା ସମ୍ପର୍କରେ ଆଲୋଚନା, କର୍ମଶାଳା ତଥା ପ୍ରଶିକ୍ଷଣ ମାଧ୍ୟମରେ ସଚେତନ ନ କରାଇ ମଦ ବନ୍ୟାରେ ଭସାଇ ଦେଶର

ଅର୍ଥନୀତିକୁ ସୁଦୃଢ଼ କରିବା କେତେ ଯୁକ୍ତିଯୁକ୍ତ ତାହା ବିଚାର୍ଯ୍ୟ ବିଷୟ । ନିଶାରେ ମସ୍‌ଗୁଲ ହୋଇ ଭିନ୍ନ ଭିନ୍ନ ପ୍ରକାରର ନାରକୀୟ କାଣ୍ଡରେ ଲିପ୍ତ ରହିବା ଦ୍ୱାରା ଯୁବ ଶକ୍ତିର ନିଜର କେତେ କ୍ଷତ ହେଉଛି ଓ ସମାଜର କେତେ କ୍ଷତ ହେଉଛି ତାହା ଆଲୋଚନାର ବିଷୟ ।

ସୁସ୍ଥ ଭବିଷ୍ୟତ ଗଠନ ପାଇଁ ଆମ ସମସ୍ତଙ୍କର ଯଥାଯୋଗ୍ୟ ଭୂମିକା ରହିଛି । ଏଇ ଭୂମିକାରେ ଆମେ କିପରି ଅବତୀର୍ଣ୍ଣ ହୋଇପାରିବା, ତାହାହିଁ ଆଜିର ଅନୁଚିନ୍ତା ।

■

ଆଜିର ଅନୁଚିନ୍ତା

ଆଜିର ଜୀବନଧାରା ବିଭିନ୍ନ ସମସ୍ୟାର ଆବର୍ଜନାରେ କଳୁଷିତ ଓ ବିପର୍ଯ୍ୟସ୍ତ । କେହି ପ୍ରକୃତ ଅର୍ଥରେ ସୁଖରେ ନାହାନ୍ତି ଯଦିବା ପ୍ରତ୍ୟେକ ଅନ୍ୟମାନଙ୍କୁ ସୁଖୀବୋଲି ମନେକରୁଛନ୍ତି । ବିଜ୍ଞାନର ପ୍ରଗତି ଫଳରେ ବସ୍ତୁବାଦର ବିକାଶ ଘଟିଛି ଏବଂ ତଜ୍ଜନିତ ସୁଖ ଯାହା ମିଳିବା କଥା ମିଳୁଛି । ଉଦାହରଣସ୍ୱରୂପ ପ୍ରବଳ ଗ୍ରୀଷ୍ମପ୍ରବାହରେ କମ୍ବଳ ଘୋଡ଼ିହେବା ଶୀତର ଅନୁଭବ ବିଜ୍ଞାନ ଦ୍ୱାରା ସମ୍ଭବ ହେଉଛି । ଦେହର ଶୀତଳତା ଜନିତ ଯେତିକି ଆନନ୍ଦ ମିଳିବା କଥା ହୁଏତ ମିଳୁଛି ମାତ୍ର ତାହା ମନକୁ ଶାନ୍ତ ଓ ଶୀତଳ କରିପାରୁ ନାହିଁ । ଆଉ କିଛି ଅଭାବ ଯେପରି କେଉଁଠାରେ ରହିଯାଉଛି । ଧନର ଅଭାବ ନାହିଁ ଅନାହାର ମୃତ୍ୟୁ ପ୍ରାୟ ନାହିଁ କହିଲେ ଚଳେ । ଅଭାବଟି ରହିଯାଉଛି ସାମାଜିକ ନ୍ୟାୟ ପ୍ରଦାନରେ ଓ ପ୍ରାପ୍ତିରେ । ସାମାଜିକ ପରିବେଶର ସମୃଦ୍ଧିପାଇଁ ଆବଶ୍ୟକୀୟ ଆନ୍ତରିକତା ଉପଯୁକ୍ତ କ୍ଷେତ୍ରରେ ପରିଲକ୍ଷିତ ହେଉନାହିଁ । ଏହାର ଅର୍ଥ ନୁହେଁ ଯେ ଆଇନ୍‌କାନୁନ୍‌ରେ ପରିବର୍ତ୍ତନ ଘଟିନାହିଁ ବା ନୂଆ ନୂଆ ଆଇନ୍ ପ୍ରଣୀତ ହୋଇନାହିଁ । ବହୁତ ନୀତି ପ୍ରଣୀତ ହେଉଛି ଓ ପାଳିତ ହେଉଛି ମାତ୍ର ସେସବୁ ସାମାଜିକ ପରିବର୍ତ୍ତନ ଆଣିବାରେ ସମର୍ଥ ହେଉନାହାନ୍ତି । ନୀତି ପ୍ରଣୟନ କରିଦେଲେ ସମସ୍ୟାର ସମାଧାନ ହୁଏନାହିଁ । ଏସବୁ ସହିତ ଆବଶ୍ୟକ ହୁଏ ଆନ୍ତରିକତାର ସମନ୍ୱୟ । ଆନ୍ତରିକ ଶୁଭେଚ୍ଛା ନ ଥାଇ ଆପଣାର ସ୍ୱାର୍ଥକୁ ଦୃଷ୍ଟିରେ ରଖି ବହୁ କଥାର ବହୁଳ ପ୍ରଚାରରେ ଲାଭ ବିଶେଷ କିଛି ହୁଏନାହିଁ । ଶିକ୍ଷା ମାଧ୍ୟମରେ ସଚେତନତା ସୃଷ୍ଟି କରାଯିବା ଏକାନ୍ତ ଆବଶ୍ୟକ । ସଚେତନତା ଭିତ୍ତିରେ ସମସ୍ୟାରେ ସ୍ଥାୟୀ ସମାଧାନ କେବଳ ସମ୍ଭବ ହୋଇପାରେ, ଅନ୍ୟଥା ଯେଉଁ ସମାଧାନ ହେବ ତାହା ସାମୟିକ ସମାଧାନ, ଯାହାର ବିଶେଷ କିଛି ପ୍ରଭାବ ଆଗାମୀ ଦିନପାଇଁ ରହିବ

ନାହିଁ । ପୁନଶ୍ଚ ଏହା ଲକ୍ଷ୍ୟଣୀୟ ଯେ ଯେଉଁ ସମସ୍ୟା ଉପରେ ଅଧିକ ଗୁରୁତ୍ୱ ଆରୋପିତ ହେବାକଥା ସେ ଉପରେ କମ୍ ଗୁରୁତ୍ୱ ଆରୋପିତ ହେଉଛି, ଆହୁରି ମଧ୍ୟ ଏପରି କିଛି ସମସ୍ୟା ରହିଛି ଯାହା ଉପରେ ଯେତିକି ଗୁରୁତ୍ୱ ଦିଆଯିବା କଥା ତା'ଉପରେ ତହିଁରୁ ଅଧିକ ଗୁରୁତ୍ୱ ଦିଆଯାଉଛି । ଅଭିଭାବକମାନେ ସୁବିଧାବାଦୀ ହେଲେ ଯେପରି ପରିବାରର କ୍ଷତି ଘଟେ ସମାଜର ପ୍ରତିଷ୍ଠିତ ବ୍ୟକ୍ତିତ୍ୱଗଣ ସୁବିଧାବାଦୀ ହେଲେ ସେପରି ସମାଜର କ୍ଷତିଘଟେ । ସମସ୍ୟା ବଢ଼ିଚାଲେ ଓ ଅସ୍ଥାୟୀ ସମାଧାନର ନୀତି ସବୁ କାର୍ଯ୍ୟକାରୀ ହେଉଥାଏ । ଫଳତଃ ପରିବେଶରେ ସ୍ଥାୟୀ ଆନନ୍ଦର ବିଚ୍ଛୁରଣ ଘଟେନାହିଁ । ପ୍ରକୃତ ଆନନ୍ଦ ଜନସାଧାରଣଙ୍କ ହାତପାଆନ୍ତାରେ ପହଞ୍ଚିପାରେ ନାହିଁ । ନୀତିର ପ୍ରୟୋଗଠାରୁ ଅପପ୍ରୟୋଗ ଅଧିକ ହେଉଥାଏ, ନୀତିର ସଦ୍‌ବ୍ୟବହାରଠାରୁ ଅସଦ୍ ବ୍ୟବହାର ଅଧିକ ହେଉଥାଏ, ଯାହା ଜନଜୀବନକୁ ପୂର୍ଣ୍ଣ ସୁଖଶାନ୍ତିରୁ ବଞ୍ଚିତ କରିରଖେ ।

ବର୍ତ୍ତମାନ ପାରିବାରିକ ଜୀବନର ବହୁ ସମସ୍ୟା ଉପରେ ବିଭିନ୍ନ ମହଲ ପକ୍ଷରୁ ବହୁତ ଗୁରୁତ୍ୱ ପ୍ରଦାନ କରାଯାଉଅଛି । ଏହା ଅଭିନନ୍ଦନୀୟ ପଦକ୍ଷେପ ଏଥିରେ ସନ୍ଦେହ ନାହିଁ । କାରଣ ପାରିବାରିକ ଜୀବନ ହିଁ ସାମାଜିକ ଜୀବନ ତଥା ରାଷ୍ଟ୍ରୀୟ ଜୀବନର ମୂଳଭିତ୍ତି । ଜୀବନର ସର୍ବାଙ୍ଗୀଣ ସମୃଦ୍ଧି ନିର୍ଭର କରେ ପାରିବାରିକ ଜୀବନର ସୁସ୍ଥତା ଉପରେ । ତେଣୁ ପରିବାରକୁ ମର୍ତ୍ତ୍ୟରେ ବୈକୁଣ୍ଠଭୁବନ ସହିତ ତୁଳନା କରାଯିବା କଥା ସମସ୍ତେ ଜାଣନ୍ତି । ମୂଳଭିତ୍ତି ଦୁର୍ବଳହେଲେ ତା'ଉପରେ ପ୍ରତିଷ୍ଠିତ ସମସ୍ତ ଅଭିବ୍ୟକ୍ତି ଯେ ଅର୍ଥହୀନ ଏହା ମୁକ୍ତକଣ୍ଠରେ ସ୍ୱୀକାର୍ଯ୍ୟ । ବିବାହ ଓ ବିବାହିତ ଜୀବନକୁ ଭିତ୍ତିକରି ବହୁ ସମସ୍ୟା ଏବେ ସମସ୍ତଙ୍କର ଦୃଷ୍ଟି ଆକର୍ଷଣ କରୁଛି । ସମସ୍ୟାଗୁଡ଼ିକର ସମାଧାନ ପାଇଁ ବିଭିନ୍ନ ମହଲ ଅଧିକ ତତ୍ପର ଥିବାପରି ମନେହେଉଛି । ଗଛଟିଏ ଝାଉଁଳିଯିବା ବେଳେ ଏହାର ମୂଳରେ ପାଣି ମୁନ୍ଦିଏ ନ ଦେଇ ଉପରେ ପାଣି ଛିଞ୍ଚିଦେଲେ ଯାହା ଫଳ ହୁଏ, ଏବେ ତାହାହିଁ ହେଉଛି । ଢୋକେ ପିଇ, ଦଣ୍ଡେ ଜୀଇଁ ନ୍ୟାୟରେ ଗଛଟି ଟିକିଏ ବେଳ ସତେଜ ଦିଶେ, ତା'ପରେ ଯାହାକୁ ସେଇଆ ହୁଏ । ବର୍ତ୍ତମାନ ସମାଜର ଅବସ୍ଥା ସେହିପରି । ସମସ୍ୟାର ମୂଳଟିକୁ ଦେଖିଥିବାକୁ କାହାର ବେଳନାହିଁ, ଆଗ୍ରହ ମଧ୍ୟ ନାହିଁ ।

ଆମ ଦେଶରେ ଆମ ସଂସ୍କୃତିର ଚର୍ଚ୍ଚା, ଆଲୋଚନା, ବିଚାର ବିଶ୍ଳେଷଣ ବିଶେଷ ଦେଖିବାକୁ ମିଳୁନାହିଁ, ଯାହା ହେଉଛି ସେଥିରେ ଆନ୍ତରିକତାର ସ୍ପର୍ଶ ନାହିଁ । ପାଶ୍ଚାତ୍ୟର ବୈଜ୍ଞାନିକ ଅନୁଚିନ୍ତା ସହିତ ଆମର ଭାବଧାରାକୁ ସମନ୍ୱୟ

କରି ନୂତନ ଚେତନା ସୃଷ୍ଟି କରିବାର ଆନ୍ତରିକ ପ୍ରୟାସ କେଉଁଠାରେ ଦେଖାଯାଉ ନାହିଁ । ଏପରି ଚେତନାର ପ୍ରକାଶ ଓ ବିକାଶ ନିମନ୍ତେ ଶିକ୍ଷା ମାଧ୍ୟମରେ ଅନୁକୂଳ ପରିବେଶ ସୃଷ୍ଟି କରାଯାଇ ପାରନ୍ତା, ଏକଥା ଜାଣି ମଧ୍ୟ ସେ ଦିଗରେ କାର୍ଯ୍ୟାନୁଷ୍ଠାନ ହେଉନାହିଁ । ଶିକ୍ଷା ହିଁ ସାମାଜିକ ଜୀବନର ସୁସ୍ଥତାର ଚାବିକାଠି ଏହା କାହାରିକୁ ଅଜଣା ନାହିଁ । ଶିକ୍ଷାର ଅର୍ଥ ନୁହେଁ ପାଠ୍ୟକ୍ରମ ମାଧ୍ୟମରେ କିଛି ସମ୍ବାଦ ପରିବେଷଣର ବ୍ୟବସ୍ଥା । ଶିକ୍ଷା ହେଉଛି ତାହା ଯାହା ଜୀବନ ଚିନ୍ତା ସହିତ ପ୍ରତ୍ୟକ୍ଷ ଯୋଗସୂତ୍ର ରକ୍ଷା କରିପାରେ । ନୈତିକତାର ମୂଲ୍ୟବୋଧକୁ ମନରେ ନିର୍ଦ୍ଦିଷ୍ଟ ବୟସରୁ ଶିକ୍ଷା ମାଧ୍ୟମରେ ହିଁ ପ୍ରତିଷ୍ଠିତ କରାଯାଇପାରେ । ଗୋଟିଏ ଦେଶର ସାଂସ୍କୃତିକ ମହତ୍ତ୍ୱ ଶିକ୍ଷା ମାଧ୍ୟମରେ ହିଁ ପ୍ରତିଷ୍ଠିତ ହୋଇପାରେ । ଅତଏବ ବିଭିନ୍ନ ଦିଗରୁ ବିଚାର କଲେ ବୁଝିହେବ ଯେ ଶିକ୍ଷା ହିଁ ସମାଜର ନବନିର୍ମାଣ ନିମନ୍ତେ ଏକ ବଳିଷ୍ଠ ମାଧ୍ୟମ । ଶିକ୍ଷା ପ୍ରକୃତ ଅର୍ଥରେ ମଣିଷକୁ ଉପଯୁକ୍ତ କରି ସମାଜ ଉପଯୋଗୀ କରି ଗଢ଼ିଥାଏ । ଏ ଦିଗରୁ ବିଚାର କଲେ ଶିକ୍ଷା ବ୍ୟବସ୍ଥାର ପୁନର୍ଗଠନ ଯେ ଆଜି କେତେ ଜରୁରୀ ତାହା ସହଜରେ ବୁଝି ହେବ ।

ଭାରତ ହେଉଛି ସେହି ଦେଶ ଯାହାର ବାତାବରଣରେ ଜୀବନ ଚିନ୍ତା ଫୁଲର ସୁବାସ ପରି ବିଚ୍ଛୁରିତ ହୋଇ ରହିଥିଲା । ଆଜି କିନ୍ତୁ ଭାରତୀୟ ସଂସ୍କୃତିର ମହତ୍ତ୍ୱ ଓ ମହକପ୍ରତି ଆବଶ୍ୟକୀୟ ଆତ୍ମୀୟତା ପ୍ରକଟିତ ହେଉନାହିଁ । ନୈତିକତା ଯାହା ଭାରତୀୟ ଜୀବନଧାରାର ଏକ ବରଣୀୟ ଉପାଦାନ ଥିଲା, ତାହା ଆଜି ଦୁର୍ବଳତାର ଚିହ୍ନରେ ଗଣା ହେଉଛି । ସ୍ୱାଧୀନତାର ଅର୍ଥ ଏବେ ସ୍ୱେଚ୍ଛାଧୀନତା ବୋଲି ବୁଝାଯାଉଛି । ଆଧୁନିକତା କହିଲେ ଏବେ ଔଦ୍ଧତ୍ୟକୁ ବୁଝିବାକୁ ହେଉଛି । ଗୁରୁଜନଙ୍କ ପ୍ରତି ନମ୍ରତା ଏବେ ସୁଦୂର ପରାହତ । ଅନ୍ୟକୁ ଅବମାନନା ହିଁ ବୀରତ୍ୱର ଚିହ୍ନ ଭାବରେ ଗୃହୀତ । ପିଲାଦିନେ ପିଲାମାନଙ୍କୁ ଯେତେବେଳେ ନୀତି କ'ଣ, ଅନୀତି କ'ଣ, କର୍ତ୍ତବ୍ୟ କ'ଣ ଅକର୍ତ୍ତବ୍ୟ କ'ଣ ବୁଝାଇବା ଦରକାର, ସେତେବେଳେ ତାହା ନବୁଝାଇଲେ ପରେ ବୁଝାଇଲେ ଆଉ କିଛି ଲାଭ ହୁଏନାହିଁ। ବିଦ୍ୟାର୍ଥୀର ଜୀବନ ଅତିକ୍ରାନ୍ତ ହେଉଛି କେବଳ ସମ୍ବାଦ ସଂଗ୍ରହରେ । ଏହା ସହିତ ଜୀବନ ଚିନ୍ତାର ସମନ୍ୱୟ ଘଟୁନାହିଁ ।

ଏତେ ଦିନର ସ୍ୱାଧୀନତା ଆମ ଭିତରେ ସାମଗ୍ରିକ ଭାବରେ ଜୀବନପ୍ରତି ଆନ୍ତରିକତା ଆଣିନାହିଁ । ଅହଂକାରର ବୃଦ୍ଧି ନିମନ୍ତେ କେବଳ ଉପାଦାନ ଯୋଗାଇଛି । ଏବେ ବୁଝିବାର ସମୟ ଆସିଛି ଯେ ବହିଃମନକୁ ନେଇ ବଞ୍ଚିବା ପ୍ରକୃତରେ ବଞ୍ଚିବା ନୁହେଁ, ତା' ସହିତ ଅନ୍ତଃମନର ସମନ୍ୱୟ ହେବା

ଦରକାର, ବସ୍ତୁକୁ ନେଇ ବଞ୍ଚିବା ପ୍ରକୃତରେ ବଞ୍ଚିବା ନୁହେଁ, ତା ସହିତ ଭାବର ସମନ୍ୱୟ ହେବା ଦରକାର, ନିଜର ସୁଖ ସୁବିଧାକୁ ନେଇ ବଞ୍ଚିବା ପ୍ରକୃତ ବଞ୍ଚିବା ନୁହେଁ, ତା'ସହିତ ଅନ୍ୟମାନଙ୍କ ପ୍ରତି ଯଥାବିଧି କର୍ତ୍ତବ୍ୟ ପାଳନର ସମନ୍ୱୟ ହେବା ଦରକାର । ଆତ୍ମସ୍ୱାର୍ଥଠାରୁ ଦେଶର ସ୍ୱାର୍ଥକୁ ବଡ଼ କରିବା, ଅନ୍ୟମାନଙ୍କୁ ଯଥାରୀତି ସମ୍ମାନ ଓ ଶ୍ରଦ୍ଧା କରିବାକୁ ଜାଣିବା ଓ ଜଣାଇବାର ବେଳ ଆସିଛି । ହେଲା କଲେ ଭେଲା ବୁଡ଼ିଯିବ, ଏକଥା କିଏ କାହାକୁ କେମିତି ଶିଖାଇବ, ଏହା କ'ଣ ଚିନ୍ତାର ବିଷୟନୁହେଁ ?

■

ଆବଶ୍ୟକତା ଓ କାମନା

ମଣିଷ ଜୀବନର ପ୍ରତି ଘଟଣା ପଛରେ କିଛି ସୁଖ ଓ କିଛି ଦୁଃଖ ମିଶି ରହିଛି । ଅନ୍ୟ ପ୍ରକାରେ କୁହାଯାଇପାରେ ଯେ, ମଣିଷ ଜୀବନ ସୁଖ ଓ ଦୁଃଖରେ ଗଢ଼ା । ଜୀବନରୁ ଦୁଃଖକୁ ଦୂର କରିବାକୁ ସାଧୁସନ୍ଥ, ଯୋଗୀ, ଋଷି, ମହାତ୍ମା, ମହାପୁରୁଷ ପୁଣି ଅବତାରମାନେ ମଧ୍ୟ କଠୋର ସାଧନା କରିଛନ୍ତି । ସାଧନାର ସିଦ୍ଧିରୁ ଦୁଃଖରୁ ରକ୍ଷା ପାଇବାର ବାଟ ବତାଇ ଯାଇଛନ୍ତି ; କେତେ ଉପଦେଶ, ଉଦାହରଣମାନ ଦେଇଯାଇଛନ୍ତି । ଉଦାହରଣସ୍ୱରୂପ ନିଆଯାଇପାରେ ବୁଦ୍ଧଦେବଙ୍କୁ । ଦୀର୍ଘ ଦିନର କଠୋର ସାଧନା ଫଳରେ ସେ ଜାଣିପାରିଲେ ଯେ ଦୁଃଖର କାରଣ ହେଉଛି କାମନା ଏବଂ ଏହି କାମନାର ବିନାଶରେ ଦୁଃଖର ବିନାଶ ଘଟିବ । ଅଷ୍ଟାଙ୍ଗ ମାର୍ଗକୁ ସେ ଏହି କାମନାର ବିନାଶ ପାଇଁ ଆଚରଣର ମାର୍ଗ ବୋଲି ଘୋଷଣା କଲେ । କଥାଟି ଆଜି ଆମକୁ ଶୁଣି ଶୁଣି ସାଧାରଣ କଥା ପରି ଲାଗୁଛି, ମାତ୍ର ଏହା ଏତେ ସାଧାରଣ କଥା ନୁହେଁ । ଦୁଃଖର ମୂଳରେ କାମନା ରହିଛି, ଏହା ସତ୍ୟ । କାମନାର ପୂରଣରେ ସୁଖ ମିଳୁଛି, ଆଉ କାମନା ପୂରଣ ନହେଲେ କ୍ରୋଧ, ବିରକ୍ତି, ଅବସାଦ ଆସୁଛି ଏବଂ ତାହା ହେଉଛି ଦୁଃଖର କାରଣ । ଦୁଃଖରେ ମଣିଷ ମନ ଭାଙ୍ଗିଯାଉଛି, ହତାଶାରେ ଜର୍ଜରିତ ହୋଇ ଖଣ୍ଡଖଣ୍ଡ ହୋଇଯାଉଛି । ଜୀବନ ହୋଇଯାଉଛି ଏକ ପ୍ରକାର ଦୁର୍ବିସହ, ଯନ୍ତ୍ରଣାରେ ଜର୍ଜରିତ । କାହାକୁ କହି ହେଉନି, ସହି ମଧ୍ୟ ହେଉନି । "ନଯଯୌ ନତସ୍ଥୌ' ଅବସ୍ଥାରେ ରହିବାକୁ ହେଉଛି । ଏହି କଥାଟିର ମର୍ମ କେତେ ଗଭୀର ତାହା ବିଚାର କରିବା କଥା । କାମନା ଯେତେ ହ୍ରାସ ପାଇବ, ଦୁଃଖର ପରିମାଣ ଓ ଚାପ ସେତେ ହ୍ରାସ ପାଇବ। ଏହା ଦେଶ, କାଳ, ପାତ୍ର ଭେଦରେ ସର୍ବବାଦୀ ସମ୍ମତ ।

ଅବଶ୍ୟ ଏଠାରେ କାମନାର କଥା କୁହାଯାଇଛି, ଆବଶ୍ୟକତାର କଥା ନୁହେଁ । ଆବଶ୍ୟକତା ହେଉଛି ଆମର ଆବଶ୍ୟକତା, କାମନା ନୁହେଁ । ଯେମିତି ଖାଦ୍ୟ, ବସ୍ତ୍ର,

ବାସଗୃହ, ଶିକ୍ଷା, ସ୍ୱାସ୍ଥ୍ୟରକ୍ଷା, ପରି କିଛିକିଛି ମନୋରଞ୍ଜନ ଏବଂ ସର୍ବୋପରି ନିରାପତ୍ତା। ଆମର ଆବଶ୍ୟକତା । ଆବଶ୍ୟକତାର ଏକ ସୀମାରେଖା ଅଛି । ସେହି ସୀମାରେଖା ଟପିଗଲେ ଯେଉଁ ରାଜ୍ୟ ପଡ଼େ, ତାହା ହେଉଛି କାମନାର ରାଜ୍ୟ । କାମନା ଓ ଆବଶ୍ୟକତାର ସୀମାରେଖା ଏତେ ସୂକ୍ଷ୍ମ ଯେ ସହଜରେ ତାକୁ ଜାଣିହୁଏ ନାହିଁ । ଜାଣିଲା ବେଳକୁ ଆବଶ୍ୟକତା ସୀମା ପାର ହୋଇ ମଣିଷର ମନ କାମନାର ରାଜ୍ୟରେ ପାଦ ପକାଇ ସାରିଥାଏ । ପ୍ରଥମରୁ ଜାଣିପାରି ଫେରି ଆସିଲେ ତ ଭଲ, ନହେଲେ ପାଦ ବେଳେବେଳେ ଆଗକୁ ପଡ଼ି ପଡ଼ି ଯାଏ । ସେ ରାଜ୍ୟରେ ଥିବା ଏକ ସମ୍ମୋହିନୀ ଶକ୍ତି ହାତ ଧରିନିଏ, ତା'ର ନିଜ ଜାଲରେ ଆସ୍ତେ ଆସ୍ତେ ଛନ୍ଦିଦିଏ । ଥରେ ଛନ୍ଦି ହୋଇଗଲେ ଆଉ ସେ ବନ୍ଧନ ଛିଣ୍ଡାଇ ହୁଏ ନାହିଁ । ଦେହ, ପ୍ରାଣ, ମନ ଓ ଚେତନା ତହିଁରେ ବାନ୍ଧିହୋଇ ବନ୍ଦୀ ହୋଇଯାଏ । ଶେଷରେ ଫଳ ମିଳେ ଅଶାନ୍ତି, ଦୁଃଖ, ବିଫଳତା, ହା ହୁତାଶ ଭାବ ।

ଆମର ଧନ ଦରକାର ପ୍ରତ୍ୟେକ ଆବଶ୍ୟକତାର ପୂରଣ ପାଇଁ । ଧନ ଅର୍ଜନକୁ କାମନା କହି ଉଡ଼ାଇ ଦେଲେ ଚଳିବ ନାହିଁ । କିନ୍ତୁ କେତେ ଧନ ଆମର ଦରକାର, ତାହା ଜାଣିବା ଦରକାର । ସେହି ସୀମାଟି ଜାଣିଲେ କାମନା ପଶିପାରିବ ନାହିଁ କି ଦୁଃଖର କାରଣ ହୋଇପାରିବ ନାହିଁ । ସମାନ କଥା ପ୍ରଯୁଜ୍ୟ ସମ୍ମାନ, ଯଶ କ୍ଷେତ୍ରରେ । ଅନେକେ ତାହା ଜାଣିନପାରି ସମ୍ମାନ, ଯଶ ପଛରେ ଧାଇଁ ଧାଇଁ ଆଣ୍ଠୁଗଣ୍ଠି ଖଣ୍ଡିଆ କରନ୍ତି । କିନ୍ତୁ ଏ ସବୁର ପରିମାଣରେ ଆବଶ୍ୟକତା ଓ ସୀମାକୁ ଜାଣିଲେ ତା' ପଛରେ ଆଉ ଧାଇଁବାକୁ ପଡ଼ିବ ନାହିଁ କି କ୍ଷତାକ୍ତ ହେବାକୁ ପଡ଼ିବ ନାହିଁ । ଆବଶ୍ୟକତା ପୂରଣରେ ଆତ୍ମସନ୍ତୋଷ ଆସିବ, ଦେହ, ପ୍ରାଣ ଓ ମନରେ ସୁସ୍ଥତା ଆସିବ । ଅଭାବବୋଧର ଏକ ପ୍ରକାର ଅଭାବ ଘଟିବ । ଫଳରେ ଜଣେ ଚେତନାର ଅଗ୍ରଗତି କରିବାକୁ ସମୟ, ସୁଯୋଗ, ଅବକାଶ ଓ ମାନସିକତା ଲାଭ କରିବ ।

ବର୍ତ୍ତମାନ ଆସିବା ଆବଶ୍ୟକତା ଓ କାମନାକୁ ଚିହ୍ନିବା କିପରି ଏବଂ ସେ ଦୁହିଁଙ୍କ ମଝିରେ ଥିବା ସୀମାରେଖାକୁ ଦେଖିବା କିପରି ? ଏ ପରିପ୍ରେକ୍ଷୀରେ ଶ୍ରୀମାଙ୍କର ଶକ୍ତିପୂର୍ଣ୍ଣ ବାଣୀ ସ୍ମରଣୀୟ । ସେ କହିଛନ୍ତି ଯେ ଯେଉଁ ଜିନିଷ ପାଇବା ପାଇଁ ଅଧିକ ଉତ୍କଣ୍ଠା, ଆବେଗ ଥାଏ ତାହା ହିଁ କାମନାର ଜିନିଷ । ନ ପାଇଲେ ମନ ବିବ୍ରତ ହୁଏ, ତାହା ହିଁ କାମନା । ବାସ୍ତବରେ ଆଜି ଆବଶ୍ୟକତା ପୂରଣ ହେଲେ ମଧ୍ୟ ମଣିଷ ସନ୍ତୁଷ୍ଟ ହୋଇ ରହିପାରୁ ନାହିଁ । ତାକୁ କାମନା ଅଧିକରୁ ଅଧିକ ଘାରୁଛି । ଓଟ ସିଜୁକଣ୍ଟା ଚୋବାଇ ନିଜର ରକ୍ତକୁ ପିଇ ରସ ପିଉଛି ବୋଲି ଭାବିଲା ଭଳି ମଣିଷ ପାଉଛି ଯନ୍ତ୍ରଣା । ଅତଏବ ସବୁକଥାକୁ ବୁଝିବା ଦରକାର । ପାଦଟିଏ ପଛକୁ ଫେରି ସବୁ କଥାକୁ ବିଚାର କରିବା ଜରୁରୀ ।

■

ଆତଙ୍କବାଦ - ଏକ ବିଶ୍ୱ ସମସ୍ୟା

ଆତଙ୍କବାଦ ଆଜିକାଲି କୌଣସି ଏକ ଦେଶର ସମସ୍ୟା ନୁହେଁ, ଏହା ଏକ ବିଶ୍ୱ ସମସ୍ୟା । ଏ ସମସ୍ୟାର କାରଣ ହେଉଛି ଅହଂଭାବ । ଅହଂ ମୁଖ୍ୟତଃ ଦୁଇ ପ୍ରକାର - ଗୋଟିଏ ହେଉଛି ବ୍ୟକ୍ତିଗତ ଅହଂ ଏବଂ ଅନ୍ୟଟି ହେଉଛି ସମଷ୍ଟିଗତ ଅହଂ ବା ଗୋଷ୍ଠୀଗତ ଅହଂ । ବ୍ୟକ୍ତିଗତ ଅହଂରୁ ଆସେ ଦ୍ୱନ୍ଦ୍ୱ, ବିବାଦ, କଳହ, ହିଂସ୍ରତା, ଈର୍ଷା, ଅସୂୟା, ଲୋଭ, କ୍ରୋଧ ଇତ୍ୟାଦି ଇତ୍ୟାଦି ଅପଶକ୍ତି । ଗୋଷ୍ଠୀଗତ ଅହଂରୁ ସୃଷ୍ଟିହୁଏ ଅନ୍ୟ ଦେଶ ଉପରେ ଆକ୍ରମଣ, ଦମନଲୀଳା, ସଂଘର୍ଷ, ଧ୍ୱଂସ ଓ ସର୍ବୋପରି ସର୍ବନାଶ । ଅହଂର କାର୍ଯ୍ୟ ସର୍ବଦା ନକାରାତ୍ମକ, ତାହା ସକାରାତ୍ମକ କାର୍ଯ୍ୟ କରିପାରେ ନାହିଁ । ସ୍ନେହ, ଶ୍ରଦ୍ଧା, ଆଦର, ଯତ୍ନ, ସମବେଦନା, ସହାନୁଭୂତିର ଅର୍ଥ ସେ ଜାଣେ ନାହିଁ । ଅନ୍ୟର ଆଖିରୁ ଲୁହ ପୋଛିଦେବା ସେ ଜାଣେ ନାହିଁ, ଅନ୍ୟର ଆଖିରୁ ଲୁହ ଝରାଇବା ସେ ଜାଣେ । ଅନ୍ୟକୁ କଷ୍ଟ ଦେଇ ସେ ଖୁସି ହୁଏ, ରକ୍ତନଦୀ ବୁହାଇ ସେ ଖୁସି ହୁଏ । ଗୋଷ୍ଠୀଗତ ଅହଂର ପ୍ରଭାବ ବ୍ୟକ୍ତିଗତ ଅହଂଠାରୁ ବହୁ ଗୁଣରେ କରାଳମୁଖୀ ଓ ଭୟଙ୍କର । ଏହା ଦେଶ-ଦେଶ ଭିତରେ, ଧର୍ମ-ଧର୍ମ ଭିତରେ, ଚଳଣି-ଚଳଣି ଭିତରେ ଆଘାତ, ରକ୍ତପାତ ଓ ମୃତ୍ୟୁର ବିଭୀଷିକା ସୃଷ୍ଟି କରିଥାଏ । ସ୍ଲଥ ପରି ତାହା ଯେଉଁଆଡ଼େ ଗଡ଼ି ଗଡ଼ିଯାଏ, ସେଇ ଆଡ଼ ପୋଡ଼ି ପୋଡ଼ିଯାଏ । ସ୍ଲଥ ଏକ ବିଦେଶୀ ମିଥ୍ ; ଯାହାର ଆକାର ଏକ ମାଂସପିଣ୍ଡୁଳା ପରି ଏବଂ ତାହା ଗଡ଼ି ଗଡ଼ି ଗଲେ ତା' ଆଗରେ ଥିବା ସବୁଜିମା ପୋଡ଼ି ପୋଡ଼ିଯାଏ । ଗୋଷ୍ଠୀଗତ ଅହଂରୁ ସୃଷ୍ଟି ହେଉଥିବା ଆତଙ୍କବାଦ ସାରାବିଶ୍ୱକୁ ଥରାଇ ଦେଲାଣି । କାହାରି ଆୟତ୍ତରେ ଏହା ରହୁନାହିଁ । ଯେତେ ଆଲୋଚନା, ଯେତେ ପ୍ରତିଷେଧକ ବ୍ୟବସ୍ଥା, ଯେତେ ଚୁକ୍ତିନାମା ସବୁ ପ୍ରାୟ ବିଫଳ ହୋଇଯାଉଛି । ଉଗ୍ରବାଦର ଉଗ୍ରମୂର୍ତ୍ତି କମିବା ପରିବର୍ତ୍ତେ ଅଧିକ ଉଗ୍ର ହୋଇ ଫୁଟି ବାହାରୁଛି । କେଉଁଠି ଅଗ୍ନିର ଲେଲିହାନ ଶିଖା ଜଳୁଛି ତ ଆଉ କେଉଁଠି ବନ୍ଧୁକ

ଗୁଳିର ଶବ୍ଦରେ କାନ ଫାଟିପଡୁଛି । ଏତେ ଆସୁରିକତା, ଉଗ୍ରତା ଯେ ମଣିଷ ମନରେ ଥିଲା - ଏହା ଭାବିଲେ ଆଶ୍ଚର୍ଯ୍ୟ ଲାଗୁଛି । ଶ୍ରେଷ୍ଠ ଜୀବ ମଣିଷର ମଣିଷପଣିଆ କୁଆଡ଼େ ଗଲା, କିଏ ଚୋରାଇ ନେଲା ବୋଲି ପ୍ରଶ୍ନର ଉତ୍ତର ହେଉଛି ଅହଂ । ଅହଂ ମଣିଷକୁ ପଶୁଠାରୁ ଆହୁରି ହୀନ ଅସୁରରେ ପରିଣତ କରିଦିଏ ଯାହାର ନିଦର୍ଶନ ବିଶ୍ୱର ବିଭିନ୍ନ ସ୍ଥାନରେ ଦେଖିବାକୁ ମିଳୁଛି ।

ଦୀର୍ଘଦିନର ସଭ୍ୟତାକୁ ଘଡ଼ିକ ଭିତରେ ଧ୍ୱଂସ କରିଦେଇପାରେ ଏଇ ଉଗ୍ରବାଦ । ଏଇ ଯେମିତି ଗତବର୍ଷ ସିରିଆ ଦେଶର ସର୍ବପୁରାତନ ସଭ୍ୟତାର ଆଧାରସ୍ଥଳ 'ବେଲଶେମିନ'ର ସ୍ଥିତିକୁ ଆତଙ୍କବାଦୀ ସଂଗଠନଟିଏ ଧ୍ୱଂସବିଧ୍ୱସ୍ତ କରିଦେଲା । ଇଜିପ୍ଟ ଓ ଆଫଗାନିସ୍ଥାନରେ କେତେ ସଂସ୍କୃତିର ସ୍ମାରକୀ ଉଗ୍ରବାଦୀମାନଙ୍କ ଦ୍ୱାରା ଧୂଳିସାତ ହୋଇଗଲା । ସିରିଆରୁ ଭୟଭୀତ ହୋଇ ପଳାଇ ଆସୁଥିବା ଏକ ପରିବାରର ତିନି ବର୍ଷର ଶିଶୁ ଆୟସାନ କୁର୍ଦ୍ଦିର ମୃତଦେହ ଭୂମଧ୍ୟ ସାଗରର ବାଲିରେ ପଡ଼ିଥିବାର ଦୃଶ୍ୟ ସମଗ୍ର ବିଶ୍ୱବାସୀଙ୍କୁ ସ୍ତବ୍ଧ କରିଦେଲା । ସଂପ୍ରତି ଧ୍ୱଂସର ତାଣ୍ଡବଲୀଳା ଓ ଗଣହତ୍ୟାର ବିଭୀଷିକା ଦିଗେ ଦିଗେ ଭୟର ଅଗ୍ନିକଣା ବର୍ଷଣ କରୁଛି । ପୃଥିବୀର ବାୟୁମଣ୍ଡଳ ଧ୍ୱସ୍ତବିଧ୍ୱସ୍ତ, ବାତାବରଣ ଭୀତତ୍ରସ୍ତ ଅବସ୍ଥାରେ ରହିଛି ।

ଏ ବିରାଟ ସମସ୍ୟାର ସମାଧାନ ଅହଂର ଦୂରୀକରଣରେ । ଅହଂର ଆସୁରିକ ପ୍ରଭାବ ଜାତି-ବର୍ଣ୍ଣ-ଧର୍ମ ନିର୍ବିଶେଷରେ ମଣିଷ ମନରୁ ନଗଲା ପର୍ଯ୍ୟନ୍ତ ଆତଙ୍କବାଦ ପୂର୍ଣ୍ଣଭାବରେ ଯିବ ନାହିଁ । ଆତଙ୍କବାଦ ନ ଗଲେ ବିଶ୍ୱଶାନ୍ତି ଆସିବ ନାହିଁ । ବିଶ୍ୱଶାନ୍ତି ନ ଆସିଲେ ଜଗତୀକରଣ ସ୍ୱପ୍ନ ଅଧା ସାକାର ହୋଇ ରହିଯିବ, ପୂର୍ଣ୍ଣ ହେବ ନାହିଁ । ଅହଂର ଦୂରୀକରଣ ପାଇଁ ପ୍ରଥମ କଥାଟି ହେଉଛି ବ୍ୟକ୍ତି ସଚେତନତା । ସେ ରାଷ୍ଟ୍ରମୁଖ୍ୟ ହୁଅନ୍ତୁ ଅଥବା ଧର୍ମଗୁରୁ ହୁଅନ୍ତୁ - ଅଥବା ସାଧାରଣ ନାଗରିକଟିଏ ହୁଅନ୍ତୁ ପ୍ରତ୍ୟେକଙ୍କ ପାଇଁ ପ୍ରଥମ ଆବଶ୍ୟକତା ହେଉଛି ସଚେତନତା । ପ୍ରତ୍ୟେକ ବ୍ୟକ୍ତି ସେ ଯେଉଁଠାରେ ଥାଆନ୍ତୁ ନା କାହିଁକି ଭାବିବା ଆବଶ୍ୟକ ଯେ ମୁଁ ପ୍ରଥମେ ମଣିଷ, ମୋର ପ୍ରଥମ ପରିଚୟ ମଣିଷ । ଋଷିଆ ଓ ୟୁକ୍ରେନ ଭିତରେ ୨୦୨୨ ମସିହାର ମାର୍ଚ୍ଚ ମାସରୁ ଲାଗିଥିବା ଯୁଦ୍ଧରେ ମୃତାହତଙ୍କ ସଂଖ୍ୟା ଗଣି ହେବ ନାହିଁ । ଆକାଶ ବତାସ ଓ ଜଳଭାଗ କଳ୍ପନାତୀତ ଭାବରେ ପ୍ରଭାବିତ ଯୁଦ୍ଧର ପ୍ରଭାବରେ । ପାଖାପାଖି ଏକ ବର୍ଷ ଲାଗିଲାଣି ଏ ଯୁଦ୍ଧ, ସରୁ ନାହିଁ । ଇୟୁକ୍ରେନ୍ ପ୍ରାୟତଃ ଧ୍ୱସ୍ତବିଧ୍ୱସ୍ତ ହୋଇଗଲାଣି ।

ସ୍ୱୀକାର କରିବାକୁ ହେବ ଅନ୍ୟ ଧର୍ମରେ, ଜାତିରେ, ସଂସ୍କୃତିରେ ଥିବା ମୂଲ୍ୟବୋଧକୁ । ଏହାକୁ ପାରସ୍ପରିକ ଅନୁମୋଦନ ବୋଲି କୁହାଯାଇପାରେ । ସେ ବ୍ୟକ୍ତି ହେଉ, ଦେଶ ହେଉ ଅଥବା ଧର୍ମ ହେଉ ଜଣେ ଜଣକୁ ସ୍ୱୀକାର କରିବା ହିଁ

ସମସ୍ୟାର ସମାଧାନର ଚାବିକାଠି । ପ୍ରତ୍ୟେକଙ୍କ ଭିତରେ ଏଇ ଭାବ ରହିବ ଯେ ଏ ପୃଥିବୀ ଆମର, ଆମେ ଏ ପୃଥିବୀର । ମନରେ ରହିବ - "ସର୍ବେ ଏଇ ଚରାଚର ପୃଥିବୀନିବାସୀ, ଆଉ କେଉଁ ପୃଥିବୀରୁ ନାହାନ୍ତି ତ ଆସି ।" ଏ ଦିଗରେ ମିଳିତ ଜାତିସଂଘର ଭୂମିକା ଅତ୍ୟନ୍ତ ଗୁରୁତ୍ୱପୂର୍ଣ୍ଣ । ଦେଶ-ବିଦେଶ ଭିତରେ ଶୃଙ୍ଖଳା ଓ ଶାନ୍ତିରକ୍ଷା ଦିଗରେ ତାହାର କାର୍ଯ୍ୟର ପରିସର ପରିବ୍ୟାପ୍ତ । ବହୁ ଦେଶର ତୁଙ୍ଗ ନିରପେକ୍ଷ ବ୍ୟକ୍ତିତ୍ୱ ଓ ନୋବେଲ ଶାନ୍ତି ପୁରସ୍କାର ବିଜେତାମାନଙ୍କୁ ଏକତ୍ର ରଖି ଏକ ବିଶ୍ୱଶାନ୍ତି କମିଟି ଗଠନ କରି ଆଲୋଚନା, ପୁଣି ସକାରାତ୍ମକ ପଦକ୍ଷେପ ମାଧ୍ୟମରେ ବିଶ୍ୱଶାନ୍ତି ଆନୟନର କାର୍ଯ୍ୟ ଅଧିକ ତ୍ୱରାନ୍ୱିତ କରାଯାଇପାରନ୍ତା, ଏହା ମୁକ୍ତକଣ୍ଠରେ କୁହାଯାଇପାରେ । ବିଶ୍ୱପ୍ରେମୀ ବ୍ୟକ୍ତିତ୍ୱମାନଙ୍କର ସକ୍ରିୟ ସହଯୋଗ ଏତେବେଳେ ସମୟ ଆଶା କରୁଛି ।

ଆତଙ୍କବାଦ ରୂପୀ ବିରାଟ ସମସ୍ୟାର ସମାଧାନର ଏକ ବଡ଼ ଦିଗ ହେଉଛି ଆଧ୍ୟାତ୍ମିକତାର ବିକାଶ । ଧାର୍ମିକତା ନୁହେଁ, ଆଧ୍ୟାତ୍ମିକତା ହେଉଛି ଭଗବତ ଆବିଷ୍କାର ପାଇଁ ଆତ୍ମାର ଚିନ୍ତା । ଆତ୍ମା ସମସ୍ତ ଧର୍ମ ଭିତରେ, ଜାତି ଭିତରେ, ଦେଶ ଭିତରେ ସମାନ । ଅତଏବ ଆଧ୍ୟାତ୍ମିକତା ସବୁ ଧର୍ମଭେଦରେ, ଜାତି ଭେଦରେ ତଥା ଦେଶ ଭିତରେ ସମାନ । ଭଗବାନ ଏକ - ତାଙ୍କ ନାମ କେବଳ ଭିନ୍ନ ଭିନ୍ନ । ଯେପରି ଗୋଟିଏ ପୋଖରୀର ପାଣି, ତୁଠ ଭେଦରେ ନାମ ଖାଲି ଭିନ୍ନ ଭିନ୍ନ । ଧର୍ମ ଏକ, ଏକ ବାଟ ଆଗକୁ ଯିବାକୁ ଓ ଶେଷରେ ଏକ ଭଗବାନଙ୍କୁ ଭେଟିବାକୁ । 'ଯତୋ ମତ ତତୋ ପଥ' ନ୍ୟାୟରେ ମତ ଅନେକ ଓ ପଥ ଅନେକ । ପଥ କଳହ କାହିଁକି, କେତେ ଅବାନ୍ତର ସତେ ଏ ପଥ କଳହ, ଭାବିଲେ ଦୁଃଖ ଲାଗେ । ସବୁ ଧର୍ମ ରହୁ, ସବୁ ଚଳଣି ରହୁ, ସବୁ ଭାଷା ରହୁ ମାତ୍ର ଏ ସବୁ ନେଇ କଳହ ନ ରହୁ- ଏଇ ବିଶ୍ୱଜନୀନ ଚିନ୍ତାଧାରା ଉପରେ ବିଶ୍ୱାସ କରେ ଭାରତବର୍ଷ । ବିଶ୍ୱକୁ ଭାରତ ହିଁ ଦେଇପାରେ ମାର୍ଗଦର୍ଶନ । ଶ୍ରୀଅରବିନ୍ଦଙ୍କ ମତରେ 'ଭାରତ ହେଉଛି ପୃଥିବୀର ଆତ୍ମା' 'ଭାରତ କରିପାରେ ବିଶ୍ୱସମସ୍ୟାର ସମାଧାନ ।' ଦେବ ନିର୍ବାଚିତ ଏଇ ଶାନ୍ତିପ୍ରିୟ ଦୀପ୍ତିଯୁକ୍ତ ଦେଶର ପଟାନ୍ତର ନାହିଁ । 'ସର୍ବେ ଭବନ୍ତୁ ସୁଖିନଃ' ଯେଉଁ ଦେଶର ମୂଳ ଓ ମୁଖ୍ୟ ସ୍ୱର, ସେହି ଦେଶର ମହତ୍ତ୍ୱକୁ ମାପିବାକୁ ମାନଦଣ୍ଡ ନାହିଁ । ଭାରତ ଚାହେଁ ବିଶ୍ୱର ବିକାଶ, ମର୍ତ୍ତ୍ୟରେ ଅମର୍ତ୍ତ୍ୟର ଲାବଣ୍ୟ, ବିଶ୍ୱ ଜୀବନରେ ଦେବତ୍ୱର ପୂର୍ଣ୍ଣ ପରିପ୍ରକାଶ । ଦିବ୍ୟତ୍ୱର ଭୂମି ଭାରତବର୍ଷ ଏକ ଜଡ଼ ପିଣ୍ଡ ନୁହେଁ । ଏକ ଜାଗ୍ରତ ଚେତନା । ଗୋଳାବାରୁଦର ଗନ୍ଧ ନୁହେଁ, ସାରା ପୃଥିବୀରେ ପାରିଜାତ ଫୁଲର ମହକ ଭରି ଦେଇପାରେ ଏଇ ଭାରତବର୍ଷ । ବିଶ୍ୱଦରବାରରେ ଭାରତ ପାଇଁ ଗ୍ରହଣୀଶୀଳତା ଆଜିର ମୂଳ ଆବଶ୍ୟକତା । ଭାରତବର୍ଷକୁ ଭାରତବର୍ଷ ଭାବରେ ସ୍ୱୀକାର କରିବାର

ଉଦାରତା ଆଜି ବିଶ୍ୱରେ ଏକାନ୍ତ କାମ୍ୟ । ବିଶ୍ୱ ବିକାଶରେ ଯାହା ମୁଖରେ ହସର ଢେଉ, ସେହି ଭାରତବର୍ଷର ଭୂମିକା ବିଶ୍ୱ ଦରବାରରେ କେତେ ଗୁରୁତ୍ୱପୂର୍ଣ୍ଣ, ତାହା ଅବର୍ଣ୍ଣନୀୟ । ଏଥି ନିମନ୍ତେ ଭାରତବର୍ଷକୁ ଟିକିଏ ସ୍ୱତନ୍ତ୍ର ସୁଯୋଗ ମିଳିବା ଏକାନ୍ତ ଆବଶ୍ୟକ । ମିଳିତ ଜାତିସଂଘରେ ସ୍ୱତନ୍ତ୍ର ସ୍ଥିତି ଭାରତକୁ ମିଳିଲେ, ତଦ୍ଦ୍ୱାରା ସମଗ୍ର ବିଶ୍ୱ ଉପକୃତ ହେବ, ଏଇ କଥାରେ ସନ୍ଦେହର ଅବକାଶ ନାହିଁ ।

■

ବିଦ୍ୟା ଓ ଅବିଦ୍ୟା

ଆଜିକାଲି ବିଦ୍ୟାର ମାପ ଡିଗ୍ରୀର ମାପକାଠିରେ ଏକ ପ୍ରକାର ଚାଲିଛି । ମୁଁ ଏକଥା କହିବାଦ୍ୱାରା ଡିଗ୍ରୀର ନିନ୍ଦା କରୁନାହିଁ, ବରଂ ଡିଗ୍ରୀ ସହିତ ବିଦ୍ୟାର ସମ୍ବନ୍ଧ ଆଂଶିକ ବୋଲି କହୁଛି । ବିଦ୍ୟା ଅତିକ୍ରମ୍‌ରେ ସଂସ୍କାର ସୃଷ୍ଟିକରେ, ବିନମ୍ରତା, ଭଦ୍ରତା ଓ ଶୃଙ୍ଖଳା ସମେତ ବହୁ ଭଲ କଥା ଦିଏ । ହିଂସ୍ରତା, ଉଗ୍ରତା, ଜଟିଳତା, ସ୍ୱାର୍ଥପରତା, ଛଳନା ସତ୍ତ୍ୱେ ବହୁ ବଦ୍‌ଗୁଣକୁ ଦୂରେଇ ଦିଏ । ଡିଗ୍ରୀଥାଇ ମଧ୍ୟ ବ୍ୟକ୍ତି ମୂର୍ଖ ହୋଇପାରେ । ବିଦ୍ୟାଦ୍ୱାରା ଜୀବନ ଓ ଜଗତକୁ ଆକଳନ କରିହୁଏ । ବିଦ୍ୟା ଆଣେ ଏକ ପ୍ରଶସ୍ତ ଦୃଷ୍ଟିଭଙ୍ଗୀ ଯାହା ମାଧ୍ୟମରେ ନିଜକୁ ତଥା ଅନ୍ୟକୁ ଦେଖିହୁଏ, ବୁଝି ହୁଏ । ବିଦ୍ୟା ନ ଥିଲେ ଯାହା ମଣିଷ ପାଖରେ ଥାଏ ତାହା ହେଉଛି ଅବିଦ୍ୟା । ଅବିଦ୍ୟାର ସରଳ ଅର୍ଥ ଅଜ୍ଞାନତା, ଅଚେତନତା, ଆତ୍ମମ୍ଭରିତା । ଏହି ବିଦ୍ୟା ଓ ଅବିଦ୍ୟା ସମ୍ବନ୍ଧରେ ମନେପଡୁଛି ଶ୍ରୀରାମକୃଷ୍ଣ ପରମହଂସଙ୍କ ଗୋଟିଏ କଥା । କଥାଟି ଏହିପରି ଦିନେ ଶ୍ରୀରାମକୃଷ୍ଣ କରୁଥିଲେ ଶିଷ୍ୟମାନଙ୍କ ଗହଣରେ ଅଧ୍ୟାତ୍ମଚର୍ଚ୍ଚା । ସେଦିନ ବହୁଦିନ ଅନୁପସ୍ଥିତ ରହିବା ପରେ ଜଣେ ଶିଷ୍ୟ ଲାଜଲାଜ ହୋଇ ପଛରେ ବସିଥାଆନ୍ତି । ଗୁରୁଦେବ ତାଙ୍କୁ ଦେଖିପକାଇ କାହିଁକି ସେ ଲାଜଲାଜ ହେଉଛନ୍ତି ବୋଲି ଅନ୍ୟମାନଙ୍କୁ ପଚାରନ୍ତେ ଅନ୍ୟମାନେ କହିଲେ ଯେ ଏହା ଭିତରେ ତାଙ୍କର ବିବାହ ହୋଇଯାଇଛି । ଗୁରୁ ଏହା ଶୁଣି ଶିଷ୍ୟଟିଙ୍କୁ ପାଖକୁ ଡାକିଲେ ଓ ବୋହୂମାଆ ବିଦ୍ୟ କି ଅବିଦ୍ୟାର ଅଧିକାରୀ ବୋଲି ପଚାରିଲେ । ଶିଷ୍ୟଟି ତତ୍‌କ୍ଷଣାତ୍ ଉତ୍ତର ଦେଲେ ଯେ ବୋହୂଟି ବି.ଏ. ପାସ୍ କରିଛି । ଗୁରୁଦେବ ଟିକିଏ ହସି କହିଲେ ଯେ ବି.ଏ ପାସ୍ କରିଛି ବୋଲି ଯେ ବିଦୂଷୀ ହୋଇଛି ଏପରି ନୁହେଁ, ତା'ର ଜୀବନ, ଜଗତ ଓ ଭଗବାନଙ୍କ ପ୍ରତି ଯଥାର୍ଥ ଦୃଷ୍ଟିଭଙ୍ଗୀ ଅଛି ତ ? ତା' ଥିଲେ ସେ ବିଦ୍ୟାର ଅଧିକାରିଣୀ ହୋଇଛି ।

ନହେଲେ ନୁହେଁ । ଏହି କଥାର ମର୍ମ ହେଉଛି ବିଦ୍ୟା କହିଲେ ମାନବିକ ମୂଲ୍ୟବୋଧକୁ ବୁଝାଏ ଯାହା ହେଉଛି ବ୍ୟକ୍ତିର ଅସଲ ବ୍ୟକ୍ତିତ୍ୱ ।

ବିଦ୍ୟା ଥିଲେ ଜଣେ ନିଜକୁ ଜିଛିକିଛି ଜାଣିବା ସହ ଅନ୍ୟକୁ ମଧ୍ୟ କିଛିକିଛି ଜାଣିପାରେ । ଠକାଇ ହେବା ପୂର୍ବରୁ ଠକାମିକୁ ଚିହ୍ନିପାରେ । ଠକାଇ ହେବା ପୂର୍ବରୁ ଠକାମିକୁ ଚିହ୍ନିପାରେ । ଆଉ କାହାର ଖୋସାମତିଆ କଥାକୁ ସହଜରେ ବୁଝିପାରେ ଓ ତହିଁରେ ଆତ୍ମହରା ହୁଏ ନାହିଁ । ଅବାଟରେ ଯାଏ ନାହିଁ । ବିଦ୍ୟା ଆଣେ ଚିନ୍ତାଗତ ସ୍ଥିରତା ଅର୍ଥାତ୍ ମାନସିକ ସ୍ଥିରତା । କର୍ତ୍ତବ୍ୟବୋଧର ଦ୍ୱାର ପ୍ରଶସ୍ତ ହୁଏ ଏବଂ ଦାୟିତ୍ୱବୋଧ ବଢ଼ିଯାଏ । କେଉଁଟା କରଣୀୟ ଏବଂ କେଉଁଟା ଅକରଣୀୟ, ତାହାର ବିଚାର ସହଜରେ କରିହୁଏ । କେଉଁଠି କେଉଁକଥା କିପରି କୁହାଯିବ, ତାହା ବୁଝି ହୁଏ । ବିଦ୍ୟା ଯେପରି ହୀନମର୍ଣ୍ୟତାକୁ ଦୂରକରେ ସେପରି ସବ୍‌ଜାନତା ଭାବକୁ ମଧ୍ୟ ଦୂରକରେ । ଅର୍ଥାତ୍ ବିଦ୍ୱାନବ୍ୟକ୍ତି ନିଜକୁ ସାନ ମନେକରେ ନାହିଁ କି ବଡ଼ ମନେ କରେ ନାହିଁ । ନିଜେ ଯାହା ନିଜକୁ ତାହା ବୋଲି ବିଚାରକରେ ।

ଭିତରେ ବିଦ୍ୟାଥିବା ବ୍ୟକ୍ତି ଲୋକକଥାରେ ବିଚଳିତ ହୁଏ ନାହିଁ । ଲୋକକଥା ଶୁଣି ଭୁଲଥିଲେ ନିଜକୁ ସଂଶୋଧନ କରେ, ଆଉ ଭୁଲ୍ ନ ଥିଲେ ସେ କଥାକୁ ଭ୍ରୂକ୍ଷେପ କରେ ନାହିଁ । ତେଣୁ ସେ କଥାରେ ସେ ଆକ୍ରମିତ ବା ଆକ୍ରାନ୍ତ ହୁଏ ନାହିଁ । ବିଦ୍ୟା ଆଣେ ପାରସ୍ପରିକ ଅନୁମୋଦନ । ଅନ୍ୟଠାରେ ଭଲ ଗୁଣଟିଏ ଦେଖିଲେ ବିଦ୍ୟାଥିବା ବ୍ୟକ୍ତି ପ୍ରଶଂସା କରେ । ଅନ୍ୟର ପ୍ରତିଭାକୁ ଅନୁମୋଦନ କରିବାସହ ପ୍ରତିଭାର ବିକାଶ ନିମନ୍ତେ ପ୍ରେରଣାଦିଏ । ସଂପ୍ରତି ସମାଜରେ ଏହି ଅନୁମୋଦନ ଓ ପ୍ରେରଣାର ହ୍ରାସ ଘଟୁଛି । ଏହା ଅବିଦ୍ୟାର କରାମତି । ଅବିଦ୍ୟାକୁ ପରିହାର କରି ବିଦ୍ୟାର ଆବାହନ ଏତେବେଳେ ଏକାନ୍ତ ଜରୁରୀ । ମଣିଷର ପୂର୍ଣ୍ଣତା ପାଇଁ ଦୁଇଟିକଥା ଅତି ଆବଶ୍ୟକ, ଗୋଟିଏ ହେଲା ବୌଦ୍ଧିକତା ଓ ଅନ୍ୟଟି ହେଲା ହୃଦୟବତ୍ତା । ଦୁଇଟିର ଭାରସାମ୍ୟ ଏକାନ୍ତ ଆବଶ୍ୟକ । ଏଥିରୁ ଗୋଟିଏ ବଢ଼ିଗଲେ ଓ ଅନ୍ୟଟି କମିଗଲେ ଚଳିବ ନାହିଁ । ଦୁଇଟି କଥା ପାଖାପାଖି ସମାନ ଭାବରେ ଜଣେ ମଣିଷ ପାଖରେ ରହିବା ଦରକାର । ଅର୍ଥାତ୍ ଜଣ ପାଖରେ ଯେମିତି ବୁଦ୍ଧି, ଜ୍ଞାନ, ବହିଃଜୀବନ ପ୍ରତି ଶ୍ରଦ୍ଧା, ବସ୍ତୁ ପ୍ରତି ଅନୁରକ୍ତି ପ୍ରଭୃତି ରହିବ ସେମିତି ରହିବ ଦୟା, କ୍ଷମା, ସ୍ନେହ, ସହନଶୀଳତା, ଶ୍ରଦ୍ଧା, ସହାନୁଭୂତି ତଥା ଅନ୍ତଃଜୀବନ ପ୍ରତି ଶ୍ରଦ୍ଧା । ସର୍ବୋପରି ବିଦ୍ୟାଦିଏ ବ୍ୟକ୍ତିକୁ ଅହଂକାରରୁ ମୁକ୍ତି । ତେଣୁ ତ କୁହାଯାଏ 'ସା' ବିଦ୍ୟା ଯା ବିମୁକ୍ତୟେ' । ଅହଂକାରର ସରଳ ଅର୍ଥ ହେଉଛି ନିଜକୁ ଜାହିର କରିବା । ଭୁଲ କଥାରେ ନିଜକୁ ଜାହିର କରିବା ଯେପରି ଅହଂକାର, ଠିକ୍ କଥାରେ ନିଜକୁ ଜାହିର

କରିବା ମଧ୍ଯ ସେପରି ଅହଂକାର । ଜାହିର କଥାଟି ସାବ୍ୟସ୍ତ ନ ହେଲା ପର୍ଯ୍ୟନ୍ତ ଅନ୍ତର ଜଳୁଥାଏ । ଆଉ ସାବ୍ୟସ୍ତ ନହେଲେ ଅନ୍ତରର କ୍ରୋଧ ବଢ଼ିଯାଏ । କାର୍ଯ୍ୟରେ ନକାରାତ୍ମକତା ଆସେ । ସ୍ଥାନ, କାଳ, ପାତ୍ରର ବିବେଚନା ରହେ ନାହିଁ, ଫଳତଃ ବହୁ ଅକଥା କହି ହୋଇଯାଏ ଓ ବହୁ ଅକାର୍ଯ୍ୟ କରି ହୋଇଯାଏ । ସଂପ୍ରତି ବିଶ୍ୱରେ ଧନର ପରିମାଣ ବେଶ୍ ବଢ଼ିଛି, ସଂପଦ ବଢ଼ିଛି ଜନସଂଖ୍ୟା ବଢ଼ିଛି, ବୈଜ୍ଞାନିକ ଆବିଷ୍କାର ଓ ଉଦ୍ଭାବନ ବଢ଼ିଛି, ମାତ୍ର ମଣିଷର ମନରେ ଶାନ୍ତି ଓ ସନ୍ତୋଷ ଯେତେ ବଢ଼ିବାକଥା ସେତେ ବଢ଼ି ନାହିଁ । ବହିଃଜୀବନର ସମୃଦ୍ଧି ଘଟିଛି, ମାତ୍ର ଅନ୍ତରାୟ ହେଉଛି ଅହଂକାର । ଏହି ଅହଂକାରର ବିନାଶ କେବଳ ବିଦ୍ୟାର ପ୍ରଭାବରେ ଘଟିପାରେ । ଅହଂକାରର କବଳରୁ ବ୍ୟକ୍ତି ମୁକ୍ତ ହେଲେ କ୍ରମଶଃ ସମାଜ, ରାଷ୍ଟ୍ର ଏବଂ ସମଗ୍ର ବିଶ୍ୱ ମୁକ୍ତହେବ । ଆଉ ଏହି ଅହଂମୁକ୍ତ ବିଶ୍ୱହେବ ସ୍ୱର୍ଗପରି ସୁନ୍ଦର ଓ ଶୋଭନୀୟ । ବ୍ୟକ୍ତି ଭିତରେ ପ୍ରତିଷ୍ଠିତ ହେବ ଦେବତାଙ୍କର ଲୀଳାନଗରୀ ଓ କ୍ରୀଡ଼ାଶିବିର ।

■

ବ୍ୟକ୍ତି ଓ ବିଶ୍ୱ ବିକାଶ

କୋଟି କୋଟି ଲୋକଙ୍କର ଜୀବନର ଲକ୍ଷ୍ୟ ଉପଭୋଗ । ଜୀବନ ଆସିଛି ଉପଭୋଗ ପାଇଁ ବୋଲି ସେମାନେ ଧରି ନେଇଥାନ୍ତି ଓ ତଦନୁସାରୀ ସବୁକିଛିର ବ୍ୟବସ୍ଥା କରିଥାନ୍ତି । ବୁଦ୍ଧି ପ୍ରୟୋଗ କରିଥାନ୍ତି ନାନା ପ୍ରକାରେ । ଉପଭୋଗ ମୂଳରେ ଟଙ୍କା ରହିଛି ବୋଲି ସେମାନେ ଟଙ୍କା ସଂଗ୍ରହ କରିବାରେ ଲାଗିଥାନ୍ତି । ସତ୍ ଉପାୟ ଠାରୁ ଅସତ ଉପାୟରେ ଟଙ୍କା ପଇସାର ପରିମାଣ ଅଧିକ ହେବାର ଜ୍ଞାନ ଦେଖିଶୁଣି ହାସଲ କରିଥାନ୍ତି ଏବଂ ଅସତ୍ ଉପାୟ ଅବଲମ୍ବନ କରି ଟଙ୍କା ପଇସାର ପରିମାଣ ବଢ଼ାଇବାକୁ ଦିନରାତି ଲାଗିଥାନ୍ତି । ଅନ୍ୟକୁ ବିଭିନ୍ନ ବାଗରେ ଠକିଦେବା, କଳାବଜାର କରି ଦେବା ପାଇଁ ଆଗ୍ରହୀ ହୋଇଥାନ୍ତି । ବିବେକ ପଚାରିଲେ ତାକୁ ବୁଝାଇ ଦିଅନ୍ତି ଯେ, 'ପେଟ ପୋଷ ନାହିଁ ଦୋଷ' । ମାତ୍ର ସେମାନେ ପେଟ ପୋଷିବାକୁ ଏହା କରନ୍ତି ନାହିଁ । ଟଙ୍କା ପଇସାର ପରିମାଣ ବଢ଼ାଇ ଜୀବନକୁ ଅଧିକ ଭୋଗ କରିବାକୁ ଏପରି କରିଥାନ୍ତି । ଏପରି ଧନକୁ ଆମେ କଳାଧନ ବୋଲି କହିଲେ ଅତ୍ୟୁକ୍ତି ହେବ ନାହିଁ ।

ଆଉ କିଛି ଲୋକ ଧନସଂପଦ, ଯଶ, ପ୍ରଶଂସା ଓ କ୍ଷମତାକୁ ତୁଚ୍ଛ କରିଦେଇ ଆତ୍ମସନ୍ଧାନରେ ଚାଲିଯାଆନ୍ତି । ଆତ୍ମସନ୍ଧାନ ପାଇଁ ଗୁମ୍ଫା, ଜଙ୍ଗଲକୁ ସେମାନେ ଯାଆନ୍ତି, ଯୋଗସାଧନା କରନ୍ତି, ମୁକ୍ତି କାମନା କରିଥାନ୍ତି । 'ପୁନରପି ଜନମଂ ପୁନରପି ମରଣଂ'ର କାମନା କରିନଥାନ୍ତି ।

ଭୋଗୀମାନଙ୍କ ଦ୍ୱାରା ବିଶାଳ ଜନସମାଜର ବିଶେଷ କିଛି ଲାଭ ହୁଏ ନାହିଁ । ବହୁ ବସ୍ତୁର ବ୍ୟବହାର ଫଳରେ କିଛି କିଛି କଳକାରଖାନା ଚାଲେ, କାରଖାନାର ମାଲିକ ଅଧିକରୁ ଅଧିକ ଧନୀ ହେଉଥାନ୍ତି । ମାତ୍ର ବହୁ ଲୋକଙ୍କୁ ଗରିବ ହୋଇ ରହିବାକୁ ବାଧ୍ୟ କରାଯାଏ ।

ମୁକ୍ତିକାମୀ ନିର୍ଜନନିବାସୀ ଯୋଗୀମାନଙ୍କ ଦ୍ୱାରା ମଧ୍ୟ ବିଶାଳ ଜନସମୂହର

ବିଶେଷ କିଛି ଲାଭ ହୁଏ ନାହିଁ । ସେମାନେ କେବଳ ବ୍ୟକ୍ତିଗତ ମୁକ୍ତି ପାଇଁ ପ୍ରଯତ୍ନ କରୁଥାନ୍ତି, କିଛି ସଦିଚ୍ଛା, ଶୁଭେଚ୍ଛା ଜନ ସମାଜ ପାଇଁ ସେମାନେ ପୋଷଣ କରିଥାନ୍ତି । ମାତ୍ର ଜନସମାଜର ସର୍ବାଙ୍ଗୀନ ବିକାଶ ନିମନ୍ତେ ତାହା ପର୍ଯ୍ୟାପ୍ତ ହୁଏ ନାହିଁ । ଜନସମାଜ ଯେଉଁ ତିମିରେକୁ ସେଇ ତିମିରେ ରହିଥାନ୍ତି । ପ୍ରଥମ ପ୍ରକାରର ବ୍ୟକ୍ତିମାନଙ୍କର ପ୍ରବଳ ଅହଂକାର ଥାଏ । କାରଣ ସେମନେ ବହୁ ମୂଲ୍ୟବାନ ବସ୍ତୁର ଅଧିକାରୀ ବୋଲି । ବହୁ ଧନ, ବହୁକ୍ଷମତା, ବାହୁବଳ, କୂଟବୁଦ୍ଧି, ଅନ୍ୟକୁ ନ୍ୟୂନ କରି ଦେଖିବାର ମାନସିକତା ଥିବାରୁ ସେମାନେ ନିଜକୁ ବହୁତ ବଡ଼ ମନେ କରିଥାନ୍ତି । ଅହଂକାରରେ ଗଁ ଗଁ ହେଉଥାନ୍ତି, ମୁହଁ ସର୍ବଦା କୋଥଲ କରି ରଖିଥାନ୍ତି, ଭଲ କଥାଟିଏ କହିଲେ ଭୁଲ ବୁଝିଥାନ୍ତି, ଅର୍ଥକୁ କଦର୍ଥ କରିଥାନ୍ତି । ନିଜ ପ୍ରଶଂସା, ଯଶ କେବଳ ଗୋଟାନ୍ତି ନାହିଁ, ଦାବି କରନ୍ତି ଓ କଳେବଳେ କୌଶଳେ ଆଦାୟ କରିଥାନ୍ତି । ନିଜକୁ ସମଗ୍ର ବିଶ୍ୱର କେନ୍ଦ୍ରବିନ୍ଦୁ ବୋଲି ବିଚାର କରୁଥାନ୍ତି । ବସ୍ତୁ ଗୁଡ଼ିକ ଏକାଠି କରି ବସ୍ତୁବାଦର ସିଂହାସନ ଉପରେ ବସି ନିଜକୁ ସମ୍ରାଟ ବୋଲି ଘୋଷଣା କରୁଥାନ୍ତି । ଉପଭୋଗକୁ ମାନଦଣ୍ଡ କରି କାହା ଜୀବନ କେତେ ସାର୍ଥକ ବା ଅସାର୍ଥକ ମାପୁଥାନ୍ତି । ମାପିମାପି ଦିନକାଳ ଚାଲିଯାଏ, ବୁଝିବା ଅବସ୍ଥାକୁ ସେମାନେ ଆସିପାରନ୍ତି ନାହିଁ । ନିଜକୁ ଜଗତକୁ ଓ ଅନ୍ୟମାନଙ୍କୁ ଉଚିତ ମାନଦଣ୍ଡରେ ମାପିବାର ମାନସିକତା ସେମାନଙ୍କର ନଥାଏ । ଅନ୍ୟମାନେ ମପାହେବାର ସାମର୍ଥ୍ୟ ଅର୍ଜନ କରିନାହାନ୍ତି ବୋଲି ସେମାନେ ଧରି ନେଇଥାଆନ୍ତି । ନିଜକୁ ବଡ଼ ଓ ଅନ୍ୟକୁ ସାନ କରି ଦେଖୁ ଦେଖୁ ତାଙ୍କର ବେଳକାଳ ସରିଯାଏ । ଆଉ କେହି ବଡ଼ କରୁ ବା ନ କରୁ ନିଜକୁ ନିଜେ ବଡ଼ ବୋଲି ଘୋଷଣା କରିକରି ତାଙ୍କର ସମୟ ସରିଯାଏ । ଏପରି କୁହାଯାଇପାରେ ଯେ ସେମାନେ ହେଉଛନ୍ତି ଆତ୍ମ ଘୋଷିତ ବିଶିଷ୍ଟ ବ୍ୟକ୍ତି ।

ଦ୍ୱିତୀୟ ପ୍ରକାରର ବ୍ୟକ୍ତିମାନଙ୍କର ଅର୍ଥାତ୍ ତଥାକଥିତ ଯୋଗୀମାନଙ୍କର ମଧ୍ୟ ଏକ ପ୍ରକାର ଅହଂକାର ଥାଏ । ସେମାନେ ଘୋଷଣା କରନ୍ତୁ କି ନ କରନ୍ତୁ ନିଜକୁ ଅନ୍ୟମାନଙ୍କଠାରୁ ବଡ଼ ମନେ କରୁଥାନ୍ତି । ସଂସାରୀ ଲୋକ ଯେ, ଖାଦ୍ୟ ଲୋଭରେ ଜାଲରେ ପଡ଼ିଛି, ଏକଥା ସେମାନେ ଭାବି ନିଜକୁ ପ୍ରଶଂସା କରିଥାନ୍ତି, ସଂସାର ଜଞ୍ଜାଳରେ ପଶି ନାହାନ୍ତି ବୋଲି ନିଜକୁ ମହାନ୍ ବୋଲି ବିଚାରିଥାଆନ୍ତି । ସଂସାରୀ ବ୍ୟକ୍ତିର ଦୁଃଖକଷ୍ଟ ଶୁଣି ଓ ଭାବି ଦୁଃଖ କରନ୍ତି, ସମବେଦନା ଜଣାନ୍ତି ମାତ୍ର ତାଙ୍କ ସହ ଏକାତ୍ମ ହୋଇପାରନ୍ତି ନାହିଁ । ନିଜେ ଅଧିକ ଉଚ୍ଚତାରେ ରହିଛନ୍ତି ବୋଲି ଭାବିଥାଆନ୍ତି । ସଂସାରୀ ଲୋକମାନେ ଦୟାର ପାତ୍ର ଭାବରେ ତାଙ୍କ ଆଖିକୁ ଦେଖାଯାନ୍ତି ।

ଉପରୋକ୍ତ ଦୁଇ ପ୍ରକାରର ବ୍ୟକ୍ତିଙ୍କ ଅପେକ୍ଷା ଆଉ ଏକ ପ୍ରକାରର ବ୍ୟକ୍ତି

ବିଶ୍ୱର ସାମଗ୍ରିକ ବିକାଶ ନିମନ୍ତେ ଆବଶ୍ୟକ । ଏଇ ତୃତୀୟ ପ୍ରକାରର ବ୍ୟକ୍ତି ବସ୍ତୁର ଅଧିକାରୀ ହୋଇଥିବେ ମାତ୍ର ବସ୍ତୁବାଦୀ ହୋଇ ନ ଥିବେ । ବିଶ୍ୱକଲ୍ୟାଣ ହୋଇଥିବ ତାଙ୍କର ଲକ୍ଷ୍ୟ। ବିଶ୍ୱକଲ୍ୟାଣ ନିମନ୍ତେ ବସ୍ତୁ ସେମାନଙ୍କୁ ସହାୟତା କରୁଥିବ । ବସ୍ତୁର ଶିଡ଼ିବାଟ ଦେଇ ସେମାନେ ବିଶ୍ୱବିକାଶର ଛାତକୁ ଯିବାର ଲକ୍ଷ୍ୟ ରଖିଥିବେ । ନିର୍ଜନ ନିବାସ ନୁହେଁ ଜନମାନଙ୍କ ଭିତରେ ବାସ କରୁଥିବେ । ସାଧୁତା, ଉଦାରତା, ରୁଚି ସମ୍ପନ୍ନତା, ଶ୍ରଦ୍ଧାଶୀଳତା ସର୍ବୋପରି ଜୀବନ, ଜଗତ ପ୍ରତି ସଚେତନତା ସେମାନଙ୍କର ଭୂଷଣ ସ୍ୱରୂପ ନହୋଇ ମଜ୍ଜାଗତ ହୋଇଥିବ । ଅନ୍ୟଠାରୁ ଶ୍ରଦ୍ଧାଦାବି ନକରି ଅନ୍ୟକୁ ଶ୍ରଦ୍ଧା କରୁଥିବେ । ନିଜର ସୁବିଧା କଥା ଚିନ୍ତା କରିବା ସହିତ ଅନ୍ୟର ସୁବିଧା କଥା ମଧ୍ୟ ଚିନ୍ତା କରୁଥିବେ । ନିଜେ ସ୍ୱାର୍ଥପର ବୋଲି ଚିହ୍ନା ପଡ଼ିଯାଉନଥିବେ । ଅନ୍ୟ ପାଖରେ କିଛି ଭଲକଥା ଦେଖିଲେ ତାହାର ଅନୁମୋଦନ କରୁଥିବେ । ଧର୍ମ, ଜାତି, ଚଳଣିକୁ ଘର ଭିତରେ ରଖି ବାହାରକୁ ସମଗ୍ର ବିଶ୍ୱର ସମୁଦାୟ ଜନସମାଜର ଏକ ଏକକ ବୋଲି ବିଚାରୁଥିବେ । ଧନ ସମ୍ପଦ ସେମାନଙ୍କର ଥିବ ଯଶ, ପ୍ରଶଂସା, ପ୍ରତିଷ୍ଠା ସବୁକିଛି ଥିବ ମାତ୍ର ଏସବୁ ଜନିତ ଗର୍ବ ନଥିବ, ଅନ୍ୟକୁ ହୀନ ଦୃଷ୍ଟିରେ ଦେଖିବାର ମନୋଭାବଟି ନ ଥିବ । ଅନ୍ୟର କ୍ଷତି ଚିନ୍ତା ନଥିବ, ନଥିବ ମନରେ ଈର୍ଷା । ଅନ୍ୟର ଉପକାର କରି ବାର ସୁବିଧାସୁଯୋଗ ନ ଥିଲେ ନାହିଁ ଅପକାର କରିବାର ପ୍ରବୃତ୍ତି ନ ଥିବ । ସେମାନେ ନିଜକୁ ଚିହ୍ନୁଥିବେ ଓ ଅନ୍ୟମାନଙ୍କୁ ମଧ୍ୟ ଗୁରୁତ୍ୱ ଦେଉଥିବେ । 'ତୃଣାଦପି ସୁନୀଚେନ' ନ ହେଲେ ନାହିଁ ନିଜକୁ ସବୁଠାରୁ ବିରାଟ ବୃକ୍ଷ ବୋଲି ଭାବୁନଥିବେ । ନିଜେ ଯାହା ନିଜକୁ ସେଇଆ ବୋଲି ଭାବୁଥିବେ । ନିଜକୁ ଅନ୍ୟମାପରେ ମାପୁ ନ ଥିବେ କି ଅନ୍ୟକୁ ନିଜ ମାପରେ ମାପୁନଥିବେ । ଅନ୍ୟକୁ ନିଜ ଛାଞ୍ଚରେ ପକାଇବାକୁ ଚାହୁଁନଥିବେ ଅଥବା ଅନ୍ୟ ଛାଞ୍ଚରେ ନିଜେ ପଡ଼ିବାକୁ ଚାହୁଁ ନଥିବେ । ବାହାରେ ଭିନ୍ନତା ଥିବ ମାତ୍ର ଭିତରେ ଏକାତ୍ମତା ଥିବ । ସବୁ ପାଠର ମର୍ଯ୍ୟାଦା ଥିବ, ସବୁ ବାଟର ମର୍ଯ୍ୟାଦା ଥିବ, ସବୁ ଘଟର ମର୍ଯ୍ୟାଦାଥିବ । ତେବେ ବାତାବରଣରେ ବାରୁଦ ଗନ୍ଧ ନ ଆସି ଫୁଲ ସୁବାସ ଆସିବ । ରକ୍ତଟୋପା ଟୋପା ହୋଇ ଭୂମିରେ ଝରିବ ନାହି ବରଂ ପରିବେଶରେ ଆନନ୍ଦର ରଙ୍ଗ କମଳ ଫୁଟିବ । ବିଶ୍ୱଗ୍ରାମ ଗଠନର ସ୍ୱପ୍ନ ସାକାର ହେବ । ମାନବ ଏକତାର ପରିପୂର୍ଣ୍ଣ ପ୍ରତିଷ୍ଠା ସେଦିନ ସମ୍ଭବ ହେବ ।

■

ଯୁବମାନସର ଗତି ଓ ପ୍ରଗତି

ଯୌବନ ହିଁ ଜୀବନର ବସନ୍ତ ସମୟ । ସେତେବେଳେ ଥାଏ ଦେହରେ ଅମାପ ଶକ୍ତି, ପ୍ରାଣରେ ଅସୀମ ଆନନ୍ଦ ଆଉ ମନରେ ଅଶେଷ ସାହସ । ପ୍ରଫୁଲ୍ଲତା ଯେତିକି ଥାଏ ପ୍ରସନ୍ନତା ସେତିକି ଥାଏ । ଆଗେଇ ଯିବାର ପ୍ରେରଣା ଭିତରୁ ଆସେ । ଚାରିଆଡ଼ ସୁନ୍ଦର ଦିଶେ, ଫୁଟିଲା ଫୁଲ ପରି ସକାଳ ଦେଖାଯାଏ, ଦ୍ୱିପହର ଦିଶେ ଝଲସୁଥିବା କମକଟା ହୀରା ପରି । ଅଶିଣର ଚକା ଜହ୍ନ ପରି ମନ ଛନ୍ନଛନ୍ନ ଥାଏ, ଫୁଲମାନେ ପାରିଜାତ ଫୁଲ ପରି ଦିଶନ୍ତି ଓ ମହମହ ବାସନ୍ତି । ସବୁ କଥା ଭଲ ଲାଗେ । ଚାଲିବାକୁ ଥିଲେ ଦଉଡ଼ିବାକୁ ମନ ହୁଏ, ଗୁଣୁଗୁଣୁ ନୁହେଁ ଗାଇବା ପାଇଁ ଇଚ୍ଛା ହୁଏ । କଥା କଥାରେ ଓଠରେ ମିଠା ହସ ଉକୁଟି ଉଠେ । ଅନ୍ତର ସେତେବେଳେ ସମୁଦ୍ର ପରି ପ୍ରଶସ୍ତ ଓ ପରିବ୍ୟାପ୍ତ, ହୃଦୟ ଆକାଶ ପରି ବିସ୍ତୃତ । ସମସ୍ୟାର ଢେଉ ଭାଙ୍ଗିବା ପାଇଁ ମନରେ ଥାଏ ଉତ୍ସାହ ଓ ଆଗ୍ରହ । ସେତେବେଳେ ସମସ୍ୟା ଡରାଇପାରେ ନାହିଁ, ବରଂ ଡରିଯାଏ । ବିପଦ ଦାବିପାରେ ନାହିଁ ବରଂ ଦବିଯାଏ । ସୌନ୍ଦର୍ଯ୍ୟ, ମାଧୁର୍ଯ୍ୟ, ଧୈର୍ଯ୍ୟ ଓ ସୌକୁମାର୍ଯ୍ୟ ମିଶ୍ରିତ ଯୁବମାନସର ବର୍ଣ୍ଣବିଭା ଅବର୍ଣ୍ଣନୀୟ । ତାହା କେବଳ ଅନୁଭବ୍ୟ, ବଚନର ବିଷୟ ନୁହେଁ ।

ଏଡ଼େ ସୁନ୍ଦର ଫୁଲର ପାଖୁଡ଼ାକୁ ଯଦି ପୋକକାଟି ଦିଏ, ତେବେ କଥା ସରେ, ସେ ଅଲୋଡ଼ା ହୁଏ, ଶୁଖି ଶୁଖି ଝଡ଼ିପଡ଼େ । କେହି ଆଦର କରନ୍ତି ନାହିଁ, କାରଣ ତାହା ପୂଜା ଡାଲା ମଣ୍ଡନ କରିପାରେ ନାହିଁ । ସବୁ ଗୋଳମାଳ ଧରିଯାଏ, ନାବିକ ଦିଗହରା ହୁଏ, ନାଆ ଭିତରେ ପାଣିପଶେ । ଥରେ ନାଆ ଭିତରେ ପାଣି ପଶିଲେ ସବୁ କଥା ସର୍ବନାଶ ଆଡ଼କୁ ଯାଏ । ଓଠରୁ ହସ ଲିଭିଯାଏ, ଆଖିରୁ ନିଦ ହଜିଯାଏ, ମନରୁ ସରସତା ଲୋପ ପାଇଯାଏ । ସେ କାହାର ହୋଇପାରନ୍ତି ନାହିଁ କିମ୍ବା ନିଜର ମଧ୍ୟ ହୋଇପାରନ୍ତି ନାହିଁ । ତାଙ୍କ ଉପରେ ଭରସା ରଖିଥିବା ପିତାମାତା ହତାଶ

ହୋଇପଡ଼ନ୍ତି । ସେମାନେ ପିତାମାତାଙ୍କ ଦାୟିତ୍ୱ ଭବିଷ୍ୟତରେ ନେବେ କ'ଣ ବରଂ ପିତାମାତାଙ୍କ ଉପରେ ବୋଝ ହୋଇଯାଆନ୍ତି । ମାନସିକତାରେ ଅକ୍ଷମତା ତାଙ୍କୁ ବୋଝରେ ପରିଣତ କରିଦିଏ । ନଚେତ୍ ଦୁର୍ନୀତି କରନ୍ତି, ଦୁଷ୍କର୍ମ କରନ୍ତି, ଚୋରି କରନ୍ତି, ଡକାୟତି କରନ୍ତି ଇତ୍ୟାଦି ଇତ୍ୟାଦି । ଏଥିରେ ପିତାମାତା ମର୍ମାହତ ହୁଅନ୍ତି, ଭାଗ୍ୟକୁ ନିନ୍ଦନ୍ତି, ଅସୁବିଧାରେ ପଡ଼ନ୍ତି ଓ ଅସୁସ୍ଥ ହୁଅନ୍ତି । ଭଲକଥା ବୁଝେଇଲେ ଗାଳି ଖାଆନ୍ତି, ଲୁହ ଝରାନ୍ତି, ନୀରବ ରହନ୍ତି, ଅଧିକ ବୁଝାଇଲେ ଅବସ୍ଥା ଅସମ୍ଭାଳ ହୁଏ, ଯାହା କହି ହୁଏନି କି ସହି ହୁଏନି । ଅବଶ୍ୟ ଏକଥା ସମସ୍ତଙ୍କ ପାଇଁ ସତ୍ୟ ନୁହେଁ ଅଥବା ସମସ୍ତଙ୍କ ଘର ପାଇଁ ସତ୍ୟ ନୁହେଁ । ତଥାପି ଅଛନ୍ତି ସ୍ନେହଶୀଳ, ସହାନୁଭୂତିଶୀଳ, ସଂସ୍କୃତିସଂପନ୍ନ, କର୍ମଠ, ସଚ୍ଚୋଟ, କର୍ତ୍ତବ୍ୟ ପରାୟଣ ଯୁବଶକ୍ତି, ନହେଲେ ସଂସାର ଚଳନ୍ତା ନାହିଁ, ପବନ ବହନ୍ତା ନାହିଁ କି ବର୍ଷା ଝରନ୍ତା ନାହିଁ ।

ତେବେ ଯେଉଁମାନେ ଦିଗହରା ହୋଇଯାଇଛନ୍ତି ତାହାର କେତେକ କାରଣ ରହିଛି । ଅପ୍ରିୟ ହେଲେ ମଧ୍ୟ ସତ୍ୟ ଯେ ପିତାମାତା ସେମାନଙ୍କ ପାଇଁ ଯଥେଷ୍ଟ ଧ୍ୟାନ ଦେଇ ନାହାନ୍ତି । ଧ୍ୟାନ ଦେବା ଅର୍ଥ ଯଥେଷ୍ଟ ସମୟ, ଧୈର୍ଯ୍ୟ, ସହନଶୀଳତା ରଖି ନାହାନ୍ତି । ତାଙ୍କ ମାନସିକତାକୁ ଆସି ନାହାନ୍ତି, ତାଙ୍କ ସ୍ତରକୁ ଓହ୍ଲାଇ ନାହାନ୍ତି । ତାଙ୍କ କଥାକୁ ଧୈର୍ଯ୍ୟରସହ ଶୁଣି ନାହାନ୍ତି, ପିଲାଳିଆ କଥା ଭାବି ତାଙ୍କୁ ଚୁପ କରାଇ ଦେଇଛନ୍ତି । କଥା କଥାକେ ଗାଳି ଦେଇଛନ୍ତି, ମାଡ଼ ମଧ୍ୟ ମାରିଛନ୍ତି । ମାତ୍ର କେବେ ବୁଝାଇ ଦେଇନାହାନ୍ତି କେଉଁଟି ଭୁଲ୍, ଆଉ କେଉଁଟି ଠିକ୍ । କାହାକୁ କେମିତି କଥା କୁହାଯାଏ ଶିଖାଇ ନାହାନ୍ତି, ବତାଇ ନାହାନ୍ତି ଅଥବା ବୁଝାଇ ନାହାନ୍ତି । କିଛି ଛୋଟ ଜିନିଷଟିଏ ଭାଙ୍ଗି ଦେଲେ ବହୁତ ଗାଳି ଦେଇଛନ୍ତି । ପିଲାଟି ସତ କଥାଟିଏ କହିଲେ ତାଙ୍କୁ ଧନ୍ୟବାଦ ନ ଦେଇ ଓଲଟା ଗାଳି ଆରମ୍ଭ କରିଛନ୍ତି । ଘରେ ଚାପମୁକ୍ତ ପରିବେଶ ତିଆରି କରି ନାହାନ୍ତି । ଅନ୍ୟମାନଙ୍କ ପ୍ରତି ବ୍ୟବହାରରେ ତ୍ରୁଟି ରହିଯାଇଛି, ହୁଏତ ଜାଣିପାରି ନାହାନ୍ତି । ନ ଜାଣିପାରିବାର ପ୍ରଭାବ ମଧ୍ୟ ପିଲାଟି ଉପରେ ପଡ଼ି ଥାଇପାରେ ବୋଲି କୁହାଯାଇପାରେ ।

ଘରେ ସବୁକଥା ଠିକ୍ ଥିଲେ ମଧ୍ୟ ଯୁବଶକ୍ତି ମାର୍ଜିତ, ଶୃଙ୍ଖଳିତ ସଂଯତ ନ ହେବାର ଅନ୍ୟତମ ବଡ଼ କାରଣ ହେଉଛି ସଙ୍ଗଦୋଷ । ସାଙ୍ଗ ମେଳରେ ଅଲଗା ଭାଷାରେ କଥା ଚାଲେ, ତାହା କେଉଁ ଅଭିଧାନରେ ନ ଥାଏ କିମ୍ବା କୌଣସି ଅବଧାନ ପଢ଼ାଇ ନ ଥାନ୍ତି । ଏପରି ସବୁ ଯୋଜନା ହୁଏ ଯାହାକୁ ବେଳେବେଳେ ଚିନ୍ତା କରିହୁଏ ନାହିଁ । ମହାବିଦ୍ୟାଳୟ ବା ବିଶ୍ୱବିଦ୍ୟାଳୟରେ ଉପସ୍ଥାନ ଖାତାରେ ନାଁ ରହିଗଲେ ତ ପାଠ ଆପେ ଆପେ ହୋଇଯିବ ନାହିଁ, ସେଥିପାଇଁ ପରିଶ୍ରମ ଲୋଡ଼ା ।

ପରିଶ୍ରମ ପାଇଁ ସମୟ, ଏକାଗ୍ରତା, ଆଗ୍ରହ ଆବଶ୍ୟକ । ସେଇଥିପାଇଁ କଥାରେ ଅଛି 'ପାଠ ପଢ଼ା ବଡ଼ ଦୁଃଖ, ପଛକେ ବଡ଼ ସୁଖ' । ମୋବାଇଲ୍‌ରେ ନୀରବ ଆମନ୍ତ୍ରଣ ସାଙ୍ଗମାନଙ୍କ ଠାରୁ ଆସିଲେ ଘରକଥା ପିତା ଲାଗେ, ପାଠପଢ଼ା ତ ଅଧିକ ପିତାଲାଗେ । ପିତାମାତାଙ୍କଠାରୁ ଦୂରରେ ରହି ପାଠ ପଢୁଥିଲେ, ଶରଦଶଶୀ ହାତରେ ଖସେ । ନିଜ ହାତରେ ନିଜକୁ ମାପିବା ସହଜ ହୋଇଥାଏ । ଇନ୍ଦ୍ରପଦ ତଳକୁ ଖସି ଆସେ ଓ ତହିଁରେ ଦମ୍ଭରେ ବସିଗଲା ପରି ଲାଗେ ।

ଆଉ ପାଠକଥା ନକହିଲେ ଭଲ । ତାହା କେବଳ ନମ୍ବର ରଖା ପାଠପଢ଼ା ଯାହାର ଜୀବନ ସହିତ ବିଶେଷ କିଛି ସଂପର୍କ ନାହିଁ । ଜୀବନର ମହତ୍ତ୍ୱ ଗୋଟିଏ ଦିଗରେ ଆଉ ପାଠ ଓ ପାଠପଢ଼ା ଆଉ ଏକ ଦିଗରେ । କାହା ସହିତ କାହାର ତାଳମେଳ ନାହିଁ । ଯେତେ ଅଧିକ ନମ୍ବର ରଖିବ ସେତେ ଅଧିକ ଆଦର ମିଳିବ । ଘରେ ଓ ବାହାରେ ମିଳିବ । ଘରେ ଅଧିକ ଆଦର ମିଳିବ । ଜୀବନ ସହିତ ସେ ପାଠର ସଂପର୍କ ଥାଉ କି ନ ଥାଉ, ସେ ପାଠ ଜୀବନକୁ ଉଚିତ ମାର୍ଗରେ ଗଢୁ କି ନଗଢୁ ସେଥିରେ କିଛି ଯାଏ ଆସେ ନାହିଁ । ଦୃଷ୍ଟିକୋଣ ପ୍ରସାରିତ ହେଉ କି ନ ହେଉ, ଅନ୍ତର ବିକଶିତ ହେଉ କି ନ ହେଉ, ସେଥିରେ କିଛି ଯାଏ ଆସେ ନାହିଁ । ସେଥିରେ ଜୀବନର ମୂଲ୍ୟବୋଧ ଥାଉ କି ନ ଥାଉ ତହିଁରେ କିଛି ଯାଏ ଆସେ ନାହିଁ । ମୂଲ୍ୟ କେବଳ ରହିଲେ ଯଥେଷ୍ଟ । ମୂଲ୍ୟ ସହିତ ମୂଲ୍ୟବୋଧର ମିଶ୍ରଣ ହିଁ ଅସଲ ଶିକ୍ଷାର ଲକ୍ଷ୍ୟ । ଯାହାକୁ ଶ୍ରୀଅରବିନ୍ଦ କହିଲେ 'ଜ୍ଞାନ ପାଇଁ ଜ୍ଞାନ' ଏବଂ ସ୍ୱାମୀ ବିବେକାନନ୍ଦ କହିଲେ, 'ଉତ୍ତମ ଚରିତ୍ର ଗଠନ' । ଶ୍ରୀମାଙ୍କ ମତରେ – 'ନିଜ ଉପରେ ପ୍ରଭୁତ୍ୱ ଅର୍ଜନ କରିବା, ନିଜ ଜୀବନକୁ ଶୃଙ୍ଖଳିତ କରିବା, ନିଜର ଦୋଷ ଦୁର୍ବଳତା ଗୁଡ଼ିକୁ ଅତିକ୍ରମ କରିବା ହେଉଛି ଶିକ୍ଷାର ଲକ୍ଷ୍ୟ ।''

ଏଇ ଅବକାଶରେ ମନେପଡ଼େ ସ୍ୱାମୀ ବିବେକାନନ୍ଦଙ୍କର କଥାଟିଏ । ସାରା ଭାରତ ପ୍ରଦକ୍ଷିଣ କରି ତାହାର ଶିରାପ୍ରଶିରାକୁ ଅନୁଧ୍ୟାନ କରି ସ୍ୱାମୀଜୀ ବେଲୁଡ଼ ମଠକୁ ଫେରିଲେ । ବିଷର୍ଣ୍ଣ ବଦନରେ ବସିଛନ୍ତି, ପାଖରେ କେହି ନାହାନ୍ତି । ହଠାତ୍ ଜଣେ ଗୁରୁ ଭାଇ ଆସିଲେ ଓ ତାଙ୍କୁ ଦେଖି ପଚାରିଲେ ଯେ ସେ ଏତେ଼ ଉଦାସ କାହିଁକି ? ସ୍ୱାମୀଜୀ ଉତ୍ତର ଦେଲେ ଯେ ସାରା ଭାରତରେ ଅନେକ ସମସ୍ୟା ଦେଖି ମର୍ମାହତ ହେଲି । ଗୁରୁଭାଇ ସମାଧାନର ସୂତ୍ର କଥାଟି ପଚାରନ୍ତେ ସ୍ୱାମୀଜୀ ଗୋଟିଏ ଶବ୍ଦରେ ଉତ୍ତର ଦେଲେ । ଶବ୍ଦଟି ହେଉଛି 'ଶିକ୍ଷା' ।

ବାସ୍ତବରେ ଶିକ୍ଷା ଜୀବନ ଧର୍ମୀ ହେବା ଆବଶ୍ୟକ ଏବଂ ସମୟୋପଯୋଗୀ ହେବା ଆବଶ୍ୟକ । କେବଳ ସମୟୋପଯୋଗୀ ହେଲେ ଯଥେଷ୍ଟ ହେବ ନାହିଁ ।

କେବଳ ଧନ ଅର୍ଜନ ନୁହେଁ, ତା' ସହିତ ମନର ବିକାଶ, ଜାତୀୟତାବୋଧର ବିକାଶ, ହିଁ ଯଥାର୍ଥରେ ଶିକ୍ଷାର ଲକ୍ଷ୍ୟ । କେବଳ ସମ୍ବାଦ ସଂଗ୍ରହ ଶିକ୍ଷାର ଲକ୍ଷ୍ୟ ନୁହେଁ, ଏଥି ସହିତ ମନୁଷ୍ୟ ନିର୍ମାଣ ହେଉଛି ଶିକ୍ଷାର ଲକ୍ଷ୍ୟ । ସ୍ୱାମୀ ବିବେକାନନ୍ଦଙ୍କର ପଦେ ଦୁଇପଦ କଥା ସହିତ ଉପସଂହାରକୁ ଆସିବା । ତାଙ୍କ ମତରେ- ''ମୁଣ୍ଡରେ କେତେ ଗୁଡ଼ିଏ ତଥ୍ୟ ପୂରାଇ ଦିଆଗଲା, ଯାହା ସାରା ଜୀବନ ଅସମ୍ବନ୍ଧ ଭାବରେ ଘୂରିବାକୁ ଲାଗିଲା - ଏହାକୁ ଶିକ୍ଷା କୁହାଯାଏ ନାହିଁ । ଆମମାନଙ୍କୁ ବିଭିନ୍ନ ଭାବ ସମୂହକୁ ଏପରି ଭାବରେ ନିଜର କରି ନେବାକୁ ହେବ, ଯାହା ଆମମାନଙ୍କୁ ଜୀବନ ଗଠନ, ମନୁଷ୍ୟ ନିର୍ମାଣ ଓ ଚରିତ୍ର ଗଠନରେ ସାହାଯ୍ୟ କରିବ ।''

ଅତଏବ ସବୁକଥା ପାଇଁ ଯୁବଶକ୍ତିକୁ ଦୋଷ ଦେଲେ ଚଳିବ ନାହିଁ । ଶେଷରେ ଏତିକି କୁହାଯାଇ ପାରେ ଯେ ପିଲାମାନେ ପାଖରେ ଥିଲେ ପିତାମାତାଙ୍କର ସେମାନଙ୍କ ପ୍ରତି ସ୍ଥୁଳଦୃଷ୍ଟି ଓ ସୂକ୍ଷ୍ମଦୃଷ୍ଟି ଏବଂ ଦୂରରେ ଥିଲେ ସେମାନଙ୍କ ପ୍ରତି ସୂକ୍ଷ୍ମଦୃଷ୍ଟି ରହିବା ଜରୁରୀ । ଶିକ୍ଷାନୀତିରେ ପରିବର୍ତ୍ତନ ଆସିଲେ ବହୁ ସମସ୍ୟାର ସମାଧାନ ହୋଇପାରିବ ।

■

ଆମେ ଆମକୁ ଜାଣିବା

ନିଜକୁ ନ ଜାଣିଲେ ଅନ୍ୟକୁ ଜାଣି ହୁଏ ନାହିଁ, ନିଜକୁ ନ ବୁଝିଲେ ଅନ୍ୟକୁ ବୁଝି ହୁଏ ନାହିଁ । ଯେପରିକି ମତେ ଯଦି ଏପରି ବ୍ୟବହାର ଭଲ ଲାଗୁ ନାହିଁ, ତେବେ ଅନ୍ୟମାନଙ୍କୁ ମଧ୍ୟ ଏପରି ବ୍ୟବହାର ଭଲ ଲାଗୁ ନ ଥିବ । ଅତଏବ ନିଜକୁ ଚିହ୍ନିବା, ନିଜକୁ ବୁଝିବା ହେଉଛି ଏକ ମାପକାଠି ଯାହା ସାହାଯ୍ୟରେ ଅନ୍ୟକୁ ମାପି ହେବ ଓ ବିଚାର ମଧ୍ୟ କରିହେବ । ମାପ ଓ ବିଚାର ମାଧ୍ୟରେ ଅନ୍ୟର ସ୍ଥାନ ନିରୂପଣ ଓ ଗୁରୁତ୍ୱ ମଧ୍ୟ ନିର୍ଦ୍ଧାରଣ କରିହେବ ।

ଏକଥା କେବଳ ବ୍ୟକ୍ତିପାଇଁ ସତ୍ୟ ନୁହେଁ, ଗୋଟିଏ ଜାତି ଏବଂ ଗୋଟିଏ ଦେଶ ପାଇଁ ମଧ୍ୟ ସତ୍ୟ । କହିବାର ତାତ୍ପର୍ଯ୍ୟ ହେଉଛି ନିଜ ଦେଶକୁ ନ ଜାଣିଲେ, ବିଦେଶକୁ ଜାଣି ହେବ ନାହିଁ, ନିଜ ଦେଶକୁ ନ ବୁଝିଲେ ବିଦେଶକୁ ବୁଝି ହେବ ନାହିଁ । କେବଳ ବିଦେଶ ଭ୍ରମଣ ଓ ବିଦେଶ ରହଣି ଯାନ୍ତ୍ରିକ ହୋଇଯିବ । ଅତଏବ ଦେଶାତ୍ମବୋଧର ଭାବ ମନରେ ଆସିବା ଏକାନ୍ତ ଜରୁରୀ । ଆମର ଦେଶାତ୍ମବୋଧର ବିକାଶ ପାଇଁ ବିଶିଷ୍ଟ ବ୍ୟକ୍ତିଗଣ ଯେଉଁ ମତ ଓ ମନ୍ତବ୍ୟ ପ୍ରକାଶ କରିଛନ୍ତି ତାହା ସର୍ବାଦୌ ଅଭିନନ୍ଦନୀୟ । ବାସ୍ତବରେ ଦେଶ ପ୍ରେମ ହିଁ ଜୀବନର ସାର୍ଥକତା ଆଣେ ।

ମୋର ଏପରି କଥାରୁ ଦେଶ ଓ ବିଦେଶକୁ ଅଲଗା କରାଯାଉଛି ବୋଲି କେହି ବୁଝିବା ଉଚିତ୍ ନୁହେଁ । ବରଂ ଏପରି କୁହାଯାଇପାରେ ଯେ ବିଦେଶରେ ରହିଥିଲା ବେଳେ ଓ ବିଦେଶରୁ ଫେରିବା ପରେ ନିଜ ଦେଶକୁ ବୁଝିବା ଅଧିକ ସମ୍ଭବ ହୋଇଥାଏ । କାରଣ ସେତେବେଳେ ତୁଳନା କରିବାର ସୁବିଧା ଓ ସୁଯୋଗ ଅଧିକ ଥାଏ । ମନେପଡ଼େ ଏଇ ପରିପ୍ରେକ୍ଷୀରେ ସ୍ୱାମୀ ବିବେକାନନ୍ଦଙ୍କର କଥା ଓ ମତାମତ ।

ସେ କହିଲେ – ''ଦେଶରେ ଥିଲାବେଳେ ଦେଶକୁ ଯେତିକି ଚିହ୍ନିଥିଲି, ବିଦେଶକୁ ଆସିଲାପରେ ଦେଶକୁ ତାହାଠାରୁ ବହୁଗୁଣରେ ଚିହ୍ନିଲି । ବିଦେଶରୁ ଫେରି ଦେଶ ମାଟିକୁ ବାରମ୍ବାର ପ୍ରଣାମ କଲି ।''

ସତରେ ଘରେ ଥିଲେ ଘର ଯେତେ ଭଲ ଲାଗେ ବାହାରେ ଥିଲେ ଘରକଥା ଭାବିବାକୁ ବେଶୀ ଭଲ ଲାଗେ । ଘରକଥା ବେଶୀ ମନେପଡ଼େ । ମନ ଦର୍ପଣରେ ଘଡ଼ିକରେ ଦିଶିଯାଏ ଘର, ଦିଶେ ଗାଁମୁଣ୍ଡ ବଣତୋଟା, ନଈପଠା, ଦୋଳମେଳନ, ରଜର ଦୋଳି ଓ ତାସପାଲି, ବାରିଗାଡ଼ିଆ, ଶରତର କାଶତଣ୍ଡୀ ଆଉ ବସନ୍ତର ବାସମଲ୍ଲୀ । ଅବଶ୍ୟ ଆଜି ବିଜ୍ଞାନର ଅବଦାନ ଫଳରେ ଦୂରରେ ରହି ଘରକୁ ଦେଖି ହେଉଛି । ଦେଖି ହେଉଛି ମାତ୍ର ସାକ୍ଷାତ କରି ହେଉ ନାହିଁ । ଦେଖା ଓ ସାକ୍ଷାତ ଦୁଇଟି ଅଲଗା ଅଲଗା ଅର୍ଥର ଶବ୍ଦ । ଆମେ ଭ୍ରମବଶତଃ ଏକା ଅର୍ଥରେ ବେଳେବେଳେ ବ୍ୟବହାର କରୁ । ଏଇ ଯେମିତି ସଭାସମିତିରେ କେତେ ଆପଣାର ଲୋକଙ୍କସହ ଦେଖାହୁଏ, ମାତ୍ର ସମସ୍ତଙ୍କ ସହ ସାକ୍ଷାତ କରିବା ସମ୍ଭବ ହୁଏ ନାହିଁ ।

କେବଳ ଘର ନୁହେଁ ନିଜ ଦେଶକୁ ଜାଣିବାରେ ଏକ ଗୌରବ ଥାଏ । ତାହା ଜାଣିଲେ ଦମ୍ଭ ଲାଗେ, ଅଭିମାନ ନୁହେଁ, ସ୍ୱାଭିମାନ ଆସେ । ଏକଥା ପ୍ରତ୍ୟେକ ଭାରତୀୟଙ୍କ ପାଇଁ ସତ୍ୟ ସେ ଦେଶରେ ଥାଆନ୍ତୁ ଅଥବା ବିଦେଶରେ ଥାଆନ୍ତୁ । ଆଜିର ପୃଥିବୀ ତ ଆଉ ଦେଶ ଭିତରେ ସୀମିତ ହୋଇରହି ନାହିଁ, ପୂର୍ଣ୍ଣାଙ୍ଗ ପୃଥିବୀ କେତେକାଂଶରେ ଗଠିତ ହୋଇଯାଇଛି । ଆଜି ନହେଲେ ବି କାଲି ବିଶ୍ୱଚେତନାର ପୂର୍ଣ୍ଣ ବିକାଶ ହେବ, ବିଶ୍ୱଗ୍ରାମ ଗଠନର ସ୍ୱପ୍ନ ସାକାର ହେବ, ଭାବନାରେ ବିଶ୍ୱନାଗରିକତ୍ୱର ପ୍ରାଣ ପ୍ରତିଷ୍ଠା ହେବ । ଆମେ ଏହା ଲକ୍ଷ୍ୟକରୁ କି ନ କରୁ ବିଶ୍ୱ ସଂସ୍କୃତିର ପ୍ରକାଶ ପ୍ରକ୍ରିୟା ଆରମ୍ଭ ହୋଇଗଲାଣି । ପ୍ରକ୍ରିୟାର ଆରମ୍ଭ ସଂପର୍କରେ ସ୍ମରଣକୁ ଆସେ ଶ୍ରୀ ଅରବିନ୍ଦଙ୍କର ଉକ୍ତି, ସେ କହିଛନ୍ତି –''ଦୁଇ ବିପରୀତ ଦିଗରୁ ଆସନ୍ନ ପ୍ରାଚ୍ୟ ଓ ପାଶ୍ଚାତ୍ୟ ଜଗତ ମିଳିତ ହେଉଛି ଏବଂ ପରସ୍ପର ଭିତରେ ତାହା ଲୟ ପ୍ରାପ୍ତ ହେବ । ଯାହାଫଳରେ ସମ୍ମିଳିତ ମାନବ ଜାତିର ଜୀବନରେ ଏକ ସର୍ବ ସାଧାରଣ ଜଗତ ସଂସ୍କୃତିର ପ୍ରତିଷ୍ଠା ହେବ ।''

ବାସ୍ତବିକ ଏତେ ବସ୍ତୁ ଆମ ଦେଶରେ ନ ଥିଲା । ବିଦେଶର ବୈଜ୍ଞାନିକ କଳାକୌଶଳରେ ନିର୍ମିତ ବଡ଼ ଠାରୁ ସାନ ପର୍ଯ୍ୟନ୍ତ ବହୁ ବସ୍ତୁ ଆମ ନିକଟରେ ସୁଲଭ ହେଲାଣି । ଆମ ଦେଶର ବହୁକଥା ବିଦେଶରେ ମଧ୍ୟ ଆଦୃତ ହେଲାଣି, ପ୍ରତିଷ୍ଠିତ ହେଲାଣି । ଏଇ ଯେମିତି ଧ୍ୟାନ, ଯୋଗ, ଆସନ, ପ୍ରାଣାୟମ ଇତ୍ୟାଦି ଇତ୍ୟାଦି । ବିଶ୍ୱରେ ଯୋଗ ଉପରେ ଗୁରୁତ୍ୱ ଆରୋପିତ ହେଲାଣି । ଆମ ମାଟିରେ ଫୁଟିଥିବା

ଯୋଗର ପାରିଜାତ ଫୁଲ ସମଗ୍ର ବିଶ୍ୱରେ ଆଦୃତ ହେଲାଣି ଯାହାର ପ୍ରମାଣ ସ୍ୱରୂପ ସମଗ୍ର ବିଶ୍ୱରେ ଯୋଗ ଦିବସ ପାଳିତ ହେଲାଣି । ଆଗରୁ କୁହାଯାଇଥିବା କଥା 'ପୂର୍ବ ହିଁ ପୂର୍ବ ଏବଂ ପଶ୍ଚିମ ହିଁ ପଶ୍ଚିମ' ବଦଳିବାକୁ ଆରମ୍ଭ କଲାଣି । ଆହୁରି ବଦଳିବ ନିଜ ଦେଶକୁ ଜାଣିଲେ ଓ ଚିହ୍ନିଲେ, ଯେଉଁଠାରେ ଥିଲେ ମଧ୍ୟ । ହାତୀ ବନସ୍ତରେ ଥିଲେ ବି ରଜାଙ୍କର ।

ଆମ ଦେଶର ଗୁରୁତ୍ୱ ଅତୀତରେ ଥିଲା ଏବେ ମଧ୍ୟ ଅଛି । ବର୍ତ୍ତମାନର ବିକାଶ ସଂପର୍କରେ ଆମେ ଅବହିତ ଅଛୁ, ମାତ୍ର ଆମ ଗତ ଦିନର ମହତ୍ତ୍ୱ ସମ୍ବନ୍ଧରେ ବିଶେଷ କିଛି ଜାଣିବାର ଅବକାଶ ବିଭିନ୍ନ କାରଣରୁ ଆମ ନିକଟରେ ନାହିଁ । ବିଶେଷତଃ ଯୁବଶକ୍ତି ଏସବୁ ଜାଣିବାର ଅଧିକ ଆବଶ୍ୟକତା ରହିଛି କାରଣ ଆଗାମୀ ଦେଶ ହିଁ ସେମାନଙ୍କର ଦେଶ ଏବଂ ଆଗାମୀ ବିଶ୍ୱ ହିଁ ସେମାନଙ୍କର ବିଶ୍ୱ । ସେମାନେ ଦେଶରେ ଥାଆନ୍ତୁ ଅଥବା ବିଦେଶରେ ଥାଆନ୍ତୁ, ସେମାନଙ୍କୁ ଆମ ଦେଶ ବିଷୟରେ କିଛି କଥା ଜଣାଇବା ପାଇଁ ମୁଁ ପ୍ରୟାସ କରିଛି । ପିତାମାତା ଓ ଅଭିଭାବକଙ୍କୁ କଷ୍ଟକରି ଏସବୁ ଜଣାଇବାକୁ ଅନୁରୋଧ ଜଣାଉଛି ।

ସାଧାରଣ ଭାବରେ ଏକ ଧାରଣା ଆମର ରହିଛି ଯେ, ଆମ ଦେଶରେ ବିଜ୍ଞାନ ଚର୍ଚ୍ଚା ଆଦୌ ନ ଥିଲା । ଏହା ଗୋଟିଏ ଭ୍ରମ ଧାରଣା । ଆମ ଦେଶରେ ଅତୀତରେ ବିଜ୍ଞାନ ଚର୍ଚ୍ଚା ଥିଲା । ବ୍ୟୋମବିଜ୍ଞାନଠାରୁ ବସ୍ତୁବିଜ୍ଞାନ ପର୍ଯ୍ୟନ୍ତ ତାହା ପରିବ୍ୟାପ୍ତ ଥିଲା । ପୃଥିବୀ ଯେ ଚଳମାନ ମାତ୍ର ସ୍ଥିର ଭଳି ପ୍ରତୀୟମାନ ହେଉଛି - ଏକଥା ବହୁପୂର୍ବରୁ ଭାରତ ବର୍ଷରେ କୁହାଯାଇଛି -'ଚଲପୃଥ୍ୱୀ-ସ୍ଥିରଭାତି' । ବହୁ ବିଭାଗରେ ନୂତନ ସତ୍ୟର ବହୁ ଆବିଷ୍କାର ପ୍ରଥମେ ହିଁ ଭାରତରେ ଘଟିଛି । କୌଣସିନା କୌଣସି କାରଣରୁ ଏହି ଆବିଷ୍କାର ସବୁ ପ୍ରଥମ ବୋଲି ବିଶ୍ୱ ଦରବାରରେ ପ୍ରତିଷ୍ଠିତ ହୋଇପାରି ନାହିଁ । ତେବେ ଯେଉଁ ୟୁରୋପୀୟ ମନୀଷୀଗଣ କଷ୍ଟ ସ୍ୱୀକାର କରି ତୁଳନାତ୍ମକ ଗବେଷଣା କରିଛନ୍ତି, ସେମାନେ ଏ କଥାକୁ ସ୍ୱୀକାର କରିଛନ୍ତି। ଏଥିରୁ କିଏ ବଡ଼ କିଏ ସାନ - ଏକଥା କୁହାଯାଉ ନାହିଁ । ଘଟଣାଟି ମାତ୍ର ପ୍ରସଙ୍ଗକ୍ରମେ କୁହାଯାଉଛି । ପ୍ରାଣଶକ୍ତିର ସର୍ବବ୍ୟାପକତା ଭାରତୀୟମାନେ ପ୍ରଥମେ ଆବିଷ୍କାର କରିଥିଲେ । ଉଦ୍ଭିଦ, ପ୍ରାଣୀ ଓ ମନୁଷ୍ୟ ଦେହରେ ସେଇ ଏକ ହିଁ ପ୍ରାଣ ବିରାଜିତ ବୋଲି ଉଦ୍‌ଘୋଷଣା କରିଥିଲେ । ଆର୍ଯ୍ୟଭଟ୍ଟ ପଞ୍ଚମ ଶତାବ୍ଦୀରେ ପୃଥିବୀର ଆବର୍ତ୍ତନ ଯୋଗୁଁ ଦିବାରାତ୍ରି ହେଉଛି ବୋଲି ମତବ୍ୟକ୍ତ କରିଥିଲେ । ଭାରତଭୂମିର ବୈଜ୍ଞାନିକ ଭାସ୍କରାଚାର୍ଯ୍ୟ ଦ୍ୱାଦଶ ଶତାବ୍ଦୀରେ ମାଧ୍ୟାକର୍ଷଣ ଶକ୍ତିର ଆବିଷ୍କାର କରିଥିଲେ । ବହୁପରେ ଅର୍ଥାତ୍ ସପ୍ତଦଶ ଶତାବ୍ଦୀରେ ପାଶ୍ଚାତ୍ୟର ବୈଜ୍ଞାନିକ ନିଉଟନ୍ ଏହି ତତ୍ତ୍ୱର ଉଦ୍‌ଘୋଷଣା କଲେ ।

ପାଟି ଗଣିତ ହେଉଛି ଏକ ବିଦ୍ୟା ଯହିଁରେ ଭାରତବର୍ଷର କୃତିତ୍ୱ ଅସାଧାରଣ । 'ଏକ' ଠାରୁ 'ନ' ପର୍ଯ୍ୟନ୍ତ ସଂଖ୍ୟାର ଆବିଷ୍କାର ସହିତ ଶୁନର ବ୍ୟବହାର ପ୍ରଥମେ ଭାରତରେ ହିଁ ଘଟିଥିଲା । ପୂର୍ଣ୍ଣ ସଂଖ୍ୟାର ଯୋଗ, ବିୟୋଗ, ଗୁଣନ, ହରଣ ଓ ବର୍ଗମୂଳ ଆଦି ଭାରତରେ ପ୍ରଥମେ ଆବିଷ୍କୃତ ହୋଇଥିଲା । ଜ୍ୟାମିତି କ୍ଷେତ୍ରରେ ଭାରତର ପାରଦର୍ଶିତା ଅନନ୍ୟ ଥିଲା । ଭାରତର ଋଷି ବୌଧାୟନଙ୍କ ଯଜ୍ଞ ମଣ୍ଡପର ପ୍ରସ୍ତୁତିର ଚିତ୍ରକୁ ଭିତ୍ତିକରି ମଧ୍ୟପ୍ରାଚ୍ୟର ଗଣିତଜ୍ଞ ପିଥାଗୋରାସଙ୍କର ଉପପାଦ୍ୟ ପ୍ରତିଷ୍ଠିତ । ଏହି ଉପପାଦ୍ୟର ତତ୍ତ୍ୱ ହେଉଛି – ଗୋଟିଏ ସମକୋଣୀ ତ୍ରିଭୁଜର କର୍ଣ୍ଣ ଉପରେ ଅଙ୍କିତ ବର୍ଗକ୍ଷେତ୍ରର କ୍ଷେତ୍ରଫଳ ସେହି ତ୍ରିଭୁଜର ଅପର ବାହୁଦ୍ୱୟ ଉପରେ ଅଙ୍କିତ ବର୍ଗକ୍ଷେତ୍ର ଦ୍ୱୟର କ୍ଷେତ୍ରଫଳର ସମଷ୍ଟି ସଙ୍ଗେ ସମାନ । ଉପପାଦ୍ୟଟି ପିଥାଗୋରାସ ଉପପାଦ୍ୟ ନାମରେ ନାମିତ ହେଲା, ମାତ୍ର ଏ ବାବଦରେ ବୌଧାୟନଙ୍କ ନାମ କେହି ଜାଣିଲେ ନାହିଁ । ଭାରତୀୟମାନେ ସୁନା, ରୁପା, ଲୁହା, ଟିଣ ଓ ସୀସା ପ୍ରଭୃତି ପଞ୍ଚଧାତୁର ସନ୍ଧାନ ପାଇଥିଲେ । ରସାୟନ ବିଜ୍ଞାନ କ୍ଷେତ୍ରରେ ଭାରତର ପ୍ରାଧାନ୍ୟ ଥିଲା । ନାଗାର୍ଜୁନ ପାତନ ଓ ଭସ୍ମୀକରଣ ପ୍ରକ୍ରିୟାର ଆବିଷ୍କାର କରିଥିଲେ ।

କେତେକ ବିଦେଶୀ ଗବେଷକଙ୍କର ମତ ଯେ ଭାରତ ଥିଲା କେବଳ ସାଧୁସନ୍ନ୍ୟାସୀ ବାବାଜୀ ବୈରାଗୀ ମାନଙ୍କର ଦେଶ । ଏ ଦେଶରେ ଆଇନ, ରାଜନୀତି, ସମାଜ ବ୍ୟବସ୍ଥା ଓ ନାନା ବିଷୟକ ଶିକ୍ଷ ଇତ୍ୟାଦି ନ ଥିଲା । ଏ ମତ ସଂପୂର୍ଣ୍ଣ ଭ୍ରମାତ୍ମକ । ଭାରତବର୍ଷରେ ହିଁ ଜୀବନର ସମସ୍ତ ଦିଗର ଚର୍ଚ୍ଚା ଥିଲା ଏବଂ ପ୍ରାୟ ପ୍ରତ୍ୟେକ ଦିଗ ଉପରେ ଶାସ୍ତ୍ରରଚିତ ହୋଇଥିଲା । ସମର ଶାସ୍ତ୍ରଠାରୁ ସଂଗୀତଶାସ୍ତ୍ର ପର୍ଯ୍ୟନ୍ତ, ନାଟ୍ୟଶାସ୍ତ୍ରଠାରୁ ବିଭିନ୍ନ ଚାରୁକଳା ତଥା କାରୁକଳା ଭିତ୍ତିକ ଶାସ୍ତ୍ର ପର୍ଯ୍ୟନ୍ତ, ଅଶ୍ୱଶାସ୍ତ୍ରଠାରୁ ଔଷଧିଶାସ୍ତ୍ର ପର୍ଯ୍ୟନ୍ତ ସବୁକିଛି ବିରଚିତ ହୋଇଥିଲା । ଔଷଧିଶାସ୍ତ୍ର କ୍ଷେତ୍ରରେ ଚରକ ଓ ସୁଶ୍ରୁତଙ୍କର ନାମ ପୃଥିବୀ ବିଖ୍ୟାତ । ଏ ପରିପ୍ରେକ୍ଷୀରେ ଶ୍ରୀଅରବିନ୍ଦଙ୍କ ବିରଚିତ କେତେକ ପଂକ୍ତିକୁ ଉଦ୍ଧାର କରିବା ସମୀଚିନ ମନେ ହୁଏ । ତାଙ୍କ ମତରେ – ''ନୈତିକ ଜୀବନ, ଆଇନ୍, ରାଜନୀତି, ସମାଜ ବ୍ୟବସ୍ଥା, ବିଜ୍ଞାନର ନାନା ଶାଖା, ନାନା ବିଷୟକ ଶିକ୍ଷ ଓ କାରୁକାର୍ଯ୍ୟ ତଥା ମାନବ ଜୀବନ ସହିତ ଯେଉଁ ସକଳ ବିଷୟର ସମ୍ବନ୍ଧ ରହିଛି, ସେ ଦିଗରେ ଭାରତ ସମାନ ଭାବରେ ଦୃଷ୍ଟି ଦେଇଛି । ଅତଏବ ଭାରତୀୟ ସଭ୍ୟତା ଯେ ସ୍ୱାଭାବିକ ଭାବେ କେବଳ ବ୍ୟାବହାରିକ ଜ୍ଞାନଶୂନ୍ୟ, ଅଧ୍ୟାତ୍ମଧର୍ମୀ, କର୍ମବିମୁଖ ଏବଂ ମନୁଷ୍ୟର ପ୍ରାଣଧର୍ମ ବିରୋଧୀ – ଏହି ଭ୍ରାନ୍ତ ଧାରଣାର ବାରମ୍ବାର ପୁନରାବୃତ୍ତି ଅବିଳମ୍ବେ ବନ୍ଦ ହେବା ଉଚିତ୍ ।''

ଉପସଂହାର ପୂର୍ବରୁ ସ୍ୱାମୀବିବେକାନନ୍ଦଙ୍କର କଥା କେତେ ପଦ ଉଦ୍ଧାର ନ

କରି ରହି ହେଉ ନାହିଁ । ସେ କହିଛନ୍ତି, ''ଯେତେବେଳେ ଗ୍ରୀସର ଜନ୍ମ ହୋଇନାହିଁ, ରୋମର କଥା କେହି ଭାବି ନାହିଁ, ବର୍ତ୍ତମାନର ୟୁରୋପୀୟମାନଙ୍କର ପୂର୍ବପୁରୁଷମାନେ ବିଚିତ୍ର ଅଙ୍ଗରାଗରେ ରଞ୍ଜିତ ଅରଣ୍ୟବାସୀ ମାତ୍ର ଥିଲେ, ସେତେବେଳେ ଭାରତ ତାହାର ସଂସ୍କୃତିର ସାଧନାରେ କର୍ମ ମୁଖର ଥିଲା । ବିଶ୍ୱର ଇତିହାସ ପର୍ଯ୍ୟାଲୋଚନା କର ଯେଉଁଠି କୌଣସି ସୁମହାନ ଆଦର୍ଶର ସନ୍ଧାନ ମିଳିବ, ଦେଖିବାକୁ ପାଇବ, ତା'ର ଜନ୍ମ ଭାରତବର୍ଷରେ ।''

ବିବେକ ଓ ବିଚାର

ଧନ ଆମର ଆବଶ୍ୟକ, ମାତ୍ର ଧନ ହିଁ ଜୀବନ ନୁହେଁ । ଯଶ ଆମର ଆବଶ୍ୟକ, ମାତ୍ର ଯଶ ହିଁ ଜୀବନ ନୁହେଁ । ଯେଉଁମାନେ ଧନମାନ ଯଶକୁ ଜୀବନ ବୋଲି ଭାବିଥାନ୍ତି ସେମାନେ ପ୍ରକୃତରେ ଜୀବନକୁ ବୁଝିନଥାନ୍ତି । ଜୀବନର ସ୍ୱାଦକୁ ଅନୁଭବ କରିନଥାନ୍ତି । ସେମାନେ ଟିକିଏ ଅସୁବିଧା ପଡ଼ିଲେ ବିଚଳିତ ହୋଇପଡ଼ନ୍ତି, ବିବ୍ରତ ହୋଇଯାଆନ୍ତି । ବିଭ୍ରମିତ ହୋଇପଡ଼ିବାରୁ ଚାରିଦିଗ ସେମାନଙ୍କୁ ଅନ୍ଧାରିଆ ଦିଶେ । ଘର ବାହାର ବିଷପ୍ରାୟ ଲାଗେ, ପାଦତଳୁ ମାଟି ଖସିଗଲା ପରି ଲାଗେ ।

ବାସ୍ତବରେ ଜୀବନ ଏକ ଅନୁଭବ । ଜୀବନରେ ଘଟୁଥିବା ଘଟଣାମାନ ଅନୁଭୂତି ଆଣି ଦିଅନ୍ତି, ଅନୁଭୂତି ମାନଙ୍କର ସାର ନିର୍ଯ୍ୟାସ ହେଉଛି ଅନୁଭବ । ଏହା ଅତ୍ୟନ୍ତ ସୂକ୍ଷ୍ମ ଓ ଗଭୀର । ଯାହାର ଅନୁଭବ ଯେତେ ଅଧିକ ତା'ର ଜୀବନ ସେତେ ବେଶୀ ସାର୍ଥକ । ସମୁଦ୍ରରେ ଲହରୀମାନ ରହିଛନ୍ତି ମାତ୍ର ଲହରୀମାନେ ସମୁଦ୍ର ନୁହନ୍ତି । ସେହିପରି ଜୀବନରେ ଘଟଣାମାନ ରହିଥାନ୍ତି ମାତ୍ର ଘଟଣାମାନେ ଜୀବନ ନୁହନ୍ତି ବା ଘଟଣାମାନଙ୍କ ସମାହାର ମଧ୍ୟ ନୁହେଁ । ଏସବୁ ସହିତ ଆଉ କିଛି କଥା ମିଶିଲେ ଜୀବନ ହୁଏ । ଆଉକିଛି କଥା ମାନେ ଅନୁଭବ ।

ଏହି ଅନୁଭବଟି ଛାତ ହେଲେ ଘଟଣାମାନ ହେଉଛନ୍ତି ସିଢ଼ି । ଅର୍ଥ, ଖାଦ୍ୟ, ବସ୍ତ୍ର, ବାସଗୃହ, ମାନ, ଯଶ, କ୍ଷମତା ପ୍ରଭୃତି ଉପଦାନକୁ ଭିତ୍ତିକରି ଘଟଣାମାନ ସଂଗଠିତ ହୁଏ । ଘଟଣାମାନଙ୍କରେ ବନ୍ଧା ପଡ଼ିଗଲେ ବା ବାନ୍ଧି ହୋଇଗଲେ ଜୀବନକୁ ଅନୁଭବ କରିହୁଏ ନାହିଁ । ଘଟଣାର ଚାରିପଟେ ଘୂରି ଘୂରି ଦିନ ସରିଯାଏ । ଘଟଣାମାନ ବାହାରେ ଘଟନ୍ତି ଓ ମନରେ ଆଲୋଡ଼ନ ସୃଷ୍ଟି କରନ୍ତି । କେବଳ ବାହାରେ ବାହାରେ ରହି ସମୟ କଟାଇ ଦେବା ହେଉଛି ଜୀବନ ଜୀଇଁବା । ବାହାରୁ ଭିତରକୁ ଯିବା ଓ ଭିତରୁ ବାହାରକୁ ଆସିବାର ଜୀବନ ହେଉଛି ଅନୁଭବର ଜୀବନ । ଅନ୍ୟ ଅର୍ଥରେ କୁହାଯିବ

ଯେ ବାହାର ଜୀବନ ଜୀଇଁବା ସହିତ ଭିତର ଜୀବନ ବଞ୍ଚିବାକୁ ମିଶାଇ ଦେଲେ ଅସଲ ଜୀବନର ପରିଚୟ ମିଳେ ।

ଏହାକୁ ନିଦା ଜୀବନ ବୋଲି କୁହାଯାଇପାରେ । ଭିତର ଜୀବନରେ ଅଛି ସନ୍ତୋଷ, ସମତା, ଶ୍ରଦ୍ଧା, ସ୍ନେହ, କ୍ଷମା, ଦୟା, ତ୍ୟାଗ, ଅନୁରାଗ, କୃତଜ୍ଞତା, ଶୁଭେଚ୍ଛା, ସହାନୁଭୂତି, କର୍ତ୍ତବ୍ୟବୋଧ ସମେତ ବହୁ ସଦ୍‌ଗୁଣ । ଏସବୁ ଗୁଣର ମୂଳଦୁଆ ହେଉଛି ମଣିଷ ପଣିଆ । ମନକୁ ନେଇ ବାହାର ଜୀବନ ଗଢ଼ି ଉଠେ ମାତ୍ର ବିବେକକୁ ନେଇ ଭିତର ଜୀବନ ଗଢ଼ି ଉଠେ । ମନ ଓ ବିବେକର ସମନ୍ୱୟରେ ପୂର୍ଣ୍ଣାଙ୍ଗ ଜୀବନ ଗଢ଼ି ଉଠେ । ସମନ୍ୱୟ ଅର୍ଥ ଗୋଟିକ ଭିତରେ ଆଉ ଗୋଟିଏ ହଜିଯିବା ନୁହେଁ, ବରଂ ଦୁଇଟି ଭିତରେ ଭାରସାମ୍ୟ ରହିବା ।

ଅତଏବ କଥାଟିଏ କହିଲାବେଳେ ଖାଲି ମନକୁ ନେଇ କଥା କହିଲେ ଚଳିବ ନାହିଁ, ଏଥି ସହିତ ବିବେକକୁ ଯୋଡ଼ିବାକୁ ହେବ । ଫଳରେ ଅନେକ ମାନସିକ ଯନ୍ତ୍ରଣାରୁ ମୁକ୍ତି ମିଳିବ, ଅଶାନ୍ତିରୁ ମୁକ୍ତି ମିଳିବ, କାମଟିଏ କଲାବେଳେ ମନ ସହିତ ବିବେକକୁ ଯୋଡ଼ିବାକୁ ପଡ଼ିବ । ଯୋଡ଼ିଲେ ଅନେକ ଦୁଃଖ କଷ୍ଟରୁ ମୁକ୍ତି ମିଳିବ । ଭୁଲ କାମ ନ ହୋଇ ଠିକ୍ ଠିକ୍ କାମ ହେବ । ଟିକିଏ ପଛକୁ ଘୁଞ୍ଚି ଆସି ବିବେକର ପରାମର୍ଶ ଲୋଡ଼ିଲେ କର୍ମ ସୁନ୍ଦର, ତା'ର ଫଳ ମଧ୍ୟ ମଧୁର ହେବ । ଅକାର୍ଯ୍ୟ ହେବନାହିଁ କି ଅସୁବିଧା ଭୋଗ କରିବାକୁ ପଡ଼ିବ ନାହିଁ । ବିବେକର ନିର୍ଦ୍ଦେଶ ହିଁ ଅସଲ ନିର୍ଦ୍ଦେଶ । ବିବେକର ସ୍ୱର ହିଁ ଈଶ୍ୱରଙ୍କ ସ୍ୱର । ବିବେକଟି ମଞ୍ଜି ହେଲେ ମନ ତାହାର ବେଢ଼ଣ । ବିବେକର ସ୍ୱର ଅତି ଧୀର, ମଧୁର, ସେ ଅତ୍ୟନ୍ତ ଅନ୍ତରଙ୍ଗ ଓ ଆନ୍ତରିକ । ବିବେକ ନିଜକୁ ଜାହିର କରନ୍ତି ନାହିଁ । ନୀରବରେ ବାଟ ଦେଖାନ୍ତି, ହାତ ବଢ଼ାଇଲେ ହାତଧରି ବିଲ-ବନ-ଖାଲ-ଖମା ପାରି କରାଇ ଦିଅନ୍ତି । ଆମ ଭିତରେ ସେ କି ଦିନ କି ରାତି କି ବର୍ଷା କି ଖରା ସବୁବେଳେ ରହିଛନ୍ତି । ତାଙ୍କର କାମ ହେଲା ଆମକୁ ଠିକ୍ ବାଟରେ ଚଲାଇବା ଯଦି ଆମେ ଚଲାବାଟରେ ତାଙ୍କର ସହାୟତା ଲୋଡୁ ।

ବିବେକର ସହାୟତାରେ ଆମେ ଜୀବନର ସ୍ୱାଦ ଚାଖି ପାରିବା । ପ୍ରଥମ ସର୍ତ୍ତଟି ହେଲା ଆମେ ଜୀବନର ସ୍ୱାଦ ଚାଖିବାକୁ ଆଗ୍ରହୀ ହେବା । ତା'ପରେ ଅଭ୍ୟାସ କରିବା ମନ ଓ ବିବେକକୁ ଯୋଡ଼ିବା ନିମନ୍ତେ । ଅଭ୍ୟାସ ବଳରେ ଏହି କାର୍ଯ୍ୟଟି ସମାହିତ ହୋଇପାରିବ । ବିବେକ ଯେତେ ଯୋଡ଼ାଯିବ, ଜୀବନ ସେତେ ଧନ୍ୟ ହେବ । ଜୀବନର ଲକ୍ଷ୍ୟ ସେତେ ଅଧିକ ଭାବରେ ପୂରଣ ହେବ । ଜୀବନ ସାର୍ଥକ ହେବ ।

ଅତଏବ ବିବେକ ହେଉଛି ଦିବ୍ୟଚେତନାର ପ୍ରତୀକ । ସେ ମର୍ତ୍ତ୍ୟର ନଦୀ

ନୁହେଁ, ସ୍ୱର୍ଗର ଗଙ୍ଗାଧାରା, ସେ ମର୍ତ୍ତ୍ୟର ଫୁଲ ନୁହେଁ ଗଗନର ତାରା । ତାଙ୍କ ସ୍ପର୍ଶରେ ମାଟି ହୋଇଯାଏ ସୁନା, ଲୁହା ହୋଇଯାଏ ଚୁମ୍ବକ । ସେ ଦିବ୍ୟଧାମରୁ ଆସି ଆମ ଭିତରେ ରହିଛନ୍ତି । ସେ ଆମର ଶୁଭଚିନ୍ତକ, ପଥ ପ୍ରଦର୍ଶକ । ସେ ଆମକୁ ପ୍ରାଣ ଭରି ଭଲପାଆନ୍ତି । ଆମର ଖୁସିରେ ସେ ଖୁସି ହୁଅନ୍ତି । ସେଇ ବିବେକ ଓ ମଣିଷପଣିଆର ଜୟ ହେଉ ।

■

ନୋଟ, ଭୋଟ ଓ ଦେଶାତ୍ମବୋଧ

କିଛି ଲୋକ ଅଛନ୍ତି ଯାହାଙ୍କର ନୋଟ, କେବଳ ନୋଟ ପାଇଁ ଚିନ୍ତାପ୍ରବଳ। ଏତେ ପ୍ରବଳ ଯେ ନୋଟ କଥା ସେ ଶୟନେ ସ୍ୱପନେ ଜାଗରଣେ ଭାବୁଥାଆନ୍ତି। ଅବଶ୍ୟ ବହୁନୋଟ ମିଳିଗଲେ ତାକୁ ସେମାନେ ଠିକବାଟରେ ଖର୍ଚ୍ଚ କରିପାରିବେ କି ନାହିଁ, ତାହା ଅଲଗାକଥା, ଖର୍ଚ୍ଚ କରି ଜାଣିବେକି ନାହିଁ, ତାହା ଭିନ୍ନ କଥା, ମାତ୍ର ଦିନରାତି ନୋଟ ପାଇଁ ଚିନ୍ତା, ଆଉ ଚିନ୍ତା।

ଭୋଟବେଳ ଆସିଗଲେ ନୋଟ ଚିନ୍ତାଟା ଟିକିଏ ଦାନା ଧରିଗଲାପରି ଲାଗେ। ସେମାନେ ବୁଝିପାରନ୍ତି ଯେ ଠିକଣା ବେଳ ଆସିଗଲା। ନୋଟ ରୂପକ ମୁଗୁରାରେ ଏଥର ଭୋଟ ରୂପକ ମାଛ ପଡ଼ିବ। ଖାଲି ମୁଗୁରା ଝାଡ଼ିବା କଥା, ଯଦି ମୁଗୁରାପଛ ମେଲାଥିବ, ତେବେ ସରିଲାକଥା। ବେଳେବେଳେ ମାଛ ପଡୁପଡୁ ଖସିଯାଆନ୍ତି, କିନ୍ତୁ ମୁଗୁରାବସିଥାଏ। ମୁଗୁରା ନ ବସିଲେ ମାଛ ଧରିବାର ଉପାୟନାହିଁ, ତେଣିକି ଭାଗ୍ୟ।

ନୋଟର ଆକର୍ଷଣ, ପୁଣି ଭୋଟବେଳର ନୋଟର ଆକର୍ଷଣ ନିଆରା। ସେତେବେଳର ନୋଟ ଲାଗେ ଆକାଶରୁ ଗୋଟା ଗୋଟା ରୋହି ଭାକୁଡ଼ ରୋଷେଇ ଘରେ ଖସିଲାପରି। ବିଶେଷ କିଛି କଷ୍ଟ ପଡ଼େନାହିଁ, ଯାହା କଷ୍ଟ ସେ ଟିକିଏ ମୁଣ୍ଡ ଖେଳାଇବାକଷ୍ଟ, ବିନିମୟରେ ବିଡ଼ାବିଡ଼ା ନୋଟ। କିଏ କିଏ ହୁଏତ କହିବେ ଦେବାଲୋକ ତ ଦେବ, ନେବା ଲୋକ ତ ନେବ, ମଝିରେ ଅନ୍ୟମାନଙ୍କର କାହିଁ ମୁଣ୍ଡବଥାଇବ ତା ଅବଶ୍ୟ ଠିକକଥା, 'ଅନାହୂତୋ ପ୍ରବିଷ୍ୟତି' ନ୍ୟାୟ ନୁହେଁକି ?

ନେବାଲୋକର ଖୁସି ବଡ଼ ନିଆରା ଖୁସି, ସେ ବୁଝେନା ଭୋଟର ମହତ୍ତ୍ୱ, ଗୁରୁତ୍ୱ, ଆବଶ୍ୟକତା, ସେ କେବଳ ବୁଝେ, କିଏ କେତେ ଦେଲା, ଦେଇଛି ଓ ଦବ ? ଦବାଟା କିଛି ଲୋକଙ୍କର କାମ ଆଉ ନବାଟା ଆମ କାମ। ବ୍ୟକ୍ତି ତ କେହିକାହା ହାତରୁ ଦେଉନାହିଁ ତେଣୁ ନେବାରେ ଏତେ କୁଣ୍ଠିତ କାହିଁକି ? ଆମ ଜିନିଷ ଆମେ

ନେଲୁ। 'ନେଲ ଯାହା ଦେଲ ତାହା'- ଦବା ନବା ଚାଲିଛି, ମାଛତେଲରେ ମାଛ ଭଜା ହେଉଛି, ଆମେ ତ ଖାଇବା ଲୋକ, ଏତେ କଥା ବୁଝିବୁ କାହିଁକି ? ଚକୁଳି ଖାଇବା ଲୋକ ବିନ୍ଧ ଗଣି ଲାଭ କ'ଣ ?

ଆଉ କିଛି ଲୋକ ବଙ୍କା ନୋଟର ବ୍ୟବସ୍ଥାକଥା ଭଲ ଭାବରେ ଜାଣନ୍ତି। ଭୋଜି, ଭାତ, ପ୍ରଚାର, ବ୍ୟାନର ପାଇଁ ନୋଟ୍ ହେଉଛି ବଙ୍କା ନୋଟ ବ୍ୟବସ୍ଥା, ପରୋକ୍ଷ ବ୍ୟବସ୍ଥା, ନ୍ୟାୟଟି ହେଉଛି, 'ଦୀପ ତେଜିଲେ ହାତ ଚିକ୍କଣ।'

ସିଧା ନୋଟରେ ମନଟିକେ ଅଧିକ ଖୁସି, ପରିଶ୍ରମ ନାହିଁ, ବିଶେଷ ଧାଁ ଧଉଡ ନାହିଁ। କିଛି ଲୋକଙ୍କୁ କହିବୋଲି ବୁଝାଇବା କଥା। ଏଥିପାଇଁ ଯେଉଁ ନୋଟ ମିଳେ ତାହା ପାଇଲେ ନିଜକୁ ଓଜନିଆ ଓଜନିଆ ଲାଗେ। ମନେହୁଏ, 'ମୋର ଗୋଟିଏ ଗୁରୁତ୍ୱ ଅଛି'-ନହେଲେ ମୋତେ ଖୋଜା ହୁଅନ୍ତା କାହିଁକି ? ପ୍ରକୃତରେ ମୋ ପାଖରେ କିଛି ନିଆରା ଗୁଣ ଅଛି, ଦକ୍ଷତା ଅଛି, କିଏ ମାନୁ କି ନ ମାନୁ କିଏ ବୁଝୁ କି ନ ବୁଝୁ ମୁଁ ତ ବୁଝୁଛି, ଆପେ ବୁଝିଲେ ହେଲା।

ନୋଟ ବିକଳିଙ୍କୁ ଦେଖିଲେ ଯେତିକି ଖୁସି ଲାଗେ ତା'ଠାରୁ ଅଧିକ ଦୁଃଖଲାଗେ ସେମାନେ କେଉଁ ମାନସିକ ସ୍ଥିତିରେ ଅଛନ୍ତି। ସେମାନେ ଏତେ ଖୁସି ଯେ, ସତେ ଅବା ତାଙ୍କ ହାତରେ ସରଗଶଶୀ ଖସିବ ବୋଲି ଆସୁଛି। ସତେ ଅବା ବହୁଦିନର ସ୍ୱପ୍ନ କଢ଼ି ଧରିବାକୁ ଯାଉଛି ଇତ୍ୟାଦି ଇତ୍ୟାଦି। ଦବାଲୋକ କେତେ ଖୁସି ତାହା ଅଲଗା କଥା ମାତ୍ର ନବା ଲୋକର ଖୁସି ଦେଖି ଦବା ଲୋକ ଖୁସି ହେବାକୁ ବାଧ୍ୟ ହୁଏ, କାରଣ କେରାଣ୍ଡି ଗୁନ୍ଥା ହେଲା, ବାଲିଆ ମାଛ ବନିସୀରେ ପଡ଼ିବ ବୋଲି।

ଆଉ ମଝିରେ ଥିବା ଲୋକଟି ହାତ କେତେ ଖୋଲିବ କେତେ ବନ୍ଦ କରିବ, ସେକଥା ଭାବୁଥାଏ, ଅଙ୍କ କଷୁଥାଏ, ଲାଭକ୍ଷତି ମାପୁଥାଏ, ତଥାପି ଦୀପ ତେଜୁଥାଏ।

ଏ ତ ଗଲା କେନାଲ, ସବ୍‌କେନାଲ ପୁଣି ଶସ୍ୟକ୍ଷେତ୍ରର କଥା। ବର୍ତ୍ତମାନ ଦେଖିବା କେନାଲର ଉତ୍ସର କଥା। କେତେ କବାଟ (ଗେଟ) କେଉଁଦିଗରୁ କେତେ ସମୟ ପାଇଁ ଖୋଲାହେବ, ତାହାର ଅଙ୍କକଷା ବଡ଼ ଜଟିଳ। ତଥାପି ଅଙ୍କକଷା ହୁଏ, ଭାଗଫଳ ପଡୁଥାଏ। ଜନ ସମୁଦ୍ରରୁ ପାଣି ବାଷ୍ପରୂପେ ଆସି ଘନୀଭୂତହୋଇ ଜଳଭଣ୍ଡାର ଭରିଥାଏ। ପୁଣି ସେହି ଜଳ ଜନସମୁଦ୍ର ନିକଟକୁ ଯାଏ, ଖାଲି ଗେଟଖୋଲିବା କଥା। ନ୍ୟାୟଟି ଏହିପରି- "ନେଲେ ଯାହା, ଦେଲେ ତାହା, ମଝିରେ ଖାଲି ନେଲେ ନାଆଁ"। ଖାଲି ନାଆଁ ନୁହେଁ, ଯଶ, ପ୍ରଶଂସା ଓ କ୍ଷମତା ଇତ୍ୟାଦି ଇତ୍ୟାଦି ଆଉ କେତେ କଥା। ସଂକଳ୍ପ ଦେଶସେବାର, ବିକଳ୍ପ ଚଉକି ଚିନ୍ତାର। ଅବଶ୍ୟ ନେତୃତ୍ୱ ଭିତରେ ଦେଶପ୍ରେମୀ ବ୍ୟକ୍ତିତ୍ୱ ଯେ ନାହାନ୍ତି ଏପରି ନୁହେଁ, ସମସ୍ତେ ସମାନ ନୁହନ୍ତି, ପାଞ୍ଚ ଆଙ୍ଗୁଠି ତ ସମାନ ନୁହେଁ।

ଏପରି ନେତୃବର୍ଗ ଅଛନ୍ତି ଯେଉଁମାନେ ଦେଶକୁ ଏକଶକ୍ତି, ଏକ ସାମର୍ଥ୍ୟ ବୋଲି ବିଚାର କରନ୍ତି, 'ବହୁଜନ ସୁଖାୟ, ବହୁଜନ ହିତାୟ' ନୀତିକୁ ସେମାନେ ଗୁରୁତ୍ୱ ଦିଅନ୍ତି । ଅନ୍ତତଃ ପକ୍ଷେ ସେମାନେ ଦେଶପ୍ରେମୀ ସ୍ୱାମୀବିବେକାନନ୍ଦ, ଶ୍ରୀଅରବିନ୍ଦଙ୍କୁ ପଢ଼ିଛନ୍ତି ଓ ଜାଣିଛନ୍ତି । ସ୍ୱାମୀବିବେକାନନ୍ଦଙ୍କର ଦେଶାତ୍ମବୋଧ ଭିତ୍ତିକ ଓଜସ୍ୱିନୀବାଣୀକୁ ପଢ଼ିଛନ୍ତି ଓ ତାହାର ଗମ୍ଭୀରତାକୁ ଅନୁଭବ କରିଛନ୍ତି ଯିଏ କହୁଥିଲେ, "ସଦର୍ପରେ ଡାକି କହ, ମୁଁ ଭାରତବାସୀ, ଭାରତବାସୀ ମୋର ଭାଇ, ଦରିଦ୍ର ଭାରତବାସୀ ମୋର ଭାଇ, ଭାରତର ସମାଜ ମୋର ଶୈଶବର ଶିଶୁଶଯ୍ୟା, ମୋର ଯୌବନର ଉପବନ, ମୋର ବାର୍ଦ୍ଧକ୍ୟର ବାରାଣସୀ । ଭାରତର ମୃତ୍ତିକା ମୋର ସ୍ୱର୍ଗ, ଭାରତର କଲ୍ୟାଣ ମୋର କଲ୍ୟାଣ" ।

ସେମାନେ ଶ୍ରୀଅରବିନ୍ଦଙ୍କୁ ପଢ଼ିଛନ୍ତି, ତାଙ୍କର ଅଗ୍ନିବର୍ଷୀ ବାଣୀର ମହତ୍ତ୍ୱକୁ ଉପଲବ୍ଧି କରିଛନ୍ତି । ସେଦିନ ନିଜର ଶବ୍ଦ ଶକ୍ତିରେ ବ୍ରିଟିଶ ସାମ୍ରାଜ୍ୟକୁ ଯିଏ ଥରାଇ ଦେଇଥିଲେ ସେଇ ଶ୍ରୀଅରବିନ୍ଦ କହିଥିଲେ- "ଭାରତ ବର୍ଷ ମାଟି, ଗୋଡ଼ି ଓ ପଥରରେ ଗଢ଼ା ଏକ ଜଡ଼ପିଣ୍ଡ ନୁହେଁ, ଏହା ଏକ ଜାଗ୍ରତ ଚେତନା । ଭାରତ ହିଁ ଜଗତର ଗୁରୁ, ପୃଥିବୀର ଭବିଷ୍ୟତ ରୂପରେଖ ଭାରତ ଉପରେ ନିର୍ଭର କରେ । ଭାରତ ଯଦି ସଂକଳ୍ପକରେ, ତେବେ ମାନବଜାତି ଆଜି ଯେଉଁ ସମସ୍ତସମସ୍ୟା ନେଇ ବିବ୍ରତ ହୋଇ ପଡ଼ିଛି, ସେସବୁର ଦେଇପାରେ ଏକ ଅବ୍ୟର୍ଥ ମୀମାଂସା । ଭାରତ ହିଁ ଜୀବନ୍ତ ଆତ୍ମା । ଭାରତ ହିଁ ଏକମାତ୍ର ଦେଶ ଯାହା ଶାନ୍ତି ଓ ସାମାଜିକ ଶୃଙ୍ଖଳା ସ୍ଥାପନରେ ପୃଥିବୀକୁ ନେତୃତ୍ୱ ଦେବ ।" ସେମାନେ ମଧ୍ୟ ପଢ଼ିଛନ୍ତି ଓ ଜାଣିଛନ୍ତି କେତେ ପ୍ରାତଃସ୍ମରଣୀୟ ଦେଶପ୍ରେମୀ ବ୍ୟକ୍ତିତ୍ୱଙ୍କୁ । ଖାଲି ଜାଣି ନାହାନ୍ତି ବା ପଢ଼ିନାହାନ୍ତି ଉଦବୁଦ୍ଧ ମଧ୍ୟ ହୋଇଛନ୍ତି ମହାମାନବ ମହାତ୍ମାଗାନ୍ଧି, ଜବାହରଲାଲନେହେରୁ, ଲାଲବାହାଦୂର ଶାସ୍ତ୍ରୀ, ସର୍ଦ୍ଦାର ବଲ୍ଲଭ ଭାଇ ପଟେଲ, ବାଲଗଙ୍ଗାଧର ତିଳକ, ବିପନଚନ୍ଦ୍ର ପାଲ, ଭଗତସିଂହ, ଶହୀଦଲକ୍ଷ୍ମଣ ନାୟକଙ୍କ ବ୍ୟକ୍ତିତ୍ୱ ଦ୍ୱାରା ।

ସେମାନେ ପଢ଼ିଛନ୍ତି ଜର୍ମାନ ମନୀଷି ମାକ୍ସମୁଲ୍ଲରଙ୍କୁ ଯିଏ କହିଥିଲେ, "ଯଦି ମୁଁ ନିଜକୁ ପଚାରେ ଆମେ ଇଉରୋପୀୟମାନେ ଯେଉଁମାନେ କି ପୂର୍ଣ୍ଣଭାବରେ ଗ୍ରୀକ୍ ଓ ରୋମାନ୍ ଚିନ୍ତାଧାରାରେ ବଢ଼ିଆସିଛୁ, ଆମର ଅନ୍ତର୍ଜୀବନକୁ ଆହୁରିପୂର୍ଣ୍ଣ, ଆହୁରି ସାର୍ବଜନୀନ ଓ ବାସ୍ତବରେ ମାନବିକ କରିବାକୁ ହେଲେ କେଉଁ ଦେଶର ସାହିତ୍ୟରୁ ଆମେ ଯଥାର୍ଥ ପ୍ରେରଣା ପାଇବୁ, ତେବେ ମୁଁ ନିର୍ଦ୍ଦେଶ କରିବି, ସେହି ଦେଶ ହେଉଛି ଭାରତବର୍ଷ ।" ସେମାନେ ପଢ଼ିଛନ୍ତି H.H. Wilson ଙ୍କୁ ଯିଏ କହିଥିଲେ, 'ଅମୃତଂ ମଧୁରଂ ସମ୍ୟକ୍ ସଂସ୍କୃତଂ ତତୋଽଧିକମ୍' । ପୁଣି ସେ କହିଲେ "ସଂସ୍କୃତ ଭାଷାର

ମାଧୁର୍ଯ୍ୟକୁ ଆମ୍ଭେମାନେ ବିଦେଶୀ ହୋଇ ମଧ୍ୟ ଆନନ୍ଦରେ ଉନ୍ମତ୍ତ ହୋଇ ଅନୁଭବ କରିଥାଉ।"

ସେମାନେ ପଢ଼ିଛନ୍ତି ଜର୍ମାନକବି ଗେଟେଙ୍କର କାଳିଦାସଙ୍କ 'ଅଭିଜ୍ଞାନ ଶାକୁନ୍ତଳମ୍' ପାଠ ପରେ ପ୍ରଦତ୍ତ ମତାମତକୁ। ଯାହାର ଅନୁବାଦ ଏହିପରି- "ବସନ୍ତର କୁସୁମ ଓ ଗ୍ରୀଷ୍ମର ଫଳ ଏକାବେଳକେ ମିଳିବ। ମନର ଆଉ କିଛି ରସାୟନ ଅଛି ଯାହା କି ସ୍ୱର୍ଗ ଓ ପୃଥିବୀ ଲୋକକୁ ଏକାକାର କରି ଦେଇଛି ? ସବୁ ଐଶ୍ୱର୍ଯ୍ୟକୁ ଯଦି ଚାହୁଁଛ, ତେବେ 'ଶକୁନ୍ତଳା' ପଢ଼।"

ସେମାନେ ନିଶ୍ଚୟ ପଢ଼ିଛନ୍ତି ଓ ଜାଣିଛନ୍ତି ଋଗ୍‌ବେଦର ଏହିମନ୍ତ୍ର "ସଂ ଗଛଧ୍ୱଂ ସଂ ବଦଧ୍ୱଂ ସଂବୋ ମନାଂସି ଜାନତାମ୍ / ଦେବାଭାଗଂଯଥାପୂର୍ବେ ସଂ ଜାନାନା ଉପାସତେ"। ଯାହାର ଅର୍ଥ ହେଉଛି ଆମେ ଏକତାବଦ୍ଧ ହେବା, ଏକ ସ୍ୱରରେ କହିବା, ଏକ ମନ ହେବା, ଦେବତାମାନେ ଯେପରି ନିଜନିଜ ପରିସୀମାରେ ସନ୍ତୁଷ୍ଟ ରହୁଥିଲେ, ସେପରି ଆମେ ସନ୍ତୁଷ୍ଟ ରହିବା।

ଏପରି ନେତୃବର୍ଗଙ୍କ ଦ୍ୱାରା ଅନ୍ୟନେତୃବର୍ଗ ତଥା ସମଗ୍ର ଦେଶବାସୀ ବହୁଳଭାବରେ ଉପକୃତ ହୁଅନ୍ତୁ, ଆଜି ଏତିକି ସଦିଚ୍ଛା ରଖିବା।

■

କୃତଜ୍ଞତାର ମର୍ମକଥା

କୃତଜ୍ଞତା ଏକ ଶବ୍ଦ ମାତ୍ର ନୁହେଁ, ଏକଭାବ, ଏକ ଗଭୀର ଅନୁଭବ । ଏହା ଅନ୍ୟ ପ୍ରାଣୀ ପାଖରେ ରହୁକି ନରହୁ ମଣିଷ ପାଖରେ ରହିବା ବାଞ୍ଛନୀୟ । କାରଣ ମଣିଷର ମନ ଅଛି ଏବଂ କୃତଜ୍ଞତା ବହୁ ଭାବରେ ମନ ସହିତ ସଂଯୁକ୍ତ ଓ ସଂପୃକ୍ତ । ଜୀବନର ଚଲାପଥରେ ଆଉ କାହାର ଅହେତୁକ ଶ୍ରଦ୍ଧା, ସାହାଯ୍ୟ ଓ ସହଯୋଗ ପାଇଲେ ମନରେ ଯେଉଁ ଭାବାନ୍ତର ଆସେ ତାହାର ଅଭିବ୍ୟକ୍ତି ହିଁ କୃତଜ୍ଞତା। କୃତଜ୍ଞତା ହିଁ ଗ୍ରହଣଶୀଳତାର ଅନୁପମ ଅଭିବ୍ୟକ୍ତି । ଏପରି ବ୍ୟକ୍ତି ଅଛନ୍ତି ଯେଉଁମାନେ ଅଯାଚିତ ସାହାଯ୍ୟ ଓ ଅହେତୁକ ସହଯୋଗ ଅଳ୍ପ ଟିକିଏ ପାଇଲେ ମଧ୍ୟ ବହୁ ପ୍ରକାରେ କୃତଜ୍ଞ ହୋଇଥାଆନ୍ତି । କୃତଜ୍ଞତା ସେମାନଙ୍କର ଅନ୍ତରରୁ ପ୍ରକଟିତ ସ୍ୱତଃସ୍ଫୁର୍ତ୍ତ ଭାବପ୍ରବାହ । ସେମାନଙ୍କୁ ଏଥିପାଇଁ ବତାଇବାକୁ ପଡ଼େ ନାହିଁ ଅଥବା ମହାବିଦ୍ୟାଳୟ/ ବିଶ୍ୱବିଦ୍ୟାଳୟକୁ ଯିବାକୁ ପଡ଼େ ନାହିଁ । ଡିଗ୍ରୀ, ଡିପ୍ଲୋମାର ଏହା ସହିତ କିଛି ସଂପର୍କ ନାହିଁ। ପୁଣି ଏପରି ଲୋକ ଅଛନ୍ତି ଯେଉଁମାନେ ଅନ୍ୟଠାରୁ ଉପକାର ପାଇଲେ ତାକୁ ସେମାନଙ୍କର ପ୍ରାପ୍ୟ ବୋଲି ବିଚାରିଥାନ୍ତି ଓ ଅଳ୍ପ ସମୟ ମଧ୍ୟରେ ଭୁଲି ଯାଇଥାନ୍ତି । ସେମାନେ ମନେମନେ ଅନ୍ୟମାନଙ୍କଠାରୁ ବଡ଼ ବୋଲି ନିଜକୁ ଭାବୁଥିବାରୁ ତାହା ଅନ୍ୟମାନଙ୍କର ତାଙ୍କ ପ୍ରତି ଅବଶ୍ୟ କର୍ତ୍ତବ୍ୟ ବୋଲି ବିଚାରି ଥାନ୍ତି । ପୁଣି କେତେକଲୋକ ଅଛନ୍ତି ଯେଉଁମାନେ ଅନ୍ୟର ସାହାଯ୍ୟ ଉପକାରକୁ କାକତାଳୀୟ ନ୍ୟାୟ ଅଥବା ଆକସ୍ମିକ ଯୋଗାଯୋଗ ତଥା ଏକ ଏକ ଘଟଣା ବୋଲି ବିଚାରି ଥାନ୍ତି । କୃତଜ୍ଞତା ତ ଦୂରର ଗ୍ରହଣ କରିବାର ସାମାନ୍ୟ ସ୍ୱୀକୃତିର ଚିହ୍ନ ମଧ୍ୟ ମନରେ ପ୍ରକଟିତ ହୁଏ ନାହିଁ, ମୁହଁରେ ପ୍ରକାଶ ପାଇବା ତ ଦୂରର କଥା ।

ଖାଣ୍ଟି ମଣିଷ ପୁଣି ଭଲ ମଣିଷକୁ ଚିହ୍ନିବାକୁ କୃତଜ୍ଞତା ଏକ ମାନଦଣ୍ଡ, ଏହା ବହୁ ଆଗରୁ ଚିହ୍ନିତ ହୋଇଛି । ମନେ ପଡୁଛି କବିବର ରାଧାନାଥଙ୍କ ରଚନାରୁ ପଦେ ଅଧେ -

'ମହତ ଜନଠାରେ କରୁଣାକଲେ / ସେ କରୁଣା ନଯାଏ କେବେ ବିଫଳେ।
ଆଶୁ ସୁଫଳ ଜାତ ନିଶ୍ଚେ ହୁଅଇ / ପୁଣି କରୁଣା ପ୍ରଭା ପ୍ରତିଫଳଇ ।'

ଏଠାରେ ଯେଉଁ ସହଯୋଗ, ସହାନୁଭୂତି ଓ ସାହାଯ୍ୟର କଥା କୁହାଯାଇଛି ତାହା କାର୍ଯ୍ୟଘେନା ପ୍ରୀତିର ଅନ୍ତର୍ଭୁକ୍ତ ନୁହେଁ । କାର୍ଯ୍ୟଘେନା ପ୍ରୀତିର ମୂଳ ଉପାଦାନ ହେଉଛି ସ୍ୱାର୍ଥ ହାସଲର ଅନ୍ତଃ ସଳିଳା ଫଲ୍‌ଗୁ ଧାରାର ମନୋବୃତ୍ତି । ବଡ଼ ଅଫିସରଙ୍କ ପ୍ରତି ତଳତଳିଆ କର୍ମଚାରୀଙ୍କର ସହଯୋଗ ମନୋବୃତ୍ତି ଆଦୌ ଅହେତୁକ ନୁହେଁ ବରଂ ଇଚ୍ଛାକୃତ । ଏଥିରେ ଭକ୍ତି ଥିଲାପରି ଲାଗେ ମାତ୍ର ତାହା ଭକ୍ତି ନୁହେଁ, ତାହା ହେଉଛି ଭୟଜନିତ ଆତ୍ମରକ୍ଷାର ପ୍ରବୃତ୍ତି, ସ୍ୱାର୍ଥସିଦ୍ଧିର ମାଧ୍ୟମ ମାତ୍ର ।

ଆମର ସୃଷ୍ଟି, ସ୍ଥିତି ଓ ସମୃଦ୍ଧି ପାଇଁ ଯେଉଁମାନଙ୍କର ଓ ଯେଉଁ ଉପାଦାନ ସବୁର ଅବଦାନ ରହିଛି ସେମାନଙ୍କ ପ୍ରତି କୃତଜ୍ଞତା ଆମ ପାଇଁ ଏକାନ୍ତ ଜରୁରୀ, ଆମର ପରମ କର୍ତ୍ତବ୍ୟ । ପିତାମାତା ଆମକୁ ପୃଥିବୀକୁ ଆସିବାର ସୁଯୋଗ ଦେଇଛନ୍ତି, ଏଥି ସହିତ ଅସୀମ ଶ୍ରଦ୍ଧା, ଅଶେଷ ସ୍ନେହ ଅଜାଡ଼ି ଦେଇଛନ୍ତି । ଆମ ଓଠରେ ହସ ଟିକିଏ ଦେଖିବା ପାଇଁ କେତେ ଯତ୍ନ କରିଛନ୍ତି, ପରିଶ୍ରମ କରିଛନ୍ତି, ଦରକାର ପଡ଼ିଲେ ଧାର ଧାର ଅଶ୍ରୁ ନିଗାଡ଼ି ଦେଇଛନ୍ତି । ପାଇବାର ଆଶା କିଛି ନାହିଁ, କେବଳ ଦେବାର ଆନନ୍ଦ, ଆନନ୍ଦ ହିଁ ଆନନ୍ଦ । ନିଜ ବୟସ ଯିଏ ଗଣନ୍ତି ଆଉ ଆମ ବୟସ ଯିଏ ଗଣନ୍ତି ନାହିଁ ସେ ହେଉଛନ୍ତି ପିତାମାତା । ସେମାନଙ୍କ ପ୍ରତି ଆମର କୃତଜ୍ଞତା କିପରି ଓ କେତେ ତାହା ପାଠର ବିଷୟ ନୁହେଁ, ଆଲୋଚନାର ବିଷୟ ନୁହେଁ, ଅନୁଭବର ବିଷୟ, କେବଳ ଅନୁଭବର ବିଷୟ ।

ଭଗବାନଙ୍କ ପାଇଁ କୃତଜ୍ଞତା ଜଣାଇବା ନିମନ୍ତେ ପୃଥିବୀର ସମସ୍ତ ଭାଷା ଅକୁଳାଣ ହେବେ । ଆମର ଟିକିଏ ଖୁସିରେ ଯିଏ ବହୁତ ଖୁସି ହୁଅନ୍ତି ସେ ହେଉଛନ୍ତି ଭଗବାନ । ଆମ ମୁହଁ ଶୁଖିଗଲେ ଯାହାର ଅନ୍ତର ବିଦୀର୍ଣ୍ଣ ହୋଇଯାଏ, ସେ ହେଉଛନ୍ତି ଭଗବାନ । ସେ ଆମ ଭିତରେ ଅଛନ୍ତି, ଆମ ବାହାରେ ଅଛନ୍ତି, ଆମକୁ ଧରି ରଖିଛନ୍ତି । ସେ ମାଟି ରୂପରେ ଆମକୁ ଧାରଣ କରି ରଖିଛନ୍ତି, ପାଣି ହୋଇ ଆମକୁ ବଞ୍ଚାଇଛନ୍ତି, ଆମ ନିଃଶ୍ୱାସ ପ୍ରଶ୍ୱାସରେ ପବନ ହୋଇ ପ୍ରବାହିତ ହେଉଛନ୍ତି, ଆଖିରେ ଜ୍ୟୋତି ହୋଇ ଆମକୁ ସବୁ କିଛିକୁ ଦୃଶ୍ୟମାନ କରାଉଛନ୍ତି । ପୁରୁଷର ଶକ୍ତିରେ ସେ, କୁମାରୀର ଲାଜରେ ସେ, ଶିଶୁର ହସରେ ସିଏ, ମାଟିର ପବିତ୍ର ଗନ୍ଧ ସେ, ସୂର୍ଯ୍ୟରେ ଆଲୋକ ସିଏ, ପବନର ଝଙ୍କାର ସିଏ, ବେଦର ଓଁକାର ସିଏ, ନିରାଶାରେ ଆଶା ସିଏ, ଅଗ୍ନିର ଉତ୍ତାପ ସିଏ, ବରଫର ଶୀତଳତା ସିଏ । ଆମେ ଆସିବା ଆଗରୁ ଅର୍ଥାତ ଆମ ପ୍ରଥମ ବଂଶଧର ଆସିବାର ବହୁ ଆଗରୁ ଆମ ବଞ୍ଚିବା ଓ ବଢ଼ିବା ପାଇଁ ମାଟି, ପାଣି, ପବନ,

ଆଲୋକ ଓ ତେଜ ଯିଏ ଖଞ୍ଜି ଦେଇଛନ୍ତି ସେ ହେଉଛନ୍ତି ଭଗବାନ । ଗୋଟିଏ ପ୍ରଣାମ ନୁହେଁ, କୋଟିଏ ପ୍ରଣାମ ମଧ୍ୟ ନଅଣ୍ଟ ହେବ ତାଙ୍କୁ କୃତଜ୍ଞତା ଜଣାଇବା ପାଇଁ । ତାଙ୍କ ପାଇଁ ପୂଜାର ସାମଗ୍ରୀ ଗଙ୍ଗାବାରି ନୁହେଁ ନୟନର ଅଶ୍ରୁ । ତାଙ୍କ ଉପରେ ଅତୁଟ ଭରସା ହିଁ ତାଙ୍କ ପ୍ରତି କୃତଜ୍ଞତାର ଅନ୍ୟ ରୂପ । କୃତଜ୍ଞତାରେ ଭାବ ଓ ଭାବରେ କୃତଜ୍ଞତା ହିଁ ତାଙ୍କର ପ୍ରାପ୍ୟ ।

ଅତଏବ ମାଟି, ପାଣି, ପବନ, ଆଲୋକ କେହି ମାତ୍ର ଜଡ଼ ଭୌତିକ ଉପାଦାନ ନୁହନ୍ତି, ପ୍ରତ୍ୟେକ ଏକ ଏକ ଚିନ୍ମୟ ଉପାଦାନ । ସବୁ ଭିତରେ ରହିଛି ଅମାପ ସାମର୍ଥ୍ୟ, ଅଶେଷ ଜୀବନୀଶକ୍ତି । ସେହି ଜୀବନୀଶକ୍ତି ଏସବୁକୁ ସରସ, ସୁନ୍ଦର ଓ ପ୍ରାଣବନ୍ତ କରି ରଖିଛି । ଏମାନଙ୍କ ଅବଦାନ ଅସୀମ । ଏମାନଙ୍କ ପାଇଁ କୃତଜ୍ଞତା ହିଁ ମାନବିକତାର ଅସଲ ସ୍ୱରୂପ ।

ପିତାମାତାଙ୍କଠାରୁ ଆରମ୍ଭ କରି ବନ୍ଧୁବାନ୍ଧବ ସାଇ ପଡ଼ିଶା ପର୍ଯ୍ୟନ୍ତ ଯେଉଁମାନଙ୍କ ଠାରୁ ଆମେ ଶ୍ରଦ୍ଧା, ସ୍ନେହ, ଅତ୍ମୀୟତା, ଆନ୍ତରିକତା ପାଇଛୁ ତାକୁ ସ୍ୱୀକୃତି ସହ ସମ୍ମାନ ଜଣାଇବାରେ ଜୀବନର ସାର୍ଥକତା ନିହିତ । କୃତଜ୍ଞତା ସଂପର୍କରେ ଉପଦେଶ ଦେବା ନୁହେଁ ବରଂ ଉଦାହରଣ ହେବା ଆବଶ୍ୟକ । ଆମେ ଆମ ପିତାମାତାଙ୍କ ପ୍ରତି କୃତଜ୍ଞତା ପ୍ରକାଶ କଲେ ଆମ ପିଲାମାନେ ଆମ ପ୍ରତି କୃତଜ୍ଞତା ପ୍ରକାଶ କରିବେ । କୃତଜ୍ଞତା କାହାକୁ ସାନ କରିଦିଏ ନାହିଁ, ମହତ କରିଦିଏ । ଆମକୁ ଶାନ୍ତ, ସହନଶୀଳ, ନମ୍ର, ଶୃଙ୍ଖଳିତ ସର୍ବୋପରି ପ୍ରଫୁଲ୍ଲିତ କରେ କୃତଜ୍ଞତା । ଦେଶ ପ୍ରତି କୃତଜ୍ଞତା ମାଧ୍ୟମରେ ବିଶ୍ୱ ପ୍ରତି କୃତଜ୍ଞତା ଆସିଲେ ଆମେ ବିଶ୍ୱ ନାଗରିକ ହୋଇପାରିବା । ସେତେବେଳେ ଆମେ ସମସ୍ତଙ୍କର ଓ ସମସ୍ତେ ଆମର ଅତି ଆପଣାର ହୋଇଯିବେ ।

ନାସ୍ତି ନୁହେଁ ଅସ୍ତି

ଆମ ଜୀବନରେ ଯେତେ କଥା ଅଛି, ତାହାର ଏକ ଅସ୍ତି ଦିଗ ରହିଛି, ପୁଣି ଏକ ନାସ୍ତି ଦିଗ ରହିଛି। ତା'ର କାରଣ ହେଉଛି ଦ୍ୱୈତତତ୍ତ୍ୱ ଦ୍ୱାରା ମଣିଷର ମନ ନିର୍ମିତ ହୋଇଛି। ଦୁଇଟି କଥା ଯଥା-ସୁଖ ଓ ଦୁଃଖ, ସୁବିଧା ଓ ଅସୁବିଧା, ଭଲ ଓ ମନ୍ଦ, ଲାଭ ଓ କ୍ଷତି, ଶାନ୍ତି ଓ ଅଶାନ୍ତି, ଜ୍ଞାନ ଓ ଅଜ୍ଞାନ ଏବଂ ଭୁଲ ଓ ଠିକ୍ ଇତ୍ୟାଦି ଇତ୍ୟାଦି କଥାକୁ ନେଇ ଜୀବନ ସଞ୍ଚାଳିତ ହେଉଛି।

ପ୍ରତ୍ୟେକ କଥାର ଭଲ ଦିଗ ଏବଂ ମନ୍ଦ ଦିଗ ରହିଛି। ଭଲ ଓ ମନ୍ଦ ଦିଗଟି ବ୍ୟବହାର ବିଧି ଉପରେ ନିର୍ଭର କରେ। ଉଦାହରଣ ସ୍ୱରୂପ ଧନର କଥା ଦେଖାଯାଉ। ବାସ୍ତବରେ ଧନ ଏକ ଶକ୍ତି। ଆମେ ବଞ୍ଚୁଥିବା ଜୀବନ ପାଇଁ ଏହା ଏକାନ୍ତ ଆବଶ୍ୟକ। ମାତ୍ର ଏହାର ଆଧିକ୍ୟ ଆମକୁ ଯେପରି ଅସୁବିଧାରେ ପକାଏ, ଏହାର ଅସଦ୍ ବ୍ୟବହାର ଆମକୁ ସେପରି ଅସୁବିଧାରେ ପକାଏ, ବାଟ ବାଉଳା କରେ। ଧନ ଅଧିକ ହେଲେ ଆହୁରି ଅଧିକ ଲୋଭ ବଢ଼େ, କାମନାର ଅଗ୍ନିଶିଖା ଅଧିକ ଉଚ୍ଚତାକୁ ଉଠେ। ନିଜକୁ ଅନ୍ୟଠାରୁ ବଡ଼ ବୋଲି ଭାବିବାକୁ ଇଚ୍ଛା ହୁଏ। କ୍ଷମତା ପାଇବାର ଲାଳସା ବଢ଼େ, ଅନ୍ୟମାନଙ୍କୁ ହୀନଦୃଷ୍ଟିରେ ଦେଖିବାକୁ ଇଚ୍ଛା ହୁଏ। ଅର୍ଥର ଅସଦ୍ ବ୍ୟବହାର ଦ୍ୱାରା ଅନ୍ୟର କ୍ଷତି ଚିନ୍ତା ଆସେ। ଅନ୍ୟକୁ ନିଜର ପଦାନତ କରି ରଖିବାକୁ ଇଚ୍ଛା ହୁଏ ଏବଂ ଯିଏ ହାତମୁଠାକୁ ନ ଆସିଲା ତାକୁ ଦଳିତଲାନ୍ତ କରିଦେବାକୁ ମନରେ ଚିନ୍ତା ଆସେ। ଏପରି ଲୋକ ନିଜେ ଶାନ୍ତି ପାଆନ୍ତି ନାହିଁ କି ଅନ୍ୟକୁ ଶାନ୍ତି ଦେଇପାରନ୍ତି ନାହିଁ। ଅବଶ୍ୟ ଏହା ଧନର ଦୋଷ ନୁହେଁ, ମନର ଦୋଷ। ଧନ ଆଦୌ କ୍ଷତିକାରକ ନୁହେଁ।

ଏହାର ଅପବ୍ୟବହାର କରିବା ହେଉଛି କ୍ଷତିକାରକ। ଧନ ସହିତ ଜ୍ଞାନ ଥିଲେ ଏପରି ଅବସ୍ଥା ଆସେ ନାହିଁ, ଜ୍ଞାନ ନ ଥିଲେ ଏପରି ଅବସ୍ଥା ସ୍ୱତଃ ଆସିଥାଏ।

କ୍ଷମତା ମଧ୍ୟ ଧନ ପରି ଏକ ବିଶିଷ୍ଟ ଉପାଦାନ। କ୍ଷମତା ବଳରେ ଜଣେ ଦେଶ

ଓ ଜାତିର ତଥା ଅନ୍ୟ ବ୍ୟକ୍ତିମାନଙ୍କର ଅନେକ କଲ୍ୟାଣ କରିପାରେ, ଉପକାର କରିପାରେ ମାତ୍ର କ୍ଷମତାର ଅପବ୍ୟବହାର ଦ୍ୱାରା ଦେଶ ଜାତି ତଥା ବ୍ୟକ୍ତିମାନଙ୍କର ଅଶେଷ କ୍ଷତି ଘଟାଇପାରେ। ଯଥାର୍ଥ ନେତୃତ୍ୱ ଓ ଦିଗଦର୍ଶନ ନିମନ୍ତେ କ୍ଷମତାର ସଦ୍‌ବ୍ୟବହାର ଅତ୍ୟନ୍ତ ଜରୁରୀ। ମାତ୍ର କ୍ଷମତା ସହିତ ଅହଂକାର ମିଶିଗଲେ ତାହା ପୂତିଗନ୍ଧମୟ ହୋଇଯାଏ, ଟୋପାଏ ବିଷରେ ଅମୃତହାଣ୍ଡି ବିଷାକ୍ତ ହୋଇଯାଏ।

ବର୍ତ୍ତମାନ ବିଦ୍ୟାର କଥା ଦେଖାଯାଉ। ବିଦ୍ୟା ଆଣେ ବିନୟ ଭାବ, ଏହା ଶାସ୍ତ୍ରମାନଙ୍କରେ କୁହାଯାଇଛି। ବିଦ୍ୟା ଯୋଗୁଁ ବ୍ୟକ୍ତିର ବ୍ୟକ୍ତିତ୍ୱ ଓ ମହତ୍ତ୍ୱ ବଢ଼େ। ବିଦ୍ୱାନ ବ୍ୟକ୍ତି ସର୍ବତ୍ର ପୂଜା ପାଏ, ଦେଶ ବିଦେଶରେ ସମ୍ମାନିତ ହୁଏ। ବିଦ୍ୟା ବଢ଼ାଏ ଚେତନା, ଜୀବନ ଓ ଜଗତ ସମ୍ବନ୍ଧରେ ଦିଏ ଯଥାର୍ଥ ଦୃଷ୍ଟିଭଙ୍ଗୀ। ବିଦ୍ୟାବଳରେ ଜଣେ ସମାଜକୁ ବେଶ୍ କିଛି ଭଲ କଥା ଦେବା ପାଇଁ ସମର୍ଥ ହୁଏ। ବିଦ୍ୟାର ସଦ୍‌ବ୍ୟବହାର ସମୃଦ୍ଧ କରେ ପରିବେଶକୁ। ପୁଣି ଏହି ବିଦ୍ୟା ହୁଏ କ୍ଷତିକାରକ ଯଦି ଏହାର ଅସଦ୍‌ବ୍ୟବହାର କରାଯାଏ। ଅସଦ୍ ବ୍ୟବହାର କରାଯାଏ ସେତେବେଳେ ଯେତେବେଳେ ଏହା ସହିତ ମିଶିଯାଏ ଗର୍ବ, ଅହଂକାର, ଔଦ୍ଧତ୍ୟ ଓ ଆତ୍ମମ୍ଭରିତା। ସୁନ୍ଦର ସଜଫୁଲଟି କୀଟକଟା ହୋଇ ଅସୁନ୍ଦର ହୋଇଯାଏ।

ବୁଦ୍ଧି କ୍ଷେତ୍ରରେ ମଧ୍ୟ କଥାଟି ସେହିପରି। ବୁଦ୍ଧି ବଳରେ ବୈଜ୍ଞାନିକ ଉଦ୍ଭାବନ ଓ ଆବିଷ୍କାର ଆଦି ଘଟିଥାଏ। ଅଜଣାକୁ ଜଣାଏ ବୁଦ୍ଧି, ଅଶୁଣାକୁ ଶୁଣାଏ ବୁଦ୍ଧି। ବୁଦ୍ଧିର ବିକାଶ ହିଁ ଆଜିର ଭୌତିକ ବ୍ୟବସ୍ଥା ମୂଳମନ୍ତ୍ର। ବୁଦ୍ଧିରୁ ଆସେ ଜିଜ୍ଞାସା, ଜିଜ୍ଞାସାରୁ କଳ୍ପନା, କଳ୍ପନାରୁ ବାସ୍ତବତା ଓ ବାସ୍ତବତାରୁ ସମୃଦ୍ଧି। ଏଇ ବୁଦ୍ଧି ମଣିଷକୁ ପକ୍ଷୀ ପରି ଆକାଶରେ ଉଡ଼ାଇ ପାରିଛି, ମାଛ ପରି ପାଣିରେ ବୁଡ଼ିବାର ସୁଯୋଗ ଦେଇଛି। ପୁଣି ସାରା ପୃଥିବୀକୁ ଗୋଟାଇ ଆଣି ମଣିଷର ହାତରେ ଭେଟି ଦେଇଛି। କମ୍ ସମୟରେ ବହୁ ଦୂରତ୍ୱକୁ ଅତିକ୍ରମ କରାଇ ଦେଇପାରୁଛି। ଦୂରରେ ଥିବା ଆତ୍ମୀୟମାନଙ୍କର ଦର୍ଶନ ଇଚ୍ଛା ମାତ୍ରକେ କରାଇ ପାରୁଛି। ଏ ତ ବୁଦ୍ଧିର ସକାରାତ୍ମକ ପ୍ରୟୋଗ, ଯାହା ବନ୍ଦନୀୟ ଓ ଅଭିନନ୍ଦନୀୟ। ଏହି ବୁଦ୍ଧିର ନକାରାତ୍ମକ ପ୍ରୟୋଗ ଫଳରେ ସୁଷମାର ନୀଳମଣି ତୋରଣ ଘଡ଼ିକରେ ଭାଙ୍ଗି ଧ୍ୱସ୍ତବିଧ୍ୱସ୍ତ ହୋଇଯାଉଛି। ପରମାଣୁ ବୋମା ଓ ଉଦ୍‌ଯାନ ବୋମାର ଆତଙ୍କ ପୃଥିବୀକୁ ଥରାଇ ଦେଉଛି। ଆତଙ୍କବାଦ ହୋଇଛି ଆଜିର ପୃଥିବୀ ପାଇଁ ବିରାଟ ଆତଙ୍କ। ଉଗ୍ରବାଦର କିଳିକିଳା ନାଦରେ ପାଣିପବନ ସ୍ତବ୍ଧ। ତଳେ ମେଳା ମଉଛବର ଯାନ୍ତ୍ରିକ କୋଳାହଳ, ଉପରେ ଆତଙ୍କବାଦୀର ଖଞ୍ଜା ଜୀବାଣୁ ବୋମା, ଟିଫିନ ବୋମା, ସମୟ ବୋମା ଆଉ ମଝିରେ ଅନିଶ୍ଚିତତାର ଆସନରେ ବସିଥିବା ଅସହାୟ ମଣିଷ। ସର୍ବନାଶରୁ ମୁକୁଳିବାର ବାଟ ଯଥାର୍ଥରେ ମିଳୁ ନାହିଁ ଯଦିବା ବହୁବାର

ପୃଥିବୀର ବିଭିନ୍ନ ଦେଶରେ ଏଇ ବାଟ ସମ୍ପର୍କରେ ଆଲୋଚନାମାନ ଅନୁଷ୍ଠିତ ହେଉଛି। ଆତଙ୍କବାଦର ମୁକାବିଲାଜନିତ ନିରାକରଣ ସମ୍ବନ୍ଧରେ ପ୍ରାୟ ସବୁଦେଶ ସମସ୍ୱରରେ ରାଜି ହେଉଛନ୍ତି ମାତ୍ର ଫଳ କିଛି ମିଳୁନାହିଁ। କେବଳ ଆତଙ୍କବାଦ ନୁହେଁ, ସାଧାରଣ ବାତାବରଣରୁ ମଧ୍ୟ କ୍ରୋଧ, ହିଂସ୍ରତା, ଉଗ୍ରତା, କଳହ, ଠକାମି, ଧର୍ଷଣ, ଲୁଣ୍ଠନ, ହତ୍ୟା ପ୍ରଭୃତି ବିଭୀଷିକା ଦୂର ହେଉନାହିଁ। ଦୂର ହେବା ତ ଦୂର କଥା, ବେଳକୁ ବେଳ ବଢୁଛି କହିଲେ ଅତ୍ୟୁକ୍ତି ହେବ ନାହିଁ।

ଯଶ ଓ ପ୍ରଶଂସାର କଥା ସେହିପରି। ଯଶ ପ୍ରଶଂସାର ଅସଲ ମହତ୍ତ୍ୱ ହେଉଛି ଅନ୍ୟମାନଙ୍କର ସଶ୍ରଦ୍ଧ ସ୍ୱୀକୃତି। ଏହା ବ୍ୟକ୍ତିକୁ ଆଦର୍ଶ ସ୍ଥାନୀୟ କରିଥାଏ। ଯଶ ପ୍ରଶଂସାର ମୁକୁଟ ପିନ୍ଧିଲେ ଆଉ ଭୁଲ୍ କାର୍ଯ୍ୟ କରିବାକୁ ମନ ବଳେ ନାହିଁ। ଅନ୍ୟପକ୍ଷରେ ଜଣେ ଯଦି ସକାରାତ୍ମକ ନ ହୋଇ ନକାରାତ୍ମକ ହୁଏ ଅର୍ଥାତ ଗର୍ବୀ ଅହଂକାରୀ ହୋଇ ନିଜକୁ ଅନ୍ୟମାନଙ୍କଠାରୁ ସ୍ୱତନ୍ତ୍ର ବୋଲି ବିଚାରେ, ତେବେ ସେ ବାସ୍ତବରେ ବଡ଼ ନ ହୋଇ ଛୋଟ ହୋଇଯାଏ। ନିଜ ଆସନରୁ ସେ ନିଜେ ଖସି ପଡ଼େ। ଏ କଥାରେ ଯଶ ପ୍ରଶଂସାର ଦୋଷ ନ ଥାଏ, ଥାଏ ଅହଂକାରର ଦୋଷ।

ଜୀବନରେ ଦୁଃଖର କଥା ବିଚାରକୁ ନିଆଯାଉ। ଦୁଃଖ ପ୍ରତ୍ୟେକଙ୍କ ଜୀବନରେ ଅଛି। କୌଣସି ନା କୌଣସି ପ୍ରକାରେ ଦୁଃଖ ଭୋଗି ନ ଥିବା ଲୋକ ଏଇ ପୃଥିବୀରେ ନାହାନ୍ତି। ତଫାତ ଏତିକି ଯେ ଅନ୍ୟ କାହାର ଦୁଃଖର ସୀମା ଓ ଗଭୀରତା ଆମେ ଜାଣିନଥାଉ। ନିଜ ଦୁଃଖ ଯେ ସମସ୍ତଙ୍କଠାରୁ ଅଧିକ, ଏକଥା ଆମେ ଭାବିଥାଉ। ଦୁଃଖ ପ୍ରକୃତରେ ଦିଏ ଶକ୍ତି ଓ ସାହସ ଆଗକୁ ଯିବା ପାଇଁ। ଦୁଃଖ ବଢ଼ାଏ ସହନଶକ୍ତି, ନିଜର ପରିସ୍ଥିତିକୁ ମୁକାବିଲା କରିବା ପାଇଁ ଦିଏ ମନରେ ବଳ। ତେବେ କେତେ ଲୋକଙ୍କୁ ଦୁଃଖ ଭାଙ୍ଗି ଦିଏ ଏବଂ ଆଉ କେତେକ ଲୋକ ଦୁଃଖକୁ ଭାଙ୍ଗି ଦିଅନ୍ତି। ଦୁଃଖକୁ ଭାଙ୍ଗି ଦେବା ବ୍ୟକ୍ତିମାନେ ହିଁ ଯଥାର୍ଥରେ ନିଦା ମଣିଷ। ସେମାନେ ଅନ୍ୟମାନଙ୍କ ଭିତରେ ଅନନ୍ୟ। ଦୁଃଖକୁ ଡରିଗଲେ ଦୁଃଖ ଡରାଏ, ମାତ୍ର ଦମ୍ଭର ସହିତ ସମ୍ମୁଖୀନ ହେଲେ ଦୁଃଖ ନଇଁଯାଏ ଏବଂ ଦେଇଯାଏ ବହୁ ଗଭୀର ଅନୁଭୂତି ଓ ବାସ୍ତବ ଅଭିଜ୍ଞତା। ସେଇ ଅନୁଭୂତି ଓ ଅଭିଜ୍ଞତା ବଳରେ ସେଇ ବ୍ୟକ୍ତିମାନେ ହୋଇଯାଆନ୍ତି ଚିନ୍ତାସିଦ୍ଧ ଓ କେତେକାଂଶରେ ବାକ୍‌ସିଦ୍ଧ। ସେମାନଙ୍କ ଠାରୁ ଉପଦେଶ ଗ୍ରହଣୀୟ। ସେମାନଙ୍କୁ ଲୋକେ ଦୁଃଖୀ ବୋଲି କହିପାରନ୍ତି, ସେମାନେ ମଧ୍ୟ ବେଳେବେଳେ ନିଜକୁ ଦୁଃଖୀ ବୋଲି ଭାବିପାରନ୍ତି ମାତ୍ର ଦୁଃଖ ଓ ବିପଦର ଲହରୀକୁ ଭାଙ୍ଗି ଦେଇଥିବା ଲୋକମାନେ ଯେ ପ୍ରକୃତରେ ବୀର, ଏ କଥା କହିବାରେ କୁଣ୍ଠା ନ ରହିବା ଉଚିତ। ଏ କଥା ପ୍ରତିପାଦ୍ୟ ଯେ ପ୍ରତ୍ୟେକ କଥାର ଏକ ଆଲୋକିତ ଦିଗ ଅଛି, ପୁଣି ଏକ ଅନ୍ଧକାରାଚ୍ଛନ୍ନ

ଦିଗ ଅଛି । ଏ କଥା ସତ୍ୟ ଯେ ଯେଉଁ କଥା ପ୍ରାଣ ବଞ୍ଚାଏ, ସେହି କଥାର ଅପବ୍ୟବହାର ପ୍ରାଣ ନେଇଯାଇପାରେ । ଉଦାହରଣସ୍ୱରୂପ ଚିକିତ୍ସା ବିଜ୍ଞାନର କଥାକୁ ବିଚାର କରାଯାଉ । ଚିକିତ୍ସା ବିଜ୍ଞାନ କ୍ଷେତ୍ରରେ ବିଶେଷତଃ ଔଷଧ ପ୍ରୟୋଗ କ୍ଷେତ୍ରରେ, କଥାର ମହତ୍ତ୍ୱ ଅଧିକ ଅର୍ଥାତ୍ ଯେଉଁ ଔଷଧ ପ୍ରାଣ ରକ୍ଷା କରେ, ସେହି ଔଷଧର ଅପପ୍ରୟୋଗ ବା ଅଧିକ ପ୍ରୟୋଗ ଜୀବନ ହାନି ଘଟାଇଥାଏ । ବାହାର ଜଗତରେ ମଧ୍ୟ ଏପରି ଦୃଶ୍ୟ ଦେଖିବାକୁ ମିଳେ । ପାଣି ନ ହେଲେ ପଦ୍ମଫୁଲ ଫୁଟେ ନାହିଁ, ପୁଣି ସେହି ପାଣି ଅଧିକ ହେଲେ ପଦ୍ମବନ ସଢ଼ିଯାଏ । ସେହି ପାଣି ପୁଣି ଶିଶିର ଆକାରରେ ପଡ଼ି ପଦ୍ମଫୁଲକୁ ପୋଡ଼ିଦିଏ ।

ଅତଏବ ଜୀବନରେ ମିଳୁଥିବା ଓ ମିଳିଥିବା ବହୁ କଥା ତଥା ବହୁ ପରିସ୍ଥିତିର ଯଥାର୍ଥ ବ୍ୟବହାର କରି ଜାଣିଲେ ଚେତନା ବଢ଼େ, ବହୁ ଲାଭ ହୁଏ ଆଉ ବ୍ୟବହାର କରି ନ ଜାଣିଲେ ଚେତନା କମିଯାଏ ଓ ବହୁପ୍ରକାରେ କ୍ଷତି ହୁଏ । ଜୀବନର ସାରସତ୍ତା ଓ ସାର୍ଥକତା ହେଉଛି ଜୀବନର ଅଭିଜ୍ଞତା । ସବୁ କଥାର ସଦ୍‌ବ୍ୟବହାର ଫଳରେ ଯେଉଁ ଅନୁଭୂତି ଆସେ, ତାହା ଜୀବନକୁ ଧନ୍ୟ କରେ ଓ ପୂର୍ଣ୍ଣ କରେ । ସେପରି ଜୀବନ ହେଉଛି ଯଥାର୍ଥ ଜୀବନ ଯାହା ଦମ୍ଭ ଧରି ଛିଡ଼ା ହୋଇଥାଏ ଓ ଅନ୍ୟକୁ ଦମ୍ଭ ଦେବାକୁ ହାତ ବଢ଼ାଇଥାଏ । ସବୁ କଥାର ଅସ୍ତିଦିଗର ଆଲୋକରେ ସେ ଆଲୋକିତ ହୋଇଥାଏ ଏବଂ ବହୁ ବାଟବଣା ନାବିକଙ୍କ ପାଇଁ ବତିଘର ସଦୃଶ ହୋଇଥାଏ । ସେଇ ଜୀବନର ଜୟ ହେଉ ।

ସଙ୍କଟ ଓ ସମାଧାନ

ଆମେ ଭାରତୀୟମାନେ ଏକ ସଙ୍କଟରେ ପଡ଼ିଯାଇଛୁ। ଏହା ହେଉଛି ଚେତନାର ସଙ୍କଟ। ଏହି ସଙ୍କଟ ହେତୁ ଆମେ ଥୟ କରିପାରୁନାହୁଁ କେଉଁଟି ବଡ଼ ଓ କେଉଁଟି ସାନ। ଧନ ବଡ଼ ଅଥବା ମନ ବଡ଼, ବସ୍ତୁ ବଡ଼ ଅଥବା ଚେତନା ବଡ଼। ପୁଣି ବୁଦ୍ଧି ବଡ଼ ଅଥବା ଜ୍ଞାନ ବଡ଼। ଜ୍ଞାନ କହିଲେ ଆମେ ସୂଚନା ସଂଗ୍ରହ ବା ସମ୍ବାଦ ସଂଗ୍ରହକୁ ବୁଝିବା ନାହିଁ। ଏହା ଆଶିଂକ ଜ୍ଞାନ, ପୂର୍ଣ୍ଣଜ୍ଞାନ ହେଉଛି ଜଗତ ବିଷୟରେ ଜ୍ଞାନ ସହିତ ଜୀବନ ବିଷୟରେ ଜ୍ଞାନ ଯାହାକୁ ଆତ୍ମଜ୍ଞାନ ବୋଲି କୁହାଯାଇପାରିବ। ନିଜ ଭିତରର ଗଭୀରତମ ଗଭୀତାରେ ଥିବା ସତ୍ତା ସମ୍ବନ୍ଧରେ ଜ୍ଞାନ ମଧ୍ୟ ଏଥି ସହିତ ସମ୍ପର୍କିତ। ଦୁଇଟିଯାକ କଥା ଏକାଠି ରହିପାରୁନାହିଁ, ରହିପାରିବ ବୋଲି ମଧ୍ୟ ବିଶ୍ୱାସ କରିହେଉନାହିଁ।

ଏପରି ସଙ୍କଟ ଆଦୌ ବିସ୍ମୟକର ନୁହେଁ, କାରଣ ପ୍ରତ୍ୟେକ ବିବର୍ତ୍ତନର ମୋଡ଼ରେ ଏପରି ଏକ ସଙ୍କଟ ଆସେ। ତାହାର ସମାଧାନ କରାଯାଏ, ବିବର୍ତ୍ତନ ଧାରାରେ ଗତି ପୁଣି ପ୍ରଗତିରେ ପରିଣତ ହୁଏ। କେତେକେତେ ସଙ୍କଟର ବାଟ ଦେଇ ସେ ଦିନର ମଣିଷ ଆଜିର ମଣିଷରେ ରୂପାନ୍ତରିତ ହୋଇଛି। ଆଲୋଚ୍ୟ ସଙ୍କଟଟି ଅତ୍ୟନ୍ତ ଗୁରୁତ୍ୱପୂର୍ଣ୍ଣ, ମାତ୍ର ଭୟଙ୍କର ନୁହେଁ କାରଣ ଏହାର ସମାଧାନ ଅତ୍ୟନ୍ତ କଷ୍ଟକର ନୁହେଁ। ପ୍ରଚେଷ୍ଟା ଆଗରୁ ପ୍ରୟାସ ବା ଇଚ୍ଛାଟିଏ ଏକାନ୍ତ ଆବଶ୍ୟକ ହୋଇଥାଏ। ସେହିପରି ବସ୍ତୁ ଓ ଚେତନାର କଥା, ପୁଣି ସେହିପରି ବୁଦ୍ଧି ଓ ଜ୍ଞାନର କଥା ମଧ୍ୟ।

ଆଗରୁ ବସ୍ତୁ ଆମର ଏ ପୃଥିବୀରେ ଏତେ ନ ଥିଲା, ଆଜି ଯେତେ ପରିମାଣରେ ଅଛି। ଭାରତବର୍ଷରେ ମଧ୍ୟ ଏତେ ବସ୍ତୁ ନ ଥିଲା। ବସ୍ତୁ ସବୁ ହେଉଛି ବିଜ୍ଞାନ ଓ ବୈଜ୍ଞାନିକ କଳାକୌଶଳର ଅବଦାନ। ବସ୍ତୁ ସହିତ ବସ୍ତୁର ବ୍ୟବହାର ବିଧି ମିଶି ଏକ ଭିନ୍ନ ପରିବେଶ ସୃଷ୍ଟି ହୋଇଛି ସାରା ପୃଥିବୀରେ ତଥା ଭାରତବର୍ଷରେ।

ବୈଜ୍ଞାନିକ କୌଶଳରେ ନିର୍ମିତ ବସ୍ତୁମାନ ଆମର ବହୁ ଉପକାର କରୁଛନ୍ତି। ଆମର ସମୟ ବଞ୍ଚାଉଛନ୍ତି, ଶକ୍ତି ମଧ୍ୟ। ଜୀବନକୁ ଅପେକ୍ଷାକୃତ ସହଜ ସରଳ କରିଛନ୍ତି। ସାରା ବିଶ୍ୱର ଖବର ଆମ ପାଖରେ ନିମିଷିକେ ପହଞ୍ଚୁପାରୁଛି, ଆମ ଖବର ମଧ୍ୟ ଦୂରକୁ ଦୂରକୁ ବହୁ ଦୂରକୁ କ୍ଷଣକରେ ପ୍ରସାରିତ ହୋଇଯାଉଛି। ଆତ୍ମୀୟମାନଙ୍କର ଯିବା ଆସିବା, ପହଞ୍ଚିବା ଓ ରହିବାର ଉଦ୍‌ବେଗ୍ ସହଜରେ ଦୂର ହୋଇପାରୁଛି। ବସ୍ତୁ ଆମର ଶାରୀରିକ ଶ୍ରମକୁ ଲଘୁ କରୁଛି, ମାନସିକ ଉଦ୍‌ବେଗ ଦୂର କରୁଛି। ସୁଖ ଆଣି ଦେଉଛି। ଆମ ବାପ ଅଜା ନ ପହଞ୍ଚିଥିବା ସ୍ଥାନରେ ଆମକୁ ସହଜରେ ପହଞ୍ଚାଇ ଦେଉଛି, ସେମାନେ ଦେଖି ନ ଥିବା ସ୍ଥାନର ଦୃଶ୍ୟ ଆମକୁ ଦେଖାଇ ଦେଉଛି। ଆତ୍ମୀୟସ୍ୱଜନଙ୍କଠାରୁ ଦୂରରେ ରହି ମଧ୍ୟ ଅତି ନିକଟରେ ରହିବାର ମାନସିକ ଅନୁଭବ ଆଣି ଦେଉଛି। ରୋଷେଇ ସରଞ୍ଜାମଠାରୁ ଗମନାଗମନ, ସମ୍ବାଦ ସଂଗ୍ରହଠାରୁ ସମ୍ବାଦ ପ୍ରେରଣ ସବୁ କିଛିକୁ ସହଜ କରିଦେଇଛି ବିଜ୍ଞାନ। ଏଥିପାଇଁ ବିଜ୍ଞାନ ନିକଟରେ ଆମେ ଋଣୀ। ଏହା ପ୍ରତି କୃତଜ୍ଞତା ଜଣାଇବା ଆମର କର୍ତ୍ତବ୍ୟ। ଏହା ଆମ ନିକଟରେ ଅଭିନନ୍ଦନୀୟ। ମାତ୍ର ଏହାର ଅପବ୍ୟବହାର ସର୍ବଥା ନିନ୍ଦନୀୟ। ଉଦାହରଣସ୍ୱରୂପ ଯାନବାହାନ ଆମର ଦରକାର ମାତ୍ର ନିର୍ଦ୍ଧାରିତ ଗତିଠାରୁ ଦ୍ରୁତ ଗତିରେ ଯାଇ ନିଜର କ୍ଷତି ତଥା ଅନ୍ୟର ସର୍ବନାଶ କରିବା ଅତ୍ୟନ୍ତ ନିନ୍ଦନୀୟ କଥା। ସର୍ପିଳ ଗତିରେ ଯାନ ଚଳାଇ ନିଜର କ୍ଷତିଠାରୁ ଅନ୍ୟ ଅଧିକ କ୍ଷତି କରିବାର ଅଧିକାର ଆମର ଅଛି କି ? ଏ ପ୍ରଶ୍ନ ଆମ ନିଜକୁ ପଚାରିବାର ଅଛି। ଏହା ହିଁ ହେଉଛି ଅପସଂସ୍କୃତିର ଚିହ୍ନ, ସଂସ୍କାରର ଅଭାବ। ବୃଥା ଅହଂକାରର ଅଯଥା ପ୍ରଭାବ। ଆମେ ଯିବା ବୋଲି କ'ଣ ବାଟରେ ଆଉ କାହାକୁ ଚଳାଇ ଦେବାନାହିଁ ବା ଯାନରେ ଯିବାକୁ ଦେବା ନାହିଁ–ଏହା କ'ଣ ବିଜ୍ଞତା, ବୌଦ୍ଧିକତା ଅଥବା ବିଚାରଶୀଳତା। ଏଥିପାଇଁ କ'ଣ ବଡ଼ ବଡ଼ ଡିଗ୍ରୀ ନିହାତି ଦରକାର ? ବାସ୍ତବରେ ଏହା ହିଁ ଅନଧିକାରତ୍ୱର ଚିହ୍ନ, ଅଜ୍ଞାନତାର ପୂର୍ଣ୍ଣ ପରିଚୟ। ଆମ ନିଜ ପାଇଁ ସତର୍କତା ଯେପରି ଅତ୍ୟନ୍ତ ଜରୁରୀ, ଅନ୍ୟ ପ୍ରତି ସଚେତନତା ମଧ୍ୟ ସେପରି ଜରୁରୀ। ମନେପଡୁଛି ଶ୍ରୀ ଅରବିନ୍ଦ କହିଥିବା କଥାଟିଏ। କଥାଟି ଏହିପରି ଯେ ଧନ ବା ବସ୍ତୁ ଭୋଗ ପାଇଁ ଉଦ୍ଦିଷ୍ଟ ନୁହେଁ, ଆବଶ୍ୟକତାର ପୂରଣ ପାଇଁ ଅଭିପ୍ରେତ। ବସ୍ତୁର ସଦ୍‌ବ୍ୟବହାର ହିଁ ବିକାଶର ଲକ୍ଷଣ ଓ ସମୃଦ୍ଧିର ଅମୂଲ୍ୟନିଧି ସଦୃଶ। ଶ୍ରୀଅରବିନ୍ଦଙ୍କ ମତରେ "ଅର୍ଥଶକ୍ତି ଏବଂ ଏହା ଯେଉଁ ସବୁ ଉପାୟ ଓ ଉପକରଣ ଆଣିଦିଏ, ସେଥିରୁ ବୈରାଗୀ ପରି ସଙ୍କୋଚରେ ମୁଖ ଫେରାଇ ନିଅ ନାହିଁ, ଅନ୍ୟ ଦିଗରେ ପୁଣି ଏସବୁ ଉପରେ କୌଣସି ରାଜସିକ ଆସକ୍ତି ପୋଷଣ କରନାହିଁ ବା ଏହାର ଭୋଗରେ ନିଜକୁ ଛାଡ଼ି ଦେଇ ଏହାର ଏକାନ୍ତ ଦାସ ହୋଇପଡ଼ନାହିଁ।"

ବିଜ୍ଞାନର ଅପବ୍ୟବହାରକୁ ରୋକିବା ପାଇଁ ଆବଶ୍ୟକ ଟିକିଏ ଆତ୍ମବିଚାର, ଧରାକୁ ସରାଜ୍ଞାନ ନ କରି ଧରାଜ୍ଞାନ କରିବାର ମଣିଷପଣିଆ। ମଣିଷପଣିଆର ତାଲିମ ପାଇଁ କୌଣସି ଅନୁଷ୍ଠାନ ଥିବା କଥା ଏ ଲେଖକ ଜାଣିନାହିଁ ଅଥବା ମଣିଷପଣିଆର ମାପକାଠି ଭାବରେ କୌଣସି ପ୍ରମାଣପତ୍ର କେଉଁ ଅନୁଷ୍ଠାନରେ ପ୍ରଦତ୍ତ ହେବାର ଏ ଲେଖକକୁ ଗୋଚର ନାହିଁ। ଏହା ନିର୍ଭର କରେ ପରିବାରର ଶିକ୍ଷା, ସଂସ୍କାର ଓ ନିଜର ଆତ୍ମଅନୁଶୀଳନ ଉପରେ।

ବାଟ ବତେଇଦେବା ଓ ବାଟ ଚାଲିବା ଯେପରି ଏକା କଥା ନୁହେଁ, ପଢ଼ାଇଦେବା ଓ ପଢ଼ିବା ସେପରି ଏକା କଥା ନୁହେଁ। ବାଟ ଚାଲିବା ବା ପଢ଼ିବା ଆମ ଉପରେ ନିର୍ଭର କରେ। ବିଶେଷତଃ ଜୀବନ ପାଠ ପଢ଼ିବା ପାଇଁ ନିଜ ଭିତରୁ ଆଗ୍ରହ ସୃଷ୍ଟି ହେବା ଦରକାର।'

ଜୀବନ କେତେ ମୂଲ୍ୟବାନ, ତାହା କ'ଣ ମରୁ ଝରଣା ପରି ବାଲିରେ ଅଳ୍ପ ବାଟ ପରେ ଶୁଖିଯିବାକୁ ଆସିଛି ନା କୁଲୁକୁଲୁ ନାଦରେ ବହୁଦୂର ପର୍ଯ୍ୟନ୍ତ ବହିଯିବାକୁ ଆସିଛି, ତାହା ଆଗ ଭାବିବାର କଥା। ହିତାହିତ ଜ୍ଞାନ ହରାଇ ଦେବା ଅର୍ଥ ଭାବନା ଶକ୍ତିକୁ ହରାଇ ଦେବା। ଭାବନା ଶକ୍ତିକୁ ହରାଇ ଦେବା ଅର୍ଥ ସବୁ କିଛିକୁ ହରାଇଦେବା। କିଛି ଟଙ୍କା ହଜିଗଲେ ତାହା ହୁଏତ କେମିତି କେମିତି ପୂରଣ ହୋଇଯିବ, ମାତ୍ର ଭାବନା ଶକ୍ତି ହଜିଗଲେ ଯେଉଁ କ୍ଷତି ହେବ, ତାହା ଅପୂରଣୀୟ ହୋଇ ରହିଯିବ। ଭାବନା ଶକ୍ତି ବା ଭାବିବାର ଶକ୍ତି ହିଁ ଆମକୁ ମଣିଷ ପଦବାଚ୍ୟ କରିଛି। ମନ ହିଁ ଭାବିବାର ସ୍ଥାନ, ମନନ ହିଁ ଚେତନାର ସିଂହାସନ। ସଦ୍‌ଭାବନା ହେଉଛି ଶୁଦ୍ଧ ମନର ନିର୍ମଳ ଅଭିବ୍ୟକ୍ତି ଓ ନିରପେକ୍ଷ ନିଷ୍ପତ୍ତି।

ଅତଏବ ଆମେ ସମୟୋପଯୋଗୀ ହେବା। ଆମକୁ ବହୁ କଥା ଯାହା ପରସ୍ପରର ବିପରୀତ ଧର୍ମୀ ପରି ମନେ ହେଉଛନ୍ତି, ସେସବୁକୁ ମିଶାଇବାକୁ ପଡ଼ିବ। ଏଇ ଯେପରି ବୌଦ୍ଧିକତା ଓ ହୃଦୟବତ୍ତା, ଧନ ଓ ମନ, ବୁଦ୍ଧି ଓ ଜ୍ଞାନ, ଭାବ ଓ ଭାବନା, ମନ ଓ ମନନର ସମନ୍ୱୟ ଘଟାଇବାକୁ ପଡ଼ିବ। ନ ହେଲେ ଜୀବନ ଏକପାଖିଆ ହୋଇଯିବ, ପୂର୍ଣ୍ଣ ହୋଇପାରିବ ନାହିଁ। ବ୍ୟକ୍ତି ଜୀବନ ପୂର୍ଣ୍ଣ ନ ହେଲେ ବିଶ୍ୱ ଜୀବନ ପୂର୍ଣ୍ଣ ହେବ ନାହିଁ, ଅପୂର୍ଣ୍ଣ ହୋଇ ରହିଯିବ। ଅତଏବ ବିଶ୍ୱଜୀବନର ପୂର୍ଣ୍ଣତା ନିର୍ଭର କରେ ଆମ ଜୀବନର ପୂର୍ଣ୍ଣତା ଉପରେ। ଆମେ ବିଶ୍ୱର ପ୍ରତିନିଧି, ଆମ ଜୀବନ ହେଉଛି ବିଶ୍ୱ ଜୀବନର ଏକକ। ଏହି ପୂର୍ଣ୍ଣତା ନିର୍ଭର କରେ ଆମର ମାନସିକତା ଉପରେ ଅର୍ଥାତ୍ ସମନ୍ୱୟର ମାନସିକତା ଉପରେ। ସ୍ୱାମୀ ବିବେକାନନ୍ଦ କହୁଥିଲେ, "ଗୋଟିଏ ବ୍ୟକ୍ତିର ବୌଦ୍ଧିକତା କେବଳ ଯଥେଷ୍ଟ ନୁହେଁ, ଏହା ସହିତ

ହୃଦୟବତ୍ତାର ମିଶ୍ରଣ ଏକାନ୍ତ ଆବଶ୍ୟକ ଯାହାଦ୍ୱାରା ବ୍ୟକ୍ତିର ପୂର୍ଣ୍ଣତା ସମ୍ଭବ ହୋଇଥାଏ।"

ଅତଏବ ସମୟକୁ ନିନ୍ଦା ନ କରି, ନିଜର ମନ୍ଦଗୁଣକୁ ନିନ୍ଦା କରିବାର ସମୟ ଆସିଛି। ବିବର୍ତ୍ତନକୁ ବିରୋଧ ନ କରି ଆଗେଇ ନେବାରେ ସହାୟକ ହେବାର ସମୟ ଆସିଛି। ନିଜ ପ୍ରତି ସତର୍କ ରହି ଅନ୍ୟ ପ୍ରତି ସଚେତନ ହେବାର ସମୟ ଆସିଛି। ବାହାରେ ବାହାରେ ଭ୍ରମିବା ସହିତ ଭିତରେ ଭିତରେ ସାମର୍ଥ୍ୟ ଅନୁସାରେ ଗମିବାର ସମୟ ଆସିଛି। ସଚ୍ଚା ଭାରତୀୟ ହେବାର ସମୟ ଆସିଛି ଯିଏକି ଜାତି ଧର୍ମ ବର୍ଣ୍ଣ ନିର୍ବିଶେଷରେ ସମସ୍ତଙ୍କୁ ଆପଣାର କରିପାରେ ଓ ସମସ୍ତଙ୍କର ଆପଣାର ହୋଇପାରେ। 'ମୁଁ ନୁହେଁ ଆମେ' ବୋଲି କହିବାର ସମୟ ଆସିଛି। ପ୍ରାଚ୍ୟ ଓ ପାଶ୍ଚାତ୍ୟର ଚେତନାର ସମନ୍ୱୟର ସମୟ ଆସିଛି। ଫଳତଃ ଏକ ବିଶ୍ୱ ସଂସ୍କୃତିର ବିକାଶର ସମୟ ଆସିଛି। ଏହି ସମୟର ସଦ୍‌ବ୍ୟବହାର ଆମେ କରିବା କି ନାହିଁ, ଯଦି କରିବା କିପରି କରିବା ତାହା ବିଚାର କରିବାର ବେଳ ଆସିଛି।

ଚିନ୍ତାମୁକ୍ତ ହେବା କିପରି ?

ରାତି ଅଧରେ ନିଦ ଭାଙ୍ଗିଗଲେ କାହୁଁ କେତେ ଚିନ୍ତା ଧସେଇ ପଶିଆସନ୍ତି । ମୁଣ୍ଡ ଭିତରେ ଏମିତି କୋଳାହଳ ସୃଷ୍ଟି କରନ୍ତି ଯେ, ସେ କୋଳାହଳରେ ମୁଣ୍ଡ ଓ ମନ ଭାରି ହୋଇଯାଏ । ଦୁଷ୍ଚିନ୍ତାର ଅଡୁଆ ସୂତାକୁ ଏପଟୁ ଫିଟାଇଲେ ତାହା ସେ ପାଖରୁ ଗଣ୍ଠି ପଡ଼ିଯାଏ । ସେପଟୁ ଫିଟାଇଲେ ତାହା ଏପଟୁ ଗଣ୍ଠି ପଡ଼ିଯାଏ । ଗଣ୍ଠିପରେ ଗଣ୍ଠି ପଡ଼ିଯାଉଥାଏ, ଚାହିଁଚାହିଁ ବେଳଯାଏ, କାଉରାବେ, ମେଲା ଆଖିରେ ରାତିପାହେ । ଦିନସାରା କ'ଣ ନା କ'ଣ କାର୍ଯ୍ୟରେ ସମୟ ଯାଏ ଆଉ ରାତିରେ ସବୁଯାକ ଚିନ୍ତା କାହୁଁ କାହୁଁ ମାଡ଼ି ଆସେ ।

କଥାଟିକୁ ଟିକିଏ ତଳେଇ ଦେଖିବା । ସୂତାରେ ଗଣ୍ଠି ପଡ଼ିଗଲେ ତାହା ଆଉ ସରଳ ହୋଇ ରହେ ନାହିଁ, ଜଟିଳ ହୋଇଯାଏ । ଘଟଣା ଟିକିଏ ଅସଜଡ଼ା ହୋଇଗଲେ କଥା ଜଟିଳତା ଆସେ । ତେବେ ଅନ୍ତଃଦ୍ୱନ୍ଦ୍ୱର ଆକ୍ରମଣ ଅଧିକ କଷ୍ଟଦାୟକ ହୋଇଥାଏ । ସେତେବେଳେ ମାନସିକତାରେ ଆଗକୁ ଯାଇ ହୁଏ ନାହିଁ କିମ୍ବା ପଛକୁ ଫେରିହୁଏ ନାହିଁ । ନିଜର ସ୍ଥିତିରେ ସ୍ୱାଭାବିକ ଭାବରେ ମଧ୍ୟ ରହିହୁଏ ନାହିଁ । ଖାଣ୍ଟି ଓଡ଼ିଆରେ ଯାହାକୁ କୁହାଯାଏ "ଗାଈ କି ମାଇଲେ ମଲି, ଗାଈ ମାଇଲେ ମଲି" । ସେପରି ଅବସ୍ଥାରେ ପଡ଼ିଲେ ମାନସିକ ଯନ୍ତ୍ରଣା ବଢ଼ିବଢ଼ି ଚାଲେ, କମେ ନାହିଁ । ଏ ଯନ୍ତ୍ରଣା ମନକୁ ଆକ୍ରାନ୍ତ କରି ବିବ୍ରତ କରେ, ମନ ବାଟ ଦେଇ ଶରୀରକୁ ଆକ୍ରାନ୍ତ କରି ରୋଗଗ୍ରସ୍ତ କରେ । ଅତ୍ୟଧିକ ଚିନ୍ତାଫଳରେ ରକ୍ତଚାପ ବଢ଼େ ଏବଂ ଅସୁସ୍ଥତା ଦେଖାଦିଏ । ରକ୍ତରେ ଶର୍କରା ଅଂଶ ବଢ଼ିବାର କେତେ କାରଣ ଭିତରୁ ଦୁଷ୍ଚିନ୍ତା ଗୋଟିଏ ବଡ଼ କାରଣ ବୋଲି ଜଣାଯାଏ । ଡାକ୍ତରୀ ପରୀକ୍ଷାର ରିପୋର୍ଟ ଅନୁସାରେ ପୃଥିବୀରେ ଭାରତବର୍ଷରେ ଉଚ୍ଚରକ୍ତଚାପ ଓ ରକ୍ତ ଶର୍କରାର ପ୍ରାଦୁର୍ଭାବ ଅଧିକ ବୋଲି ଜଣାଯାଏ ।

କିପରି ମନରୁ ଦୁଷ୍ଚିନ୍ତା ଦୂର ହେବ, ଏ ପ୍ରଶ୍ନ ଜଣକର ନୁହେଁ ବହୁ ଲୋକଙ୍କର

ଅନ୍ତରକୁ ଆନ୍ଦୋଳିତ କରୁଛି । ଏ ପ୍ରଶ୍ନର ଉତ୍ତର ବର୍ତ୍ତମାନ ଖୋଜିବାକୁ ଚେଷ୍ଟା କରିବା, ଏ ସମସ୍ୟାର ସମାଧାନ କ'ଣ ହୋଇପାରେ ବର୍ତ୍ତମାନ ବିଚାର କରିବା ।

ସମସ୍ୟାଟିର ଯଥାର୍ଥ ସମାଧାନ ମନରେ ସମ୍ଭବ ହେଉ ନାହିଁ ଅର୍ଥାତ୍ ସମସ୍ୟାର ଜଟିଳତା, ଗମ୍ଭୀରତା ଓ ତୀବ୍ରତା ମନର ଶକ୍ତି ଓ ସାମର୍ଥ୍ୟଠାରୁ ବଳେଇ ଯାଉଛି । ଅନ୍ୟଭାବରେ କୁହାଯିବ ଯେ ସମସ୍ୟା ବଳେଇଯାଉଛି, ମନ ତାକୁ ପାରୁ ନାହିଁ । ମନ ହାରି ଯାଉଛି, ସମସ୍ୟା ଜିଣି ଯାଉଛି । ସେ କ୍ଷେତ୍ରରେ ସମସ୍ୟାଟିକୁ ବେଶୀ ଫେଣାଇବା ଉଚିତ ନୁହେଁ । ଯେତେ ଫେଣାଇଲେ ତାହା ସେତେ ବଢ଼ିଯାଏ, କମେ ନାହିଁ । ସେତେବେଳେ ସମସ୍ୟାଟିକୁ ନିଜ ଭିତରୁ କାଢ଼ି ଟିକିଏ ଦୂରରେ ରଖି ତାକୁ ଦୂରରୁ ଦେଖିବାକୁ ପଡ଼ିବ । ଏପରି ଦେଖିବାକୁ କୂଳରେ ଥାଇ ନଦୀକୁ ଦେଖିବାର ଧାରା ବୋଲି କୁହାଯାଏ । ନଈବଢ଼ି ପାଣିରେ ଭାସିଯିବା ନୁହେଁ କୂଳରେ ରହି ନଈବଢ଼ିକୁ ଦେଖିବା ହିଁ ଯଥାର୍ଥ ଦେଖିବା । ଅର୍ଥାତ ମନକୁ ଟିକିଏ ନୀରବ କରି ଘଟଣା ବା ସମସ୍ୟାର ବାସ୍ତବତାକୁ ଅନୁଭବ କରିବାକୁ ହେବ । ସମସ୍ୟାରେ ମଜ୍ଜିନଯାଇ ହଜିନଯାଇ ନିରପେକ୍ଷ ରହି କଥାଟିକୁ ବିଚାର କରିବାକୁ ପଡ଼ିବ । ସେତେବେଳେ ଯେଉଁ କଥାଟି ଅଧିକ ଯୁକ୍ତିଯୁକ୍ତ ବା ଯଥାଯଥ ଲାଗିବ, ସେହି କଥାଟିକୁ ନିଷ୍ପତ୍ତି ଭାବରେ ଗ୍ରହଣ କରିବାକୁ ହେବ । ଉଭୟ ପକ୍ଷରେ କିଛିକିଛି ସୁବିଧା ଓ ଅସୁବିଧା ରହିବ ହିଁ ରହିବ । ତେବେ ଯେଉଁ ଦିଗଟି ନିରପେକ୍ଷ ଭାବରେ ଅଧିକ ସୁବିଧା ଲାଗିବ, ତାକୁ ଗ୍ରହଣ କରିବାକୁ ପଡ଼ିବ । ସେଥି ନିମନ୍ତେ ଯେଉଁ ଅଳ୍ପ ଅସୁବିଧା ଭୋଗ କରିବାକୁ ପଡ଼ିବ ସେ ଦିଗରେ ବିବ୍ରତ ହେବାକୁ ପଡ଼ିବ ନାହିଁ । ଆଗକୁ ପଛକୁ ଆଉ ବିଶେଷ ନହେବା ଭଲ ।

ଦୁଶ୍ଚିନ୍ତା ଆସେ ମନର ଭୟରୁ, କ୍ଷତି ଚିନ୍ତାରୁ । ମନକୁ ଭୟ ମୁକ୍ତ ନ କଲେ କ୍ଷତିଚିନ୍ତା ଯିବ ନାହିଁ । ଭୟରୁ ଆସେ ଅବସାଦ ଏବଂ ଅବସାଦରୁ ଆସେ କ୍ଳାନ୍ତି । କ୍ଳାନ୍ତିରୁ ଆସେ ବିରକ୍ତି ଇତ୍ୟାଦି ଇତ୍ୟାଦି । ଏଥିରୁ ମୁକ୍ତ ରହିବାକୁ ହେଲେ ମନର ବଳକୁ ବଢ଼ାଇବାକୁ ପଡ଼ିବ । ସଂସାରରେ ଯେତେ ବଳ ଅଛି, ସେଥିରୁ ମନୋବଳ ହେଉଛି ସବୁଠାରୁ ବଡ଼ । ତା'ର ଏତେ ଶକ୍ତି ଯେ ସେ ତା' ଯୋଗୁଁ ଦେହରେ ବଳ ଆସେ, ପ୍ରାଣରେ ଉତ୍ସାହ ଆସେ, ମନରେ ସାହସ ଆସେ । ମନୋବଳ ବଢ଼ାଇବାର ଦାୟିତ୍ୱ ନିଜର, ଆଉ କାହାର ନୁହେଁ । ଅନ୍ୟମାନେ ଏ ଦିଗରେ ସହଯୋଗ କରିପାରନ୍ତି ବା ନକରିପାରନ୍ତି । ସହଯୋଗ ମିଳିଲେ ଭଲ, ନମିଳିଲେ ଦୁଃଖ ନ କରି ନିଜ ଭିତରୁ ବଳ ସଂଗ୍ରହ କରିବାକୁ ହେବ । ସତରେ ବଳ ବାହାରେ ନଥାଏ, ଭିତରେ ଥାଏ, ଏକଥା ଭଲ କରି ବୁଝିବାକୁ ହେବ । ମନୋବଳ ପାଖରେ ହାରିଯାଏ ଧନବଳ,

କ୍ଷମତାର ବଳ ପୁଣି ମାଂସପେଶୀର ବଳ । ମନୋବଳରେ ଥରିଯାଏ ପରିବେଶ, ଭରିଯାଏ ଦିବ୍ୟଶକ୍ତି, ଶତ୍ରୁ ହାତରୁ ଅସ୍ତ୍ର ଖସିପଡ଼େ । ବିପଦ, ଦୁଃଖ, ଦୁଶ୍ଚିନ୍ତା ଡରିଯାଏ ମନୋବଳକୁ । ହାରିଯାଏ ସମସ୍ତ ପ୍ରକାର ବିରୋଧିଶକ୍ତି ମନୋବଳ ଆଗରେ । ମନୋବଳ ନିଜ ଭିତରେ ରହିଛି, ତାହାକୁ କାଢ଼ି ବ୍ୟବହାର କରିବାକୁ ପଡ଼ିବ । ସଂଗ୍ରାମରେ ଧୈର୍ଯ୍ୟଦିଏ ମନୋବଳ, ସାହସ ଦିଏ ମନୋବଳ । ଯୁଦ୍ଧକ୍ଷେତ୍ରରେ ଦମ୍ଭ ଧରି ଠିଆ ହେବାକୁ ପାଦରେ ଶକ୍ତିଦିଏ ମନୋବଳ । ଏଇ ମନୋବଳ ମାଧ୍ୟମରେ ବିପଦର ଲହଡ଼ି ଭାଙ୍ଗି ଆଗକୁ ଯିବାକୁ ହୁଏ ।

ଆଉ ଗୋଟିଏ ବାଟ ହେଉଛି ମନକୁ ହାଲକା ରଖିବା । ହାଲକା ରଖିବା ପାଇଁ ମନକୁ ଖାଲି କରିବାକୁ ହେବ । ଏଥିପାଇଁ ଏକ ପଦ୍ଧତି ଅଛି । ପଦ୍ଧତିଟି ହେଉଛି ଦୁଶ୍ଚିନ୍ତା ଆସିଲେ ତାକୁ କାଢ଼ି ଫୋପାଡ଼ି ଦେବା, ସେଥିରେ ମନୋନିବେଶ ନ କରିବା । ମନରେ ପ୍ରଶ୍ନ ଆସିବ ଯେ ଏହା କ'ଣ ସମ୍ଭବ ? ଉତ୍ତରରେ କୁହାଯିବ ଯେ ଏହା ସମ୍ଭବ ହୋଇପାରେ ଯଦି ଅଭ୍ୟାସ କରାଯାଏ । ଆମ ଭିତରେ ଶକ୍ତି ରହିଛି ମନକୁ ଖାଲି କରିଦେବା ପାଇଁ । ସେହି ଶକ୍ତିକୁ ପ୍ରୟୋଗ କରିବାକୁ ହେବ । ଦୁଶ୍ଚିନ୍ତା ଆସିଲେ- 'ନା, ମୁଁ କିଛି ଭାବି ବି ନାହିଁ' କହିଲେ ଦୁଶ୍ଚିନ୍ତା ଅନ୍ତତଃ କିଛି ସମୟ ପାଇଁ ଆସିବ ନାହିଁ, ପୁଣି ଆସିବ କାରଣ ସେ ସହଜରେ ଛାଡ଼ିବ ନାହିଁ । ବାରମ୍ବାର ଆସିଲେ ତାକୁ ବାରମ୍ବାର ବାହାରକୁ ଫିଙ୍ଗି ଦେବାକୁ ହେବ । ଏହିପରି ଅଭ୍ୟାସ କଲେ ଗୋଟିଏ ସମୟ ଆସିବ, ଦୁଶ୍ଚିନ୍ତା ଆଉ ସେତେବେଳେ ଆଗଭଳି ଆକ୍ରାନ୍ତ କରିପାରିବ ନାହିଁ । ଏହି ପରିପ୍ରେକ୍ଷୀରେ ଶ୍ରୀମାଙ୍କର ଗୋଟିଏ କଥା ମନେପଡ଼େ । ସେ କହିଛନ୍ତି ଯେ ଗୋଟିଏ ବିରାଡ଼ି ଆସି ବାରମ୍ବାର ଗୋଡ଼ରେ ଘଷି ହେଲାବେଳେ ତାକୁ ଯଦି ଗ୍ରହଣ କରାନଯାଏ ଅଥବା ଉତ୍ସାହ ଦେଖାନଯାଏ ତେବେ ତା'ର ଘଷିହେବା କମିଯାଏ ।

ଆଉ ଏକ ବାଟ ହେଉଛି ଦୁଶ୍ଚିନ୍ତା ଆସିଲାବେଳେ ଦୁଶ୍ଚିନ୍ତା ଆଡ଼କୁ ମନ ନ ଦେଇ ନିଜର ଆଗ୍ରହ ଥିବା କାର୍ଯ୍ୟରେ ମନଦେବା । ଫଳରେ ଦୁଶ୍ଚିନ୍ତା ଆଉ ସ୍ଥାନ ପାଇବ ନାହିଁ ଓହ୍ଲାଇବା ପାଇଁ । ମନ ଶାନ୍ତ ରହିବ, କ୍ଷତାକ୍ତ ହେବ ନାହିଁ ।

ସର୍ବୋପରି ଯେଉଁ କଥାଟି ପ୍ରୟୋଜନ ତାହା ହେଉଛି ବିଶ୍ୱାସ । ଏ ବିଶ୍ୱାସ ହେଉଛି ଅଦୃଶ୍ୟଶକ୍ତି ଉପରେ ବିଶ୍ୱାସ, ଭଗବାନଙ୍କ ଉପରେ ବିଶ୍ୱାସ । ଜାତି, ଧର୍ମ, ବର୍ଣ୍ଣ ନିର୍ବିଶେଷରେ ଭଗବାନ ଏକ, ନାମ ତାଙ୍କର ଅନେକ । ଯେଉଁ ନାମରେ ଡାକିଲେ ମଧ୍ୟ ସେହି ଡାକ ଏକ ଭଗବାନଙ୍କ ନିକଟରେ ପହଞ୍ଚେ । ତାଙ୍କର ଶକ୍ତି ଅସୀମ, ତାଙ୍କର ଦୟା ଅନନ୍ତ । ସେ ହେଉଛନ୍ତି ପିତା, ମାତା, ଗୁରୁ, ଗୁରୁଜନ ସବୁକିଛି । ଦୁଃଖ ସେ ହରଣ କରି ନେଇପାରନ୍ତି ବୋଲି ନାମ ତାଙ୍କ ଦୁଃଖହାରୀ, ବିପଦବେଳେ

ବନ୍ଧୁ ଯଥାର୍ଥରେ ହୋଇପାରନ୍ତି ବୋଲି ନାମ ତାଙ୍କର ବପଦବନ୍ଧୁ । ତାଙ୍କୁ କହିଲେ ସେ ଶୁଣନ୍ତି, ଶକ୍ତି ମାଗିଲେ ସେ ଦିଅନ୍ତି । ଦୁଃଖ, ଦୁର୍ଦ୍ଦଶାରୁ ମୁକ୍ତ କରିଦିଅନ୍ତି । ସେ ଆମ ମୁହଁରେ ହସ ଦେଖିଲେ ଭାରି ଖୁସି ହୁଅନ୍ତି, ଆମ ମନରେ କଷ୍ଟ ହେଲେ ସେ ମର୍ମାହତ ହୁଅନ୍ତି । ବିବ୍ରତ ନହେବା ପାଇଁ ବାରମ୍ବାର ସେ କହନ୍ତି, ବିଷଣ୍ଣ ନହେବା ପାଇଁ କେତେ ଉପଦେଶ ଦିଅନ୍ତି । ଆମେ ଯେତେ ତାଙ୍କୁ ଭଲପାଉ, ସେ ଆମକୁ ତା'ଠାରୁ ଶହଶହ ଗୁଣରେ ଭଲପାଆନ୍ତି । ତାଙ୍କୁ ଦୁଃଖସୁଖ ଜଣାଇବା ଆମର କାମ । ଆଲୁଅକୁ ଅନ୍ଧାର ଡରିଲାପରି ଦୁଃଖ ଦୁଶ୍ଚିନ୍ତା ଭଗବାନଙ୍କୁ ଡରେ । ଭଗବାନଙ୍କ ଶରଣରେ ରହିଲେ ଦୁଃଖ ପାଖ ପଶିପାରେ ନାହିଁ । ଅଶାନ୍ତିରେ ଶାନ୍ତି ଦେଇପାରନ୍ତି କେବଳ ଭଗବାନ, ବିପଦରେ ସାନ୍ତ୍ୱନା ଓ ଧୈର୍ଯ୍ୟ ଦେଇପାରନ୍ତି କେବଳ ଭଗବାନ । ମନକୁ ଭଗବତ ଅଭିମୁଖୀ କରିବାକୁ ଅହଂକାର ବିରୋଧ କରେ । ସେହି ବିରୋଧକୁ ଦୂରେଇ ଦେବାକୁ ସଂକଳ୍ପ ଓ ଅଭ୍ୟାସର ଆବଶ୍ୟକତା ରହିଛି । ଅହଂକାର ନୁହେଁ ଆତ୍ମବିଶ୍ୱାସସହ ଭଗବତ ବିଶ୍ୱାସକୁ ମିଶାଇଲେ ତାହାର ପ୍ରଭାବରେ ପଥର ପରି ଆସିଥିବା ବିପଦ, ଦୁଃଖ ପତର ହୋଇ ଉଡ଼ିଯାଏ । ଅସମ୍ଭବ ଯେ ସମ୍ଭବ ହୋଇଯାଏ, ଏହା କଳ୍ପନାର କଥା ନୁହେଁ, ଏକ ଜୀବନ୍ତ ବାସ୍ତବତା ।

ପ୍ରଫେସର ଶରତ ଚନ୍ଦ୍ର ରଥଙ୍କ ପୁସ୍ତକ ସମ୍ଭାର

ପ୍ରବନ୍ଧ, ସମାଲୋଚନା

୧. ବଞ୍ଚିବାର କଳା
୨. ଜୀବନର ମୂଲ୍ୟ ଓ ମୂଲ୍ୟବୋଧ
୩. ରାଜକବି ଧନଞ୍ଜୟ ଭଂଜଙ୍କ କୃତି ଓ କୃତିତ୍ୱ
୪. ସମୀକ୍ଷା ସୌରଭ
୫. ସମୀକ୍ଷା ସ୍ତବକ
୬. ସାହିତ୍ୟ ଚିନ୍ତନ
୭. ଆମ ସଂସ୍କୃତି; ଆମ ଜୀବନ
୮. ସମୀକ୍ଷା ପ୍ରବାହ
୯. ସାମାନ୍ୟ ସୂଚନା
୧୦. ଶ୍ରୀଅରବିନ୍ଦଙ୍କ ସାବିତ୍ରୀ ସମ୍ବନ୍ଧେ
୧୧. ଆମ ସଂସ୍କୃତି ଓ ଅନ୍ୟାନ୍ୟ ପ୍ରବନ୍ଧ
୧୨. ଆଧୁନିକ ଓଡ଼ିଆ ଗୀତିକବିତାର ସ୍ୱର ଓ ସ୍ୱରୂପ
୧୩. ସ୍ୱାଧୀନତା ପରବର୍ତ୍ତୀ ଓଡ଼ିଆ ଗୀତିକବି ଓ ଗୀତିକବିତା
୧୪. ପୂର୍ଣ୍ଣଯୋଗ ଓ ଆମେ
୧୫. ପୂର୍ଣ୍ଣଯୋଗ କ'ଣ ଓ କାହିଁକି ?
୧୬. ଜୀବନର ମୂଲ୍ୟ ଓ ମୂଲ୍ୟବୋଧ

ଗୀତି କବିତା

୧. ଧୂପବାସ
୨. ମାଟି ମହକ
୩. ଆରାଧନା
୪. କାଲି ସକାଳର ସୂର୍ଯ୍ୟ
୫. ପ୍ରତିଧ୍ୱନି
୬. ବନମାଳା
୭. ତୁମେ ଓ ମୁଁ
୮. ନବଚେତନା
୯. ବନ୍ଦନିକା

ସଂକଳନ

୧. ସେମାନଙ୍କ ଆତ୍ମଲିପି
୨. ସାହିତ୍ୟ ସଂପଦ
୩. ଶ୍ରୀଅରବିନ୍ଦଙ୍କ ସାବିତ୍ରୀ ଉପାଖ୍ୟାନ
୪. ମାତୃ କଥାମୃତ
୫. ସଂଗୀତ ମାଳା
୬. ଶ୍ରୀଅରବିନ୍ଦ କଥାମୃତ
୭. କେତେ ପଥ କେତେ ମତ
୮. ସାହିତ୍ୟ ସମ୍ବାଦ
୯. ଦିବ୍ୟବାଣୀ
୧୦. ସ୍ମୃତି ରେଖା

BLACK EAGLE BOOKS

www.blackeaglebooks.org
info@blackeaglebooks.org

Black Eagle Books, an independent publisher, was founded as a nonprofit organization in April, 2019. It is our mission to connect and engage the Indian diaspora and the world at large with the best of works of world literature published on a collaborative platform, with special emphasis on foregrounding Contemporary Classics and New Writing.

www.ingramcontent.com/pod-product-compliance
Lightning Source LLC
Chambersburg PA
CBHW020523080526
44583CB00013B/709
* 9 7 8 1 6 4 5 6 0 3 6 9 6 *